CHRONIQUE ET CARTULAIRE

DE L'ŒUVRE

DES ÉGLISE, MAISON, PONT ET HOPITAUX

DU SAINT-ESPRIT

(1265-1791)

PAR

L. BRUGUIER-ROURE,

MEMBRE DU COMITÉ DE L'ART CHRÉTIEN,
DES ACADÉMIES DE VAUCLUSE ET DE NIMES,
INSPECTEUR DE LA SOCIÉTÉ FRANÇAISE D'ARCHÉOLOGIE, ETC.

---

*Ouvrage publié sous les auspices de l'Académie de Nimes
et du Ministère de l'Instruction publique,
sur l'avis du Comité des Travaux historiques.*

> « On vous saura gré, même en dehors
> de votre province, d'avoir eu l'idée et la
> patience de préparer avec tant de soin,
> une édition d'une série de documents
> dont pour ma part je ne connais pas
> jusqu'ici d'équivalents. » L. DELISLE.

NIMES

IMPRIMERIE CLAVEL ET CHASTANIER
F. CHASTANIER, SUCCESSEUR
12 — rue Pradier — 12

1895

CHRONIQUE ET CARTULAIRE

DE L'ŒUVRE

DES ÉGLISE, MAISON, PONT ET HOPITAUX

DU SAINT-ESPRIT

(1265-1791)

PAR

L. BRUGUIER-ROURE,

Membre du Comité de l'Art chrétien,
des Académies de Vaucluse et de Nimes,
Inspecteur de la Société française d'archéologie, etc.

*Ouvrage publié sous les auspices de l'Académie de Nimes
et du Ministère de l'Instruction publique,
sur l'avis du Comité des Travaux historiques.*

> « *On vous saura gré, même en dehors
> de votre province, d'avoir eu l'idée et la
> patience de préparer avec tant de soin,
> une édition d'une série de documents
> dont pour ma part je ne connais pas
> jusqu'ici d'équivalents.* »   L. DELISLE.

NIMES

IMPRIMERIE CLAVEL ET CHASTANIER

F. CHASTANIER, SUCCESSEUR

12 — rue Pradier — 12

1889-1895

Par décisions successives, de 1889 à 1894, sur l'avis du Comité des travaux historiques, M. le Ministre de l'Instruction publique a bien voulu accorder à l'Académie de Nîmes des subventions, s'élevant à la somme de douze cents francs, pour la publication des Chronique et Cartulaire de l'Œuvre du Saint-Esprit.

AVERTISSEMENT

Vingt-huit ans ! Presque la durée moyenne d'une vie humaine ! C'est le temps absorbé, dans les loisirs de mon existence, par la tâche que j'achève aujourd'hui. Aussi, me serait-il difficile de rappeler, sans en oublier quelqu'une, les personnes qui la facilitèrent par des encouragements, des communications ou des conseils. Depuis Arcisse de Caumont jusqu'à M. Léopold Delisle (c'était l'époque même de la formation du recueil de chartes auquel j'ai donné le nom de Cartulaire), combien d'érudits méritèrent ma gratitude.

Ma reconnaissance s'étend de l'Académie de Nîmes aux savants qui, pendant la publication du livre, lui ont obtenu l'approbation, cinq fois réitérée, du Comité des travaux historiques, et de la part du Ministère de l'Instruction publique, des subventions atteignant une somme considérable (1.200 francs).

Grâce à l'intervention de ceux-ci (la plupart des inconnus pour moi, des amis des sources de l'histoire assurément), mon pays bénéficie d'un travail sincère, aussi impartial que longuement mûri, je ne crains pas de le dire, sans exiger de ma part l'abdication d'une indépendance dont je restais jaloux.

Je ne puis taire un fait qui accompagna l'impression du premier fascicule du Cartulaire. C'est l'apparition d'un mémoire que le public a pu prendre pour une introduction de ce recueil alors que, dès 1888, une entente avec le bureau de l'Académie de Nîmes ajournait cette partie de mon travail après la publication de la partie documentaire. De cette compilation de toutes mes plaquettes historiques jusques, et inclusivement, aux coquilles de mes imprimeurs d'Avignon et de Tours, voire même à mes erreurs personnelles, je ne dirai rien de plus : constater le procédé suffit.

Malgré cela, je continuai ma lourde besogne. La voilà terminée. Puissent les bibliophiles ratifier pour le livre le jugement porté sur le manuscrit par l'Administrateur général de la Bibliothèque nationale.

— Retrouvées dans les armoires d'un hospice de petite ville de province, les archives de l'Œuvre des Eglise, Maison, Pont et Hôpitaux du Saint-Esprit apporteront plus d'une révélation à l'histoire de la Charité. Des documents d'une authenticité incontestable désignent les vrais constructeurs du pont fameux bâti au XIII° siècle, sur le Rhône, aux confins des provinces de Languedoc, Dauphiné et Provence. Un ensemble d'enseignements tirés de ce dépôt présente la synthèse d'institutions similaires, c'est-à-dire des associations philantropiques créées au moyen âge dans le but d'assister les voyageurs au passage des rivières.

Cette double constatation nous suggéra la pensée de composer le recueil de chartes placé ci-après, sous le titre de cartulaire, et d'écrire la monographie qui le précède sous forme d'introduction.

Un autre sentiment inspirait le déchiffreur féodiste, Jacques Bernard (1), quand, en 1754, ce savant modeste procéda à l'inventaire général du fonds du Saint-Esprit.

---

(1) Jacques Philippe Bernard, fils de Pierre, marchand, et de demoiselle Marguerite Dusserre dit Nogaret, naquit à Aubenas, le 25 juillet 1701, et mourut le 24 octobre 1773. Il laissa un fils, Louis, expert féodiste, également mort en 1813 ou 1816. De celui-ci naquit Victor et une fille mariée à M. Pradal, père du sénateur de l'Ardèche.

En 1738, Jacques Bernard, déchiffreur féodiste des Comtes de Vogüé et de Montlaur, baron d'Aubenas, fut quittancé du prix d'un champ situé dans le territoire de cette dernière ville, payé par lui au moyen de travaux tant à déchiffrer leurs vieux titres et documents, en faire les extraits nécessaires pour les recouvrements de leurs fiefs, que pour voyages faits à ce sujet.

Son magnifique manuscrit, en deux volumes in-folio, comprend, sans compter les rubriques, 1293 pages qui contiennent la traduction ou l'analyse de 1068 documents, tous relatifs à l'œuvre du Saint-Esprit de S.-Saturnin-du-Port. Suivant l'objet dont ils traitent, on les rencontre en vingt-neuf chapitres (1), que l'administration hospita-

---

(1) Sommaire de ces chapitres :

Chapitre 1ᵉʳ. — Carrière du Bourg ; le Bourg Saint-Andéol .... 16 documents.
Chapitre 2ᵉ. — Eglise, maison, pont et hôpitaux ; chaussées ; recteurs et frères prêtres.... 114 doc. plus 5 liasses A,B,C,D,E.
Chapitre 3ᵉ. — Petit-blanc..................... 120 documents.
Chapitre 4ᵉ. — Indulgences ; privilèges, sauve-gardes, franchises et quêtes................. 29 documents.
Chapitre 5ᵉ. — Franc-salé...... 5 doc. plus une liasse de lettres.
Chapitre 6ᵉ. — Pêche et four................... 15 documents.
Chapitre 7ᵉ. — Testaments, donations et fondations .... 103 documents.
Chapitre 8ᵉ. — Le Saint-Esprit................. 115 documents.
Chapitre 9ᵉ. — Le Sacristain dé Saint-Pierre.. 4 documents.
Chapitre 10ᵉ. — L'entrepôt, Maletrat et isles.... 58 documents.
Chapitre 11ᵉ. — Les chapelles de Saint-Blaise et Notre-Dame .... 41 documents.
Chapitre 11ᵉ. — La Mothe .... 46 documents.
Chapitre 13ᵉ. — Bollène et Barry............... 64 documents.
Chapitre 14ᵉ. — Lapalud........................ 8 documents.
Chapitre 15ᵉ. — Montdragon.................... 32 documents.
Chapitre 16ᵉ. — Péage de Saint-Bonnet-de-Baudinier... 2 documents.
Chapitre 17ᵉ. — Saint-Marcel et Saint-Just...... 7 documents.
Chapitre 18ᵉ. — Mélinas, Bois-Sabranenc, Cadenedes, Bois-Moudon et la Broutière............ 97 documents.
Chapitre 19ᵉ. — Aiguèze et Saint-Martin .... 16 documents.
Chapitre 20ᵉ. — Monclus et Saint-André-de-Roquepertuis....................................... 14 documents.
Chapitre 21ᵉ. — Saint-Alexandre................. 18 documents.
Chapitre 22ᵉ. — Vénéjean....................... 1 document.
Chapitre 23ᵉ. — Comptes des Recteurs........... 115 documents.
Chapitre 24ᵉ. — Enfants exposés................ 9 documents.
Chapitre 25ᵉ. — Registres des délibérations, contrats et vieux inventaires..................... A-Z, X, AA, BB.
Chapitre 26ᵉ. — Attaches des moulins........... 5 documents.

lière du siècle dernier eut soin de faire continuer jusqu'en 1781.

. Vrai labeur de bénédictin, ce pouillé se recommandait aux contemporains par l'élimination des documents inutiles à la défense des droits de la Maison, autant que par un heureux recolement des titres propres à les conserver ou à aider à la recherche de ceux tombés en désuétude.

Le mérite primitif de ce travail constitue aujourd'hui son défaut ; d'autant plus regrettable que Bernard ne donne point le texte même des chartes mises en ordre par lui.

Les documents dont la connaissance importait davantage aux hommes d'affaires de la maison semblent, par lui, préférés : ainsi la bulle, la lettre-patente, l'acte de vente, l'arrêt ou le compromis qui précisent un fait. Une traduction, le plus souvent littérale, est donnée de ces pièces ; leur production en justice se renouvelait, sans cesse, à une époque où la chicane vivait de tant d'objets disparus avec la décentralisation provinciale assurément plus regrettable. Ces documents restent considérables au point de vue historique ; donc l'œuvre de Bernard, bien qu'imparfaite aux yeux des érudits de nos jours, acquerrait une importance si le fonds du Saint-Esprit venait à disparaître (1). Cette considération est relative, toutefois, car des documents, estimés par lui secondaires, fort instructifs à notre avis, sont analysés ou mentionnés par la seule rubrique inscrite au dos du titre.

Chapitre 27°. — Procès.................................... 8 liasses.
Chapitre 28°. — Etablissements des sœurs de Charité.. 6 documents.
Chapitre 29°. — Assemblées des Etats-Généraux de la province du Languedoc tenues en la ville du Saint-Esprit dans la Maison de l'Hôpital, dite Maison-du-Roi ou hôtel du Saint-Esprit.

(1) En prévision d'un incendie, les volumes de Bernard ne devraient point rester dans les armoires des archives. On tenait ce dépôt en grande estime, autrefois. En 1745, un arrêt du parlement ordonna que les consuls de Pont-Saint-Esprit auraient une clef des archives et les recteurs une autre.

Des parchemins et des papiers inutiles ou contraires aux intérêts de la Maison le féodiste fit des paquets où, sans numéros ni rubriques, toutes ces pièces répondent à la désignation générale du procès pour lequel elles furent rassemblées. Là, nous avions trouvé un dénombrement des maisons de l'Ordre du Saint-Esprit de Montpellier, parmi lesquelles figure l'hôpital du Saint-Esprit de Saint-Saturnin-du-Port.

C'était la copie collationnée d'un acte produit au parlement de Toulouse par les adversaires des prêtres-blancs, continuateurs des frères-du-pont. Les juges le repoussèrent comme apocryphe (1). Inséré dans le recueil de Toussard (2), au siècle dernier, ce procès verbal des visites que Jean Monette, de l'ordre archi-hospitalier du Saint-Esprit, aurait faites dans la plupart des provinces de la France, pendant la période écoulée du 28 août 1288 au mois de mars 1289, amena, naguère, M. Brune, au cours de savantes recherches sur l'Ordre du Saint-Esprit de Montpellier, à ranger l'hôpital du Pont-Saint-Esprit au nombre des maisons de cet ordre célèbre. Or, ce document fut fabriqué, au XVIIᵉ siècle, par La Terrade, réclamant sur toute l'étendue de la France la possession d'hôpitaux qui avaient une existence propre (ce qu'il n'oublia pas de faire au sujet du nôtre) (3). La fausseté de cette pièce résulte pour M. Léopold Delisle (4) de la qualification de civitas donnée à la bourgade des bords du Rhône. Plus inacceptable encore, à mon avis, l'appellation Sancti Spiritus qui suit le mot civitas. Non ! en 1289, on ne disait pas : civitas S. Spiritus, mais : locus, et plus généralement : villa S. Saturnini, ou encore : S. Saturnini de Portu, ou bien : Apud S. Saturninum, comme on dira, longtemps : fabrica vel opus S. Spiritus loci, ou : ville S. Saturnini de Portu, ou seulement : fabrica oratorii et operis S. Satur-

---

(1) Cartul., p. 440.
(2) T. II, p. 370-75.
(3) Cartul. p. 422.
(4) *Journal des savants*, juin 1892.

nini,... pons et hospitalis S. Saturnini (1). — On satisfera la curiosité du lecteur, au sujet du changement de nom de cette petite ville, en rappelant qu'en 1363, si les notaires écrivaient encore au pied de leurs actes : actum fuit apud S. Saturninum (2), ils ajoutaient parfois : apud pontem S. Spiritus, et dans le texte disaient timidement : locus de S- Saturnino de Portu alias S. Spiritus (3). La substitution de nom se fit bien lentement, en effet. En 1416, on écrit : opus pontis et hospitalis S. Saturnini de Portu alias de ponte S. Spiritus (4), et le vieux formulaire des protocoles garde pour la fin : acta fuerunt hec in dicto loco S. Saturnini, ou bien : datum in dicta villa S. Saturnini. L'usage de la dénomination première s'impose, longtemps encore, même dans les textes latins du XVIe siècle (5), alors que le français, depuis près de cinquante années, répétait avec le vulgaire : la ville du Pont-Saint-Esprit, la ville du Saint-Espérit (6).

Un document, retrouvé informe dans une liasse des procès (7), montre le vrai caractère des frères du Saint-Esprit de S. Saturnin, que certifient d'ailleurs les enseignements plus récents des registres des délibérations administratives (8). Le tirer de l'oubli s'imposait, assurément.

Dans cette même armoire (9) une autre copie informe contient l'appel des recteurs de l'Œuvre du Saint-Esprit, au commissaire apostolique mieux informé, contre une sentence rendue par lui dans l'affaire des offrandes faites à l'Oratoire (10). Un lambeau de l'expédition originale de

---

(1) Cartul. p. 23 et suiv.
(2) *Ibid.* p. 96.
(3) *Mém. de l'Acad. de Vaucluse. La guerre autour du Pont-Saint-Esprit*, p. 18.
(4) Cartul. p. 97, 101.
(5) *Ibid.* p. 125 et 127.
(6) *Ibid.* p. 105 et 106.
(7) *Ibid.* p. 97.
(8) Invent. général, ch. 25.
(9) *Ibid.* chap. 27.
(10) Cartul. p. 34.

cet acte, retrouvé naguère chez un paysan, confirme la première partie du texte ; on ne saurait plus douter de la seconde.

Ainsi que cette charte, de nombreux documents disparurent lors du pillage des archives. A deux reprises, on dut reconstituer le fonds du Saint-Esprit : une première fois, au milieu du XVIe siècle ; deux religieux de la Maison, mécontents d'une transaction qui terminait de longs différents entre leurs confrères et les recteurs laïcs, enlevèrent le précieux dépôt. Une partie des titres fut retrouvé « en lieu malhonnête et peu convenable », assure un arrêt du parlement de Toulouse, juge de cette scandaleuse affaire. Les principaux étaient égarés, ajoute la cour, « mêmement l'original d'une bulle appelée la bulle du pape Nicolas » (1). Plus tard, sous Charles IX, le parti calviniste s'empare de la ville du Saint-Esprit, brûle le prieuré de Saint-Pierre, saccage les églises paroissiale et de l'Œuvre, pille et ruine en partie les hôpitaux, disperse leurs archives.

Aux documents fournis par le fonds même de l'Œuvre du Saint-Esprit, les protocoles d'un notaire de la ville et nos dossiers particuliers, le Cartulaire réunit des bulles retrouvées en minutes au Vatican (2), un compromis, entre les frères du Saint-Esprit de Besançon et l'Œuvre des bords du Rhône, tiré des archives départementales du Doubs, enfin trois pièces insérées dans l'*Histoire du Languedoc* et le *Gallia Christiana*. A l'exception de ces dernières, toutes étaient inédites. Leur réimpression dans ce recueil permettra de connaître l'état politique du pays où l'Œuvre du Saint-Esprit prit naissance, sans recourir à des livres devenus fort rares.

Des chartes émanées, les unes de la chancellerie de Paris, les autres de la curie romaine, d'autres encore des

---

(1) Cart. p. 189. — Un inventaire, dressé vers 1524 par Raymond Lonier, dut faciliter les recherches des papiers de la Maison. Un autre inventaire des archives de l'Œuvre fut fait en 1620, par ordre du Bureau ; ce qui se renouvelait fréquemment.

(2) Cartul. p. 173 à 189.

cours seigneuriales du Sud-Est de la France présentent, assurément, des dissemblances dans les formules diplomatiques tandis que les documents locaux foisonnent d'incorrections grammaticales, de barbarismes ou de tournures empruntées à la langue mère des tabellions méridionaux.

Au pied des pages du Cartulaire on a fait quelques-unes des observations philologiques réclamées par ces textes ; les suivre, une à une, aurait augmenté considérablement ce volume, sans profit pour les érudits auxquels ils s'adressent. Aujourd'hui, en effet, trop de livres sont entre leurs mains, qui permettent de retrouver le sens et l'origine même des locutions languedociennes.

— Un plagiat rappelé plus haut m'a amené à l'abandon d'un plan d'introduction longuement préparé. Je résumerai la question aujourd'hui épuisée de l'origine des constructeurs de ponts au moyen âge.

Sans étude préliminaire sur la viabilité et les ponts dans l'antiquité, sans rappeler les grandeurs et la décadence des utriculaires romains, constatons que le rétablissement des relations commerciales, durant les mauvais jours du XIe siècle, est dû à de fervents et généreux chrétiens, moines ou laïques, qui, sans en avoir reçu mandat des puissances féodales, sans assurance de protection, assumèrent la pénible mission de rendre la sécurité aux chemins, de donner l'hospitalité aux pèlerins et aux marchands, de leur venir en aide pour le passage des rivières. Tandis que d'autres s'associaient pour l'oppression du faible, ceux-ci se réunissaient pour défendre ses droits à la liberté. Doués d'une énergie peu commune parce qu'elle s'appuyait sur une foi profonde unie à la charité la plus dévouée, ils firent preuve, en plusieurs occasions, de la connaissance oubliée depuis les romains (qui en usèrent bien rarement toutefois), de la construction des ponts de pierre sur de grands cours d'eau.

Quand on compare les ponts d'Avignon, du Saint-Esprit, de la Guillotière et de Saint-Nicolas-de-Campagnac, jetés aux XIIe et XIIIe siècles, les trois premiers sur le Rhône et le dernier sur son affluent, le Gardon, on remarque de trop profondes différences de structure pour les attribuer à une même inspiration et les croire bâtis par des ouvriers, qu'une règle commune aurait soumis aux mêmes traditions architecturales.

Cette observation est contraire à bien des récits respectés jusqu'à nos premières études d'archéologie qui datent de 27 ans. En le constatant dans mon étude : *Les constructeurs de ponts au moyen âge* (1), j'ajoutai : « Peut-être ces récits tomberont-ils comme l'erreur signalée par nous au sujet des constructeurs du pont Saint-Esprit ». En effet, depuis longtemps l'histoire des ponts construits, au moyen âge, sur les rivières du Dauphiné, de la Provence et du Languedoc, me paraissait demander un travail de révision.

J'avais, vainement, réclamé cette étude auprès des savants vieillis dans les questions les plus délicates de l'archéologie. Alors, comptant moins sur mes propres forces que sur la bienveillance de ceux qui prêteraient attention à mon écrit, je pris la tâche pour moi-même et je l'étendis des monuments désignés ci-dessus à ceux qui furent construits vers la même époque, dans le reste de la France et à l'étranger. Trois années de recherches mûrirent mes précédentes observations ; j'interprétais les anciens historiens, je consultais les modernes, je rassemblais sans cesse de nouveaux documents, dans l'espoir de m'infliger à moi-même un démenti sur le caractère des constructeurs des ponts du moyen âge. Je cherchais de tous côtés ces liens étroits qui unissent plusieurs communautés appartenant à une même famille religieuse, je poursuivais vainement partout l'Ordre des Frères-pontifes ; cet Ordre religieux qu'un historien (2) d'Avignon avait vu suivre les bords des rivières et des fleuves de France, et s'arrêter dans tous les endroits où il y avait des ponts à construire ; cet Ordre que Chateaubriand (3) et plusieurs

---

(1) Paris, Dumoulin, 1875, et *Bulletin monumental*, même année.
(2) Joudou, *Essai historique sur la ville d'Avignon*, page 365.
(3) *Génie du Christianisme*, liv. VI, chap. VIII.

autres écrivains recommandables (1) avaient vu naître sur les bords de la Durance, puis se répandre dans toute la France, en Italie, en Espagne, en Allemagne, en Pologne. Je dis alors et je le répète : gardons, si on le veut, le nom de *Frères-pontifes* ; mais sous cette dénomination, comprenons tous les hommes généreux qui se réunirent pour la protection des voyageurs. Ici, ce furent des moines, là des laïques assemblés à l'appel d'un évêque, d'un clerc quelconque. En bien des endroits, lorsque le régime municipal eut été créé, tous les hommes d'une même communauté se firent pontifes. Quand j'eus établi cette opinion au sujet du pont Saint-Esprit, les écrivains que je combattais voulurent bien déclarer mes textes convaincants. L'un, M. Alègre, m'écrivait : « Vous êtes dans le vrai, et vous faites repentir votre confrère d'avoir contribué à la propagande d'une erreur historique. » L'autre, M. le chanoine Rivière, remaniait, en vue d'une nouvelle édition de son excellent *Cours d'histoire ecclésiastique*, son article sur les Frères-pontifes. Un autre enfin, M. le comte de Villeneuve-Flayosc, l'auteur de *Sainte-Roseline*, complétait d'aussi généreux désaveux par ces mots : « Les actes authentiques relatifs à la construction du pont Saint-Esprit, reproduits par vous, me paraissent tout à fait probants, et je n'hésite pas à déclarer que j'ai été induit en erreur par toutes les apparences, en attribuant aux Frères-pontifes une œuvre qui sera l'éternel honneur de la charité ardente et éclairée des habitants de Saint-Saturnin-du-Pont. »

Il serait difficile d'énumérer tous les ponts qu'on jeta sur les fleuves et les grandes rivières de l'Europe méridionale, durant les trois siècles qui suivirent la proclamation définitive de la libre circulation des personnes et des marchandises par les Pères du Concile, tenu à Arles en 1033. On ne sait même qu'imparfaitement l'histoire du

---

(1) De Villeneuve-Flayosc, *Histoire de Sainte-Roseline*, p. 147. — L. Alègre, *Le Pont-Saint-Esprit*, p. 7. — Chan. Rivière, *Histoire ecclésiastique*, t. III, p. 674.

petit nombre de ceux dont l'existence est connue. Cependant, on y voit cette double origine. Les uns, comme le pont de Tours, sont dus à de puissants barons, qui, pour le salut de leur âme, employèrent à ces constructions les grandes ressources que leur fournissaient et leurs droits seigneuriaux et leurs immenses domaines. Les autres, et c'est de ceux-là seulement que je m'occupais alors, furent bâtis avec les aumônes de la Chrétienté, par des confréries qu'un même besoin fit surgir simultanément en plusieurs endroits. Il importait de remédier à l'abandon des chemins, à leur destruction même, après les invasions des barbares, car les capitulaires de Charlemagne, de Louis le Débonnaire et de Charles le Chauve, relatifs à la restauration des chemins, n'avaient pas été longuement obéis.

Dans les grandes assemblées de travailleurs réunis autour des ponts d'Avignon, de Lyon, de Saint-Nicolas-de-Campagnac, du Saint-Esprit, l'ouvrier de profession était coudoyé, servi même par le bourgeois, par le gentilhomme, qui s'étaient fait, l'un et l'autre, ouvriers bénévoles, dans le but d'expier leurs fautes et d'acquérir des grâces spirituelles, d'abord réservées aux pèlerins de Rome, de Saint-Jacques et aux défenseurs des Saints-Lieux.

Les créateurs de ces corporations leur avaient imprimé un caractère religieux comme à toutes les institutions de cette même époque, qui avaient en vue l'avantage de la société ; mais leur pensée première n'était pas, sans doute, de former des congrégations monacales, partageant leur temps entre la psalmodie et le service des voyageurs. Comment se fit-il que plusieurs confréries de Pontifes apparaissent avec ce double caractère ? C'est qu'après l'achèvement des ponts on reconnut la nécessité de veiller à leur entretien. Généralement, une chapelle construite auprès du pont attirait un grand concours de fidèles par l'appât d'indulgences ; il fallut la desservir. Le désir de venir en aide aux pèlerins, aux voyageurs, aux malades de la localité, par la création d'hospices, aurait également amené quelques-unes de ces corporations à se régulariser. Dès lors, on se donna pour l'entretien des ponts, pour le service des hôpitaux, comme on s'était donné précédemment pour le service des monastères.

Quand on voulut désigner d'un mot tous ceux qui avaient spontanément travaillé à rétablir les communications entre les rives des fleuves, on choisit le mot de *Pontifes*, du latin *pontem facere*, et à ce nom emprunté des romains on joignit la qualification de *Frères* que se donnaient entre eux les pieux bâtisseurs du moyen âge.

Les populations des XIIe et XIIIe siècles n'avaient connu que les *Frères du pont*, *fratres pontis* ou *de ponte*. Le midi eut ainsi les *Frères du pont* de Bon-Pas, les *Frères du pont* d'Avignon, les *Frères du pont* ou *Confrères du Saint-Esprit* de Lyon, les *Confrères du Saint-Esprit* de Blauzac, institués pour la construction du pont de Saint-Nicolas de Campagnac, les *Frères du pont* du Saint-Esprit de Saint-Saturnin-du-Port.

Telle est la puissance d'une opinion historique longtemps admise qu'après cette énumération faite à la Sorbonne, en 1888, on dut penser que c'étaient là seulement des confréries séculières imitées de l'ordre des Frères-pontifes, car le compte-rendu de la séance du 23 mai, au Journal officiel, porte que les documents de mon Cartulaire établissent le vrai caractère des sociétés connues sous le nom de Frères du Saint-Esprit.

Telle n'était pas ma pensée. Les diverses confréries de bâtisseurs de ponts dont j'avais entretenu le congrès n'avaient pas même la communauté du nom ; bien que la plupart des œuvres hospitalières des XII et XIIIe siècles, depuis les hôpitaux de Marseille ou de Montpellier jusqu'à celui de Brux, en Bohême, adoptassent, de préférence, le vocable du Saint-Esprit, comme plus tard on fit de celui de *Maison-Dieu* ou *Hôtel-Dieu*, on ne pouvait dire que toutes les œuvres de ponts répandues dans l'Europe ni même toutes les œuvres de ponts dans la vallée du Rhône et sur ses affluents ont donné lieu à la création de confréries du Saint-Esprit. D'autre part, on ne saurait trop le répéter (l'erreur dans laquelle est tombé M. l'abbé Brune conseille cette prudence), la plupart des maisons de frères de ce nom n'avaient entre elles aucun lien (1) ; on les voit aussi étrangères les unes aux autres qu'aux frères du pont de Bon-Pas, d'Avignon, de Lourmarin ou de Mirabeau sortis, d'après certains auteurs, d'une souche commune.

Il suffit de lire Heliot qui résume les auteurs des siècles derniers pour se convaincre que, pendant longtemps, toutes ces confréries diverses furent comprises sous le nom de Frères-Pontifes. Outre les maisons désignées plus haut, les chercheurs découvriront, çà et là, des confréries modestes, instituées sous l'empire d'un besoin local, sur un modèle primitif, encore ignoré, qui eut des imitateurs, sans doute, dans le berger Allucio, sur l'Arno ; dans Jean l'Hermite, sur l'Ebre ; dans l'archevêque de Santander, en Ecosse ; et dans les constructeurs d'Allemagne et de Suède.

On se fera une idée exacte de l'origine des *Frères-du-pont* en se rappelant que le moyen âge ne fut pas seulement l'époque des grands rassemblements d'ouvriers bénévoles autour des cathédrales gothiques en construction, mais l'heure également, où à côté du servage originel existait le servage volontaire. Le pénitent se donna au service de l'œuvre d'un pont, pour son établissement ou sa conservation, comme son devancier et son contemporain se donnaient, nous le répétons, au service d'une abbaye. A ces *donats*, les recteurs de chaque Œuvre imposèrent un règlement particulier. Tel, notre plaquette, *Les vrais constructeurs du pont Saint-Esprit* (2), a montré

---

(1) On ne citera qu'un exemple, remarquable par la communauté presque du nom : *L'œuvre de l'église, du pont et de l'hôpital* du Martigue, créée par l'hôpital du Saint-Esprit de Marseille dès le commencement du XIIᵉ siècle, qui n'eut jamais aucune relation avec l'Œuvre des Eglise, Maison, Pont et Hôpitaux du Saint-Esprit de Saint-Saturnin-du-Port. (Voy. Fabre. *Histoire des hôpitaux de Marseille*, t. I, p. 44 et 45) On voit, ici, que « l'évêque d'Uzès, légat apostolique, exhorta par lettre tous les fidèles à secourir de leurs aumônes l'Œuvre de l'Eglise, du Pont et de l'Hôpital de Saint-Geniez. »

(2) Angers. Lachèse... 1872. tirage à part du congrès archéologique d'Angers, 1872.

le caractère de la confrérie instituée à Saint-Saturnin-du-Port ; de même nous représente les constructeurs et serviteurs du pont de la Guillotière le livre de M. Guigues : *recherches sur Notre-Dame de Lyon ; origine du pont de la Guillotière et du grand Hôtel-Dieu* (1). Le savant archiviste eût pu conclure, sans crainte de se tromper, que les hospitaliers actuels de Lyon, frères et sœurs, sont un héritage de ce passé encore mal défini.

Si d'autres confréries tendirent davantage à la perfection religieuse, elles le durent au sentiment particulier de leur fondateur. Ainsi les Frères du pont d'Avignon, après avoir commencé leur existence sous la direction de Saint-Bénézet, en l'état de donats laïques, en vinrent à professer les trois grands vœux de religion : chasteté, pauvreté et obéissance. Ni les Frères de Lyon, ni ceux de Saint-Saturnin-du-Port ne connurent jamais cette perfection religieuse. Nos frères du pont Saint-Esprit désignés plus tard sous le nom de frères-blancs et plus récemment encore sous celui de prêtres-blancs, quand l'accès du sacerdoce leur fut ouvert, étaient personnes séculières qui se donnaient à la Maison devant des recteurs laïques ou leurs confrères rassemblés dans le vestiaire. Au XVIIe siècle, ils se consacraient au service de l'église, dans le sanctuaire même, mais aucun vœu, au sens strict du mot, ne leur était demandé. Alors pas plus qu'antérieurement, ils n'étaient tenus de persévérer dans cet état. On en vit plusieurs quitter la Maison ; quelques uns y revinrent et en sortirent encore.

Si ces confrères avaient, parfois, la direction dans la construction des ponts et le service des hôpitaux, ils n'avaient pas l'administration même de l'œuvre. A Avignon, où les recteurs laïques furent institués, semble-t-il, postérieurement aux travaux, on désignait le chef des frères du pont sous le nom de procureur. Peut-être ce dignitaire de la confrérie avignonaise rendait-il compte, dès lors, aux délégués municipaux. Certainement ceux-ci relevaient de l'évêque au point de vue temporel.

(1) Lyon, Scheuring 1876.

A Lyon, c'est à la demande des citoyens même de la ville que l'abbé d'Ainay concéda aux frères constructeurs du pont, deux emplacements, le long du Rhône, pour y bâtir un hospice destiné à l'hébergement des voyageurs. Si les bulles pontificales, tant de Lucius III que d'Innocent III et d'Innocent IV, demandent au monde catholique de venir en aide aux frères qui construisent le pont de Lyon, c'est que de là comme de Saint-Saturnin-du-Port partaient les messagers des recteurs vêtus d'un habit religieux qui inspirait pleine confiance aux populations croyantes. De même, dans leur bulle en faveur du Pont, de l'Eglise ou de l'Hôpital de Saint-Saturnin-du-Port, les souverains pontifes, tout en parlant de l'université des habitants, exhortent les peuples à remettre leurs aumônes aux frères du Saint-Esprit. Les seigneurs du Sud-Est de la France, dans leurs lettres de sauvegarde, parlent même exclusivement des frères du pont Saint-Esprit.

Cette Œuvre mi-partie religieuse et laïque semble bien dans l'esprit de l'époque qui donna des procureurs aux ordres mendiants(1) ; afin, sans doute, que, d'une part, les religieux ne fussent point préoccupés des choses terrestres et, de l'autre, les laïques, souvent absorbés par les choses de ce monde, donnassent une portion de leur temps aux choses de la religion. Confondus dans ce sentiment, ils cherchaient les récompenses éternelles : *nil mercedis præter eterne retributionis premium*. Telle fut la pensée qui inspira et mena à bien tant d'entreprises étonnantes.

Pont-Saint-Esprit, en la Maison-du-Roi, le 30 décembre 1894.

L. Bruguier-Roure.

---

(1) Les frères du Saint-Esprit se disaient, eux-mêmes, mendiants.

CHRONIQUE DE L'ŒUVRE

DES ÉGLISE, MAISON, PONT ET HOPITAUX

DU SAINT-ESPRIT

(1265-1791)

PAR

L. BRUGUIER-ROURE,

Membre du Comité de l'Art chrétien,
des Académies de Vaucluse et de Nimes,
Inspecteur de la Société française d'Archéologie, etc.

*Ouvrage publié sous les auspices de l'Académie de Nimes
et du Ministère de l'Instruction publique,
sur l'avis du Comité des Travaux historiques.*

NIMES

IMPRIMERIE CLAVEL ET CHASTANIER

F. CHASTANIER, SUCCESSEUR

12 — rue Pradier — 12

1895

CHAPITRE I.

Etat politique du midi de la France. — Saint-Saturnin-du-Port et son monastère. — Voies de communication. — L'œuvre du Saint-Esprit. — Les carrières du Bourg-Saint-Andéol. — La directe. — Pose de la première pierre du pont. — Les quêtes. — Frères et Sœurs donnés. — Démêlés avec le seigneur de Saint-Saturnin et le recteur du Comtat. — Le pont primitif.

La première moitié du XIII⁰ siècle vient de finir. Une ère de paix et de progrès social semble ouverte pour la France. Dans le Nord, plus entièrement soumis à la Couronne, le saint roi Louis IX complète son œuvre de justice et de ferme administration. Au Midi, son frère, Alphonse, marié à l'héritière des Comtes de Toulouse, gouverne avec non moins de sagesse les peuples du Languedoc et de la Provence.

Enclavés, pour ainsi dire, dans cette province, le Comtat Venaissin et Avignon, par un mélange constant du sang français avec le sang sicilien, préparent un asile incomparable à la papauté, aux prises avec les dissensions de l'Italie. Plus loin, vers le centre, le Dauphiné et le Vivarais, nominalement soumis aux empereurs d'Allemagne, tendent à la reconnaissance de la grande nationalité française que la mort du frère de Saint-Louis et de sa femme rendront irréductible par l'union définitive du Nord et du Midi.

Au point de soudure de ces provinces de Dauphiné, Vivarais, Languedoc et Provence, au confluent du Rhône et de l'Ardèche, un réseau de chemins, épaves de l'administration romaine (1), leur permet de faire échange de récoltes variées et de produits industriels également propres à chacune d'elles ; ces routes prennent contact en Languedoc même, au midi de la folle Ardèche, en un double port, sur la rive gauche et la rive droite du grand fleuve, cet autre chemin qui marche, en face et auprès d'une modeste bourgade. On appelle Saint-Saturnin-du-Port, plus vulgairement « la Ville », dans tout le pays environnant, cette agglomération de pauvres granges agricoles et de huttes de pêcheurs, étagées autour d'un grand moustier bénédictin. A ce couvent, il est vrai, ressortissent, à vingt lieues à la ronde, de riches bénéfices ecclésiastiques, avec seigneuries et justices. Papes, rois, princes, prélats et dignitaires de la cour prennent rendez-vous au prieuré de Saint-Pierre, pour traiter des affaires de la contrée ou goûter le repos dans la campagne de « cette ville sy bien notable, — assise en lieu délectable, — d'isles et eaux bien prochaine — et d'abondance de fruits pleine » (2).

Par la donation de Géraud d'Uzès, ce sol privilégié était devenu un franc-alleu de Cluny. De génération en génération, déjà, on y répétait le vieux dit-on populaire : « il fait bon vivre sous la crosse » ; lorsqu'elle semblait devenir trop pesante, l'écarter par un subterfuge, voire même par une petite révolution, était tôt accompli.

Grâce à cette paternelle administration, les agriculteurs et les marchands des deux rives du Rhône et d'au-delà de l'Ardèche, viennent, de temps immémorial, vendre leurs produits à la Ville. Chevaliers fatigués de courir la for-

---

(1) Sur la rive gauche du Rhône, la voie domitienne, sur la rive droite, la voie de Lyon à Narbonne, et se détachant de celle-ci les voies du Rhône à Uzès et du Rhône à Barjac, et de là en Vivarais. Voir *Notions générales sur la viguerie du Pont-Saint-Esprit*. Avignon, 1888.

(2) Remembrance de Géraud d'Uzès, seigneur de S. Saturnin, qui se dépouilla de son évêché et se retira à Cluni, en 948, donnant ses biens à cette abbaye. Voy. P. de C., *Mém. hist. du prieuré*.

tune des camps, marchands arrivés à une honnête aisance, artistes, peintres et sculpteurs, à la recherche d'une recommandation auprès des grands qui visitent le monastère, construisent leurs demeures autour du marché : Macellus (1), Mazellus, Mercat (2).

Le trafic toujours croissant de cette place, l'une des plus importantes du Languedoc, avait éveillé l'attention de Raymond de Saint-Gilles. Dès l'année 1164, le comte suzerain s'attribua, par traité en due forme (3), les deux tiers du péage sur les marchandises transportées par eau, et la moitié de la justice sur les étrangers. La justice sur les habitants resta aux bénédictins qui continuèrent à percevoir tous les droits usités à l'occasion de la foire tenue depuis le jour de Pâques jusqu'au jeudi après l'octave de cette fête, et du marché du jeudi de chaque semaine.

Raymond VI entreprit davantage que son père sur les libertés de Saint-Saturnin-du-Port. Voyant dans la cité naissante l'une des clefs du Languedoc, le prince voulut construire une tour aux portes de la ville dont le seigneur prieur avait la défense. Les bénédictins tentèrent de s'y opposer, sans doute, mais comment résister à la volonté d'un suzerain dont les forteresses semées sur les deux rives du Rhône disent encore la puissance. Par l'organe de l'abbé de Cluni, ils durent permettre au Comte de Toulouse de bâtir un palais, là où ses gens avaient jeté les fondements du premier édifice (4).

Anomalie féodale, bien faite pour ménager les susceptibilités de la partie lésée ! Outre qu'il promet un tribut annuel d'un marabotin (5), le comte prête hommage à l'abbé, par la grâce de Dieu. Celui-ci (retour des choses féodales) promet à Raymond l'albergue dont tout vassal est

---

(1) Cartul., p. 3.
(2) Compoix municipaux, 1380, etc. Archives de la mairie.
(3) Cartul., CL.
(4) Cartul., CLI.
(5) Petite pièce de monnaie.

tenu envers son suzerain, depuis la fête de Saint-Michel jusqu'à celle de Saint-Martin. Passé ce temps, le monastère en sera dispensé pour l'année, si le Comte de Toulouse ou son bailli a refusé l'albergue à lui offerte par devant trois ou quatre notables du pays.

Ces notables d'une bourgeoisie, naissante déjà au commencement du XIII° siècle, formaient une communauté régie par des syndics. Les libertés communales, mal définies ou insuffisantes à leurs yeux, que leur avaient concédées le seigneur-prieur, amenèrent, en 1230, une violente sédition. Un arbitrage de l'évêque de Nimes et du sénéchal de Beaucaire y mit fin, décidant qu'à chaque exaction de tailles les prud'hommes viendraient devant le seigneur-prieur pour choisir, ensemble, quatre collecteurs ; en cas de désaccord, le prieur devait désigner ces officiers de finance sur une liste de vingt habitants, préalablement dressée par les hommes de probité du pays. Devant ce corps électoral et le prieur les collecteurs rendraient leurs comptes.

Qu'on ne s'étonne pas d'entendre rappeler, ici, cette charte des libertés communales de Saint-Saturnin-du-Port. Le même principe, durant plus de cinq siècles, régira l'élection au rectorat de l'Œuvre des Eglise, Maison, Pont et Hôpitaux du Saint-Esprit (1).

Au moment où s'accomplit cette révolution communale, à l'opposé du quartier de Mercat, en amont du monastère de Saint-Pierre et de l'église paroissiale, sous le vocable de Saint-Saturnin, par delà le ruisseau des tanneries (2) qui longeait ses murailles, la ville se prolongeait, au nord, en une bourgade, peuplée de bateliers, appelée plus tard le Plan du Saint-Esprit.

---

(1) Cartul., p. 2, 44, et p. 115, 191, 307. — Le 15 janvier 1567, les consuls déclareront présenter, suivant l'usage, « un rôle signé par eux contenant les noms de vingt habitants du Saint-Esprit qu'ils ont choisi, ainsi qu'ils ont dit, capables et suffisants ».

(2) Les fossés de la citadelle, au midi, en étaient un vestige (Cart., p. 80, note 2).

Un jour, en cet endroit, un ange se montre à un berger qui gardait ses moutons sur les bords du Rhône et lui commande de bâtir un pont, une chapelle et un hôpital.

Telle est, rapportée par Nicolas V, une légende, pastiche tardif du récit avignonnais. Elle ne fut jamais populaire à Pont-Saint-Esprit ; mais bien celle-ci : « treize ouvriers travaillèrent au viaduc, peut-être en souvenir des douze apôtres qui aidèrent N.-S. à la fondation de l'Eglise. Quand venait l'heure du repos, l'inspirateur divin s'était dérobé aux regards de ses compagnons ». Les termes de la légende changent parfois, le sens reste le même : « Il y avait autrefois, parmi les ouvriers du pont, un être inconnu, mystérieux, environné de l'estime et du respect de tous ses compagnons. Il travaillait avec une telle ardeur *qu'il faisait plus d'ouvrage qu'aucun des autres.* On ne le voyait jamais venir retirer son salaire, le soir, à l'heure du payement. Il disparaissait pendant la nuit, sans que l'on pût dire où il était allé se reposer ; mais avant le jour, il se trouvait déjà au chantier. Grâce à ses soins, le pont fut heureusement terminé. On dit que le peuple étonné s'écria, d'une voix, que le Saint-Esprit, caché sous la figure du bienheureux ouvrier, avait présidé lui-même à ces immenses travaux. » (1)

La légende dit encore, et celle-ci pourrait se réclamer d'un document juridique du XVIIe siècle (2) : « Un religieux du monastère de Saint-Saturnin, ... vit en songe des langues de feu descendre des nuées et se poser de distance en distance sur les flots du Rhône, suivant un alignement régulier. Il alla conter son rêve à son supérieur, qui l'interpréta comme un ordre, donné par Dieu à sa communauté, de bâtir en cet endroit du fleuve un pont, dont les

---

(1) Alègre, *Notice historique sur le Pont Saint-Esprit*, Bagnols, 1854. — Pinière de Clavin, rapportant la légende de Nicolas V, disait : « On veut que cet ange ait mis la main à l'œuvre, en ce que il y avait toujours, parmi les ouvriers, une personne au-delà du nombre de celles qu'on y envoyait. »

(2) Cartul., p. 433. V. également p. 114.

langues de feu marquaient l'emplacement des piles et des arceaux. »(1)

Vraisemblablement, entre les rocs (2) de la falaise, qui porte aujourd'hui la citadelle, et les graviers du Rhône où attérissaient un bac et toute une flottille organisée pour le transbordement des marchandises d'une rive à l'autre, parmi des maisons qu'entouraient des jardins plantureux, s'élevait depuis longtemps un édicule champêtre, objet de la vénération particulière des voyageurs.

Comme sur toute route dangereuse d'alors, au moment de se confier au courant impétueux du fleuve qu'entrecoupent des îles et des récifs redoutables aux heures du légendaire mistral, poussés par la tradition populaire, énumérant de terribles naufrages au passage du malatrat (3), les voyageurs venaient déposer leurs offrandes dans cette chapelle (4) : celui-ci pour demander à Dieu une bonne traversée ; celui-là pour le remercier d'un secours providentiel. Ce n'était point un sanctuaire consacré qu'on vénérait de la sorte. Aucun prêtre n'y venait jamais célébrer le saint sacrifice de la messe. Cependant on l'appelait déjà l'Oratoire, peut-être même la Maison, Domus. Ainsi Clément III parlait de l'œuvre de Bon-Pas. On avait dit, de même, à Avignon, à l'origine de l'entreprise de Saint-Bénézet. De même aussi à Lyon, quand s'organisa l'œuvre du pont de la Guillotière. On dit de la sorte, partout où s'élevèrent des Maison-du-Saint-Esprit, des Maison-Dieu. (5)

---

(1) Lenthéric, *La vallée du Rhône et le Pont Saint-Esprit*, dans les *Mémoires de l'Académie de Nîmes*, 1889, p. 82.

(2) Cart., p. 80, note 1.

(3) Malus tractus, malatraihe. Notre *Note sur les vrais constructeurs du pont Saint-Esprit*, p. 12.

(4) V. planche VIII, 2 et k, et Cart., p. 77, n. 4.

(5) *Les constructeurs de ponts au moyen âge*, p. 24. On pourrait multiplier les exemples : L'hôpital du Saint-Esprit de Marseille fonda l'hôpital du Martigue et y construisit une église et un pont d'où « l'œuvre de l'église, du pont et de l'hôpital de Saint-Geniez ». V. Fabre, *Histoire des hôpitaux de Marseille*, 1854, p. 46.

Certainement, depuis longtemps, la population de Saint-Saturnin participait à ce grand mouvement religieux qui, après avoir porté les peuples d'occident à la reconstruction des églises, les empressait à l'assistance des voyageurs. A cette heure des grandes compensations religieuses, tous ceux qui ne pouvaient se croiser ou entreprendre les grands pélerinages de Rome, de Saint-Jacques, de Notre-Dame-du-Puy et d'autres sanctuaires célèbres, se donnaient pour un temps à la construction des ponts et des hospices qui en facilitaient l'accomplissement. La diversité de sacrifices concourait au même but. Il devait y avoir parité de mérites.

Nulle part, assurément, croisés et pélerins n'avaient plus besoin d'assistance qu'au passage du Rhône, à Saint-Saturnin-du-Port. Nulle part, sans doute, leurs aumônes ne furent plus abondantes, mais l'Œuvre à constituer était si considérable et la population de cette bourgade hospitalière si misérable que l'entreprise tarda, longtemps, à sortir d'un rêve pieux. Elle s'annonça peut-être par des tentatives avortées (1). Quand elle s'affirma, ce fut dans l'entente des moines de Saint-Pierre et de cette bourgeoisie intelligente qu'on a vu naître et grandir autour du célèbre moustier bénédictin.

Le 25 mars 1265, le collège électoral de Saint-Saturnin se présenta au prétoire seigneurial. Le prieur, dom Jehan de Thyanges, y reçut, lui-même, ses vassaux. Sur la liste des notables présentés par ceux-ci, après mûre délibération et d'un commun accord, on choisit huit habitants pour jeter les bases de l'entreprise et l'administrer : quatre maitres de l'œuvre, Guillaume Artaud, Clair Tharan, Jacques Bérenguier, Pons de Gaujac ; quatre conseillers, Raymond de Piolenc, Guillaume André, Raymond des Moulins et Laurent du Port. Des pouvoirs leur étaient donnés pour une année, à l'expiration de laquelle ils devaient rendre compte de leur administration.

Aux premiers, sans doute, incomba le soin de choisir

---

(1) Cartul., p. 433.

l'emplacement du viaduc, d'en dresser le plan, de réunir les matériaux nécessaires, d'appeler les ouvriers et de leur distribuer le travail ; aux seconds revenait plus particulièrement la mission de provoquer des dons, de les administrer et de pourvoir au logement et au vivre des nombreux collaborateurs que rassemblerait l'annonce d'un travail aussi considérable.

La réalisation en était autrement difficile que la construction des ponts d'Avignon et de Lyon, moins encore à raison du peu de crédit de cette bourgade de quelques centaines d'âmes que par suite de grandes difficultés topographiques. A chaque nouvelle crue torrentielle, — et on sait si elles sont soudaines et fréquentes au-dessous du confluent de l'Ardèche, — le fleuve changeait son cours dans la vaste plaine de Lamotte, laissant des îlots tantôt au levant, tantôt au couchant de son lit primitif. On pouvait craindre que le monument devint inutile faute d'endiguement, ou peut-être par suite d'une mauvaise entente du système hydraulique.

Cette perspective de luttes incessantes contre un fleuve démonté, pas plus que la crainte de manquer des ressources nécessaires pour l'achèvement de ce colosse de pierre ne rebutèrent les recteurs élus. Tandis que des criées, faites au loin par le soin de leurs messagers, informaient de la prochaine ouverture des travaux les artisans de profession et les ouvriers bénévoles, des acquisitions de terrains en amont de la ville du Bourg-Saint-Andéol, mettaient à leur disposition des carrières d'une pierre de grès fort résistante dont les bancs, se présentant presque à fleur d'eau, permettaient de rouler commodément sur des barques plates les blocs lamellaires, de quatre mètres de longueur, qui gardent des affouillements les avants et arrières-becs des piles. A plus forte raison, claveaux et moëllons pouvaient-ils parvenir exactement appareillés à pied d'œuvre. Des trains de bois achetés dans les vallées des Alpes descendirent, à la fonte des neiges, par l'Isère et le Rhône, un approvisionnement suffisant pour la construction des charpentes et des pontons. Des fours, installés ou agrandis pour la circonstance, permirent de tirer du voisinage, peut-être de Saint-Paulet-de-Caisson ou de Saint-Alexandre (1), la grande quantité de chaux, cuite au bois, exigée par les bétons compris dans le massif des piles et de la chaussée (2).

Toutes dispositions suffisamment prises et les maîtres maçons embauchés, au mois d'août, on voulut commencer les travaux. En effet, les eaux, fort basses, permettaient de détourner le cours du fleuve sur des points réservés, tandis qu'en vue des premières piles à bâtir, immédiatement, on jetterait des amoncellements de pierre, là où des sondages avaient montré le rocher. Plus commodément aussi, on pouvait ficher les pilotis dans les alluvions profondes, car le lit du Rhône, au droit de Pont-Saint-Esprit, est ainsi tracé qu'entre des bancs diagonaux de

---

(1) En 1475, la chaux, employée à la construction du portail de l'Eglise du Saint-Esprit et à la réfection des tours du pont, venait de Saint-Alexandre ; au prieur du lieu on paya trois livres tournois pour quatre charretées de cette chaux.

(2) En 1875, un ami regretté, le jeune docteur Guillermond, de Lyon, voulut bien faire, à notre demande, l'analyse des mortiers du pont Saint-Esprit ; sur deux échantillons : l'un, provenant du pont primitif (1265-1309), donna :

Chaux....................................	19.00
Acide carbonique...........................	14.90
Sable et argile (celle-ci en très faible quantité).	66.10
	100.00

L'autre, provenant des petites arches démolies, au levant du pont, (arches construites vraisemblablement en 1595), contenait :

Chaux	19.040
Acide carbonique	14.960
Sable et argile (celle-ci en très faible quantité).	66.000
	100.000

« Le point le plus intéressant, ajoutait le chimiste, aurait été de savoir la proportion d'argile, ce qui aurait indiqué si ces mortiers étaient des ciments ou des pouzzolanes. Mais l'argile était en si faible quantité, à simple vue, que sa présence paraissait être purement accidentelle. Je suis à peu près convaincu que nous n'avions affaire qu'à des mortiers ordinaires, c'est-à-dire faits avec de la chaux grasse et du sable. »

roche sédimentaire s'étendent, parallèlement, en nombre indéterminé, des fonds que la vague tourbillonnante creuse toujours davantage.

Cependant que se faisaient ces préparatifs, le seigneur-prieur avait fait valoir un droit de directe sur l'Oratoire ou Maison du Saint-Esprit. Les recteurs déclarèrent ne pas le reconnaître. Toutefois pour ne point perdre un temps précieux, les parties convinrent de s'en rapporter au jugement du sénéchal de Beaucaire. Peut-être le représentant du comte suzerain trouva-t-il le cas épineux. Tandis qu'il réfléchissait, les recteurs revinrent au prétoire seigneurial. A l'observation qu'ils sont prêts à travailler, le prieur répond ne pas s'opposer à la réunion des matériaux mais au commencement de la bâtisse même du pont, parce qu'il a été injurié à l'occasion de la Maison dite du Pont ; que le différend soumis, d'un commun accord, au sénéchal ne saurait rester longtemps en suspens, puisque l'arbitre a fixé déjà le jour des débats, défendant, d'ailleurs, d'innover en cette affaire.

De maxime générale, la juridiction était adhérente au territoire, c'est-à-dire que la juridiction attirait la seigneurie directe, sorte de servitude à laquelle les sujets étaient obligés pour le fond dont ils avaient la seigneurie utile. D'autre part, en vertu du droit allodial, qui subsistait en Languedoc, on y disait « toute terre sans seigneur ». Des avocats retors pouvaient, grâce à des discussions d'école aussi contraires, empêcher la construction du pont durant des années. On l'admettra d'autant mieux qu'en l'espèce le débat persistait encore en 1292. A cette date, les recteurs s'attribuaient, clandestinement sans doute, le droit de directe sur certains immeubles voisins de la Maison du Saint-Esprit (1), mais ce droit qui leur fut contesté sur un autre point, peu après (2), ils auraient pu le revendiquer, sans jamais se lasser, car on ne trouve pas moins de trente-quatre seigneurs directs dans le ter-

(1) Cartul., p. 23.
(2) Ibid., 24.

ritoire du Pont-Saint-Esprit, au XVIe siècle (1), alors que les prieurs pensaient être seuls seigneurs fonciers (2).

A côté de la question de droit seigneurial, Jehan de Thyanges vit la question d'intérêt public. De lui, on dirait volontiers que sa qualité de supérieur de monastère fut symbolisée par la légende en celle de pasteur de troupeau auquel un ange apparut, montrant l'endroit où il fallait édifier le pont (3).

Moins d'un mois après la protestation des recteurs, au jour anniversaire de la pose de la première pierre du pont d'Avignon par Saint-Bénézet, le prieur bénédictin posait la première pierre du pont Saint-Esprit sur la rive gauche du Rhône. « *L'an du Seigneur mille deux cent soixante cinq et la veille des ides de septembre* (12 sept.), *nous, frère Jehan de Thyanges, humble prieur du monastère de Saint-Saturnin-du-Port, ayant devant les yeux Dieu, à qui tous nos secrets sont connus, voulant l'avantage tant de notre monastère et de la ville de Saint-Saturnin-du-Port que de tous les hommes qui viennent au port de notre ville, conduit par l'inspiration divine dans notre port, sur la rive de notre condamine, au-delà du Rhône, terre qui est un alleu particulier au bienheureux Pierre de Cluni, nous voulons commencer le pont, et en tête du pont, en signe de notre seigneurie et juridiction, poser la première pierre en l'honneur de la Sainte et Indivisible Trinité.* Ainsi que nous l'avons déjà fait, aux maîtres de l'Œuvre et aux conseillers que nous avons nommés pour diriger ce travail du pont, nous concédons la permission de travailler audit pont, pendant le temps pour lequel ils furent établis, c'est-à-dire jusqu'au dimanche des Rameaux ; pourvu qu'ils fassent bien. » (4)

Cette cérémonie mémorable attira, sans doute, un

---

(1) Magnin, *Inv. des arch. de la ville*, Mans 1642 (dossiers de l'auteur).
(2) Pinière de Clavin, *Mémoire historique du prieuré*.
(3) Cartul., p. 6 et 433.
(4) Bernard, Inventaire général ; et Cartul., p. 6.

grand concours des populations environnantes. Le procès-verbal qu'on dressa, séance tenante, un des notaires de Saint-Saturnin, évoque le témoignage de quarante-cinq personnes : moines, prêtres séculiers, officiers de justice du couvent et notables de la localité. Encore, pour connaître la qualité de ceux-ci, doit-on se renseigner à d'autres documents. Les recteurs (le Bureau de l'Œuvre comme on dira plus tard) ne figurent pas en corps administratif. Leurs noms sont mêlés à ceux des nobles et bourgeois, simples spectateurs. Cette observation ajoutée à la constatation des pouvoirs temporaires consentis par le prieur ; l'invocation de l'action divine qui le conduit et la réserve expresse des droits de sa seigneurie, tout dans cette charte établit le rôle prépondérant que le monastère entend garder dans l'entreprise. C'était son droit en raison de la constitution politique de l'époque. Les habitants de Saint-Saturnin ne pouvaient le dénier, pas plus que le Comte de Toulouse, suzerain nominal de cette terre allodiale.

D'ailleurs si le seigneur-prieur n'eût coopéré à l'entreprise par l'appoint de la grande influence de son monastère, la faveur des puissants et des peuples n'en eût pas facilité la parfaite exécution (1). Dès lors, au contraire, le prieur sollicita l'approbation du Souverain Pontife qui fit expédier une bulle, invitant la Chrétienté à donner à l'Œuvre du pont Saint-Esprit le concours de ses bras et de ses aumônes. En retour de l'aide apportée à l'édification d'un pont d'une utilité si considérable, le pape accordait des indulgences extraordinaires (2). A une époque où les confesseurs imposaient, en surcroît de pénitence, une aumône pour l'établissement des bacs et des ponts, ou même pour l'ouverture et l'entretien des routes (3), une

---

(1) Ces observations consacraient le projet d'élever une statue à Jehan de Thyanges, en face du Pont-Saint-Esprit. Des querelles de clocher en empêchèrent la réalisation, en dépit de la générosité de Fabisch, le grand sculpteur lyonnais.

(2) Cart., p. 115 (n.) et p. 173 (n.).

(3) Pierre Le Chantre, Robert de Flamesbourg.

telle invitation dut avoir un long retentissement, portée qu'elle était par la voix de quêteurs, aussi nombreux que zélés, que des sauf-conduits des barons et des princes souverains du midi de la France et du nord de l'Italie recommandaient aux populations chrétiennes. Ces lettres de sauvegarde permirent aux messagers de l'Œuvre du Saint-Esprit d'aller, par eau et par terre, à travers le réseau inextricable des péages et barrages seigneuriaux, sans acquitter aucun droit, sans qu'on pût les molester, sous un prétexte quelconque ; ils quêtaient librement, dans les fours et les moulins, rendez-vous quotidiens des gens de tous pays.

A l'exemple du Souverain Pontife, les évêques s'intéressaient, d'une manière toute particulière, au succès de l'entreprise. Des ordonnances épiscopales relativement récentes, — les anciennes furent détruites ou perdues, à la suite d'un long usage, sans doute, — établissent des privilèges sans précédent, au profit des quêteurs de Saint-Saturnin-du-Port. Devant eux s'ouvraient les églises interdites, les cloches annonçaient leur arrivée aux populations, et les curés montaient en chaire, publiant les miracles opérés sur les rives du Rhône (1). Durant leur séjour dans certains pays, l'envoyé même de l'évêque cessait la poursuite des tributs diocésains. Ces quêtes donnèrent des résultats d'autant plus satisfaisants que les diocèses les plus éloignés fournissaient de l'argent, alors que les évêchés les plus rapprochés, à trente lieues à la ronde, procuraient des dons en nature pour la nourriture des ouvriers et leur entretien. Si les frères du Saint-Esprit allaient pédestrement et la besace sur le dos, leurs forces furent souvent mises à l'épreuve. Ils devaient multiplier les étapes. Ramassant, sur leur chemin, blé, vin, huile, lin, fromage, laine, chair salée et toute sorte de comestibles, comme aujourd'hui les petites sœurs des pauvres, ils poussaient devant eux un petit baudet, leur aide et

---

(1) Distribution était faite, aux fidèles, d'images et d'oraisons en l'honneur du Saint-Esprit. V. Cartul., p. 291.

leur commensal. Dans la ville la plus voisine, attendait un muletier chargé du transport de ces provisions à Saint-Saturnin-du-Port. Plus tard, on le verra, la difficulté de réunir et de véhiculer ces marchandises encombrantes décida les recteurs à affermer les quêtes à des personnes qui produisaient d'honnêtes références.

Tant de sollicitude rendit célèbre l'Œuvre du pont de Saint-Saturnin. On ne se contenta pas de donner de l'argent de son vivant, on fit des largesses après sa mort. La coutume s'établit dans les paroisses du Vivarais, dès la fin du XIIIe siècle. Tel le legs fait, le 10 mars 1283, par Aymond de Pagan, seigneur de Mahun, Satilieu, Serray, etc., dans le Haut-Vivarais (1). Trois ans auparavant, Guillaume de Baudiner, descendu à Saint-Saturnin-du-Port, sans doute, pour y gagner les indulgences promises aux visiteurs de la Maison du Saint-Esprit, abandonnait à l'Œuvre du pont, « de son propre mouvement, par amour de Dieu, pour le rachat de ses péchés et de ceux de ses parents », les revenus du péage de Saint-Bonnet-le-Froid, dans le mandement de Baudiner. (2)

Pour les constructeurs de monuments religieux, racontent les chroniqueurs du XIIe siècle, aux heures de travail succédaient les heures de prières. Après le repas du soir, on se réunissait encore autour du monument en construction, on allumait des cierges sur des chariots, on récitait des invocations, on chantait des hymnes et des cantiques.

Dans semblable milieu, trois quarts de siècle auparavant, s'était formée la corporation des Frères du pont d'Avignon (3); de même se forma la confrérie du Saint-Esprit de Saint-Saturnin. Elle comprenait les deux sexes ; les hommes occupés à l'édifice du pont et au pénible travail des carrières du Bourg, au transport des matériaux de toute sorte et aux quêtes, service important entre tous, car l'argent fut, à toutes les époques, d'une utilité abso-

---

(1) Note due à l'obligeance de M. le comte de Montravel.
(2) *Haute-Loire, arrond. d'Yssengaux.* Cartul., p. 301.
(3) *Les constructeurs de ponts au moyen âge*, p. 28.

lue; les femmes chargées du service des maisons ouvrières et d'un hospice où les malades et les indigents de la contrée, à l'origine de l'Œuvre, bénéficiaient des soins donnés aux ouvriers atteints par la maladie ou les accidents inhérents à leur profession. Dès la première heure, le costume des frères et sœurs donnés consistait en une robe blanche, de laine, timbrée sur la poitrine de deux arches crucifères de laine rouge. (1)

Ici, comme parmi les compagnons de Sibert, à Bon-Pas, comme parmi les collaborateurs de Bénézet, à Avignon, des travailleurs mercenaires, des quêteurs même restaient libres de toute attache à l'Œuvre du pont. Le nombre de tous ces gens augmenta tellement qu'en 1267 le pape Clément IV dut permettre l'institution d'un second vicaire à l'église paroissiale, le service religieux devenant trop lourd pour un seul.

Dans le but de donner plus d'homogénéité à ces forces laborieuses, d'un commun accord entre le prieur, les recteurs, deux frères donats et un ouvrier de profession, on convint d'un règlement complémentaire, sans doute, de statuts antérieurs. Il en ressort que la confraternité établie à l'occasion du pont Saint-Esprit n'obligeait pas au détachement des biens privés; qu'un salaire relatif au travail de chacun était journellement payé, une part même revenant aux quêteurs sur leurs collectes; qu'enfin, à l'origine de l'entreprise, tout collaborateur pouvait avoir sa demeure particulière. A tous, frères et sœurs, défense est faite de manger ou boire, soit à Saint-Saturnin-du-Port, soit à Bourg-Saint-Andéol, en dehors de sa résidence propre. Il sera corrigé s'il agit sans permission du prieur ou des recteurs. — Evoquant des malheurs attribués au manquement à la loi de l'abstinence, ce règlement proscrit la viande de l'alimentation des personnes de l'Œuvre, le mercredi et le samedi. — Nul donat, frère ou sœur, ne doit s'arrêter dans la maison pour s'occuper d'affaires privées. — Sur les chantiers de Saint-Saturnin et de

---

1) Cart., p. 190 et 273.

Bourg-Saint-Andéol l'usage des œufs est interdit, le vendredi. — Une fois le jour seulement, les manœuvres et les serviteurs auront part à une distribution de fromage, de viande ou de poisson. — A leur retour de mission, les quêteurs ne peuvent entrer dans leur logis ou en ville ni y envoyer quelqu'un, soit de nuit, soit de jour, avant d'avoir déposé leur recette sur l'autel du Saint-Esprit, leurs comptes dûment rendus aux recteurs de l'Œuvre. S'ils agissent autrement, ils perdront la part qui leur revient. Sous la même peine, défense leur est faite de s'étendre au-dehors des diocèses assignés à chacun d'eux. — Retour des quêtes, un seul jour de repos est permis, (aux frères exceptés). Celui qui agirait différemment, devra payer huit deniers pour lui et quatre pour son ménage. — Nul voiturier ne peut conduire son attelage hors la maison du Saint-Esprit, sous peine de perdre son salaire de la journée. — Tout chef de service, surpris dérobant des objets de la maison, sera privé de son traitement du jour, du mois ou de l'année (1).

Dès l'origine, on le voit, les donats, frères et sœurs, furent personnes séculières qui, par devant les recteurs, se vouaient, temporairement ou à vie, à l'Œuvre du Pont et de l'Hôpital. La donation de leur personne et même de leurs biens n'impliquent, nullement, les vœux perpétuels de religion : chasteté, pauvreté et obéissance (2).

Il en sera ainsi encore, dans un avenir éloigné, quand un certain nombre d'entre eux seront admis au sacerdoce. Alors on en verra plusieurs solliciter et obtenir la ferme des quêtes, dans les évêchés lointains (3).

Malgré la facilité de cette règle, tout le monde ne pouvait se donner à l'Œuvre du Pont et des Hôpitaux. L'accomplissement d'un vœu, d'une pénitence amenait des ouvriers bénévoles pour un temps fort court. En souvenir de ce concours limité, que de pieux chrétiens avaient

---

(1) Cartul., p. 20.
(2) Cartul., p. 99.
(3) Registre des délibérations du Bureau.

apporté à l'entreprise première, des personnes, appelées confrères et confréresses, vinrent, plus tard, à jour déterminé, contribuer de leur personnes aux œuvres de miséricorde (1).

Si on interrompit, longtemps, les travaux du pont (2), certainement ce ne fut pas durant les années qui suivirent la pose de la première pierre. L'agrandissement des carrières, en 1275, et, plus anciennement, la sollicitude dont témoignent les recteurs pour doter leur maison ouvrière du Bourg-Saint-Andéol, d'un jardin, d'un potager sans doute, indiquent assez l'activité qui régnait dans ce chantier. Les achats de terrains, postérieurement, et à ce sujet la faveur que témoignent l'évêque de Viviers et son chapitre à l'Œuvre du Saint Esprit (3), prouvent qu'on ne chômait pas à Saint-Saturnin-du-Port. Les travaux traînèrent en longueur, non par suite de difficultés financières ou judiciaires, mais les crues fréquentes du Rhône et de l'Ardèche, la réfection des parties du monument renversées par les eaux, ou bien encore des constructions plus profondes qu'on ne le pensait, pour asseoir solidement l'édifice, dérangèrent, à maintes reprises, les calculs des recteurs, sans jamais lasser les populations riveraines du fleuve. De même qu'aux XVIe et XVIIe siècles, les communautés du littoral envoyèrent des travailleurs et des subsides afin qu'on parât, plus promptement, les dangers qui menaçaient le précieux viaduc (4), ainsi durent faire, à maintes reprises, dès sa construction, les gens du Dauphiné, du Comtat et du Languedoc. La supposition n'est pas gratuite, et plusieurs villes du Vivarais même, notamment Largentière, contribuèrent de leur argent à l'achèvement du monument destiné à relier les deux rives du Rhône (5).

(1) Cartul., p. 190.
(2) Ibid., p. 433.
(3) Ibid, p. 16 et suiv.; inv. général, 1754.
(4) Arch. com. de Caderousse...... — Ordonnance des Etats de Languedoc ; manusc. Massillan, bibliot. Calvet, Avignon.
(5) Challamel, Chronologie de l'Ardèche, manusc. à la date de 1309.

Cependant les recteurs ou plutôt les habitants de Saint-Saturnin dont ces administrateurs étaient l'expression, l'essence même en dépit du choix des prieurs, chaque année renouvelé, faisaient toujours échec aux droits du monastère (1), sur le sol où s'étendaient à même les bâtiments nécessaires à la grande œuvre collective, alors en pleine gestation.

Afin de lui donner cette autonomie qui lui permettra de briller d'un si vif éclat au commencement du XIVe siècle, puis de survivre à la guerre de cent ans et aux guerres religieuses plus longues et plus terribles encore sur les bords du Rhône, les recteurs voulurent mettre le pont à l'abri d'un coup de main de la part des belligérants que ce point stratégique attirerait. Vraisemblablement, le prieur, à qui appartenait la force armée dans le pays, ordonna ces travaux de défense. Ils consistaient en une petite forteresse, la tour Saint-Michel (2), à l'entrée de la ville, entre l'oratoire et le pont, une autre tour sur le pont même, à l'angle imprimé au viaduc pour opposer plus de résistance aux poussées du fleuve (3), une troisième enfin, à l'extrémité orientale du pont. (4)

Bien que compris dans le domaine du monastère de Saint-Pierre, le port de la rive gauche, ce propre alleu de Cluny (5), était aux limites même du territoire de l'Eglise. Jean de Grillac, recteur du Comtat, vit dans les deux forteresses les plus rapprochées de Lamotte un danger pour la province qu'il administrait et en demanda la destruction. En présence d'un refus obstiné, à titre de gage, il saisit le fief de Sarrians, près Orange, que le monastère de Saint-Saturnin possédait en vertu de la donation faite par Guillaume de Provence à Saint-Mayeul, son ami, qui l'avait uni, lui-même, à l'ancien domaine de

---

(1) Cartul., p. 23.
(2) Planche VIII.
(3) Planche VII.
(4) Planche VII.
(5) Cartul., p. 4. V. notre *Carte de la viguerie du Pont-Saint-Esprit*, dans *Notions générales......*, Avignon, 1886.

Géraud d'Uzès, à la fin du X° siècle. L'affaire fut portée en cour de Rome. Par deux bulles, en date du 14 mars 1296, adressées l'une au prieur, l'autre à son propre représentant, Boniface VIII exigeait du premier la destruction des deux forteresses, dans le délai d'un mois, et ordonnait au second la restitution des biens mis sous séquestre, dès que satisfaction lui serait donnée. Cette fermeté eut raison de toutes velléités de résistance. Le 7 avril 1697, à trois heures après midi, le chevalier de Grillac et dom Raymond de Gresignan, vicaire du prieur de Saint-Saturnin, se rencontrèrent devant le portique de l'église de Sarrians. Constatation faite, par témoins et sur titre, que tout ouvrage fortifié avait disparu du pont Saint-Esprit, avec l'agrément des moines bénédictins, le recteur du Comtat remit au vénérable religieux le temporel saisi et les fruits qui en provenaient, retenant seulement la juridiction du château de Sarrians jusqu'à ce que le prieur eût rendu au Saint-Siège l'hommage accoutumé. Aussitôt après, le trésorier du Comtat, à son tour, se rendit devant la porte du prieuré et en remit les clefs à R. de Gresignan, avec la solennité et en présence des témoins requis pour le premier acte (1).

Cependant entre les recteurs et le prieur dom Théobald se ranimait la querelle assoupie de la directe qui, bientôt, entra dans une phase bien dramatique. L'Œuvre édifiait alors de nouveaux bâtiments hospitaliers, proche la maison du Saint-Esprit et sans l'assentiment du prieur, paraît-il. Les recteurs n'ayant pas voulu obtempérer à la sommation d'avoir à cesser cette entreprise, un jour du mois de juin 1297, vingt-cinq moines bénédictins envahirent la place voisine de l'Oratoire et, avant qu'on essayât de les en empêcher, démolirent une muraille en construction. Le bayle de la cour royale (2), requis par les gens de l'Œuvre, intima aux bénédictins, au nom du roi, d'avoir à

---

(1) Arch. départementales de Vaucluse.
(2) La Couronne avait hérité des comtes de Toulouse, en 1271 (V. ci-après, p. XLV).

cesser ce trouble. Non seulement les moines s'y refusèrent, mais alors qu'ils retournaient à leur couvent, leur droit bien affirmé, le prieur revint avec d'autres gens et leur fit terminer la destruction des pans de mur qui restaient encore debout. Cependant l'agent royal menaçait de réunir au domaine de la Couronne la juridiction du monastère. Les recteurs, au contraire, gardaient une attitude passive et témoignaient d'une grande déférence envers le seigneur, l'assurant qu'ils auraient fait appel devant sa Cour, s'il eût consenti à les écouter. Le lieutenant du doyen, officier de justice du prieur, refusa formellement de les entendre et les assigna devant la cour seigneuriale, à l'effet d'y réparer leurs torts. Les recteurs en appelèrent immédiatement au roi (1). On ne connaît point la suite de cet incident, mais la dualité de justice et la rivalité qui en résultait durent favoriser les vassaux rebelles.

Quoi qu'il en soit, ces différends ne nuisaient en rien à la construction du pont qui se poursuivait, à la satisfaction des deux parties.

Vers 1307, le monument atteignit son plein développement, une arche, toutefois, restant inachevée (2). Deux ans après, il était livré à la circulation (3).

Le Pont-Saint-Esprit s'étend sur une longueur de plus de 900 mètres. Primitivement, la chaussée était supportée par vingt arches qui, dans le courant du XVI° siècle (4), furent réduites à dix-neuf. Sur l'emplacement de l'arche démolie, au levant, on bâtit trois arcades de petites dimensions. Elles ont fait place, à leur tour, en 1869, à une grande arche semblable à toutes les autres, c'est-à-dire présentant une ouverture d'environ 35 mètres.

Autrefois, à la rive droite comme à la rive gauche du

---

(1) Cartul., p. 24.
(2) Ibid., p. 36.
(3) La légende de la fresque de la maison du Roi porte : « Ce pont commencé en 1265 fut terminé en 1307, sous le règne de Philippe le Bel ».
(4) On croit que Damville démolit la vingtième, durant les guerres de religion.

Rhône, des rampes établies sur la première arche conduisaient au tablier horizontal pavé de cubes de basalte, apportés vraisemblablement par eau du cratère de Chenavari, près le Teil. En 1358, à la veille de la surprise de la ville par les Anglais (1), des bastilles crénelées fermèrent les deux extrémités du pont (2), sans opposition quelconque. Un beffroi installé dans la tour du levant donnait l'alarme en cas d'attaque des ennemis. Deux autres tours s'élevèrent sur l'angle obtus, d'où la papauté les avait fait disparaitre, en 1296, complétant ainsi un système de défenses permanentes (3). Dans l'une, au XVIe siècle, fut érigé un autel en l'honneur de Saint-Nicolas. Au-dessous, depuis longtemps, existait un réduit dont on fit des prisons (4). Plus tard, un fabricant de poudre y établit ses ateliers.

Au milieu de la troisième arche du côté de Saint-Saturnin-du-Port et sur le parapet du midi, s'élevait une croix. Elle fut renversée par le vent, durant le siècle dernier. De temps immémorial, le jour de Saint-Marc, le clergé paroissial venait, en cet endroit, bénir les fruits de la terre.

La forme des arches est elliptique. D'une hauteur inégale, elles varient, par le système adopté dans leur construction, du moins à l'extérieur. On voit des arcades dont les voussoirs forment couronne à côté d'arches dont les voussoirs sont liaisonnés avec les tympans (5). Par dessous, se présente un mode unique de structure qui semble caractéristique du pont Saint-Esprit. — Ce ne sont plus, comme à Avignon, des anneaux en pierre exposés à se disjoindre et à se déjeter ; ni, comme à Lyon, une voûte dont tous les claveaux sont liaisonnés. Ici, on perçoit clairement quatre arcs, indépendants les uns des autres, et

---

(1) *La guerre autour du Pont-Saint-Esprit*, p. 18.
(2) Planche VII.
(3) *Ibid*.
(4) En 1474, on l'appelait la Crotte du milieu du pont. Andrieu Bruguier en refit les serrures. (V. Cartul., p. 316, note.)
(5) V. la planche contenant le géométral du pont d'Avignon et de celui du Saint-Esprit, dans nos *Constructeurs de ponts, au moyen âge*.

cependant liés entre eux, de loin en loin. La séparation des voussoirs est ainsi rendue impossible, mais leur démolition peut s'opérer, successivement, sans que le dernier s'écroule plus tôt qu'on ne le voudrait.

Les piles sont défendues, en amont et en aval, par des avant-becs, de forme triangulaire, construits en bossage suivant des traditions architecturales adoptées sur les rives du Rhône. Viollet-le-Duc a prétendu que des avant-becs, en amont et en aval, indiquent une mesure militaire (1). Ce ne fut, ici, qu'une précaution contre l'affouillement des eaux. Il suffit pour s'en convaincre d'observer la disposition des éperons supérieurs qui ne sont point posés suivant une perpendiculaire au pont, mais dans la direction même de la plus grande poussée des eaux. On peut ainsi, par la pensée, reconstituer le chenal primitif du fleuve semé d'iles qui existaient encore, au nord du pont, à la fin du siècle dernier. Au-dessus de ces éperons et dans le massif des piles, de petites ouvertures, à plein cintre, de hauteur fort inégale, livrent passage aux eaux des grandes crues du Rhône.

Toutes les pierres du pont Saint-Esprit disent, dans un langage dont l'idiome est malheureusement oublié aujourd'hui, l'ordre qui régnait dans cette entreprise de Titans. Chacun des ouvriers avait un signe, une contre-marque dont il scellait son ouvrage. Il le marquait d'un caractère qui lui était propre, soit pour qu'un autre ne pût usurper le fruit de ses labeurs et en profiter, à son préjudice ; soit pour que les Maîtres de l'Œuvre, au premier coup d'œil, reconnussent celui qui n'avait pas convenablement exécuté sa tâche. Les uns se contentaient de tracer un nombre plus ou moins considérable de traits, de graver une lettre ; les autres creusaient, à la pointe du ciseau, un compas, une équerre, un marteau. Pas un seul bloc, dans cet immense amas de pierre, qui fût privé de la marque distinctive de celui qui l'avait équarri. Malgré les nombreuses réparations exécutées au pied et sur le sommet du pont,

---

(1) Diction. d'architect., VII° vol., p. 234.

ce chapitre d'histoire, écrit avec le maillet et le ciseau, était resté dans son intégrité jusqu'à nos jours ; des travaux récents (1) en ont dispersé les feuillets. Mais si les ingénieurs se sont montrés prodigues de ces matériaux marqués des *tâcherons du pontiste* (qu'on retrouve, toutefois, sur les remparts d'Avignon et d'Aiguesmortes et sur la plupart des monuments des deux rives du Rhône, datant du XIV° siècle), ils ont conservé, autant que possible, et nous les en remercions, à nouveau, la croix que la piété des aïeux sculpta sur les clefs de voûte de toutes les arches, comme une marque de fabrique qui ne permit jamais de se méprendre sur la religion de leurs constructeurs.

Ces croix, de dimension semblable, varient dans l'ornementation. Celle-ci est terminée, à ses extrémités, par des trèfles, celle-là par des fleurs de lys tronquées. Ici, c'est une croix archiépiscopale ; sur l'arche voisine, la croix du Languedoc supportée par un buste d'ange aux ailes déployées. On reconnaît partout le ciseau de l'ouvrier agissant sous l'impulsion de sa foi et livré, pour ainsi dire, à son inspiration propre.

Toutes les piles reçurent, à une époque indéterminée, au XVI° siècle peut-être, un nom particulier, tiré de l'état des lieux, d'un souvenir d'histoire locale, ou emprunté à un personnage considérable du pays (2).

En commençant par l'arche de la rive gauche, dont le prieur posa la première pierre, on les nommait : Thyanges, Pelissière, Savignon, Pile-de-terre, Granouilhe ou Grenoullière, Fruche, Saint-Nicolas, Roule, Male-pile, Roubin, Grosse-Pierre, Figuière, Treilhe, La Martinière, Saulzet ou Sauzet, Bourdigalhe, La Croix, Bagalance, La Tour. Les petites piles, du côté de l'Empire, avaient nom :

---

(1) De 1860 à 1866.
(2) On les trouve, ces noms, dans les cahiers des charges des entrepreneurs de réparations et dans les baux à ferme de la pêche autour du pont. On les lit, mais défigurés, quelquefois, sous la fresque de la *Maison-du-Roi*.

de la Rampe, de la Condamine, du Pont-Levis. Au couchant du pont, sous la rampe descendant vers la ville, la pile de la Crotte désignait le passage allant de la Maison-du-Roi à l'église du Plan, et peut-être, également, le réduit voisin où l'on conservait les archives et le trésor du Petit-blanc (1).

---

(1) Planche VIII, lettres *b* et *v*.

CHAPITRE II

Le paréage. — Les offrandes de l'Oratoire. — L'Hopital. — L'église du Saint-Esprit. — L'hopital des pauvres passants et des femmes en couche. — Les enfants exposés. — La Maison-du-Roi. — Nouvelles exemptions seigneuriales et des rois de France. — Indulgences accordées par les souverains-pontifes. — L'hopital de Notre-Dame-de-la-Pierre. — Construction du presbytère et de l'église. — Le Petit-blanc. — Le Francsalé. — L'entretien du pont.

L'héritière des comtes de Toulouse et son époux, Alphonse, étaient morts sans enfants, en 1271. Dès lors le Languedoc fut réuni à la France et administré par des gouverneurs relevant immédiatement du roi.

Quand parut définitive la jonction des deux rives du Rhône, sur les confins des grandes provinces méridionales, Philippe le Bel vit dans ce fait un évènement de la plus haute importance. Sa Diplomatie, mise en éveil, eut bientôt déterminé le seigneur-prieur à admettre le souverain en la juridiction mère et mixte impère de la ville de Saint-Saturnin et de son territoire, du district de Carsan, des Ilons et du Cluzel, dans le Rhône, et du territoire de la Blache (1). Une cour commune fut instituée. Le serment de fidélité que les hommes de Saint-Saturnin prêtaient au supérieur du monastère, à son avènement, ils le prêteront, désormais, au prieur et au sénéchal de Beaucaire, également. La cour commune sera vicariale, ressortissant aux seuls sénéchal et prieur, si ce n'est dans les cas de haute justice qui appartiennent au sénéchal du roi, seul. Dès lors le viguier, le juge et le notaire de la cour seront communs s'ils sont élus par un accord des deux parties ;

---

(1) Cartul., p. 411.

dans le cas contraire, le sénéchal nommera le viguier et le juge, la première année ; l'année suivante, leur nomination appartiendra au prieur (1). En cette occasion, les co-justiciers éliront un notaire, chacun, mais ces officiers prêteront serment devant tous les deux. Nonobstant ces conventions, le prieur garde les droits de pêche, chasse, four, moulins, trezain, laud, tasque, cens, usage, péage, leude, et tous autres qui lui appartenaient précédemment. De même, le roi, ceux dont il avait l'usage. Les décimes et tous autres droits spirituels, sous quelque nom que ce soit, resteront au prieur (2).

Ces droits spirituels comprenaient le droit paroissial sur les troncs posés dans la ville et le territoire de Saint-Saturnin. Le prieur les possédait, d'ailleurs, en sa qualité de curé primitif du lieu plutôt qu'à raison de son jus-patronat. Les deux motifs, toutefois, quand il crut l'existence de l'Œuvre du pont assurée, l'amenèrent à demander une part dans les offrandes faites par les pèlerins et les voyageurs à la Maison même du Saint-Esprit. En effet, le monastère de Saint-Pierre ne voyait pas sans regret tant de richesses amassées par les recteurs alors que, faute de ressources suffisantes, on ne pouvait construire une église paroissiale répondant par ses dimensions à l'accroissement constant de la population, ni relever, dans des conditions convenables à son caractère d'église majeure, l'église primitive du prieuré.

Aux démarches des bénédictins pour user de leur droit, les recteurs opposèrent un refus fondé sur un retard dans l'achèvement du pont et les exigences probables de son entretien, dans l'avenir ; peut-être, les administrateurs de l'Œuvre firent-ils valoir le projet de transformer leur petit hospice (3) en un grand hôpital ouvert à toutes les misères ; de construire, eux-mêmes, une église monumentale en l'honneur du Saint-Esprit qui les avait si visiblement

---

(1) *Ibid.*, p. 413.
(2) *Ibid.*, p. 412.
(3) V. plus haut, p. xxxv.

assistés dans leur gigantesque entreprise. Le prieur s'adresse au Souverain-Pontife. Clément V commet Raymond de Camaret, abbé de Cruas, pour régler cette affaire. La sentence du prélat déplut aux recteurs du pont. De concert avec le syndic municipal de Saint-Saturnin-du-Port, ils en appelèrent au commissaire apostolique mieux informé. Ensemble, le 26 juin 1306, on se rendit auprès de lui à Avignon où, dès lors, résidait la cour pontificale. Les protestataires mirent en doute la véracité du prieur sur tout ce qu'il avait avancé antérieurement. Cette plainte ne convainquit pas l'abbé de Cruas. Les recteurs durent retourner chez eux, tristes mais déterminés à en appeler au roi devenu, par le paréage, un des patrons de l'Œuvre du Saint-Esprit. En effet, l'affaire fut immédiatement portée devant les juges royaux ; mais, six mois après, Philippe le Bel en dessaisit le parlement de Paris et chargea son fidèle conseiller, le chevalier Guillaume de Plazian, seigneur de Vézenobres, de ramener la concorde entre le monastère et ses vassaux (1).

Alors que les populations de la sénéchaussée de Beaucaire se jetaient dans la révolte, avec la noblesse, en haine des duretés et exactions des commissaires royaux, cet acte du roi légiste lui valut les sympathies de la communauté de Saint-Saturnin-du-Port.

Les documents, qui font pénétrer dans les détails de ce long différend des offrandes de l'Oratoire, montrent bien le vrai Philippe IV et son féal conseiller Plazian, le principal collaborateur du roi aux Etats du Louvre et au Concile de Vienne (2).

En la circonstance, le souverain revêt même des apparences de mysticisme. Son avocat n'en sera pas dépourvu. Le seigneur de Vézenobres proclame, hautement et à maintes reprises, la grandeur des miracles accomplis dans l'Oratoire du Saint-Esprit ; il invoque le devoir d'accroître autant que possible la piété et la gratitude des fidèles.

---

(1) Cartul., p. 38.
(2) *Ibid.*, note 1.

Son libéralisme ne pourra satisfaire les idées d'indépendance des hommes de Saint-Saturnin(1), mais, chez lui, la volonté d'envelopper d'un caractère sacré le petit édicule resté jusqu'alors aux mains des laïques (2), s'alliera au vouloir non moins énergique de faire desservir ce sanctuaire par des prêtres séculiers institués par le seigneur temporel et les recteurs, et soumis à eux seuls. Invoquant encore le précepte divin de l'aumône faite à Jésus-Christ en la personne du pauvre, — plus agréable à Dieu que toute autre, dit-il, — le commissaire royal ordonne l'ouverture officielle d'un hôpital sous le patronage du roi et du prieur.

Pour ce fait, les recteurs ne seront pas soumis à l'institution ou à la destitution d'un évêque ni d'aucun autre ecclésiastique (3). Ainsi le voulait, d'ailleurs, le canon obtenu du concile de Vienne par Guillaume de Plazian. Comme par le passé, ces administrateurs seront élus, annuellement, sur le vu de la liste des hommes de probité du pays, de concert entre le sénéchal de Beaucaire et le prieur auxquels ils doivent compte de leur gestion.

Au sujet des offrandes faites à l'Œuvre du pont et à l'hôpital, dans l'Oratoire même du Saint-Esprit, Plazian ordonne que, sous quelque forme qu'elles se produisent, elles seront partagées entre le prieur et les recteurs. Au contraire, les aumônes ou donations en faveur de l'Œuvre du pont ou de l'hôpital faites, partout ailleurs, appartiendront aux recteurs seuls. Tous ces fonds, indistinctement, seront retenus pour la réfection du pont, le jour où le monument viendrait à tomber en ruine. (4)

Plazian voulut qu'avant de rien percevoir le prieur obtînt l'approbation de son ordonnance par le monastère de Saint-Pierre et l'abbé de Cluni, et qu'il fît consacrer l'Oratoire aux frais du couvent. D'autre part, il obligeait les hommes de Saint-Saturnin à verser entre les mains du

---

(1) Cartul., p. 35.
(2) *Ibid.*, p. 40.
(3) *Ibid.*, p. 43 et 44.
(4) *Ibid.*, p. 45.

prieur pour la réfection de l'église majeure, c'est-à-dire de l'église conventuelle, la somme de quatre cents livres tournois. Le jour même ou le lendemain du prononcé de cette ordonnance, le prieur, les recteurs et le syndic municipal la ratifièrent (1).

Est-ce le texte ci-dessus résumé ou bien un autre texte oublié qui rallia si bien l'agrément des parties? On ne saurait le dire. Mais six semaines plus tard, le 18 mai 1308, à Villeneuve-de-Berc, devant le bailli de Valentinois et de Vivarais, se présentèrent deux des recteurs de l'Œuvre du Saint-Esprit, qui réclamaient l'homologation d'un acte émané de huit légistes de la sénéchaussée de Beaucaire et revêtu de leurs sceaux. Ceux-là même, dont Plazian dans sa sentence dit avoir pris conseil, protestaient contre la déloyauté de l'arbitre royal. Il a écrit, assuraient-ils, autrement qu'il a prononcé. (2)

Si le scandale arriva aux oreilles du souverain, l'effet immédiat fut de valoir une protection toute spéciale à l'Œuvre du Saint-Esprit exposée à sombrer dans ce débat. Philippe le Bel enjoignit au sénéchal de Beaucaire de veiller sur les recteurs (3). Le grand officier de la Couronne prit peu de souci de cet ordre, semble-t-il. Au moment même, où s'affirmait la bienveillance du roi dans ces lettres de sauvegarde et dans la charte même d'institution de l'hôpital (4), on voit les malheureux recteurs, à bout de ressources, réduits à faire la preuve que ni eux ni leurs devanciers aient jamais donné un salaire au sénéchal, au prieur ou à un quelconque des auditeurs de leur comptabilité (5). Vingt ans après seulement, un autre sénéchal de Beaucaire reconnaissait qu'il n'avait rien à recevoir d'eux pour ses bons offices (6). Plus d'un siècle se passe et

---

(1) Cartul., p. 49.
(2) Ibid., p. 50.
(3) Ibid., p. 226.
(4) Ibid., p. 52.
(5) Ibid., p. 53.
(6) Ibid., p. 82. En 1550, un de ses successeurs inscrivit dans son

Nicolas V dira que, pour prix de leurs peines journalières, les recteurs, eux-mêmes, gardaient la seule espérance des récompenses éternelles. (1)

Cependant l'énergie de ces administrateurs n'était pas toujours à la hauteur de leur désintéressement. Lassés de résister à l'âpreté des officiers de la sénéchaussée et aux prétentions du monastère, reconnues par Guillaume de Plazian, on les entendit, devant le sénéchal et le juge-mage de Beaucaire, députés par Philippe le Bel pour l'examen des affaires du pont, en 1308, déclarer l'intention de laisser au prieur et à l'abbé de Cluny, l'achèvement du viaduc et son entretien; à une double condition toutefois : l'agrément du roi et l'engagement pris par les bénédictins d'employer leurs biens propres, au besoin, à l'entretien du monument. (2)

Le prieur ne répliqua rien à cette offre. Philippe le Bel ne dut pas l'accepter davantage.

Déjà, au commencement de l'année 1308, agissant dans la mesure des droits que lui conférait le paréage, le roi avait autorisé l'université des habitants de Saint-Saturnin à bâtir, à l'entrée du pont, du côté de la ville, un hôpital en l'honneur de Dieu Tout-puissant, de la bienheureuse Vierge-Marie, et spécialement du bienheureux Louis, son aïeul. Dans cet hôpital on célèbrera des messes, chaque jour; les pauvres y seront accueillis et les sept œuvres de miséricorde réalisées avec les aumônes offertes à la fabrique du pont par les fidèles de Jésus-Christ. La faveur est

---

ordonnance (Cartul., p. 134) que les personnes rassemblées pour traiter des affaires de la Maison n'auraient droit à aucun salaire, taxation ou vacation, mais pourraient faire collation du pain et du vin de l'hôpital. De tout temps, cependant, ce maigre viatique ne suffit pas. Au retour de la visite des digues du Rhône ou des piles du pont, on faisait annuellement un repas chez le principal aubergiste du pays, qui prenait de 5 à 6 livres pour toute la dépense. (Registre des délibérations du Bureau et, plus anciennement, livre du contrôleur des ouvrages du pont. — Voy. Cartul., p. 313).

(1) Cartul., p. 191.
(2) *Ibid.*, p. 55.

accordée, dit le souverain, à la requête si pieuse, si dévote de l'Université. (1)

Six mois après l'offre formulée par les recteurs de se démettre du soin du pont, Philippe le Bel renouvelle l'autorisation de bâtir l'hôpital et une chapelle en l'honneur de la Bienheureuse-Vierge-Marie et du glorieux Saint-Louis. Le roi agit, dit-il, en tant qu'il lui appartient, mû par l'admiration des travaux immenses réalisés par ses bien-aimés, les hommes de Saint-Saturnin, dans la construction du pont Saint-Esprit, la diligence et la prévoyance dont ils ont fait preuve à rechercher et réunir les ressources nécessaires pour la construction d'un monument si merveilleux ; considérant les miracles déjà accomplis et qui s'accomplissent, chaque jour, par la grâce du Saint-Esprit ; dans la pensée que les fidèles, dont les largesses ont réalisé ce grand ouvrage, ne soient pas détournés de leur dévouement à l'Œuvre du pont; afin qu'ils apportent plus abondamment encore des aumônes capables de permettre son achèvement, le roi exprime le désir qu'avec l'agrément du Souverain-Pontife, l'église et l'hôpital soient exemptés de la dépendance de l'église majeure. Il veut et concède, autant qu'il lui appartient, que toutes les aumônes faites par les fidèles de Jésus-Christ, tant pour la construction du pont que des hôpitaux et de la chapelle, soient, en entier, consacrées aux dites constructions du pont et de l'hôpital, au soulagement des pauvres qui y affluent, à la construction de l'église et à l'entretien de ses desservants. (2)

Sans doute, cette communauté de sentiment chez le roi et les habitants de Saint-Saturnin amena les recteurs à recevoir, sans trop de contestations, l'arrêt du parlement de Paris, qui les déboutait de leur opposition à la sentence de Plazian (3). De nouvelles lettres-patentes du roi au sénéchal de Beaucaire en ordonnèrent l'exécution (4). Fati-

---

(1) *Ibid.*, p. 52. — *Université* pour *communauté* ; la commune.
(2) *Cartul.*, p. 56.
(3) *Ibid.*, p. 57.
(4) *Ibid.*, p. 59.

gués de part et d'autre, on comprit qu'une transaction s'imposait. Le sénéchal de Beaucaire, lui-même, fut choisi pour arbitre (1). La sentence qu'il rendit, à Bagnols, le 25 août 1311, changea peu de chose à l'ordonnance de Plazian ; avec l'agrément du prieur, la somme destinée à l'achèvement de l'église du monastère était réduite à deux cents livres et la consécration de l'Oratoire fixée au dimanche de septembre, qui suivrait l'anniversaire de la pose de la première pierre du pont. (2)

Le prieur, les recteurs et le syndic de Saint-Saturnin-du-Port ratifièrent immédiatement l'arbitrage de Robert de Ocrea (3). Le surlendemain, les habitants réunis, au son de trompe, dans le cimetière paroissial, l'approuvèrent également (4). Le 20 septembre, le chapitre conventuel de Saint-Pierre l'homologue, à son tour (5). Un mois après, enfin, une dernière sanction de l'abbé et du chapitre de Cluny la confirma pleinement. (6)

Depuis deux ans, le pont était achevé (7). On y circulait, en toute liberté, sans payer, comme à Avignon (8), des droits dont la tarification contrariait l'essor du passage. Voyageurs et pèlerins affluaient, ici, sur les deux rives du fleuve. Ce succès, plus que la solution du malheureux débat touchant les offrandes, rendit aux recteurs toute leur énergie. Ils se remirent à l'exécution de leurs grands projets.

On entama, en même temps, les bâtisses de l'hôpital et de l'église du Saint-Esprit (9), car, s'il s'agissait d'accueillir le plus de miséreux possible, il importait également

---

(1) *Ibid.*, p. 60.
(2) *Ibid.*, p. 65.
(3) *Ibid.*, p. 66.
(4) *Ibid.*, p. 67.
(5) *Ibid.*, p. 68.
(6) *Ibid.*, p. 72.
(7) La légende de la fresque du pont, à la Maison-du-Roi, on l'a vu (ci-dessus p. XL), porte : Ce pont..... fut achevé en 1309.
(8) *Les constructeurs de ponts au moyen âge*, p. 29.
(9) Cartul., p. 76.

d'exprimer, d'une façon remarquable, la reconnaissance publique envers l'inspirateur de cette grande transformation opérée dans une pauvre bourgade, halte forcée, jusqu'alors, pour la plupart des voyageurs allant du Dauphiné en Languedoc. Celui qui ne pouvait verser à l'Œuvre une grosse contribution pécuniaire y allait soit de quelque obole, soit encore de la valeur d'une pierre, comme on l'a fait, à notre époque, pour des monuments religieux élevés par la piété des fidèles. Alors aussi bien qu'aujourd'hui, la carrière des arts libéraux produisait ses originalités ; objets de la juste critique du présent, elles ont parfois du bon pour l'instruction des siècles à venir. Ici, on trouve la dédicace écrite par un maître de chapelle, dans la langue vulgaire du pays : « Johan Bathalard menestrier de l'arsivesque de L'hio payet aquesta peira. » (1) Afin qu'elle fut une invite aux petites bourses, semble-t-il, on posa cette inscription à l'un des angles de la porte principale de l'hôpital des pauvres passants, au-dessus du banc où ces malheureux venaient attendre l'heure de leur admission dans la maison (2).

Cet hospice, appelé le grand-hôpital, comprenait au rez-de-chaussée une vaste salle longue de vingt-cinq mètres, large de dix environ ; une belle voûte la recouvrait, dont les arcs d'ogive se ramifiaient sur des fortes colonnes aux chapiteaux fleuris, engagées dans les murailles. L'épaisseur de ces murs ; la rareté des fenêtres qui l'éclairaient, au levant et au couchant ; une large baie, au midi ; et deux vastes cheminées, où s'entassait, l'hiver, le bois des forêts voisines, contribuaient à maintenir une température presque toujours égale dans cet immense dortoir. La grande fenêtre, qui prenait jour sur la rampe du pont, montrait aux voyageurs trois rangs de douze lits enveloppés de courtines tandis que, vers le fond, des vieillards

---

(1) A rapprocher ce texte, qu'on croit du XIVe siècle, d'un payement fait, en 1473, au maître d'hôtel de Monseigneur de Lyon. (V. Livre du contrôleur. Cartul., p. 316, note.— V. ci-après planche III.)

(2) Planche VI.

priaient sous l'arc surbaissé, ouvert au côté méridional du presbytère de l'église du Saint-Esprit (1).

Au premier étage, le bâtiment comprit quatorze chambres, sept prenant jour sur le Rhône et sept au couchant, chacune ayant une cheminée, ce qui indique une installation fort confortable pour cette époque. C'était, sans doute, le quartier destiné aux femmes en couches qui vinrent, en effet, fort nombreuses, chercher des soins qu'on trouvait rarement ailleurs, ou bien à des filles essayant de cacher la flétrissure de leur maternité aux yeux d'un siècle trop indulgent pour la faute elle-même.

Aux enfants, abandonnés par ces filles de joie, et à ceux qu'on venait exposer à la porte des hôpitaux ou bien, le plus souvent, aux portes du pont seulement, on donna une vaste demeure sur un terrain élevé, à l'ouest de l'Oratoire (2). Tout l'espace compris entre ces deux hospices, l'église du Saint-Esprit l'occupa. Ce plan procédait d'une idée hautement moralisatrice. On avait séparé le vice, la souffrance même, de l'enfance qui doit ignorer l'un et l'autre. Un bon métier enseigné aux garçons, un établissement avantageux offert aux jeunes filles, en âge de marier, rendaient à la société des membres qu'une saine doctrine avait épurés.

Dans le prolongement du grand hôpital, la rampe du pont entre deux, s'élevait la Maison du Saint-Esprit dite plus tard Maison-du-Roi. Siége de l'Œuvre, cette demeure, primitivement, se divisait au rez-de-chaussée en plusieurs pièces dont deux grandes salles au levant : la Crotte où l'on conservait le trésor et les archives, et la grande salle, *aula nova*, lieu de réunion des recteurs et de leurs conseils. Au XIVe siècle, le viguier y rendait la justice (3).

---

(1) Cartul., p. 77. — V. planche VIII, lettre *c*.

(2) Au-delà de l'angle *h. q. p* (même planche).

(3) De là, peut-être, le nom de Maison-du-Roi qui, diversement employé dans le Midi de la France, servait quelquefois pour désigner le prétoire où les magistrats royaux rendaient la justice.

A la construction primitive, appartiennent les pans de murs en bossage, un débri d'escalier à vis et des fenêtres grillées, dans

Si l'Œuvre du Saint-Esprit inspirait toujours des dévouements bénévoles, tant d'édifices grandioses ne pouvaient sortir du sol et la charité des habitants de Saint-Saturnin

les sous-sols de la maison, aujourd'hui à niveau des plus basses eaux du Rhône.

Durant les premières années du XVIe siècle, les recteurs réédifièrent la maison ou hôtel du Saint-Esprit (c'était le nom usité en 1474) ; une console des croisées repose sur la salamandre de François Ier.

Au-dessus du rez-de-chaussée, bas et voûté, servant de caves où l'on tenait le vin et l'huile dans de grandes piles (cuves) de pierre, s'élevaient trois étages. Un premier, élevé de 1 m. 50 environ au-dessus du seuil de la porte d'entrée de la maison, et de 4 mètres tout au plus au-dessus de l'étiage du Rhône, contenait quatre salles, deux au couchant, deux au levant, parmi celles-ci la grande salle dite du Roi où se réunit le Bureau de l'Œuvre. Elle mesure 15 mètres de long et 8 mètres de large. Trois grandes croisées l'éclairaient. Au fond, une immense cheminée de pierre, aux moulures prismatiques ornées de végétaux. Plafond en bois de chêne.

C'est là que se réunirent les Etats généraux du Languedoc en 1517, 1520, 1527, 1529, 1533 et 1610. Les Etats particuliers de la province s'y tinrent également, quelquefois. Peut-être le Parlement de Provence fuyant devant Charles-Quint y siéga-t-il alors qu'on prétend que ses membres allaient, chaque jour, de Pont-Saint-Esprit à Notre-Dame-des-Plans pour se réunir sur une terre provençale.

Le roi Jean, Charles VI et, peut-être, Charles VII s'arrêtèrent à l'hôtel du Saint-Esprit ou Maison-du-Roi. François Ier et Henri III y furent reçus, sans doute, à leur passage dans la ville. Louis XIII coucha, probablement, dans la maison du Saint-Esprit, en 1632, quand il traita du pardon de son frère Gaston d'Orléans.

Des ministres protestants logèrent dans la maison du Saint-Esprit durant l'occupation de la ville par les religionnaires.

Les gouverneurs de la ville et citadelle du Saint-Esprit en firent leur habitation, dès le XVIe siècle. Le 10 juillet 1576, une lettre de Dampville défendit aux gouverneurs, consuls du Saint-Esprit, capitaines y tenant garnison, de loger dans la Maison de l'Œuvre. Le 13, on informa le colonel des compagnies françaises du Languedoc, qu'il n'eût point à loger dans la maison affectée de tout temps au logement des prêtres. Le seigneur de Luynes répond qu'il ne délogera pas, parce qu'il a mandat verbal du gouverneur du Languedoc. Le maréchal d'Ornano, Mazargues, et le marquis du Roure s'arrangèrent pour y résider.

produire tous ses résultats sans des appels réitérés à la charité du monde catholique.

Comme s'il se fût agi du pont même, les populations lointaines aussi bien que les plus proches s'empressent autour des quêteurs. Ces frères du Saint-Esprit, qu'on appelait familièrement les frères-blancs, pénètrent dans toutes les provinces avec la même liberté que par le passé. Les seigneurs leur accordent de nouvelles lettres de sauvegarde ou renouvellent celles de leurs aïeux ; tous désignent le pont comme l'objet de leurs faveurs. C'était le levier irrésistible. Ce mot émotionnera le cœur des générations jusqu'au XVIe siècle (1).

Le 29 mars 1314, Alix de Poitiers, veuve du baron de Roussillon et d'Annonay, ordonne à tous baillis, juges, châtelains, magistrats et prévôts de ses terres, de considérer comme ses affaires propres, les frères du Saint-Esprit, leurs messagers, les biens et objets leur appartenant. Pour le salut de son âme et de celles de ses prédécesseurs, elle exempte de tous péages, gabelle, huitain, leyde ou droit d'usage quelconque les objets destinés à l'Œuvre de la fabrique du pont Saint-Esprit (2). A la mort de sa mère, Aymar de Roussillon prescrit, à nouveau, aux magistrats de sa baronnie d'accorder protection et franchise aux Frères du pont Saint-Esprit ; il leur rappelle les lettres de son père, décédé vers 1308, dont les gens de Saint-Saturnin-du-Port se recommandent encore (3). En 1321, c'est le régent du Dauphiné qui commande à tous les administrateurs de ses comtés et de la terre de la Tour de leur donner aide, protection et franchise (4), comme il est dit aux patentes d'Humbert I, comte de Vienne et d'Albon, en date du 6 avril 1294 (5). Au fur et à mesure

---

(1) Cartul., p. 264 et 267.
(2) Cartul., p. 226.
(3) Ibid., p. 228.
(4) Ibid., p. 229.
(5) Ibid., p. 223. Dans un livre étranger au Dauphiné, il ne nous appartenait pas de prouver par un seul acte qu'à l'origine le nom de Dauphin était patronymique. M. Prudhomme a tranché la ques-

que la mort enlève les seigneurs de la contrée où sont députés des quêteurs, ceux-ci se présentent devant leurs héritiers et en obtiennent de nouveaux titres, qui resteront dans les archives de l'Œuvre tandis qu'on laissera égarer les précédents désormais sans utilité. Ainsi subsistent encore les lettres de sauvegarde du seigneur de la Roche (1), du seigneur de Montélimar (2), d'Humbert II, dernier dauphin de Viennois (3), des gouverneurs du Dauphiné (pour le roi) (4) et du roi-dauphin, lui-même (5), du seigneur de Vaud (6), du prince d'Orange (7), des ducs de Savoie (8) et des gouverneurs de Languedoc (9). Le sénéchal de Beaucaire déclare exempter du droit de représailles, les pèlerins de l'église du Saint-Esprit et ne veut pas qu'ils soient recherchés pour l'usage qu'ils feraient de monnaies prohibées dans le pays (10).

Il est à peine nécessaire de constater que les rois de France donnèrent, à leur tour, aux recteurs et frères du Saint-Esprit, des lettres de sauvegarde. Jean le Bon, à son passage à Villeneuve-lès-Avignon, recommande au sénéchal de Beaucaire de veiller sur l'Œuvre. Charles VI ordonne au même administrateur de les défendre contre toutes injures et violences, et de poser les panonceaux royaux sur la Maison et ses dépendances (11). Charles VII maintient les frères et quêteurs du pont Saint-Esprit dans la pleine jouissance de leurs franchises et libertés, alors

---

tion dans : *De l'origine du sens des mots Dauphin et Dauphiné*, Paris, 1893 ; on lira donc à la p. 223 de notre Cartulaire : Humbertus Delphinus, Viennensis et Albonensis comes et dominus de Turre.

(1) *Ibid.*, p. 230.
(2) *Ibid.*, p. 231.
(3) *Ibid.*, p. 233.
(4) *Ibid.*, p. 238 et 243.
(5) *Ibid.*, p. 240.
(6) *Ibid.*, p. 232.
(7) *Ibid.*, p. 235.
(8) *Ibid.*, p. 242, 243, 269, 278, 292.
(9) *Ibid.*, p. 234 et 235.
(10) *Ibid.*, p. 281.
(11) *Ibid.*, p. 237.

qu'aurait voulu les voir restreindre, en Italie du moins, l'hôpital du Saint-Esprit de Saxe, à Rome (1). Par trois fois, le concile de Bâle les avait reconnues (2). De son côté, l'archevêque de Lyon imposa silence aux prétentions des frères du Saint-Esprit de Besançon voulant leur interdire les quêtes dans son diocèse (3), ou tout au moins en limiter la publicité. L'évêque leur laissa son diocèse ouvert pour la « quête des pont et hôpital du Saint-Esprit de Saint-Saturnin-du-Port. » (4)

Par tout cela, on comprend mieux encore de quelles faveurs l'Œuvre de Saint-Saturnin-du-Port jouissait dans tous les diocèses de France et d'Italie. Les ordonnances de l'évêque de Gap (5), de l'archidiacre de Fréjus (6), et de l'évêque de Grenoble (7) montrent, à une époque relativement récente, on le répète, toutes les églises, même celles qui avaient été interdites, ouvertes devant les messagers des recteurs ; les saints Mystères célébrés à leur occasion, et les curés montant en chaire pour exciter la générosité des fidèles par le récit des miracles opérés sur les rives du Rhône. Chacun de ces prélats accordait quarante jours d'indulgence aux fidèles de son diocèse, bienfaiteurs de l'hôpital et de l'église du Saint-Esprit. C'était tout ce qu'ils pouvaient, chacun en son particulier.

Mais, dès l'origine, les Souverains-Pontifes avaient ouvert, plus largement, le trésor des faveurs spirituelles. En attendant de nouvelles découvertes dans les archives du Vatican, on rappelle la bulle de Clément V, en date du 16 juillet 1313, qui accorda un an et quarante jours d'indulgences, aux fidèles, pénitents et confessés, qui visiteront la chapelle du Saint-Esprit aux fêtes de la Nativité, de la Résurrection, de l'Ascension, de Pentecôte, de Saint

---

(1) Cartul., p, 270.
(2) Ibid., p. 248 et suiv.
(3) Ibid., p. 259.
(4) Ibid., p. 263.
(5) Ibid., p. 246.
(6) Ibid., p. 288.
(7) Ibid., p. 290.

Jean-Baptiste, des quatre fêtes de la Sainte Vierge et de la Toussaint ; cent jours d'indulgences, durant l'octave de toutes ces fêtes ; cent jours à tous ceux qui aideront à l'achèvement et à l'entretien du pont et de l'hôpital (1). Au prix des mêmes faveurs, Jean XXII invite les fidèles du monde catholique à faire des aumônes pour l'achèvement et l'entretien du pont (2). Par un autre rescrit, il s'adresse aux archevêques, évêques, abbés, prieurs, doyens, prévôts, archidiacres et autres prélats, aux rois et à tous les princes chrétiens, les invitant à bien accueillir les frères du Saint-Esprit et à leur faire des aumônes pour l'achèvement de l'hôpital et du pont (3). Treize ans après, le même pape fait un nouvel appel au monde catholique (4). Puis, Benoit XII, en 1335 (5), met sous la protection du Saint-Siège, les possessions, droits et revenus de l'hôpital ; c'était opportun ; les Anglais s'avançaient dans l'Aquitaine et leur débarquement sur les côtes de la Méditerranée préludait aux barbares incursions des grandes compagnies dans la vallée du Rhône (6). Néanmoins, Clément VI, par trois bulles datées du même jour, invite les pèlerins à s'empresser plus nombreux vers la chapelle du Saint-Esprit (7), à contribuer à l'entretien du pont et de l'hôpital. Mêmes sollicitations, mêmes faveurs, quatre fois répétées (8) par Innocent VI, à la veille de l'occupation lamentable de la ville du Pont-Saint-Esprit par les grandes compagnies, alors que les populations du Languedoc ployaient sous le faix des contributions militaires (9). Naguère, les recteurs, jugeant que l'assistance publique pesait trop lourdement sur leur Œuvre, avaient obtenu de

---

(1) Cartul., p. 173.
(2) *Ibid.*, p. 176.
(3) *Ibid.*, p. 177.
(4) *Ibid.*, p. 179.
(5) *Ibid.*, p. 180.
(6) *La guerre autour du Pont-Saint-Esprit*, p. 6 et suivantes.
(7) Cartul , p. 181, 182 et 183.
(8) *Ibid.*, p. 184 et suiv.
(9) *La guerre autour du Pont-Saint-Esprit*, p. 17.

l'hôpital urbain dit de Notre-Dame-de-la-Pierre, de prendre à sa charge le quart, tant des pauvres malades que des enfants exposés et des femmes en couches (1). — Ils n'en poursuivent pas moins l'achèvement du sanctuaire projeté en 1319, d'un commun accord avec le prieur Bertrand de Chapelle (2).

Une nouvelle transaction avec le prieur convint que, sur les offrandes déposées à la chapelle du Saint-Esprit et avant d'en faire le partage précédemment convenu on solderait cette construction (3). Le pape approuva le projet ratifié déjà par l'abbé de Cluny. Mais les évènements déjouèrent, une fois encore, tous les calculs et faussèrent les bonnes intentions du prieur. Vainement le roi-chevalier, Jean le Bon, fit rappeler au moine bénédictin le respect de la parole donnée. Les recteurs eux-mêmes n'osèrent insister. La misère pesait sur le monastère aussi lourdement que sur la ville frappée d'une contribution exorbitante par la grande compagnie (4). Le prieuré et ses fermes à relever d'une ruine presque complète, les moines et les gens du couvent à nourrir, la culture même à restaurer et pour ce faire des bêtes de somme à acheter ; autant de motifs qui exigeaient le partage du petit trésor échappé au pillage général. On le fit fort exactement, balance en main. Des sommes réunies avant le 9 juin 1362, chacune des parties reçut la moitié. De l'argent recueilli postérieurement on fit aussi deux parts égales. La première fut réservée pour la construction du sanctuaire, la seconde fut partagée entre le prieur et les recteurs (5).

Assurément on n'eût jamais achevé l'église du Saint-Esprit si le reliquat des fonds recueillis à Saint-Saturnin et ainsi réparti, devait, seul, en solder la dépense. Urbain V, sollicité par les recteurs et les frères de l'hôpital, invita encore une fois la Chrétienté à venir en aide à

---

(1) Cartul., p. 82, et p. 83, note 1.
(2) Ibid., p. 76 et 89.
(3) Ibid., p. 88.
(4) Ibid. et La guerre autour du Pont-Saint-Esprit, p. 18.
(5) Cartul., p. 93.

la fabrique de la chapelle du Saint-Esprit. Aux bienfaiteurs, pénitents et confessés, le pape accorde l'indulgence d'un an et quarante jours (1).

Six ans après, Grégoire XI résumant les libertés, immunités et indulgences concédées par les Souverains-Pontifes, rois, princes et fidèles chrétiens, les confirma dans une même bulle (2).

Ces encouragements même ne pouvaient suffire à mener à bien la construction de l'église du Saint-Esprit ; les travaux avaient été interrompus, en 1350 (3). Treize ans après, on achetait de la chaux en vue de la reprise de cette construction (4). Un don royal de deux cents livres d'or, à prendre sur la dette contractée par la ville envers Charles VI, ne put aider beaucoup les recteurs. Le souverain invoquait bien le zèle et la dévotion dont il était pénétré envers la chapelle du Saint-Esprit; mais la difficulté qu'il eût éprouvé pour contraindre la malheureuse cité dicta peut-être sa munificence. L'Œuvre des Eglise, Maison, Pont et Hôpitaux ne dut point facilement obtenir satisfaction. En 1448, le sanctuaire et une travée de la nef seulement étaient terminés. Le reste s'acheva non moins lentement. Les voûtes en pierre de taille datent en grande partie de 1474 (5).

En effet, les évènements désastreux qui se déroulèrent en France et particulièrement dans la vallée du Rhône, à la fin du XIVᵉ siècle et durant le premier quart du XVᵉ, le retour de la papauté à Rome, la suspicion qui enveloppait, alors, toute chose de France, dans la Ville éternelle, plus encore, peut-être, les attaques auxquelles fut en butte l'Œuvre des Eglise, Maison, Pont et Hôpitaux du Saint-Esprit, au-delà des monts, de la part du grand hôpital du Saint-Esprit in Saxia (6), en deçà, de la part des maisons

---

(1) Cartul., p. 188.
(2) Ibid., p. 189.
(3) Pin. de Clavin.
(4) Cartul., p. 95.
(5) Livre du contrôleur des ouvrages, etc. — V. Cartul., p. 312.
(6) Cart., p. 248.

suffragantes du même ordre, notamment de celle de Besançon (1) ; tout cet ensemble de faits se combinait, semble-t-il, pour réduire les ressources dont disposaient, annuellement, les recteurs en faveur des divers services constituant l'œuvre collective du Saint-Esprit.

Certainement le pont eût manqué de l'entretien annuel qui assura sa solidité, sans l'octroi du Petit-blanc. Sous cette dénomination populaire qui rappelait une petite monnaie d'argent valant un demi-gros (2), on désignait un octroi concédé, vers 1328, par Philippe de Valois, créateur de la gabelle (3). — Dès l'origine, ce droit de cinq deniers fut perçu, indistinctement, sur chaque minot de sel passant sous le pont pour remonter le Rhône ou déposé au grenier de la ville, soit pour son usage particulier, soit pour la fourniture du Velay et du Bas-Vivarais.

De ce don royal il résulta qu'à côté du Bureau des gabelles, auquel présidait un grènetier, personnage fort considérable, sorte de fermier général, s'établit une administration particulière ; les recteurs et des commis la régirent tout d'abord. En 1472, Louis XI, pour remédier à des abus déjà anciens que lui signalèrent les Frères-prêtres (4), ordonna que deux notables de la ville prendraient soin de cet octroi, sous la surveillance du trésorier général des finances de Languedoc (5). On désigna ces délégués sous le nom de receveurs du Petit-blanc.

On ignore le produit primitif de cet octroi. En 1373, le revenu du Petit-blanc se monta à 1.324 livres, 15 sols, 10 deniers ; en 1374, à 1.196 livres, 1 denier ; en 1375, à 1.121 livres, 8 sols, 11 deniers (6). L'entretien du pont et des

---

(1) Cartul., p. 259.
(2) Le gros blanc tournois était d'une valeur de 2 fr. 80.
(3) Ce prince dans son admiration à la vue du pont Saint-Esprit s'était écrié avec le psalmiste : « A Domino factum est istud, et est mirabile oculis nostris ». Les recteurs firent graver des fleurs de lys aux endroits du pont où le roi s'était arrêté.
(4) Livre du contrôleur des ouvrages... (Cartul., p. 308, note).
(5) Cartul., p. 306.
(6) Cartul., note, à la p. 311 et suivantes.

digues du Rhône, destinées à maintenir le fleuve dans son lit primitif, ou l'achèvement de l'église du Saint-Esprit absorbaient cette dotation, à mesure qu'on la percevait.

On signala de nouveaux abus au roi Charles VIII. Aussitôt, ce prince ordonna aux receveurs du Petit-blanc de rendre compte de leur gestion aux recteurs, en présence de trois ou quatre notables de la ville du Saint-Esprit. Le reliquat de la recette dut être déposé, suivant sa volonté, dans une petite salle souterraine appelée la Crotte entre la Maison-du-Roi et le grand hôpital (1), sous cinq clefs distribuées au recteur prêtre, à un autre frère-prêtre et aux trois recteurs laïcs. Sur les fonds du Petit-blanc, le souverain accorda aux frères du Saint-Esprit un traitement annuel de cent livres pour honoraires de la messe royale (2). Plus tard, alors que les rois de France héritèrent du comté de Provence (3), Louis XII porta cette dotation à cent trente livres, à cause de la messe des rois de Sicile.

François Ier voulut que la gestion du Petit-blanc, justifiée devant les auditeurs des comptes, fut communiquée, six mois après, à la Chambre même des comptes de Paris (4). En raison de frais de guerre exceptionnels, en 1527, ce roi ordonna de prélever la moitié du produit du Petit-blanc (5), comme on fit d'ailleurs, cette année-là, du revenu de tous les octrois du royaume et du traitement des fonctionnaires de l'Etat.

François II fixa à douze cents livres la somme à prendre, annuellement, sur le Petit-blanc pour l'entretien de l'église et de l'hôpital du Saint-Esprit, le surplus réservé aux dépenses occasionnées par l'entretien du pont et des digues (6). Vers cette époque, le Petit-Blanc (on disait aussi la Blanque) produisait annuellement de 1.900 à 2.000

---

(1) Planche VIII, lettre v.
(2) Cartul., p. 318 et 398.
(3) Ibid., p. 399 et 402.
(4) Ibid., p. 321.
(5) Ibid., p. 322.
(6) Ibid., p. 326.

livres. La perception s'en faisait à raison de vingt-cinq sols par muid de sel. En 1579, Michel Silvestre, un frère-prêtre, enfant de la Maison, alla en Cour pour demander l'augmentation de sept deniers par muid (1). Conformément aux lettres-patentes qu'il obtint, le duc de Montmorency, gouverneur de Languedoc, ordonna, en 1580, la levée de douze deniers par quintal de sel pris aux salins de Peccais, pour pourvoir aux dépenses qu'occasionnerait l'ouverture à faire dans les iles de Saint-Marcel et de Saint-Just, en amont du pont (2). Dix ans après, le même gouverneur autorisa la perception de vingt sols en sus par muid de sel, soit un escu vingt sols, pour le produit servir à l'achat de deux maisons destinées à remplacer les hôpitaux du Saint-Esprit, compris dans l'enceinte de la citadelle (3) construite à l'entrée du pont. Cette augmentation du droit de Petit-blanc obtint l'agrément du roi Henri IV, en 1595 (4).

La perception s'en faisait, dès lors, non seulement au Saint-Esprit (sur les sels débarqués pour la ville, le Vivarais, le Velay ou l'Auvergne, ou remontant le Rhône sous le pont), mais également au Lampourdier d'Orange, à Avignon, à Tarascon même sur les sels fournis aux greniers de Provence (5). Le droit fut encore augmenté, en 1604, pour solder de grandes réparations à faire au pont. La perception frappait les sels aux salins même, à Peccais, à Periac et Aiguesmortes, plus tard même à Sigean. A Aiguesmortes, le receveur, M. de la Rivoire, reçut cette même année 1604, pour droit de Petit-blanc, 1672 écus (6).

En 1605, les Etats de Languedoc autorisaient une nouvelle augmentation d'un sol par quintal de sel. Les recteurs demandèrent que le droit jusqu'alors perçu sur les

---

(1) Registre des délibérations du Bureau de l'Œuvre à cette date.
(2) Cartul., p. 330, et *Le Rhône sous le Pont-Saint-Esprit*, s. v. p., dans Bulletin du Syndicat agricole du Pont-Saint-Esprit, 1892, p. 83.
(3) Cartul., p. 331.
(4) *Ibid.*, p. 334.
(5) Registre des délibérations.
(6) *Ibid.*

sels destinés aux pays hors du Languedoc serait appliqué aux dix-sept greniers de cette province.

Les fermiers du grenier de Dauphiné et Provence, établi à Tarascon, durent payer le droit sur le sel pris aux Maries (1), environ 500 livres, en vertu de la contrainte obtenue des trésoriers généraux de France. En 1609, un arrêt confirma cette décision appliquée à tous les sels qu'on déchargeait à Tarascon. Dès lors, le Bureau de l'Œuvre du Saint-Esprit établit des commis du Petit-blanc à Fourques, Arles et autres lieux circonvoisins. Mais les fermiers de Provence et Dauphiné résistaient toujours. M. de Serres, receveur du Petit-blanc, les surprenant à Avignon, en mars 1611, menaça de requérir leur emprisonnement. Ils promirent de payer certaine somme modérée par le Bureau. Mais le danger passé, la résistance reprit. Le fermier général prétendit exempter du droit de Petit-blanc les sels provenant des salins cités plus haut et destinés aux greniers d'Avignon, Tarascon, Mornas et autres lieux. Il alla plus loin, voulant exempter, où qu'on les portât, les sels provenant d'Espagne et de Provence. Le débat s'envenima : les recteurs invoquaient l'avis des trésoriers généraux ; le fermier général s'appuyait sur le sentiment du Conseil d'Etat (2). A cette époque, le Petit-blanc donnait un revenu de 9.000 livres (3). Si considérable qu'on le suppose, à raison du pouvoir de l'argent au XVIIe siècle, ce subside restait inférieur aux dépenses exigées par l'entretien du pont. En 1641, Louis XIII dut accorder l'augmentation d'un tiers en sus du droit existant, soit deux sols au lieu de seize deniers sur chaque quintal de sel porté hors du Languedoc, et dix-huit deniers

---

(1) Les salins des Saintes-Maries-de-la-Mer, en Camargue (B.-d.-R.).

(2) En 1676, M. Raymond de Paul, receveur alternatif et triennal du Petit-blanc, faisait sa résidence à Montpellier, percevant les droits sur les voituriers de la ferme du Lyonnais et de Savoie et sur le fermier général des gabelles de Languedoc. Un sieur Paul était encore receveur en exercice en 1718. (Registre des délibérations de l'Œuvre.)

(3) Mém. sur le Petit-blanc, manuscrit.

par quintal sur les sels destinés aux greniers de cette province (1).

L'octroi du Petit-blanc fut continué, de neuf en neuf années, jusqu'à la Révolution. Louis XVI, le 13 mars 1781, porta de 1.200 à 2.000 livres la somme attribuée à l'hôpital (2). L'avilissement du prix de l'argent et la diminution de tous les revenus de l'Œuvre lui valurent cette munificence.

Tandis que s'augmentait, ainsi, la gabelle sur les sels destinés à la consommation publique, les hôpitaux du Saint-Esprit bénéficiaient de la franchise de tous les droits sur la quantité nécessaire à l'alimentation de la maison (3). Toutefois, cette faveur ne fut que momentanée. Elle cessa, en 1633, faute par les ayants-droit d'en avoir demandé le renouvellement. On l'appelait le Franc-salé.

Au risque d'intervertir, entièrement, l'ordre chronologique, on ne saurait séparer de la monographie du Petit-blanc l'énumération des principaux travaux que ce tribut royal permit d'entreprendre pour la conservation du pont Saint-Esprit.

Aucun document ne dit ce que fut cet entretien avant la deuxième moitié du XV° siècle. Dès 1473 la réfection des digues sur les iles du Saint-Esprit et de Saint-Sixte, à la rive gauche du fleuve « pour empêcher que le Rhône delaisse son ancien cours et mette le pont en ile », l'entretien des tours et du pont-levis qui les défendait du côté de l'Empire, la reconstruction des ponts sur le Lauzon et des digues qui contenaient ce ruisseau entraient, pour une part, dans les dépenses du Petit-blanc. Mais le gros du revenu payait l'enrochement des piles même du pont, qui se faisait avec les moellons de la carrière située derrière l'hôpital (4), les rocs (5), et les grands blocs lamellaires apportés du Bourg-Saint-Andéol et de Saint-

---

(1) Cart., p. 335.
(2) Ibid., p. 337.
(3) Ibid., p. 340 et 341.
(4) Livre du contrôleur, Cartul., p. 316.
(5) Cartul., p. 80.

— LXVII —

Marcel (1). Au commencement du XVIe siècle, ces travaux d'entretien du pont absorbaient le revenu du Petit-blanc, à 1.200 livres près, réservées pour les hôpitaux et l'église du Saint-Esprit. En 1555, les réparations prirent une telle importance qu'en conformité d'un édit de Louis XII, donné cinquante ans auparavant, sur l'avis des trois Etats de Languedoc, on décida de faire les réparations du pont et des pallières (2) non plus à la journée mais à prix fait « à la chandelle extincte et moyn disant ». En 1582, on dut, en outre d'autres travaux, rétablir le pavé sur l'arche dite la Route (3), près Saint-Nicolas, que les protestants avaient tenté de couper. Ce pavé, en cubes de basalte, comme celui qui existait sur le restant de la chaussée, coûta deux écus par canne carrée, pierre et mortier compris (4).

En mai 1594, deux maçons de la ville, Gajon et Provins, s'engagèrent à faire une arche de pierre, en place d'une passerelle en bois, à l'extrémité du pont (5), moyennant quinze écus, la pierre et les bois nécessaires.

Au commencement de 1606, la cour des aydes de Montpellier avait ordonné que le général et l'avocat général des finances se transporteraient au Saint-Esprit pour visiter l'état du pont. Le Bureau de l'Œuvre décida que le receveur du Petit-blanc ferait un emprunt de mille livres, pour subvenir aux frais de ce voyage et aux réparations des chaussées. On dut les relever, depuis le pont de la Pierre,

---

(1) Livre du contrôleur.
(2) On appelait ainsi les chaussées, parce qu'en principe (en 1473) on se servait de pieux appelés palz, pour maintenir la terre tassée, au lieu de les envelopper de bétons ou de pavés comme on le fait aujourd'hui.
(3) Cette arche, celle par laquelle passaient les bateaux, servit à la navigation même des bateaux à vapeur jusqu'en 1840, époque à laquelle fut rétablie la grande pallière qui, en facilitant le colmatage des rives, rend inutile les deux tiers du pont.
(4) Registre des délibérations du Bureau, à la date.
(5) C'est, probablement, la petite arche, au pied de la rampe, qui écoulait les eaux du ruisseau dit les Echaravelles et écoule encore les eaux *surgentines*, pendant les grandes crues du Rhône.

près Lapalud, jusqu'à celui de la Motte ; finalement, depuis le port de Maletrat jusqu'au Rhône.

Le 30 octobre, M. Guillaume de Vanel, grènetier, fut délégué aux Etats, conformément à l'ordre qu'il en avait reçu du connétable de Montmorency, pour demander des avances devenues nécessaires. Les Etats, réunis à Pézénas, prêtèrent à l'administration du Petit-blanc la somme de mille écus. Peu après, le Conseil d'Etat accordait la perception d'un sol par quintal de sel vendu dans tous les greniers du Languedoc.

Durant les derniers mois de l'année, on publia, dans les villes et provinces voisines du Saint-Esprit, les enchères des réparations à faire aux piles du pont.

Le 15 novembre 1606, M. Alex. de Castellan, trésorier général des finances et intendant des gabelles du Languedoc, vint de sa résidence d'Avignon présider ces enchères. Les offres ne donnèrent pas de résultat. Le général des finances prit alors l'avis des maîtres-maçons venus des diverses provinces, et produisit un devis détaillé des travaux à exécuter ; après plusieurs jours de mise aux enchères, le 21 du même mois, l'adjudication fut délivrée à Michel-Jean Canau et Jean Thuilier, moyennant le prix de 92 livres, 10 sols, pour chaque canne (1) de maçonnerie à élever sur les vieux massifs, et pour celles à faire, à nouveau, sur le rocher « ou ferme dans l'eau », au prix de 111 livres, 10 sols, la canne cube. Là, où le pilotement deviendrait nécessaire, la canne cube de maçonnerie serait payée à raison de 401 livres, 10 sols.

Il s'agissait, on le voit, de la réfection des piles et fondements même du pont. « Pour la pierre de taille, est-il dit, on se servira de la pierre du roy (carrière du Bourg-Saint-Andéol)... Les pierres seront tirées de telle sorte et grosseur que les six ou huit, au plus, fassent la canne cube, et chacune d'icelle sera de la longueur propre pour faire l'entière longueur de l'ouvrage... Le mortier sera bon et gras, fait de la bonne chaux avec le boys et de la sable de

---

(1) Mesure de longueur équivalant à 2 mètres.

la rivière d'Ardèche, et non de autre... Oultre les pierres de taille nécessaires, le bastiment que se fera dans l'eau et un peu au-dessus, selon le cours ordinaire de la rivière, sera fait de pierre de roche, de la plus grande grosseur quy se pourra et que la moindre aura quatre pans (1) de longueur, aultant de largeur et deux pans d'aulheur... Celuy ou ceux à qui led. ouvrage sera délivré seront tenus former à l'entour desd. piles, poinctes ou eguilhes, ung autre nouveau massif de la largeur et assiette de neuf pans, appuyant et fondant sur le ferme dudit vieul massif qu'ils seront tenus chercher, jusques l'avoir trouvé et rendu la place nette, sans toucher aux pierres qui se sont tumbées dans l'eau ; sur lequel dit vieulx bastiment sera commencé avec de la pierre dure de roche, de la qualité et grosseur susdites, laquelle sera taillée unie et posée avec bon mortier jusques avoir rendu led. bastiment un pan par dessus le cours ordinaire... Lesquelles pierres seront bastyes et posées, fillade pour fillade, la première d'icelle enboitée joignant le vieulx massif, la seconde fillade sera posée par dessus le cours ordinaire de l'eau ; et ensuite, en haussant led. nouveau bastiment un pan par dessus le cours ordinaire de l'eau ; et ensuite, en haussant led. nouveau bastiment sera continué de la pierre de taille de la ville du Bourg. A la première fillade de la dite pierre du Bourg, et à chacune des pierres, sera posé deux agrappes ou crampons de plomb avec fer... Continueront lesd. massifs et bastiments tous de la taille et haulteur, durant une canne, et seront fait en tallus despuis le point anciennement de l'assiette... Lequel ferme on rendra esgal et uny afin d'y commancer led. bastiment, en derivant le cours de l'eau, soit par bastardeaux ou aultrement, ainsy que ceulx de l'art, en l'occasion, en ont l'intelligence. » L'entreprise exigea une plus grande dépense qu'on ne pensait. En septembre 1608, Messieurs les trésoriers généraux furent invités par le Bureau de l'Œuvre à venir vérifier la pile du pont alors en réparation. « Si on l'a fait sui-

---

(1) Mesure de longueur équivalant à 0^m,25.

vant le bail, lisons-nous, le travail montera plus de douze mille écus, ce à quoi ne pourraient suffire les dons du Petit-blanc et du roi. » De cet examen, fait le 12 du même mois, il résulte que les frais de réparation, en cet endroit, s'élèveraient à vingt mille écus. En conséquence, les trésoriers généraux rendirent une ordonnance, aux termes de laquelle les piles se trouvant sur pilotis, « la poincte et eguilhe, ensemble les deux épaules et costes jusques avoir franchi d'un couste et d'austre la voulte et arc, seront garnyes de déffance, tout à l'entour, de la bonne pierre de tailhe de la carrière du Bourg. On n'y emploiera aulcun mortier pour n'y estre necessaire. Les maçons seront payés au prix de 93 livres par canne cube. » (1)

En fin de l'année 1610, M. le recteur Broche fut envoyé aux Etats de Languedoc afin de les aviser que le pont menace entièrement ruine. Le 18 décembre, le délégué du Bureau rapporta « comme avec grand peine tant de luy que de ses amis il aurait obtenu la somme de trois mille écus pour estre employée à la dite reparation par forme d'avance et suivant la direction du sieur d'Alméras, secretaire desd. Etats ; et, néanmoins, que par les députés du pays le roy serait supplié de vouloir conceder aux dits recteurs le droit de foreyne et péage que S. M. prend en la ville, tant par eau que par terre, ainsy qu'il est contenu à la desliberation des Etats, qui sur l'ordre des recteurs sera enregistrée aux actes de la Maison ».

Le 3 juillet suivant, M. Guill. Girot, juge en la ville du Saint-Esprit et lieutenant des gabelles au même siège, assisté de M. d'Alméras, lieutenant du viguier de Bagnols et secrétaire des Etats généraux de Languedoc, en vertu de la délibération desd. Etats et de la commission à eux donnée par le Bureau de l'Œuvre du Saint-Esprit, dressent le devis des piles du pont les plus endommagées : « scavoir, faire les murals et contremeurs de la pille Grenouillère, rabiller les poinctes de Fruche, remettre en leur premier estat les déffances de Saint-Nicolas et des deux

(1) Registre des délibérations, à la date.

aultres ». Préalablement, on fera une ouverture de deux cannes de largeur dans un gravier qui se fait au devant du bras du Rhône par lequel on conduit les bateaux destinés au chargement des pierres dans la carrière du Bourg. Le prix-fait de ce travail fut concédé, le 17 juillet, à M. F. Chansiergues, à raison de huit livres pour chacune des grosses pierres de taille, tirée, taillée et posée, de la dimension de celles qu'on posait, alors, à une autre pile du pont (1).

La semaine précédente, le Bureau avait conclu à la continuation de la pallière ou digue de Malejac, par les soins des hoirs de Cabiac auquel le receveur du Petit-blanc devait délivrer la somme de 1.500 livres. M. de Cabiac démontre que l'interruption de cet ouvrage tient à l'opposition de certaines gens ayant des intérêts contraires. « Le 26 juillet dernier, estant allé une quarantaine d'hommes sur la dite pallière pour creuser un fossé et canal, joignant celuy qui avait été fait suivant l'avis des prudhommes commis à la vérification de l'ouverture arrivée sur lad. pallière et faire autre fosse au dessus, au coin et au bout de l'isle de M. de Laval, afin que l'eau qui prend son cours en lad. ouverture se jette en la losne de Saint-Just, ils se sont aperçus que le fossé cy devant fait, auquel l'eau prend son cours à lad. losne, avait été entièrement comblé et remply, de telle sorte qu'il n'y en a aucune apparence. Messieurs du Bureau ont conclud que la Maison prendra le faict et cause pour lesd. exposants contre ceulx de Saint-Just ; des gardes seront commis pour veiller, de nuit, à la conservation de lad. pallière, aux dépens du Petit-blanc. » (2)

Déjà, en 1594, le connétable de Montmorency, homologuant l'ordonnance du visiteur général des gabelles, avait décidé la destruction de l'ile de Saint-Just, « qui empesche d'aller le Rhosne dans son ancien canal et pourait

---

(1) Longueur, une canne ; largeur, trois pans ; hauteur, deux pans. Pour l'équivalence de ces mesures, voir, ci-dessus, p. LXVIII et LXIX.

(2) Registre des délibérations, à la date.

causer que le pont demeurerait en isle » (1). L'opposition qu'on voit se produire en 1611, existait plus violente en octobre 1594. Le 2, on n'a pu donner l'adjudication de l'ile de Dondillac, dit on au Bureau ; « on aprins que la cause qui empeche de l'œuvre personnes pour prendre prix-fait, c'est que les habitants de Saint-Marcel sont résolus employer l'ayde de leurs amis et de s'opposer et empescher à main armée que lad. ouverture et canal, pour faire passer partie du Rhosne dans leur ile, ne se fasse.... » Le Prévôt général de Languedoc fut prié de s'acheminer au Saint-Esprit, et de là en lad. ile, avec ses archers, pour faire commencer le travail convenu. « Pour garder qu'il ne soit empesché en lad. execution par ceux dud. Saint-Marcel et autres, il sera adsisté desd. sieurs recteurs et officiers de justice... On s'acheminera à lad. isle avec bon nombre de soldats pour servir de main forte à ladite justice ; en laquelle sera fait et construit un fort pour la seure retraite, de jour et de nuict, des travailleurs et autres assistants ; dans lequel seront dressés loges et tentes pour mettre à couvert lesd. travailleurs et assistants. Led. fort construit et mis en défense, le nombre de soldats retranché à une garnison ordinaire, suffisante seulement pour la garde d'iceluy et pour favoriser lad. besogne que sera commencée et trassée par les patrons et maitres robiniers. » Afin de réunir un plus grand nombre d'ouvriers, il fut convenu qu'on demanderait des terrassiers à Avignon et autres pays du Comtat, pour les réunir à ceux du Saint-Esprit et des lieux circonvoisins. Tout d'abord la nourriture de ces ouvriers devait être préparée dans le fort même ; mais vient une inondation, l'amoncellement des graviers est tel et la difficulté de transport à dos augmente si fort les frais de déblayement, qu'on décide de faire le travail à la journée, sans dépense de nourriture, en donnant aux travailleurs douze sols par jour.

La conservation du pont parait hanter la pensée des recteurs durant la première moitié du XVII° siècle, en

---

(1) *Ibid.*, à la date du 4 novembre 1594.

dépit de leur préoccupation à l'endroit des hôpitaux ; préoccupation dont il sera parlé dans un chapitre suivant. En 1617, Louis XIII ordonnance une imposition extraordinaire à supporter, moitié par le Languedoc et l'autre moitié par le Dauphiné et la Provence. Par ses lettres, scellées de cire rouge, le roi permettait aux recteurs d'emprunter pour le même objet jusqu'à la somme de quinze mille livres (1). Cependant, pour avoir de nouveaux subsides, le Bureau députa aux Etats, qui chargèrent de la vérification à faire du pont, Mgr de Johannes, M. le baron de Calvisson et M. d'Alméras. La dépense de ces messieurs, au logis de la Poste, se monta à 49 livres, 7 sols, payés par l'Œuvre. Des réparations qu'on faisait, depuis plusieurs années, à la Male-Pile atteignirent, à cette époque, la somme de 4.000 livres (2). Par l'entremise de M. de Cabiac, entrepreneur des travaux de l'Œuvre, les trésoriers généraux permirent aux officiers de la Maison de dépêcher les baux concernant les réparations du pont jusqu'à concurrence de 130 livres.

L'énumération de tous les travaux d'entretien du viaduc serait assurément fastidieuse. On rappellera, toutefois, ceux qu'exigea la grande inondation de 1663 dont souffrirent, particulièrement, les biens fonds de l'hôpital du Saint-Esprit placés sur les rives du Rhône. Bois-Bellon fut emporté ainsi que le domaine de Malctrat, presque en totalité ; celui-ci, d'un revenu en grains et en cocons, d'environ 4.000 livres. A la suite de cet événement, les commissaires du roi, en l'assemblée des Etats du Languedoc, décidèrent qu'il serait procédé, le 14 juillet, par devant le prince de Conti, à l'adjudication des réparations à faire au pont Saint-Esprit. La dépense était mise à la charge des provinces de Languedoc, Dauphiné et Provence. Dès le 25 mars, le sergent royal, Ant. Boudet, signifie la dite ordonnance aux consuls d'Avignon et les assigne à comparaître, le 26, en la ville du Saint-Esprit.

---

(1) Mémoire (manusc.) concernant le Petit-blanc.
(2) Registre des délibérations, à la date 1619.

Huit ans après, un arrêt du Conseil d'Etat rappelle le bail passé à Jean Nausan de Montpellier, pour les travaux de réfection du pont Saint-Esprit, s'élevant à la somme de 125.000 livres : 22.500 livres à prélever sur le Petit-blanc, et les 102.500 livres restantes, à payer par les trois provinces méridionales. Cet arrêt, donné à Saint-Germain-en-Laye, le 3 mars 1671, ordonne qu'à l'avenir pour la conservation du dit pont, le seul qui reste sur la rivière du Rhône, attendu l'importance dont il est pour le service de Sa Majesté et le bien du commerce, les deniers du Petit-blanc, (les charges ordinaires contenues au dit état, arrêtées en conseil en 1664, préalablement déduites), seront employés aux dites réparations par les ordres des commissaires de Sa Majesté et de ceux qui seront nommés par l'assemblée des Etats (1).

(1) Mémoire concernant le Petit-blanc.

CHAPITRE III

Achèvement de l'église du Saint-Esprit. — Les Frères-prêtres et leur recteur. — Le Bureau. — Le portail de l'église. — Les digues du Rhône. — La pêche autour des piles du pont. — Domaines de la maison. — Les Frères-prêtres recherchent leur indépendance. — Dissentiment avec les recteurs. — Bulles pontificales. — Les protestants. — La misère dans la Maison. — Les enfants exposés. — Les quêtes au XVIᵉ siècle.

Guillaume de Plazian avait proposé au service de l'Oratoire deux prêtres séculiers mercenaires (1). Son ordonnance tint plus d'un siècle et demi. Mais vers 1475, quand fut achevée l'église du Saint-Esprit, ce vaste édifice, aux lignes harmonieuses, vraie dentelle de pierre tant à l'intérieur qu'à l'extérieur, qui comprenait de nombreuses chapelles (enrichies de rares privilèges par les Souverains-Pontifes, dotées de revenus considérables par les pèlerins et les habitants de Saint-Saturnin), ce monument, aux yeux de tous, parut digne d'une collégiale.

L'ère des grands travaux était fermée. L'Œuvre, assurée d'une dotation suffisante pour l'entretien du pont et de l'hôpital, avait moins besoin d'ouvriers bénévoles que d'un nombreux personnel ecclésiastique capable de rehausser les cérémonies religieuses de chaque jour, en remplissant les intentions pieuses des donateurs.

Dans le sanctuaire, où brûlaient six lampes d'argent, don princier du pape Clément VI (2), quotidiennement une messe était chantée pour la prospérité des rois de France. Philippe le Bel l'avait fondée (3). Louis II, roi de Jérusalem et de Sicile, avait également prescrit la célébration,

---

(1) Cartul., p. 43.
(2) Registre des délibérations du Bureau.
(3) Cartul., p. 298 et 433.

dans l'église du Saint-Esprit, d'une messe quotidienne pour les membres de sa famille. L'exemple de ces princes, dont les volontés furent maintenues par leurs successeurs, excita une pieuse émulation dans toutes les classes de la société. Dès les premières années du XVe siècle, le nombre des chapelains dut être doublé (1).

Nicolas V témoigna une affection toute particulière à l'Œuvre des Église, Maison, Pont et Hôpitaux du Saint-Esprit. Sa remarquable bulle de 1448(2) vaut une précieuse monographie. Toutefois, on n'est pas encore fondé à croire que ce pape autorisa, par rescrit spécial, les frères donnés à recevoir les ordres sacrés. Il faut penser que, vers cette époque, des prêtres se donnèrent à l'Œuvre pour le service de l'église comme, antérieurement, des ouvriers bénévoles se donnaient pour la construction du pont.

Les frères-prêtres, plus anciennement connus, sont Antoine Martinel et Raymond Reboul, nommés dans un acte d'octobre 1439. Qualifiés de « vénérables et religieuses personnes » à raison de leur caractère de prêtres, « ils ne formaient qu'un seul corps avec les autres frères laïques, donats et sœurs. Ils portaient l'habit blanc, comme ceux-ci, vivant en commun avec eux, faisant la quête et presque toutes leurs autres fonctions » (3). Le manuscrit, d'où sont tirées ces lignes, résume l'acte de donation de Jean Bayard, du lieu de Cloyon, diocèse de Châlons. Ce champenois, en se vouant au service de l'œuvre merveilleuse du pont et hôpital, lui donne cent florins et un bijou vulgairement appelé custode. L'acte notarié rapporte qu'il s'est mis à genoux et a supplié les recteurs de vouloir le recevoir parmi les frères et donats de la Maison, promettant par un vœu libre, solennel et irrévocable, d'être, toute sa vie, frère et donat de la Maison et de garder une obéissance perpétuelle aux recteurs et à leurs successeurs. Conformément à son désir, il est agrégé et reçu parmi les

---

(1) Cartul., p. 102.
(2) Ibid., p. 189.
(3) Pinière de Clavin, Mém. historique..., Mans, 1781.

frères donats et sœurs données, par les recteurs qui lui donnent l'habit, en usage, et lui promettent la nourriture et l'entretien pour le reste de ses jours. Ainsi s'était faite la réception d'Antoine Cabassut en 1416 (1). Quelqu'assurance de perpétuité qu'on donnât à ces vœux, ils n'avaient point le caractère des vœux de religion. Des laïques n'auraient pas eu qualité pour les recevoir (2).

Au milieu du XVe siècle, on le répète, le nombre des frères-prêtres s'accrut rapidement, en raison même des services qu'ils rendaient. Cependant, pour les entretenir, les recteurs disposaient seulement des cent livres annuelles de la messe de Philippe le Bel et des cent florins, également annuels, des rois de Sicile. Il fallut donc limiter cette classe de donats. On fixa leur nombre à huit, en 1502 ; à dix, en 1506, quand le roi Louis XII permit de prélever douze cents livres sur le Petit-blanc pour l'entretien de la Maison (3).

Dès lors, faisant suivre leur réception toute laïque, par devant les recteurs (4), d'une cérémonie religieuse, d'abord intérieure, dans le vestiaire (5), plus tard publique dans le sanctuaire même de l'église (6), les Frères-prêtres tendirent à des apparences de conventualité que définit fort exactement Léon X, dans sa bulle du 24 février 1510 (7).

Postérieurement, suivant l'état prospère ou obéré des finances de la Maison, ce nombre de dix prêtres fut maintenu ou diminué. Réduits à sept en 1545, ils n'étaient plus que cinq en 1592, et quatre en 1595. On en compte six en 1621, deux seulement en 1660. Le parlement rétablit, alors, le nombre de dix. Quarante-deux ans plus tard une transaction fixe les places à onze (8).

(1) Cartul., p. 97.
(2) Ibid., p. 214.
(3) Ibid., p. 326.
(4) Ibid., p. 97 et 116.
(5) Ibid., p. 121.
(6) Registre des délibérations.
(7) Cartul., p. 214.
(8) P. de Clavin.

En 1469, Louis XI, informé par les frères-prêtres que les recteurs laïcs commettaient des abus dans la gestion des revenus de la Maison ; qu'à la fin de l'année de leur administration, ils élisaient gouverneurs des hôpitaux, église et pont, leurs frères, cousins, parents, amis et compères, avait ordonné que les frères desd. couvent, église et hôpitaux seraient présents au bail de la ferme des recettes et des quêtes et à la reddition des comptes ; que, chaque année, un d'entre eux serait élu recteur et participerait au gouvernement de l'Œuvre (1).

Par suite de contestations entre le sénéchal de Beaucaire et le baron de Montclus, au sujet de la capitainerie du pont, on n'obéit aux ordres du roi qu'en 1474 (2). Ce fut une révolution dans l'Œuvre collective des Eglise, Maison, Pont et Hôpitaux du Saint-Esprit. Au développement complet des divers services hospitaliers entrevus par ses fondateurs s'ajoutait la transformation de son gouvernement.

Cette administration, qu'on appelait le Bureau de l'Œuvre, se composa, dès lors, ainsi : le sénéchal de Beaucaire ou le viguier, représentant le roi ; le prieur ou son vicaire, ou le viguier du prieur ; le recteur prêtre, ayant rang de premier recteur, élu, annuellement, par ses confrères ; les trois recteurs laïcs élus, ordinairement, chaque année, le premier par le sénéchal, le deuxième par le prieur, et le troisième par le Bureau ou par la municipalité, à des époques diverses. Outre ces personnages, auront entrée au Conseil d'administration, désormais, avec ou sans controverse, le grènetier, les receveurs du Petit-blanc, le contrôleur du grenier à sel, le juge, le procureur du roi et le contrôleur au siège des gabelles. Ceux-ci ne furent admis aux séances, durant le XVIe siècle, que lorsque la direction des travaux du pont et des digues passa des mains des recteurs à celles des trésoriers généraux.

(1) Cartul., p. 103.
(2) Ibid., p. 106.

En cette même année 1474, date de la constitution dernière de l'Œuvre, Louis XI vint à Saint-Saturnin-du-Port, durant un voyage qu'il faisait dans le midi de la France. Le roi, pour marquer sa dévotion à l'église du Saint-Esprit, ordonna la construction d'un portail monumental, au côté méridional de l'église (1). La recette du Petit-blanc dut en supporter les frais (2). L'exécution demanda plusieurs années (3).

Ce coquet édifice, fait de pierres de Beaume-de-Transit, de Saint-Paul-Trois-Châteaux et du Garn (4), suivant la délicatesse et le fini exigés de la partie du monument dans laquelle on les employait, consiste en une petite baie ogivale sous une voûte remplie de moulures prismatiques que supportent des faisceaux de colonnettes. De grandes niches séparent ces pilastres. Entre les voussoirs profondément fouillés, des niches plus petites alternent avec des pendentifs hexagonaux, tout à la fois socles et voûtes d'édicules remplis de pinacles et de clochetons ornementés jusqu'en leurs rampants minuscules. C'est ce qu'on appela le tabernacle du portail de l'église du Saint-Esprit. Un fronton triangulaire qui surmonte cette merveilleuse porte enferme une rose, aux lobes fleuris, et se termine par un acrotère végétalisé. Sur les côtés et au dessus de ce grand fronton règnent six étages de niches, hautes de cinquante centimètres à peine, dont les séparations, les bases et les couvertures, sont ciselées comme les cloisons d'un émail. Deux grands piliers rectangulaires flanquent cette belle muraille ; chacun contient trois grandes niches, aujourd'hui désertes comme toutes les autres, sous d'immenses clochetons qui s'élevaient par dessus les voûtes de l'église, dans un fouillis d'aiguilles et de pinacles.

---

(1) Livre du contrôleur des ouvrages de l'Œuvre.
(2) *Ibid.*, et Cartul., p. 106.
(3) Les ouvriers recevaient trois sols et quatre ou neuf deniers par jour ; les patrons, un salaire variant de quatre sols à quatre sols, six deniers.
(4) Les deux premières, localités du département de la Drôme ; la troisième, du département du Gard, canton de Pont-Saint-Esprit.

Modillons et chimères révèlent le faire des meilleurs ciseaux du XVe siècle (1). On connait à peine le nom des sculpteurs (2) qui, pendant plusieurs années, décorèrent ce monument sous la direction de maître Mengin Pichot, maître Garin Cabrot et maître Blaise, « écuier. » (3)

Pendant qu'ils édifiaient, avec un tel luxe, le portail de l'église du Saint-Esprit, les recteurs, on l'a vu plus haut, se préoccupaient de l'entretien du pont miné jusqu'en ses fondements par de fréquentes inondations. En même temps, leur attention se portait sur la réfection des pallières de Saint-Sixt et du Saint-Esprit. Ils refont, à la même époque, les ponts de la Motte et de la Pierre, sur le Lauzon. Tous ces travaux concouraient à maintenir le fleuve sous le viaduc, de peur, disait-on toujours, « que le pont fût tourné en ile. » (4)

Par suite de ce vaste endiguement, le territoire de Lapalud qu'on nommait, généralement, le plat pays, les territoires de Bollène, de Lamotte, Notre-Dame-des-Plans et Mondragon, la plaine même de Pont-Saint-Esprit bénéficiaient d'une protection permanente. Quand la construction ou l'entretien des digues n'y pouvait suffire, on ouvrait ou l'on fermait, selon les besoins du moment, les nombreuses branches du fleuve qui enveloppaient les iles de la Croix, Bois-Bellon, Bois-Bastard, Bos-Foran, Saint-Sixt, Maletrat, Malijac ou Malijai dite Ile-du-Roi, Bondillac, etc., en remontant au-delà de l'ile de Fromigières, en face de Lapalud, et, vis-à-vis, jusqu'à Saint-

---

(1) Voy. planche ci-contre.

(2) Dans le livre du contrôleur des ouvrages, de l'année 1473, on a relevé les noms de Imbert Savoigne, Pierre Martin, Clément Chabert, Pierre Verdalet, perriers, et ceux de Jaume Cortet, Jehan de Jéminis et Arnaud Becheran, fustier, qui travaillèrent également à la taille des pierres d'une croisée qui se construisait en même temps que le portail.

(3) Livre du contrôl. des ouvrages et Cartul., p. 315 et 316 (note).

(4) *Ibid.*, p. 312, 329 et 357. Voy., également, Registre des délibération du Bureau, à différentes dates, et notre mémoire : *Le Rhône sous le pont Saint-Esprit*, s. v. p., dans le Bulletin du Syndicat agricole du Pont-Saint-Esprit, 1892.

Just et Saint-Marcel (1), ainsi qu'on l'a vu au chapitre précédent (2).

Ces travaux, soigneusement étudiés par les recteurs et les officiers des gabelles, avec l'assistance ou sous la surveillance même des trésoriers généraux, étaient ordonnancés par le sénéchal qui ne dédaignait pas de juger, lui-même, de l'utilité des réparations. C'est dans ces occasions que le Bureau s'accordait un dîner chez le restaurateur en renom de l'endroit, attendant, pour plus entier payement de ses peines, les récompenses de l'autre vie.

La devise qui accompagne les armes parlantes de la ville du Saint-Esprit : *Stabit quamdiu pietas*, exprime, fort justement, le soin religieux dont on entourait le pont. Cette sollicitude de ses bâtisseurs le préserva d'une caducité précoce qui l'eût mené à la ruine comme le pont d'Avignon ; leurs travaux incessants, en maintenant les eaux sous toutes les arches, furent une cause de nouveaux revenus pour l'Œuvre du Saint-Esprit.

De temps immémorial, la pêche dans le fleuve appartenait au prieur de Saint-Pierre, seigneur foncier des deux

---

(1) On fit des constructions de digues jusques au Bourg-Saint-Andéol. Quand, en 1689, M. Guillaume, ingénieur, et M. Ganet, tous deux de Paris, entreprirent le canal de Pierrelatte avec prise de l'eau du Rhône, « au lieu appelé Robinet, au terroir de Donzère », on délibéra dans la grande salle du roi : « Comme telle entreprise pourrait introduire, dans la suite du temps, la dite rivière dans le dit canal et lui faire prendre un autre cours que celui qu'elle tient présentement et rendre le pont inutile pour le passage », le Bureau députa MM. Calameau, procureur, Botty et Prat, recteurs, pour se rendre sur les lieux. Deux ans après, les habitants du Bourg établissaient une chaussée jetant les eaux sur la rive gauche du fleuve. On délibère encore : Il est à craindre que le Rhône cherche « son étendue à la part de l'Empire, où elle a déjà son inclination naturelle, dans laquelle y trouvant des bas-fonds et une ancienne pente, il est évident qu'il reprendra le même canal, qu'il a tenu autrefois, pour venir passer entre le lieu de Lapalud et les îles de Fromigières, Maljac et Maletrat, et abandonne par conséquent le pont, les chaussées et les travaux faits jusqu'ici avec tant de dépenses qui seraient inutiles ».

(2) Pages LXXI et suivantes.

rives du Rhône. Il jouissait seul de ce droit, car il ne paraît pas que le roi de France ait jamais voulu le partager, ayant reconnu la propriété exclusive du prieur dans le paréage de 1302 (1). Cependant les recteurs, comme légitimes possesseurs du pont, entendirent disposer de la pêche autour des piles. Personne ne pouvait, en effet, y attacher des bâteaux sans leur permission. On ignore si le monastère leur dénia jamais ce droit avant la fin du XVe siècle ; mais à ce moment-là, un prieur commendataire, Julien de la Rovère, archevêque d'Avignon, qui fut plus tard le pape batailleur Jules II, entreprit de leur disputer cette jouissance.

Après bien des contestations et des débats, dont instruisit le sénéchal de Beaucaire, puis le parlement de Toulouse, une transaction librement consentie par les parties laissa au prieur la pêche sur les deux rives du Rhône et dans les îles, aux recteurs la pêche qui se ferait à l'aide de barques attachées aux piles du pont; réserva au seigneur ses droit et prééminence de pêcherie et, en conséquence, obligea l'Œuvre du Saint-Esprit à lui donner, chaque année, cinq deniers tournois, une lamproie et une alose.

Moyennant une aussi faible redevance, l'administration de l'hôpital jouit, paisiblement (2), du droit de pêche jusqu'en 1794, au-delà, par conséquent, de la sécularisation de l'Œuvre du Saint-Esprit et de la suppression des droits féodaux (3). L'arrentement se fit, chaque année ; parfois en

---

(1) Ci-dessus, p. XLVI, et Cartul., p. 355 et suivantes.

(2) Cette jouissance ne fut contestée qu'une fois, en 1637, par le fermier du prieur qui posa un filet à la Pile-de-Terre (V. p. XLIII). Les recteurs en appelèrent devant le Parlement de Toulouse. Cette cour, le 12 septembre suivant et le 4 septembre 1638, les maintint dans les droits reconnus par la transaction de 1496. (Regist. des délibérat. aux dates 1637 et 38). On ne parlera que pour mémoire des prétentions élevées par le gouverneur de la ville, à la fin du XVIIe siècle. (V. délibération du 21 mai 1684). L'entreprise fut immédiatement abandonnée.

(3) L'arrentement se fit, alors, à raison du droit d'attache des bateaux aux piles du pont et non pour la pêche même.

bloc, le plus souvent au détail, par pile. Le prix varia considérablement. Toujours supérieur à celui perçu, aujourd'hui, par les ponts et chaussées, si on considère le pouvoir de l'argent aux diverses époques, il s'étend de 107 à 2.154 livres (1).

La même transaction reconnut à l'hôpital le droit d'avoir un four à cuire le pain pour la provision de la Maison et des pauvres, moyennant un denier tournois de cense et vingt-cinq sols de pension annuelle (2). C'était une conquête sur les prérogatives du monastère de Saint-Pierre, fort jaloux, de tout temps, de ce droit sur les habitants. Si on y ajoute le rachat, par les recteurs, des droits paroissiaux sur les sépultures des donats et des étrangers mou-

---

(1) Voici les prix de ferme retrouvés :

En 1548, la pêche est affermée en 87 lots, (par pile), formant un total de 107 livres, 13 sols. En 1549, 155 livres ; 1550, 141 liv. 18 sols ; 1553, 120 liv. 13 s.; 1554, 140 liv. 19 s.; 1555, 167 liv. 1 s.; en 1563, le *coup de sanct lys* sous le pont, affermé 60 liv.; en 1579, prix total de la pêche, 585 liv. 10 sols ; 1580, 627 liv.; 1581, 435 liv.; 1584, 458 liv.; 1585, 225, liv.; 1586, 175 écus ; 1587, 194 écus ; 1588, 200 écus ; 1590, 160 écus ; 1591, 169 écus ; 1592, 133 écus ; 1593, 58 écus ; 1595, 100 écus ; 1596, 155 écus ; 1602, 131 écus ; 1603, 173 écus ; 1604, 453 livres ; 1605, 300 liv.; 1607, 516 liv.; 1609, 465 livres. En 1610, la ferme est détaillée : Savignon, 30 liv.; Granouillère, 78 liv. 13 sols ; Fruche, 106 liv. 10 s.; Saint-Nicolas, 55 liv.; Pile-Route, 115 liv. 10 sols ; Mallepile, 55 liv.; Roubin, 58 liv. 2 s.; Grosse-Peyre, 24 liv.; La Figuière, 2 liv. 10 s.; La Treille, 10 s.; La Martinière, 17 liv. 10 s.; Sauzet, 30 liv.; Bourdigalle, 18 liv.; La Croix, 22 liv.; Bagalance, 20 liv.; La Tour, 1 liv ; 1611, 742 liv.; 1612, 960 liv.; 1613, 813 liv.; 1614, 580 liv.; 1616, 901 liv.; 1617, 889 liv.; 1618, 1.001 liv.; 1619, la ferme est détaillée par pile ; 1620, 900 liv.; 1621, 700 liv.; 1622, 680 liv.; 1627, 1.313 liv.; 1628, 1.100 liv.; 1630, 1.100 liv.; 1632, la ferme est détaillée, la seule Pile-de-Terre affermée 1.188 liv., au total 2.154 livres ; 1634, 1.398 liv.; 1635, 1.380 liv.: 1638, 1.024 liv.; 1639, 1.100 liv.; 1640, 1.000 liv.; 1642, 1.300 liv.; 1644, 1.220 liv.; 1646, 1.100 liv.; 1647, 1.250 liv.; 1648, 1.200 liv ; 1650, 780 liv.; 1651, 800 liv.; 1661, 900 liv ; 1662, 950 liv; 1663, 960 liv.; 1664, 1.325 liv.; 1665, 950 liv.; 1666, 1 200 liv ; 1667, 1.000 liv.; 1674, 900 liv.; 1675, 1.200 liv.; 1676, 1.185 liv.; 1681, 1.070 liv.; 1682, 925 liv.; 1683, 715 liv.; 1684, 650 liv.; 1685, 720 liv.; 1686, 500 liv.; 1687, 550 liv.; 1688, 1.045 liv.; 1690, 900 livres...; 1793, 1.500 livres ; 1794, 1.000 francs.

(2) Cartul., p. 361.

rant à l'hôpital, voire même sur les sépultures des habitants de Saint-Saturnin, désireux de reposer dans l'église du Saint-Esprit (1) ; si on rappelle l'autorisation donnée par l'ordinaire diocésain, de conserver le Saint-Sacrement dans cette même église (2) et la permission d'administrer la communion, sous le bon plaisir, il est vrai, du curé de la paroisse (3) ; l'Œuvre des Eglise, Maison, Pont et Hôpitaux du Saint-Esprit se présente à l'esprit, désormais, comme jouissant pleinement de son autonomie.

Deux siècles et demi d'une faveur soutenue auprès des grands et des miséricordieux de toutes les classes de la société avaient permis, également, aux recteurs de poursuivre la réalisation d'un beau rêve : la dotation de l'Œuvre assurée par des biens territoriaux. Si les guerres religieuses du XVIᵉ siècle et, plus tard, des dissensions intérieures n'eussent réduit cette fortune foncière, l'hôpital du Pont-Saint-Esprit, bien que privé aujourd'hui des revenus du Petit-blanc, de la pêcherie et des quêtes, compterait encore au nombre des plus riches de France. A la fin du XVᵉ siècle, ces possessions comprenaient des terres à La Motte (4), Mondragon (5), Bollène (6) et Lapalud, sur la rive gauche du Rhône, et en Languedoc, à Saint-Esprit même (7), et dans les environs, à Saint-Alexandre, Véné-

---

(1) Cartul., p. 367 et 377. En 1661, la redevance annuelle, due à la paroisse depuis trente-trois ans, se montait à 30 livres, 10 sols, que réclama le secondaire (le vicaire).

(2) *Ibid.*, p. 102.

(3) *Ibid.*, p. 379.

(4) Les terres de la Motte, au XVIᵉ siècle, s'affermaient à raison de quatre hectolitres de grains, environ, (15 émines) pour soixante-quatre ares de terrain (une salmée).

(5) La Maison faisait la pension annuelle d'un flacon d'Hypocras blanc, au seigneur de Mondragon, prince archevêque d'Arles, pour les terres comprises sur son territoire (Reg. des délibérat. du Bureau, 1635 et 23 janv. 1683). Ce domaine payait 98 écus de tailles.

(6) La redevance du domaine de Bollène, comptée à raison de 10 émines de grains par salmée de terre, donnait un revenu d'environ 70 hectolitres de grains, en 1595.

(9) Les îles de Bois-Bellon et Château-Sablié, au-dessus du pont, produisaient, pendant les premières années du XVIIᵉ siècle, un re-

jan, Saint-André-de-Roquepertuis, Aiguèze, Bourg-Saint-Andéol (1), Saint-Just et Saint-Marcel-d'Ardèche. Les terres comprises dans cette dernière commune formaient l'un des plus gros domaines de la maison, connu sous le nom de Mélinas (2). Les frères prêtres, inspirés par un des leurs, nommé Bertrand Cesteron ou Cisteron, homme fort entreprenant, l'avaient augmenté (3) d'acquisitions particulières à leur confraternité qu'ils eussent voulu rendre indépendante (4). Mais on ne tarda pas à confondre ces biens dans le domaine commun de l'Œuvre. Des redevances féodales étaient perçues à Mélinas, ainsi que sur le territoire environnant, au cinquième du revenu ; d'où le nom de cinquain de Mélinas donné à ces droits.

Il importait de calmer, pour un temps, la lutte soutenue contre les recteurs par les frères-prêtres (5). Ceux-ci, a-t-on dit, rêvaient d'indépendance. En 1492, Claude Corrier

venu de 90 à 100 hectolitres de grains. L'hôpital-neuf, en Crocholes, n'étant guère qu'un refuge pour les pestiférés, on l'affermait trois hectolitres de grains. Le domaine de Saint-Ist ou Saint-Sixt, au-delà du pont, comportait la dime de certaines terres d'alluvion, à la cote 18°.

(1) Le domaine de la Perrière, dont les bâtiments devaient servir de refuge aux prêtres et domestiques de la Maison, en cas de peste, au Saint-Esprit, fut vendu par bail emphythéotique, dès 1580, moyennant 161 livres et la cense annuelle et perpétuelle de 50 livres, deux chapons et deux perdrix, et sous la réserve de l'usage des carrières. Les recteurs en reprirent possession en 1616 et le revendirent en 1717. L'acquéreur fut exproprié en 1733 et M. de Bonot acquit le domaine aux conditions précédentes. Ses descendants, la famille Madier de La Martine, le possèdent encore. Les bâtiments, où avaient le droit de s'installer les ouvriers de l'Œuvre, contenaient une très ancienne chapelle.

(2) Inventaire général, chap. 18, et Cartul., p. 342. — La ferme de Mélinas produisait, en 1593, cent deux hectolitres de blé. Le cinquain perçu sur certaines terres trouvait adjudicataire à 45 livres. En vertu d'une transaction entre les recteurs et les consuls de Saint-Just, cette terre était exempte de la taille, en 1683.

(3) Cartul., p. 343 et suiv. ; Invent. général, comme ci-dessus.

(4) *Ibid.*, p. 117.

(5) *Ibid.*, p. 110.

se dit bien « prêtre séculier et frère donat des églisc, maison, pont et hôpitaux du Saint-Esprit », mais il se qualifie de syndic des frères-prêtres, et sous sa direction, en conférence, se fait l'élection du recteur prêtre qu'il notifiera au sénéchal et au Bureau le jour de l'élection des recteurs laïcs. Les relations s'établissaient de rivaux à rivaux. En 1505, une transaction décida que la confrérie resterait dans la dépendance de l'hôpital, tenu de la loger et de la nourrir. Les prêtres blancs ne pourront aliéner leurs acquisitions sans le consentement des recteurs et ceux-ci sans le consentement des prêtres blancs ; les honoraires des messes de fondation et autres legs pieux appartiendront en commun aux frères et aux recteurs. Les frères disposeront pour leur vestiaire des cent livres à prendre sur le Petit-blanc pour honoraire de la messe royale. Leur nourriture sera payée du produit des quêtes à faire par eux, gratuitement, à cinq lieues à la ronde. Si l'un d'eux contrevenait à cette prescription, il serait exclu de la maison, pour toujours. Le nombre des frères-prêtres est fixé à huit. Un d'eux aura part à l'administration de l'hôpital avec les trois autres recteurs laïques. Dans le cas où un nouveau règlement deviendrait nécessaire, le sénéchal et le prieur en arrêteraient les prescriptions. (1)

Une telle solution ne dut point satisfaire l'humeur autoritaire du frère-prêtre Bertrand Cesteron. Bien que le renouvellement fréquent de son rectorat le plaçât à la tête de ses confrères et le fit le premier des recteurs de l'Œuvre du Saint-Esprit, il eut sa large part, sans doute, dans l'élaboration de la bulle de Léon X, datée du 24 février 1520. Le pape assimile la vie commune des frères-prêtres à celle d'un collège de confrères dont l'habit n'est point régulier, malgré les apparences. Cette robe qu'ils revêtent au cours de leur réception, ils doivent la recevoir des mains d'un confrère et non d'un recteur laïc, comme il était arrivé, naguère, contre la volonté du recteur ecclésiastique et de la confrérie elle-même. Le souverain pon-

---

(1) Cartul., p. 119.

tife défend que personne ne porte atteinte à la fortune et aux revenus de la dite confraternité. Sa Sainteté la met sous la protection du doyen de Saint-Pierre d'Avignon et des officiaux des diocèses d'Uzès et de Viviers (1). La bulle de Léon X entretint chez les frères-prêtres des velléités d'indépendance. Si ce désir ne fut jamais pleinement satisfait, les lettres apostoliques leur valurent, plus tard, les honneurs du canonicat (2).

Dans les bulles d'Adrien VI (3), de Clément VII (4), de Paul III (5) et de Pie IV (6) revivent les mêmes intentions des prêtres-blancs (7). Cependant de nouvelles conventions furent faites entre eux et les recteurs, en 1526 ; l'Œuvre garda son autonomie première. Rien, là, qui ne soit conforme aux conventions de 1505. Les frères-prêtres peuvent disposer de leurs biens patrimoniaux et de leurs prébendes. Les biens acquis par eux restent communs aux frères et aux recteurs qui pourront en prendre possession au nom de l'hôpital, moyennant le payement à chacun des frères, alors au nombre de dix, d'une pension annuelle de 15 livres, payable en deux termes. Lors de la vacance des places des dits frères-prêtres les recteurs auront le pouvoir de nommer un des enfants servant à l'église ou un bâtard de l'hôpital, capable ; les recteurs et frères-prêtres le recevront « en mansionnaire » et lui donneront l'habit. S'il n'y a ni enfants ni bâtards capables, les recteurs auront le droit de nommer aux places vacantes, une personne née au Saint-Esprit et habitant la ville. Ainsi qu'on le désirait, cette transaction fut homologuée, en 1535, par le Parlement de Toulouse, qui y apporta ces seuls amendements : au cas où pour les places des prêtres, il n'y aurait personne à l'hôpital ni en

---

(1) Cartul., p. 215.
(2) Ibid., p. 65.
(3) Ibid., p. 225.
(4) Ibid., p. 225.
(5) Ibid., p. 220.
(6) Ibid., p. 221.
(7) On les rencontre aussi dans la bulle de Jules II. (Cart., p. 212.)

ville, on pourrait recevoir quelqu'un de la Provence, du Dauphiné ou d'un autre pays, à la condition toujours, qu'il soit suffisant et capable ; la punition des frères-prêtres et des clercs se fera par le recteur clerc.....

Exact, chaque année, à venir présider au rendement des comptes des recteurs sortants et à l'élection des nouveaux, le sénéchal, Jean de Sénectère, fit, en 1550, un règlement bien propre, en d'autres temps, à ramener l'ordre et l'économie dans les finances de la maison, et dans le cœur des administrateurs la sollicitude pour les malades et les enfants abandonnés. Il veut que les membres du Bureau, absents des réunions mensuelles, sans motifs, soient punis d'une amende au profit de l'hôpital ; que les recteurs laïcs connaissent de la dépense aussi bien que des recettes, et non le seul recteur prêtre qui s'était attribué cette prérogative. A celui-ci, l'évêque d'Uzès sera prié de donner des pouvoirs semblables à ceux des supérieurs des ordres mendiants afin que, par censures ecclésiastiques, on puisse contraindre les autres frères-prêtres et clercs de l'église du Saint-Esprit à se trouver aux Matines, Heures et Psaumes de chaque jour, et que, de son autorité privée, il puisse informer l'évêque du diocèse des insolences et désobéissances dont viendraient à se rendre coupable lesdits prêtres et clercs. La contradiction avec l'ordonnance de Plazian est, ici, formelle, mais le sénéchal avait à cœur, sans doute, de rappeler les frères-prêtres à une conduite plus conforme au caractère dont ils étaient revêtus (1). Se rappelant qu'au patron de l'Œuvre avait appartenu, en 1281, le droit de régler le genre de vie des donats, il défend que les prêtres mangent, à d'autres heures que celles de la table commune; et les invite à se conduire avec sobriété (2).

Sans doute, de nouvelles précautions auraient conjuré ces embarras intérieurs, mais de plus grands maux fondi-

---

(1) V. ci-dessus, p. IX, le pillage des archives par les mêmes frères-prêtres.
(2) Cartul., p. 128.

rent sur l'Œuvre durant la longue guerre civile amenée par la Réforme.

On sait quels faits malheureux se déroulèrent dans la vallée du Rhône à la suite des évènements de Nimes. Un stratagème permit aux adeptes de la nouvelle religion de s'emparer de la ville du Pont-Saint-Esprit (1). Ils y firent un grand carnage de catholiques, incendièrent le monastère de Saint-Pierre, saccagèrent l'église paroissiale et l'église du Saint-Esprit ; les belles verrières de ce sanctuaire furent brisées ; leur fureur se porta également sur l'hôpital et la Maison-du-Roi (2) ; les archives qu'on y conservait disparurent, durant un pillage resté mémorable ; on s'efforça de les reconstituer par la recherche des originaux ou la réfection de copies afin d'obliger les détenteurs des biens ou revenus de la maison à lui donner pleine satisfaction (3).

Dès lors, la riche et puissante organisation de l'Œuvre, telle qu'on l'a vue aux XIVe et XVe siècles, n'est plus qu'un souvenir poignant pour les recteurs. Des réparations continuelles au pont, aux chaussées et dans le lit même du Rhône absorbent les revenus du Petit-Blanc et nécessitent son augmentation. L'administration même de ce droit est enlevée au Bureau et mise aux mains des trésoriers généraux de France ; l'Œuvre ne disposa plus sur ce revenu que d'une dotation de 1200 livres, ainsi qu'on l'a vu plus haut (4). Les quêtes sont virtuellement supprimées, conformément à l'arrêt du Concile de Trente ; les tournées irrégulières des quêteurs ne peuvent qu'apporter un adoucissement passager aux privations du personnel de la maison. L'église du Saint-Esprit, en raison de l'état politique et religieux de la région, n'a plus le privilège d'attirer les pèlerins en aussi grand nombre. Leur générosité semble tarie. Les domaines livrés à des fermiers intéressés ne donnent qu'un produit bien insuffisant pour les dépenses

---

(1) Père Justin. *Hist. des guerres dans le Comtat.*
(2) Pinière de Calvin. *Mémoire historique du prieuré*, etc. Mans.
(3) Cart., p. 135.
(4) Voyez p. LXIII.

journalières des divers services hospitaliers. Une ressource impatiemment attendue, le prix de la pêche autour des piles du pont, est, bien des fois, saisie entre les mains des recteurs (1).

Les frères-prêtres, eux-mêmes, usent de ce mode de coercition pour obtenir le payement de leur vestiaire en retard depuis des années.

Le nombreux personnel qui s'agitait autrefois dans la maison tend à disparaître. Des sœurs-données il ne reste que le nom, improprement porté par une ou deux mercenaires. Les vastes bâtiments des malades sont presque déserts. Un seul hospitalier a la garde de dix lits, dernier vestige du célèbre hospice des pauvres passants. Seul, prospère l'hôpital des enfants exposés (2). Sur les plus jeunes veille une gouvernante, la chambrière ; sur les plus âgés, un précepteur chargé de les instruire et endoctriner. Le nombre des nourrices varie avec les nourrissons. Les plus anciens documents connus, relatifs à ce service qui datait cependant du commencement du XIVe siècle, c'est-à-dire de l'origine des hôpitaux, nous montre ces nourrices, en 1548, au nombre de trente-six ; en avril 1549, elles sont trente-huit ; en juin, quarante-une ; leur nombre s'accrut encore, car au lieu de 33 livres qu'on leur distribuait, en janvier suivant, la dépense mensuelle fut de 35 livres. Les gages, qui variaient de 5 à 10 livres par an, s'élevèrent, en 1580, à une livre par mois. Ces nourrices, aussi bien que les femmes qui venaient accoucher dans la maison, étaient d'un exemple dangereux. En janvier 1567, on décide « que les filles bastardes soient poussées à vertu, instruites au ménage et à besoignes honestes et ostées de la présence des norrices des petits enfants bastards dud. hospital » (3). Ailleurs, on ajoute : « Dès lors que les filles seront en aige de dix à onze ans, les recteurs les mettront au service de maistres, en maisons honestes et plus honorables qu'ils

---

(1) Registre des délibérations du Bureau.

(2) On les appelle aussi « adventuriers ou adventurières de l'hôpital » dans les registres de catholicité du XVIe siècle.

(3) Registre des délibérations du Bureau.

pourront trouver, et après, estant de aige de marier, seront par eux mariées et dotées à la coustume, sans qu'il soit permi au recteur de remettre les dites filles audit hospital, à peine d'amende arbitraire ». Cette dot consistait primitivement en une somme de dix livres et « les robes nupciales » (1). Plus tard, avec les revenus de la leude, légués à cet effet par Catherine de Bondilhon, la dot des filles fut de soixante livres (2).

Les garçons, on l'a vu (3), pouvaient prétendre, s'ils en avaient la vocation, à une place de frère-prêtre ; on les reconnait parmi les donats, au nom de Sylvestre, commun aux enfants de la Maison ; serait-ce parce que ces pauvres enfants étaient les derniers dans la société comme leur patron, le dernier saint du calendrier ? Point rebuté pour cela, au sortir de l'hôpital, ils étaient non seulement instruits aux travaux manuels, mais également aux arts libéraux s'ils montraient des dispositions à les étudier. C'est ainsi que Bertrand Sylvestre entra chez maître P. Reynier, peintre d'Avignon, pour y être instruit en l'art de « pinctrerie », durant trois ans. Le traité porte que dix livres seront payées à l'artiste par la Maison qui doit habiller l'enfant, la première année, et lui donner un sayon la seconde. Ou bien encore, ils étaient recherchés et adoptés par des ménages sans enfants, comme Thomas Sylvestre, en 1551 ; les recteurs y mirent la condition qu'Étienne de Vigeron, le père adoptif de Thomas Sylvestre, le ferait endoctriner ès-lettres et bonnes mœurs (4).

Dans le cours de douze années (de 1594 à 1606), l'hôpital recueillit cent-vingt-huit enfants, abandonnés tant sur le territoire du Pont-Saint-Esprit que sur celui des villes voisines, en Languedoc et dans le Comtat ; on envoyait les uns, avec attestation des consuls ou des évêques ; on exposait les autres à la porte de l'hôpital, quelquefois à celle du pont ou de la tour de la ville, (route de Bagnols), en

---

(1) Registre des délibérations.
(2) Cartul., p. 387.
(3) Ci-dessus p. LXXXVII.
(4) Reg. des délibérat. du Bureau, à la date du 31 mars 1551.

cachant dans leur maillot un billet qui portait des initiales secrètes, à l'aide desquelles leur famille les reconnaitrait plus tard. En 1624, le nombre de ces pauvres deshérités fut si nombreux, les abus commis par ceux qui les abandonnaient parurent tellement criants, qu'on décida de rechercher leurs parents ; entrés dans cette voie, les recteurs voulurent faire rembourser la dépense d'entretien par les pères de ces infortunés (1).

C'en est assez, pense-t-on, pour faire connaitre la persévérance des recteurs dans cette œuvre charitable (2) et montrer leur souci de réagir contre le libertinage grandissant. S'étendre plus longuement sur ce sujet serait donner de l'intérêt à des turpitudes dont notre époque n'a pas, seule, le privilège (3).

Dès le XVe siècle, les recteurs avaient témoigné une sollicitude, digne d'éloges, envers les victimes d'un mal affreux et presque toujours sans remède, qui décimait périodiquement les populations du Midi de la France. Toutes en avaient conçu une si profonde terreur, qu'on abandonnait les malades sans secours et les morts sans sépulture. Au sud de la ville, sur l'emplacement habité plus tard par les capucins, et aujourd'hui par les visitandines, les recteurs bâtirent un hôpital destiné à ces pesti-

---

(1) *Ibid.*, à la date 1637.

(2) En 1609, les sœurs de Sainte-Ursule ouvrirent dans la ville une maison de leur Ordre. On décida de leur donner trois salmées de blé pour la nourriture de leur aumônier à la condition que deux religieuses visiteraient les hôpitaux, deux fois la semaine, pour faire leur rapport ensuite sur les pauvres et les petits enfants. De là, vinrent à ces infortunés des gâteries inusitées ; ainsi un crédit de 50 sols permit à la gouvernante d'acheter du pain blanc pour ses pupilles. Avant l'intervention des dames de Sainte-Ursule, les pauvres enfants recevaient, de temps en temps, la visite des dames de la Miséricorde, pieuse association qui existe encore à Pont-Saint-Esprit.

(3) Un siècle après la date à laquelle on s'est arrêté ci-dessus, en 1604, la maison tenait cent cinquante enfants en nourrice, hors des hospices, et une vingtaine dans l'étroit quartier qui leur fut réservé dans le nouvel hôpital.

férés (1). Quelques années après, aux pauvres passants malheureux, que la fermeture des portes de la cité, à l'heure des épidémies, privait des secours du grand hôpital, ils offrirent asile dans un autre hospice extra-muros, appelé l'hôpital-neuf (2). Posée sur un promontoire aéré, au confluent du Rhône et de l'Ardèche, cette maison semblait avoir desservi, de temps immémorial, le bac voisin qui reliait les deux rives du fleuve (3).

Le boulanger Fermineau avait donné une somme d'argent pour l'ériger (4), et, autour de la parcelle de terre qu'on acheta pour remplir ses intentions pieuses, un petit domaine se forma qui rendait fort agréable le séjour de cet hospice. On l'appelle encore « l'hôpital », ou bien « l'entrepôt », en raison du petit port d'attache, fort connu de tous les bateliers du littoral (5) et dont l'origine semble remonter à l'époque romaine. Cette constance des recteurs dans l'assistance des malheureux que la misère ou la maladie jetaient, alors comme aujourd'hui, sur les grands chemins qui longent les rives du Rhône, explique la faveur persistante dont l'Œuvre du Saint-Esprit jouissait auprès des populations les plus éloignées même de ce pays.

A ce sujet, qu'on nous permette encore un retour en arrière, vers les quêtes.

La quête pour laquelle les recteurs commissionnèrent Frère Pouzol, en 1471, dans les diocèses d'Arles, Cavaillon, Avignon et Uzès, consistait en aumônes, promesses et rachats, ce qui veut dire, sans doute, en générosité provoquée par l'espérance d'une faveur providentielle ou la volonté d'expier une faute déjà lavée par le sacrement de pénitence. Si le trop grand éloignement des diocèses où se faisaient ces quêtes, ou bien la difficulté de transporter

---

(1) D. Pinière de Clavin, (dans le *Mém. hist. du prieuré et de la ville de S.-Saturnin-du-Port*), invoque les archives du prieuré. Tome 2, N° 3 et Cartul., p. 285.

(2) Archives de l'Œuvre : Registre des délibérations.

(3) *Les vrais constructeurs du pont Saint-Esprit*, p. 3, et *Notions générales sur la viguerie du Pont-Saint-Esprit*, p. 32.

(4) Cartul., p. 122.

(5) *Notions générales*, comme ci-dessus.

des marchandises encombrantes amena l'adoption d'un système de fermage, les collectes, ainsi réduites des frais de perception, n'en donnaient pas moins des produits fort appréciables. Le 7 août 1504, Etienne Chabert, clerc, habitant de la ville du Saint-Esprit, muni de la procuration des recteurs pour faire les quêtes dans les diocèses du Puy et de Mende, ne pouvant y suffire, substitue de nouveau à sa place Pierre Marsa, prêtre de la paroisse de Saint-Etienne de Fontbellon, moyennant deux écus d'or et douze sols (1).

En 1550, les diocèses de Saint-Paul, Die et Vaison fournirent trente-six salmées de blé, soit soixante-douze hectolitres. Le diocèse d'Orange, seul, huit salmées et demie. Les diocèses de Grenoble, Valence, Die envoyèrent neuf quintaux ou quatre cent cinquante kilog. de fromage ; Gap et Carpentras quatre quintaux. Uzès procurait trois barraux, c'est-à-dire cent cinquante kilog. d'huile, un quintal de châtaignes et trois quintaux de chair salée ; la laine y donnait un produit de huit livres, dix sols.

La ferme de la quête faite à Lyon rapportait, bon an, mal an, cent cinquante écus d'or. Embrun, Sisteron et la Haute-Provence procurèrent un revenu de trente-six petits florins ; Marseille, Toulon, Fréjus et la Basse-Provence, quarante florins ; Viviers, trente livres tournois ; Nimes, Maguelonne et Carcassonne quatre livres. La quête des évêchés de Cahors, Castres, Alby, Saint-Pons, Lavaur ne s'affermait plus, alors, que quinze livres. Une égale somme provenait des archevêchés de Sens, Bourges et Langres. Quatorze livres constituaient tout le produit des quêtes d'Embrun, Lavandore, Suze, Turin, marquisat de Saluce, Mont-Cenis, Albe, Cazal, Chambéry, Moustiers, La Maurienne, Nice, le duché de Milan, la vallée d'Aoste, Pavie, la seigneurie de Gênes, la Lombardie, Florence, Venise, Plaisance, Sion, jusques à Rome (1). On pensera que le

---

(1) Minutes de Michel Alacrio, notaire d'Aubenas. (Note due à l'obligeance de M. Mazon).

(1) Registre des délibérations.

fermier de cette quête avait traité là une bonne affaire ; ou bien, doué d'une nature d'artiste, estimait-il plus que toute autre chose au monde la satisfaction de parcourir à pied, la besace au dos et la sébile à la main, trois cents lieues de pays où variaient les produits, l'altitude et l'horizon. Celui qui, en raison de tant de peines, ou peut-être de tant de plaisir, payait une si faible rétribution devait plus que tout autre revêtir l'habit des Frères du Saint-Esprit. Il ne pouvait franchir les monts, une bourse à la main, sans la robe blanche marquée de deux arches crucifères. C'était moins une restriction qu'un privilège obtenu en dépit de l'opposition des frères du Saint-Esprit de Saxe à Rome (1). D'autre part, maintenus dans l'usage de quêter à travers le Lyonnais, contrairement aux prétentions des frères du Saint-Esprit de Besançon (2), autres membres de l'Ordre institué par Guy de Montpellier, nos recteurs avaient obtenu de ceux-ci une rente annuelle de quarante florins pour les dédommager de l'abandon des quêtes dans les diocèses de Tarentaise, Belley, Genève, Lausanne, Sion et Aoste. (3)

Le Concile de Trente pensa remédier à l'abus des quêtes qu'on faisait, partout, à l'encontre de la volonté de l'Ordinaire, par la suppression même de ces collectes.

On l'a dit plus haut, cette décision devait apporter une grande perturbation dans le budget de l'Œuvre du Saint-Esprit, en raison de la privation des dons en nature recueillis, plusieurs fois l'année, dans les diocèses du sud-est de la France. Peut-être la bulle de Pie IV (4) eut-elle pour objet de rendre aux recteurs cet appoint considérable dans la nourriture des hospitalisés de Saint-Saturnin, car, à la fin du XVIᵉ siècle, les messagers de l'Œuvre usaient de leurs vieux privilèges. En 1618, un mandataire du Bureau se rendit « à Avignon pour y faire raffraichir les

---

(1) Sentence exécutoriale du Concile de Bâle, Cart., p. 201.
(2) Cartul., p. 259 et 263.
(3) Ibid., p. 259, note.
(4) Cartul., p. 221.

bulles de N. S. Père permettant les quêtes ». La faveur fut-elle concédée ? Désormais on ne trouverait trace, nulle part, de ces aumônes populaires, grâce auxquelles l'Œuvre du Saint-Esprit vécut ses premières années, si n'était que, Gaston d'Orléans ayant voulu substituer les oratoriens aux prêtres-blancs, les recteurs à bout d'arguments firent observer à S. A. R. que les prêtres de l'Oratoire ne se chargeraient pas des quêtes, ainsi qu'avaient l'habitude de le faire les prêtres de la Maison. Il faut donc admettre qu'on quêtait en 1649, mais peut-être, irrégulièrement.

CHAPITRE IV

La citadelle. — Le nouvel hopital. — Recteurs et Frères-prêtres. — Les Oratoriens. — L'Ordre du Saint-Esprit.

Si la deuxième moitié du XVI⁰ siècle vit l'amoindrissement des revenus variés dont vivait l'Œuvre des Eglise, Maison, Pont et Hôpitaux du Saint-Esprit, cette même époque marqua dans l'existence de la grande institution charitable, l'heure de son plus complet développement monumental.

Sous le ciel profondément transparent des provinces méridionales, au centre de la vaste plaine que dominent, au loin, le Tanargue, le Lozère, les Alpines, le Ventoux, le Luberon et d'altiers contreforts des Alpes, le regard s'arrêtait, au nord de la ville du Saint-Esprit, sur des édifices remarquables : l'église du Saint-Esprit, les deux grands hôpitaux, la Maison-du-Roi, reconstruite sous François I⁰ʳ, et ses nombreuses dépendances s'étendant jusque dans la petite cité. (1)

Au-dessus de ce groupe principal, l'hôpital-neuf; par-delà l'Ardèche, Mélinas ; une lieue plus loin, au couchant, l'hôpital d'Aiguèse, à l'aspect féodal, passé des mains des Bellesmanières à celles de recteurs, vers la fin du XV⁰ siècle (2). C'était un côté d'un vaste triangle ; l'autre comprenait, sur une étendue de quinze kilomètres environ, les digues du Rhône et du Lauzon et, reliant à la terre ferme quelques-unes des grandes îles au-dessus du pont, les trois ponts de Maletrat, de la Motte et de la Pierre, également l'ouvrage des recteurs (3).

---

(1) V. *Plafonds peints du XV⁰ siècle, dans la vallée du Rhône*. Caen, 1888, et, ici, planches VI, VII et VIII.

(2) Cartul., p. 342.

(3) Cartul., p. 311, note ; et Livre du contrôleur des ouvrages, aux archives de l'Œuvre.

Entre ces deux lignes, presque perpendiculaires l'une à l'autre (1), un immense delta, où de profonds dragages maintenaient libre le cours des deux rivières, grâce à de grands sacrifices pécuniaires qu'on dirait irréfléchis tant ils sont fréquents, et ce, on l'a vu, en dépit de l'opposition des riverains (2).

A l'extrémité septentrionale de ce delta, la ville du Bourg-Saint-Andéol et la carrière du Roi ; à son extrémité méridionale, le pont Saint-Esprit, aux lourdes arcades de pierre. On dirait la grande muraille d'un immense domaine, conquis sur les eaux et mis en rapport pour le plus grand profit de l'une des plus belles idées qu'ait conçue le moyen âge.

Ainsi que le prévit Philippe-le-Bel, le Pont-Saint-Esprit était devenu l'enjeu des belligérants dans la vallée moyenne du Rhône. Plusieurs de ses successeurs l'appelèrent la clef du Languedoc (3). Après l'introduction des armes à feu et leurs premiers perfectionnements, les vieilles tours, posées sur le viaduc, ne pouvaient suffire à sa défense. En raison même de ce que l'entrée du pont aboutissait à une enceinte urbaine, on devait la garder des surprises des citadins autant que de celles des étrangers, à cette époque critique des guerres religieuses qui enfantèrent de si lamentables guerres civiles. Le libre parcours d'une rive à l'autre du fleuve et son maintien sous l'autorité des officiers de la Couronne, ne pouvaient être assurés que par la construction d'une forteresse capable d'abriter un petit corps d'armée.

La citadelle, commencée vers 1584, fut mise en état de défense, dans le courant de l'année 1595 (4).

L'enceinte de cette place forte enveloppait le grand hôpital sur le Rhône, l'hôpital des enfants exposés et l'église du Saint-Esprit comprise entre les deux. Toute-

---

(1) *Carte de l'Etat-major*, et notre *Essai de carte de la viguerie du Pont-Saint-Esprit*.
(2) Ci-dessus, p. LXXI.
(3) Cartul., archives de l'Œuvre et les archives municipales.
(4) Registre des délibérations du Bureau, à cette date.

fois, le dévôt sanctuaire, dont le maréchal d'Ornano avait récemment restauré les voûtes (1), garda son affectation primitive. Prêtres, desservants et fidèles continuèrent à s'y rendre librement, en suivant un petit passage souterrain ouvert dans le mur d'enceinte, au pied de la rampe du pont(2). Sur ce couloir étroit convergeaient les feux de couleuvrines dirigés des murs latéraux, ainsi qu'on pourrait en juger par l'examen des substructions de la citadelle actuelle.

Celle-ci, bâtie en 1621, d'après les plans de Bazin, engloba la première et s'étendit au nord et au couchant; d'où la nécessité d'exproprier les deux hôpitaux en construction dans le voisinage des anciens, sur l'emplacement des maisons Nardin, Vidal, de Montagut et Serre (3).

L'augmentation du Petit-blanc, faite en 1590, et une subvention de six mille livres, votée en 1619 par les Etats du Languedoc, avaient couvert cette dépense ainsi que celle occasionnée par la construction d'une grande muraille destinée à séparer ces bâtiments de la première citadelle. Mais l'indemnité de 5.016 livres allouée par Montmorency, à raison de la deuxième expropriation, ne pouvait suffire à une nouvelle installation digne du passé de l'Œuvre du Saint-Esprit. Les recteurs protestèrent. Dès lors, se conformant à des lettres-patentes, en date du 11 février 1621, le président des trésoriers de France procéda à la visite de l'hôpital. Son estimation n'excéda guère celle du gouverneur du Languedoc. Il ordonna de payer aux recteurs une somme de 5.559 livres, 18 sols, 9 deniers.

---

(1) Le maréchal affecta la somme de 1.500 livres à cette restauration dont le prix-fait se trouve aux minutes de M⁰ Degors (17 févr. 1593), suivi d'une transaction chez L. Bernardin, notaire, le 14 août 1604. On verra, plus loin, que la famille d'Ornano eut une chapelle particulière dans l'église du Saint-Esprit.

(2) V. Planche VIII, lettres s, t. De temps immémorial, les prêtres communiquaient, plus particulièrement, de la Maison-du-Roi avec le grand hôpital, par le passage b.

(3) Registre des délibérations du Bureau, et les anciens compoix municipaux.

C'était l'indemnité que le colonel d'Ornano avait offerte, peu avant. A ce prix, dont il fallut se contenter, s'ajoutaient les 1.200 livres de l'année courante, à prendre sur le Petit-blanc, et le reliquat du crédit ouvert pour les hôpitaux et qu'on n'avait pas épuisé, les hôpitaux ayant été expropriés avant leur achèvement (1).

En juin 1623, les pauvres malades erraient à travers la ville, faute d'abri. Pour les hospitaliser, les recteurs louèrent, moyennant la modique somme de trente-six livres, un magasin qu'on aménagea. Le soin de pourvoir à leur nourriture leur étant laissé, ces malheureux reçurent, plusieurs années durant, une allocation quotidienne de deux sols. En 1627, on constata l'insuffisance de ce crédit, mais le Bureau, faute de ressources, ne put l'augmenter. Dans l'espoir de toucher le cœur du roi, dès l'année précédente, on avait dressé un procès-verbal d'enquête qui constatai la destruction des hôpitaux pour cause d'utilité publique, et l'impuissance où se trouvaient les recteurs de pourvoir à la dépense de nouveaux bâtiments (2).

Cependant un dernier projet s'élaborait par les soins du Bureau. Les plans même furent dressés (3), d'une construction à faire au midi de la Maison-du-Roi, entre le Rhône et la voie publique (4), où l'on pensait réunir les pauvres passants, malades et enfants exposés. L'espace eût été bientôt insuffisant. Si la misère arrêta la bonne volonté des recteurs, le nombre des passants assistés ne diminuait pas. En moins de quatre ans, quarante-neuf de ces malheureux moururent dans la maison. Un des recteurs, M. Rouvier, fit l'avance du prix de leurs suaires (5).

Sur ces entrefaites, la peste, cette implacable ennemie

---

(1) Registre des délibérations du Bureau.
(2) Cartul., p, 138.
(3) Archives de l'Œuvre.
(4) Cette maison fut plus tard le logis du Lion d'or ; plus récemment, la famille de Savelly s'y construisit un hôtel, pour lequel on adopta le plan de façade destiné aux hôpitaux, comme on peut le voir aux archives de l'Œuvre.
(5) Registre des délibérations de l'Œuvre.

des quatre siècles derniers, se déclara plus meurtrière que jamais. Au commencement de septembre 1629, la contagion fut telle que, faute de gens de bonne volonté pour les enlever, les corps des personnes décédées restèrent dans les maisons de la ville. Le premier consul convoqua le Conseil politique qui se réunit dans la rue Saint-Jacques, sous la fenêtre du capitaine de Piolenc, à laquelle se tenaient le greffier et trois témoins. On vota un emprunt pour prendre les mesures sanitaires que comportait la situation ; on décida même d'envoyer chercher à Laudun un nombre suffisant de corbeaux (1). Les membres du Conseil ne purent signer la délibération, « à raison de la communication ».

L'hôpital-neuf était affermé comme métairie. Un autre hôpital, primitivement ouvert sur la route de Bagnols, aux Teuillères (les Tuileries), pour les pauvres passants que la contagion empêcherait d'entrer en ville, ne pouvait, pour le moment, les recevoir. On voulut louer la métairie d'un sieur Cony, mais celui-ci demanda trente écus, pour un séjour de trois ou quatre mois. Afin d'en terminer, usant de la réserve contenue dans le bail de l'hôpital-neuf, depuis l'année 1554, le Bureau en reprit possession à raison de ce qu'il était plus rapproché de la ville et mieux aéré. Les pauvres passants y logèrent durant la peste de 1642 (2).

Quant à l'emplacement du grand hôpital urbain, le choisir ne présentait pas moins de difficulté. On songea à l'édifier en dehors de la ville. Les recteurs obtinrent des consuls, moyennant une pension annuelle de soixante livres, la concession d'un cimetière abandonné, bien qu'on l'appelât le cimetière neuf ; jadis, la municipalité l'avait créé pour l'ensevelissement des pestiférés. Situé au midi de la porte Saint-Jacques, sur le chemin de Bagnols (3), il comprenait dans son enceinte une chapelle, sous le

---

(1) On appelait ainsi les gens préposés à l'ensevelissement.
(2) Registre des délibérations de l'Œuvre.
(3) Aujourd'hui, de Saint-Etienne-des-Sorts et de Vénéjan.

vocable de Notre-Dame-de-la-Rose, que les Frères-prêtres desservirent, dans la suite.

Ce projet ne pouvait satisfaire le désir qu'avaient les recteurs de rappeler leur ancienne installation. On eût été fort à l'étroit sur l'emplacement du cimetière même, ou bien exposé aux inondations du Rhône, si les bâtiments s'étendaient au-dessous de ce champ, sur les terrains d'alluvion.

Un nouveau projet, fort bien étudié, amena l'acquisition, au cœur de la ville, dans le quartier de Villebonet, de la maison du conseiller Pichot. L'entreprise traîna en longueur ; les bâtiments n'étaient pas encore achevés en 1640(1). Le nouvel établissement, assurément plus modeste que les anciens hôpitaux, s'étendit en un vaste parallélogramme autour d'une cour disposée en terrasses, suivant la déclivité du sol sur lequel on avait bâti. Un petit jardin, au nord de ces bâtiments, permit de séparer les divers services hospitaliers. Les salles y sont grandes et bien aérées.

Tardivement, en 1705, le Bureau fit construire une petite chapelle qui témoigne du souci des recteurs de transmettre leur nom à la postérité plutôt que de leur désir de laisser le souvenir d'une conception géniale. Ce sanctuaire, tout intérieur, il est vrai, ne devait recevoir que les pensionnaires de la Maison et les personnes chargées du service hospitalier. Le clergé paroissial le desservit, tout d'abord, les prêtres-blancs ne voulant pas y détacher un des leurs. Divers sentiments semblent avoir dicté la conduite de ces derniers, mais par-dessus tout, la crainte de se voir supplanter, au chœur de l'église du Saint-Esprit, par les antagonistes dont il sera parlé plus loin (2).

---

(1) Registre des délibérations du Bureau.
(2) On le croit d'autant plus volontiers qu'en 1774, les mêmes prêtres-blancs, devenus les chanoines du Plan, se chargèrent de dire une messe les jours ouvriers à neuf heures ; les dimanches et fêtes à dix heures. A titre de dédommagement, le Conseil politique consentit la suppression de deux prébendiers.

Tant d'évènements expliquent les hésitations dont l'administration hospitalière fit preuve à la fin du XVI° siècle. On comprend même l'irrégularité de son renouvellement à cette époque. Cependant, les changements d'administrateurs se font sans conteste. Le plus grand intervalle, entre deux élections rectorales, va de 1596 à 1605. Le 17 septembre de cette année, le sénéchal de Beaucaire procéda au renouvellement du Bureau, assisté du juge-mage, du vicaire général du prieur, des viguier et juge du roi, des viguier et juge ordinaire du prieur, des consuls de la ville.

L'audition des comptes et leur clôture occupa trente séances. La gestion financière de l'Œuvre, la conservation du pont, les soins à donner aux malades, l'aération même du nouvel hôpital donnent lieu à discussions. La Maison y échange des directes seigneuriales avec M. Antoine du Roure, baron d'Aiguèze. Le procureur du roi, au siège des gabelles de la ville du Saint-Esprit, demanda vainement l'entrée au Bureau. A ses prétentions, appuyées d'un volumineux dossier, les recteurs opposent un arrêt du Conseil d'État qui se réservait la connaissance de cette affaire. Le 7 novembre, le sénéchal est encore dans la Maison. On fait une visite minutieuse des hôpitaux, du pont et des chaussées jusques au pont de la Pierre. A son retour, pour clore les travaux de ce conseil extraordinaire, Jean de Fayn renouvelle les ordonnances de ses prédécesseurs. Il veut que les recteurs donnent, chaque mois, au recteur blanc, pour la nourriture des prêtres, vingt-quatre livres, et vingt sols pour achat de chandelles ; une provision annuelle de cent barraux (1) de vin pur, cueilli aux vignes de la Maison, trois barraux d'huile et trois muids de sel. A cause du renchérissement des objets, depuis vingt-cinq ans, le vestiaire des cinq prêtres est porté à huit écus au lieu de cinq. Les recteurs contrevenant à cette ordonnance seront punis de cent écus d'amende applicables à la réparation de l'église. Pour veiller à son exécution, le sénéchal commet les viguiers et juges du roi et du prieur, sous peine de mille écus d'amende chacun.

(1) Cinquante hectolitres environ.

Le lendemain, eut lieu l'élection des nouveaux recteurs avec mandat d'une durée de trois ans. M. Gaspard Baud, l'élu des frères-prêtres, introduit dans la grande salle du roi (1) et devant le sénéchal, refusa de prêter serment avant qu'on lui fît connaître le nouveau règlement. Craignant la même opposition de la part des recteurs laïcs, Jean de Fayn enjoignit au premier recteur, M. de Girot, de prêter le serment sous peine d'une amende de cinq cents écus. S'insurger davantage devenait dangereux ; M. de Girot demanda acte de l'opposition qu'il se proposait de former ; cela fait, lui et MM. de Benoist et Baud, levant la main sur les saints évangiles et passion figurée de N.-S. J.-C., promirent et jurèrent « de bien et deuement, et en toute droiture et équité, exercer ladite charge de recteur, procurer le profit et utilité de ladite maison, avoir soin et cure desd. maisons et hôpitaux, des pauvres enfants abandonnés et des passagers et malades. »

Les frères-prêtres protestèrent contre le changement introduit dans leur dotation, et, pour affirmer leur mécontentement, refusèrent de recevoir dans leur confrérie un corse nommé Marc Lieutié, présenté par M. Anthomarie de Caseneuve, commandant de la citadelle en l'absence de Mgr le colonel d'Ornano. Malgré cette opposition, basée sur l'insuffisance du sujet qui n'était pas encore prêtre, le sénéchal l'agréa pour le service de l'église et reçut son serment. Sans doute, la nuit porta conseil ; on pense que les frères admirent Lieutié, car le lendemain, le sénéchal, avant de quitter Saint-Esprit pour le siège de son gouvernement, porta le traitement des frères-prêtres à vingt-huit livres, dix sols, par mois, et vingt-neuf salmées de blé par an, soit quatre pour chacun d'eux, et neuf pour les deux clercs et le serviteur ; il accompagna son ordonnance de cette réserve, qu'après trois ans seulement, son règlement entrerait en vigueur.

En 1606, François et Pierre Doize furent reçus novices et clercs de la Maison, à la condition d'apporter un trousseau et 75 livres d'argent. Quand messire Claude Teissier

---

(1) Planche VIII, 6, lettre a.

se présenta pour le service de l'église, dix ans après, il offrit d'enseigner les enfants et clercs de la maison, pensant acquitter ainsi les droits de son entrée. Le Bureau ne voulut point prendre son indigence en considération et exigea de lui trente livres d'argent, vingt-cinq livres d'étain, trois nappes, six serviettes, une table, un banc, deux escabeaux, un lit de noyer, lui promettant en retour honneurs et prébende. Antoine Pouzol ne s'en tira pas moins onéreusement ; il dut payer cent cinquante livres d'entrée, apporter son lit et des ustensiles de ménage. Les places des prêtres-blancs étaient alors fort recherchées. En 1622, deux prêtres séculiers de la paroisse de Saint-Saturnin en obtinrent provision. L'année suivante, M. Pouzol mourut. Tandis que deux ordonnances du sénéchal et du Parlement de Toulouse comblaient ce vide parmi les frères-prêtres, le Bureau avait pourvu à son remplacement. Jaloux de leurs prérogatives, les recteurs défendirent à l'élu de la province de prendre place à l'église, parmi les prêtres, de porter la robe blanche et la marque de la maison.

Cependant, les titulaires de ces places enviées montraient, alors, peu de zèle à remplir les devoirs de leur charge. Leur présence au chœur dut être constatée sur un registre; une amende frappait les absents. Tous ne voulurent pas se soumettre à ce régime inquisitorial. Le différend fut porté devant l'évêque, ainsi que l'avait prévu le sénéchal de Beaucaire, trois quarts de siècle auparavant; mais plusieurs contestèrent l'autorité de l'Ordinaire. Enfin, partisans et adversaires de « la pointe » se soumirent à l'arbitrage du correcteur du couvent des Minimes et du P. Gardien des Capucins (1). Dans l'assemblée suivante du Bureau, les arbitres, de concert avec les recteurs, les officiers de la maison et le premier consul, évoquant l'homologation de l'évêque, conclurent à l'observation des articles de la pointe ; ils ajoutèrent même que

---

(1) Ces deux couvents existaient à Pont-Saint-Esprit depuis peu d'années.

les prêtres ne pourraient réciter leur office, en particulier, alors qu'on dirait la messe du roi ou chanterait la grand'messe, ni prendre, lors des fêtes solennelles et « semaine paineuse », c'est-à-dire durant la semaine sainte, les deux jours par mois, accordés à chacun d'eux.

Par une sorte de compensation, les frères-prêtres dénoncèrent l'insuffisance de leur prébende et la mésintelligence entre les individus, qu'apporte parfois la vie commune ; d'accord avec les recteurs, à l'exemple de plusieurs communautés et maisons religieuses, ils obtinrent du sénéchal la permission de vivre séparément, sous le même toit, chacun recevant sa part de prébende.

Ces dissentiments inspirèrent, sans doute, la pensée à quelques uns des habitants de la ville du Saint-Esprit, d'appeler à desservir l'église du pont, les prêtres de l'Oratoire. Plusieurs maisons de cette congrégation existaient déjà dans des villes voisines. Les Oratoriens, de leur côté, nourrissaient le projet de créer un collège (1) qui, grâce au pont, recruterait de nombreux élèves sur les deux rives du Rhône. Pour l'instant, un d'entre eux remplissait les fonctions d'aumônier auprès des Ursulines de Pont-Saint-Esprit, auxquelles la présence dans leur maison d'une sœur du connétable de Luynes valait les privilèges des maisons royales.

Au mois de février 1621, Louis XIII « avoit donné des lettres-patentes portant que depuis les guerres de religion, les prêtres établis au Saint-Esprit pour le service des hôpitaux, qui avoient été portés jusqu'au nombre de douze, ne se trouvant alors que six, parmi lesquels on plaçoit même des jeunes clercs peu propres à remplir les fonctions auxquels les prêtres étoient destinés ; vu le danger de faire servir les pauvres et les enfants exposés par des jeunes clercs ; pour remédier à ces désordres, vacation venant desdites places, les recteurs y pourvoiroient à la manière accoutumée en y plaçant néanmoins des prêtres de la congrégation de l'Oratoire, desquels il en seroit

---

(1) Cartul., p. 431.

d'abord mis deux pour faire le nombre de huit ; lesquels prêtres de l'Oratoire seroient tenus de faire le service ordinaire des hôpitaux, sans préjudice des instructions qu'ils sont d'usage de donner au peuple et du service qu'ils font au monastère des filles de Sainte-Ursule de la même ville ; que pour éviter toute confusion, il seroit distrait un certain revenu de celui de l'hôpital pour l'entretien et nourriture desd. pères de l'Oratoire. » (1) Cette fondation rencontra de l'opposition ; les Oratoriens, en 1625, obtinrent du roi de nouvelles lettres-patentes dans lesquelles il était dit qu'à chaque vacance de place parmi les prêtres-blancs, un prêtre de leur congrégation y serait subrogé. Le 26 décembre de la même année, les frères-prêtres reçurent assignation en cour du parlement de Toulouse pour assister aux vérification et enregistrement des dites patentes. Réuni, dés le 1er janvier 1696, le Bureau résolut de s'opposer à cette homologation. D'autre part, M. Castanier, sindic des frères-prêtres, eut mission d'agir en leur nom personnel. Durant ce temps, on intéressait à la défense des prêtres-blancs le prieur Dauvet Desmarets, alors à Paris. Mais, observons le encore, les Oratoriens avaient eu soin de se préparer des intelligences dans la ville.

En février 1628, le P. André du Mollin, venant de la cour, remit à M. Bellin, recteur, une lettre de cachet du roi. On en fit l'ouverture avec l'honneur et le respect requis en pareille circonstance ; mais pour aviser sur le fond, le recteur prêtre et le premier laïque se rendirent auprès du sénéchal. La lettre bienveillante qu'ils rapportèrent de Beaucaire trahit l'embarras de l'administrateur départemental. M. de Rochemore monte à cheval pour huit jours, y est-il dit. « Quatre ou cinq jours après mon retour, vous aurez le lieu de vous assurer que je suis votre très humble serviteur. » Moins empressé encore fut le concours promis. L'affaire s'envenima. Le conseil politique de la ville dut joindre son opposition à celle des recteurs devant le parlement de Toulouse.

(1) Dom Pinière de Clavin, *Mém. historique...*, à la date 1621.

Cependant afin de ne pas manquer de sujets, sous la main, en cas de vacance des places des frères-prêtres, cinq clercs furent choisis, qui participèrent au service de l'église (1). Ces prévisions se réalisèrent bientôt ; la peste fit des vides dans la confrérie du Saint-Esprit. On les combla, immédiatement, à l'aide des candidats éventuels qui furent pourvus, au fur et à mesure, par rang d'ancienneté. Alors se présentèrent les PP. du Mollin et Mallet, avec des lettres de provisions obtenues de Louis XIII. Sur le refus des recteurs, les deux Oratoriens en appelèrent au grand conseil, puis au conseil privé du roi.

Néanmoins, la première instance suivait son cours à Toulouse. Le Parlement même avait fait défense aux magistrats et consuls de procéder à l'installation d'aucun prêtre de l'Oratoire, au préjudice de l'instance pendante, sous peine de cinq cents livres d'amende et la privation de leur charge. De leur côté, afin d'éviter l'embarras de nouvelles vacances, et sous prétexte de gêne financière, avec l'approbation de M. de Rochemore, les frères-prêtres et les recteurs convinrent de réduire leur nombre à six, par voie d'extinction. La précaution avait ses dangers. En octobre 1648, l'un des confrères, M. Rouvier, s'élève contre cette réduction. Les prêtres de l'Oratoire invoquaient, paraît-il, l'inexécution des règlements de la maison pour renouveler leurs prétentions. Un mois auparavant, le lieutenant pour le roi au gouvernement de la ville et citadelle avait fait exposer au Bureau, par le même M. Rouvier, qu'une lettre de S. A. R. le duc d'Orléans demandait, conformément aux lettres du roi, la nomination des prêtres de l'Oratoire aux places des prêtres blancs venant à vaquer ; M. de Goimpy était venu, lui-même, à l'assemblée ; un instant après, avait montré la lettre du prince, et, réitérant les volontés du roi et de son frère, proclamait hautement le « soit obéy ».

Un arrêt du parlement, en date du 30 juillet 1649,

---

(1) L'entretien de ces jeunes gens restait à la charge de leurs familles.

ordonna l'exécution des lettres-patentes obtenues par l'Oratoire. M. Fabre, receveur du Petit-blanc, impètre, immédiatement, des lettres royaux en opposition de cet arrêt. Signifiées, le 13 août, aux Oratoriens en résidence à Saint-Esprit, ceux-ci s'entendirent assigner, dans le mois, au même parlement de Toulouse. Nonobstant, ils voulaient se mettre en possession des places des frères prêtres. Trois jours durant, un notaire de Bourg Saint-Andéol demeura dans la maison, prêt à dresser les actes d'opposition qui deviendraient nécessaires. La situation était ainsi tendue quand parvint aux recteurs une lettre de Son Altesse Royale, leur renouvelant ses désirs. On décide de lui envoyer une députation. M. de la Frette, un des officiers de la citadelle, s'y oppose. Il menace même les gens de l'Œuvre et passe de la menace à l'action. Le receveur du Petit-blanc est jeté en prison. En même temps, le recteur prêtre, M. Doize, recevait du marquis de la Force, gouverneur de la ville, l'ordre d'assembler le Bureau, le lendemain 19 novembre, et d'inviter ses confrères à recevoir les Oratoriens, de gré ou de force.

Les prêtres-blancs se dérobèrent à cette contrainte. Ils quittèrent la ville, tandis que le Bureau, demeurant ferme à ses précédentes délibérations, déclarait que M. Fabre et les autres officiers de la maison arrêtés, seraient garantis et indemnisés des oppositions et dommages encourus par eux. Cinq jours après, une nouvelle lettre de Gaston d'Orléans au marquis de la Force, datée du 17 septembre, ordonnait de procéder à l'installation des Oratoriens. Alors en l'absence des frères-prêtres et du seigneur prieur, les recteurs laïcs et les officiers du roi composant l'assemblée, à la pluralité des voix (moins celles de MM. Fabre et Chassenet), déclarent qu'ils ne s'opposent plus à l'établissement des prêtres de l'Oratoire, puisque ceux-ci offrent de prendre soin des hôpitaux et des enfants exposés, de recevoir la prébende ordinaire des mains des recteurs laïcs, et d'observer les règlements sur la police et l'économie de la maison. Cette obéissance passive ne suffit point, paraît-il; le gouverneur exigea un consentement plus explicite que donnèrent, toujours en l'absence des prêtres blancs et du seigneur prieur, les membres du Bureau. La terreur avait raison de leur énergie ; mais cette défaillance fut de courte durée. A peu de jours d'intervalle, les recteurs renouvelèrent leurs instances auprès du parlement de Toulouse pour le maintien des prêtres blancs dans le service de l'église du Saint-Esprit (1).

Après dix-neuf mois d'une nouvelle lutte opiniâtre, la cour rendit un arrêt (26 juin 1651) qui conservait à la maison ses frères-prêtres. Défense était faite aux prêtres de l'Oratoire et à tous autres de leur donner aucun trouble, sous peine de quatre mille livres d'amende. (2)

La défense, étendue « à tous autres », visait, sans doute, une affaire autrement considérable, puisqu'elle mettait en discussion l'autonomie de l'Œuvre, son existence même. Au commencement du XVIIe siècle, frère Olivier de Latran de la Terrade, général de l'Ordre du Saint-Esprit de Montpellier, avait revendiqué la possession de plusieurs hôpitaux de France, sous prétexte que le vocable du Saint-Esprit indiquait une origine commune. Sa prétention reposait sur plusieurs documents, notamment sur un procès-verbal de visite de ces diverses maisons, en 1288 et 1289. Il n'eut garde d'oublier l'Œuvre des Eglise, Maison, Pont et Hôpitaux du Saint-Esprit. (3)

Par un arrêt motivé, la cour de Toulouse réprima cette usurpation. (4)

---

(1) Pour tout ce qui précède, voir les Registres des délibérations.
(2) Cartul., p. 425. Un des motifs d'opposition contre les prétentions des Oratoriens mérite d'être rappelé ici. « L'offre qu'ils font d'un collège, est-il dit, ne peut venir en aucune considération, estant inutile, puisque aux environs de la ville du Saint-Esprit, il y a huit collèges fameux, et il semble que l'érection d'un nouveau collège seroit plutôt nuizible que profitable, la multitude effrenée des collèges fait peu de sçavants et beaucoup d'oizeux ; ces gens qui se poinent pour ne rien faire et qui passent toute leur vie dans une oizivité empressée, sont à charge à la république ; les boutiques perdent leurs artisans, les métiers se dépeuplent et des étudiants il s'en fait des débauchés ». Ne dirait-on pas que c'est écrit d'aujourd'hui même ; à ce titre, le passage mérite d'être cité.
(3) V. plus haut, p. vii, et Cartul., p. 422.
(4) Ibid.

Dans la suite, Jean Aubry se disant archi-hospitalier de l'église universelle, surintendant des hôpitaux de France, reprit les prétentions de la Terrade ; à son tour il conféra le titre d'administrateur des rentes et revenus de l'Œuvre des Église, Maison, Pont et hôpitaux du Saint-Esprit à M. de Forest de Carlinquas, clerc tonsuré du diocèse de Toulouse, qui se disait, lui-même, grand maitre des hôpitaux du Saint-Esprit. Le parlement, en 1650, démasqua l'imposture du prétendu supérieur général, décerna contre lui plusieurs mandats de prise de corps et reçut le recteur prêtre de l'Œuvre du Saint-Esprit appelant comme d'abus (1). Sur ces entrefaites, un édit, daté de décembre 1672, réunit l'Ordre du Saint-Esprit de Montpellier à l'ordre de N.-D. du Montcarmel et de Saint-Lazare de Jérusalem. Huit ans après, en janvier 1681, les supérieurs de la nouvelle Maison assignèrent les consuls de la ville du Saint-Esprit devant le parlement pour s'entendre condamner à produire les titres en vertu desquels la municipalité s'était immiscée dans la jouissance de l'hôpital des bords du Rhône et rendre compte de leur administration depuis vingt-neuf ans.

De tout temps, des chevaliers d'industrie ont traîné devant les tribunaux les plus honnêtes gens. Les magistrats, esclaves de la procédure, ont dû laisser s'embrouiller les questions les plus simples, au risque de ne plus distinguer la vérité de l'erreur. C'est ainsi qu'un demi-siècle après les interpellations de La Terrade ses factums trouvèrent créance devant une cour souveraine. A sa barre, pour la vingtième fois, nous n'exagérons pas, les recteurs produisirent les titres primordiaux de la fondation du Pont, de l'Eglise et des hôpitaux (2). Sans doute, le juge trouva cette preuve insuffisante, car, par une sentence, en date du 17 septembre 1683, les ordres de N.-D. du Montcarmel et de Saint-Lazare de Jérusalem, furent envoyés en possession des biens de l'hôpital du Saint-Esprit ; la sentence

---

(1) *Ibid.*, p. 423.
(2) *Ibid.*, p. 435.

était exécutoire, nonobstant opposition ou appel (1). Le cas devint d'autant plus grave que le sénéchal favorisait les intrus. Un appel, introduit devant la Chambre royale de Paris, obtint de celle-ci qu'elle fît défendre à l'ordre du Montcarmel de mettre le jugement à exécution et de faire poursuite de ses prétentions, ailleurs qu'en la dite chambre, à peine de nullité (2). L'intervention de l'évêque d'Uzès mit fin à ce débat (3).

Moins de dix ans après, l'Ordre du Saint-Esprit de Montpellier renaissait de ses cendres, paraît-il ; le sous-grand vicaire général nomma à la prétendue commanderie du Pont-Saint-Esprit messire Jean-Louis Girardin, seigneur de Vanuré (4), homme longuement titré, comme tous les personnages prétentieux qui l'avaient précédé dans ce débordement de convoitises. Le 31 octobre 1696, alors que M. Brancassy, recteur-prêtre, sortait de l'église, à l'issue des vêpres, M. du Molard, seigneur de Châteauneuf, procureur fondé du seigneur de Vanuré, entrait dans le sanctuaire et prenait possession de la commanderie du Saint-Esprit, un notaire apostolique de Bourg-Saint-Andéol, qui l'accompagnait, donnant lecture des lettres de provisions. M. Brancassy requit le tabellion de mentionner au procès-verbal son opposition, motivée sur ce que l'Œuvre des Eglise, Maison, Pont et Hôpitaux du Saint-Esprit n'avait jamais été de la dépendance de la commanderie du Saint-Esprit de Montpellier (5).

L'évêque d'Uzès se disposait à informer M. de Baville, intendant général du Languedoc, de cette prise de possession des revenus de l'hôpital, quand, titulaire et procureur, plus sages que tous leurs devanciers, reconnurent qu'ils n'y avaient aucun droit ; déclarant au surplus n'entendre

---

(1) Cart., p. 436.
(2) Ibid., p. 437.
(3) Registre des délibérations du Bureau, à la date du 26 février 1684.
(4) Cartul., p. 437.
(5) Registre des délibérations, à la date du 31 novembre 1696.

point s'attribuer des revenus destinés à l'entretien des pauvres (1).

Cet hommage, rendu à l'autonomie de l'Œuvre des Église, Maison, Pont et Hôpitaux du Saint-Esprit, ne désarma pas les envieux. A son tour, un chanoine régulier de Saint-Augustin, frère François Chamba invoqua le prétendu pouillé général de l'ancien Ordre du Saint-Esprit et l'acte de provision donné à F. Joseph de Crouilhe par F. Jean Monnet en 1279. Pourvu, lui-même, par F. Michel de France de Vandeuil, suivant acte du 6 avril 1716, Chamba prit possession, le 12 juin. Les procédures allèrent leur train jusqu'à ce que le grand conseil du Roi déboutât le demandeur et le condamnât aux dépens (2). Détail piquant, tandis que les recteurs défendaient l'existence des prêtres-blancs, ceux-ci poussaient Chamba en cette affaire (3) ; aussi Toussard, dans son recueil, a-t-il pu dire que l'échec du demandeur tint à ce qu'il n'appartenait pas à l'Ordre du Saint-Esprit. Quoiqu'il en soit, cet ambitieux fut le dernier qui tenta d'ébranler la vieille institution et de s'en attribuer les revenus.

(1) Cartul., p. 439.
(2) Ibid., p. 440.
(3) Registre des délibérations du Bureau à la date.

CHAPITRE V

Les Hopitaux diocésains.— L'Edit de 1695. — Les Filles de la Charité. — La Maison-du-Roi et le gouverneur. — Les chanoines du plan.— Libre passage sur le Pont. — Tentative d'élargissement. — Reconstruction et suppression des portes et des tours Saint-Nicolas. — La chaussée allant de la porte Saint-Michel au Pont. — Derniers pèlerinages a l'église du Saint-Esprit. — La dernière élection du Bureau.

Durant cent années de procédures qui, plus d'une fois, semblèrent la condamner irrévocablement, l'administration de l'Œuvre du Saint-Esprit resta digne de son grand passé. Les registres des délibérations du Bureau la montrent revenue à une régularité parfaite et toujours préoccupée des services charitables ou pieux que quatre siècles lui avaient légués : entretien de l'église, conservation du pont, réfection des digues et des immeubles de la maison, renouvellement de l'octroi du Petit-Blanc, de neuf en neuf années, augmentation des revenus de toute sorte, tels furent les soucis des derniers recteurs comme des premiers ; les uns et les autres n'ambitionnaient que les récompenses éternelles, en retour d'un dévouement sans borne aux choses de la charité.

Mais à peine l'Œuvre avait-elle échappé aux convoitises d'ennemis extérieurs qu'on dut la tirer d'un plus grand danger encore, venant de l'intérieur même du pays. En conformité des lettres-patentes du roi Louis XIV, relatives aux hôpitaux généraux, Uzès devenait le siège d'un hôpital diocésain dans lequel devaient se fondre les biens de l'hôpital du Saint-Esprit. De concert avec les députés de la ville, le Bureau se rendit auprès de l'évêque. L'accueil fut des plus sympathiques. Aux habitants de Pont-Saint-Esprit, désireux de maintenir un établissement aussi respectable que leur hôpital, Mgr Poncet de la Rivière répondit qu'il le conserverait et se contenterait de « l'entrée dans les assemblées pour avoir connaissance entière des affaires qui s'y traitaient. » (1) On informa le sénéchal et le prieur de ce compromis. Les patrons de l'Œuvre se gardèrent de le repousser. Toutefois, Mgr Poncet de la Rivière, dont la bienveillance épargnait ainsi à la ville de Pont-Saint-Esprit une perte irrémédiable, ne prit séance qu'en 1694, à la veille de l'Edit qui donna aux évêques la surveillance de tous les hôpitaux du royaume.

Par cette décision, en date d'avril 1695, le roi entendit non seulement que les évêques gardassent les droits dont ils avaient joui, jusqu'alors, dans l'administration de certains hôpitaux, mais qu'à l'avenir, ces prélats eussent la première séance et présidence dans tous les Bureaux établis pour l'administration des hôpitaux, où eux et leurs prédécesseurs n'avaient jamais été admis. Dès son entrée au Conseil de l'Œuvre, Mgr Poncet de la Rivière voulut, d'une part, réagir contre l'immoralité qu'entretenait dans la ville du Saint-Esprit l'hospice ouvert, de temps immémorial, aux enfants abandonnés, et, d'autre part, faire de cet asile même une école de moralisation pour les pauvres créatures appelées à y passer leur enfance.

L'évêque entretint du premier objet M. de Baville, successeur de M. d'Aguesseau comme intendant du Languedoc. Il traita du second avec le Bureau de l'Œuvre qui, déjà, en 1680, sur la proposition de M. Faucher, recteur prêtre, avait résolu d'appeler les sœurs grises pour remplacer la gouvernante et la chambrière des enfants exposés, ainsi qu'on le faisait dans beaucoup d'hôpitaux du royaume (2). Mgr Poncet de la Rivière proposa les sœurs de Saint-Joseph, dont plusieurs, par ses soins, avaient été installées à Bagnols, quelques mois auparavant. Une fille de cette congrégation, au mois de juin 1694, vint étudier, avec les recteurs, les transformations qu'il conviendrait de faire subir aux hôpitaux du Saint-Esprit. Mais ses projets parurent inacceptables au conseil politique de la ville. On

---

(1) Registre des délibérations du Bureau, 12 mars 1679.
(2) Registre des délibérations du Bureau, à la date du 17 octobre.

revint donc à la pensée d'appeler les filles de la Charité, alors connues sous le nom de sœurs grises, ainsi qu'on vient de le dire. M. Jolly, leur directeur, en même temps que supérieur des prêtres de la Mission, écrivit à l'évêque, le 27 octobre 1694 (1), aux recteurs, trois jours après, leur annonçant que la congrégation des filles de Saint-Vincent de Paul consentait à donner trois sœurs pour les services hospitaliers (2). Ces religieuses arrivèrent durant les premiers jours de novembre. Le 9 du même mois, le Bureau homologua des conventions avec leur congrégation (3) et on procéda immédiatement à leur installation (4).

Au mois de janvier suivant, l'administration faisait afficher dans la ville et les environs, une ordonnance de M. de Baville édictant des pénalités sévères contre les personnes qui abandonnaient leurs enfants sur la voie publique (5).

Telle est la force de certains abus que les meilleures volontés ne peuvent les réduire. Les moyens violents seuls en font justice. Ainsi les filles de la Charité qui, en des conventions préliminaires avec le Bureau, ne voulaient pas s'occuper des femmes de mauvaise vie « ou atteintes du mal qui en procède », durent présenter leur départ de la maison comme conséquence du maintien des anciens errements (6). L'administration, pleinement satisfaite de l'ordre, de la décence et de l'économie introduite dans les hôpitaux dut céder à leur volonté (7).

Tandis que les recteurs apportaient cette amélioration au régime hospitalier et, de concert avec la municipalité, luttaient pour l'existence des frères-prêtres, malgré les offres de service fort séduisantes que faisaient d'autres congrégations (envieuses, il est vrai, de leur église et de

---

(1) Registre des délibérations.
(2) Cartul., p. 147.
(3) Ibid., p. 148.
(4) Registre des délibérations.
(5) Ibid.
(6) Cartul., p. 152.
(7) Ibid., p. 153.

ses riches prébendes), les mêmes prêtres-blancs gardaient vis à vis du Bureau de l'Œuvre une attitude arrogante. Ces religieux en arrivèrent à l'envahissement de l'assemblée et à sa dispersion même.

A la faveur du relâchement de la vie commune dans l'antique confrérie locale, les gouverneurs de la ville et citadelle, Mazargues, le marquis de Gordes, le colonel d'Ornano et le comte du Roure, qui successivement avaient pris logement dans la Maison-du-Roi, prétendirent l'occuper toute entière (1). Le dernier voulut même jouir, à

(1) Les gouverneurs habitaient la Maison-du-Roi, depuis la fin du XVIe siècle, les frères-prêtres leur ayant cédé, bénévolement ou par force, on l'a vu plus haut (p. LIV, note 3), une partie de leur appartement. En 1622, M. Doize, un des prêtres, abandonna son logement à Mme de Mazargues, femme du lieutenant du gouverneur, pour le logement de ses filles, à la condition que ces dames, de leur côté, délaisseraient celui qu'elles habitaient, au profit des confrères. Les eaux ménagères de la cuisine de ceux-ci, s'écoulant vers la salle basse qu'occupait à l'ordinaire le marquis de Gordes, gouverneur de la citadelle, on dut y faire des réparations, en 1626, aux frais de la Maison. « Par civilité et tolérance, dit-on dans une délibération du 21 juillet 1660, les prêtres-blancs avaient laissé les gouverneurs et leurs lieutenants loger dans la Maison-du-Roi ; M. de Marchié, nouvellement nommé lieutenant, désirant y loger, les prêtres-blancs font acte aux consuls d'avoir à pourvoir au logement des gouverneur et lieutenant, selon l'usage du royaume. » Un an après, on répète : « A son départ, le sr de Gouempy, lieutenant du roi, remit au sr de Bellefont, major de la citadelle, les clefs du logement qu'il avait occupé dans la maison du roi. — (En 1666, M. de Fargot de Bellefont légua aux pauvres 2,000 livres). — Les prêtres demandent à rentrer dans leur Maison et cependant, M. le comte du Roure, présentement gouverneur, qui est logé dans les appartements bas dont M. de Bellefont lui a donné la clé, demande qu'on lui cède la maison entière, ne pouvant loger commodément, avec son train, dans le quartier qu'il occupe. M. le comte du Roure sera prié vouloir laisser lad. maison libre pour le logement des srs prêtres. » En réponse à cette mise en demeure, le gouverneur, alors à Pézenas, fit intimer aux frères-prêtres d'avoir à sortir de la Maison-du-Roi.

L'Œuvre du Saint-Esprit parvint à recouvrer ses droits. En 1789, le gouverneur logeait en ville ; une indemnité de six cents livres lui était allouée par la municipalité.

raison de son gouvernement, sans doute, du fermage de la pêche autour des piles du pont (1).

Il n'y eut menaces ou stratagèmes qu'ils n'inventassent, eux ou leurs officiers, pour satisfaire le désir de se donner un hôtel particulier. La discorde entre les prêtres-blancs et les recteurs fut, semble-t-il, leur moyen préféré, jusque dans le milieu du XVIIIe siècle. Ainsi, la cohabitation et la commensalité restaurées par les recteurs ou ordonnées même par le parlement, à maintes reprises, durent cesser. Une ordonnance de d'Aguesseau supprima définitivement la vie commune, en septembre 1676 (2).

Cependant, de part et d'autre, reconnaissons-le, les recteurs et les frères-prêtres s'efforçaient de remplir les volontés pieuses relatives à la célébration des messes et heures canoniques dans l'église du Saint-Esprit. Qu'on accrût ou réduisît le nombre des prêtres et des prébendiers destinés à les suppléer, la décence dans les cérémonies ralliait toutes les volontés (3). On s'efforçait de donner plus de splendeur au culte. Tel fut l'esprit de la transaction de 1711 (4). Les frères-prêtres devinrent des bénéficiers dont le nombre fut fixé à six (5). Deux prébendiers et

(1) V. plus haut, p. LXXXII.
(2) Registre des délibérations.
(3) Registre des délibérations, à diverses dates.
(4) Cartul., p. 157.
(5) Il ne paraît pas que chacun de ces ecclésiastiques fût pourvu, personnellement, d'un bénéfice proprement dit. Toutefois, il convient de rappeler qu'à l'église du Saint-Esprit étaient attachés plusieurs bénéfices qui donnèrent lieu, sans doute, à la qualification nouvelle des prêtres-blancs. La durée en fut éphémère, puisque peu après on les honorait du titre de chanoine.

Les bénéfices de la dépendance de l'église du S.-Esprit étaient : la chapelle de Saint-André, au-delà du pont, sur le territoire de Mondragon ; la chapelle de Saint-Jacques, dans l'église paroissiale de Saint-Saturnin ; la chapelle de Saint-Blaise (1608), même église; la chapelle Notre-Dame-de-la-Rose, sur la route de Bagnols, aujourd'hui de Saint-Etienne-des-Sorts ; la chapelle de Saint-Nicolas, sur le pont; les chapelles de Notre-Dame-de-Pitié, de Saint-Bénézet, de Saint-Georges, etc., dans l'église même du Saint-Esprit. Pour mémoire, seulement, on rappellera les tentatives de collation

un prêtre organiste devaient les assister dans le service du chœur.

Cette organisation hiérarchique d'un corps de prêtres qui s'assemblait capitulairement, depuis fort longtemps, sous la présidence du recteur-prêtre coïncidait avec la restauration de l'église du Saint-Esprit. De nouvelles stalles (1) garnissaient le chœur orné, depuis peu, d'un riche rétable (2). De beaux ornements sacerdotaux, acquis pour la sacristie, ajoutaient à la splendeur des cérémonies (3). Cet ensemble invitait l'ordinaire diocésain à ériger, sans plus tarder, la collégiale rêvée par les prédécesseurs des prêtres-blancs. Néanmoins, ceux-ci n'obtinrent que l'assimilation à la dignité de chanoine, avec la permission d'en porter les insignes. Poncet de la Rivière la leur accorda en 1714 (4).

D'après dom Pinière de Clavin, peu charitable pour les prêtres de l'Œuvre, comme la plupart des bénédictins de Saint-Pierre qui les accusaient de battre en brèche leurs prérogatives depuis des siècles, les prêtres-blancs auraient présenté à l'évêque d'Uzès une requête appuyée de différents documents, « entre autres d'un extrait, informe et infidèle, de la bulle de Léon X, en date de 1520, qui, tous, appeloient collège ou confrérie le corps desdits prêtres ; et plus particulièrement l'extrait dont on vient de parler et dont l'exposé désigne ce corps par les mots suivants :

---

en faveur des prêtres-blancs, du prieuré avec de Montclus, en 1518, en vertu d'une bulle pontificale.

(1) Le prix-fait en avait été autorisé par délibération du 2 septembre 1699, qui confia un premier ouvrage au sieur Biscarat. L'arrivée des princes, en 1701, amena de nouveaux travaux qui achevèrent le boisage du chœur « en l'élevant jusque aux armoiries des rois de France et de Sicile qui sont sur la pierre au fond du chœur. »

(2) Le rétable, exécuté par Pierre Prédoux, datait de 1629.

(3) Un inventaire de 1622 dénombrait, déjà, dix chasubles en taffetas, damas et or, avec diacre et sous-diacre, et leurs devant d'autel assortis. A cette date, il est encore parlé de « trois grandes lampes d'argent garnies de leurs chaînons, aussi d'argent, à chacune desquelles il y a aussi six armoiries du pape. »

(4) Cartul., p. 174.

confraternitas canonicorum collegiatorum, tandis que l'original ne s'exprime que par ceux-ci : *confraternitas clericorum presbiterorum collegiatorum*. Cette surprise leur procura la grâce qu'ils ambitionnaient. L'évêque leur accorda la permission de porter l'aumusse (1) ; mais dans l'ordonnance qu'il leur fit expédier (2), il ne leur donna cependant ni la qualité ni le titre de chanoines ; il ne les désigna que par le nom de communauté des prêtres-blancs. »

Toujours d'après Pinière de Clavin, ceux-ci provoquèrent, de la part du parlement de Toulouse, la qualification que leur refusait Poncet de la Rivière, en se disant chanoines, eux-mêmes, dans la requête d'homologation de l'ordonnance de l'évêque d'Uzès. En effet, un arrêt, en date du 27 janvier 1716 (3), leur donna les qualités qu'ils avaient prises dans leur supplique.

Cette usurpation n'était point si récente que le prétend le chroniqueur bénédictin. Grâce à cette forme de la courtoisie française qui prévient jusques aux désirs des ambitieux, le recteur prêtre était qualifié de chanoine dans les délibérations du Bureau de l'Œuvre, depuis plusieurs années (4), et, dès lors, on désignait l'église du Saint-Esprit sous le nom de Collégiale du Plan. (5)

Pour affirmer leurs prérogatives, les nouveaux chanoines ne pouvaient rester inférieurs à des moines, ceux-ci fussent-ils curés primitifs du pays comme l'étaient les bénédictins de Saint-Pierre ; encore moins au clergé paroissial. Ainsi pensèrent les prêtres-blancs quand, en 1723, le jour de l'Assomption de la Vierge, ils voulurent prendre les premières places au chœur de l'église de Saint-Saturnin (6). S'ils cédèrent devant un acte de sommation

---

(1) Ici, pour camail, sans doute.
(2) Voir au cartul., p. 165.
(3) *Ibid.*, p. 166.
(4) Voy. Registre des délibérations.
(5) Le Plan, nous l'avons dit, était le nom populaire du quartier où s'élevait l'église du Saint-Esprit et la Maison-du-Roi.
(6) D. Pin. de Clavin, *Mém. histor. du prieuré...*

des bénédictins, ce fut de mauvaise grâce. Leur entreprise recommença, cinquante ans plus tard, en des circonstances dont il sera parlé ailleurs (1).

Cependant, on le redit encore, les procès, les embarras financiers et la reconstruction même des hôpitaux, pas plus que les prérogatives accordées aux trésoriers de France, n'avaient pu faire taire la sollicitude des recteurs pour la conservation du pont. Messieurs les généraux décidaient les travaux et les ordonnançaient, les recteurs les prévoyaient et évitaient la détérioration du monument en l'entourant d'un soin pieux.

Il ne paraît pas qu'à l'origine on eût laissé passer de lourds fardeaux sur le viaduc, puisqu'en 1474, les bagages du roi Louis XI arrivèrent à Saint-Saturnin par la voie fluviale (2). Briçonnet les avait pris sur la rive gauche, au port de Maletrat, et les déposa, vraisemblablement, à la poterne appelée plus tard de Carnage (3).

On ne tarda pas, semble-t-il, à permettre le passage, sur le pont, des marchandises portées à dos de mulet ou même sur des traineaux, mais des actes, qu'on assimilait alors à des abus capables de compromettre la solidité même du viaduc, ne tardèrent pas à se produire. En mai 1609, le Bureau résolut de poser deux pierres à chaque bout du pont pour empêcher le passage des carrosses et charrettes. Cette décision, qui n'innovait rien, sans doute, mais restaurait le passé, rencontra de la résistance. Quatre mois plus tard, on délibéra « qu'inhibition seroit faite à toute personne, de quelque qualité que ce soit, de passer ou faire passer aulcunes charrettes sur le pont, à peyne de confiscation des charrettes et bestail et de cent livres d'amende. » (4)

---

(1) Chronique et Cartul. du monast. de Saint-Pierre, ouvrage en préparation.

(2) Cartul., p. 316, note.

(3) Cartul., p 394, note, et *Origine et véracité des notes et documents pour servir à l'histoire du Pont-Saint Esprit*, p. 12.

(4) Registre des délibérations.

Le samedi, 5 septembre 1622 (1), le maréchal de Bassompierre vint coucher au Pont-Saint-Esprit, où il fut reçu par Mazargues qui en était gouverneur. « Le dimanche 6, dit-il, je fis passer l'armée; les canons et les bagages sur le pont, sur lequel je fis mettre quantité de paille afin de ne l'ébranler pas, et vins coucher à Pierrelatte. »

Les voitures et les charrettes, déchargées de leurs marchandises, passaient alors séparément, sur des traineaux que conduisaient les gardes du pont sous l'inspection des receveurs du Petit-blanc (2). Plusieurs ordonnances règlementèrent ce transit des véhicules et marchandises ; on ne possède plus que la belle affiche de M. d'Aguesseau qui fit renaître des sévérités excessives, défendant expressément de laisser passer les charrettes, même vides (3). On dut les conduire d'une rive à l'autre du fleuve, par la voie du bac, comme on faisait anciennement (4). Les seuls carrosses, calèches et chaises roulantes furent admis à passer sur les traineaux (5). Des réclamations s'élevèrent et longtemps, sans succès. Le 17 juillet 1702, deux arrêts du Conseil permirent de trainer sur le pont les carrosses, chaises roulantes et calèches, à l'exclusion de toutes autres voitures (6). Peu après, des mesures restrictives durent être prises encore.

Bien tard, en 1774, on accorda le libre parcours du pont aux carrosses et calèches. Les charrettes vides y furent admises, à la condition d'être traînées par trois mulets (7).

---

(1) Et non 1525, comme l'a dit, avec mon imprimeur de Tours, mon trop fidèle copiste de 1890.

(2) Délibération du 20 mai 1685.

(3) Cartul., p. 145.

(4) Le bac existait, toujours, entre la Trache (ferme de la Motte) et l'entrepôt, au pied de l'hôpital-neuf. La route qui venait de là, vers la ville, était également désignée sous le nom de chemin de la Trache. Voy. *Notions générales sur la viguerie du Pont-Saint-Esprit*, et *Essai de carte de la viguerie*.

(5) Registre des délibérations du Bureau.

(6) *Ibid.*

(7) Quatre-vingt portefaix, dit un chroniqueur, faisaient le déchargement des marchandises et leur transport sur traineaux. Ils

Le conseil politique de la ville fit étendre la faveur aux charrettes chargées, attelées à un seul collier (1). L'autorisation fut accordée, puis retirée et enfin donnée, définitivement.

A cette heure, pour prévenir les dégradations et les accidents qu'un roulage si considérable — le pont Saint-Esprit était alors le seul pont de pierre, intact, de Lyon à la mer — devait produire sur une chaussée à une seule voie, on imagina de la flanquer de gares d'évitement, de distance en distance, au moyen d'encorbellements établis sur les piles, à niveau de la chaussée. Cet essai, tenté en 1759, aux abords de la porte du levant (2), répondit à l'attente des ingénieurs ; le travail fut repris et achevé, seulement, durant les premières années de notre siècle.

C'était une amélioration considérable que nos contemporains estimaient déjà peu quand, en 1860, se fit l'élargissement de toute la chaussée, au moyen de voussoirs posés sur les éperons même.

En même temps que se faisait ce premier élargissement aérien, on recouvrit le pavé de basalte d'un empierrement moins dangereux pour les chevaux et bêtes de somme (3).

---

gagnaient, en pourboires, la valeur de 10 à 12 francs par jour. Aux deux extrémités du pont, les voituriers trouvaient de grandes auberges, et, à l'entour, des bourreliers, forgerons, maréchaux-ferrants, couteliers, etc., pour satisfaire à tous leurs besoins.

(1) Pour l'obtenir, on invoqua l'intérêt des habitants de Pont-Saint-Esprit, dont un bon nombre avaient des propriétés sur le territoire de Lamotte. « Le poids que pourroit trainer une bête, disait-on, ne seroit pas considérable et ne pourroit donner ni battement ni ébranlement au pont et, dans ce cas, lesd. rentiers ou fermiers et autres seroient tenus de faire oster la tenue des clous des roues. Ils seroient par là enfoncés dans les bandes de fer qui se trouvant unies ne feroient qu'un même corps. »

(2) Dom P. de Clavin.

(3) Un chroniqueur rapporte, quelque part, qu'un régiment espagnol dirigé vers l'Italie pour y rejoindre nos troupes sous le commandement de Villars, se présenta sur le pont Saint-Esprit, un jour où le pavé était devenu fort glissant, à la suite de pluie ou de verglas, on ne sait. Pour éviter les accidents qui ne pouvaient manquer de se produire, en cette circonstance, le colonel fit mettre

Cette transformation de la voie carrossable donna lieu, dans la suite, à des plaintes basées sur le défaut d'entretien de cet empierrement. On revint au pavé.

Afin d'améliorer davantage le passage du pont, les trésoriers de France chargés, depuis 1559, de l'ordonnancement des travaux, en même temps que de l'administration du Petit-blanc, entreprirent la réfection des portes du levant et du couchant. On commença par la première, en 1759. Les herses de fer et le pont-levis même disparurent (1). L'édifice eut, dès lors, une apparence point du tout militaire. C'était un édicule carré, percé d'une ouverture à plein cintre, que flanquaient deux tourelles jumelles, avec escaliers à vis pour desservir les logements des gardes-traîneaux. (2)

---

pied à terre à ses hommes et leur ordonna d'étendre les manteaux sur la chaussée ; puis, à la main, la troupe conduisit les chevaux jusque sur la rive gauche du Rhône. On pense qu'un évènement semblable amena le recouvrement du pavé, tel qu'on vient de l'indiquer.

(1) Délibération du conseil municipal, 1789.

(2) Planche VII. Cette porte avait, paraît-il, une ouverture fort étroite. Quand passait le carrosse de l'archevêque de Narbonne, si le cocher évitait les jambages de la porte, les enfants, accourus pour acclamer Son Éminence, reportaient leurs vivats sur l'heureux automédon. Un fait futile, en soi, condamna irrémédiablement cette porte. La cage d'un éléphant, qu'un prince indien envoyait au Jardin des Plantes de Paris, n'ayant pu passer, on dut en briser les pieds-droits. Le désir de débarrasser le transit commercial d'une cause permanente d'accidents fit le reste.

La même raison amena la démolition des deux tours dites de Saint-Nicolas (parce que l'une d'elles contenait la chapelle dédiée au saint patron des mariniers). On les remplaça par deux édicules semi-circulaires qui flanquaient la pile même et se terminaient en terrasse, à niveau de la chaussée. Les travaux d'élargissement, opérés en 1860, ont fait supprimer ces deux appendices ; l'un, celui du nord, a été remplacé par une construction trapézoïdale, également terminée en terrasse à niveau du tablier du pont, et qui rappelle, semble-t-il, le « ponta » de la bulle d'Urbain VIII (V. Cartul., p. 174 et la table des *errata*), l'autre a fait place à un escalier arraché à la paroi méridionale du pont et qui conduit dans l'ancienne « crote », où le maire de Pont-Saint-Esprit, en 1874, aurait voulu

Au pied de la rampe qui y accédait, une belle porte flamande s'ouvrit sur la nouvelle route des Alpes, dite de Pont-Saint-Esprit à Briançon ; cette construction s'appuyait aux ouvrages en terre connus sous le nom de Montrevelles, à cause de leur constructeur, le maréchal de Montrevel, qui dirigea, au commencement du XVIII° siècle, les opérations contre les protestants.

La reconstruction de la porte du côté de la ville (1) ne se fit pas comme on le proposait ; les plans de l'ingénieur Grangent ne furent jamais pleinement exécutés ; les tours qu'il proposait d'édifier s'arrêtèrent à niveau de la chaussée.

Mais l'accès même du pont fut bien amélioré, dès 1781, par suite de la démolition du bastion Saint-Louis (2), celui des cinq bastions de la citadelle dont les canons commandaient la ligne du viaduc. Sur cet emplacement, on jeta une chaussée horizontale allant, en ligne droite, de la porte Saint-Michel à la porte du pont (3). Son tablier fut ainsi relié, de plain-pied, à la partie haute de la ville, tandis que, précédemment, un chemin accidenté contournant les fossés de la forteresse, conduisait dans la petite cité et de là aux chemins de Languedoc et de Vivarais.

L'établissement de cette belle avenue avait rencontré de l'opposition dans le sein même du Bureau de l'Œuvre. Le 21 juillet 1780, M. le chanoine Broche disait que la chaussée destinée à adoucir la rampe rend difficile l'accès de l'église. On y parviendra, désormais, par un escalier de vingt-sept marches, à la porte du corps-de-garde (*y*) et resserré entre le mur de la citadelle et celui-là même de

---

qu'on consacrât une chapelle destinée à rappeler les pieux souvenirs de l'Œuvre du pont. En même temps qu'à l'entrée du pont se faisait ce dernier changement, au levant, on démolissait deux bastions, construits en 1825, sur l'emplacement de la porte de 1759. Un pont-levis, posé entre les deux, sous la voie même, eut ses heures d'importance qu'on rapportera, ailleurs.

(1) Lettre *w*, planche VIII.
(2) *Ibid.*, lettre *x*, n° 7.
(3) *Ibid.*, 9 et 9.

la chaussée. Il ajoute : il ne faut plus compter sur le concours des fidèles qu'attiraient les prières pour le roi et la chapelle de Notre-Dame, objet de la vénération publique « pour avoir été, dés sa fondation, une chapelle de miracles » (1). Avec un secret désir d'affirmer la prépondérance de la collégiale, le même recteur prêtre poursuit : « Les processions générales de Saint-Marc, des Rogations et de la Fête-Dieu y venaient tous les ans, pour que tous les corps réguliers et séculiers, ainsy que toutes les bannières de l'église paroissiale se joignissent aux chanoines pour tous ensemble, et d'une voix unanime, forcer le Ciel, pour ainsy dire à bénir le Roy, le Royaume, le Clergé, le Peuple et les fruits de la terre ». On décida de prier l'évêque d'Uzès de s'interposer auprès du gouvernement pour la recherche d'une avenue « moins difficultueuse. » (2)

Cependant cet aménagement, qui masquait l'église du Plan, servit, à l'instant même, à terminer le procès sur les préséances. Une sentence du sénéchal de Nimes, en date du 10 mai 1780, avait ordonné aux religieux bénédictins de faire la preuve, par témoins, de leur possession et jouissance des premières places dans l'église du Plan. Deux vicaires généraux de l'évêque d'Uzès intervinrent. Le procès fut abandonné. Par acte privé, du 9 juin 1781,

---

(1) Comme preuve de cette vénération qui se continuait chez le peuple de la contrée, on rappellera ce passage du journal d'un notaire de Montélimar, sous la date de 1583, à l'occasion de maux sans nombre soufferts par les habitants du Vivarais et du Dauphiné : « Le peuple princt effroy..... Par inspiration divine, les catholiques desdites provinces et sans aulcun mandement de N. S. P. le Pape, ny de notre roy Henry de Valloy.... se mirent en telle dévotion et prière, tant par procession sy pitoyables que de telle ville y avoit que quart d'habitants d'icelle, sans aller, la plupart des hommes, les pieds nus, les filles les cheveux pendants et les pieds nus, couvertes d'un linge blanc, avec un chapelet, criant par les champs miséricorde à Dieu et intercédant les prières des saints, visitant les lieux saints, notamment du Saint-Esprit, Notre-Dame-des-Plans. » *Manifestations religieuses à Montélimar, 1583,* l'abbé Chevalier, 1872.

(2) Registre des délibérations, à la date.

les parties convinrent qu'en conséquence d'une ordonnance épiscopale, datée de la veille et supprimant les processions dans cette église à cause de l'indécence et du peu d'ordre qui devaient régner aux approches et à l'entrée de la dite église, surtout à la procession de la Fête-Dieu ; les stations que l'on était en usage de faire dans l'église du Plan, seraient faites, à l'avenir, dans celle des Pères Capucins.

Malgré les restrictions apportées à l'empressement populaire, le culte continua à s'exercer dans cette église, non seulement avec décence, mais avec solennité. Chaque jour, la grand'messe des rois de France, la messe des rois de Sicile, les messes hebdomadaires, mensuelles, annuelles, fondées par des bienfaiteurs inconnus, qui avaient mêlé leurs aumônes, parfois, pour obtenir les suffrages de ce lieu vénéré, retiennent au chœur les chanoines, pendant toute la matinée. Les heures canoniques et des obits les y ramènent, l'après-midi, plusieurs heures durant. (1)

---

(1) En outre des bienfaits obligeant les frères du Saint-Esprit à des prières, dont il a déjà été parlé au cartulaire, on peut résumer ainsi les principales fondations appuyées sur titre :

1445, 11 octobre. — Noble Louis Louet, seigneur de Mérindol, donne une émine annone (sans se retenir aucune juridiction ou domination sur trois émines annones que sa mère, dame d'Aubignan, et lui-même recevaient, annuellement, à chaque fête de Notre-Dame d'Aout, sur une vigne dotale de Jacques Jourdan), à condition que les frères du Saint-Esprit prieront Dieu à perpétuité pour lesd. seigneurs et dame et leurs successeurs.

1483, 22 juillet. — Philippe Heyraud, du Saint-Esprit, donne une moitié de ses biens aux frères du Saint-Esprit et l'autre moitié à l'hôpital, demandant des prières en retour.

1484. — Marie Rostan Vallot et Simone Rancurel lèguent leurs biens aux frères du Saint-Esprit, les invitant à prier pour elle.

1488, 21 mars. — Germonde Fremolière fonde un anniversaire en l'église du Saint-Esprit et donne dix florins.

1505, 28 juin. — Noble Jehan de La Tour, prêtre séculier de Pont-Saint-Esprit, veut être inhumé dans l'église de l'hôpital et au lieu où il plaira aux frères du Saint-Esprit. Ordonne que dans lad. église, une chapelle soit construite pour y être dit une messe de

Les offices terminés, le peuple se disperse au pied des autels rangés autour de la nef. Les uns vont dans la première chapelle, du côté de l'évangile (1). C'est, dit-on (2),

(1) Planche VIII.
(2) Pinière de Clavin.

mort le lundi de chaque semaine par Gratien de La Tour, qu'il institue chapelain de plein droit, lequel pourrait instituer un chapelain après lui.

Même date. — Bertrand Cesteron fait un legs pour honoraires de messes et dots des filles de la maison.

1507. — Georges de Pegolon veut être enterré en la chapelle de Saint-Georges et fonde une messe à y célébrer, chaque semaine, et le jour de la fête de Saint-Georges.

1508. — Jacques de Fontane fonde une grand'messe avec diacre et sous-diacre, à célébrer au grand autel, le samedi de chaque semaine.

16 août 1509. — Claude de Sanhe, prêtre, fonde un anniversaire de messes de mort à perpétuité.

21 novembre 1511. — Syfrède Bonot, fonde une messe basse de l'office de la Sainte-Vierge, tous les samedis.

1512, 11 février. — Bertrand Cesteron (originaire de Cornillon), frère prêtre, fonde trois anniversaires, à haute voix, au grand autel, les 16 et 17 janvier, et 17 septembre de chaque année.

1512, 5 avril. — Claude Rey, de Pont-Saint-Esprit, fonde deux messes, une des morts, le lundi, l'autre des cinq plaies, le vendredi, et les vêpres des morts, le dimanche de chaque semaine.

1516. — Gabrielle Garine, dame de Saint-Remèze, fait donation de droits de lod et de trezain, sur des propriétés situées à Aiguèze, à la condition que les frères-prêtres célébreront une messe de mort, tous les ans, le vendredi avant la fête de Saint-André.

1517. — Jeane Framande, veuve d'Antoine de Berc, fonde une messe des cinq plaies à chanter au grand autel, le vendredi de chaque semaine, entre les deux messes chantées à l'intention du roi, après l'heure de prime.

1518, 20 avril. — Bertrand Cesteron, se reconnaissant redevable envers Simone Heyraud, servante des pauvres de l'hôpital, y décédée, fonde un anniversaire, à diacre et sous-diacre, à célébrer le 28 mars de chaque année.

1519, 16 mai. — Philipe Cesteron, veuve de Georges de Pegolon, fonde deux anniversaires de l'office des morts, pour elle et son mari, à célébrer à perpétuité, le 17 novembre.

1519. — Alexis Chastagne, prêtre, fonde un anniversaire de mort

l'Oratoire primitif. Sombre et recueilli, ce petit sanctuaire communique avec l'extérieur de l'église, par une porte dérobée, et avec le chœur des chanoines par une belle

à célébrer, à perpétuité, le lendemain de la fête de Sainte-Marie-Madeleine.

1520. — Catherine Moine, veuve de Guillaume de Bondillon fonde un anniversaire de mort, à haute voix, à célébrer, au grand autel, à perpétuité, la veille de tous les Saints. Durant sa vie, l'anniversaire sera dit du Saint-Esprit.

1521, 19 mai. — Bertrand Cesteron, institue les frères prêtres pour ses héritiers, élit sa sépulture dans l'église et fonde deux messes de mort à perpétuité.

1521, 15 juin. — Pierre de Vars, frère-prêtre, fonde deux anniversaires.

1521, 1er juillet. — André Gibaud fonde deux grand'messes de mort, à perpétuité.

1523, 6 juillet. — Nobles Honoré et Antoine de Bellesmanières, fils de Thomas, fondent un anniversaire de mort, avec diacre et sous-diacre, suivie des prières appelées les *exaudis* et *libera me*, à chanter chaque 20 juin. Demandent, en outre, la participation aux suffrages obtenus dans l'église du Saint-Esprit.

1526, 5 avril. — Antoine Boule fonde un anniversaire de mort, à perpétuité.

1526. — Jean Duchier fonde un anniversaire de mort, à haute voix, à perpétuité.

1526. — Delphine Delphine, veuve Duchier, fonde deux anniversaires chantés, l'un dans l'église du Saint-Esprit, l'autre dans la chapelle du cimetière neuf, hors la ville, fondée par M. Antoine Duchier.

1531, 14 août. — Jean Vincent fonde un anniversaire de mort, à diacre et sous-diacre, à chanter, chaque année, le jour de Saint-Crépin.

1532. — Noble Jean Odrix, Viguier royal, substitue l'hôpital à sa femme pour la moitié de ses biens et demande des prières en retour.

1533, 20 décembre. — Noble Olivier Vincent fonde une grand'-messe du Saint-Esprit, à célébrer, annuellement, le jeudi de la semaine de Pentecôte.

1533, 27 décembre. — Vénérable personne Messire Gamaliel de Monteil, prêtre, institue les frères-prêtres pour ses héritiers et fonde deux messes, l'une du Saint-Esprit, chaque jeudi, l'autre de la Sainte-Vierge, avec l'oraison *Deus qui inter apostolicos sacerdotes*, chaque samedi.

1536, 14 octobre. — Jean de Pegolon fonde un anniversaire, à

arcade, en anse de panier, sur laquelle courent deux guirlandes de feuillages et de fruits (1). Elle est, pour lors, dédiée à Notre-Dame-des-Miracles. Un des murs latéraux contient un enfeu, peut-être la tombe du Petit Jean de Saintré, dont l'épitaphe : Hic. jacet. Dominus. Johannes. de. Saintré. Miles. senescallus. Andegav. et. Cenoman. camerariusque. dom. ducis. Andegav. qui. obiit. anno. Dni. millesimo. CCC. LXVIII. (2)

(1) En face de cette arcade (en c, planche VIII), se trouve la fenêtre ouverte entre l'église et le grand hôpital, pour permettre aux malades d'entendre le service divin (v. Cartul., p. 77).

(2) Délibération de la Commission administrative de l'hospice St-Louis, janvier 1821 ; et *Congrès archéologique*, Loches 1869, p. 393.

diacre et sous-diacre, à célébrer le 3 octobre de chaque année.

1541, 4 novembre. — Messire Aymard de Pegolon, prêtre, institue ses héritiers les frères-prêtres et veut être enseveli, en l'église du Saint-Esprit, dans le tombeau de ses père et mère, en la chapelle de Saint-Georges.

1543. — Catherine de Joyes, veuve de Jean Odrix, fonde trois messes basses à dire, à perpétuité, en l'église de Saint-Saturnin.

1558. — Cath. de Bondillon (V. testament, dans Cartul., p. 387).

1558, 21 mars. — Catherine de Joyes donne tous ses biens à l'hôpital, et demande le suffrage des prières.

1569. — Autre donation faite, semblablement, par Sébastien Brès.

1588. — Pierre Médard fonde une grand'messe, à diacre et sous-diacre, à célébrer, chaque vendredi, à perpétuité.

1596, 6 février. — Capitaine Anthenouse de la Pétrière fonde une messe à célébrer, chaque jour, pour le repos de son âme.

1641, 25 décembre. — Noble J.-B. de Cazeneuve fonde, pour le repos de l'âme de sa femme, Louise de La Coste, une messe basse à célébrer, chaque année, dans la chapelle Notre-Dame-de-Pitié où elle est ensevelie.

Ledit de Cazeneuve et ses successeurs nommeront le prêtre qui devra célébrer.

1656. — Pierre Doize, prêtre de l'église, fait ses héritiers l'hôpital et les enfants exposés et obtient les suffrages de la maison.

1691. — Jean Joubert, de Montpezat, donne également ses biens à l'hôpital.

1697. — Jean Blisson fonde trois messes basses de l'office des morts à célébrer à perpétuité le 2 novembre.

A dater de la première année du XVIIIe siècle, les donations faites à l'hôpital ne contiennent généralement plus de fondations d'anniversaires.

La deuxième chapelle, remarquable par sa voûte aux ogives ramifiées, était peut-être celle qu'on désignait sous le nom de chapelle d'Ornano (1), bien que cette famille eût son tombeau dans l'église des Minimes.

On ne sait où il conviendrait de placer la chapellenie fondée par Jean de la Tour, en 1505 (2). Peut-être dans la chapelle qui suit, sous le clocher et en face la grande porte latérale ? En 1710, on en changea la destination primitive en la dédiant à Saint-Bénézet, « véritable autheur des ponts sur le Rhône. » (3)

La quatrième chapelle était, sans doute, celle qu'on désignait sous le vocable de Saint-Georges. En 1507, Georges de Pegolon (4) voulut y être inhumé dans la tombe de ses père et mère.

La dernière chapelle, du côté de l'évangile, ainsi que celle qui lui faisait vis-à-vis (dans laquelle nous verrions volontiers l'ancien Oratoire), avaient été distraites de l'église, lorsque ce monument fut raccourci, à la fin du XVIe siècle, pour la construction de la citadelle. Le lieu-

---

(1) Délibération ci-dessus.
(2) Voir p. cxxvii, note 1, à la date 1505.
(3) En décernant ce titre au pauvre petit berger du Villard la reconnaissance populaire jugea, peut-être, sainement. Les actes du pieux bâtisseur (la *notatio*) racontent qu'il délaissa un moment la direction des travaux du pont d'Avignon pour se rendre en Bourgogne. Lyon étant sur son chemin, il s'y arrêta, assurément, et peut-être y donna-t-il des conseils pour y jeter un pont de pierre, à la place du pont en charpenterie qui s'était écroulé au passage des croisés, comme nous l'avons rapporté dans nos *Constructeurs de ponts* (p. 38). Saint-Saturnin-du-Port étant à une grande journée de marche d'Avignon, on peut supposer que Bénézet s'arrêta, également, dans le prieuré de Saint-Pierre. L'importance du transit qui s'y faisait, par eau, et les naufrages dont on dut l'entretenir l'amenèrent, sans doute, à donner son avis sur le projet d'un pont. Y eût-il erreur en cette double hypothèse, qui laisse intacte l'autonomie des œuvres des ponts de Lyon et de Saint-Saturnin, que Bénézet pourrait être appelé l'auteur des ponts sur le Rhône ; son initiative lui vaudrait ce titre.
(4) Cartul, p. 125.

tenant du roi mit sa cave dans le bas du monument et obtint de faire une tribune dans le haut, pour les gens de sa famille.

La seule chapelle qui subsistât à la fin du XVIIIe siècle, au côté de l'épître, était sous le vocable de Notre-Dame-de-Pitié. Simon Dupuy, évêque de Damas, l'avait consacrée, le 25 août 1538. (1)

La famille de Savelly de Cazeneuve eut également, près de là, son caveau. Un de ses membres y fut représenté sous des traits dont la beauté cadrait mal, paraît-il, avec la laideur du personnage, ce dont s'amusa longtemps la malice populaire.

Si, de l'église du Saint-Esprit on passe à la Maison-du-Roi où résident les anciens frères-prêtres (les chanoines du Plan, à cette heure), dans la grande salle (2) sur le Rhône, pleine des souvenirs de la contrée, on y trouve le Bureau réuni, en dépit du transfert des hôpitaux au centre de la ville. Dix personnes délibèrent : le viguier du roi, le prieur ou son vicaire, les quatre recteurs, un des consuls, le receveur du Petit-Blanc, le contrôleur et le substitut du procureur général du roi. Celui-ci, en 1743, avait introduit une instance au parlement contre les maire, consuls, syndics des officiers du sénéchal et contre le Bureau même, à raison de ce que le sénéchal n'avait plus aucun droit sur le gouvernement du pont. » Il y a au Saint-Esprit, disait-il, un Bureau tout autre que celui de l'hôpital, pour le gouvernement de ce qui est compris sous le nom d'Eglise, Maison, Pont et Hôpitaux, auquel préside le visiteur des gabelles et qui répond uniquement aux trésoriers de France ».

Ceux-ci, on l'a vu, s'étaient fait attribuer l'entretien du pont, en 1559 ; dès le milieu du siècle suivant, on protesta contre cette usurpation. On protestait encore, c'est incon-

---

(1) Cartul., p. 125, et planche VIII, lettre *l* (et non pas lettre *c*, comme il est dit au Cartulaire).

(2) V. Planche VIII, 6, lettre a.

testable, deux siècles plus tard. Bien que cette dualité d'administration existât plus que jamais à la veille de la Révolution, les recteurs persistaient à vouloir s'intéresser aux mesures à prendre pour la conservation du monument, cause de leur institution.

En juin 1788, le renouvellement du Bureau s'était fait comme à l'ordinaire. En fin de l'année, à la suite de décès ou de démissions, les membres restants obtinrent du Sénéchal qu'on procédât, par anticipation, à l'élection.

Elle se fit, le samedi 17 janvier 1789, par devant M. Loubat, conseiller du roi et son viguier. Étaient assemblés dom Thomas-Barthélemy de Laval, vicaire général de M. le prieur et seigneur de la ville, MM. J.-B. d'Allard, Marc-Joseph Saint-Marc et Louis Chaussy.

« Ledit M. d'Allard, premier recteur laïque, dit qu'en conséquence de notre ordonnance du 29 décembre dernier, il a fait convoquer le Bureau, en la manière accoutumée... Le Bureau a dit n'empêcher qu'il soit procédé à la nomination des nouveaux recteurs, en exécution de l'ordonnance de M. le juge-mage... M. de Lamartine, procureur du roy, dit de même.

Nous, dit viguier royal, ordonnons qu'il sera tout présentement procédé à l'élection et nominations desdits nouveaux recteurs, conformément aux arrêts de réglement et en conséquence enjoignons à M. l'abbé Lanouve, sindic de Messieurs les chanoines de s'assembler avec ses confrères pour élire un d'entre eux pour être recteur-pretre. Et, de suite, led. M. Lanouve s'étant retiré à l'effet d'assembler le dit chapitre de son corps .... et étant revenu et nous ayant rapporté que le chapitre avait choisy et nommé, pour être recteur-pretre, Messire Louis Combes, l'un desd. chanoines, nousd. viguier....., recevons en lad. charge led. s^r Combes... luy avons fait prêter le serment requis, la main par luy mise sur la poitrine.

Après quoi led. M. d'Allard nous a requis d'ordonner que les consuls de la ville icy présents remettront la liste des dix-huit personnes nommées par délibération du conseil politique de la communauté, du 6 du présent moys, parmy lesquelles les trois recteurs laïcs doivent être choisis et nommés, suivant l'usage et lesd. arrets de reglement..... (1)

Nous dit viguier avons choysi et nommé sur les six noms de la première echelle, pour etre premier recteur laïque, M. J.-B.-Dallard, que nous avons confirmé en la charge de 1er recteur laïque.

Led. dom de Laval, ayant pris et examiné la liste de ceux dénommés de la 2e echelle, a nommé pour second recteur laïque, receveur et trésorier des rentes et revenus dud. hôpital, M. Claude Faucher.

Et ayant été fait lecture des six dénommés de la 3e echelle, le Bureau, après meure deliberation d'assemblée, a unanimement confirmé et nommé pour 3e recteur, s^r Louis Chaussy, et lesd. s^{rs} consuls, en conformité de la délibération de la communauté ont nommé pour notable MM. de Pourcet de Sahune et Chamarrin, appotic°.

Ce dit fait, ledit s^r d'Allard, 1er recteur, nous a requis acte desd. nominations et qu'il soit ordonné que lesd. s^{rs} recteurs et notables soient mandés pour prêter serment, estre reccus et installés en leur charge, comme aussy qu'il soit par nous nommés des auditeurs pour entendre et examiner et verifier les comptes de l'exercice du s^r Saint-Marc, recteur et tresorier sortant. »

---

(1) L'usage primitif était de présenter une liste de vingt noms (Cartul., p. 2, et ci-dessus, p. xxiv et xxvii), mais les règlements postérieurs, tenant compte des lois électorales, divisaient le collège municipal en trois ordres ou échelles, et ajoutaient aux dix-huit candidats des trois échelles, deux notables, qui furent, en cette année 1789, MM. de Pourcet de Sahune et Chamarrin.

Les candidats de la première échelle étaient : MM. de Roubin, chevalier de Lisleroy, chevalier de Vanel, d'Allard, de Renaud, et de Granet, chevalier de Saint-Louis.

Ceux de la seconde échelle : MM. Faucher, notaire, Alexandre Lefebvre, Brunel de Gournier, Roure, Raoux, J.-B. Barbut.

Ceux de la troisième échelle : sieurs L. Combaluzier, J.-Antoine Giraud, Louis Chaussy, Laurent Blanc, J.-L. Boisson, et Charles Rieu.

CHAPITRE VI

La dissolution de l'Œuvre des Église, Maison, Pont et Hopitaux du Saint-Esprit.

Quelques mois après, en vertu d'une ordonnance du roi Louis XVI, les Etats généraux se réunissaient à Versailles, puis, de leur propre autorité, se transformaient en Assemblée nationale constituante. Par les décrets de celle-ci, l'état de choses établi jusqu'alors en France fut totalement changé.

La destruction de l'ancien ordre judiciaire et la nouvelle division territoriale (1), la suppression des ordres religieux et du service des gabelles et des trésoriers généraux, le changement du mode électoral, où le vote se fit individuellement et non par classe de citoyens, jetèrent la perturbation dans le Bureau de l'Œuvre du Saint-Esprit, en dépit de l'arrêté sur les hôpitaux et maisons hospitalières (2).

Cependant, il se produisait plus que la désorganisation d'un corps administratif, la fortune même de l'Œuvre sombrait, car c'en était fait de l'octroi du Petit-Blanc qui disparaissait avec la suppression de l'impôt sur les sels (3) ; c'en était fait du revenu de la pêche autour des

---

(1) Pont-Saint-Esprit devint chef-lieu de l'un des districts du département du Gard, en attendant de tomber au rang de simple chef-lieu de canton de l'arrondissement d'Uzès.

(2) Ce décret ordonne que rien ne soit innové dans l'administration des hôpitaux jusqu'au règlement qui sera fait, ultérieurement. Le décret relatif aux droits féodaux, des 15-28 mars 1790, exceptait de la suppression prononcée par l'article 13, les octrois au profit des hôpitaux, mais il ne fallait pas, assurément, qu'il y eût contradiction avec des mesures générales.

(3) La vente du sel devint libre, aux termes des décrets des 21 mars, 23 avril et 4 mai 1790. — En 1803, une pétition adressée à l'empereur et appuyée par le préfet du Gard, M. d'Alphonse, demandait une dotation annuelle de 12.000 francs à prendre sur les droits

piles du pont, par suite de la liberté même de la pêche (1). Avec ces gros revenus disparaissaient une foule de petits profits annuels, le cinquain de Mélinas (2), le cens sur certaines terres nobles (3), les leudes de la boucherie, léguée par Mme de Bondillon pour l'établissement des filles de la Maison (4), etc.

De même qu'un gros navire jeté sur des récifs par la tempête ne peut être sauvé par un équipage jeune et actif, quelqu'effort qu'il fasse pour fermer les voies d'eau qui s'ouvrent de toutes parts, ainsi s'abîmait, sans retour, dans le gouffre de la Révolution, l'Œuvre collective des Eglise, Maison, Pont et Hôpitaux du Saint-Esprit.

Le 18 août 1790, en attendant que le département eût statué sur la régie des Maisons de Charité de son ressort, le directoire du district ordonna que les membres de la municipalité du Pont-Saint-Esprit assisteraient aux délibérations des recteurs. A la fin du mois, le recteur-prêtre convoque le maire et les deux autres officiers municipaux. Tous trois invoquent des motifs différents, mais, pour la même raison, refusent de se rendre à l'assemblée ; « jusqu'à ce que tout cecy soit arrangé », disent-ils. En présence d'une situation si contraire aux intérêts des pauvres de l'hôpital, la seule épave qu'il fut possible de sauver de ce désastre, le district, en conformité des vues du département, décida qu'après constatation de la convocation donnée aux membres de la municipalité, le Bureau de l'hôpital délibèrerait valablement sur les questions à l'ordre du jour. Mais le désordre se mettait dans les affaires de la maison. En décembre, on s'aperçut que les recteurs étaient en fonctions depuis deux ans. Comment les renouveler puisque le double patronage a cessé d'exister,

---

de navigation, pour servir à l'entretien du pont comme, précédemment, le Petit-blanc.

(1) On a dit plus haut (p. LXXXII, note 3) qu'on tourna la difficulté, durant deux années.
(2) Cartul., p. 342.
(3) Inventaire général, divers chapitres.
(4) Cartul., p. 387.

que les chanoines n'existent guère plus ; à titre seulement d'auxiliaires dans les soins donnés aux hôpitaux. Le corps électif, même, on le répète, a été modifié de fond en comble et ne se prête point à l'exécution de l'antique règlement. Virtuellement, l'ancien état de choses a cessé d'exister ; le nouveau n'a point encore pris corps. Lassé d'attendre la nouvelle organisation hospitalière, le 27 mars 1791, le directoire du district de Pont-Saint-Esprit s'arrêta au parti le plus sage, en plaçant à la tête de l'hôpital une administration provisoire.

Le 10 avril suivant, dans la grande salle de la Maison-du-Roi, les ci-devant recteurs remirent entre les mains de leurs successeurs les biens qui restaient du pieux héritage amassé par les ancêtres. Si les nouveaux administrateurs ne parvinrent qu'à amasser des colères sur leurs têtes, avant d'être traqués, proscrits, exilés ou conduits à l'échafaud, une de leurs dernières délibérations fut un hymne de reconnaissance à l'auteur de l'Œuvre qu'ils avaient l'ambition de continuer.

C'était au lendemain de la fermeture de l'église du Saint-Esprit, alors que convertie en magasin d'approvisionnement pour l'armée, on s'apprêtait à la transformer en prison pour les réfractaires. Elle était livrée au pillage. Deux malheureux, montés sur l'autel de la Vierge pour dépouiller la vénérable statue, avaient dispersé ses riches vêtements et ses brillantes pierreries (1). La Commission administrative revendique « la précieuse relique de Notre-Dame des Miracles placée, de temps immémorial, dans l'église collégiale des cy-devant chanoines » ; les commissaires revendiquent l'église même, se fondant sur un arrêté du département, en date du 23 janvier 1792, conforme aux décrets de l'Assemblée constituante des 23 et 28 octobre, 10 novembre 1790 et particulièrement à celui du 29 mars 1791, où il est dit que les biens des hôpitaux et maisons de charité et tous autres destinés au soulagement des pauvres seront exceptés de la vente et continueront

---

(1) L'un d'eux, en tombant, se cassa la jambe.

— CXXXVIII —

d'être administrés comme devant. « L'assemblée législative, disent-ils, n'ayant pas encore statué, notre propriété ne peut être contestée. » Puis, ils ajoutent : « rappelons-le encore, c'est depuis un temps immémorial que l'autel consacré à Notre-Dame-des-Miracles subsiste dans l'église collégiale du Plan, appartenant à l'hôpital. C'est à sa puissante protection que les habitants de cette ville doivent l'établissement utile et précieux de leur pont et hôpital, bâtis par le produit d'offrandes, dons et libéralités que le concours des fidèles de la chrétienté, venus en foule, déposaient sur cet autel, attirés par les miracles qui s'y opéraient. C'est encore aujourd'hui à la protection éclatante qu'elle accorde aux fidèles qui l'invoquent avec confiance, que nous devons les ressources pieuses qui soutiennent l'hôpital. Aussi, pouvons-nous dire qu'elle est non seulement notre bienfaitrice, mais encore notre fondatrice » (1).

La commission administrative ne fut pas seule à reconnaître l'assistance de la patronne donnée à l'hôpital par Philippe le Bel (2). Un mois après, la requête des admitrateurs ayant été sans doute repoussée, la municipalité demanda au directoire du district que la statue vénérée par la population, fût, ainsi que celle-ci le demandait, transférée à l'église des ci-devant Minimes, érigée en succursale de l'église paroissiale (3).

Dans leur marche précipitée, les évènements emportèrent jusqu'à ce pieux et innocent souvenir du passé.

Tandis que la ci-devant Maison-du-Roi, dont la grande salle était devenue une synagogue, grossissait le nombre des biens nationaux (4), on transférait l'hôpital dans l'an-

---

(1) Ont signé : Plagnol, Loubat, Barbut, Bruguier-Roure, Cardot, Froment, Vallette, Raoux, Rivoire, Lanteaume. — Délibération du bureau de l'hôpital, 29 avril 1792.

(2) Cartul., p. 52 et 57.

(3) Délibérations municipales, à la date du 29 mai 1792.

(4) La Maison-du-roi fut vendue par le directoire de Pont-Saint-Esprit, le 18 ventôse de l'an III, à M. Appolinaire Prat-Maisonneuve. Revendu par celui-ci à M. Vincent Lyonnet, le 21 ventôse

cien monastère de la Visitation (1), hors la porte Saint-Jacques, sur la promenade des *Fossés*. C'est là que le trouvera la loi de l'an V sur les hôpitaux. Plus tard, l'Empire lui donnera sa forme définitive d'hospice civil et militaire et, pour le rattacher au passé, à l'exemple de Philippe le Bel, le placera sous le vocable de Saint Louis, roi de France. (2)

A juste titre, l'hôpital du Pont-Saint-Esprit peut se réclamer de sept siècles d'une action bienfaisante. C'est une part de l'héritage laissé par les hommes de Saint-Saturnin-du-Port. (3)

Mais, par delà la ville et battu par le fleuve, toujours âpre et rapace (4), amputé de deux arches pour satisfaire les besoins de la navigation (5), enchâssé comme une reli-

---

an XI, cet immeuble fut acquis, le 25 thermidor suivant, par J.-B. Allègre. M. Prat-Maisonneuve le racheta, le 9 nivôse an XIII. Après son décès et celui de son fils, en 1810, la Maison-du-roi passa à des collatéraux. Ceux-ci la vendirent par licitation, le 6 septembre 1813. L'adjudication en fut faite au profit de M. Paul-André Bruguier-Roure, fils de Paul Vincent (ci-dessus, p. cxxxviii, note, et Cartul., p. 167) et aïeul de l'auteur de ce livre.

(1) Ibid. aux dates, 16 septembre et 1er octobre 1792. Les sœurs de la Charité y durent prendre des vêtements séculiers, pour rester auprès des malades.

(2) Cartul., p. 52 et 57.

(3) Une bien faible partie du domaine foncier de l'œuvre du Saint-Esprit lui reste, à cette heure ; ses archives, seules, sont demeurées intactes.

(4) Cartul., p. 190.

(5) On penserait, à tort, qu'en raison de la rapidité du fleuve, sous le pont, et de l'accélération de la navigation par l'emploi de la vapeur, le grand mouvement commercial qui se faisait, là, pendant la première moitié du XIXe siècle, ne put s'accommoder du peu de largeur des arches. Vingt-huit ans après le passage du premier bateau à aubes, seulement, et alors que la création du chemin de fer P.-L.-M. allait réduire des neuf-dixièmes le trafic par eau, une cause fortuite, une crue d'Ardèche qui arrêta, vingt-quatre heures, en amont du pont, un bateau porteur de troupes destinées à la campagne de Crimée, détermina la démolition des deux arches, les plus rapprochées de la ville, et leur remplacement par une grande arcade de fonte. Si la légitimité du motif excuse la dégra-

que dans un revêtement solide qui prétend lui rendre sa forme première, le vieux pont reste debout. Longtemps encore, aux générations inconscientes des durs sacrifices que s'imposa la Chrétienté pour améliorer le sort du voyageur, il redira la devise prophétique :

Stabit quamdiu pietas.

A l'heure même où s'impriment ces trois mots, la meilleure sauvegarde du Pont-Saint-Esprit, dans le passé, grâce à la patriotique prévoyance qu'ils entretinrent chez les recteurs de l'Œuvre, nos concitoyens sont invités à les méditer.

Cette devise communale ne fut pas seulement l'expression de la foi religieuse ou de la charité des ancêtres, dans un serment dont ils léguaient le gage à leurs enfants ; elle contenait un appel permanent à se ranger autour du symbole de la petite patrie (celle qui, par la survivance du foyer familial, fait aimer davantage la grande), si jamais l'existence de ce symbole était menacée.

Un projet, à l'étude, propose de démolir encore deux arches du viaduc et de leur substituer une nouvelle arche en fonte, comme si l'issue plus facile donnée à quelques mètres cubes d'eau, par l'enlèvement d'une pile sur vingt qui portent le tablier du pont Saint-Esprit, pouvait préserver la plaine de Lamotte contre des débordements tels que ceux de 1840, 1856 et 1890.

---

dation du monument, il est permis de croire que l'emploi d'une mesure moins draconienne aurait suffi à protéger la batellerie. L'arche dite marinière n'est pas seulement fort disgracieuse. Son développement exagéré conduisit à l'exhaussement du pont, sur les deux tiers de sa longueur, et le surplus d'extrados, qu'on n'a pu dissimuler, amène sur la chaussée des accidents fréquents, surtout les jours de pluie et de verglas.

La coupure du pont fut définitive, le jour de Pentecôte 1855, à onze heures du matin. Le premier véhicule passa sur l'arche marinière, en fin de l'année 1856.

La cause du mal est toute dans le colmatage du dessous du pont, sur près des deux tiers de sa longueur (six cents mètres, assurément, aux eaux basses).

Qu'on ait créé un chenal navigable, qu'on le conserve et entretienne libre, fort bien. Mais pourquoi ne pas maintenir le lit torrentiel, le lit des débordements, tel que le comprirent les bâtisseurs de 1265 et leurs successeurs jusqu'à la Révolution ?

Cette expérience de cinq cent vingt-six années, le corps des ponts et chaussées en a bénéficé jusqu'en 1830.

Depuis lors, ici et sur tout le littoral du Rhône, on a essayé de divers systèmes pour réglementer les crues du fleuve, comme si une force quelconque pouvait les arrêter. Les grandes levées insubmersibles qui ont fait leur temps, avaient bien des fois épargné les campagnes ; des digues submersibles, qui semblent avoir vécu, à leur tour, auraient laissé se produire des désastres lamentables si, pour disparaître, les vieilles chaussées n'avaient exigé une forte dépense qu'on n'a pu faire.

Un chenal navigable de trois cents mètres, ouvert de Lyon à la mer, a englouti quarante millions.

Aujourd'hui, on s'aperçoit que, non seulement les rives colmatées s'élèvent menaçantes pour la plaine devenue marécageuse, mais le plafond même du chenal s'exhausse d'une façon inquiétante, en plus d'un endroit.

Pour porter remède à ce régime défectueux, au droit du pont Saint-Esprit, il ne suffirait pas d'en démolir les vingt piles, les unes après les autres Le retour aux traditions est absolument nécessaire.

Au Rhône, fleuve torrentiel, rendez son lit de mille mètres de largeur, en réservant à la passe de navigation les 500 mètres cubes du plus bas étiage. La dépense n'excèdera pas les frais d'un acte de vandalisme fort inutile.

Si le sentiment de l'historien du bon vieux pont paraît suspect, qu'on en croie le propriétaire dont les biens fonds, situés aux deux rives du Rhône, souffrent des plus petites comme des grandes inondations. Après avoir tiré de l'oubli et narré un passé qui ne fut pas sans gloire, il estimera sa meilleure récompense l'abandon d'un projet qui, tôt ou tard, enlèverait aux habitants de Pont-Saint-Esprit le monument, objet de leur orgueil, et à l'histoire de la Charité, au moyen âge, l'unique spécimen des grandes constructions en rivière que le temps ait respecté.

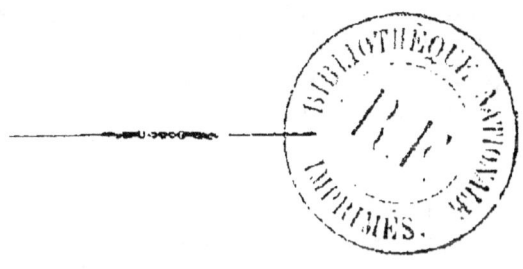

TABLE DES MATIÈRES

CONTENUES DANS

L'INTRODUCTION AU CARTULAIRE

OU CHRONIQUE DE L'ŒUVRE DU SAINT-ESPRIT

	Pages.
Avertissement	III
Chapitre I. — État politique du Midi de la France. Saint-Saturnin-du-Port et son monastère. Voies de communication. L'Œuvre du Saint-Esprit. Les carrières du Bourg-Saint-Andéol. La directe. Pose de la première pierre du pont. Les quêtes. Frères et sœurs donnés. Démêlés avec le seigneur de Saint-Saturnin et le recteur du Comtat. Le pont primitif.....................	XXI
Chapitre II. — Le paréage. Les offrandes de l'oratoire. L'Hôpital. L'Église du Saint-Esprit. L'hôpital des pauvres passants et des femmes en couches. Les enfants exposés. La Maison-du-Roi. Nouvelles exemptions seigneuriales et des rois de France. Indulgences accordées par les souverains Pontifes. L'hôpital de Notre-Dame-de-la-Pierre. Construction du presbytère et de l'église. Le Petit-blanc. Le Franc-salé. L'entretien du pont.....	XLV
Chapitre III. — Achèvement de l'église du Saint-Esprit. Les frères-prêtres et leur recteur. Le Bureau. Le portail de l'église. Les digues du Rhône. La pêche autour des piles du pont. Domaines de la Maison. Les frères-prêtres recherchent leur indépendance. Dissentiment avec les recteurs. Bulles pontificales. Les protestants. La misère dans la Maison. Les enfants exposés. Les quêtes au XVIᵉ siècle.......	LXXV

	Pages.
Chapitre IV. — La citadelle. Le nouvel hôpital. Recteurs et frères-prêtres. Les Oratoriens. L'Ordre du Saint-Esprit..	xcvii
Chapitre V. — Les hôpitaux diocésains. L'édit de 1695. Les filles de la charité. La Maison-du-Roi et le gouverneur. Les chanoines du Plan. Libre passage sur le pont. Tentative d'élargissement. Reconstruction et suppression des portes et des tours Saint-Nicolas. La chaussée allant de la porte Saint-Michel au pont. Derniers pélerinages à l'église du Saint-Esprit. La dernière élection du Bureau..	cxiv
Chapitre VI. — Dissolution de l'Œuvre des Église, Maison, Pont et Hôpitaux du Saint-Esprit............	cxxxv

ERRATA

Page iv, *ligne* 10, *lisez* philanthropique; *p.* v, *l.* 24, *lis.* Lamotte, et *l.* 34, *lis.* Montclus; *p.* vi, *l.* 6, *lis.* récolement; *p.* ix, *l.* 26, *lis.* Hist. générale de Languedoc; *p.* xxii, *l.* 23, *lis.* dicton populaire; *p.* xxix, *l.* 35, *lis.* pouzzolanes; *p.* liii, *l.* 15, *lis.* Lh'o pour Llo; *p.* xcii, *l.* 1, *lis.* cachant, parfois, dans...; *p.* c, *l.* 16, *lis.* constatait, et *l.* 29, *lis.* (5); *p.* cxii, *l.* 27, *lis.* Basville ou Bàville; *p.* cxv, *l.* 22, et *p.* cxvi, *l.* 15, *lis.* Id.

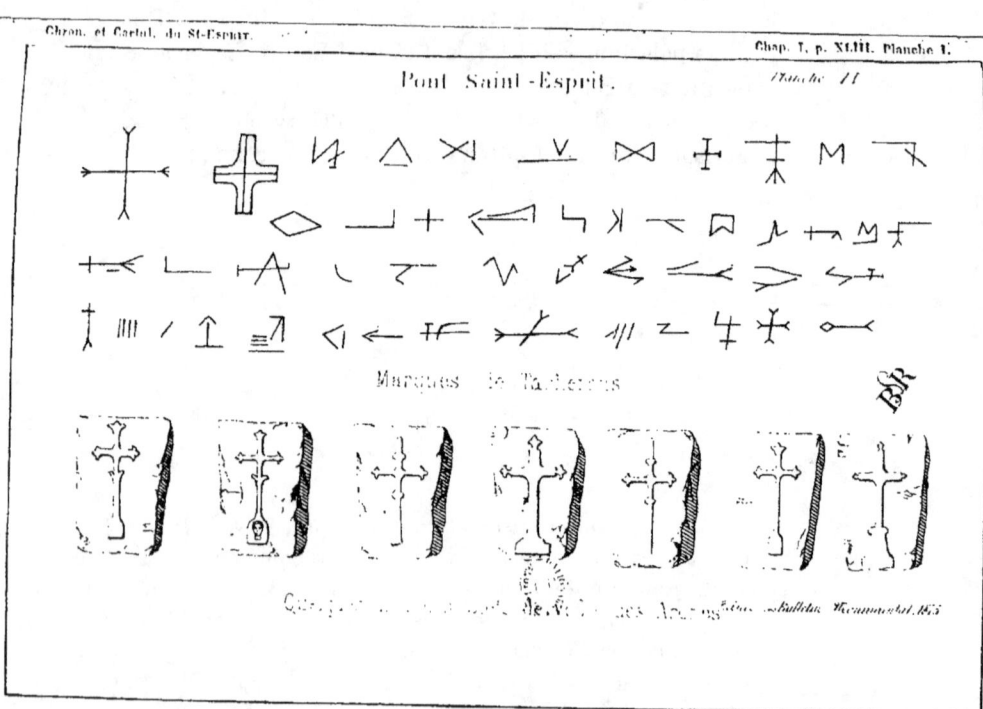

LES PIERRES DU PONT ST-ESPRIT

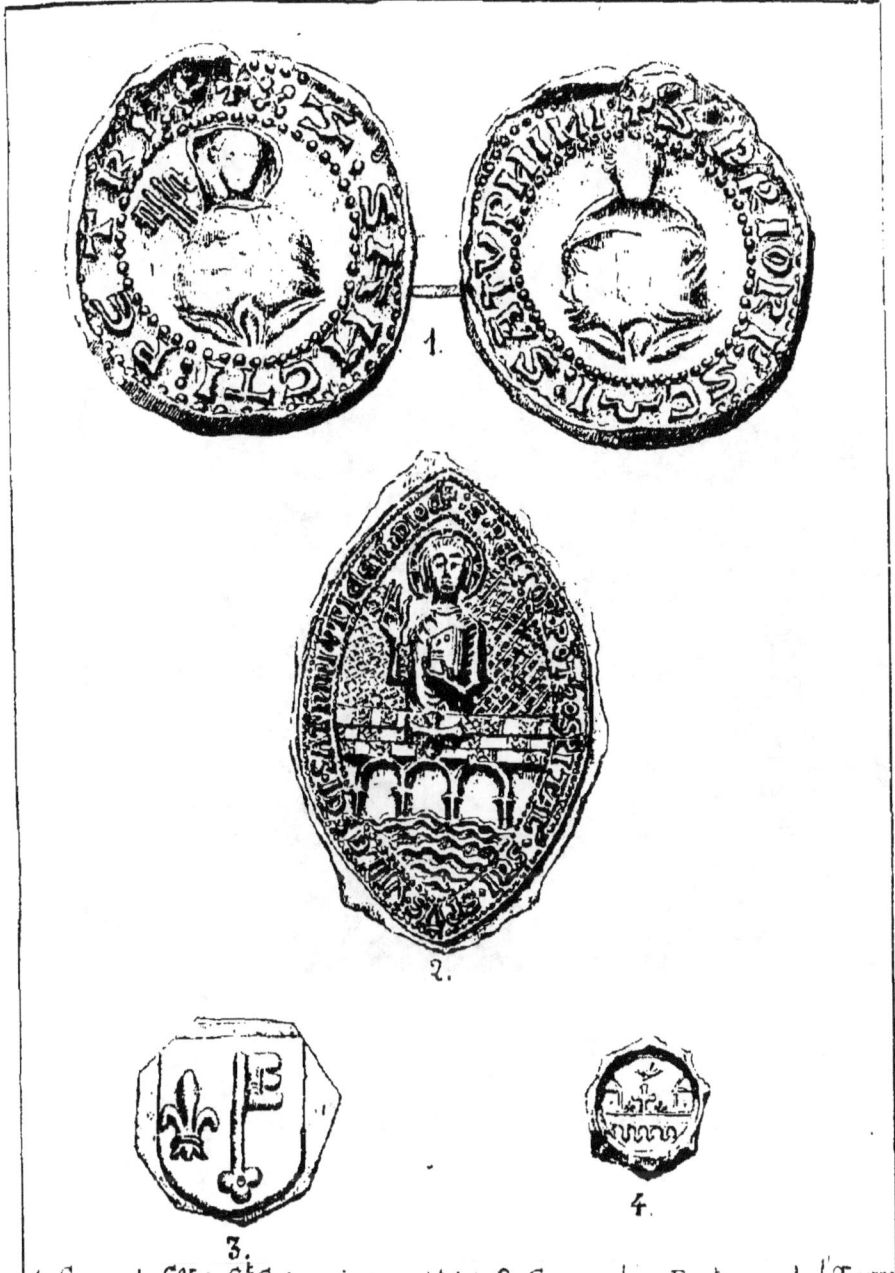

1. Sceau du S^{gr} de St Saturnin (XIIIe siècle). 2. Sceau des Recteurs de l'Œuvre du St Esprit (XIVe siècle). 3. Sceau de la Cour Commune (XVIe siècle). 4. Sceau de la ville du Pont St Esprit (XVIe siècle).

Les Sceaux Historiques de Pont St-Esprit

« Jehan Batalhard, Ménétrier de l'Archevêque de Lyon
paya cette pierre ».

Inscription, à la Porte du grand Hopital

L'Eglise de l'Œuvre du St-Esprit

Intérieur, Mur Latéral

Comprenant la Porte Principale.

PORTE PRINCIPALE
de l'Église de l'Œuvre du St Esprit

ENTRÉE DU PONT ST-ESPRIT,
avant la Construction de la Citadelle

LE PONT ST-ESPRIT, autrefois.

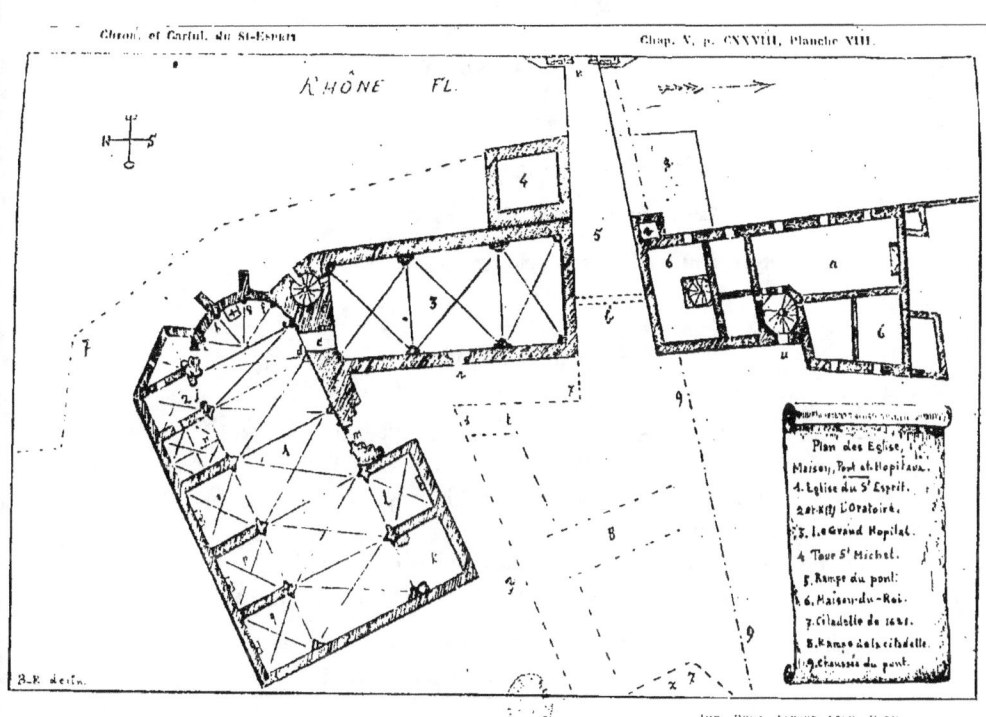

GÉOMÉTRAL DE L'ENTRÉE DU PONT ST-ESPRIT
Fin du XVIe Siècle

CARTULAIRE DE L'ŒUVRE

DES

ÉGLISE, MAISON, PONT ET HOPITAUX

DU SAINT-ESPRIT

(1265-1791)

RÉUNI ET ANNOTÉ

PAR

L. BRUGUIER-ROURE,

MEMBRE DU COMITÉ DE L'ART CHRÉTIEN,
DES ACADÉMIES DE VAUCLUSE ET DE NIMES,
INSPECTEUR DE LA SOCIÉTÉ FRANÇAISE D'ARCHÉOLOGIE, ETC.

SOMMAIRE

INTRODUCTION.
LIVRE PREMIER. — Constitution de l'Œuvre et ses développements.
LIVRE DEUXIÈME. — Bulles pontificales.
LIVRE TROISIÈME. — Quêtes.
LIVRE QUATRIÈME. — Droits honorifiques et utiles.
TABLES des noms de personnes et de lieux contenus dans le volume.

2ᵉ & 3ᵉ FASCICULES

*Publiés sous les auspices de l'Académie de Nimes
et du Ministère de l'Instruction publique,
sur l'avis du Comité des Travaux historiques.*

1891-92

NIMES

IMPRIMERIE CLAVEL ET CHASTANIER

F. CHASTANIER, SUCCESSEUR

12 — rue Pradier — 12

1892

LIVRE I

Constitution de l'Œuvre et ses développements.

I. — 26 mars 1265.

Nomination des conseillers et maîtres de l'œuvre du pont Saint-Esprit par le seigneur-prieur (1) et les habitants de Saint-Saturnin-du-Port. (N° 1, chapitre 23) (2).

Anno ab incarnatione Domini M°CC°LXV°, videlicet VII kalendas aprilis, accessit ad curiam (3) monasterii Sancti Saturnini quedam pars proborum hominum univer-

---

(1) Le prieur du monastère de Saint-Pierre, O. S. B., fondé en 948, par l'archevêque Gérald qui donna, à Cluni, son patrimoine : Saint-Saturnin-du-Port.

(2) Ce numéro de l'inventaire de 1754 comprend plusieurs documents. Le déchiffreur feudiste, Bernard, ne mentionne pas celui-ci, malgré sa haute importance. Publié, une première fois, en 1872 (B.-R. *Note sur les vrais constructeurs du pont Saint-Esprit*, Angers, Lachèse, Belleuvre et Dolbeau), on ne saurait en suspecter le caractère primordial.

Les chartes II et III, qui sont bien de 1265, ramènent les mêmes maîtres de l'Œuvre et conseillers élus le 7 des calendes d'avril, pour un an seulement, et résument les conditions du mandat ci-dessus.

D'ailleurs, dès 1266, l'Œuvre n'aura plus que trois administrateurs ou recteurs, des nouveaux venus : Rostaing Bidon, G. Garnier et Bertrand Milon.

Ou le copiste de 1301 a écrit 1265 pour 1264 (ancien style), ou bien, chez les Bénédictins de Saint-Saturnin-du-Port, l'année commençait non le jour de Pâques, mais le jour même de l'Incarnation, le 25 mars.

(3) La seigneurie de Saint-Saturnin était un franc-alleu dont la haute

sitatis ejusdem ville, domino Johanne (1) priore ; et dictus dominus prior, hoc consilio concitato cum predictis, constituit (2) VIII° probos homines ejusdem ville in opere pontis, videlicet IIII°ʳ operarios et quatuor consiliatores. Hii sunt operarii, videlicet Guillelmus Artaudus et Clarius Tharanus et Jacobus Berengarius (3) et Pontius de Gaujaco (4) ; et hii sunt consiliatores, scilicet Raimundus de Podioleno (5), Guillelmus Andreas (6), Raimundus de Molinis (7), Laurenus de Portu (8). Dicti probi homines juraverunt in

et basse justice appartenait au prieur de Saint-Pierre qui, en 1202, admit le comte de Toulouse à partager la juridiction dans les différends entre étrangers et habitants. Le paréage entre le prieur et le roi, après la réunion du Languedoc à la France, date du 12 mars 1303.

(1) Jean de Thyanges, des seigneurs de Rozemont qui habitaient le château de Thiange, canton de Decize (Nièvre).

(2) Dans cette forme se faisait l'élection du syndic municipal, ou consul, dont la première création remonte probablement à la fin du XII° siècle.

(3) De la même famille que Bertrandus Berengarii sub-prior monasterii Mansiadæ. (*Gall. Christ.*, t. VI, pr. xxiv).

(4) Gaujac, commune du canton de Bagnols. Autre dans le canton d'Anduze. Hameaux du même nom dans les communes du Vigan et de Beaucaire. Un Rostaing de Gaujac est témoin, vers 1080-96, dans la charte CLXXV du *Cartulaire de Notre-Dame de Nîmes*, (Germer-Durand).

(5) D'après Pithon-Curt (*Hist. de la noblesse du Comtat-Venaissin*, t. 2, p. 420), Girard de Piolenc acquit des immeubles dans la ville de Saint-Saturnin-du-Port, en février 1133, époque à laquelle pourrait appartenir la maison dite des Chevaliers attribuée aux Piolenc (B.-R. *Plafonds peints du XV° siècle dans la vallée du Rhône*, Delesque, Caen, 1887). En 1212, Raymond et Girard de P. sont mentionnés, dans la donation d'une partie du territoire de Carsan au monastère de Saint-Pierre (B.-R. *La Chartreuse de Valbonne*, Tours, Bouserez, p. 46, et *Les Hospitaliers du Pont-Saint-Esprit à Saint-Pierre-de-Vassols*, Avignon, Aubanel, 1884, p. 13) : le second comme tuteur des enfants Cornilhan, le premier comme témoin. Celui-ci, en 1234, est au nombre des cautions fournies par le prieur de Valbonne, dans son différend avec le prieur de Saint-Saturnin, au sujet des limites d'un autre domaine seigneurial situé à Carsan et acquis par les chartreux, de Guillaumette de Donzère, parente des Cornilhan. Les deux terres provenaient d'un héritage commun. (*Ibid.*)

(6) Jurisconsulte. (*Voyez ci-après n° VII*).

(7) Un parent de celui-ci, Guichardus de Molinis, fut bailli du Vivarais, en 1307. (*Voyez ci-après n° XVI*).

(8) *Laurenus* pour *Laurentius*. — Un Laurent du Port, père ou aïeul

manu dicti domini prioris se fideliter habituros curam operis dicti pontis ; et fuerunt constituti a dicto domino priore ad predicta dicti VIII° probi homines ab instanti die dominica Ramis palmarum (1) usque ad unum annum, et anno completo predicti IIII°ʳ operarii debent de sua administratione reddere computum dicto domino priori vel ejus locumtenenti et probis hominibus ejusdem ville. Et predicta omnia facta sunt salvo jure partium instrumentis factis inter dictum monasterium et villam predictam et salvis bonis usibus et consuetudinibus in dicta villa diutius approbatis. Ita quod preter ea que ita sunt nichilominus predicta instrumenta et boni usus et dicte consuetudines remaneant in sua primitiva firmitate. Factum est hoc in curia S. Saturnini, in sala super Marcello (2). Testes hujus sunt Guido prior de Tuleto (3), Johanes de Podioleno, G. Bellandeus..... de Galesto (4). Johannes de Campaleriis, vicarius ejusdem monasterii (5), Guillelmus Dezo,

de celui-ci, était caution de Guillaume du Port, prieur de Saint-Saturnin, dans l'arbitrage de 1234, mentionné ci-dessus, dont copie aux *Archives communales de Carsan*. On trouve (dans l'*Inventaire des Dauphins de Viennois*, d'U. Chevalier, Grenoble, 1871) Guillaume du Port de Varey, clerc-notaire du Dauphin, en 1261, et (dans le *Bulletin de Saint-Gilles*, de l'abbé Goiffon, Nimes, 1882) Guillaume du Port, jurisconsulte, auquel, en 1266, Clément IV adresse une bulle approuvant sa décision dans une affaire contentieuse. Azémar du Port, seigneur de Sumène, fut l'un des garants de la dot de Philippine des Baux, mariée à Guérin de Chateauneuf, en 1327. Au XVIIe siècle habitaient à Pont-Saint-Esprit, François du Port, cordonnier, et Guillaume, son fils, marchand. Tous paraissent descendre de Hugues du Port, témoin de l'accord fait, en 1164, entre Raymond V et le prieur de Saint-Saturnin et d'où découla le paréage de 1303.

(1) Dimanche des Rameaux.

(2) Pour Macello, *Macellus*, marché ; *Masel*, boucherie ; deux rues de Pont-Saint-Esprit portent actuellement les noms de Haut-Mazeau et Bas-Mazeau. Le marché et l'ancienne boucherie (les abattoirs) sont encore aux abords du prieuré de Saint Pierre.

(3) Tulette, Vaucluse. Ce doyenné, dépendant du monastère de Saint Pierre, rentra plus tard dans la manse propre du prieur qui joignit au titre de Seigneur de Saint Saturnin du Port celui de Prince de Tulette.

(4) Galès, hameau de Montclus, canton de Pont-Saint-Esprit.

(5) Le viguier du monastère.

R. Petrus, Joh. Peytavinus et ego Stephanus de Budellano, publicus ville S. Saturnini notarius, omnibus supradictis interfui, qui mandato utriusque partis hanc cartam scripsi et signavi.

(Extrait de l'original, dans verbal d'enquête sur parchemin mesurant 0ᵐ, 93 de haut et 0ᵐ, 78 de large).

II. — 16 août 1265.

Les conseillers de l'Œuvre veulent commencer le pont ; le prieur ajourne les travaux jusqu'après décision du sénéchal sur le litige concernant la Maison du Saint-Esprit. — (N° 1, chapitre 2).

Anno ab incarnatione Domini M°CC°LX°V° videlicet XVII kalendas septembris, accesserunt ad monasterium Sancti Saturnini, coram domino Joanne de Thiangis priore sancti Saturnini, Guillelmus Artaudi, Clarius Tarani, Raimundus de Podioleno, Laurentius de Portu, Jacobus Berengarius, Guillermus Andreæ, operarii et consiliatores pontis Sᵗⁱ Spiritus de Sancto Saturnino, dicentes et asserentes pro se et sociis suis se paratos facere incipere et operari opus pontis Sᵗⁱ Spiritus de Sancto Saturnino et se habere lapides necessarios et calcem et arenam et naves et omnia alia necessaria ad inceptionem dicti operis pertinencia, et maxime quia ad presentem fluvius Rodani est parvus et aptus ad operandum in dicto ponte, et se magistros duxisse ad inceptionem dicti operis faciendam ; et cum dictum opus vellent incipere et facere et procedere, cum consensu et voluntate dicti domini prioris, idem prior eisdem inhibuit ne incipiant operari in dicto opere, in dominio et districtu et jurisdictione monasterii Sᵗⁱ Saturnini, ratione operis dicti pontis. Et predicti operarii et consiliatores operis dicti pontis protestati fuerunt omnia supradicta et singula se velle facere, et iterum protestati fuerunt eodem modo se paratos velle facere omnia supradicta et singula ad inceptionem dicti operis pertinentia et quod per ipsos non stat quominus procedatur ad inceptionem dicti operis... Et incontinenti, et sine aliquo intervallo, predictus dominus prior, tam nomine suo quam nomine dicti monasterii sui protestando, dixit predictis probis hominibus quod beneplacebat ei et multum gaudebat si ipsi procurabant opus pontis, et de voluntate et de licentia sua permittebat eis quod ipsi possent affere lapides et ligna atque omnia et alia necessaria et utilia ad opus predicti pontis ; dixit tamen quod nondum operarentur in dicto ponte, sub jurisdictione sua seu districtu dicti monasterii sui, ex eo quia sibi ratione predicti pontis injuriabatur super facto domus quod dicitur predicti pontis et ex eo quia istud factum sive ista questio proposita est coram domino senescallo Bellicadri et Nemausi (1) et ipse dominus senescallus retinuit causam ad manum suam, de voluntate partium, et super iis eisdem partibus diem assignavit. A dicto tempore non vult dominus prior quod aliquid novi fietur seu innovetur quia dictus dominus senescallus preceperat ipsis partibus quod infra predictum diem nihil novum fieret seu innovetur sed in eodem statu ipsa res permaneat donec aliter ordinaret dictus dominus senescallus. Acta fuerunt hec in curia S^{ti} Saturnini, testes hujus rei sunt videlicet dominus Guido prior de C... naco (2), G... camerarius monasterii S^{ti} Saturnini, Guillelmus de Dioneriis, magister Franciscus de Alestro (3) Guillelmus Bellandeus, magister Guillelmus .....tito, Johanes... Et ego Stephanus de Budayllano publicus ville

---

(1) Le sénéchal de Beaucaire et Nimes, réunissant les attributions administratives, judiciaires, financières et militaires à la tête de l'une des trois subdivisions de la province de Languedoc, était juge des différends entre le seigneur de Saint-Saturnin et ses vassaux.

(2) Il faut lire *Cervacio* et non *Carnacio*. L'n pour v. induisit, sans doute, en erreur l'auteur de la *Bibliotheca cluniacensis* qui écrivit *Carnasio nemausensis diocesis*, soit Carnas, canton de Quissac ; ce prieuré n'était point de la dépendance de Saint Saturnin, mais d'Aniane, tandis que *Cervacium*, Servas (commune du canton d'Alais), restait encore, en 1620, 1618 et 1636, un bénéfice du prieuré de Saint Pierre (minutes de L. Bernardin et de Fumat, not^{es} de Pont-Saint-Esprit).

(3) Pour *Alesto*, Alais, chef-lieu d'arrondissement.

S. Saturnini notarius regius omnibus suprascriptis inter fui, qui mandato dñi prioris cartam hanc scripsi et signavi.

(*Expédition originale sur parchemin mesurant* 0m, 19 *de haut et* 0m, 23 *de large*).

III. — 12 septembre 1265.

Procès-verbal de la pose de la première pierre du pont par D. Jean de Thianges, seigneur prieur de Saint-Saturnin-du-Port. — (N° 2, Chapitre 2). (1)

Anno Domini millesimo ducentesimo sexagesimo quinto, videlicet pridie idus septembris, in nomine Domini nostri Jesu Christi a quo omnes actus nostri et omnia nostra consilia procedunt. Nos fratres Joannes de Thiangis humilis prior monasterii Sancti Saturnini de Portu habentes Deum pre oculis cui secreta omnia revelantur diligenter et discreta in posterum, volentes proficere tam monasterio nostro et ville Sancti Saturnini supradictis quam omnibus hominibus ad portum ville nostre venientibus, divina inspiratione inducti, in dicto portu nostro, in ripa condamine nostre ultra Rodanum, quod est proprium allodium beati Petri cluniacensis, pontem volumus incipere et in pontis capite, in signum dominii nostri et jurisdictionis nostre, lapidem primum ponere et ipsum primum lapidem ponimus in honorem sancte atque individue Trinitatis, concedentes operariis et consiliatoribus quos ad opus dicti pontis posuimus, sicut antea concesseramus, quod salvo semper in omnibus et per omnia jure nostro et dicti monasterii, et servata etiam forma in quodam publico instrumento redacto per manum Stephani de Budailhano, publico ville sancti Saturnini notario, ipsi possint usque ad tempus suum Ramis palmarum, dummodo benefaciant,

---

(1) Publié dans *Gall. Christ.*, t. VI, p. 307, et dans la Vie de saint Bénézet, par T. Raynaud.

in dicto ponte operari seu fieri operari, et ad majorem omnium predictorum firmitatem, memoriam et cautelam omnimodam faciendam, bullam nostram huic apponi precipimus instrumento. Acta sunt hec ultra Rodanum in predicto portu, in ripa predicte condamine, ubi caput pontis est inceptum. Testes ad hec interfuerunt videlicet dominus Stephanus prior claustralis predicti monasterii, Guido prior S^{ti} Meterii (1), Gofridus prior S^{ti} Andree (2), Cornillanus major et Cornillanus minor, (3) Guillelmus Illaris prior de Lodoni (4), Andreas de Vermellis (5) prior de Gajanis (6), Armandus de Castronovo sacrista de Tulleta (7), Ricanus Corni decanus de Colunsellis (8), Ber-

---

(1) Saint-Emétéry de Chusclan (canton de Bagnols), bénéfice échangé, en 1162, contre Saint-Florent. Cession à l'évêque d'Uzès par le prieur Guillaume de Sabran.

(2) Le monastère possédait deux bénéfices sous ce vocable, l'un entre Pont-Saint-Esprit et Saint-Alexandre, l'autre au-delà du Rhône, sur le territoire de Montdragon.

(3) L'oncle et le neveu, sans doute. Le dernier, prieur de Saint-Pierre de Vassols, en 1353, et frère de Gaufride prieur de Saint-André. Tous deux sont les enfants donnés à Cluny, avec le domaine de Carsan. La maison Cornilhan ou Cornillon, l'une des plus anciennes du Dauphiné, est connue depuis Pons C., vivant en 1128. Ponçe C., de Montmeyran et Ponçe C., du Puy Saint-Martin étaient chanoines de Valence, en 1248, époque à laquelle on trouve, à Die, Pierre de Cornilhan.

(4) Ou *Todone*, alias *Boulus*. La chapelle de Saint-Jean de *Roussigo*, dans le camp de César, et la chapelle de Saint-Pierre, également sur le territoire de Laudun, constituaient un bénéfice dont les ruines du monastère de Saint-Pierre de Castres indiquent l'importance avant les guerres de religion, peut être avant la guerre de cent ans.

(5) Vermeils, hameau, commune de Bagard, une ancienne communauté de la viguerie d'Anduze. C'est à Pierre de Vermeils, prieur de Saint-Saturnin, de 1212 à 1223, que Florie donna les château et juridiction de Montaigu et Carsan.

(6) Ce prieuré, uni plus tard à celui de Connaux, constitua, avec celui-ci, l'un des plus importants bénéfices du monastère de Saint-Pierre, le principal de la manse commune. Gajan est aujourd'hui une ferme de la commune de Tresques.

(7) Tulette, Drôme ; le sacristain de Tulette était prieur claustral de ce bénéfice.

(8) Colonzelle, près Grignan, Drôme, doyenné dépendant du prieuré de Saint-Pierre, donné aux Clunistes par Conrad, vers le milieu du xe siècle.

trandus Ricardi, Bertrandus de Soucanthone (1) prior de Caderossa (2), Bertrandus Millo (3), Poncius Teulerius, Petrus de Budailhano, Odoardus Rostagnus filius, Poncius Arati de Monte Areno (4), Bertrandus de Telano, Borrianus, monachi de conventu predicti monasterii, et dominus Durandus de Podio (5), Raimundus Ricardi, Guillelmus Regii, Bernardus de Verneto, presbiteri, dominus Bertrandus de Sancto Pastore (6), Guillelmus Armandus, milites, Bertrandus Imbertus, judex predicti monasterii, magister Raimundus de Alesto, Guillelmus Artaudi, Guiraudus de Podioleno et Raimundus de Podioleno frater ejus, Guillelmus Bellandeus, Guillelmus de Podioleno curaterius, magister Guillelmus Anglicus, Guillelmus Crispini, Petrus de Portu, magister Guillelmus Balma (7), Bertrandus de Ulmis, Johannes de Campaleriis, vicarius predicti monasterii, Guillelmus Gillii, Clarus d'Eyguese (8), Johan-

---

(1) Soucanton, château ruiné, commune de Saint-Jean-du-Pin, près d'Alais.

(2) Caderousse, Vaucluse.

(3) Dès la fin du x⁰ siècle, on voit ce nom, *Stephanus Milo*, dans le cartulaire de Notre-Dame de Nimes, par Germer-Durand. Une donation de terre par dame Vierne de Baladun aux habitants de Saint-Marcel, en 1228, mentionne parmi les témoins Petrus Milonis dont les descendants furent recteurs de l'œuvre du Saint-Esprit, en 1266, 1270, 1275 1281, 1297 et 1307. Le Légat Milon (Hist. de Languedoc, 1209) appartenait peut-être à cette famille de jurisconsultes.

(4) Montaren, canton d'Uzès.

(5) *Frère de l'Hôpital* de Saint-Jean de Jérusalem, 1335. (Arch. mun de Saint-Marcel).

(6) Un Bertrand de Saint-Pastour obtint, en 1236, ainsi que les autres coseigneurs de Caderousse, la confirmation de ses droits sur ce lieu, donnée par l'empereur Frédéric II à Raimond VII de Toulouse. (Pithon-Curt *Hist. de la noblesse du Comtat-Venaissin*, t. I, p. 45).

(7) V. de Balma, dans la donation de dame Vierne vidimée le 23 mars 1335. (*Arch. mun. de Saint-Marcel*).

(8) Aiguèze, canton de Pont-Saint-Esprit. L'insertion du mot *deyguese* pour le latin de *Ayguedine* ou *Ayguedinis* provient, peut-être, d'une distraction de copiste. Ce n'est pas le texte original qu'on reproduit ici mais une copie, faite le 11 avril 1594, d'après le titre primordial présenté par Charles de S. Sixte. Cette copie porte : « Extrait collationné sur un petit instrument de parchemin, exibé par led. prieur du Saint-Espri

nes Patarinus, Laurentius de Portu, Jacobus Berenga- rius, Raimundus de Molinis, Petrus Arnaldus, Andreas Soquerius et ego Stephanus de Budaillano publicus ville S[ti] Saturnini notarius omnibus supradictis interfui, qui mandato dicti domini prioris hanc cartam scripsi, bullavi et signo meo signavi.

(*Copie authentique sur trois feuillets de papier*).

IV. — 18 juin 1270.

Boson vend aux recteurs de l'Œuvre un jardin situé au Bourg-Saint-Andéol. — (N° 1, chapitre 1er.)

(*La carta en que Bosson vendet I ort que avié à la peyriero dal Bor e ten se de G. d'Auriac et fa de service I d. viennois, h.*)

Innotescat presentibus et futuris quod anno Domini incarnationis millesimo ducentesimo septuagesimo scilicet XV° kalendas Julii, ego Bosonus filius Raimundi Bosoni de Burgo S. Andeoli (1) quondam, solvo, cedo et in perpetuum desamparo vobis Garnerio Chanabacerii (2) et Guillelmo de Podiolono, rectoribus operis pontis Sancti Spiritus Sancti Saturnini, Uticensis dyocesis, presentibus et stipulantibus nomine et commodo dicti operis, totum jus et omnes actiones, petitiones et demandas quas habeo et habere debeo et

contenant 43 lignes, marqué au bas de la marque du notaire, en forme d'une clef avec son plomb pendant où est d'un cousté l'image de Saint-Pierre, et de l'autre l'effigie du seigneur prieur, par moy Jean Regnier, notère royal et greffier de lad. maison et en foy de ce soussigné Regnier, not. ».

(1) Bourg-Saint-Andéol, Ardèche.
(2) Un Faulquet Chanabas souscrivit, en 1280, à l'hommage prêté à l'évêque de Valence par Giraud Adhemar, seigneur de Monteil ou Montélimar. (Pithon-Curt, t. I, p. 79).

possum in illo horto (1) quod habeo in tenemento ville Burgi Sancti Andeoli in loco qui dicitur Burgus superior ; et habet consortes ab oriente ortum Imberteti de Monteclaro (2) domicelli, a borea viam publicam, ab occidente vallatum istius ville Burgi S^{ti} Andeoli, promittens vobis quod ego non feci nec faciam, nec dixi nec dicam, quominus dictum ortum liceat dicto operi habere et possidere in perpetuum in pace et quiete. Promittens etiam vobis presentibus et stipulantibus nomine dicti operis me deffensurum et salvaturum dicto operi a liberis meis et heredibus. Renuncians in his omnibus............ hec me ita completurum et contra non venturum vobis rectoribus dicti operis presentibus et stipulantibus promitto et juro. Actum est hoc apud Burgum Sancti Andeoli in operatorio Petri Lunarii (3). Testes fuerunt Pontius Chausidi (4) sacerdos, Petrus de Auriaco (5), domicellus, Michael Eudrici et Petrus Lunarii notarius quondam publicus Vivariensis. Et post hoc, anno et loco supra, scilicet X kalendas novembris, Guillelmus

---

(1) Si les recteurs acquièrent un jardin, c'est qu'il y avait déjà, dans le voisinage, un personnel occupé à l'extraction des pierres destinées à la construction du pont Saint-Esprit. Le présent acte est le plus ancien des titres que possèdent les archives de l'Œuvre relativement à la *perriere du roi*, qui constitue au nord du Bourg Saint-Andéol un beau domaine vendu, d'abord à bail emphytéotique, à la famille de Bonot et, définitivement, aux Madier de Lamartine.

(2) De la famille de Guillaume de Montclar, présent en 1242 à la vente faite par Guillaume de Naves et Vierne de Baladun, à Bertrand de Montagut, précepteur de Saint-Jean-d'Artignan, près Saint-Just, Ardèche.

(3) Lunar, dans *Gall. Christ.*, t. I, pr. XXIV.

(4) Peut-être pour *Chaussandi*. Constatons, toutefois, qu'une famille Chaussy résidait au Bourg-Saint-Andéol où on la trouve encore au XVIIIe siècle.

(5) Pierre d'Auriac fut bailli du Vivarais, en 1320 ; il était fils, probablement, de Guillaume d'Auriac, *de Auriaco, miles* (*Gall. Christ.*, t. IV). Sur le territoire d'Orange, est une ferme dite Auriac où l'on veut voir le *portus Arausiensis*. Une autre ferme du même nom existe sur le territoire de Saint-Michel-d'Euzet (canton de Bagnols). L'une et l'autre paraissent avoir appartenu, à la fin du XVIIe siècle, au sieur d'Auriac, d'Orange, qui avait épousé Marie de la Raye, dame de Salazac (canton de Pont-Saint-Esprit).

de Auriaco laudavit et confirmavit fratri Pontio rectori operis pontis S. Spiritus de sancto Saturnino, dictum ortum, salvo suo jure et dominio, scilicet uno denario Viennensi, et de laudimio et trezeno se tenuit pro paccato. Testes fuerunt Petrus de Auriaco domicellus, Rostagnus de Ferriario et dictus Petrus Lunarii, notarius publicus Vivariensis quondam, qui de predictis notulam recepit et scripsit in quodam cartulario suo. De qua notula ego Bremundus Jordani publicus Vivariensis notarius auctoritate et mandato speciali reverendi in Christo patris domini episcopi Vivariensis nomine laudo predicta sumpsi fideliter et extraxi et tandem hanc cartam publicam manu propria scripsi et subscripsi et bulla ejusdem domini episcopi bullam et hoc signo meo signavi.

(*Expédition originale sur parchemin mesurant* 0^m, 21 *de haut et* 0^m, 16 *de large. Lacs tressés de bleu, blanc et jaune. Manque la bulle*).

V. — 29 août 1275.

Pons Chaussand vend aux recteurs un terrain destiné à l'agrandissement de la carrière d'où l'Œuvre tirait les pierres pour la construction du pont. — (N° 2, chap. 1er).

Innotescat presentibus et futuris quod anno dominice incarnationis millesimo ducentesimo septuagesimo quinto, videlicet IIII kalendas septembris, ego Poncius Chausandi de Burgo S. Andeoli, nulla fraude vel dolo inductus sed de mera ac spontanea voluntate mea, vendo, et titulo perfecte venditionis, trado pure et absolute... pro me et successores meos, vobis Rostagno Bidoni (1) et Bertrando

---

(1) Bidon, canton de Bourg-Saint-Andeol. *Mossen Bidon* (meus senior Bidonis) posséda, pense-t-on, le moulin de Saint Bidon (molendinum domini Bidonis) à Montelimar. (Bon de Coston, *H. de Montel. Bourron, Montelimar*. T. 1, p. 161). On trouve des Bidon, à Pont-Saint-Esprit, depuis lors jusqu'à nos jours.

Miloni de S. Saturnino, Uticensis diocesis, rectoribus operis pontis S. Spiritus de Sancto Saturnino... presentibus et solemniter stipulantibus... et nomine Geraldi de Podioleno conrectoris ejusdem operis dicti pontis, illam ouchiam (1) nostram cum suis juribus et pertinenciis, a celo usque ad abissum, quam habeo in territorio istius ville Burgi S. Andeoli, in loco qui dicitur ad Crucem de camino (2), quam teneo a capitulo Vivariensi sub annuo censu duorum denariorum Viennensium et habet consortes ab occidente stratam publicam, a borea ouchiam Johannis Bocherii, a vento ouchiam Nicholay Moroani (3), ab oriente pereria dicti pontis, acceptis a vobis rectoribus predictis nomine pretii, de denariis operis dicti pontis, tresdecim libras et dimidia viennensis (4). De quibus a vobis mihi reali et integra solutione est plenarie satisfactum... renuncians si vero dicta ouchia plus valet vel valitura est dicto pretio, totum illud, duplum vel amplius, dono cedo perpetuoque remitto vobis rectoribus predictis presentibus et recipientibus nomine, commodo et utilitate operis dicti pontis. Amore Dei et in redemptione meorum pecaminum et parentum meorum, predictam ouchiam superius venditam promitto me defensurum et salvaturum vobis rectoribus predictis presentibus et recipientibus, nomine, comodo et utilitate dicti operis dicti pontis... promitto, bona fide mea et sub bonorum meorum obligatione, et tactis a me sanctis Dei Evangeliis juro. Acta fuerunt hec apud Burgum S. Andeoli in operatorio Petri Lunarii, in presentia et testimonio Petri et Guillelmi Drogo fratrum. Stephani Lombardi, Poncii Cardini.

---

(1) *Ouchia* ou *ochia*, dans la basse latinité ; *ouche, oulche, oche* ou *hoche*, en vieux français, signifie enclos, jardin, domaine.

(2) Cette croix, restaurée sans doute, existait à sa place primitive, en 1888, avant la rectification de la route nationale de Lyon à Beaucaire.

(3) Ou Maroani, intervient, en 1263, dans la vente d'une terre, située à Pierrelatte ; vente faite au profit de Raymond Labalme, avec le consentement de Hugues de Chabans. Claude Maroan, coseigneur de Saint-Just, St-Montan et Cousignac, maria sa fille Monette avec L. Bonnot, du Bourg.

(4) Passage très incorrect, il faudrait l'ablatif.

Et post hæc, anno quo supra, videlicet VII° iduum septembris, ego Petrus Ozuli, clericus, baiulus in villa Burgi S. Andeoli pro capitulo Vivariensi, laudo et confirmo, nomine dicti capituli, tibi Petro Drogo de Burgo S. Andeoli presenti et recepienti nomine, comodo et utilitate operis dicti pontis, ouchiam superius venditam et confrontatam ad extrahendum lapides et faciendum pereriam in ouchia antedicta... Salvo in dicta ouchia jure et dominio, capitulo antedicto, scilicet duplicato censu dictorum duorum denariorum et duplicatis trezenis, ita quod pro dictis duobus denariis censualibus percipiet dictum capitulum quatuor denarios Viennenses censuales in ouchia antedicta de cetero. Et pro trezenis habui, nomine dicti capituli, de denariis operis dicti pontis septuaginta solidos Viennenses... promittens Petro Drogo, presenti et recepienti nomine et comodo operis dicti pontis, quod huic instrumenti apponi faciam contrasigilla domini Petri prepositi et domini Garini sacriste Vivariensis, procuratorum capituli antedicti, ad majorem firmitatem. Acta fuerunt hec apud Burgum S. Andeoli, in operatorio Petri Lunarii, in presentia et testimonio Arnaudi Lombardi, Johannis Ancii, Durandi Gervasii et mei Petri Lunarii, publici Vivariensi notarii, qui mandato dicti Poncii Chausandi et dictorum rectorum et dicti Petri Ozuli, baiuli, hanc cartam scripsi et bulla domini Hugonis (1) Vivariensis episcopi bullavi et hoc signo meo signavi.

(*Expédition originale sur parchemin mesurant* $0^m,26$ *de haut et* $0^m,18$ *de large*).

---

(1) Hugues, évêque de Viviers, de 1263 à 1287, reconnaissait l'autorité nominale des empereurs d'Allemagne. Soutenu, d'abord, par le pape dans cette prétention, il se résigna, plus tard, à rendre hommage au roi de France.

VI. — 3 juin 1277.

Jean Bochier vend aux recteurs de l'Œuvre un terrain destiné à l'agrandissement des carrières; Pierre Ozil, bayle du chapitre de Viviers, leur en donne l'investiture. — (N° 3, chapitre 1ᵉʳ).

Innotescat presentibus et futuris quod anno dominice incarnationis M° CC° LXXVII°, videlicet III° nonas junii, ego Johannes Bocherii de Burgo S. Andeoli, nulla fraude vel dolo inductus sed mera ac spontanea voluntate mea, vendo et titulo perfecte venditionis et irrevocabilis venditionis trado pure et absolute.... vobis Raimundo Ozilis (1) et Johanni Borgone de Sancto Saturnino, Uticensis diocesis, rectoribus operis pontis S. Spiritus de S. Saturnino, dicti diocesis, et tibi fratri Guillelmo Figeire (2) fratri operis dicti pontis, presentibus et recipientibus nomine et utilitate dicti pontis, quamdam partem ouchie mee, ab oriente, de celo usque ad abissum, usque ad limitos ibi positos inter partem ouchie vendite et aliam partem ouchie mee, que ouchia est in territorio istius ville Burgi S. Andeoli in loco qui dicitur ad Crucem de camino; que pars vendita ouchie predicte habet consortes a vento ouchiam operis dicti pontis, ab occidente ouchiam meam, a borea ouchiam Johanis Audegerii (3) et liberorum Remundi Audegerii quondam, ab oriente flumen

---

(1) En 1629, Louis XIII donna à Jean de Surville les biens de Pierre Ozil, protestant rebelle, de la Gorce, Ardèche.

(2) On appela Figuière la 12ᵉ pile du pont. Figuière fut également le surnom du bonhomme de bois qui frappait les heures au beffroi municipal.

(3) D'Audigier, famille qui s'est éteinte naguère dans la personne de Henri d'Audigier. Giraud d'Audigier, chanoine, mourut à Bourg-Saint-Andéol, en 1207; Isnard d'Audigier était coseigneur de Caderousse, en 1236. Adhemar d'Audigier, damoiseau du Bourg-Saint-Andéol, fit bâtir une partie du cloître de l'abbaye de Valsauve, près Bagnols, en 1319.

Rodani, acceptis a vobis nomine pretii de pecunia dicti operis VIII° libras viennenses.... si vero dicta pars dicte ouchie vendita plus valet dicto pretio totum illud, sit duplum vel amplius, dono, cedo perpetuoque remitto vobis rectoribus predictis dicti operis et fratri Guillelmo predicto presentibus et recipientibus nomine, comodo et utilitate dicti operis, amore Dei et in redemptionem meorum pecaminum et parentum meorum. Partem vero venditam ouchie predicte promitto me defensurum et salvaturum vobis rectoribus et fratri presentibus et stipulantibus..... promitto bona fide et sub bonorum meorum obligatione et tactis a me corporaliter sanctis Dei evangeliis juro. Et ego Petrus Ozuli (1), clericus, baiulus in villa Burgi S. Andeoli pro capitulo Vivariensi, laudo et confirmo, nomine dicti capituli, vobis rectoribus operis dicti pontis et tibi fratri Guillelmo predictis, presentibus et recipientibus..., partem ouchie superius vendite et confrontate ad extrahendum lapides et faciendum pereriam et ad colendum sicut rectoribus dicti pontis in perpetuum placuerit faciendum. Salvo ibi jure suo, capitulo antedicto, scilicet dimidio cartairone cere, cartairone dico de libra ; et de laudimio teneo me pro paccato. Promittens vobis rectoribus et fratri Guillelmo.... quod contrasigillum dicti capituli apponi faciam huic instrumento ad majorem firmitatem. Acta fuerunt hec apud Burgum S. Andeoli in stari capituli antedicti, in presentia et testimonio Giraudi et Poncii Trimundi fratrum, Petri Drogo, Johannis Barrii, de Sancto Saturnino, et mei Petri Lunarii, publici Vivariensis notarii, qui de mandato dicti venditoris et dictorum emptorum et dicti Petri Ozuli, baiuli, hanc cartam scripsi et bulla domini Hugonis Vivariensis episcopi bullavi et hoc signo meo signavi.

(*Expédition originale sur parchemin, mesurant* 0^m,27 *de haut et* 0^m,18 *de large*).

(1) C'est bien Ozul qu'il faut lire, tandis que le recteur ci-dessus se nommait Ozil.

VII. — 18 février 1279.

Transaction entre l'évêque de Viviers et les recteurs de l'Œuvre, par laquelle le seigneur évêque se départ de tous ses droits sur les maisons et carrières du Bourg S. Andéol moyennant quarante livres viennoises. — (N° 4, chapitre 1ᵉʳ).

Noverint presentes et posteri quod anno dominice incarnationis millesimo ducentesimo septuagesimo octavo, scilicet XII° kalendas martii, cum questio... mota vel movendi comparetur inter venerabilem patrem in Christo dominum Hugonem Dei gratia episcopum Vivariensem ex una parte, et Giraudum de Podioleno, Guillelmum Artaudi et Johannem Clarii, de Sancto Saturnino, rectores seu gubernatores operis Sancti Spiritus de Sancto Saturnino, ex alia, occasione lapidissimarum (1) sive pererie... ad constructionem et edificium dicti pontis et domo seu domibus, prout ea tenent et possident, seu quia predicti operarii seu gubernatores predicti in villa et tenemento et districtu ville Burgi S. Andeoli, compensarunt inter eas dicte partes in dominum B. Augerii militem in arbitrium arbitratorem seu amicabilem compositorem ita quod dictas questiones possit audire servato juris.......... questiones determinare, in totum vel in partem, omni die, hora et loco, promittentes servaturi sub pena quinquaginta librarum turonensium. Acto inter partes et convento quod tociens dicta pena comittata, dictam recitationem, pronunciationem seu ordinationem dicti arbitrii fieret, in totum vel in partem, ita quod pars que non servaret nec obediret, vel que contra faceret, ut item est in totum vel in partem..., dictas quinquagenta libras solvere teneretur, recitatione seu ordinatione dicti arbitrii nihilominus firma remanente, et quod ita ut supradictum est, dicte partes servent et custodiant, pena

---

(1) Ce barbarisme est pour *lapicidinarum*, carrières.

solvere, si locus fuerit, promisit dictus dominus episcopus dictis rectoribus seu gubernatoribus per stipulationem et bona fide... et dicti rectores dicto domino episcopo... in sancta Dei evangelia juraverunt. Renunciantes dicte partes juri dicenti compromissum facere non debere cum religione juramenti, et specialiter dictus dominus episcopus ; quod tam ipse quam sui successores in episcopatu semper ordinationem faciendam dicti B. Augerii semper ratam et firmam habebunt et observabunt et pro pena solvenda, si contra fieret, dedit fidejussores et principales paccatores, dictis operariis stipulantibus. Jacobum Dalmatum et Johannem Audegerii, Petrum Montani et Guillelmum Characoni qui, se principaliter et in solidum, dictis operariis nomine quo supra stipulantibus pro omnibus predictis a dicto domino episcopo promissis, complendis et attendendis, se et bona sua obligaverunt ; renûntiantes novè constitutioni de pluribus reis, et epistole divi Adriani, et aliis constitutionibus. Qui dictus arbiter, pro bono pacis et concordie, habito contractu cum partibus, volens parcere laboribus et expensis, dixit, pronunciavit, ordinavit et recitavit, diffiniendo predictas questiones, quod dictus dominus episcopus, nomine suo et episcopatus predicti, solvat, cedat et remittat dictis operariis seu rectoribus dicti pontis, nomine quo supra recipientibus et ad opus dicti pontis, omne jus, actionem seu demandamentum sibi competens, nomine proprio seu nomine episcopatus in predictis pereria seu lapidissinis et domibus ad dictum opus pontis pertinentibus, ita quod dicti operarii et eorum successores in infinitum libere possint uti dictis pereria et lapidissinis et domibus et aliis pertinentibus ad predictam prout actenus fecerunt..., salvo jure domini episcopi quantum ad jurisdictionem et majori dominio, si illud ibi habet, quantum ad feudum et salvo jure alieno. Ipsis tamen operariis nomine quo supra in sua possessione, prout usi sunt, mansuris, ita quod sine cause cognitione suam possessionem non pertinent. Dixit dictus B. Augerii, ordinavit et precepit quod dicti operarii dent dicto domino episcopo et solvent nomine quo supra, et ex causa dicte compositionis, quadraginta libras turonenses ; quod incontinenti dicti operarii fecerunt, et dictus dominus episcopus renunciavit exceptioni non habite et non numerate seu non solute pecunie. Que omnia sic ordinata per dictum arbitrum dicte partes laudaverunt, approbaverunt et omologaverunt. Retinuit tamen dictus arbiter quod si aliquid dubium vel obscurum oriretur super predictis, quod illud dubium vel obscurum posset interpretari et declarari quandocumque. Actum apud Burgum Sancti Andeoli in stari liberorum de Salas (1). Testes hiis omnibus fuerunt dominus Guillelmus Firmini, dominus Poncius de Samsono (2) canonici Vivariensis, dominus Guimerius, dominus Audebertus de Gradacio (3) milites, dominus B. decanus S. Saturnini, Guillelmus Andree jurisperitus et plures alii et Petrus Lunarii, notarius quondam publicus Vivariensis, qui de predictis notam recepit et scripsit in quodam cartulario suo. De qua nota ipso defuncto, ego Bremundus Jordani, publicus Vivariensis notarius, auctoritate et mandato speciali venerabilis in Christo patris domini Hugonis, Dei gratia Vivariensis episcopi, predicta sumpsi fideliter et extraxi et inde hanc cartam publicam manu mea scripsi et subscripsi et hoc signo meo signavi et bullavi.

(*Expédition originale sur parchemin mesurant 0ᵐ, 40 de haut et 0ᵐ, 25 de large. Lacs tressés de bleu, blanc et jaune. Manque la bulle.*)

VIII. — 4 juin 1279.

Transaction entre le procureur du Chapitre de Viviers et les recteurs de l'Œuvre au sujet du grand cens à percevoir sur une ouche, en la carrière du Bourg-Saint-Andéol. — (N° 5, chapitre 1ᵉʳ).

Notescant presentes et posteri quod anno dominice Incarnationis Mil° CC° LXX° IX°, scilicet II° nonas

---

(1) Salles, hameau près Vogué, Ardèche.
(2) Sampzon, château en ruine sur un rocher élevé dominant l'Ardèche, entre Ruoms et Vallon. Pons était fils de Guillaume II, coseigneur de S.
(3) Gras (canton de Bourg-Saint-Andéol), dont le château appartenait alors aux Baladun. (*Arch. commun. de Saint-Marcel-d'Ardèche*).

junii, cum controversia verteretur seu verti speraretur inter Petrum Ozuli, clericum et bajulum in Burgo S. Andeoli pro Vivariense capitulo, nomine dicti capituli ex una parte, et Johannem Bocherii ejusdem Burgi, nomine suo, et Petrum Drogon ejusdem loci, nomine operis Pontis S^{ti} Spiritus de villa S. Saturnini, dyocesis Uticensis, et nomine rectorum seu operariorum operis dicti pontis, ex altera, super eo quod dictus bajulus capituli Vivariensis dicebat et asserebat quod dictum capitulum Vivariense consueverat habere et percipere amphorem seu majorem censum in quadam ochia seu parte cujusdam ochie infascripte, vendite a dicto Johanne Bocherii operi dicti pontis, quod sic in instrumento venditionis eisdem confecte per manum Petri Lunarii Vivariensis notarii continebatur. Que omnia adversa pars sic esse negabat. Que ochia seu pars ochie predicte scitur in territorio ville Burgi S. Andeoli, in loco qui dicitur ad Crucem de camino, ut patebat per idem instrumentum dicte venditionis. Predicta siquidem controversia fuerit inter partes predictas, cum tractatu quorumdam proborum virorum de Burgo et consilio unanimiter sit sopita. Dictus Petrus Ozuli clericus, nomine dicti capituli Vivariensis et nomine procuratorum ejusdem, cum dictus Johannes Bocherii averasset ad plenum, coram ipso Petro, quod Johannes Bocherii et antecessores sui consueverant tantum servire annuatim dicto capitulo Vivariensi, pro parte dicte ochie per ipsum Johannem operi dicti pontis vendita, dimidium quartaironem de libra cere, dictam controversiam predictis Johanni Bocherii, nomine suo recipienti, et Petro Drogon, nomine et utilitate operis Pontis S. Spiritus et operariorum seu rectorum dicti pontis recipienti, conrippuit in perpetuum, et finivit et omnem actionem personalem et realem quam ipse Petrus Ozuli, nomine dicti capituli Vivariensis, vel dictum capitulum seu procuratores ejusdem capituli Vivariensis habebant seu habere poterant contra dictum opus S. Spiritus vel operarios seu rectores ejusdem operis, ex causa predicta, cessit, dedit et desemparavit dictus Petrus Ozuli, nomine predicto, in perpetuum, dicto Petro Drogoni, nomine quo supra recipienti. Et ad majorem firmitatem habendam, dictus Petrus Ozuli, nomine capituli Vivariensis predicti et procuratorum ejusdem, laudavit et ratificavit venditionem ochie predicte dicto Petro Drogoni, nomine quo supra recipienti, in perpetuum, salvo jure et dominio pleno, capitulo antedicto, et censu superius memorato. Actum est hoc apud Burgum S. Andeoli, in operatorio Jacobi Dalmacii (1), in platea, in presentia et testimonio Guillelmi Stephani, Raimundi Porte, Nicholay Salabardi (2), Giraudi Trimundi et mei Bremundi Jordani, publici Vivariensis notarii, qui mandato.... hanc cartam scripsi, cum hac interlignatura dicte, et bulla domini Hugonis, Dei gratia Vivariensis episcopi, bullavi et hoc signo meo signavi.

(*Expédition originale sur parchemin, mesurant* 0^m,17 *de haut et* 0^m,16 *de large*).

IX. — 1er avril 1281.

Réglement des donats, frères et sœurs, des quêteurs, manœuvres et serviteurs de l'Œuvre du pont. — (N° 3, chap. 2) (3).

Anno Domini millesimo ducentesimo octuagesimo primo videlicet I° die kalendarum aprilis (4), ego Rostagnus

---

(1) De la famille de Pierre Dalmas (*Gall. Christ*, t. VI, pr. XXIV).

(2) Dans *Gall. Christ.*, t. VI. pr. XXIV, Pierre Salavard, 1252. Bertrand Salabard, notaire de Bagnols, en 1368 (Pithon-Curt, *Hist. de la noblesse du Comtat-Venaissin*). — Salabard était, sans doute, comme Talabard un surnom emprunté à un bouclier, d'une forme particulière (*Hist. de Montélimar*, t. I p. 353).

(3) Publié, une première fois, en 1872, dans *Note sur les constructeurs du Pont-Saint-Esprit.*

(4) Cette date du jour des calendes d'avril 1281 confirme l'hypothèse émise à la page 3, note 2. L'année commençait à S.-Saturnin-du-Port le 25 mars.

Si Pâques eut été le premier de l'an, l'acte ci-dessus porterait la date de 1280 ou de 1282, l'année 1281 (ancien style) n'ayant pas renfermé de 1er avril.

de Sancta Galla (1), humilis prior Sancti Saturnini de Portu et camerarius in provincia ordinis Cluniacensis, et nos videlicet Rostagnus Bidonis, Guillermus Garnerii, Bertrandus Milonus, rectores operis pontis Sancti Spiritus, et nos frater Guillermus Figuier et frater Petrus de Pande, Petrus Dominici, nos omnes predicti de nostra seu pura voluntate, auctoritate et etiam suo mandato specialiter et consensu ipsius humilis prioris domini et camerarii, ordinamus, constituimus et etiam prohibemus in honore totius Trinitatis, videlicet Patris et Filii et Spiritus Sancti, et quia videtur esse proficuum preciosi operis dicti pontis et nobis et aliis...... utile et honestum ne aliquis donatorum (2), fratrum vel sororum, sit ausus vel ausa comedere aut bibere dum moram faciat in hac villa Sancti Saturnini vel Burgo Sancti Andeoli extra domum propriam; quod si fecerit egregie corrigetur, aut ipse vel ipsa hoc faciet de consensu tamen et voluntate precedentis domini prioris aut nostrorum omnium aut alicujus aut similiter rectorum consequentium vel alicujus eorumdem. Item constituimus, precipimus et mandamus, propter quedam gravamina que flumen Rodani intulit dicto ponti et multa bon..re.. debitorum, ne aliquis in domo seu opere S. Spiritus, sit in hac villa vel Burgo S. Andeoli vel alibi, et etiam sit magister, vel alius cujuscumque officii fuerit, carnes comedat die mercurii nec die sabati, sit donatus, frater vel soror, nisi pro necessitate vel infirmitate sui corporis ei vel eis concessum fuerit, ut superius continetur. Item constituimus, precipimus et

(1) On de Sainte-Jalle, avait succédé, vers 1274, à Guichard de Morestelle, successeur immédiat de Jean de Thianges. Pithon-Curt (*Hist. de la noblesse du Comtat Venaissin*, t. III, p. 416) assure que les seigneur de Sainte-Jalle et de la Laupie étaient de la maison de Tolon, en Dauphiné ; suivant Rivoire de la Batie (*Armorial du Dauphiné*) ils étaient originaires de Provence.

(2) Les Donats, ou F. F. donnés, se consacraient, ici, au service de l'Œuvre du Pont, comme d'autres personnes se donnaient, ailleurs, au service d'un monastère, ainsi qu'on le voit dans *Les Constructeurs de ponts, au moyen âge*. B.-R. Tours, 1875. V. plus loin n°s XXXIV et XXXVII.

mandamus ne aliquis donatorum, fratrum vel sororum, sit ausus vel ausa, et moretur in domo S. Spiritus vel alibi ubicumque, facere proprium; et si quod fecerit, sub virtute sancte obedientie tradat dictis rectoribus simul et domino priori; quod nisi fecerit, fortiori et graviori pena poterit formidari. Item fuit constitutum eodem modo quo supra ne aliquis predictorum contentorum in capitulis supradictis sit ausus comedere ova, die veneris, in opere S. Spiritus, sit in hac villa vel apud Burgum S. Andeoli, nisi hoc faciat pro necessitate sui corporis et de licentia rectorum opus regentium dicti pontis vel alicujus eorumdem. Item constituimus, precipimus et mandamus quod manobriis, seu viris servitoribus, non detur caseum, seu aliquod aliud ut pisces, carnes et talia, nisi semel in die. Item, constituimus, precipimus et etiam inhibemus ne aliquis questorum seu aliquis orans munera vel alius pro eo sit ausus intrare in domum suam, cum venerit de questa sua, nec in villam; sed primum veniat, sit nocte dieque, ad altare Sancti Spiritus, et ibi offerat quod ejus gratia et virtute invenerit, et ipsum laudet, et postea computet cum rectoribus operis dicti pontis; et si aliter fecerit, perdat partem sibi pertinentem. Item, constituimus, precipimus et etiam inhibemus ne aliquis questorum se extendat causa petendi seu questam aliquam faciendi, nisi in locis seu episcopatibus sibi commissis seu nominatis pro rectoribus dicti pontis; quod si fecerit et inveniatur, amittat de eo quod invenerit partem sibi contingentem. Item, constituimus, precipimus et mandamus, cum aliquis questorum venerit de questa sua, sit de villa vel aliunde, fratribus exceptis, cum steterit per unam diem in domo Sancti Spiritus, ut recedat die crastina; quod nisi fecerit, solvet pro qualibet die viii denarios pro se et pro suo menaio iiii denarios. Item, precipimus et prohibemus ne aliquis mercenariorum conductorum deferat suum comparagium extra domum Sancti Spiritus; quod si fecerit, amittet mercedem illius diei. Item, constituimus et hoc volumus precipue observandum quod si aliquis conductorum officialium, cujuscumque officii fuerit domus S. Spiritus, inveniatur culpabilis substrahendo bona, quecumque sint, domus predicte, amittet mercedem suam, sit de die, mense vel anno.

(*Vidimus d'après l'original, sur parchemin de* 0ᵐ,35 *de haut et* 0ᵐ, 40 *de large.*)

X. — 4 janvier 1292.

Reconnaissance féodale en faveur de l'Œuvre du pont.
(N° 4, chap. 2.) (1)

Noverint universi quod anno dominice Incarnationis M° CC° LXXXXI, scilicet II° nonas januarii, domino Philippo rege Francorum regnante, Martinus Senoberii, habitator ville S. Saturnini, sponte et bona fide et sine dolo, non errante in facto nec in jure...... in mei presentia..... rogatis infrascriptis testibus...... (Bernardo Donadei et Bozono de Turre) (2) rectoribus pontis S. Spiritus, nomine dicti pontis et pro ipso ponte recipientibus...... sub dominio ejusdem pontis quamdam domum cum quadam trelha et quodam orto..... quas et quem habet juxta villam istam S. Saturnini, prope domum dicti pontis, in loco dicto in Rialham Calquariarum, que domus et trelha confrontant ab oriente cum stari Bertrandi Draconis et cum stari Bertrandi Gontardi, et ab occidente cum predicto orto, et a vento cum rialha Calquariarum, et a borea cum via. Dictus ortus confrontat, ex una parte, cum predicta rialha, et ex alia, cum predictis domo, trelha et ponte...... et in veritate recognivit predictis rectoribus operis dicti pontis recipientibus se servire et servire debere dicto ponti v. solidos turonenses in festo natalis..... promittens

(1) Ce document présente tous les caractères d'authenticité, et cependant les recteurs ne s'en prévalurent pas, quand, en 1297, ils élevèrent de nouvelles prétentions à la seigneurie du sol sur lequel était bâtie la maison du Saint-Esprit. Serait-ce un acte de complaisance qu'on n'osa montrer ? Au livre quatrième du cartulaire, sa véracité serait contestée ; ici, il marquera une des préoccupations des recteurs.

(2) Ces deux noms sont illisibles, sous la décoction gallique. Nous les rétablissons d'après le sommaire de 1754.

sub obligatione omnium bonorum suorum...... et supra
sancta Dei evangelia ab ipso corporaliter tacta, dictis rectoribus nomine dicti pontis interrogantibus et recipientibus, bona fide, promisit et juravit. Actum fuit hoc, in
domo predicti pontis, presentibus testibus ad hoc vocatis
et rogatis, Guiraudo de Robore, Guillelmo Jordani, Guillelmo Artaudi, juniore, Bertrando Singlar, Guillelmo Cor-
tezoni, et me Bertrando de Rivo, publico ville S. Saturnini notario, qui omnibus predictis interfui et mandato
dictorum partium hanc cartam scripsi et signo meo
signavi.

(*Original sur parchemin de 0^m, 25 de haut et 0^m, 20 de large*).

XI. — 5 juin 1297.

Les recteurs de l'Œuvre en appellent au roi contre le prieur et la cour de Saint-Saturnin. — (N° 6, chap. 2.)(1).

Anno Domini M° CC° LXXXX° VII°, scilicet nonis junii,
domino Philippo, Dei gratia rege Francorum, regnante,
notum sit cognitumque presentibus et futuris quod
Johannes Clari, Bertrandus Milonis et Rostagnus Botini,
rectores operarii operis pontis Sancti Saturnini de Portu,
qui fit supra flumen Rodani, presentaverunt domino priori
quamdam papyri cedulam in qua dicebant contineri quamdam appellationem, quam dicebant se velle facere coram
dicto domino priore, petentes dictam cedulam legi per
magistrum Raymundum Falconem, notarium dicti domini
prioris. Qui dictus dominus prior respondit : quod ea que
facere volebant, facerent coram domino Bertrando Gaufredi, tenente locum decani (2), cui preceperat reddere

---

(1) Les recteurs montrent, ici, les mêmes prétentions que dans le titre
n° II. Cette nouvelle affaire n'a pas plus que la première laissé trace de
solution, dans les archives de l'Œuvre. Celles du prieuré de S.-Pierre ne
peuvent nous renseigner, puisque ce fonds fut détruit à la Révolution.

(2) Le doyen du monastère de Saint-Saturnin-du-Port était, alors,
Huguolin de Valle-Gravosa qui, à l'occasion des troubles de Cologne,
offrit au pape Boniface VIII un subside de dix mille florins d'or.

dictis rectoribus justicie complementum. Et dicti rectores dixerunt dicto domino priori quod illud...... tangebat predictos dominum priorem et dominum Bertrandum. Quibus auditis, dictus dominus prior recessit et predicti rectores predictam cedulam incontinenti presentaverunt domino Bertrando Gaufredi, et legi fecerunt per Raymundum Falconem, notarium dicti domini prioris. Cujus cedule tenor talis est : Cum oppressis et contra justiciam aggravatis appellationis remedium sit indultum, idcirco nos Bertrandus Milonis, Johannes Clari et Rostagnus Botini, operarii pontis Sancti Spiritus ville Sancti Saturnini de Portu, qui ibidem fit per homines dicte ville nomine Sancti Spiritus et bonorum et rerum et jurium dicti pontis, sentientes nos et res et bona dicti pontis et jura aggravari per venerabiles et religiosos viros scilicet per dominum Theobaldum (1), priorem S. Saturnini, et per dominum B. Gaufredi, locum tenentem decani, et per curiam S. Saturnini et dicti domini prioris, pluribus appertis...... et manifestis nobis et dicto ponti illatis; in eo et per ea dicta, dictus dominus prior deffendit et perhibuit nobis quod in quodam loco qui est juxta domum vocatam a pluribus Orarorium S. Spiritus et confrontantem ab una parte cum terra Petri Borgensis, et ab alia cum terra Guillelmi Jordani, et ab alia cum casali et curte Petri Aupenelerii, quadam via mediante, sub pena centum librarum turonensium, ut non operemur nec operari seu edificari faceremus, nec construamus, nec faciamus in eodem edificare. Et in eo et pro eo quod nobis precepit dictus dominus prior, et dominus B., sub pena C. librarum turonensium, quod id quod factum est in loco predicto per nos aut per alios removeremus seu removeri faceremus et reducamus seu reduci faciamus ad primum statum ; et in eo et pro eo quia dictus dominus Bertrandus inhibendo precepit nobis rectoribus et operariis predictis et cuilibet nostrum, sub pena C. librarum turonensium, in grande prejudicium nostrum et dicti pontis, ne predictum locum occuparemus, nec

(1) Qui avait succédé depuis peu à Guy Ugiaco.

impediremus nec obediremus in eodem loco superius confrontato, ab aliquo modo, nec impediremus occupare, seu obedire presumeremus, per nos nec per alium, seu alios; et in eo et pro eo quia de mandato dictorum dominorum supradictorum domini prioris et domini B. Gaufredi publice fuit preconisatum per villam S^ti Saturnini quod nulla persona extranea aut privata occupet quamdam plateam que est juxta domum vocatam a pluribus Oratorium S^ti Spiritus, confrontatam, ut superius est scriptum, nec faciat aliquod obedimentum seu explechyam in dicto loco sub pena L. librarum turonensium. Et ex eo et pro eo quod cum edifficaremus seu edifficari faceremus in predicto loco, pro jure dicti pontis, xxv monachi, et cum quibusdam aliis et fere totus conventus, simul et quoadunati de mandato expresso dicti domini prioris et prioris claustralis, non procedendo via debita, venientes ad dictum locum impetuose, destruxerunt et diruerunt quemdam parietem in parte in dicto loco pro jure et nomine dicti pontis edifficatum. Item, ex eo quod cum Rogerius, nuncius curie regie S. Saturnini, de mandato Odardi baiuli (1) curie regie S. Saturnini, venisset ad dictum locum et preciperet ex parte curie domini regis dictis monachis quod se removerent ab illo loco et cessarent dictam violentiam et diruissionem parietis superius dicti; quod minime facere voluerunt. Imo, cum diruissent pro majori parte dictum parietem et recederent, dictus dominus prior revenit cum conventu predictorum monachorum iterum ad dictum parietem et quod de dicto pariete remanserat fecit diruere in magna parte, contra preceptum et inhibitionem per curiam regiam sibi factam, cum jam preciperetur et preceptum esset sibi sub pena jurisdictionis dicti monasterii dominio regis comitende, quod ipse dominus prior cessaret et cessare faceret a ruina et diruitione parietis supradicti; quod minime facere voluit, in grande

---

(1) Bayle, baïle, officier royal sous les ordres du sénéchal de Beaucaire, et qui en avait toutes les attributions dans la commune. Avant la réunion du Languedoc à la France, les C^tes de Toulouse avaient un bayle à St-Saturnin-du-Port, comme il est dit dans l'accord entre Raymond et l'abbé de Cluni (1202).

prejudicium nostrum et gravamen, et dicti pontis ; cum nos, nomine dicti pontis et tanquam rectores et operarii ipsius, possideremus palam et bona fide locum superius confrontatum et predecessores nostri, in officio in quo sumus, dictum locum nomine et pro jure dicti pontis tenuerint et possederint publice et bona fide, sciente domino priore et suorum predecessorum et monachis dicti loci (1), annis X, XX, XXX, XL, et L, et tanto tempore quod non existat memoria in contrarium, et nomine dicti pontis in dicto loco edifficaverunt et edifficatum tenuerunt et usi fuerunt dicto loco predictis temporibus tenendo, possidendo, et obediendo et esplechias ibi imponendo et faciendo tanquam in re de jure et dominio dicti pontis, nulla contradictione interposita nec via ordinaria. Imo potius indebite et injuriose nos, et per nos dictum pontem per........ intendentes et privantes, quantum in dominum priorem erat, a possessione loci predicti, ipsum pontem et rectores dicti pontis predictos in jure dicti pontis indebite perturbantes. Idcirco cum ex debito propter officium in predictis omnibus nobis commissum et ex religione juramenti per nos prestiti in susceptione officii supradicti, jura dicti pontis teneamus integra conservari et ne possimus de negligentia reprehendi, ideo, nomine quo supra, nos et quilibet nostrum palam et bona fide, in quantum de jure possimus et non ultra, una voce, in hiis presentibus scriptis a predictis penarum impositionibus et preconisationibus et ab omnibus et singulis gravaminibus supradictis, et a pluribus aliis gravaminibus nobis et dicto ponti, in predictis et circa predictas illatis, appellamus et provocamus ad illustrissimum dominum regem Francie, seu ad dominum senescallum Bellicadri et Nemausi, seu ad ejus locumtenentem, seu ad curiam domini regis in villa S. Saturnini, seu ad illum, seu ad illos ad quem possumus et debemus, et ad quem seu ad quos presens appellatio visa fuerit pertinere. Petentes nomine quo supra, et iterum atque iterum et

---

(1) Passage dont l'incorrection se présente fréquemment et à ce titre mérite d'être conservé.

quantum possumus, justiciam...., ponentes nos et pontem et jura nostra et dicti pontis, et fautores, coadjutores, consiliatores, sub protectione et custodia domini regis et illius seu illorum ad quem seu quos supra appellavimus, et petiimus de jure ; protestantes etiam quod nihil diximus aut fecimus neque dicere aut facere volumus aut intendimus ad injuriam dicti domini prioris aut monachorum suorum aut dicti monasterii aut ad diminutionem juris dicti domini prioris, sed solum pro debito officii nostri et in conservationem jurium dicti pontis. Protestamus etiam quod per hanc presentem appellationem non intendimus revocare seu renunciare prime appellationi per nos facte, sed potius unam per aliam confirmare. Qua predicta cedula lecta, nos rectores protestati sumus quod si de persona dicti domini prioris copiam habere possemus, et si ei placuisset eam audire, coram eo predictam appellationem fecissemus et eam sibi reddissemus et fecissemus omnia supradicta. Et dictus dominus B. Gaufredi dictam appellationem non recepit nisi in quantum est recipienda de jure. Et assignavit diem dictis rectoribus ad revocanda gravamina, si que eis illate fuerunt, primam diem causarum curie monasterii S. Saturnini coram judice curie supradicte. Quam assignationem dici predicto rectores in aliquo non acceptaverunt. Et de predictis omnibus dicti rectores petierunt sibi fieri publicum instrumentum. Acta fuerunt hec in curia monasterii S. Saturnini de Portu ; testes interfuerunt Odardus de Palacerio, Symon Boneti, Petrus Pessaquabe, Joannes Aestarhe (1), Amalriquus de Portu (2), Raymundus Chieuze, Michael de Ripperia, Petrus Tenehurerii, et ego Guillelmus Vaquarii, publicus domini regis Francie notarius, omnibus predictis presens interfui, qui, vocatus a dictis rectoribus et rogatus, hanc cartam appellationis feci, scripsi, redegi et signo meo signavi.

(*Original sur parchemin mesurant* 0^m,53 *de haut et* 0^m,20 *de larg*.)

(1) Aestarhe, de la famille qui donna des notaires, puis un bailli de Vivarais, devenu, plus tard, ambassadeur de Louis XI.

(2) La présence de ce troisième membre de la famille du Port indique bien qu'elle residait à St-Saturnin.

XII. — 23 janvier 1301

Les recteurs de l'Œuvre du St-Esprit rendent compte de leur administration par devant le prieur et les habitants de St-Saturnin. — (N° 1, chapitre 23).

Anno Incarnationis Domini M° CCC° et X Kalendas februarii, domino Philippo Dei gratia illustrissimo Francie rege regnante, fuit preconisatum publice per villam Sancti Saturnini, more solito, per Girardum .... publicationes dicte ville S. Saturnini, in modum qui sequitur : mandamens est domini prioris et decani, quod omnes homines istius villæ intrent in curia ad audiendum computum rectorum pontis. Acta sunt hec in continuo, juxta domum magistri Sartoris et G. de Stello, et in quadrivio platee dicte ville juxta domum G. Pradie et Petri Johannis, testibus presentibus G. de Stello, Petro Sartoris, Raymundo Fusterii, Neyro Guidonis, massono, G. Ancelini, sarralii, et pluribus aliis, et me G. Sayne, publico dicti domini regis notario, qui predictis interfui et ad requisitionem G. de Montarnino (1) et Bertrandi Fornerii predicta scripsi, et in forma publica redegi et signo meo signavi.

(*Copie dans procès-verbal d'enquête, original sur parchemin, mesurant 0m,93 de haut et 0m,70 de large*).

XIII. — 21 septembre 1301

Enquête ordonnée par le Sénéchal de Beaucaire pour rechercher si les recteurs de l'Œuvre rendaient compte de leur administration par devant le prieur de Saint-Pierre et les habitants ou seulement par devant le prieur. — (N° 1, chapitre 23).

In nomine Sancte et individue Trinitatis, noverint universi et singuli, presentem seriem inspecturi quod anno

---

(1) De la même famille, probablement, que Pons de Arati de Monte-

Incarnationis dominice M° CCC° primo, videlicet die post festum beati Mathie apostoli, domino Philippo illustrissimo Francie rege regnante, comparuerunt, in villa Sancti Saturnini de Portu, Petrus Privati et Guillelmus Artaudi, rectores pontis S. Spiritus, [tam] nominibus suis predictis quam Artaudi conrectoris eorum et universitatis hominum dicti loci, coram discreto domino Rostagno Rodulphi (1), judice Uzetici (2), Balneolarum (3) et ville Sancti Saturnini pro dicto domino rege Francie, et eidem domino judici, ex parte domini Yvonis Girardi, rectoris regii Montispessulani (4), locumque tenentis nobilis et potentis viri domini Johannis de Arreblayo (5), militis dicti domini regis, seneschalli Bellicadri et Nemausi, quamdam patentem litteram sigillo dicti domini locum tenentis in dorso siggilattam presentavit, cujus littere tenor talis est : Yvo Girardi, rector regius Montispessulani locumtenens nobilis et potentis viri domini Johannis de Arreblayo, militis domini regis, senescalli Bellicadri et Nemausi, discreto viro domino Rostagno Rodulphi, judici regis Uzetici et Balneolarum, salutem.... Cum ex parte rectorum operis pontis S. Saturnini intelleximus quod ipsi de administratione sua et de hiis que gesserunt pro dicto opere, consueverunt, quolibet anno, reddere computum priori ejusdem loci vel ejus locumtenenti et probis hominibus ville ipsius ; et nunc idem prior vel ejus locum

areno. Armand de Montaren, S⁀ʳ de M.., était du nombre des seigneurs de la Senéchaussée de Beaucaire réunis à Montpellier, le 25 fév. 1305, au sujet du différend entre Boniface VIII et Philippe le Bel. (L. de Laroque, *Armorial de Languedoc*, T. II, p. 290).

(1) Rodulphi ou Radulphi. En 1450, Louis de Radulphi, né à Bernis, habitait Nimes. En 1531, les Rodulphi ou Raouze possédaient une part de la seigneurie de S. Paulet de Caisson, qui resta dans leur descendance jusqu'au XVII° siècle.

(2) L'Uzège, ou pays d'Uzès, (Gard).

(3) Bagnols-sur-Cèze, ch.-l. de canton, Gard.

(4) La juridiction de Montpellieret, qui passa de l'évêque au roi de France, en 1292, était désignée sous le nom de *Rectorie*.

(5) Précédemment sénéchal de Carcassonne, il n'administra que peu de temps la sénéchaussée de Beaucaire.

tenens nitatur ipsos impedire, ut d... in possessione seu consuetudine, dicens quod ipsi soli debet reddi dictum computum et non probis hominibus supradictis, mandamus vobis et comittimus quatenus vos informetis cum diligencia de premissis, et si vobis ita esse constiterit ut premissum est, videlicet quod ipsi rectores priori et probis hominibus dicte ville ipsum computum reddere consueverint, non permittatis quod per dictum priorem impedientur in possessione predicta..... Datum Montispessulani die sabbati in festo Sancti Mathie apostoli, anno Domini M° CCC° primo. Petentes dicti rectores et requirentes eumdem dominum judicem ut faciat et adimpleat cum effectu quod in dicta littera continetur.

Qua littera visa per eumdem dominum judicem, dixit, et eisdem rectoribus se obtulit facturum et completurum quod in dicta littera continetur et.... probandum..... et ad.......... produxerunt instrumenta duo quorum unum est scriptum et signatum, ut prima facie apparebat, manu magistri Stephani de Budellano, cujus tenor talis est. *(Ci-dessus n° I, p. 3.)* Aliud vero instrumentum est scriptum et signatum, ut in ipso continebatur, manu G. Sayne publici domini nostri regis Francie notarii; cujusquidem instrumenti tenor talis est. *(Ci-dessus n° XII, p. 31)*. Produxerunt, nominibus supra, testes infrascriptos ad probandum predicta, qui juraverunt in presentia dicti domini judicis et dictorum rectorum dicere veritatem ut infra continetur. Rostagnus Botini, testis juratus, dixit se vidisse et audivisse, xxx anni sunt et a dictis xxx annis citra, et xx vicibus in dictum tempus, rectores dicti operis pro universitate dicti loci; quod homines dicti loci, nominabant..... xx homines; videlicet isto numero, qui rectores dicti operis pontis predicti, elapso anno regiminis corumdem, veniebant ad priorem dicte ville S. Saturnini vel ad ejus locumtenentem, et dicebant eidem priori vel ejus locumtenenti quod ipsi extiterant administratores operis dicti pontis, et volebant de dicta administratione de receptis et expensis reddere rationem et computum coram dicto domino priore et probis hominibus dicti loci. Quare petebant quod dictus dominus prior dictos probos homines faceret scitari ad dictum monasterium pro predictis. Et dictus dominus prior seu ejus locumtenens predicta fieri faciebat et dicti rectores seu administratores reddebant computum seu rationem dicto domino priori et dictis probis hominibus......... Computo sic audito dictus dominus prior vel ejus locumtenens et probi homines qui presentes tunc tempore existerant dictam rationem et computum confirmabant et approbabant, et ratam et rationem habere volebant totaliter in futurum, et eosdem administratores seu ordinatores ibidem de predictis, salvo in quo remanebant obligati precedente, absolvebant ; et, predictis sic peractis, predicti administratores et rectores et predicti probi homines qui ibi erant nominabant viginti probos homines dicte ville domino priori seu ejus locumtenenti ut idem prior seu ejus locumtenens de predictis xx hominibus tres ad predicta eligeret pro rectoribus, et dominus prior de eisdem xx hominibus tres homines qui magis sibi videbantur sufficientes ad predicta eligebat (1) ad dicti operis negocia peragenda fideliter et ipsos jurare faciebat in hominum presentia.... Raymundus Cuve testis juratus dixit idem, sicut testis qui superius est productus, hoc excepto tamen quod non fuit rector in dicto opere nisi semel nec vidit predicta nisi a xxv annis citra...... Raymundus Coston (2) dixit idem... Johannes Bartholomei dixit idem..... Bernardus Begas testis juratus dixit idem, hoc excepto tamen quod nunquam fuit rector neque administrator dicti operis et hoc addito quod predicta vidit a xxxv annis citra et per xxiii vices,... Bernardus Fornerii (3)

---

(1) C'est dans cette forme que se faisait, annuellement, l'élection du syndic municipal.

(2) Pierre Coston ou Caston est témoin, en 1303 (4 des ides d'avril) dans la ratification, par les habitants de Saint-Just d'Ardèche, d'une transaction entre les syndics de Saint-Just et le précepteur de Saint-Jean d'Artignan, au sujet de la dépaissance du Bordelet. (Arch. comm. de Saint-Just) A cette époque, vivaient en Dauphiné des Coston originaires de *Pinéda*, paroisse de Clubel, diocèse de Mende.

(3) Guillaume Fornier était, à la date ci-dessus, notaire de l'évêque de Viviers.

dixit idem quod nunquam fuit rector nec administrator et predicta vidit a xxxiiii annis citra et infra dictum tempus per xv vices. Raymundus de Viridario...... vidit predicta a xxxii annis citra........... Bertrandus Boneti a xxxv annis........ Bertrandus de Ulmis a xxxv annis, Guillelmus Artaudi dixit idem, hoc excepto videlicet quod non fui rector nisi tribus vicibus seu administrator in opere jam predicto, nec vidit predicta nisi a xxiiii annis citra et per xvi vices, videlicet tribus annis ut rector et administrator dicti operis, aliis vero temporibus ut dicti loci habitator et hoc etiam addito quod per decem annos dictum computum sanxivit seu quitavit cum quibusdam aliis probis hominibus; quibus testibus productis et examinatis per dictum dominum judicem et scriptis per me notarium, predicti rectores nomine et vice dicte universitatis hominum dicti loci et operis dicti pontis petierunt a dicto domino judice ut litteras et instrumenta et processum predictas, predicta, predictum et etiam ad cautelam attestationes testium predictorum publice legi faceret et publicari in sui presentia in dicta curia regia existentis. Et dictus dominus judex omnia et singula supradicta fecit publicari et legi per me. Concedens dictus dominus judex predictis rectoribus, vice et nomine quibus supra, et per eosdem successoribus in predictis, ut de predictis omnibus possint habere unum seu plura publica instrumenta per me Stephanum Galhardi notarium publicum domini regis Francorum extrahenda...... Acta fuerunt hec apud Sanctum Saturninum de Portu, in hospicio Raymundi de Podioleno, in quo dictus dominus judex tenebat curiam regiam et consueverat tenere et audire ibidem querelantes. Presentibus testibus vocatis specialiter magistro Guillelmo Sayne, publico notario, D. G. de Anciza, D. Stephano de Auriolo, presbiteris, Raymundo de Rupe, domicello, Stephano Codohn, G. Raynaudi de S. Paulo, Tricastinensis diocesis, Petro Michaelis, Guiraudo Artaudi, Johanne de Podioleno, Johanne Vallauria et me Stephano Galhardi supranominato notario.... qui requisitus hec omnia scripsi et signo meo signavi.

(*Original sur parchemin m surant* $0^m,93$ *de haut et* $0^m,70$ *de large*).

XIV. — 26 juin 1306.

Les recteurs en appellent au commissaire apostolique mieux informé contre la sentence rendue par lui au sujet des offrandes de l'Oratoire du Saint-Esprit. — (Document non coté, chap. 27). (1)

Notum sit omnibus quod anno Domini millesimo trecentesimo sexto, scilicet die vigesimo sexto mensis junii, constituti in presentia venerabilis in Christo patris domini Raymundi de Camareto (2), abbatis monasterii Crudacensis, qui se executorem asserit gratie facte, ut dicit, per sanctissimum patrem dominum Clementem sacrosancte romane ecclesie romanum pontificem, domino priori Sancti Saturnini de Portu, Uticensis diocesis, ut asserit, super perceptione medietatis oblationum, legatorum, elemosynarum et questarum, ad opus pontis dicte ville S. Saturnini de Portu provenientium, Bremundus Donadei, Guillelmus Artaudi de Villabones (3) et Guillelmus Chaberti, rectores et operarii seu custodes operis pontis predicti, et Petrus Privati scindicus, et scindicarii nomine hominum dicti loci, coram dicto domino Abbate proposuerunt et fuerunt solemniter protestati, nomine suo, universitatis dicti loci nomine et omnium volentium sibi adherere, quod per aliqua que dicant, faciant, seu proponant non intendent in eum ut executorem consentire, seu ejus jurisdictionem in aliquo prorogare tacite et expresse;

---

(1) Cette copie informe, jugée d'abord susceptible d'apporter des éclaircissements dans cette laborieuse affaire des offrandes, est pleinement confirmée par l'original retrouvé chez un paysan.

(2) V. dans *Gall. Christ.*, liste des abbés de Cruas, au mot R. de Camaret. Famille du Dauphiné connue depuis Dieudonné, en 1120. Guill^e de Camaret décéda en 1270 et sa Seigneurie de Valréas et de Saint-Paul fut inféodée à Amédée de Poitiers.

(3) *Villebonnet*, un des quatre quartiers urbains de la ville de Pont-Saint-Esprit.

et, salva protestatione premissa, dixerunt nomine quo supra et proposuerunt dictum dominum Abbatem, nullam jurisdictionem habere ex virtute rescripti apostolici sibi decreti, si decretum reperiatur vel rescriptum valeat nuncupari. Primo ex eo quod subjessit dictus dominus prior in eodem rescripto, quod ecclesia S. Saturnini de Portu nimia est vetustate consumpta et ad perfectionem operis illius ipsius non sufficiebant proventus ; quod quidem est manifeste contra veritatem ; quod nec dicta ecclesia consumpta est in totum et dicti domini prioris proventus sufficiunt, nedum ad reedificandum partem minimam quæ consumpta asseritur, imo ejus proventus sufficiunt ad duas tales ecclesias faciendas de novo etiam si consumpte forent (1), quod absit (2) ; quare falsam causam subjessit dictus dominus prior in rescripto principali, si rescriptum dici potest, et talem quem si .... minime habuisset rescriptum. Secundo ex eo quod subjessit in honorem S. Spiritus constructum esse oratorium, cum vix oratorium sit, nec domus dedicata sed profana ex profanis usibus deputata, et tantum deputata ad recipiendum oblationes pontis et alios

(1) La situation financière du prieuré, à cette époque, ne s'établit point sur les nombreuses dépendances que des legs pieux y avaient ajouté avec des charges paroissiales considérables, mais bien d'après les observations des PP. visiteurs de l'ordre de Saint-Benoît. Ceux de 1303 disaient : « Apud S. Saturninum de Portu sunt XXX monachi cum priore. Divinum officium, hospitalitas, elemosina ibi bene fiunt.... inceperunt opus ecclesie valde... Quia non invenimus priorem ibi dixerunt procuratores quod domus seu prior non debet quin possint solvere et habet necessaria usque ad novos fructus. » *(Puis d'une encre plus noire)* : « Interrogatus prior super debitis respondit quod ante fructus novos sunt sibi necessariæ octoginte libras vel circa , de quibus potest solvere majorem partem ante fructus novos de fructibus anni preteriti (*Bibl. Nat.*, man. 2276 des nouvelles acquisitions latines).

(2) Suivant le désir du prieur, les deux églises conventuelle et paroissiale furent rééditiées au XIV⁰ siècle. La première (dont la reconstruction commencée dès 1303, fut terminée en peu d'années) ne subsiste que dans les dépendances du chœur de l'église actuelle de Saint-Pierre (XVIII⁰ siècle) ; la deuxième, rebâtie en second lieu, n'a été achevée qu'au milieu du XV⁰ siècle.

usus profanos qui dicto ponti necessarii existunt. Tertio subjessit quod in dicto loco erat oratorium quod benedici debebat et quod in constructione pontis, una pila excepta, unico arcu, erat opus hujusmodi consummatum (1), cum juxperita veritate ad necessitatem dicti pontis, et ut transeuntibus valeat subveniri, alie innumerabiles expense ad dicti pontis necessitatem necessarie existant; nec in loco profano privato et deputato communi utilitati populorum et in quo pro regimine rectores seculares consueverunt apponi, in talibus non est erigendum altare in celebranda missa, possessoribus invitis, potissime cum scandalo, cum ex hoc et pericula imminent transeuntibus, et etiam scandalum et mors plurimorum procurari possint in faciendis predictis, et in aufferendo proventus et regimen dicti pontis universitati predicte et in benedicendo dictum locum profanum. Omniaque si predicta Summo Pontifici nuntiata forent, predictum non concessisset rescriptum et ex hoc apparet quod impetratum est veritate tacita et falsitate suspecta ....; que si fuissent Romano Pontifici expressata, litteras dictus dominus prior minime habuisset. Idcirco per vos, domine Abbas, per litteras obreptitias et veritate tacita impetratas processistis; dictis rectoribus pontis et dicto scindico, se nomine quo supra, in eis non vocatis, eorum exceptionibus non auditis, ipsis non citatis, ad proferendum sentencias, si dici possint sententie, processistis, non obstante etiam quod dictus dominus prior tacuit quod in regimine pontis erant rectores laici qui per universitatem cum consensu dignissimi regis Francorum ponuntur. Que omnia si expressata fuissent, dictus dominus prior litteras minime habuisset cum ex premissis rescriptis apostolicis, sic veritate tacita impetratis, nullam litis moderationem assecutus, et ante exceptiones predictorum auditas procedere minime debuissetis, demum et eosdem operarios dictamque universitatem condemnaveritis procedendo ; adhuc vos requirunt cum humilitate

---

(1) Cette affirmation du prochain achèvement du pont Saint-Esprit se retrouvera dans la sentence de Guill^e de Plazian.

quod dictos processus et sententias factas et prolatas per vos, ipsis absentibus et non vocatis, dignemini revocare et eos super veritate presentium, ipsis revocatis, audire benigne; si vero predicta facere negaveritis vel distuleritis, quin incontinenti fiant cum celeritatem desiderent requisita; ex eo quod tempus in vestris monitionibus sic arrestastis quod hodie ut inciderent in sentenciis per vos latis, si sententie dici possunt, nisi sibi celeri provideretur remedio, si veniastis revocare premissa; ex hoc, nomine quo supra se reputant aggravatos et ex predictis gravaminibus, nisi per vos revocentur incontinenti, appelant, prout in quibusdam cedulis papireis scriptis tenorem appelationis ipsius vos domine abbas videre potuistis, plenius quidem ; quam quidem appelationem legi requisiverunt in presentia dicti domini Abbatis per me notarium infra scriptum. Ante tamen omnia protestantes quam diutius spectarent et audient revocationem predictarum, nisi tempus admonitionum factarum, ut aperitur vestro nomine et sententiarum prolatarum per vos..... Et de predictis, dictis et protestatis, et de responsione dicti domini Abbatis subsequenti petierunt sibi, nominibus suis et nominibus quibus supra, fieri publicum instrumentum, et incontinenti dicta supplicatione ut cedula lecta, dictus dominus Abbas respondit quod non intendit dictos rectores et scindicum universitatis dicte ville S. Saturnini, si scindicus est, in aliquo gravasse, imo benigne, et secundum formam moris, juxta mandatum sibi factum per Sanctissimimum Patrem Dominum Clementem superius processisse ; quare processum per eumdem rite et secundum legitimas sanctiones revocare non intendit, nisi aliud sibi ostenderetur propter quod deberet processum hujusmodi revocare, cum sit sue intentionis, omni tempore, mandatis apostolicis obedire, et dicto domino priore consentiente. Actum fuit hoc, Avenione, in studio Guillelmi de Balmis, diocesis Avenionensis, testibus presentibus fratre Johanne Duden, priore conventus predicatorum Avenionensis, fratre Raymundo Roberti dicti ordinis predicatorum, Domino Rostagno de Sabran, monacho Cluniacensi, priore prioratus de Fontibus, domino Jacobo Dauroni Cive Avenionensi,.. et me Guillelmo Saturnino, publico auctoritate imperiali et episcopali Avenionensis notario, qui predictis omnibus presens fui et ad requisitionem predictorum rectorum et scindici hanc cartam scripsi et signo meo consueto signavi.

(Copie informe sur papier ci-dessus classée, et original sur parchemin de 0m, 39 de haut et de 0m, 25 de large, auquel manquent seize lignes finales).

XV. — 21 janvier 1307.

Commission, donnée par Philippe le Bel à Guillaume de Plazian, de juger le procès pendant entre les recteurs de l'œuvre du pont et le prieur du monastère de Saint-Pierre, au sujet des offrandes de l'Oratoire. — (N° 7, chap. 2).

Philippus, Dei gratia Francorum rex, dilecto ac fideli nostro Guillelmo de Plaziano (1), militi nostro, salutem et dilectionem. Cum causa que inter procuratorem nostrum pro nobis et rectores pontis Sancti Spiritus, ex parte una, et priorem prioratus Sancti Saturnini de Portu, ex altera, in nostra curia vertitur ad requisitionem partium, ad nostrum proximum parlamentum in eodem statu in quo est posuerimus sub spe pacis, de consensu partium predictarum, mandamus vobis quatenus ad dictum locum vos personaliter conferentes partes predictas super predicta discordia que, ut premittitur, vertitur inter ipsas, si possitis ad concordiam reducatis; si vero aliquid in dicto negotio inveneritis ita difficile vel obscurum quod per vos terminari vel concordari non possit, id nostre curie reportetis ut

---

(1) Guillaume de Plazian, seigneur de Vezenobres, près Alais, un des délégués royaux à Anagni. Aux Etats-Généraux tenus au Louvre, en juin 1303, il produisit vingt-neuf chefs d'accusation contre Boniface VIII et fut l'un des trois commissaires chargés de provoquer la protestation des sénéchaussées de Languedoc contre l'excommunication du roi. Guillaume de Plazian prit part au concile de Vienne où furent promulgués des Canons relatifs à l'administration des hôpitaux.

super hoc apponat remedium opportunum. Ceterum volumus, et vobis presentium tenore mandamus, ut ex parte nostra homines et habitatores ville predicte cum magna diligentia judicatis ut (si) fabrice ecclesie predicte prioratus de bonis suis velint, medio tempore, subvenire, per cujusmodi tamen subventionem nolumus nec intendimus quod in jure negotii principalis aliquod prejudicium generetur alicui partium predictarum. Actum Parisius, vicesima prima die januarii, anno domini millesimo trecentesimo sexto.

(*Copie authentique en un cahier de papier de 14 feuillets de 0^m,29 de haut et de 0^m,21 de large*).

XVI. — 31 mars 1307.

Sentence rendue par Guillaume de Plazian dans le procès des Offrandes de l'Oratoire. (N° 7, chap. 2).

In nomine Domini Jesu Christi. Amen. Anno incarnationis ejusdem millesimo trecentesimo septimo scilicet pridie kalendas aprilis, regnante illustrissimo domino Philippo Dei gratia Francorum rege, licet divine dignationis beneficia toto orbe terrarum............................... tamen operante dispositione divina apud Sanctum Saturninum de Portu, Uticensis diocesis, ex donis et largitionibus gentium quidam pons mire magnitudinis supra flumen Rodani inceptus extitit, et quasi ad perfectionem deductus et sublata formidine naufragii, subversionis et periculi ac dispardii que propter ipsius fluminis impetuositatem et frequentem inundationem sepe viatoribus contingebant, per eumdem pontem securus transitus haberetur. Sane cum inter religiosum virum fratrem Guidonem de Claromane, priorem dicte ville S. Saturnini, ordinis Cluniacensis, nomine suo et conventus sue ecclesie ex parte una, et procuratorem domini nostri regis in senescallia Bellicadri et probos homines dicte ville et rectores operis dicti pontis ex altera, questiones varie verterentur super eo quod dictus prior dicebat et asserebat quod ratione sue parrochialis ecclesie dicte ville emolumenta dicti operis et ejusdem oratorii, quod est in capite dicti pontis, ubi quamplurima miracula Spiritus Sancti gratia operantur, ad se, de jure communi, totaliter pertinere vel saltem medietatem, ex privilegio sibi indulto per sanctissimum patrem Dominum Clementem papam quintum concessam, percipiendam, completo opere supradicto ; et etiam dicebat sibi licere dictum oratorium facere consecrari, asserans pernitiosum fore quod altare erectum et ornatum in loco profano a laicis teneretur et ibi offerretur in sue parrochialis ecclesie prejudicium et gravamen ; nec illud hospitale posse institui in dicta villa absque ejus expresso assensu, cum locus dicti oratorii et hospitalis, quod prope caput dicti pontis facere intindebant, infra jurisdictionem temporalem pro parte dimidia dicti prioris et infra fines sue parrochie consistere dignoscantur. Dicebat etiam dictus prior quod rectores dicti operis ipsi priori in solidum domino dicte ville ante associationem per eum factam cum domino nostro rege de jurisdictione dicte ville (1), et post eamdem associationem senescallo Bellicadri et ipsi priori vel deputandis ab eis, de sua administratione reddebant rationem et in manibus eorum jurabant, et ad conservationem seu executionem sui privilegii apostolici judices a sede apostolica deputati processus aliquos fecisse auctoritate ipsius privilegii diceretur, petereturque ab hominibus dicte ville, refectione sue majoris ecclesie (2) dicte ville, subventionem congruam in perpetuum ; predictis rectoribus, procuratore regio et syndico dicte ville predicta negantibus et dicentibus ex adverso quod ad dictum priorem emolumenta predicta nec ad Dominum Papam corumdem dispositio pertinebant, dicentes dictum pontem et ejus regimen esse temporale et non spirituale, nec posse predicta ad alios usus converti, nisi dicto opere completo ; nec tunc, nisi de domini regis licentia, que ad publicam

---

(1) Paréage daté du 25 mars 1303.
(2) L'Eglise *majeure* ou conventuelle

utilitatem fuerant longo tempore deputata, nec locum predicti oratorii per eos constructi ; debere, eis ignorantibus vel invitis, aliquatenus consecrari; quodque predictorum cognitio ad curiam domini nostri regis cui tam ipsi quam dictus pons, quam etiam dictus prior temporaliter subesse noscuntur, debet potius pertinere ratione sue superioritatis regalis, maxime quia dictus pons cedit ad honorem et fortificationem regni sui ; licet proflerentur quod dicti rectores dicti pontis in manibus dicti prioris seu ab eo deputandi ante dictam associationem et post eam in manibus senescalli Bellicadri et dicti prioris seu deputandorum ab eis, sub certa forma jurabant et rationem sue administrationis reddebant, et hoc ratione temporalis dominii et jurisdictionis quod et quam habebat et habet dictus prior in dicta villa, et non pretextu alicujus spiritualitatis ; maxime quia dicebant quod major pars dictarum obventionum de diversis mundi partibus extra dictam parrochiam dicto operi conferebantur et ex hoc dicti rectores et syndicus ad curiam Francorum domini nostri regis appellassent et questiones hujus modi ad dictam curiam producte fuissent et timentur etiam diutius perdurare et sui diuturnitate inferre partibus expensas et diversos labores et operi dicti pontis dispendia et quamplurima documenta, et super hiis diversi tractatus concordie inter partes in curiis Francie fuerunt perlocuti, licet ad effectum adhuc perducti non fuissent. Tandem prefatus dominus noster rex illustris, pie compatiens tam salubri et Deo grato operi, ac volens parcere partium expensis et laboribus ad tollendam omnem questionis materiam, per quam tam laude dignum opus posset in posterum impediri et ad ipsis questionibus finem per modum concordie impendendum, nobis Guillermo de Plaziano, militi suo, domino Vecenobrii (1) commissionem fuisset per litteras infra scriptas. *Voir plus haut le n° XV, p. 40).*

Nos igitur Guillelmus de Plaziano, auctoritate regia

---

(1) Vézénobre, chef-lieu de canton, Gard.

nobis in hac parte commissa, vocatis ad nostram presentiam dictis rectoribus Guillelmo Artaudi, Bernardo Donadei et Guillermo Chaberti, rectoribus operis dicti pontis, et Petro Privati qui se gerebat pro syndico seu procuratore hominum dicte ville, ut de hoc exhibebat quoddam publicum instrumentum factum manu Guillermi Sayne, notarii publici domini regis, quod incipit in secunda linea : predictam, et in penultima pariter ; vocatis etiam et presentibus magistris Hugon de Porta et Matheo de Matrina, procuratoribus dicti domini nostri regis in dicta senescallia ; vocato etiam et presente dicto priore et auditis et intellectis ac mature discussis omnibus et singulis que pro informatione, declaratione et conservatione juris sui predicte partes dicere proponere et ostendere voluerunt ; habitis etiam pluribus tractatibus pacis et concordie cum ipsis partibus, quibus omnibus tractatibus interesse voluimus discretos viros dominum Rodulphum de Curtibus-Jumellis, majorem judicem locumque tenentem nobilis viri domini Bertrandi Jordani de Insula militis, senescalli Bellicadri nunc in remotis agentis, dominum Petrum Joannis, legum doctorem, advocatum regium, et procuratores predictos domini nostri regis, dominos Bartholomeum de Cluzello, legum doctorem Aquarum-Mortuarum (1), Guillermum Aymerici legum doctorem Montispesullani, Guillermum de Roveria Andusic (2) judices, et Bertrandum de Correta rectorem Montispessulani (3); communicato consilio reverendi patris in Christo domini Johannis Aniciensis episcopi, dominorum Bertrandi Bedoci, prepositi Mimatensis, Petri de Gruciasso, thesaurarii Aniciensis, Raymundi de Presolavio, canonici Aniciensis, Arnaudi Arnaudi, canonici et officialis Vivariensis, et plurium aliorum presentium et specialiter vocatorum ; hiis omnibus desiderabiliter affectantes ad totius gloriam Trinitatis, honorem domini nostri regis et utilitatem rei

---

(1) Aiguesmortes, ch.-l. de canton, Gard.
(2) Anduze, ch.-l. de canton, Gard,
(3) Recteur de Montpellier, v. plus haut, p. 32.

publice, questiones predictas reducere ad statum prosperum et tranquillum ; de consilio predictorum officialium et omnium aliorum predictorum, eorum nomine, discrepante auctoritate regia nobis in hac parte commissa et de ipsarum partium communi utilitate et expresso assensu, ordinamus ea per ordinem que sequuntur :

In primis si quidem attente meditantes immensa miracula que de ineffabili clementia Spiritus Sancti in oratorio prope caput dicti pontis, occasione dicti operis constructo, misericorditer patefiunt, ac cupientes ut locus ipsius oratorii, Spiritus Sancti vocabulo insignitus, congrue veneretur, ordinamus, volumus et mandamus ut, ad requisitionem dicti prioris, dictum oratorium in honorem S. Spiritus consacretur et in eo divina officia celebrentur ut quanto solemnius locus ille venerabitur et in eo sacra misteria divine laudis organa resonabunt, tanto uberius crescant miracula et fidelium devotio augeatur ; ad cujus oratorii seu capelle servicium, annis singulis, instituentur duo capellani mercenarii annuales, unus videlicet per priorem et alius per rectores dicti pontis, quem ipsi rectores dicto priori, annis singulis, presentabunt nec presentatum dictus prior possit recusare, et jurabunt dicti duo capellani in manibus dicti prioris et dictorum rectorum quod ipsi fideliter servient dicto oratorio seu capelle et divina officia ibi exequentur et quecumque ad eorum manus vel aliter ad dictum oratorium vel capellam obvenient fideliter conservabunt et restituent, uno clerico communiter a dicto priore et a dictis rectoribus ad collectionem et conservationem predictorum communiter deputando, et nichil substrahent de eisdem ; quibus capellanis et clerico assignabitur victus vel alia certa merces de oblationibus et obventionibus dicti oratorii seu capelle.

Quia vero inter cetera pietatis opera ante Divine Majestatis oculos gratum et acceptabile reputatur pauperes recipere et reficere, in quorum personas Christus se recipi et refici profitetur, ordinamus, volumus et mandamus quod in domo que est juxta dictum oratorium fiat hospitale ubi pauperes Christi favorabiliter recipiantur, pascantur et liberaliter sustententur.

Patronatus autem dicti hospitalis ad dominum nostrum regem et ad dictum priorem ut ad dominos temporales dicte ville, communi nomine, non ratione alicujus specialiter, communiter pertinebit.

In pannis seu raupa que supponetur pauperibus quos in dicto hospitali mori contingerit, dictus prior, seu ecclesia, nihil habere possit pro sepulturis, vel exequiis, vel alia ratione (1).

Et regetur et gubernabitur dictum hospitale per rectores dicti pontis qui institutioni vel destitutioni, ordinationi vel dispositioni alicujus episcopi, vel alterius persone ecclesiastice, non suberunt.

Pro salubri quoque directione, consummatione et conservatione operis dicti pontis, ordinamus, volumus, et mandamus quod de cetero, annis singulis, sicut hactenus usitatum est, eligantur de probis hominibus dicte ville rectores operis dicti pontis, qui habeant administrationem et curam dicti operis, et, etiam sint rectores dicti hospitalis, habeant curam et administrationem ipsius hospitalis et pauperum predictorum, qui presententur senescallo Bellicadri et dicto priori vel deputandis ab eis, annis singulis, qui instituentur, jurabunt, administrabunt, reddent rationem, et eorum officium finietur ut hactenus fuit consuetum de rectoribus dicti pontis.

De obventionibus autem dictorum Oratorii seu capelle et operis dicti pontis et hospitalis, ordinamus, volumus et precipimus quod oblationes, dona, legata, promissiones et alie

---

(1) « L'hôtelier du monastère de Saint-Pierre jouissait depuis longtemps d'un droit de dépouille qui consistait dans les meubles de la chambre de chaque habitant qui venait à mourir dans la ville. La communauté racheta ce droit pour une pension annuelle de trente florins d'or. Ce qui fut convenu par une transaction, et l'on trouve dans Pons Colombi, notaire, deux quittances de l'hôtelier, faites au syndic ou thrésorier de la ville, l'une de l'année 1386, de 30 florins pour une année de pension, l'autre de 1392, de 90 florins pour trois années. » *D. Piniere de Clavin*, Mém. hist. et chronol. du prieuré et de la ville de Saint-Saturnin-du-Port, à présent du Pont-Saint-Esprit, 1780 (et 1790), manuscrit ; voir à la date de 1386.

— 45 —

largitiones seu elemosyne quecumque ad dictum oratorium seu capellam pretextis miraculorum vel alia quacumque causa obvenient vel ipsi oratorio seu capelle aut Sancto Spiritui offerentur, donabuntur, promittentur, mittentur seu presentabuntur, ubicumque et quandocumque, inter dictum priorem, pro parte dimidia, et dictos rectores dictorum hospitalis communiter dividantur ; ad quorum omnium collectionem, conservationem et custodiam unus clericus, de communi consensu partium, deputetur vel, si de uno concordare non possent, quelibet pars unum eligat et ille vel illi jurent in manibus dictorum prioris et rectorum bene et fideliter colligere, recipere et conservare omnia supradicta et ea, in loco communi et tuto, reponere, scilicet in quadam archa communi seu socha, et prior teneat unam clavem et dicti rectores aliam arche supradicte seu soche, et de eis dictis priori et rectoribus rationem reddent et utrique parti partem suam restituant, integre et sine fraude, ad eorum requisitionem et mandatum, et neutri parti aliquod subtrahent vel appropriabunt vel in alias usus committent in prejudicium alterius partis. Omnia autem alia quecumque et qualiacumque et ubicumque terrarum per quascumque personas dicto ponti vel operi dicti pontis seu operis ipsius vel dicti hospitalis quacumque forma donabuntur, promittentur, legabuntur, tribuentur, mittentur, presentabuntur vel quomodolibet largientur ipsi ponti et ejus operi et dicto hospitali et eorum rectoribus seu gubernatoribus solum et in solidum, absque aliqua commissione seu participatione dicti prioris, debeant pertinere nec in proprios dicti prioris seu alios usus aliquatenus committentur ; et ab eis omnibus dictos priorem, conventum et ejus ecclesiam penitus ac perpetuo excludimus ; nec in eis dictus prior, aliquo jure communi, generali vel speciali, canonico vel civili, vel aliquo privilegio impetrato vel impetrando, vel aliqua alia ratione, possit aliquid petere vel heredere. Et ut, per opera misericordie que in ipso hospitali, Deo actore, fient fideles ad beneficiendum operi dicti pontis et dicto hospitali et dicto oratorio seu capelle, inveniantur quotidie promptiores quo in usus salubres predictas oblationes et elemosynas noverint convertendas, volumus, ordinamus et precipimus quod, de medietate dictarum obventionum dicti oratorii seu capelle, pertinente ad dictum pontem, et de aliis elemosynis et obventionibus dicti hospitalis, dictum opus prosequatur et dictum hospitale teneatur et de eis dictis pauperibus debeat subveniri.

Questores deputabuntur per dictos rectores, qui questores jurabunt in manibus dicti prioris et dictorum rectorum quod ipsi bene et fideliter se habebunt, procurando fideliter utilitatem dicti operis dicti pontis, dicti hospitalis et dicti oratorii seu capelle, et eaque invenerint legata, data, promissa, presentata, largita seu oblata operi dicti pontis vel dicto hospitali, quocumque modo seu forma, vel dicto oratorio seu capelle S. Spiritus vel Sancto Spiritui, reportent fideliter et integre restituent dictis rectoribus, collectoribus, conservatoribus seu custodibus operis hospitalis et oratorii predictorum, prout quamlibet partem tangit sicut est superius ordinatum ; ita ut, in questiva predicta seu collectione predictorum pertinentium ad dictum oratorium seu capellam vel Sanctum Spiritum vel ad dictum opus seu hospitale, per dictos rectores vel priorem, seu rectores vel collectores, nullum obstaculum prestetur, directe vel indirecte, seu fraus aliqua committatur.

Ad perennem vero conservationem operis dicti pontis et dicti hospitalis, ordinamus, volumus et mandamus quod ea que de oblationibus, donis, legatis et elemosynis et aliis subsidiis pertinentibus vel pertinere valentibus ad dictum opus dicti pontis, vel ad dictum hospitale, superesse contingerit, emantur possessiones bone vel certi redditus, quorum amortissionem procurent dicti rectores, de quibus operi dicti pontis et dicto hospitali possit suo tempore abundantius subveniri ; et tam illa, que in antea ementur vel acquirentur dicto ponti vel hospitali, quam alia usque nunc acquisita ipsi operi et hospitali debeant perpetuo remanere, absque communione seu participatione prioris superius memorati.

Quia vero nostra versatur principalis intentio precipue

circa felicem consummationem et continuam conservationem tam laudabilis et Deo grati operis dicti pontis, ordinamus, volumus et mandamus quod oblata, legata, donata, promissa, elemosyne, et alia subsidia ad dictum pontem vel ad dictum hospitale quomodolibet pertinencia, in refectionem seu reformationem nove ruine particularis vel universalis, in dicto ponte quamdocumque seu quotiescumque supervenientis, committantur et expendantur; et si illa non sufficerent ordinamus, volumus et mandamus quod oblationes, largitiones et alia, pertinentia ad dictum oratorium seu capellam, in adjutorium apponantur et convertentur in emendationem et reformationem dicte ruine, et, illo urgente casu, dictus prior nihil in eis possit percipere donec illa ruina fuerit reformata, ita quod omnia potius deficiant et subtrahantur dicto oratorio seu capelle et dicto hospitali quam operi pontis, quotiescumque predicta ad dictum opus pertinentia non supportarent vel non sufficerent ad emendationem vel reformationem nove ruine particularis vel universalis supervenientis operi memorato.

Ordinamus siquidem volumus et mandamus ut dictus prior, antequam aliquid de predictis percipiat, hec omnia et singula faciat approbari et solemniter confirmari per suum conventum Sancti Saturnini et reverendum patrem dominum Abbatem Cluniacensis, et dictum oratorium ad expensas suas faciat consecrari. Ita quod rectores seu alii homines dicte ville nullum in hiis apponant obstaculum sed potius auxilium et favorem ad tollendum quoque novam et antiquam materiam questionis.

Ordinamus, volumus et mandamus quod dictus prior, pro se et suis successoribus, et etiam dicti rectores contenti esse debeant predictis superius ordinatis et ea teneant, compleant fideliter et perpetuo observent, et contra ea non veniant, dicant vel faciant, aliqua ratione vel causa, directe vel indirecte, et quod omnia privilegia apostolica, impetrata per dictum priorem, et omnes processus inde facti seu incepti, in quantum facerant contra formam ordinationum predictarum, sint cassa et irrita, cassi et irriti, et nullam obtineant firmitatem; et de cetero dictus prior per se vel per alium aliqua privilegia, vel rescripta, non impetret in prejudicium predictorum et, impetratis vel impetrandis, ullo tempore, non utatur, nec aliqua partium aliqua faciat vel dicat, per que predicta vel aliquid de predictis obtinere possint minoris roboris firmitatem.

Ceterum volumus et mandamus ut homines dicte ville pro refectione majoris ecclesie, quam dictus prior cum magnis expensis et laboribus redificare incepit, dent et solvant dicto priori, semel tantum, quadringentas libras turonenses infra quatuor annos proximos, scilicet anno quolibet, centum libras. (1)

Quibus ordinatis et recitatis, dictus prior, nomine suo et sue ecclesie, et dictus Bernardus Donadei rector, nomine dicti operis, et dicti magistri Hugo et Matheus, procuratores regis, ea omnia et singula incontinenti laudaverunt, emologaverunt et confirmaverunt, asserentes ea omnia vera esse et ea omnia ad laudem Dei, honorem domini regis et directionem et conservationem dicti operis facta fore.

Postque anno quo supra, scilicet in crastino sequenti, videlicet kalendis aprilis, dictus Guillermus Chaberti et Guillermus Artaudi, conrectores dicti operis, et Petrus Privati gerens, et pro syndico seu procuratore proborum hominum dicte ville, animadvertentes et asserentes predicta omnia et singula facta et ordinata fuisse ad laudem Dei, honorem regis, et utilitatem dicti operis, et augmentum devotionis fidelium, ea omnia approbaverunt, ratificaverunt et omologaverunt, et ea omnia tenere et servare et contra non venire, dicere vel facere promiserunt, volentes tam ipsi quam dictus prior, quam etiam dicti procuratores quod predicta omnia et singula perinde valeant, et firmitatem obtineant, et exequantur, et ad eorum observationem partes efficaciter compellantur per curias domini nostri regis ut si per curias Francie domini nostri regis facta, ordinata seu mandata forent. Volentes insuper et

---

(1) Jamais la valeur des monnaies ne varia davantage que durant les premières années du XIVe siècle. En 1306 la livre tournois valut 17 fr. 63 ; soit, à ce cours, une somme de 7.052 francs que Guillaume de Plazian attribuait au prieur de Saint-Saturnin ; au pouvoir de l'argent 42.132 fr.

expresse concedentes quod si super predictis vel aliquo predictorum emergeret aliquod dubium, obstinum vel defectivum, quod nos idem Guillelmus illud quodcumque possumus interpretari, declarare, emendare, ordinare, corrigere supplereque ad nostram omnimodam voluntatem. Supplicantes etiam dicte partes humiliter dicto domino nostro regi, per hoc publicum instrumentum, ut, ad majorem rei firmitatem et perpetuitatem, dignetur sub sigillo suo regali predicta omnia de sui benignitate solita, ex certa scientia, confirmare et facere perpetuo observari. Recitata, ordinata et publicata fuerunt hec predicta per dictum Guillelmum de Plaziano, approbata et concessa per dictos dominum priorem, procuratores et alios predictos, presentibus et consulentibus dictis officialibus et aliis superius nominatis, Vicenobrii, in ecclesia Sancti Andree(1), in presentia et testimonio dominorum Poncii de Vicenobrio, prioris Lunelliveteris (2), Aymerici de Gilafredo, Gaucelini de Navis, militum, Honorii Firmini de Vicenobrio, Rostagni de Biterris (3), Giraudi de Nogeris (4), testium rogatorum, et mei Giraudi Giraudi dicti de Sancto Jacobo, civis Cavelitensis, notarii publici domini nostri regis in senescallia Bellicadri, qui ab omnibus predictis rogatus hec omnia scripsi fideliter et signavi signo meo. Ad hec, nos dictus Guillelmus de Plaziano hiis omnibus sigillum nostrum apposuimus in verum testimonium eorumdem.

(*Copie authentique en un cahier de 14 feuillets mesurant* 0^m,29 *de haut et* 0^m,21 *de large.*)

(1) Le titre de S. André était bien celui du prieuré de Vézénobres, Gard ; on tient à le constater ici parce que Plazian possédait également une partie de la seigneurie de Vinsobres, *Vinsobrio* (Drôme), que lui avait inféodée, en 1302, le dauphin Humbert. Polie de Plazian, fille unique de Guillaume, vendit cette part à Albert de Cornilhan.

(2) Lunel-Viel, Hérault.

(3) Les Béziers possédaient la seigneurie de Vénéjan, près Pont-Saint-Esprit, inféodée à l'un d'eux par Philippe le Bel, en 1290.

(4) Nogeris, ici ; Noirro, page 50 ; Nogerio, p. 55, rappellent la famille de Milon de Noyer, sénéchal de Beaucaire, en 1320.

XVI!. — 9 et 18 mai 1307

Protestation des conseillers de Guillaume de Plazian contre le libellé de la sentence arbitrale qui précède. — (N° 10, chap. 2).

Nos Guichardus de Molinis, miles, bayllivus Valentinensis et Vivariensis pro illustrissimo domino Francorum rege, notum facimus universis presentibus inspecturis quod nos vidimus et inspeximus quasdam patentes litteras (1) octo sigillis pendentibus cereis sigillatas, quorum unum est venerabilis viri domini Radulphi de Curtibus-Jumellis, dicti domini regis clerici, judicis majoris senescallie Bellicadri et Nemausi ; aliud vero domini Petri Johannis, legum doctoris, advocati dicti domini regis in dicta senescallia ; aliud vero domini Bartholomei de Cluzello, legum doctoris, judicis domini regis Aquarum-Mortuarum ; aliud vero magistri Hugonis de Porta ; et aliud magistri Mathei de Mausina, dicti domini regis in dicta senescallia procuratoris ; et aliud magistri Bertrandi Visoni ; et aliud magistri Guillelmi de Noiero ; et aliud Poncii de Channa, procuratoris ;... litteris scriptis sive sculptis in circonferenciis dictorum sigillorum, plenius apparebat non corruptas nec abolitas, in aliqua parte, nec viciatas ; nobis ostensas et exhibitas per Petrum Milonis, clericum de Sancto Saturnino de Portu, et Guillelmum Artaudi, rectores ut dicebant operis seu elemosine (2) pontis S. Spiritus, in flumen Rodani, dicti loci Sancti Saturnini, quas legi fecimus in nostra presentia. Tenorem sequitur per hec verba : — Viro nobili provido et discreto

---

(1) La légalisation des signatures se faisait alors par les officiers royaux d'un pays voisin et non par ceux de la localité que l'acte concernait.

(2) On remarquera cette qualification d'aumône du pont Saint-Esprit, synonyme d'œuvre ou de fabrique du pont St-Esprit. Elle était fréquemment employée pour désigner les entreprises pieuses exécutées ou entretenues par les dons des fidèles. On la trouve à Lyon désignant la fabrique du pont de la Guillotière.

domino Guillelmo de Plaziano, militi domini regis, domino Vicenobrii (1), Radulphus de Curtibus-Jumellis, clericus dicti domini regis, judex major senescallie Bellicadri et Nemausi, Petrus Johannes, legum doctor, advocatus domini regis in dicta senescallia, Bartholomeus de Clusello, legum doctor, judex Aquarum-Mortuarum, Hugo de Porta, Matheus de Mausina, procurator domini regis in dicta senescallia, Bertrandus Visoni, Guillelmus de Nolero et Pons de Channa, procurator, salutem............ Nobis ostenso transcripto cujusdam instrumenti facti per magistrum Guiraudum Guiraudi, notarium vestrum, et tradito priori Sancti Saturnini de Portu super ordinatione operis pontis, hospitalis et capelle S. Saturnini de Portu, apud Vicenobrium per vos facta..... omnes simul cum magna deliberatione..... vobis tenore presentium, notificamus quod in dicto instrumento, in multis substancialibus, facti veritas non videtur observata et scriptum aliter quod per vos fuit pronunciatum............ supplicantes ut pro honore vestro et nostro, et jure domini regis et operis considerando, confirmationem regiam super hiis differatis quousque vobiscum super hiis al..... alterutrum habuerimus colloquium personale. In cujus rei testimonium quilibet nostrum hiis presentibus sigilla nostra duximus apponenda. Datum nona die madii, anno domini millesimo CCC° septimo. — Quibusquidem litteris lectis in nostri presentia, et lingua romana expositis, nos dictus Bayllivus, custos sigilli regii in Baylliva Valentinensis et Vivariensis, constituti ad ratifficationem dictorum et ad majorem firmitatem omnium premissorum, dictum sigillum duximus presentibus apponendum. Actum et datum apud villam novam de Berco (2), testibus presentibus magistro Petro Clamosa, notario regio, Johanne Salbaterii, Johanne Gr....ci, habitatoribus Villenove, anno Domini Mill° CCC° septimo et XV kalendas junii.

(*Original sur parchemin de 0ᵐ,32 de haut et 0ᵐ,23 de large; manque le sceau.*)

(1) Voy. note 1, p. 49.
(2) Villeneuve-de-Berg, Ardèche.

XVIII. — 8 janvier 1308.

Lettres-patentes de Philippe-le-Bel permettant la construction d'un hôpital à la tête du Pont-Saint-Esprit, en l'honneur de Dieu Tout-Puissant, de la Bienheureuse-Vierge Marie, et du Bienheureux Saint-Louis, son aïeul. — (N° 9, chap. 2.)

Philippus, Dei gratia Francorum rex, senescallo Bellicadri ac justiciariis omnibus in regno nostro constitutis salutem et dilectionem. Devotas illorum supplicationes libenter admittimus et ad effectum perducimus quæ videlicet tamquam honestatis debitum continent et charitatis fervore procedunt eo magis quo Christi fidelibus salus externa paratur et opera misericordiæ exercentur. Sana universitas hominum villæ S. Saturnini de Portu nuper nobis dixit, humiliter supplicando, ut eisdem, in capite pontis S. Spiritus supra Rodanum, construendi et ædificandi hospitale in honorem Dei omnipotentis et Beatissimæ Mariæ Virginis Matris suæ, specialiter Beati Ludovici, avi nostri, in quo hospitali missæ quotidie, auctore Deo, celebrantur, pauperes recipientur ac septem opera misericordiæ complebuntur de elemosynis quæ pontis predicti fabricæ a Christi fidelibus offeruntur, auctoritatem et licentiam præberemus. Nos igitur, universitatis predictæ tam piæ, tam devotæ postulationi clementer annuentes, ædificandi, construendi predictum hospitale in loco predicto de elemosynis predictæ fabricæ largitis a Christi fidelibus et etiam largiendis, universitati predictæ tenore presentium concedimus facultatem; vobis et vestrum cuilibet mandantes quatenus ipsam universitatem ac predicti operis rectores in premissis nullatenus molestetis seu molestari permittatis, sed potius quod hæc manu teneatis ac etiam a quibuscumque impedientibus seu turbantibus tam pium opus defendatis eosdem. Actum Parisius octavo die januarii, anno Domini millesimo trecentesimo septimo.

(*Copie authentique, sur papier de 0ᵐ,28 de haut et de 0ᵐ,19 de large.*)

XIX. — 21 octobre 1308.

Les recteurs de l'Œuvre n'ont jamais donné de salaire au sénéchal de Beaucaire, au prieur de Saint-Saturnin ni à aucun autre auditeur de leurs comptes. — (n° 2, ch. 23).

Anno Domini millesimo trecentesimo VIII° et XX prima die octobris, domino Philippo rege Francorum regnante, Petrus Milonis de S^{to} Saturnino constitutus in presentia nobilis viri domini Guillelmi de S^{to} Justo, militis, locum tenentis nobilis viri domini Bertrandi Jordani de Insula, militis et senescalli Bellicadri et Nemausi pro domino rege, procurator et nomine procuratorio Petri Privati et Guillelmi Artaudi de Ripia (1) et Guillelmi Natalis, nunc rectorum operis pontis S^{ti} Spiritus, et Guillelmi Artaudi de Villabonet (2) et Bertrandi Donadei et Guillelmi Chaberti de S^{to} Saturnino, olim rectorum operis predicti, super eo quod petit Raynaudus, scutifer olim discreti et sapientis viri domini Radulphi de Curtibus-Jumellis, quondam judicis majoris predicte senescallie, a predictis rectoribus superius nominatis, solutionem salarii predicti Radulphi. Dicit dictus Petrus Milonis, nomine quo supra, quod de predictis non tenetur respondere coram vobis dicto domino locumtenente cur declinet forum........ dicit etiam quod predictus Raynaudus nullam habet potestatem petendi nec exhigendi salaria predicti domini Radulphi cum non sit procurator nec heres predicti domini Radulphi, si quoddam salarium reperiretur dicto domino Radulpho deberi, quod non credit. Item, dicit quod rectores predicti etiam et eorum predecessores in rectoria predicta non consueverunt dare salaria domino senescallo nec

---

(1) Rivière, un des quatre quartiers urbains de Pont-Saint-Esprit.
(2) Villebonet, autre quartier urbain de Pont-Saint-Esprit.

domino priori de S^to Saturnino nec alicui audienti computum seu rationem receptorum et expensarum nomine dicti operis, nomine predictorum domini Senescalli seu domini prioris. Item dicit quod dictus dominus Radulphus non ivit apud S. Saturninum ad instantiam predictorum rectorum nec ad eorum requisitionem...... Reddita fuit hec appellatio dicto domino locumtenenti domini senescalli, in quadam papiri cedula scripta per dictum dominum Petrum Milonis, qui se dicebat procuratorem dictorum rectorum, et per me infrascriptum notarium lecta, anno et die quibus supra, Nemausi, in hospitio aule regie. Et dictus dominus locumtenens dictam appellationem non admisit, nisi quatenus de jure esset admittenda. Testes interfuerunt D. Raymundus Amelii, miles, Guillelmus Camareti, domicellus, Andreas Albegesii et ego Raymundus Molazani, domini regis notarius, qui..... scripsi et signavi.

(*Original sur parchemin de 0^m, 35 de haut et 0^m, 15 de large*).

XX. — 27 septembre 1309.

Les recteurs de l'Œuvre offrent de se démettre, en faveur du seigneur-prieur, du soin qu'ils donnent à la construction du pont. — (N° 12, chap. 2).

Notum sit omnibus et singulis, presentibus et futuris, hoc presens publicum instrumentum inspecturis, quod anno Domini millesimo trecentesimo nono, videlicet XXVII die mensis septembris, domino Philippo, Dei gratia illustrissimo rege Francorum regnante, Guillelmus Artaudi et Guillelmus Natalis, rectores operis pontis S. Spiritus ville S. Saturnini, convocatis et presentibus multis ex probis hominibus dicte ville, existentes in jure et in presentia magnifici et potentis viri domini Petri de Broco, militis dicti domini nostri regis, senescalli Bellicadri et Nemausi, et venerabilium virorum dominorum Clementis de Fraymo, judicis majoris senescallie predicte, et Guillelmi de Viriaco, consiliarii ejusdem domini regis, commissariorum deputatorum per regiam majestatem super totali negocio tangente fabricam dicti pontis, dixerunt, presente domino priore dicti loci, quod ipsi mirabantur de eo quod idem dominus prior, in judicio et extra judicium, pluries dixerat, salva sui reverentia, quod ipsi rectores et alii homines dicti loci regimen et curam operis antedicti contra voluntatem ipsius tenuerant et tenebant potius pro comodo singulari ipsorum quam pro expeditione seu comodo operis antedicti. Quare ad ostendendum quod ipsi rectores curam et regimen operis antedicti pro suo singulari comodo non affectant sed pro expeditione et comodo fabrice dicti pontis et pro sustentatione ejusdem, tempore venienti, presentibus predictis dominis commissariis et multis aliis personnis, dicto domino priori presente, obtulerunt et pluries presentaverunt, ut dicebant, quod ipsi, salva semper voluntate dicti domini nostri regis, et si dictus Dominus rex hoc volebat, ipsi domino priori parati erant dimittere omnino curam et regimen dicti pontis et omnia jura ejusdem, itaquod ipse possit omnino habere et levare omnes elemosinas sive dona operis antedicti, ita tamen et sub ista conditione quod dictus dominus prior antea faciat et procuret cum effectu quod tam ipse dominus prior quam etiam dominus Abbas Cluniacensis coram domino rege solempniter obligent se et sua bona temporalia, quecumque habent infra regnum Francie, ad perficiendum pontem predictum et ad sustinendum propriis expensis ipsorum dominorum prioris et Abbatis perfectum dictum pontem et ad reficiendum si, quod absit, in totum vel in parte dictum pontem contingeret..., naufragio aquarum vel inundationibus seu ruina, vel alio casu fortuito. De quibus omnibus et singulis dicti rectores petierunt sibi fieri publicum instrumentum. Acta fuerunt hec apud S. Saturninum, in aula dicti domini prioris, testibus presentibus venerabile viro domino Johanne Audoardi, Uticensis judice, domino Jacobo de Plaziano milite, Bernardo de Solomaco, domicello, magistris Guiraudo de Nogerio, Augerio Rudelli, notariis, et pluribus aliis, et me Andrea Cocucerii, notario publico dicti domini nostri regis, qui presens fui et ad requisitionem dictorum rectorum hanc cartam publicam scripsi et signo meo signavi.

(*Original sur parchemin de 0ᵐ,15 de haut et 0ᵐ,30 de large*).

XXI. — 25 février et 5 mars 1310.

Lettres-patentes de Philippe-le-Bel, autorisant la construction d'un hôpital à la tête du pont Saint-Esprit, vidimées par la prévôté de Paris. — (N° 11, chap. 2) (1)

A tous ceux qui ces lettres verront, Jean Plachan, chef garde de la prévosté de Paris, salut. Sachent tous que l'an de grâce mil CCC et neuf, le jeudi devant les Brandons, veismes les lettres de nostre seigneur li Roy de France, en ceste forme : Philippus, Dei gracia Francorum rex, universis presentes litteras inspecturis, salutem. Notum facimus quod nos, sollicita meditatione, pensantes labores immensos, quos dilecti nostri homines ville Sancti Saturnini de Portu in constructione pontis S. Spiritus sustinuisse, diligentiamque et providentiam circumspectam eorum quas, in querendo et procurando emolumento de quo pons tam mire magnitudinis in tam modico tempore construi potuit, adhibuisse noscantur ; considerantes insuper plura miracula jam facta et que ibidem cotidie gratia S. Spiritus invalescunt ; ut ipsi fideles, ex quorum largitionibus dictus pons constructus est, a solita devotione operis pontis ipsius non retrahantur, sed ad majorem potius attrahantur, continuantes elemosinas quas ad perficiendum opus predictum largiflue porrexerunt, predictis hominibus Sancti Saturnini de Portu concedimus, de gratia speciali, quantum ad nos pertinet, ut ipsi in capite dicti pontis, a parte

---

(1) Ce document a été publié dans l'*Histoire de Languedoc*, D. Vaissette, T. III, col. 608.

ville Sancti Saturnini, quoddam hospitale ad recipiendum infirmos, pauperes, debiles et mendicos, necnon unam capellam in honore Beatissime Virginis et glorississimi confessoris Beati Ludovici, avi quondam nostri, edificare et construere valeant, dum tamen Patri nostro sanctissimo, Summo Pontifici, predicta placeant, dictumque hospitale et capellam eximere ab ecclesia majore ville Sancti Saturnini predicte............ Volentes et concedentes, prout ad nos pertinet, quod omnes elemosine que fient a Christi fidelibus, sive pro constructione pontis, sive pro dictis hospitali et capella, tam in ipsius pontis constructione quam dicti hospitalis, et pauperum, ibidem confluentium, ac dicte capelle et deservitorum ejusdem sustentatione totaliter et integre convertantur. Consummatoque opere pontis predicti, dictas elemosinas ad sustentationem pontis ejusdem hospitalisque et pauperum, necnon capelle et deservitorum ipsius, expendi volumus, ut predicitur, prout ad nos pertinet, et converti. Que omnia per dictos homines fieri volumus, ut premittitur, et compleri. In cujus rei testimonium, sigillum nostrum fecimus presentibus litteris apponi. Datum Parisius (1) die XXV februarii anno domini M°CCC° Nono. Et nous, au transcrit de ces lettres, avons mis le scel de la prévosté de Paris, l'an et le jour dessus dicts.

(*Original sur parchemin de 0m, 24 de haut et de 0m, 20 de large.*)

XXII. — mai 1311.

Arrêt du Parlement de Paris dans l'affaire des offrandes de l'Oratoire. — (N° 7, chap. 2.)

Philippus, Dei gratia Francorum rex, notum facimus universis et singulis, tam presentibus quam futuris, quod mota controversia, diversis temporibus et pluribus vici-

---

(1) *Parisius*, à Paris, forme invariable, durant les XIII° et XIV° siècles. Le titre ci-dessus porte : *Par̄*.

bus, inter priorem Sancti Saturnini, ex parte una, et rectores operis et oratorii S. Spiritus et burgenses dicte ville, ex altera, super elemosynis et obventionibus quibuscumque ac fabrica pontis et oratorii predictorum, destinatoque specialiter ex parte nostra ad dictum locum pro predictis dilecto et fideli Guillelmo de Plaziano, milite nostro, datoque sibi in mandatis per nos quod si posset dictas partes ad concordiam reduceret et si quid obscurum super hiis inveniret, illud curie nostre remitteret terminandum; facta tamdem per ipsum conventum super predictis quadam ordinatione inter dictas partes, eisdem partibus et procuratore nostro senescallie Bellicadri presentibus ac in ea consentientibus, nec non per nos post modum confirmata. Post hec, tam super dicta ordinatione quam super dictis elemosynis, obventionibus et fabrica dicta, controversia coram nobis renovata inter dictas partes, dicto priore pluribus rationibus dicente dictam ordinationem licet in aliquibus contra se factam debere servari, offerente etiam se paratum omnia in dicta ordinatione contenta sibi incumberi que completa non sunt, cum per ipsum non stet quin completa sint, ut dicit, adimplere. Parte dictorum rectorum et burgensium in contrarium plures rationes proponente et dicente dictam ordinationem non esse servandam tamquam factam in juris nostri, reipublice et dictorum rectorum et burgensium prejudicium et gravamen. Tandem super totali negotio supradicto, auditis partibus super propositis ab eisdem, fecimus per certos commissarios nostros inquiri, vocatis partibus, de veritate. Vero igitur dicta inquesta super predictis facta et diligenter examinata, visisque ordinatione predicta ac instrumentis et litteris testimonialibus sigillis plurium tam prelatorum quam nobilium super hujusmodi negocio confectis sigillatis, per curie nostre judicium dictum fuit dictos rectores et burgenses aliquid rationabile non probasse propter quod dicta ordinatio debeat annullari. Quare fuit eisdem impositum silentium in predictis ac dictum per idem judicium quod dicta ordinatio, in quantum tangit partes predictas, valebit et servabitur, contradictione predicta dictorum rectorum et burgensium non obstante. In cujus rei testimonium, presentibus litteris nostrum fecimus apponi sigillum. Actum Parisius, in parlamento nostro, anno Domini millesimo CCC° XI°, mense maii.

(*Copie authentique en un cahier de papier de 0ᵐ,29 de haut et de 0ᵐ,21 de large*).

XXIII. — 13 mai 1311.

Lettres-patentes du roi Philippe-le-Bel au sénéchal de Beaucaire, lui ordonnant de faire observer la sentence de Guillaume de Plazian, confirmée par le parlement de Paris. — (N° 7, chap. 2.)

Philippus, Dei gratia Francorum rex, senescallo Bellicadri, salutem. Cum super discordia, in curia nostra pendente, inter priorem Sancti Saturnini, ex una parte, et rectores operis pontis et oratorii Sancti Spiritus et burgenses dicte ville, ex altera, ratione cujusdam ordinationis facte per dilectum et fidelem Guillelmum de Plaziano, militem nostrum, super oblationibus et elemosynis fabrice pontis et oratorii et aliis quibusdam in dicta ordinatione contentis, visa inquesta, per curie nostre judicium dictum fuerit in parlamento presente quod dicta ordinatio, in quantum tangit partes predictas, servabitur, contradictione predicta dictorum rectorum et burgensium non obstante ; mandamus vobis quatenus, viso judicato predicto, secundum ipsius tenorem faciatis dictam ordinationem servari et servientem, ex parte nostra datum dictis rectoribus et burgensibus, occasione dicte discordie tunc pendentis, visis presentibus, amoveatis. Et si idem serviens, contra tenorem commisse sibi, fecit aliquas indebitas novitates, easdem vocatis que fuerunt evocandi ad statum debitum, mediante justitia, reducatis de plano, et emolumenta dictorum pontis et oratorii, a tempore dicte ordinationis hactenus levata, converti faciatis in usus et profectus per dictam ordinationem declaratos, illos qui dicta emolumenta perceperunt ad hoc, prout rationabile fuerit, compellendo. Actum apud Pontiseram, die decima tertia maii, anno Domini millesimo trecentesimo decimo primo.

(Copie authentique en un cahier de papier de 0ᵐ,29 de haut et de 0ᵐ,21 de large.)

XXIV.— 25 août 1311.

Ordonnance du sénéchal de Beaucaire, Robert de Ocrea, confirmant la précédente rendue par Guillaume de Plazian. — (N° 7, chap. 2.)

Noverint universi, presentes pariter et futuri, quod orta materia questionis inter venerabilem et religiosum virum dominum Hugonem de Montelupello(1), monachum Cluniacensem, priorem S.-Saturnini-de-Portu, Uticensis diocesis, ex parte una, et Simonem Odonis, Petrum Michaelis et Raymundum Simonis, rectores fabrice oratorii et operis S. Saturnini ac Guillelmum Bruni, syndicum universitatis et hominum ville Sancti-Saturnini, nomine hominum et universitatis predicte, ex altera, ex eo quod dictus prior petebat et requirebat mandari executioni et compleri omnia et singula contenta in quodam arresto sive judicato per curiam domini regis facto, quod arrestum seu judicatum exhibuit seu produxit idem dominus prior coram dicto domino senescallo, sigillatum sigillo cerei viridis dicti domini nostri regis, nec non et quasdam litteras regias executorias dicti arresti sive judicati, quorum tenores inferius continentur ; dictis rectoribus et syndico, in contrario, dicentibus et proponentibus multas causas seu rationes, quare predicta petita per dictum dominum priorem fieri non deberent. Post multas altercationes hinc inde habitas, protestatione tamen premissa per dictum

---

(1) **Hugues de Montloup** succéda à Gui de Clermont, vers 1309, et occupa le prieuré jusqu'en 1313.

dominum priorem quod non intendebat nec erat intentionis sue recedere a pronunciatione facta per nobilem virum dominum Guillelmum de Plaziano, militem domini regis, dominum Vicenobrii, nec a predicto arresto sive judicato et litteris executoriis, nec informationem aliquam inde facere nisi super eis tantum modo que contingeret nobilem virum Robertum de Ocrea, militem domini nostri Francorum regis, senescallum Bellicadri et Nemausi, pronunciare seu declarare, ex potestate arbitraria seu arbitratoria per dictas partes, ut infra sequitur eidem concessa; dicte, inquam, partes, nominibus quibus supra, super predictis questionibus et aliis omnibus et singulis que inter se habebant vel habere poterant, quacumque ratione seu causa, usque in hunc presentem diem, compromiserunt in predictum dominum Robertum communiter et concorditer a dictis partibus electum tamquam in arbitratorem, dantes et concedentes eidem plenam et liberam potestatem, per se vel per alium, questiones et controversias que sunt seu esse possunt inter partes predictas, quacumque ratione sive causa, definiendi, terminandi, jure vel amore, juris ordine servato vel non servato, simul vel separatim, et alias pro sue libito voluntatis ; promittentes, inquam, dicte partes ad invicem, solemni stipulatione interveniente, attendere, complere et servare omnia et singula que per dictum dominum Robertum fuerint ordinata, dicta vel recitata, et contra ea vel aliqua ex eis, per se vel per alium, nullo modo venire, sub pena mille marcharum argenti (1) danda et solvenda per partem inobedientem parti obedienti, totiens quotiens contra dicta, recitata, pronunciata vel ordinata per dictum dominum Robertum veniret ; pacto solemni stipulatione vallata inter dictas partes inita pro pena commissa semel vel pluries ac etiam exacta nichilominus dictum, recitatum, pronunciatum dicti domini Roberti in sua maneat firmitate. Compromiserunt etiam dicte partes, solemni stipulatione interveniente,

---

(1) Mille marcs d'argent le roi valaient quatre mille livres ; et au prix actuel de l'argent monnayé environ 55 mille francs.

stare dicte ordinationi seu pronunciationi dicti domini Roberti et non recurrere ad arbitrium boni viri per modum actionis, exceptionis vel replicationis, nec aliquo alio modo; promiserunt etiam venire ad diem et ad dies, locum et loca, assignandum et assignandos ac etiam assignanda per dominum Robertum predictum ; promiserunt etiam predicti rectores et syndicus quod omnia et singula, que dictus dominus Robertus dicet et pronunciabit vel ordinabit, facient laudari, approbari et emologari per universitatem predictam et homines ejusdem..... promiserunt.....

Tandem, auditis questionibus predictis et examinatis.. dixit, pronunciavit, ordinavit et declaravit ut infra sequitur. Primo, videlicet quod cum dictus dominus prior peteret a dictis rectoribus et syndico omnia arrayragia que predicti rectores et syndicus, seu alii corum antecessores, perceperant seu percipere potuerant, ratione obventionum seu elemosynarum que pervenerant operi vel fabrice vel oratorio vel ponti S. Spiritus, a die pronunciationis arbitrarie facte per dictum dominum Guillelmum de Plaziano usque in hunc presentem diem, et etiam expensas quas fecerat dictus dominus prior litigando contra dictos rectores et syndicum a die pronunciationis citra, pronunciavit, inquam, dictus dominus arbiter et per suam pronunciationem absolvit, et potestate arbitraria sibi attributa per dictos rectores et syndicum et per eos dictam universitatem et singulos de eadem, a predictis arreyragiis vel expensis vel occasione eorumdem, nihil per se vel per alium petere possit a predictis rectoribus, syndico vel universitate.

Item, cum dictus prior peteret a predictis rectoribus, syndico seu Universitati, quatuor centum librarum in quibus dicebat sibi teneri, secundum pronunciationem arbitrariam factam per dominum Guillelmum de Plaziano, pronunciavit idem dominus arbiter predictos teneri ad dictas quatuor centum libras. Verum, cum, ad preces et humilem supplicationem predictorum syndici et rectorum et etiam predicti domini Roberti arbitratoris et nonnullorum nobilium ibidem existentium inclinatus, dictus dominus prior remiserit de dictis quatuor centum libris predictis rectoribus ducentas libras turonenses, pronunciavit dictus dominus arbiter et per suam pronunciationem condemnavit predictos syndicum et rectores, et per eos universitatem predictam, ad solvendum dicto domino priori ducentas libras turonenses (1) per terminos congruos, per ipsum dominum priorem statuendos ; de residuis vero ducentis libris per eamdem summam idem dominus arbitrator predictos rectores et syndicum, ac per eos universitatem predictam, absolvit, ex potestate arbitraria sibi attributa.

Item, pronunciavit dictus dominus arbitrator quod dictus dominus prior debeat facere et procurare, cum effectu, quod dominus Abbas Cluniacensis et capitulum ejusdem confirment tam pronunciationem factam per dictum dominum Guillelmum quam etiam pronunciationem presentem factam per dictum dominum Robertum arbitratorem, et etiam si que in futurum contingeret declarari, addi minui vel adjungi per predictum dominum Guillelmum de Plaziano vel ipsum dominum arbitratorem, et hoc facere debeat antequam ipsum oratorium consacretur ; et ne possit in dubiis revocari an dicta confirmatio sit legitime facta per dominum abbatem vel capitulum, vel non, ordinavit predictus dominus arbitrator modum et formam per quos fieri debeat dicta confirmatio ; et voluit inde fieri tres scripturas similes, quarum quelibet sit suo sigillo sigillata, quarum, una retinebitur per predictum dominum arbitratorem, alia tradetur dicto domino priori et alia rectoribus et syndico antedictis.

Item, voluit et pronunciavit dictus dominus arbitrator quod cum, in pronunciatione facta per dictum dominum Guillelmum de Plasiano, ipse Guillelmus retinuerit sibi potestatem, si que dubia super ipsa pronunciatione reperirentur, declarandi, interpretandi et nunc quedam dubia emineant, quod predicte partes, per totum tempus quod erit hinc ad diem dominicam proximam, et a die dominica

---

(1) La valeur intrinsèque de 200 livres de 1311 est 2,732 francs. Le prieur réduisait donc plus de la moitié sur l'indemnité que lui avait accordée Guillaume de Plazian.

proxima in octo diebus, fecerint et procuraverint quod dictus dominus Guillelmus dicta dubia declaraverit infra tempus predictum. Verum, si infra dictum tempus dictus dominus Guillelmus nollet vel non posset predicta dubia declarare vel etiam non declarasset, voluit et ordinavit dictus dominus arbitrator de voluntate dictarum partium quod ipse dominus arbitrator ea possit declarare pro sue libito voluntatis. Et suam voluntatem, declarationem servare promiserunt dicte partes et contra eam non venire sub pena mille marcharum argenti, ita quod eam declaret antequam dictum oratorium consacretur.

Item, voluit et precepit dictus dominus arbitrator quod predicti rectores et syndicus ordinationem factam per dictum dominum Guillelmum de Plasiano, et confirmationem domini nostri regis subsequtam, et etiam arrestum seu judicatum factum per judicium curie dicti domini regis, salvis supra proxime ordinatis et pronunciatis per dictum dominum arbitratorem et etiam declarandis per dictum dominum Guillelmum de Plasiano vel per dictum dominum arbitratorem, laudent et approbent et in predictis consentiant, nomine suo et universitatis predicte. Pronunciavit nichilominus idem dominus arbitrator, de voluntate predictorum syndici et rectorum, predictas ordinationes, confirmationes et predictum arrestum seu judicatum esse exccutioni demandanda et ex certa scientia, contradictione aliqua non obstante.

Item, voluit et ordinavit predictus dominus arbitrator quod predicti rectores et syndicus jurent, ad sancta Dei evangelia ab ipsis tacta, quod ipsi non fecerunt, nec facient in futurum, quominus omnia et singula supradicta, et specialiter consecratio dicti oratorii Sancti Spiritus, exccutioni demandentur; voluit etiam quod ipsi rectores et syndicus jurent et promittant quod ipsi, per se vel per alium, non impetrabunt aliquod rescriptum, privilegium seu quamvis aliam litteram, a predicto domino rege vel a quocumque alio, propter quam predicta vel aliqua de predictis impediri valeant, seu differri, vel etiam propter que contra aliqua de predictis vel infra dicendis venire possent..... nullius sit valoris, imo sint irrita, ipso facto, et cassa et irrita habeantur, nullo tempore valitura.

Item, voluit predictus dominus arbitrator quod predicti rectores et syndicus promittant et jurent, super sancta Dei evangelia, quod, per se vel per alium, fraudem vel malitiam non facient nec procurabunt in premissis vel aliquo premissorum.

Item, voluit dictus dominus arbitrator quod dicta consecratio dicti oratorii fiat a die dominica proxima in tribus septimanis et quod dictus dominus prior paret dictam consecrationem fieri, dicta die, et quod, dicta die, dicti dominus prior, rectores et syndicus intersint ibidem pro videnda consecratione predicta.

Item voluit predictus dominus arbitrator quod unus ex procuratoribus regiis senescallie predicte personaliter accedere debeat apud Sanctum Saturninum et per precationem, vel prout moris est, faciat convocari homines dicti loci facientes universitatem ; quibus congregatis, predicti homines, vel saltem tot quot universitatem faciunt, promittant quod contra predicta vel aliquod de predictis per se vel per alium non venient nec aliquid facient nec fieri promittent, aliquo tempore vel aliqua ratione, sive causa, et quod omnibus et singulis supradictis consentient ; et ea omnia et singula supradicta, lecta et explanata eisdem, romana lingua, approbent, omologent, ratificent et confirment ex certa scientia. Et si, aliquo modo, contravenirent vel contra facerent, quod illud nullius sit momenti et quod pro non dicto et non facto habeatur, et quod etiam super predictis eis et cuilibet eorum omnis audientia denegetur. Et voluit idem dominus arbitrator quod predicta fiant infra tres vel quatuor dies a die presenti pronunciationis sue in antea continue computandos ; et si contingeret predictos homines predicta laudare nolle, quod, salvis predictis supraordinatis, nichilominus fieri debeat dicta consecratio die per ipsum superius ordinata.

Item, voluit dictus dominus arbitrator quod predicti rectores et syndicus instrumentum syndicatus (1) in publicam

---

(1) Le procès-verbal d'élection de la commission municipale nommée par le prieur sur la présentation des habitants. Voy. l'élection des recteurs, p. 1 et 28.

formam tradant dicto domino priori, ne pro futuro tempore potestas dicti syndici in dubium valeat revocari.

Item, precepit predictus dominus arbitrator predictis partibus quod predicta omnia et singula ordinata, dicta et pronunciata per ipsum dominum arbitratorem, laudent, approbent et contra non venire promittant, et ea omnia et singula se servaturos.

Et incontinenti predictus dominus prior promisit per fidem suam plenitam ; predicta omnia et singula supradicta laudavit, approbavit, omologavit, ratificavit et confirmavit, et promisit se facturum et curaturum quod predicti dominus Abbas et conventus ea laudabunt prout superius continetur. Et subsequenter, predicti rectores et syndicus, predicta omnia et singula ordinata, dicta et pronunciata per dictum dominum arbitratorem laudaverunt et approbaverunt, nomine suo et dicte universitatis, et contra non venire promiserunt, et juraverunt ad sancta Dei evangelia, corporaliter ab ipsis tacta, et quod facient laudari predicta omnia et singula per universitatem predictam, (pro) posse suo.

Tenores vero dictorum judiciati et litterarum executoriarum tales sunt. *(V. ci-dessus XXII et XXIII.)*

Acta fuerunt hec apud Balneolas (1), in domo Fratrum Minorum, anno Domini millesimo trecentesimo decimo primo et vicesima quinta die augusti, domino Philippo rege francorum regnante, in presentia et testimonio nobilium virorum dominorum Geraudi Ademaris, domini Montelii (2), Bermundo de Vouta, domini de Vouta (3), militum, discretorum virorum domini Johannis Marci, legum doctoris, judicis Nemausi, domini Armandi de Poieto, judicis S. Saturnini, magistri Hugonis de Porta, procuratoris regii, Firmini Madroni, de Montepessullano notarii, Johannis Bonifilii, scutiferi domini senescalli, et plurium aliorum.

(Copie authentique en un cahier de papier de 0m, 29 de haut et de 0m, 21 de large.)

(1) Bagnols, Gard.
(2) Montélimar, Drôme.
(3) La Voulte-sur-Rhône, Ardèche.

XXV. - 27 août 1311.

Ratification de l'ordonnance de Robert de Ocrea par les habitants de Saint-Saturnin. — (N°7, chap. 2.)

Post hec, anno quo supra, et vicesima septima die augusti, dicto domino Philippo rege Francorum regnante, convocata dicta universitate de Sancto Saturnino, voce preconia, scilicet ad sonum naufili et campane, ipsa, inquam, universitate vel hominibus ejusdem infrascriptis congregatis, universitatem facientibus, in cimmiterio dicte ville prout est alias fieri consuetum, seu universitatem congregatam ; auditis, dictis, petitis et ordinatis per dictum dominum senescallum et arbitrum predictum et, romana lingua, sibi expositis, in presentia magistri Hugonis de Porta, procuratoris regii ad hec missi per dictum dominum senescallum ; predicta, inquam, omnia et singula, nomine universitatis predicte, ac universa laudaverunt, emologaverunt, approbaverunt, ratificaverunt et confirmaverunt, quantum tangit eos et universitatem predictam, salvo jure dicti domini nostri regis. Nomina vero dictorum hominum sunt hec : Petrus Chandelier, Ricanus de Caron, Huguetus de Fonte, Raymundus Cetroni, Pontius Canal, Petrus Milonis, Stephanus Bordicii, Clarius lo Mercier, Olivarius Claperii, Stephanus Forment, Johannes Forment, Stephanus Taranis, Johannes Thome, Poncius Gacha, Johannes Martinus, Pocherius de Ayg., Johannes Borgondionis, G. de Valen., G. Solonni, Stephanus de Occ..a, G. lo Sartre, Raymundus de Beato Vinot.., Petronus Marcelli, B. de Occ..a, Mornassonus, P. Chabra, Curitus Sabater, Stephanus de Alvernia, G. Borgonho, Hugo Ribas, Raymundus de Fonte, Johannes de Furno, Laurentius Broquer, Paulus Fuster, Guillelmus Sartor, Johannes de Valen., Johannes Calvin, Nicolaus Sartor, Robertus Simpole, Johannes Johannis, G. Salazat, etc. Acta fuerunt hec apud Sanctum Saturninum, in cimmiterio predicto (1), in presentia et testimonio domini Johannis Audoardi, judicis regii Uzetici, domini Bertrandi Salvanti, jurisperiti, Raymundi Sacherii de Bellicadro, vicarii S. Saturnini, Magistri Raymundi Falconis, magistrorum Guillelmi Guitardi, Raymundi Garini, Adzemari Jordani, notariorum regiorum, et magistri Giraudi de Nogerio, notarii regii, qui notam hujus instrumenti recepit ; vice cujus et mandato ego Guillelmus Lunesii, notarius regius, de dicta nota non cancellata hoc instrumentum extraxi et manu mea hic scripsi. Ego vero Giraudus de Nogerio, notarius predictus, hic subscribo et signum meum appono in fidem et testimonium premissorum.

(*Copie authentique en un cahier de* 0ᵐ, 29 *de haut et* 0ᵐ, 21 *de large*).

XXVI. — 20 septembre 1311.

Ratification de l'ordonnance de Robert de Ocrea par le chapitre de Saint-Pierre. — (N° 7, chap. 2.)

Anno Domini millesimo trecentesimo undecimo, et vicesima die septembris, regnante domino Philippo Francorum rege, noverint universi quod, convocato seu congregato conventu monasterii seu prioratus S. Saturnini de Portu, Uticensis diocesis, vel monachis infrascriptis ipsum capitulum facientibus congregatis ; cum venerabilis vir dominus Hugo de Montelupello, prior prioratus pred. S. Saturnini, peteret oratorium S. Spiritus consecrari et eidem domino priori dictum esset quod consecrari non poterat eo potissime quod idem dominus prior per abbatem et conventum, seu monasterium Cluniacense, ordinationem vel compositionem factam super hiis per nobilem et potentem virum dominum Guillelmum de Plaziano, militem, nec non declarationem, ordinationem vel compositionem postea factam per virum nobilem et potentem

___

(1) Ce cimetière, situé entre les églises de Saint-Pierre et de Saint-Saturnin, a subsisté jusqu'en 1845.

dominum Robertum de Ocrea, militem dicti domini regis, senescalli Bellicadri et Nemausensis, ut arbitratorem electum, confirmari non fecerat, juxta modum et formam alias ordinatos per dictum dominum arbitratorem ; de quibus modo et forma copiam habuerat idem dominus prior et aliam Simo Odonis, Petrus Michaelis et Raimundus Symonis, rectores fabrice oratorii et operis pontis S. Saturnini, et Guillelmus Bruni, syndicus et syndicario nomine universitatis hominum ville predicte. Tandem prefatus conventus seu monachi infrascripti conventum facientes unanimiter, nemine discrepante, ad requisitionem dicti domini prioris, dictam ordinationem factam per dictum dominum Guillelmum et ordinationem vel declarationem postea factam per dictum dominum arbitratorem, laudaverunt, approbaverunt, emologaverunt, ratifficaverunt et confirmaverunt. Ceterum cum per dictum dominum priorem predictum peteretur quod dictum oratorium consecraretur, et ideo, post consecrationem non verteretur dubium an predicta confirmarentur per dictos abbatem et conventum Clun. vel non, idem dominus prior promisit quod predictas, tam ordinationem domini Guillelmi quam domini arbitratoris, per dictos abbatem et conventum Clun. faciet confirmare, juxta modum et formam superius expressatos, hinc ad instans festum beati Johannis Baptiste. Et ex nunc idem dominus prior, de voluntate dicti conventus S^{ti} Saturnini seu monachorum, ipsum conventum facientium, totam temporalitatem suam ad manum domini nostri regis posuit, volens et concedens, de voluntate et assensu dicti capituli, quod si, hinc ad dictum festum, predicta laudata non fuerint per dictos abbatem et conventum Clun. quod ea que levata fuerint ex temporalitate predicta sint domini nostri, etiam ea que ex inde levarentur, quousque facta esset et portata dicto domino senescallo confirmatio antedicta, et juxta modum et formam superius expressatos. Item voluit idem dominus prior, de voluntate dicti capituli seu monachorum ipsum capitulum facientium, quod ea omnia que idem dominus prior percipere debet, vigore ordinationis dicti domini Guillelmi post confirmationem predictam, de elemosynis, legatis et aliis capelle S^{ti} Spiritus provenientibus, in manu domini senescalli ponentur, nomine domini regis, et quod idem dominus senescallus percipi faciat usque ad festum predictum S^{ti} Johannis; et si, hinc ad dictum festum, dictus abbas et conventus dictam confirmationem modo predicto non fecissent, quod ea que fuissent recepta per dominum senescallum seu deputandos ab eo de dictis elemosinis, legatis et aliis dicte capelle provenientibus, sint ipsius domini nostri regis et alia que ex inde in antea provenient, quantum ad partem dicti domini prioris de predictis, ad dominum regem perveniant quousque facta fuerit confirmatio antedicta ; hoc adjecto per dictum dominum priorem, de voluntate dicti conventus, quod si, infra dictum terminum , idem dominus prior dictam confirmationem per dictos abbatem et conventum Clun., ut premissum est, fieri fecisset et portasset eidem domino senescallo, quod dicta temporalitas et eaque levata essent ex dicta temporalitate necnon de elemosynis, legatis et aliis capelle S^{ti} Spiritus provenientibus, ad dictum dominum priorem pertinentibus, ut supradictum est, vigore ordinationis dicti domini Guillelmi, dicto domino priori reddantur et restituantur indilate ex integro, et manus regia amoveatur de eisdem , salvis expensis que facte essent legitime in custodiendo et servando ac levando premissa per deputandos a domino senescallo predicto: et si dicta confirmatio facta non esset infra dictum terminum et eidem domino senescallo portata quod quotiescumque idem dominus prior portaret dictam confirmationem factam, sicut premissum est, dicto domino senescallo, quod idem dominus in contra, absque difficultate aliqua, manum regiam de dicta temporalitate amovere debeat et moveat, ac eumdem dominum priorem vel gentes aut curiales suos non impediat vel impediri permittat quominus jurisdictionem teneat et ad manum suam ea que provenient possit accipere, sicut faciebat ante tempus obligationis presentis, necnon et quod ea que provenient dicte capelle S. Spiritus ad dictum dominum priorem pertinent ut supradictum est vigore ordinationis prefate ; portata confirmatione supradicta, idem dominus prior possit libere percipere et habere. Que omnia dictus prior, de voluntate et assensu dicti conventus seu monachorum infrascriptorum ipsum conventum facientium, ut quilibet ibidem per se asseruit, attendere et servare promisit, ut supra dictum est, domino Johanni Marchy, legum doctori, judici curie regie Nemausi, ibidem existenti pro dicto domino senescallo, et magistro Hugoni de Porta, procuratori regio senescallie predicte, et mihi Giraudo de Nogerio, notario regio, stipulantibus et recipientibus nomine dicti domini nostri regis et aliorum quorum poterit interesse. Nomina vero dictorum monachorum capitulum facientium sunt hec : D. Bertrandus Rabassa, subprior ; D. Guido de Jueis, camerarius ; D. Guirinus de Chanabos, sacrista ; D. Jacobus de Deus, infirmarius ; D. Hugo de Gonors, refectuarius ; DD. Petrus de Pousino, Petrus Girardi, Guillelmus de Prato, Petrus de Montilis, Guillelmus Mieffori, Lancelotus Odilionis, Mainardus Laporta, Stephanus de Chananos, Johannes de Sellis, Guillelmus de Cretu, Stephanus de Jolomaco, Petrus de Anceduna, Aimericus de Plassiano, Christianus de Lugduno, Guillelmus de Beorra, Johannes et Guillelmus de Clunhiaco, Guillelmus de Chananos, Stephanus Giraudi et Johannes de Jolomaco (1). De quibus omnibus et singulis, tam dictus dominus Johannes Marci (2) quam magister Hugo de Porta, quam dominus prior, petierunt sibi fieri publicum instrumentum. Acta fuerunt hec apud S. Saturninum infra dictum prioratum, in capella nova Beate-Marie, in presentia et testimonio domini Guillelmi de Sancto Justo, Guillelmi Ricani, militum, Guillelmi Lamberti, domicelli, vicarii regii Uzetici, Raymundi Soquerii, vicarii S. Saturnini, magistrorum Raymundi Falconis et Guillelmi Guitardi, notariorum regiorum, et magistri Giraudi de Nogerio, notarii regii,

---

(1) Outre ces vingt-cinq religieux, le monastère devait en compter d'autres momentanément absents ou dispensés. Suivant le procès-verbal de visite, de 1303, le prieuré renfermait trente moines et le supérieur.

(2) Il y a, ici, Marci au lieu de Marchy, comme il y a, plus haut, Chananos au lieu de Chanabos.

qui hanc notam recepit. Vice cujus et mandato, ego Johannes Bocoyrani, notarius regius, ejus substitutus et juratus, presentem cartam de dicta nota sumpsi fideliter et extraxi; ego vero Giraudus de Nogerio, notarius predictus, hic subscribo et signum meum appono in testimonium premissorum.

(Copie authentique en un cahier de papier de 0^m,29 de haut et 0^m,21 de large).

XXVII. — 2 octobre 1311.

Ratification par l'abbé de Cluni de l'ordonnance de Guillaume de Plazian et de la sentence arbitrale de Robert de Ocrea. — (N° 7, chap. 2).

In nomine Domini nostri Jesus-Christi. Anno Incarnationis Ejusdem millesimo trecentesimo undecimo, scilicet die secunda mensis octobris, regnante domino Philippo, Dei gracia rege Francorum illustrissimo. Noverint universi, presentes pariter et futuri, quod cum dudum ortis questionibus et discordiis et diutius ventilatis de et super fabrica pontis S^{ti} Spiritus, loci S. Saturnini de Portu, Uticensis diocesis, oratorio dicti pontis sito in capite ejusdem et hospitali dicti pontis, inter venerabilem fratrem Guidonem de Claromane (1), quondam tunc priorem dicti loci, ex una parte, et rectores fabrice pontis, oratorii et hospitalis predictorum, et syndicum universitatis hominum dicti loci Sancti Saturnini, ex altera. Et subsequenter quedam laudabilis compositio super dictis questionibus, controversiis et discordiis facta extiterit per nobilem et potentem virum dominum Guillelmum de Plaziano, militem domini

---

(1) Pour Claramonte ; famille du Dauphiné, qui posséda la terre de ce nom, en toute souveraineté, jusqu'en 1203, puis sous la suzeraineté de l'archevêque de Vienne. Gui de Clermont, prieur de Saint-Saturnin, de 1300 à 1308, était probablement le fils de Aynard, seigneur de Clermont, vivant en 1261.

Francorum regis, Vicenobrii domini, occasione etiam dictarum questionum ad partes predictas ex parte dicti domini regis destinatum, et ex potestate etiam per partes predictas eidem militi atributa, continens inter cetera quod predicta compositio per venerabilem priorem dominum Abbatem Cluniacensem et suum conventum ratifficari debeat et solemniter approbari. Tandem dicta laudabili compositione in formam publicam per venerabilem et religiosum virum fratrem de Monte Lupello (1), priorem dicti loci S. Saturnini, reverendo in Christo priori domino Henrico, divina miseratione abbati Cluniacensi, presentata et exhibita, ipsoque per prefatum priorem requisito quatenus ipsam ratifficet, approbet et confirmet, ut juxta tenorem ejusdem possit habere et obtinere robur perpetue firmitatis. Idcirco predictus dominus Abbas mandavit et precepit congregari venerabile capitulum Cluniacense; quo demum congregato mandato dicti domini Abbatis ad sonum campane, ut moris est, in loco ubi capitulum fieri consuevit, videlicet venerabilibus viris dominis Johanne, priori majori monasterii Cluniacensis; Gaufrido, cantore et socio in ordine; Giraudo de Ponte de Crollibus, socio in ordine; Petro de Caritate, socio in ordine; Johanne Sancti Sequani, socio in ordine; Guillelmo, sacrista; Guidone, helemosinario; Jaussando, archidiacono; Hugone, custode vini; Jacobo, infirmario; Johanne, granaterio; Guidone, subcamerario; Dalmacio, reficitorio; Odone, socio infirmarii; Bernardo, vestiario; Raynaudo, socio vestiarii; Petro, socio granaterii; Johanne, socio reficitarii; Guichardo, socio helemosinarii; Guichardo, socio hostalerii; Stephano, magistro sex puerorum; Johanne, magistro xii puerorum; Petro, magistro novissiorum; Jacobo de Floriaco; Guillelmo de Lauzana; Hugone Dansiure; Stephano Porterii; Guidone de Castillone; Imberto de Nolhiaco; Guichardo de Mars; Guillelmo de Clun.; Michaele de Clun.; Guillelmo de Sinemuro, Guillelmo de Verzi; Raynaudo de Sansaronicis;

(1) V. plus haut, p. 60.

Guillelmo de Lavardo ; Johanne de Sasera ; Aineo Bretoni ; Johanne de Capella ; Johanne Nicoleti ; Guichardo de la Paniera ; Giraudo de Coyziaco ; Johanne Becheti ; Stephano de Arsingis ; Simone de Capella ; Laurentio de Sancto-Marcello ; Roberto de Saulis ; Guidone de Chinceraco ; Guillelmo de Matiscone ; Guidone de Sancto Severiano ; Petro de Floriaco, seniore ; Johanne Casiaca ; Johanne de Bapalinat ; Johanne de Giasco ; Johanne de Sanay ; Petro de Nogerio ; Matheo de Abbatis Villa ; Bernardo de Lugduno et aliorum capitulum facientium qui numero erant centum sexdecim. Qui predicti domini monachi, diligenti et reiterata computatione et diminuatione, solemne capitulum, juxta juris statuta et mores dicti monasterii, faciebant. Compositio predicta, in formam publicam, prout tenor ejusdem inferius continetur, in dicto capitulo coram predictis domino abbate et fratribus capitulum facientibus, mandato ejusdem domini abbatis clare lecta fuit et explanata ut in ipsa compositione de verbo ad verbum continetur. Qua sufficienter lecta et diligenter intellecta, predicti fratres, ut capitulum et ipsum facientes seu conventum, dictam compositionem ratificaverunt, approbaverunt et laudaverunt, eidem domino abbati ut ipsam compositionem ratificet, approbet et confirmet, voluntatem suam unanimiter, nemine discrepante, prebentes pariter et consensum. Qui predictus venerabilis pater dominus abbas, audita et intellecta compositione predicta, exploratis que votis fratrum predictorum, dictum capitulum facientium ibidem, in presentia predicti capituli seu conventus, dictam compositionem et ordinationem postea factam per nobilem virum dominum Robertum de Ocrea, militem dicti domini regis, senescallum Bellicadri et Nemausi, ex potestate eidem concessa per dictas partes, de quibus potestate et ordinatione tenor inferius est insertus, et etiam omnia et singula que, per ipsum dominum Guillelmum ex potestate sibi retenta vel per dictum dominum Robertum ex potestate eidem concessa a dictis partibus vel etiam attribuenda, declarata sunt vel declararentur, addita sunt vel adderentur, adjuncta sunt vel adjungerentur in compositione predicta, de consensu et voluntate ipsius capituli et conventus seu fratrum predictorum ratificavit, approbavit et confirmavit, et ex certa scientia volens quod de cetero perpetuam obtineat roboris firmitatem. Quas ratificationem, approbationem et confirmationem predictus conventus voluit et consensit; promittens dictus dominus abbas de consensu et voluntate dicti conventus et capituli, pro se et suis successoribus, mihi Raimundo Falconis, notario infrascripto, ut publica persona stipulanti et recipienti nomine et vice universitatis hominum loci predicti Sancti Saturnini et omnium aliorum et singulorum quorum interest vel interesse potest, se perpetuo ratam et firmam habiturum dictam compositionem, et contenta in eadem et que in ipsa contingerit declarari, addi vel adjungi, seu declarata sunt additta vel adjuncta, et se non contra venturum, sub obligatione omnium bonorum dicti monasterii presentium et futurorum. Volens, mandans et requirens de voluntate et assensu capituli memorati, quod de omnibus predictis fiat publicum instrumentum per me notarium predictum, tenore dicte compositionis de verbo ad verbum, ut lecta est, inserto in eodem, et quod predictum instrumentum sigillorum tam dictorum domini Abbatis quam conventus pendentium munimine roboretur.

Acta fuerunt hec omnia supradicta apud Cluniacum, in capitulo monasterii dicti loci, testes ad hec vocati specialiter, presentes infuerunt : magister Hugo Guichardi, judex decanatus Clun. ; dominus Bernardus Mercorii, capellanus ; Johannes de Yssiaco, clericus ; Stephanus de Cocleriis ; Hugo de Scriptorio et Raymundus ypothecarius et ego Raymundus Falconis de S. Saturnino de Portu, publicus domini nostri Francorum regis illustrissimi notarius, qui vocatus predictis omnibus presens fui et de omnibus et singulis supradictis notam recepi, et inde hoc instrumentum publicum scripsi in quinque petiis pergamini annexis, cum in unica petia non posset.

(*Expédition originale en un cahier de papier formé de 14 feuillets de 0m,29 de haut et 0m,21 de large*).

XXVIII. — 9 octobre 1319.

Accord entre le seigneur-prieur Bertrand de la Chapelle et les recteurs Guillaume Artaud et Nicolas Niel, au sujet du presbytère à bâtir au chevet de l'église du Saint-Esprit, sur un terrain acquis de Raymond de Mornas, en 1313, avec le consentement de Jean de Feutriers, jadis prieur. (N° 13, chap. 2) (1).

L'an 1319 et le 9 octobre........ Entre les prieur et recteurs...... les parties voulant venir en paix..... transigèrent comme s'ensuit : en premier lieu, que les recteurs et gens de probité pourroient étendre l'œuvre et hopital commencé et achever la muraille derrière l'église jusques à la première vitre ou première fenestre de la dite église exclusivement, de sorte que lad. fenestre devoit rester dans son entier et lorsqu'on seroit parvenu à lad. fenestre lesd. recteurs pourroient faire battir en droite ligne du costé du mur opposé de lad. Œuvre et encore derrière l'église ou chapelle. Plus, il fut convenu qu'à frais communs et par chacune des parties, par moitié, seroit batti un chef d'église ou presbytaire en la forme qu'il seroit avisé par maitres maçons experts en battisse, dans led. lieu exposé à la vue que lesd. parties disoient ; savoir, que du côté de l'hôpital la muraille, entre le presbytaire et l'hôpital, s'étendroit en droite ligne, du côté du Rhône, jusques au commencement de la rondeur dud. presbytaire, qui seroit d'environ quatre cannes et trois pans. (2)

---

(1) Ce document, lacéré et endommagé par la décoction gallique, ne donnerait qu'une lecture incomplète. Il importe cependant de faire connaître la disposition de l'église du Saint-Esprit et les facilités données aux malades pour l'accomplissement de leurs devoirs religieux ; c'est pourquoi, au lieu d'un texte à demi effacé, on donne la traduction qu'en fit l'archiviste de 1754.

(2) La canne valait 2 mètres ; le pan valait 0^m,24. Voir, au plan annexé au dernier fascicule, la muraille *d. f.* qui a 9 mètres de longueur.

Item, que la première rondeur dudit presbytaire, en commençant à la fin desdites quatre cannes et trois pans, seroit d'environ deux cannes jusques à la fin du presbytaire (1); item, que la fin ou extrémité du presbytaire s'étendroit jusqu'à environ vingt pans de canne (2); item, que l'autre partie de la rondeur dud. presbytaire du côté des rocs aurait environ treize pans de canne (3); item, l'extrémité dud. presbytaire qui devoit se joindre à la chapelle, (4) du côté des rocs, auroit environ vingt pans de canne. (5)

Plus, il fut transigé qu'à ladite muraille, qui devoit s'étendre de ladite fenestre vers le mur opposé, qui devoit être faite aux dépens des recteurs, des biens dud. pont et hôpital, fussent par eux faites les naissances, corbeaux, piliers et autres choses nécessaires pour recevoir et soutenir les voûtes dudit chef ou presbytaire d'église qui devoit être lié à la muraille et y appuyer dessus ; toutes lesquelles choses nécessaires audit presbytaire devoient être faites à frais communs, excepté lad. muraille. Plus il fut convenu que lesd. recteurs et hommes ne pourroient faire aud. mur qu'une seule fenestre convenable, et de la forme cy-après déclarée, par où les pauvres qui seroient audit hôpital et tous autres pussent voir le corps de N.-S. Jésus-Christ lorsqu'on célèbreroit aud. presbytaire; lad. fenestre devant être décemment ferrée, de façon qu'on n'en put rien faire entrer ou sortir, laquelle fenestre seroit fermée de part et d'autres avec une porte de bois, de manière cependant que la porte de bois qui seroit du côté de l'église seroit ouverte par le chapelain ou clerc qui en auroit la

---

(1) De f en g, 3^m, 50.
(2) De g en h, 4^m, 50.
(3) De h en i, 3^m, 24.
(4) L'oratoire primitif, d'après D. Lanteaume (*Histoire de la ville du Pont-Saint-Esprit, Mans*) et D. P. de Clavin (*loco citato*). Dans cette chapelle on voit un bénitier, au rez du sol, en face d'une petite porte donnant sur le Rhône. A notre avis, l'Oratoire serait plutôt au fond de l'église du Saint-Esprit, en k, dans une construction qui présente une large ouverture surbaissée s'appuyant sur un pilier pentagonal.
(5) Ce mur, en réalité, a 5^m, 30.

clef, à l'élévation du corps de N.-Seigneur et la fermer après lad. élévation, laquelle fenestre auroit de six à huit pans de hauteur sur quatre ou cinq de largeur (1). Lesquels recteurs ne pourraient faire aucune ouverture, fenestre et trous dans la muraille de l'église, mais bien du côté de l'hôpital, pourvu toutefois que du côté de l'église la muraille ne fut percée en aucune façon. Plus il fut transigé et accordé que le restant dud. bien derrière led. presbytaire appartiendra à l'Œuvre dudit pont et hôpital en seul et sans que led. prieur y eut rien à prétendre, de sorte que l'endroit le plus étroit, il y auroit au moins l'espace de quatre pans, qui y seroient laissés par les maçons dud. presbytaire, jusque au ferme du fondement de la muraille y faite, dans lequel espace il y auroit un chemin, passage et entrée de l'hôpital, à l'entour dud. presbytaire, et pour la place qui joint l'église à l'opposite dud. presbytaire, en ajoutant que lesd. recteurs et hommes pourroient augmenter led. chemin du côté du Rhône avec des corbeaux ou autrement, comme ils verraient être plus nécessaire, et couvrir led. chemin ou autrement l'accommoder, comme ils l'aviseroient, et de fonder, appliquer et appuyer sur led. presbytaire lad. couverture, de façon cependant qu'on ne put s'en servir pour un chemin et y faire aucun élevement qui put ôter la vue et la clarté de l'église et presbytaire, ou autrement que l'hôtel de lad. église ou presbytaire en put souffrir (2) ; convenant et déclarant

---

(1) On voit la trace de cette fenêtre, aujourd'hui murée, dans la grande casemate comprise dans le bastion n° 1 (bastion Saint-Michel), pour la construction de laquelle on utilisa trois murs (nord, ouest et sud) du grand hôpital des pauvres passants. A l'opposé de cette fenêtre, dans le mur septentrional du presbytère, la fenêtre correspondante subsiste ; on la voit, intacte, du côté de la chapelle latérale ; l'arc, en anse de panier, est orné de belles guirlandes de choux frisés courant entre des tores que portent des colonnettes à chapiteaux fleuris.

(2) Ce chemin couvert fit place à trois petites pièces bâties, au XVIe siècle, au chevet de l'église du Saint-Esprit ; la forme pentagonale du mur extérieur a été conservée par le constructeur de la citadelle qui donna au bastion n° 1 une disposition très forte pour défendre le passage sous le pont Saint-Esprit, alors que les armes à feu avaient une petite portée.

lesd. parties que le chemin par où on iroit de l'hôpital aux rocs (1) auroit de hauteur douze pans de cannes ou environ, à compter du sol du presbytaire, qui seroit couvert, appuyé ou affermi contre led. presbytaire comme ci-dessus est dit, et au-dessus des douze pans de hauteur seroient fait les vitrages dud. presbytaire tant au chef qu'aux côtés, comme ils seroient plus commodes. A quoi faire lesd. recteurs de l'Œuvre et hommes ne donneroient ni permettroient être donné aucun empêchement; lesd. recteurs disant que la place où le dit presbytaire devoit être bâti appartenant à lad. Œuvre du pont et hopital, lesd. parties convinrent que la place appartiendroit à l'avenir à ladite église pour bâtir le presbytaire.

De sorte que le prieur et couvent, lesd. recteurs et hommes n'auroient pas plus de droits sur led. presbytaire qu'ils n'en avoient sur lad. Eglise et chapelle... Led. presbytaire et le lieu désigné seroit à l'avenir et à perpétuité unis à lad. chapelle et église ; et afin que l'Œuvre qui devoit être bâtie ne resta longtemps en suspens, il fut convenu et accordé entre parties que led. chef d'église ou presbytaire seroit construit, à frais communs, dans dix années prochaines..... Il fut encore convenu que le chapelain ou clerc qui seroit établi pour avoir le régime de lad. chapelle ou église prêteroit serment d'être exact d'ouvrir lad. fenestre à l'élévation.. . . . .

Cumque vero prefati rectores et plures alii probi viri, pro se et aliis dicte ville, prefato priori supplicarent quod ipse, pro utilitate et necessitate operis ipsius et dicte ville ac sibi ipsi et ecclesie sue, vellet duas sextariatas terre, si et quando eas inveniret ad vendendum in loco prefato, priori non oneroso nec alias dampno, concedere et armortizare pro cymeterio faciendo, cum in cymiterio quod habent juxta ecclesiam omnia corpora mortuorum sine infectione ville non possint comode sepeliri. Prefatus vero prior volens agere liberaliter cum eisdem et favore prosequi, graciose concessit eis quod, prehibita voluntate

---

(1) V. p. 80, note 1.

reverendi patris domini Abbatis Cluniacensis, eorum supplicationem super hoc exaudiret; ita tamen quod prejudicium sibi vel prioratui suo propter hec nullatenus inveniretur et quod ipsum cymiterium dicatur et sit cymeterium ipsius ecclesie S. Saturnini et commune totius ville in quo sepeliri valeant tam pauperes utriusque hospitalis quam divites et alii qui in eodem eligunt sepulturam, et quod ejusdem juris et ejusdem conditionis sit et censeatur, sicut est cymiterium antiquum, et quod, tam supra funeralibus quam supra quibuscumque aliis juribus per dictum priorem et conventum recipiendis, idem habeant quod habent et habere consueverant in antiquo cymiterio supradicto, nec ad alios vel aliorum religiosorum usus transferre valeant dictas duas sextariatas terre cymiterio concedendas; et quod corpora illorum qui in predicto cymiterio sepelirentur ad ecclesiam S. Saturnini primitive deportentur et ibi recipiant ultimum vale,.. sicut est in alio cymiterio dicte ville fieri consuetum.... Illa vero, que pro consecratione seu benedictione vel clausura seu aliis necessariis prefati cymiterii fuerint opportuna, fieri debent expensis rectorum et hominum predictorum. In platea vero que est alio lateri ecclesie, inter predictam ecclesiam et los derrocx (1) et aquam Rodani, dicti

---

(1) Ces deux mots appartiennent au dialecte languedocien. Le premier vient directement du roman : *los*, article, masc. plur. ; le second a pour racine le roman *derrocar, desrocar, derocar, darrocar, derochar*, et en remontant au bas latin *dereccare* signifiant dérocher, renverser des pierres, démolir. On doit traduire *los derrocx* par ruines ou renversement de pierre, ce qui s'entend, ici, ou des maisons ouvrières abandonnées depuis l'achèvement du pont, ou de la carrière, pleine de débris de rochers, à laquelle on appuya l'église du Saint-Esprit. Le feudiste Bernard traduisit tout simplement par : *les rochers*, comme on l'a vu à la page précédente.

Au sud-est de la carrière, et vers la ville, s'étendaient les Calquières, (en bas-lat. *Calquarie* (Voy. n° X); en languedoc., *caoukiéro;*) ainsi appelées à cause des nombreuses tanneries bâties en cet endroit.

L'agrandissement de la citadelle, en 1621, fit disparaître les dernières. Avant le nivellement des fossés sur lesquels s'étend la place du Plan, on y voyait encore des fosses à tan abandonnées.

rectores et homines edificare libere poterunt ad opus hospitalis domos, officina et alia que dicto hospitali.... videbitur faciendum ; nec supra eis dictus prior impedimentum (facere poterit)..... Acta fuerunt hec in monasterio S. Saturnini predicto, in capitulo. Testes ad hoc vocati interfuerunt : D. Rodulphus de Bezornayo, monachus, procurator ordinis Cluniacensis in romana curia, D. D. Petrus Rochi, Bernardus Donadei, Johanes de Podioleno, Guillelmus Orioli et Poncius Dalmatius de S. Saturnino et magister Raymundus Falconis de S. Saturnino, publicus domini regis et domini prioris S. Saturnini notarius, qui de predictis notam recepit ; vice cujus et mandato, ego Poncius Nazari, clericus de eodem loco, notarius juratus dicti magistri, de dicta nota non cancellata in duabus peciis pergamini hoc instrumentum extraxi ; ego vero, idem Raymundus Falconis, publicus notarius, huic instrumento publico subscribo et signum meum appono in fidem et testimonium premissorum.

(*Expédition originale sur parchemin mesurant* 1ᵐ, 20 *de haut et* 0ᵐ, 45 *de large.*)

XXIX. — 6 mai 1327.

Le Sénéchal de Beaucaire déclare avoir assisté à la reddition des comptes des recteurs. — (Nº 3, chap. 23).

Anno ab Incarnatione Domini Mº CCCº XXVII, scilicet die sexta mensis maii, regnante domino Carolo, Dei gratia Francorum et Navarre rege illustrissimo. Notum sit cunctis, presentibus pariter et futuris, quod nobilis et potens vir dominus Hugo Quiereti, miles domini nostri regis, senescallus Bellicadri et Nemausi, ad petitionem et requisitionem Simonis Johannis et Petri Artaudi, qui fuerunt rectores, anno preterito, pontis et hospitalis S. Saturnini, confessus fuit et recognivit quod ipse dominus senescallus audivit computum ab eisdem Simone et Petro de S. Saturnino, tunc rectoribus dictorum pontis et hospitalis, computum per eosdem redditum de receptis positis et expensis per eos factis tempore quo ipsi rectores fuerunt pontis et hospitalis predictorum, absque vadiis et expensis secundum formam mandati regii super hoc emanati. De quibus omnibus supradictis, predicti Simon Johannes et Petrus Artaudi petierunt eis fieri publicum instrumentum per me notarium infrascriptum ; quod dictus dominus senescallus fieri voluit et concessit. Actum fuit hoc apud Sanctum Saturninum, in hospitio Petri Egrini. Testes ad hoc interfuerunt : Guillelmus Artaudi, dominus Petrus Milonis, jurisperitus, et Johannes de Ulmis, de S. Saturnino, et ego Raymundus Falconis, de S. Saturnino, publicus domini Francorum et Navarre regis et domini prioris S. Saturnini notarius, predictis omnibus presens fui et ad requisitionem predictorum Simonis et Petri hoc instrumentum publicum scripsi et signo meo solito signavi.

(*Original sur parchemin de* 0m, 25 *de haut et* 0m, 18 *de large*).

XXX. — 18 mars 1347.

Transaction entre les recteurs de l'Œuvre du Saint-Esprit et le recteur de l'hôpital de Notre-Dame-de-la-Pierre, au sujet de l'hospitalité incombant à chacun d'eux. — (N° 14, chap. 2).

Anno Domini M° CCC° XXXXVI et die decima octava mensis martii, serenissimo principe domino Philippo, Dei gratia rege Francorum, regnante. Cum questio seu questionis materia esset et major in futurum esse speraretur inter Johannem de Ulmis, Guillelmum Natalis et Guillelmum Hugolenti de S. Saturnino de Portu, Uticensis diocesis, rectores, gubernatores et administratores operis mirifici et preciosi pontis et hospitalis S. Spiritus dicti loci S. Saturnini, ex una parte, et dominum Johannem de Aula, presbyterum, rectorem, gubernatorem et administratorem hospitalis Beate Marie de Petra (1), dicti loci S. Saturnini, nomine dicti hospitalis, ex parte altera, super eo videlicet quod prenominati Johannes de Ulmis, Guillelmus Natalis et Guillelmus Hugolenti, rectores dicti pontis et hospitalis, dicebant et asserebant quod dictus dominus Johannes de Aula in dicto hospitali B. Marie de Petra non faciebat hospitalitatem quam debebat pauperibus Christi, venientibus et declinantibus in ipso hospitali B. Marie de Petra, et quod ipsi predicti rectores hospitalis S. Spiritus erant nimis gravati, onerati ac etiam damnificati propter copiam et multitudinem pauperum declinantium et venientium in dicto hospitali S. Spiritus, et puerorum qui in ipso hospitali adducebantur, et mulierum que in ipso hospitali jacebant in puerperio, et predictus dominus Johannes de Aula secundum redditus et obventiones dicti hospitalis de Petra debebat suportare, pro rata, partem suam dicte hospitalitatis in dicto hospitali de Petra ; dicto domino Johanne de Aula, contrarium dicente et asserente quod ipse est in dicto hospitali de Petra nunc agravatus et oneratus propter multitudinem pauperum in eodem hospitali venientium et declinantium, attentis facultatibus dicti hospitalis de Petra, plus quam sunt dicti rectores dicti hospitalis S. Spiritus, et quod est super hoc hospitali de Petra providendum.

Tandem prenominati...... volentes, ut dicebant, dicte partes dictam questionem ad pacem et concordiam devenire, reducere et ei finem imponere, et dubia dicte questionis declarare ac sumptus et expensas, que occasione

---

(1) Cet hôpital, le plus ancien des hôpitaux de Saint-Saturnin-du-Port, de fondation bénédictine, était situé au midi du prieuré entre le port de Rivière et la place du Marché. Le vocable de N.-D.-de-la-Pierre lui venait d'une statue, placée à la porte de l'établissement : la Vierge portant l'enfant Jésus sur le bras gauche et dans la main droite une pierre. Longtemps on a cru que ce groupe, aujourd'hui à l'hospice Saint-Louis avec la petite fortune de l'hospice seigneurial, provenait du chantier du pont. Cette opinion a été contestée dans *Origine et véracité des notes et documents pour servir à une histoire de la ville du Pont-Saint-Esprit*. L. B.-R., Avignon, 1888.

dicte questionis fieri possent per dictas partes, evitare ; super dicta questione et dependentibus et emergentibus ex eadem, tractantibus et intervenientibus religioso viro domino Guillelmo de Planis, monacho Cluniacense, priore Sancti Petri de Chodons (1), procuratore generali venerabilis et religiosi viri domini Gasberti de Syra (2), prioris S. Saturnini de Portu, et Rostagno Donadei, syndico universitatis dicti loci, amicis communibus dictorum partium, ut dicebant, presentibus etiam et volentibus ac consentientibus, dicto domino procuratori, dominis Bertrando Palerio, sub priore dicti monasterii, Raymundo de Fulcone, hospitalerio monasterii antedicti, et Stephano de Jeloniaco, pitancerio dicti monasterii, convenerunt et transigerunt et conventionem et transactionem (fecerunt), juramento vallatas, dicte partes, pro utilitate et comodo dictorum hospitalium, et pro provisione dictorum pauperum in eis deinceps declinantium, ut sequitur infrascriptum.

In primis siquidem, quod hospitale de Petra debeat et teneatur facere quartam partem hospitalitatis pauperum declinantium et venientium in dicto hospitali S. Spiritus, tam in eo in infirmitate jacentium, et puerorum qui projiciuntur in dicto hospitali S. Spiritus et mulierum jacentium in puerperio ; inclusis, in dicta quarta parte, pauperibus declinantibus et venientibus in dicto hospitali de Petra et dictorum puerorum (3) qui in dicto hospitali de Petra projiciuntur et mulierum venientium causa jacendi in puerperio ; sic quod deinceps dicti rectores pontis et hospitalis S. Spiritus subportent, nomine dicti hospitalis, tres partes dicte hospitalitatis, et dictus rector, qui nunc est et qui pro tempore fuerit dicti hospitalis de Petra, quartam

(1) C'est encore une forme corrompue du nom primitif du prieuré de Laudun, voy. p. 7, note 4.

(2) Gasbert de Syra, que Lauteaume et Pinière de Clavin appellent Gasbert de Serre, conformément à une deuxième expédition de l'acte cidessus, succéda à Guillaume de Poitiers, en 1335, et tint le prieuré jusque vers 1359.

(3) Solécisme déjà relevé à la page 27.

partem dicti hospitalitatis pauperum, puerorum et mulierum predictorum ; et pro dictis partibus in dictis hospitalibus recolligantur et eis provideatur juxta dictum numerum in dictis hospitalitatibus pro partibus supradictis bene et sufficienter.

Item, convenerunt et transigerunt et conventionem et transactionem fecerunt dicte partes, juramento vallatas, sibi ad invicem et vicissim, quod dicti rectores dicti hospitalis S. Spiritus, qui nunc sunt et qui pro tempore fuerint, debeant et teneantur tenere januas apertas ejusdem hospitalis, causa recoligendi pauperes, de hora vesperorum usque ad Ave Maria, qualibet die, sine fraude. Et hoc illud idem facere teneatur et debeat dictus rector hospitalis qui nunc est et qui pro tempore fuerit.

Item, convenerunt et transigerunt ad invicem dicte partes quod de pauperibus, quantum erit possibilitas cuilibet hospitalium predictorum, de pauperibus transcuntibus, declinantibus, causa cubandi in hospitalibus predictis.

Item, convenerunt quod si, super numero et forma predictis dicte hospitalitatis faciendo in dictis hospitalibus pro predictis partibus, et juxta dictum modum, deinceps oriretur inter dictas partes questio , quod super hoc stent et stare debeant ordinationi vicarii vel secundarii ecclesie parrochialis S. Saturnini, qui nunc sunt vel qui pro tempore fuerint, ad finem quod semper servetur presens transactio..... Et pro partibus predictis onus dicti hospitalitatis in dictis hospitalibus supportetur, et quod tunc dictus vicarius vel secundarius, si necesse fuerit, vocet seu vocare debeat super predictis ad reducendum ad presentem transactionem de probis hominibus dicti loci S. Saturnini causa decidendi questionem oriendam.

Item, convenerunt et transigerunt dicte partes quod cum predictis supra per dictas partes inter eas vicissim conventis et transactis sit deinceps amor perpetuus , pax et finis de questione supradicta ; nisi dubium aliquod super presenti transactione oriretur, quod illud dicti tractanctes possint terminare et declarare ad eorum voluntatem. Promittentes sibi ad invicem dicte partes quod omnia et singula, in hoc presenti publico instrumento contenta, rata, grata et irrevocabilia habebunt, servabunt, sibi ad invicem perpetuo, et tenebunt, et contra nunquam venient, aliquo jure seu aliqua ratione ; Promittens insuper dictus Johannes de Aula, rector et gubernator dicti hospitalis de Petra quod predicta omnia, in hoc presenti instrumento contenta, laudare, ratificare, emologare et confirmare faciet per venerabilem et religiosum virum dominum Gasbertum de Syra, priorem S. Saturnini, ad simplicem requisitionem dictorum rectorum et gubernatorum dicti hospitalis S. Spiritus qui nunc sunt vel qui pro tempore fuerint. Promittentes etiam dicte partes....... quod non dixerunt neque fecerunt in preteritum, non facient neque dicent in antea, aliquid propter quod predicta omnia et singula minorem obtineant perpetuam firmitatem..... promiserunt et juraverunt ad sancta Dei evangelia per dictas partes et eorum qualibet corporaliter tecta gratis. Volentes et concedentes.... quod ego Guillelmus Nicolay, notarius publicus regius infrascriptus, possim et valeam de predictis omnibus et singulis, dictis partibus et earum cuilibet, facere et reficere publicum instrumentum et publica instrumenta, et illud vel illa corrigere et emendare semel et pluries licet in judicio productum seu producta fuerint....... De quibus omnibus et singulis supradictis quelibet partium petiit sibi fieri publicum instrumentum et publica instrumenta... Acta fuerunt hec apud S. Saturninum de Portu, in monasterio dicti loci, testibus presentibus, vocatis et rogatis, Domino Petro Milonis, jurisperito, Bernardo Rebulli, Pontio Hupegue, Bartholomeo de Genaco alias Corteti, Bernardo Beringarii, Saturnino Nazari, Rostagno Coffenatii dicti loci S. Saturnini et magistro Guillelmo Nicolay, auctorite regia notario publico quondam, qui de predictis notam recepit. De qua nota, morte perveniente, nullum potuit extrahere instrumentum. Post cujus vero mortem, ego, Petrus Leonis, notarius regius publicus, de nota prefata, licentia et mandato magistri Adhemari de Sancto Ulso, cui note, protocolla et cartularie notariorum regiorum defunctorum senescallie Bellicadri et Nemausi per magestatem regiam sunt collate, hoc instrumentum publicum, propria manu mea, extraxi, scripsi et grossavi et signo meo signavi...

(*Expédition originale, sur parchemin de 0m90 de haut et de 0m,45 de large*).

XXXI. — 12 décembre 1362.

Lettres-patentes de Jean le Bon, roi de France, ordonnant au sénéchal de Beaucaire de veiller sur l'œuvre du Saint-Esprit. — (N° 1, chap. 4.)

Johannes, Dei gratia Francorum rex, senescallo Bellicadri aut ejus locumtenenti, salutem. Universitas S. Saturnini de Portu et rectores operis pontis et hospitalis S. Spiritus nobis significare curaverunt quod cum dudum inter priorem dicti loci et rectores dicti operis, qui tunc erant, fuerit concordatum ut capella S. Spiritus edificaretur de oblationibus pervenientibus ad dictam capellam, communibus eidem priori et rectoribus pro dicto ponte, quod quidem accordum promiserunt tenere ac inviolabiliter observare, temporalitatem suam, quoad hoc, jurisdictioni et cohercitioni curie nostre senescalli Bellicadri specialiter obligando, prout per publicum instrumentum regium dicitur apparere ; nichilominus prior modernus dicti prioratus aut sui deputati, scientes quod dicti .... propter factum inimicorum nostrorum qui nuper dictum locum S. Saturnini occupaverunt, dictum instrumentum super dicto accordo factum perdiderunt, recusant predictum edificium operari, allegantes conventionem factam super hoc non esse confirmatam per abbatem Cluniacensis, licet dictum opus jam fuerit inchoatum per predecessores priores ejusdem ad honorem S. Spiritus et beati Ludovici, ad quorum laudem et reverenciam altaria debent in dicta capella ordinari ; supplicant ut super hiis velimus sibi providere de remedio opportuno.

Quare nos, eorum supplicationi favorabiliter annuentes, vobis mandamus quatenus, si per regestra notarii qui dictum instrumentum recepit aut alias legitime, vocatis evocandis, vobis constiterit de premissis, dictum priorem ad tenendum dictum accordum viis et juris remediis compellatis, nec permittatis dicta emolumenta et obventiones in alios usus quod in edificatione operis predicti converti quoquomodo contra formam dicti accordi, sed quidquid contrarium factum fuisse inveneritis ad statum pristinum et debitum reducatis aut faciatis indilate reduci, litteris subrepticiis in contrarium impetratis aut impetrandis non obstantibus quibuscumque.

Datum apud Villam-novam prope Avenione, XII die decembris, anno Domini millesimo tricentesimo sexagesimo secundo. In requestis hospitii : Groelle.

(*Vidimus de diverses chartes, daté de 1434, sur trois peaux de parchemin de 1m, 10 de haut et 0m, 60 de large ; sceau ovale du prévot de Sisteron.*) (1).

XXXII. — 29 juillet 1363.

Partage des offrandes de l'Oratoire entre le seigneur-prieur de Saint-Saturnin et les recteurs de l'Œuvre du Saint-Esprit. — (N° 16, chap. 2). (2).

In nomine Domini nostri Jesu Christi, amen. Anno Incarnationis Ejusdem millesimo tricentesimo sexagesimo tertio et die vicesima nona mensis Julii, domino Johanne,

---

(1) L'authenticité du vidimus est indiscutable. Toutefois, on observera que ce recueil, destiné à provoquer la charité des fidèles des Basses-Alpes, publie tardivement et clandestinement une charte susceptible de contradiction de la part des bénédictins de Saint-Saturnin-du-Port. Elle émanait bien du roi Jean qui signa à Villeneuve-les-Avignon un nombre prodigieux de placets, sous forme de lettres patentes, mais l'absolue véracité de celles-ci est mise en doute par le document, de première main, qu'on lit ci-après.

(2) L'objet principal de cet instrument marquait sa place au *livre quatrième* du cartulaire. Par ses détails, il appartient au *livre premier* où il comble une lacune considérable laissée par les évènements du XV° siècle.

Dei gratia Francorum illustrissimo rege regnante, et etiam reverendo in Christo patre et domino domino Petro (1), miseratione divina diocesis Uticensis Episcopo, sedente. Noverint universi et singuli, presentes et futuri, quod cum dudum inter reverendum patrem in Christo dominum Stephanum de Vassinhaco, (2) priorem tunc prioratus S. Saturnini de Portu, diocesis Uticensis, nunc episcopum Vabrenensis, (3) et conventum dominorum monachorum monasterii dicti prioratus, ex una parte, et discretos viros Dragonetum Rochi et Petrum Ancellac, (4) rectores operis pontis et hospitalis S. Spiritus ejusdem loci, et syndicum universitatis ipsius loci, nomine dicti operis, ex altera, certe transactiones et conventiones facte fuerint super constructione et edificatione presbiterii capelle S. Spiritus, et super modo solvendi sumptus et expensas impendendos in opere ejusdem, et super continuatione et consummatione operis presbiterii, ac super habitatione et perceptione emolumentorum que tunc extabant et pervenerant ad dictam capellam et que in futurum pervenirent. In quibus si quidem transactionibus canetur inter cetera : quod omnia emolumenta que tunc extabant inter ipsum dominum priorem seu ejus procuratorem, ex una parte, et dictos rectores, nomine dicti operis pontis et hospitalis, ex altera, communiter dividerentur, sic quod quelibet ipsarum partium partem mediam haberet ; et quod inde dictum opus presbyterii extimaretur vel ad pretium factum daretur aliquibus magistris in talibus expertis, et quod pretium hujus estime seu pretii facti solveretur de omnibus emolumentis pertinentibus ad dictam capellam, que omnia in solutione dicti pretii omnino converterentur ; et

---

(1) Pierre d'Aigrefeuille, évêque d'Uzès (1357-1365).

(2) Etienne de Vassignac, prieur de 1359 a 1362.

(3) Vabres, autrefois le siège d'un évêché, aujourd'hui chef-lieu de canton dans le département du Tarn.

(4) Pierre Ancellac et Dragonet Roch furent syndics de la ville, le premier en 1362, le second, en 1371. Ils s'efforcèrent de remédier aux malheurs qui frappaient leurs concitoyens. (B.-R. *La guerre au tour du Pont-Saint-Esprit*, Avignon, Seguin, p. 16 et 24).

quod predictus dominus prior faceret ratificare et confirmare omnia et singula in dictis transactionibus contenta per reverendissimum patrem in Christo abbatem Cluniacensis et ejus conventum Cluniacensis ; et donec eas ratificasset dicta emolumenta tunc extantia et que dividi debebant, ut est dictum, in sequestro permanerent, et prout predicta omnia et singula sic et plenius continentur et expressantur in quadam nota seu instrumento recepta seu recepto per me Pontium Columbi, notarium publicum infrascriptum, et per me magistrum Guillelmum Nazari, notarium dicti loci, sub anno Domini M° CCC° sexagesimo secundo et die nona mensis junii.

Nunc quia venerabilis et religiosus vir dominus Johannes de Castro Veteri, prior Beate-Marie Aregrandis (1), vicarius generalis reverendi patris domini Deodati de Viridiscico, prioris nunc (2) dicti prioratus loci S. Saturnini predicti, asseret, sua bona fide, supplicationem fuisse redditam domino nostro Pape, pro parte dicti domini prioris, et per dictum dominum nostrum Papam fuisse concessam et signatam, more solito quo idem dominus noster Papa confirmat et approbat et gratas habet transactiones predictas, et crederet litteras pro dicta confirmatione jam fuisse bullatas, et sic predicte transactiones non indigent confirmatione dicti domini abbatis Cluniacensis , ex quo per dictum dominum Papam sunt confirmate. Et ex hoc idem dominus vicarius, nomine dicti domini prioris , a discretis viris Rostagno Donadei, Petro Rebulli et Petro Hospitalis , nunc rectoribus dicti operis pontis et hospitalis, postularet quod dicta emolumenta, que tempore dictarum transactionum extabant et que adhuc esse dicuntur in sequestro, inter se dividerent ut ipse, nomine dicti prioris, partem suam habere valeat, et ipsi rectores aliam medietatem percipiant eorumdem ; et nichilominus de aliis emolumentis, que ex tempore dicte transactionis citra eidem

(1) Lagrand, commune du canton d'Orpierre, Hautes-Alpes. A la demande de Jean de Chateauvieux, le 6 décembre 1365, Urbain V tira le monastère de N.-D.-de-Lagrand de l'obédience d'Aquapendente (Italie) et le soumit à Cluny.

(2) Dieudoné de Vertsee, prieur, depuis 1362 jusqu'à son élévation sur le siège de Castres, en 1384.

capelle pervenerint, velint et dignentur concedere quod idem dominus prior habeat et percipiat aliquam portionem licet in solutione dicti pretii facti converti deberent, juxta formam transactionum prediclarum, maxime cum dictum opus dicti presbiterii nondum datum fuit ad pretium factum seu alias estimatum nec in eo aliquid operetur. Et ex eo etiam quia idem dominus prior indigens est et non potest, bono modo, suportare onera dicti sui prioratus, propter necessitatem urgentem tam pro reparationibus necessariis domorum dicti prioratus, in parte ruinatarum, quam pro provisione prestanda dominis monachis et aliis personis residentibus in conventu et domo monasterii dicti loci, quam etiam pro cultura facienda in prediis dicti monasterii, cur careat animalibus opportunis et aliis redditibus de quibus onera dicti prioratus et monasterii solebant substentare; et maxime etiam quia ipse dominus vicarius, nomine dicti domini prioris, paratus est et se paratum obtulit rattificare et confirmare omnes transactiones predictas et omnia et singula in eis contenta, et habere confirmationem a dicto domino nostro Papa jam concessam, ut est dictum... Hinc fuit et est quod, hac die presenti, predicti Rostagnus Donadei, Petrus Rebulli, Petrus Hospitalis, rectores dicti operis pontis et hospitalis, bona fide et sine dolo, in aliquo non errantes, ut dicebant, considerantes necessitates per dictum dominum vicarium propositas et affectionem quam dictus prior gerit erga opus predictum, nec non et dictam et confirmationem quam procuravit et procurat habere a dicto domino nostro Papa; moti etiam compassione et affectione quam habent erga dictum dominum priorem et ejus monasterium et ob amorem quem gerunt erga eum et dictum dominum vicarium cui, ob ejus contemplationem, pluribus de causis justis et rationabilibus sunt parati in suis necessitatibus, in quantum possunt, subvenire, de etiam consensu, ut dicunt, certorum proborum virorum dicti loci quos pluries in hiis consultaverunt, ut asserebant; consentierunt predicti rectores, nomine dicti operis pontis et hospitalis et voluerunt ex certa scientia..... quod dictus dominus prior.....

habeat et recipiat medietatem dictorum emolumentorum que extabant tempore transactionum predictarum et ipsi rectores..... habeant aliam medietatem eorumdem. Et voluerunt et consentierunt quod alia emolumenta que, a tempore dictarum transactionum citra, pervenerunt ad dictam capellam, quoquomodo, dividantur in duas partes, et quod de una parte dictus dominus vicarius, nomine dicti domini prioris, medietatem, que erit quarta pars ipsorum emolumentorum, habeat et recipiat, et ipsi rectores habeant et recipiant aliam medietatem que erit alia quarta pars eorumdem. Aliam vero partem ipsorum emolumentorum voluerunt reponi et restare in communi convertendam et ponendam in opere presbyterii antedicti, una cum omnibus et singulis aliis emolumentis inde in antea pervenientibus quomodolibet et quomodocumque ad dictam capellam, juxta formam et tenorem transactionum predictarum. Ita tamen et taliter quod dictus dominus vicarius, nomine dicti domini prioris, dictas transactiones ratificet et dictam confirmationem a dicto domino nostro Papa factam, ut asseruit, procuret habere (1)...

Ipse, inquam, dominus vicarius... publicum instrumentum de dictis transactionibus... ratificavit, approbavit et amologavit ac confirmavit..... et omnia et singula, in eis et in dicta nota ac in hoc publico instrumento contenta nichilominus approbare et confirmare faciet et facere

---

(1) Suit la procuration du prieur à son vicaire, en date du 19 juin 1363.... « ad dandum, prestandum et faciendum, ac recognoscendum, dicti domini constituentis nomine, quodcumque homagium et fidelitatis juramentum que idem dominus prior et sui predecessores, et dictum monasterium, prestare et facere consueverunt domino nostro Pape seu domino rectori comitatus Veneycini, ratione jurisdictionis castrorum, S. Pantaleonis et de Roseta (S. Pantaléon et Rousset, près Valréas, Vaucluse) et aliorum locorum et jurisdictionum suorum et dicti sui monasterii, nec non et quecumque homagia et fidelitatis juramenta a quibuscumque vassalis et subditis dicti sui monasterii... et omnia alia universa et singula faciendum..... Acta fuerunt hec Avinionensi, in hospitio habitationis rever. in Christo patris et domini D. Stephani cardinalis Carcassonensis, presentes... et ego G. de Luco, clericus Bituricensis diocesis, publicus apostolica auctoritate notarius. »

— 93 —

promisit per dictum dominum priorem... et predicta omnia per eum promissa, facere, complere et observare... promisit et contra ea seu aliqua non venire, aliquo jure seu aliqua ratione, juravit, ad sancta Dei evangelia, manum suam ponendo supra pectus suum, more sacerdotali.

Et incontino, apportatis ibidem emolumentis predictis consistentibus in pecunia, tam illis que extabant tempore dictarum transactionum quam illis que ex post usque nunc obvenerunt ex dicta capella, et ipsis numeratis ac ponderatis et sortitis cum statera et balança et marcha billoni singulare et sigillatum prout numerare....., ponderare et sortire debuerunt et potuerunt ac ipsis etiam divisis prout dividi debebant juxta modum predictum (1).

Prefatus dominus vicarius, nomine dicti domini prioris, habuit et recepit..... summas et quantitates pecuniarum infrascriptas. Et primo, de emolumentis que extabant tempore dictarum transactionum (2) habuit et recepit, pro parte media dicto domini priori pertinente (3) de eisdem, quantitatem ponderantem in moneta nigra : triginta et septem marchas et sex uncias et tres quartos uncie (4); item, de pecunia obventa ex cerea : sexaginta florenos aurei, boni ponderis (5); item, in moneta alba,

---

(1) La valeur des espèces partagées serait d'une appréciation facile si on connaissait: 1° le poids du marc d'argent fin adopté pour la distribution, 2° le titre des monnaies, 3° la taille ou nombre de pièces tirées d'un marc. En l'absence de ces renseignements, nous donnerons une évaluation, toute hypothétique, basée sur le prix actuel de l'argent monnayé, sans tenir compte de la dépréciation subie par l'argent fin depuis trente ans.

(2) *Partage des sommes recueillies à l'Oratoire, avant le 9 juin 1362.*

(3) Au prieur,

(4) 37 marcs, 6 onces 3/4 de billon (étant donnés les *Petits tournois*, au titre 2 deniers, à la taille 210, en 1363, qui valaient intrinsèquement 4 centimes 137 l'unité ou 8 fr. 70 le marc de Paris) avaient une valeur intrinsèque de........ 329 19

(5) 60 florins provenant de la quête de la cire, valeur intrinsèque........................... 802 80

A reporter..... 1.131 99

quantitatem ponderantem : decem marchas (1) ; item, unum florenum auri, boni ponderis (2), et ulterius, octo grossos et dimidium argenti (3).

Dicti vero rectores, nomine dicti operis pontis et hospitalis, de predictis emolumentis et pro parte media eorum, habuerunt et receperunt tantumdem (4), in presentia mei notarii et testium infrascriptorum.

De emolumentis autem provenientibus a tempore dictarum transactionum citra (5), predicti dominus Vicarius et rectores voluerunt partem mediam poni et restare in communi convertendam in opere presbyterii ante dicti (6), una cum omnibus et singulis aliis emolumentis que inde in antea pervenient quomodolibet et quomodocumque ad dictam capellam, juxta modum et formam transactionum predictarum ; quam partem mediam voluerunt per dictum Rostagnum Donadei teneri et custodiri donec convertantur in opere supradicto. Pro qua medietate (numerata).... ponderata et sortita, idem Rostagnus Donadei habuit et recepit, in presentia mei : Primo, in moneta nigra quantitatem ponderantem : Viginti et duas marchas et dimidia (7) ; item, in moneta alba : quinque marchas et dimidia (8) ; item, in auro : Viginti francos auri domini nostri Francorum regis (9) ; item, tres florenos auri (10) ; item,

Report.........	1.131 99	
(1) 10 marcs d'argent le roi, valeur intrinsèque	550 00	
(2) 1 florin d'or, —	13 38	
(3) 8 gros, 1/2 d'argent, —	5 36	
Soit la part du prieur......................	1.700 73	ci 1.700 f. 73
(4) Et la part des recteurs................	1.700 73	1.700 f. 73
(5) *Partage des sommes recueillies depuis le 9 juin 1362.*		
(6) 1° La moitié réservée pour l'œuvre du presbytère :		
(7) 22 marcs 1/2 de billon, valeur intrinsèque.	195 75	
(8) 5 marcs 1/2 d'argent le roi, —	302 50	
(9) 20 francs d'or, —	267 00	
(10) 3 florins d'or, —	40 14	
A reporter.....	805 99	3.401 f. 46

unum scutum novum ; item, duos regales auri ; item, unum mutonem, et ulterius, etiam unum francum auri dicti domini nostri regis (1). Quam medietatem dictus Rostagnus Donadei reposuit in quodam saculo lineo, amotis et levatis de ipsa medietate quinquaginta florenis auri, boni ponderis seu eorum valore, pro quadam quantitate calcis dudum empta pro opere presbyterii antedicti (2) ; et ipsis quinquaginta florenis levatis, idem Rostagnus Donadei saculum ligavit et inde dictus dominus vicarius ipsum suo sigillo sigillavit. Quo sigillato, idem Rostagnus ipsum recepit et habuit et penes se retinuit in comandam cum quantitatibus pecuniarum repositis in eodem.

Qua quidem medietate pro dicto opere recepta per dictum R. Donadei, dominus Vicarius et rectores aliam medietatem (3) sive partem inter se diviserunt. De qua dictus vicarius, nomine dicti prioris, recepit (4) in moneta nigra quantitatem ponderantem : undecim marchas et duas uncias (5) ; item, in moneta alba : duas marchas et septem uncias (6) ; item, in auro : decem francos auri (7) ; item, duos florenos auri boni ponderis et duos regales auri (8). Dicti vero rectores, nomine dicti operis pontis et hos-

	Report........	805 99	3.401 f. 46
(1) 1 écu nouveau, deux royaux, un mouton et un franc d'or, valeur intrinsèque.............		80 28	
	Soit la moitié réservée	886 27 ci	886 f. 27
(2) A prendre sur cette part pour achat de chaux 50 florins, valeur intrinsèque, 669 francs.			
(3) 2º la moitié divisée entre les parties :			
(4) Le prieur reçoit,			
(5) 11 marcs et 2 onces de billon, valeur intrinsèque...............................		97 86	
(6) 2 marcs et 7 onces d'argent le roi, valeur intrinsèque................................		158 13	
(7) 10 francs d'or, valeur intrinsèque....		133 80	
(8) 2 florins d'or et 2 royaux —		53 52	
	Soit le quart du prieur......	443 31	
	A reporter....	443 31	4.287 f. 73

pitalis habuerunt et receperunt tantumdem seu equivalentem (1).

Actum fuit hoc apud Sanctum Saturninum predictum, in hospitio dicti Rostagni Donadei, testibus presentibus ad predicta vocatis, domino Bertrando Raynaudi, presbitero de Salazaco, Guillelmo Martini, Bernardo Natalis et Stephano Pecolhi dicti loci S. Saturnini, et me Poncio Columbi, Petro de Fargia alias de Brolio, bacalario in legibus, et Andreas..., notario publico, qui in omnibus et singulis supradictis una cum prenominatis testibus presens fui. Et ea omnia ad requisitionem et de voluntate partium in notam recepi. De quaquidem nota hoc instrumentum publicum per Lambertum Ebrardi, clericum, substitutum meum fidelem et juratum ex auctorite episcopali mihi concessa extraxi, scribi et grossari feci...hic me subscripsi et signum meum etiam apposui in testimonium premissorum.

(*Expédition originale, en deux feuilles de parchemins de* 1ᵐ, 10 *de long et de* 0ᵐ, 40 *de large*).

	Report.........	443 31	4.287 f. 73
(1) Et le quart des recteurs...............		443 31 ci	886 f. 62

Une différence insignifiante existe entre les deux moitiés de la somme recueillie depuis les conventions. Et cependant les deux parts sont faites indifféremment de billon, d'argent et d'or. C'est une présomption d'exactitude dans l'estimation de la valeur intrinsèque du trésor de l'œuvre du Saint-Esprit ainsi fixée à............... 5.174 f. 35

Quant à sa valeur relativement *au pouvoir de l'argent*, il est difficile de la marquer.

D'après Leber, qui a travaillé sur des documents concernant Paris et le nord de la France, les 5.160 fr. 37 ci-dessus vaudraient 30,928 fr. 68 d'aujourd'hui.

Dans le midi, cette évaluation paraît exagérée, bien qu'on y manque encore des éléments de comparaison nécessaires pour fixer l'opinion. Notre prévention résulte, ici même, de la dépense portée à la note 2 p. 95. A peine avait-on jeté les fondements du presbytère que la chaux employée à ce travail aurait coûté 4.014 francs. C'est inadmissible.

Plus vraisemblable est l'opinion qui fixe, durant la 2ᵉ moitié du XIVᵉ siècle, le pouvoir du denier à 0,13 centimes ; soit celui du gros d'argent à 3 fr. 10 et celui du florin d'or à 37 fr. 44.

XXXIII. — 30 novembre 1416.

Réception d'Antoine Cabassut dans la confrérie du Saint-Esprit. (Document non coté, chap. 27).

In nomine Domini, amen. Anno salutiferæ Incarnationis Ejusdem MCCCCXVI et die penultima mensis novembris, serenissimo principe domino Carolo, Dei gratia Francorum rege regnante, noverint universi et singuli presentes pariter et futuri quod in mei, notarii publici, et testium infrascriptorum presentia existens et personaliter constitutus, Antonius Cabassuti, loci de Moreriis (1), Avenionensis diocesis, nunc vero habitator dictæ civitatis, qui quidem Antonius, habens devotionem et affectum studii erga pium et mirificum opus operis pontis et hospitalis Sancti Saturnini de Portu, alias de ponte Sancti Spiritus, Uticensis diocesis, et volens propter hoc se et sua dedicare ad servitium dicti operis pontis et hospitalis Sancti Saturnini atque vovere (2), …..genibus flexis, more in talibus fieri solito, coram nobilibus viris Juliano Biordoni (3) et Jacomardo de Martiniera (4), duobus ex rectoribus, gubernatoribus et administratoribus dictorum pontis et hospitalis, per se et suos heredes et successores quoscumque in futurum universos, non vi, non metu, sed ex sua certa scientia et spontanea voluntate vovit, dedicavit et donavit propria, perfecta, simplici, vera, grata, firma et irrevocabili donatione quam fit et fieri dicitur inter vivos

---

(1) Morières, bourg-annexe, à 6 kilom. d'Avignon.

(2) C'est la vocation du *donat* s'abandonnant à l'Œuvre corps et biens. (Voir ci-dessus n° IX et note 2, p. 21.)

(3) De la famille des seigneurs d'Aiguèse qui possédèrent également la seigneurie majeure, limitrophe, de Saint-Julien-de-Peyrolas. En 1433, Julien Biordon figure au compoix du Pont-Saint-Esprit pour une somme de 726 florins.

(4) En 1389, Guillaume de la Martinière, lieutenant du viguier, présida à l'élection des procureurs de la ville. (*Arch. municip.*)

......perpetuo valitura, firmiter retinenda, et titulo dictæ donationis remisit, cessit, transtulit et dereliquit perpetuo, penitus, et desemparavit dictis rectoribus et mihi, notario publico infrascripto, et etiam existentibus testibus, recipientibus nomine et ad opus providi viri Joannis Vanatii, eorum consortis in eodem regimine, a presenti loco nunc absentis, ac ad eorumdem utilitatem dictorum operis pontis et hospitalis et eorum domus, et seipsum Antonium ac ejus propriam personam ; nec non omnia universa et singula bona, res, jura, rationes ipsius Antonii, mobilia et immobilia seque moventia, presentia et futura, quæcumque sint, qualiacumque, quantacumque et ubicumque sint et existant ac quocumque nomine seu vocabulo nocupentur seu appellentur; sive sint domus, hospitia, haræc (1), horti, campi, vineæ, nemora, devesia, prata, oliveratæ (2) et aliæ terræ, cultæ et incultæ, census, usagia, avetia (3), tam bovina quam caprina sive lanuta (4) quam porcina...., in dicto loco et civitati de Moreriis vel alibi ubicumque existant, pertineant ad voluntatem dictorum rectorum et eorum successorum in dicto regimine plenarie faciendam. Quam donationem dictus Antonius fecit de omnibus supradictis, ob puram liberalitatem, et motus devotione quam gerit, ut dixit, erga dictum opus et hospitale ac domum eorumdem, et propter hoc se et actus suos constituit et constitutos esse voluit ad servitium domus dictorum operis pontis et hospitalis Sancti Spiritus, et ad faciendum exercendum(que) negotia ejusdem fideliter et cum cura, pro suo posse ; et vovit Sancto Spiritui, ac votum solemne et irrevocabile fecit, ex sua certa scientia, quod amorem ac dilectionem habebit cum aliis fratribus et sororibus ac aliis servitoribus et domesticis pontis et hospitalis ; et quod erit semper frater et donatus fidelis dicto-

---

(1) Pour *areæ* cours.

(2) En vieux languedocien *olivayreta* signifie olivette, lieu planté d'oliviers.

(3) Pour troupeau en général. Le languedocien *avé*, qui en dérive, signifie plus particulièrement troupeau de bêtes à laine.

(4) Pour *lanosa*, laineux. Ducange.

rum operis domus, pontis et hospitalis, et quod erit obediens dictis rectoribus et eorum successoribus in dicto regimine, et quod, perpetuo et continuo, commodum et utilitatem dictorum operis (pontis et) hospitalis ac domus eorum faciet et procurabit, pro suo posse, et incommodum evitabit, honestatemque servabit ac bonos mores exercebit.
...Et de dictis bonis suis... dictus Antonius, donator, totaliter se divertit et denudavit, nihil in proprietate vel usufructibus aut dominio in eisdem retinendo, et dictos rectores, ut supra stipulantes, per tactum et traditionem manuum suarum de eisdem investivit. Promittens ulterius dictus Antonius, donator, dictis rectoribus quod omnia et singula supradicta rata, grata ac firma habebit, perpetuo, et tenebit, et contra ea seu eorum aliqua non veniet, nec presentem donationem, ullo tempore, revocabit, nec revocari procurabit, aliquo jure seu aliqua ratione..... Renunciavit..... juri dicenti donationem revocari posse propter ingratitudinem, prolis susceptionem, religionis ingressum et alimentorum defectus, et omnibus aliis juribus quibus donationes possunt revocari..... Dictis rectoribus, ut superius stipulantibus, promisit et super sancta Dei evangelia ab ipso gratis manualiter tacta juravit..... Humiliter supplicavit quatenus ipsum Antonium in fratrem et donatum dictorum operis et hospitalis recipere vellent atque dignarentur, et in consortio aliorum fratrum et donatorum ipsorum operis et hospitalis aggregare, et ipsi inducere habitum per alios fratres et sorores donatos et donatas dictorum operis et hospitalis portari solitum. Et ibidem, in continenti, dicti nobiles Julianus Biordoni et Jacomardus de Martiniora, rectores jam dicti, eorum nominibus et etiam nomine Joannis Vanatii, eorum consocii in dicto regimine absentis, nomine dicti operis, attenta devotione et affectione quas dictus Antonius Cabassuti demonstrat erga dictum opus, considerato etiam statu et conditione personæ ipsius, ac deliberato inter ipsos et cum aliis fratribus dictorum operis et hospitalis quod dictum Antonium recipere, in donatum et fratrem pontis, operi (pontis) et hospitalis apparet esse et est utile et commodissimum, pro commodo et utilitate ipsorum

operis pontis et hospitalis. Ideo, ipsi rectores, nominibus quo supra, prælibatum Antonium Cabassuti....., tamquam idoneum, probum et sufficientem, in fratrem donatum dictorum operis pontis et hospitalis, per tactum manuum corporalem, receperunt et acceptaverunt, et cum aliis fratribus et sororibus donatis eorumdem et in ipsorum consortio ipsum aggregaverunt; eidem Antonio habitum per alios fratres et sorores, donatos et donatas, portari solitum solemniter induerunt, quem deferre valeat, inde et antea, tanquam verus frater et donatus operis et hospitalis predictorum ; voluerunt que nilominus et consentierunt rectores jam dicti, ac per pactum expressum, per eos et eorum successores in dicto regimine, dicto Antonio, presenti et solemniter stipulanti, promiserunt providere in ejus victu et vestitu ac aliis alimentis suis necessariis, tandiu quandiu vitam ducet in humanis, juxta statum et conditionem ejus personæ, et alias veluti aliis fratribus et sororibus donatis dictorum operis pontis et hospitalis est fieri consuetum..... promiserunt et super sancta Dei evangelia, ab ipsis et eorum utroque gratis manualiter tacta, juraverunt.

De quibus omnibus supradicti memorati rectores..... et etiam dictus Antonius...., scilicet dictus eisdem rectoribus et eidem rectores dicto Antonio, fieri voluerunt et concesserunt publica instrumenta per me notarium publicum infrascriptum..... Acta fuerunt hec in dicto loco S. Saturnini, infra dictum hospitale, videlicet in aula inferiori ejusdem (1), testibus honorabilibus viris Guillelmo et Petro Paternoster (2), fratribus, Thomas Auberti (3), recep-

---

(1) La crote ou salle basse de la maison du Roi. (*La guerre autour du Pont-Saint-Esprit*, p. 41).

(2) Les Paternoster, comme Bernard Reboul et Jean Berca ci-après, appartenaient aux familles les plus considérables de Saint-Saturnin-du-Port. Pierre Paternoster, inscrit pour 735 florins, au cartelari ou compoix de 1390, avait dans son patrimoine *l'ostal del bordel que era de Pradier*.

(3) Petit-fils, dit-on, de Jacques Alberti, noble florentin exilé en août 1348, Thomas Auberti ou Alberti, viguier de Pont-Saint-Esprit, en 1415, gardien des clefs de la ville, trois ans plus tard, avoué du monastère de

tore Uzetiæ, discretis viris domino Guillelmo Richardi, presbitero, Bertrando Rebulli, Saturnino Thomæ (1), speciatore (2), nobili Joanne Rochi (3), Guillelmo Campanillis, mercatore, Johanne Galopini, hostalario signi coronæ (4), Joanne Berca tam dicti loci S. Saturnini et habitatoribus ejusdem quam pluribus aliis et me, Petro Maronis, clerico, dicti loci S. Saturnini habitatore, publico auctoritate regia notario, qui, de predictis requisitus, notam recepi et scripsi.

(*Copie authentique sur deux feuilles de papier de* 0ᵐ,25 *de haut et* 0ᵐ, 19 *de large*).

Valbonne, bailly d'épée du Vivarais et de Valentinois, dans la suite, possédait l'une des plus grosses fortunes territoriales du pays. En regard de ses biens, fonciers et mobiliers, situés à Pont-Saint-Esprit, le compoix de 1433 porte la somme de 353 florins.

La maison de maître Thomas Auberti, située au centre de la ville, quartier de Mercat, et tenant à un jardin qui renfermait de grandes dépendances, était comptée 100 florins ; son mobilier, la même somme.

(1) Fils de Raymonde Civatiere, mariée en secondes noces avec Laurent des Ports, laquelle fit de grandes libéralités aux églises paroissiales et aux monastères voisins de Saint-Saturnin-du-Port (Pons Colomb, notᵉ, 8 juin 1397). Saturnin Thomas était neveu de Aymond Civatier qui, entre autres legs pieux, donna à l'hôpital du Saint-Esprit son grand bréviaire de chambre pour être mis à la disposition des prêtres pèlerins. (Pons Colomb, 1399).

Saturnin Thomas fonda, lui-même, une chapelle de N.-D. dans l'église paroissiale de Saint Saturnin dont un de ses parents, Jean Thomas, fit construire le presbytère, en 1440.

(2) Epicier.

(3) Au sujet des Roch, voy. note 4, p. 89 et plus loin p. 123 et 134.

(4) Jean Galopin, hôtelier à l'enseigne de la Couronne, est parmi les contribuables moyens avec le total de 220 florins, au compoix de 1390. L'auberge était située au quartier de *Ribière* ou *Rivière*, en face de la maison de Piolenc.

XXXIV. — 20 octobre 1427.

Ordonnance de l'évêque d'Uzès qui permet de conserver le Saint-Sacrement dans l'église du Saint-Esprit. — (N° 1, ch. 4).

Bertrandus (1), miseratione divina Uticensis episcopus, universis Christi fidelibus ad quorum noticiam nostre presentes littere pervenerint, salutem in Eo qui est omnium vera salus. Vobis et vestrum singulis significamus quod nobis, existentibus in capella intitulata Sancti Spiritus, in villa S. Saturnini de Portu, nostre diocesis, pro divinis audiendis et ordinatione incumbentium nostro officio, audita supplici et devota postulatione gubernatorum et ministrorum dicte capelle, et considerato divino cultu qui continuo exercetur ibidem per quatuor presbiteros, devote et honeste; ac quia ad dictam capellam, in qua divina virtus assidue multa operatur miracula, magna populorum dicte ville, locorum circumstantium et diversarum regionum confluit multitudo; ut divinum servitium fidelius et devotius ibidem fiat et fidelium populi ad devotionem et Sanctissime Trinitatis agnitionem magis invitentur, ordinamus quod a cetero in dicta capella et super altari majori vel prope illud, in parte dextra, Sanctissimum Sacramentum Heucharistie, cum omni possibili honestate et devotione, conservetur ; et semel in mense recipiatur per sacerdotem in dicto altari celebrantem et ponatur noviter consecratum ; et quod semper sit lumen lampadis aut candele ceree ante dictum Sacratissimum Sacramentum. Et in nostra presentia, in uno armario, prope cornu dexterum dicti altaris, recondi fecimus et servari, sine prejudicio ecclesie parrochialis aut alterius cujuscumque ; nec per hoc intendimus quod in dicta capella,

---

(1) Bertrand de Cadoëne.

sine licentia vicarii perpetui ecclesie S. Saturnini (1), ecclesiastica ministrentur sacramenta. Datum in dicta villa S. Saturnini, sub nostro sigillo pontificali, die decima mensis octobris, anno Domini millesimo quadringentesimo septimo (2).

(*Copie dans vidimus de diverses chartes, daté de* 1434 *et décrit ci-dessus, p.* 88).

XXXV. — 30 janvier 1469.

Lettres-patentes du roi Louis XI appelant au rectorat de l'Œuvre un des FF. Prêtres. — (N° 17, chap. 2).

Loys, par la grace de Dieu roy de France, au Sénéchal de Beaucaire ou à son lieutenant. Humble supplication de nos bien amez les religieux et frères du convent, esglise et hospital du pont S. Esprit sur le Rosne, au diocèse d'Uzès, avons receue, contenant que selon la fondation et doctation de la dite esglise, hospital et pont qui est de fondation royal, iceulx esglise, hospital et pont doivent et ont accoustumé estre regiz, gouvernez et administrez par trois notables personnes d'icelle ville, qui, tous les ans, sont esleuz, à la fin de l'an, par les trois mêmes qui en ont eu le gouvernement l'année précédente (3), laquelle election doit et a coustume estre par vous et vos predecesseurs au

---

(1) Dans la charte XXVIII, page 80, on a vu la juridiction du vicaire perpétuel ou curé de la paroisse Saint-Saturnin, réservée par le seigneur-prieur lui-même.

(2) Lisez : *vigesimo* ou *trigesimo septimo*. Bertrand de Cadoëne occupa le siège d'Uzès de 1427 à 1441.

(3) A ce mode d'élection des recteurs, différent de l'usage observé anciennement (n° I, p. 2 et n° XIII, p. 32), on substitua, au XVIe siècle, la nomination du premier recteur laïc par le sénéchal, du deuxième recteur laïc par le prieur, du troisième recteur laïc par les magistrats, consuls et officiers du Bureau ; les trois recteurs laïcs étaient choisis sur une liste de vingt, puis de dix-huit habitants pris dans les quatre *échelles* par les consuls.

dit office de sénéchal confirmée. Et sont tenus lesd. recteurs et gouverneurs de rendre compte en la présence de vous ou de celuy qui est gouverneur de Beaucaire, quand ladite année est finie, ou de son lieutenant. Et combien que les obventions et émolumens de la dicte esglise, hospitaulx et pont soient de bonne et grant valleur, tant à cause des questes et procurations qui sont baillées à ferme pour raison d'iceulx hospitaulx, église et pont que autrement ; et que par ce moyen lesd. religieux et pareillement les pouvres qui sont et affluent, chascun jour, en iceulx hostelz et hospitaulx deussent estre entretenuz, vestuz, nourriz et alimentez, et les maisons et édifices desd. esglises, pont et hospitaulx entretenuz et maintenus en bonne et convenable réparation ; et que lesd. recteurs et gouverneurs ne doyent convertir ni emploier lesd. obventions et emoluments en aulcunes chouses que en ce que dit est. Neantmoins, à l'occasion de ce que au bailh desd. questes et procurations et desditz obventions et emolumens, et parellement à la reddition desd. comptes, lesditz religieux ou aucuns d'eulx n'ont esté présens et appelez, lesd. recteurs et gouverneurs ont faiz et comiz, font et commettent, de jour en jour et souvantes foys, plusieurs grantz abuz et mauvais trez, au fait de la dite administration, mesmement qu'ils ont appliquez et appliquent les deniers qui en viennent à leurs singuliers prouffitz et afferes, ou autrement en disposent moins que duement, ainsi que bon leur a semblé et semble, et quant vient à la fin de l'an, il eslisent administrateurs et gouverneurs desd. hospitaulx, esglise et pont, leurs frères, cousins, parens, amis et compères que leurs font et passent sur ce telz acquietz que bon leur semble. Au moyen desquelles chouses, lesd. religieux, qui font et sont tenuz de célébrer et continuer, jour et nuyt, le divin service esd. esglise et hospitaulx, ne sont point entretenuz, vestuz, abilhez, nourriz et alimentez, ainsi qu'il appartient, ne aussi lesd. pouvres qui y sont et affluent, chacun jour ; qui a esté et est au très grant prejudice et dommaige desd. esglise, hospitaulx et pont qui, par ce moyen, seroient et jà sont en adventure et dangier de tourner en grant ruyne et désolation et que le divin service y soit interompt ou discontinut, si par nous ne leur estoit sur ce donné provision convenable, ainsi que iceulx supplians nous ont fait remonstrer en nous humblement requerant icelle. Pourquoy, nous, ces chouses considérées, desirant les esglises et hospitaulx de nostre royaume, mesmement lesd. esglise, pont et hospitaulx de lad. ville du Pont Saint Esprit, qui est de fondation royal, estre bien et deuement entretenuz, selon la fondation et doctation d'iceulx, et les religieux et pouvres qui y sont et affluent estre vestuz, nourriz et alimentez ainsi qu'il appartient, et obvier ausd. abuz, avons, pour ces causes et affin que led. divin service soit désormais fait, célébré et continué en icelle esglise, pont et hopitaulx, ordonné et ordonnons par ces présentes que doresnavant, chacun an et toutes et quantesfoys que mestier sera, lesd. religieux et frères dud. convent, esglise et hospitaulx, qui sont à present et seront au temps advenir, ou la plupart d'iceulx, soient presens ou appelez au bailh de la ferme ou fermes de la recette et des questes et procurations, obventions et émolumens, et aussi à la reddition des comptes qui seront sur ce faitz et rendus ; et pareilhement ung desd. religieux estre recteur et gouverneur en toutes lesd. chouses qui seront faictes ou affere touchant lad. administration et gouvernement desd. recteurs et gouverneurs et avec iceulx.

Si, vous mandons et commandons, par ces présentes, que nostre présente ordonnance vous entretenez et gardez et faictez entretenir et garder sans anfraindre, et d'icelles faictez, souffrez et laissez lesd. supplians et leurs successeurs joyr, user pleinement et paisiblement ; Et enregistrez ou faictes enregistrer, en vostre court et auditoire, affin que vos successeurs aud. office de séneschal et les recteurs et gouverneurs desd. esglise, pont et hospitaulx, qui seront au temps advenir, en aiant connaissance ne puissent prétendre juste cause de ignorance. Car ainsi nous plaist-il estre faict, non obstant quelconque lectres subreptices, impetrées ou à impetrer, à ce contraire. Donné à..... le pénultiesme jour de janvier, l'an de grace mil CCCC LXVIII et de nostre regne le huitiesme, soubs nostre seel ordinaire en l'absence du grant. Par le roy, l'evesque de Soixons. Le sire de Loleat, mareschal de France. Les sires de la Forest, de Craon et de Monsterens et autres.

(Copie authentique dans la procédure d'enterinement, cotée ci-dessus, en deux feuilles de parchemin mesurant 1^m,40 de haut et 0^m,56 de large).

XXXVI. — 30 juin 1474.

Lettres-patentes du roi Louis XI ordonnant au sénéchal de Beaucaire de mettre à exécution ses précédentes du mois de janvier 1468. — (N° 17, chap. 2).

Loys, par la grâce de Dieu roi de France, au séneschal de Beaucaire ou à son lieutenant, salut. Humble supplication de nos bien amez les religieux et frères du couvent, esglise et hospitalz de la ville du Saint-Espérit, sur le Rosne, ou diocèse d'Uzès, avons receue contenant que, le pénultieme jour de janvier mil quatre cens soixante-huit, ils obtinrent certaines nos lettres patentes à vous adressant, ausquelles ces présentes sont attachez, soubs le contre scel de nostre chancellerie, lesquelles nos lettres, cy attachées, ils n'ont peu faire mectre à éxéqution, ne en avoir l'enterinement jusques à present, à l'occasion de certain débat qui deslors survint entre feu Rauffet de Balsac, lors sénechal de Beaucaire (1), et le seigneur de Montclus (2), à cause de la cappitainerie dudit lieu du pont

---

(1) De 1465 à 1473, époque à laquelle il fut remplacé par Antoine de Chateauneuf.

(2) Jean Alberti dit le ieune, second fils de Thomas A., (ci-dessus, p. 100) acquit la baronie de Montclus, de Jacques de Poitiers, et une partie de celles d'Aiguèse, Bernis, Saint-Just et Saint-Marcel-d'Ardèche, du chef de Henri (Alrici) dit de Sabran. Au sujet de la famille de ce dernier voy. *La Chartreuse de Valbonne*, p. 61.

Saint Espérit (1) que chacun d'eulx pretendoit à luy appartenir et les gaiges d'icelle cappitainerie devoir estre paiés sur le revenu dudit pont. En ayne duquel débat, led. séneschal, tant qu'il a vesqu, n'a aucunement voulu procéder audit enterinement ; par quoy icelles nos lettres sont demeurées non exequtées et de nul effet ausd. supplians, jusques à present, lesquels doubtent que, si de present ils vous en requeroient l'enterinement, vous feissiez difficulté de icelles leur enteriner et mectre à exeqution, obstant quelles sont surannées de cinq ans ou environ, qui seroit en leur très grant grief, prejudice et dommaige, si par nous ne leur estoit sur ce pourveu, de noz grace et remède convenable....... Pourquoy, nous, ces choses considérées, vous commandons et commectons par ces presentes que nosd. lettres, cy athachées, vous enterinez, mettez ou faictez mettre à exeqution deue, de point en point, selon leur forme et teneur, tout ainsi que eussiez fait et peu faire, audedans l'an et jour de la date d'icelles, car ainsi nous plait-il estre fait, et ausd. supplians l'avons octroyé et octroyons, de grace speciale par ces presentes, non obstant quelles soient surannées de cinq ans ou environ, comme dit est que ne voulons à iceulx supplians nuyre, ni prejudicier en aucune maniere, et dont en tant que mestier est les en avons relevez et relevons, de nostre grace, par cesd. présentes et quelconques lectres subreptices, impetrées ou à impetrer, à ce contraire. Donné à Paris, le dernier jour de juin de l'an mil CCCC soixante et quatorze, et de nostre regne le Xe. Par le roi, à la relation du Conseil, Auperat.

(*Copie authentique dans la procédure d'enterinement sur deux feuilles de parchemin mesurant 1^m,40 de haut et 0^m,56 de large.*

(1) La capitainerie (plus tard le gouvernement du pont et de la ville du Saint-Esprit) fut distraite des attributions du viguier royal, vers le milieu du XVe siècle, peut-être antérieurement quand on confia les clefs de la ville à Thomas Auberti ou Alberti.

Jean Alberti était gouverneur du Pont-Saint-Esprit, en 1467 ; de la, probablement, cette querelle entre le sénéchal de Beaucaire et le fils du fondateur de la fortune politique des de Luynes.

XXXVII. — 24 Janvier 1504.

Lettres-patentes du roi Louis XII ordonnant au juge de Beaucaire de ramener l'Œuvre du S. Esprit à sa primitive constitution. — (N° 19, chap. 2).

Loys par la grace de Dieu, roi de France, au juge de Beaucaire ou à son lieutenant, salut. Reçeu avons humble supplication de nos bien amez les recteurs des pont, eglise et hospital du Sainct-Esprit, notre procureur en notre senechaussée joinct avec eulx, contenant que lesd. pont, eglise et hospital furent construitz miraculeusement des aumosnes et bienfaictz des bonnes gens, auquel hospital affluent tous les jours grand nombre de pouvres et petits enfans, lesquels sont illec nourris des ausmosnes, bienfaictz et questes dud. hospital, pour le régime et gouvernement duquel sont, un chacun an, esleuz et instituez trois recteurs, des habitants dud. lieu, par le sénéchal de Beaucaire, ou son lieutenant, et par le prieur dudit lieu Sainct-Esprit. Lesquels recteurs ont, durant leur rectorie, le total gouvernement et administration desd. pont, esglise et hospital ; pour l'entretenement desquels nos predecesseurs roys ont donné sur chacun quintal de sel, achepté en gros ou que se vent en menu au grenier dud. lieu du Sainct-Esprit, un petit blanc (1) valant cinq deniers tournois, pour estre employé à la réparation desd. pont, esglise et hospital. Et depuys, feu nostre très cher seigneur et cousin, le roy Loys (2), que Dieu absolve, donna

---

(1) Petite pièce de monnaie, valant la moitié d'un gros tournois (voy. p. 94 et 96), d'un usage fort répandu au milieu du XV° siècle, époque de la concession du droit sur les sels passant sous le pont Saint-Esprit. On voit, ici, que la perception du Petit-Blanc s'étendait aux sels pris au grenier de la ville, alors situé, il est vrai, en amont du pont. Plus tard, ce droit frappa tous les sels distribués sur le littoral du Rhône et dans les dix-huit greniers du Languedoc. (V. plus loin livre IV, titre II).

(2) Louis XI.

cent livres tournois, un chacun an, des deniers dud. Petit-blanc pour une messe haulte qui se doibt dire et chanter, ung chacun jour, a lesglise dud. hopital (1), les reparations desd. pont, esglise et hospital préalablement faictes ; aussy nos Sainctz-Pères ont donné plusieurs indulgences aux bienfaicteurs desd. pont, esglise et hospital et ont considéré que, pour la conservation et augmentation d'iceulx, se peult faire une queste génerale par toute la chrestianité, ung chacun an, par les frères donnatz dud. hospital ou autres commis et ordonnez par lesd. recteurs ; lesquels recteurs sont tenuz de rendre compte du reliqua desd. questes et de tous autres biens qu'ils reçoivent dud. hospital ; auquel hospital n'avait anciennement que deux pbres (2), pour faire le service divin de lad. esglise, et certains frères donnatz dud. hospital qui faisoient les questes d'icelluy, lesquels junoient, les mercredi, vendredi et samedi, et servoient les pouvres, ainsi que des chouses dessus se peult apparoir par les bulles de nosd. Sainctz-Pères, ordonnances et constitutions des prieurs dud. Sainct Esprit, et sentence de maistre Guillaume de Plaziano, commissaire à ce déppulé par le roy notre predecesseur, confirmée par arrest de notre court de parlement à Paris. Mais, depuys aucun temps en ça, y a eu plusieurs pbres et autres, lesquels soubs ombre d'estre frères dud. hospital, et eulx disant tels, tollerans lesd. recteurs que lors étoient, se sont mys dedans icelluy hospital et esglise et portoient l'habit blanc dud. hospital avec la figure d'ung pont, occupant la place desd. frères donnats ; lesquels frères ont esté, depuys qu'ils ont esté receu, et sont encore des biens dud. hospital nourris, vestuz, chaussez et alimentez de tout ce qui leur a esté et est nécessaire. Et combien que, au moyen des choses dessusd., iceulz frères dussent avoir pour chasse (3) ce qui est du prouffit, bien et augmentation dud. hospital et mys

---

(1) V. plus loin livre IV, titre VIII.
(2) Pretres, *presbiteri*.
(3) Pour objet.

en communauté tous les biens qu'ils ont acquiz avec les biens dud. hospital et au prouffit d'icelluy, ils ont fait du contraire (1), car ils ont faict plusieurs questes dud. hospital, oultre le gré desd. recteurs, desquels ils ont pris la moytié pour leur peynes et travaulx, de l'autre moytié n'ont rendu bon ne loyal compte ; ne aussy des biens des frères donnats et sœurs données et pouvres pélerins qui sont mors aud. hospital, ne de plusieurs autres biens et ausmones d'icelluy hospital, lesquels ils ont et retiennent devers eulx, tellement que des biens dud. hospital qu'ils ont prins, pillé et a eulx approprié, combien qu'ils fussent tres pouvres et quasi demandant l'aumosne quand ils vinrent aud. hospital (2) et qu'ils ne deussent avoir faict aucun progrès, ils ont acquis en leur propre nom des chavauces, tant en notre royaume, Dauphiné, que au comté de Venisse, pour plus de trois ou quatre mil livres, et pour le pouvre hospital rien, et tellement y ont exployté, prins et usurpé les biens dud. hospital qu'ils en sont tres riges et led. hospital tres pouvre et est tres pret, au moyen des choses dessusd., de venir en toutelle ruyne et decadence, et les pouvres et enfants affluans en icelluy mouroient de fem ; et néanmoins ils font encore poursuyte de recouvrer lesd. cent livres du receveur dud. Petit-blanc, les arrerages du paiement de lad. messe ; et pour ce que, au moyen des choses dessusd., estoit question et procès entre iceulx recteurs et lesd. prebres, notre amé et féal le général de Languedoc (3), parties ouyes, par l'advis et délibération de plusieurs nos conseillers advisa et ordonna que les

---

(1) On observera que les patentes royales résument des accusations portées contre les prêtres blancs par les recteurs laïcs, jaloux de l'importance prise par les anciens frères donnés depuis leur admission au sacerdoce et dans le conseil d'administration de l'Œuvre.

(2) A notre avis, les FF. prêtres n'avaient pas une autre origine que les FF. donats. Ils en étaient une classe privilégiée, établie pour suppléer les chapelains mercenaires, grâce à la permission donnée à quelques-uns d'entre eux de recevoir la prêtrise, et, grâce à leur admission dans le conseil de l'Œuvre.

(3) Le général des finances.

biens desd. pbres seroient commis et mys en communauté avec les biens de l'hospital et que lesd. pbres seroient frères donnez d'icelluy hospital, vestuz, nourriz et alimentez des biens dud. hospital, et seroit faicte commune administration par lesd. recteurs et par l'ung desd. pbres freres donnez; toutefoys iceulx pbres n'y ont volu obtempere, mais ont impetre lectres de notre chancellerie pour fere contraindre led. receveur a leur payer lesd. cent livres, ensemble lesd. arrerages; et que pis est iceulx pbres mangent tous les jours, pillent et detiennent les questes et biens dud. hospital qui est au très grand grief, prejudice et domaige d'icelluy. Et plus pourroit estre si par nous ne luy estoit sur ce pourveu du remede convenable de justice, humblement requeroient icelluy. Pourquoy, nous, les choses dessusd. considerées, désirant les droitz d'icelluy hospital, dont sommes protecteur et en partie fondateur, estre gardez et observez, vous mandons et, pour ce que estes juge ordinaire dud. lieu, arrestons par ces presentes que, appelez ceulx qui pour ce seront à appeler, si vous appert des choses dessus d., tant que souffire doye, mesmement desd. bulles de nosd. Sainctz-Peres et desd. constitutions, ordonnances et sentances confirmées par arrest de nostre court du parlement à Paris et l'advis et ordonnance faicte par nostre d. général de Languedoc, que lesd. pbres ayent faict fere lesd. questes et que d'icelles et autres biens qu'ils ont eu et receu dud. hospital ils n'ayent rendu bon et loyal compte et reliqua, et qu'ilz aient faict plusieurs grans acquisitions, en leur propre et privé nom, et que lesd. cent livres ne doibvent estre payé si non de ce que restera dud. Petit-blanc, lesd. pont, esglise préalablement entretenuez, et que iceulx pont et esglise et hospital auroient besoin de grandes et urgentes réparations; vous, aud. cas, contraignez ou faictes contraindre, par toutes voyes deues et raisonnables, iceulx pbres a rendre bon et loyal compte et reliqua desd. questes, qu'ils ont faictes et aultres biens qu'ils ont acquis, depuys qu'ils sont audit hospital en communaulté, avec tous les biens, prouffit et utilité d'icelluy hospital. Et faictes tenir en surveance le payement desd. cent livres et les arrerages deuz par led. receveur, jusque à ce que lesd. pont, esglise et hospital soient entretenus ; en leur défendant de non fere doresnavant lesd. questes, ne prendre aucuns biens dud. hospital, ne eulx mesler ne entremestre d'icelluy, sans le vouloir desd. recteurs. Au surplus, en cas de débat, surtout administrez de plaine raison et justice, car ainsi nous plaît estre faict. Nonobstant quelconques lectres, subrepticement impetrées, à ce contraire, mandons et commandons à tous nos justiciers, officiers et subjets, que avons tous commys et député en ce faysant soit obey. Donné à Lyon, le XXIIII° jour de janvier, l'an de grace mil cinq cents et troys, et de nostre regne le sixiesme. Par le roy, a la relation du conseil, Le Petit.

Jacobus, dominus de Crussollio, miles, vicecomes Uticensis, consiliarius, cambellarius, cappitaneus custodum domini nostri regis, senescallusque senescallie Bellicadri et Nemausi, venerabili viro domino judici Bellicadri aut ejus locumtenenti, salutem. Visis litteris regiis, hiis presentibus alligatis, et impetratis ad instanciam rectorum operis ecclesie pontis et hospitalis ville Pontis S. Spiritus, juncto procuratore regio in nostra senescallia instituto adversus et contra presbiteros de ecclesia dicti hospitalis, placet nobis et volumus omnia et singula in dictis litteris contenta faciatis, explicetis et diligenter exequatis, juxta ipsarum litterarum mentem, formam et tenorem. Datum Venejani (1) sub signo et sigillo propriis nostri locum tenentis generalis infrascripti, die decima mensis februarii, anno Domini millesimo quingentesimo tertio.

(Vidimus sur six feuillets de papier de 0ᵐ,31 de haut et 0ᵐ,18 de large.)

(1) Vénéjean, commune du canton de Bagnols, dont la seigneurie donnée, en 1290, à Pierre de Béziers par Philippe-le-Bel, passa, par mariage, aux d'Ancezune, puis aux Grignan. Les Lafare l'acquirent en 1754. (*Arch. commun. de Vénéjan*).

XXXVIII. — 11 juillet 1504.

Transaction entre les Recteurs et les FF.-Prêtres, réglant la situation de ces derniers et déterminant leur part dans le gouvernement de l'Œuvre. — N° 20, chap. 2). (1)

In Dei nomine, Amen. Anno Incarnationis M° quingentesimo quarto et die undecima mensis julii, pontificatus in Christo patris et domini nostri, domini Julii, divina providentia pape secundi, anno primo, serenissimoque principe et domino nostro domino Ludovico, Dei gratia rege Francorum regnante. Noverint universi et singuli... civiles processus, introducti motique tam in venerabili presidali curia Nemausensis et inde, per appellationem, in suprema et metuenda parlamenti curia quam coram nobili et spectabili viro domino generali super facto financiarum patrie lingue occitane, existerunt per et inter nobilem et honorabiles viros Johanem de Martiniera (2), Saturninum Restaurandi (3) et Baudoerdum Philiberti (4), rectores et

---

(1) Le silence gardé par nous sur une étude, où notre prose se confond avec celle de l'auteur, sans autorisation de notre part, ne saurait nous exposer à des critiques, quand viendra l'heure de résumer nos précédents travaux.

Comme auteur d'un livre documentaire nous n'avons pas à relever des erreurs condamnées par son texte même. Le souci de la vérité exigera seulement de nouvelles démonstrations dans la préface du Cartulaire et dans l'annotation des chartes dont le nombre sera augmenté. C'est ainsi que nous donnons, à cette place, un document qui paraissait d'un intérêt secondaire alors que nous composâmes notre recueil.

(2) V. plus haut, p. 97, et plus loin, p. 123.

(3) L'auteur connu de cette famille est Bertrand Restauraud qui vivait en 1400. (*Compoix de cette date, Archives municipales*). Elle a donné naissance à Raymond R., l'un des premiers médecins ayant professé la doctrine de la circulation du sang, et s'est éteinte avec les derniers seigneurs de Lirac.

(4) Baudoard Philibert, marchand. Ses boutiques occupaient le rez-de-

administratores ecclesie, pontis, domus et hospitalis S. Spiritus, ville S. Saturnini de Portu, alias pontis S. Spiritus, Uticensis diocesis, junctis secum dominis syndicis ejusdem ville S. Saturnini, agentes et petentes ex una ; Et venerabiles viros dominos Bertrandum Cesteyroni (1), Henricum Lumbardi, Claudium Correrii, Fiacrum Gervasi, Petrum Chaudoardi, et Aymarium Rambaudi et alios presbiteros dictorum ecclesie, domus et hospitalis predicte ville S. Spiritus, reos et se deffendentes ex altera. Ex eo et pro eo quia predicti rectores et sindici dicebant et asserebant quod de anno Domini M° ducentesimo sexagesimo quinto, videlicet pridie idus septembris, frater Johannes de Thyangis, tunc prior venerabilis cenobii sive prioratus conventualis S. Saturnini de Portu, ville pontis S. Spiritus, Uticensis diocesis, et tunc dominus in solidum ejusdem ville, inspiratus a Deo et devotione motus, proposuit et decrevit construere et erigere unum pontem lapideum in portu dicte ville S. Spiritus ; et de facto construere et erigere incoavit et incepit, et in fundatione seu fundamento ejusdem, primum lapidem, in conspectu populi et suorum subdictorum, in honorem Sancte et individue Trinitatis posuit....

Item, plus dicebant et asserebant predicti rectores et sindici quod, quia propter dicti operis magnitudinem et difficultatem prior ipse minime supplere seu suppetere poterat ad sumptus necessarios, expresse vocatis habitatoribus dicte ville et habito cum eis consilio, misit et mandavit supplicatum Summo Pontifici quathenus de

---

chaussée de la maison située à l'angle nord-est des rues Beauregard et de Rivière (ancienne calade de Rivière).

Ce Baudoard Ph. paraît un proche parent du viguier François Ph., écuyer, et de Etienne Ph., contrôleur de la poudrière (grenier à sel) de la ville de Saint-Esprit, en 1542.

(1) Bertrand Cesteron, ou Ceyteron, laissa parmi les F.F. Prêtres, ou Prêtres-blancs, les plus durables souvenirs. Associé, longtemps, à la gestion des affaires de la Maison, sa mort, en 1528, mit l'Œuvre en possession d'un riche domaine formé de terres éparses sur les deux rives du Rhône.

aliquo subventionis auxilio eidem operi dignaret suffragari. Qui quidem Summus Pontifex, cognita tanti operis utilitate, expedire fecit bullam per quam dedit facultatem et licentiam, jam dicto domino priori, faciendi questas per universam christianitatem cum largitione indulgentiarum omnibus illis qui suffragium et elemosinam facerent de bonis suis ad dicti pontis edificationem. (1).

Item, plus dicebant... quod, hujusmodi habita gratia indulgentiarum, voluit ipse prior dare et ponere formam et modum ad questas ...... faciendas et congregandas ; mandavit habitantes, et habito cum eis colloquio, conclusum et decretum extitit quod habitatores ipsi, quolibet anno, nominarent et presentarent dicto domino priori viginti homines ejusdem ville de quibus prior ipse tres, ad votum suum et arbitrium, pro recipiendo et gubernando dictas questas et illas distribuendo, ad opus et edificationem dicti pontis eligeret.

Item, plus dicebant... quod ipsi tres sic electi rectores interesse debebant, prout et debent, operi pontis predicti et jurare in manibus dicti prioris de bene et legaliter regendo et gubernando jam dictas questas et illas convertendo ad fabriquam dicti pontis et non alibi.

Item, dicebant... quod ipsi tres electi habebant, prout et habent ipsi moderni, potestatem et facultatem deputandi personas ydoneas per provincias et regiones ad dictas questas faciendas ; quas tamen presentarent dicto domino priori, et jurarent, in ejus manibus seu deputati ab eodem (2), bonum et legale computum, dictis tribus sic electis, de questis per eos factis reddendo et reliqua pres-

---

(1) Cette bulle disparue des archives de l'Œuvre, antérieurement aux plus anciens inventaires, revêtait, peut-être, la forme d'un appel au monde chrétien, semblable à celui qu'avait fait Innocent IV au sujet du pont de la Guillotière, en 1245. (A.-B. de Saint-Venant, *Saint Bénézet, patron des ingénieurs*, Bourges, 1889. p. 81, et notre étude critique de ce beau livre parue en février 1890, p. 327 du *Bulletin du comité de l'Art chrétien*, sous le titre : *Saint Bénézet, patron des ingénieurs et les frères du pont*).

(2) Le vicaire du prieur généralement.

tando, et quod, in fine cujuslibet anni, dicti tres rectores, sic electi, pariter computum, dicto domino priori seu ab eo deputato, de et per eos in dicta rectoria gestis et administratis, redderent et reliqua prestarent.

Item, pariter dicebant... quod per modum et formam predicte elemosine et queste extiterant ita gubernate et distribute quod, in discursu brevi temporis, pons predictus extitit et constructus et absolutus.

Item, plus dicebant... quod, consummato edificio dicti pontis, prior, qui pro tunc erat, ad populum magis ad devotionem movendum et ad helemosinas..., edificari fecit prope dictum quamdam cappelam sive oratorium in honorem Sancti Spiritus.

Item, plus dicebant... quod, de anno M° CC° octuagesimo primo, videlicet secundo (1) Kalendas aprilis, frater Rostagnus de Sancta-Galla, tunc prior, una secum Rostagno Bidonis, Guillermo Garnerii et Bertrando Millonis, rectoribus dicti pontis, et fratres Guillermus Figuier, Petrus de Palude (2) et Petrus Dominici, pro utilitate dicti operis, quasdam constitutiones et ordinationes fecerunt et statuerunt, contentas in quodam instrumento duobus siggilis, cum corrigo pargameni impendenti et cera rubea siggilato.

Item, plus dicebant... quod per alteram dictorum ordinationum expresse canitur ne aliquis donatorum, fratrum vel sororum, sit ausus vel ausa, etc.

Item, plus dicebant... quod, cum contingit aliquem velle intrare in dictum hospitale et in eodem deservire, modo et forma assuctis, ipsi predicti rectores raupam pani albi, cum signo rubeo pontis, tradunt et illum seu illos in donatum seu donatos recipiunt, de ordinationibus et aliis assuctis observandis.

Item, plus dicebant fratrem Guidonem de Claromane, priorem et dominum in solidum dicte ville S. Spiritus,

---

(1) D'après ce texte il faudrait lire *pridie* dans l'acte de 1281 (p. 20), ce qui le daterait du 31 mars.

(2) Le vidimus ci-dessus rappelé porte *de Pande*.

associasse et in parerium recepisse dominum Philippum, bone memorie regem Francorum, in medietate juridictionis ville predicte et territorii ejusdem, cum et sub certis pactis..., in instrumento pariagii, de anno domini M° CC° I° (1).

Item, plus dicebant... quod, tam ad causam dictarum questarum consecrationisque supra mentionate capelle sive oratorii, et oblationum, donationum seu helemosinarum ad dictum oratorium seu capellam, pretextu et occasione miraculorum aut alia quacumque de causa, provenientium, plures et diversos processus inter dictum tunc priorem... et predictos rectores... in pluribus et diversis curiis extiterant, super quibus per... Guilhermum de Plaziano... per tenorem dicte sentencie... extitit dictum, ordinatum, quod ad servitium dicte capelle ponerentur et instituerentur duo presbiteri annuales mercenarii...

Item, plus dicebant... dictum et ordinatum extitit quod questores dictorum elimosinarum deputarentur per dictos rectores ; qui questores jurarent in manibus dictorum domini prioris et rectorum quod bene et fideliter se haberent circa dictas questas faciendas et quod ea que invenerint legata, data seu promissa, diligenter exigerent et exacta seu levata reportarent fideliter, que et integre traderent et redderent predictis rectoribus.

Item, plus dicebant... quod predicta omnia fuerunt debite observata donec ad certum tempus a quo dicti presbiteri et fratres dicti hospitalis ausi sunt dictas ordinationes infringere licet, ut predictum est, ad serviendum (1) dicte capelle non debeant esse nisi duo presbiteri annuales et mercenarii per dictos dominos priorem et rectores deputandi ; et quod etiam, dum contingebat aliquos in dictam domum et hospitale intrare velle habitumque fratrum donatorum ejusdem hospitalis habere, illud dicti rectores

---

(1) Le 25 mars 1302 ; v. au sujet de ce paréage : L. B.-R. *Notions générales sur la viguerie du Pont-Saint-Esprit*. Avignon, Seguin, 1886, p. 12.

(1) Pour *servicium*.

eisdem dabant cum et sub juramento in talibus prestari solito ; ipsi tamen predicti presbiteri et fratres se in dicto hospitali et ecclesia, auctoritate eorum propria, intruserunt et posuerunt ac habitum fratrum donatorum ejusdem hospitalis in se assumpserunt, in administrationeque dicti hospitalis se immiscuerunt et ad eorum appetitum et votum questores, ad faciendum questas dicti hospitalis, elegerunt et deputaverunt seu depputari et comiti volunt, eorum auctoritate propria, absque licentia dictorum dominorum rectorum , in prejudicium dictorum rectorum , ordinationum et constitutionum super hoc factarum, dictasque questas arendaverunt quibus voluerunt....

Item, plus dicebant quod, ad regimen administrationemque dicti pontis et hospitalis, tres rectores solum essent soliti comicti et depputari.... Ipsi tamen presbiteri et fratres... ausi sunt impetrare et de facto impetraverunt mandatum regium per quod mandabatur quod unus ipsorum presbiterorum esset rector et administrator dictorum pontis et hospitalis cum aliis tribus rectoribus.....

Ex adverso, predicti domini presbiteri et fratres dictarum ecclesie et hospitalis S. Spiritus, verbo replicando, dicebant et in contrarium alegabant predictas constitutiones et ordinationes, olim super regimine dicti hospitalis, esse veteres et ad illas tenendum et observandum minime teneri nec astringi debere (1)....

Tandem vero ipse partes... . volentes et cupientes de et super premissis questionibus et processibus ad bonam pacem et concordiam devenire... coram magnifico et potente viro domino Jacobo de Crussolio, milite, domino dicti loci et senesqualo senescallie Bellicadri et Nemausi (2), ac etiam reverendo patre domino Peregrino de Coetivi (3), sancte

---

(1) Voy. plus haut, p. 110.
(2) Jacques de Crussol, sénéchal de Beaucaire, de 1504 à 1517.
(3) Peregrin de Coëtivi, vicaire général du cardinal d'Albret, fut plus tard vicaire perpétuel ou curé de la paroisse Saint-Saturnin. (Voy. livre IV, titre VIII). D'autres souvenirs de famille le rattachaient à Pont-Saint-Esprit : son oncle paternel, le cardinal Alain de Coëtivi, avait tenu le prieuré de Saint-Pierre, de 1448 à 1474, succédant à son oncle maternel,

sedis apostolice prothonotario, archidiacono Uticensis, ac tamquam reverendissimi domini et domini Amaney Cardinalis d'Albreto (1), prioris et condomini predicte ville Sancti Spiritus, vicario generali, et nobili Thoma de Venejano, domino dicti loci (2) ac dicti domini senescalli locumtenenti generali,... concordaverunt ad tractatum dictorum dominorum senescalli et vicarii...

Et premierement, en ensuivant antique forme et institution faicte par les fondateurs dud. hospital, c'est assavoir que lesd. frères qui a présent sont et pour l'advenir seront, demourant aud. hospital et en la maison d'icelluy (3), lesquels en servant aud. hospital, faisant le service en la chapelle et esglise dud. S. Esprit et autrement, seront allimentés et nourris aux despens dud. hospital.

Item, que toutes les acquisitions faictes et que pour l'advenir se feront par lesd. frères, tant en commun que particulier, demoreront, par communauté, en endevis, entre lesd. frères et hospital; et lesd. frères, des biens ainsi acquis n'en pourront dispauser ne aultrement aliener sans le seu, voloir et consentement des recteurs, et aussi lesd. recteurs sans le voloir et consentement desd. fraires.

Item, lesd. frères et recteurs, si la nécessité y est de aliener aulcuns desd. biens presents et advenir dud. hospital, seront tenus préalablement appeler et avoir le consentement de Moss. le sénéchal et de Moss. le prieur.

Item, toutes et chacunes les messes fundées par testament ou légats faitz et affere ausd. frères, et aultres dona-

---

Olivier du Chatel, évêque d'Uzès, frère de Tannegui du C., sénéchal de Beaucaire. Le sceau de Peregrin de Coëtivi, reproduit, en manière d'ornementation, sur une cloche de Chichiliane, est décrit dans les *Inscriptions campanaires du département de l'Isère*, par M. G. Vallier, Montbéliard, 1886, p. 46.

(1) Le cardinal Amanieu d'Albret, seigneur-prieur, de 1504 à 1507, époque à laquelle lui succéda l'archevêque d'Embrun, Rostang d'Ancezune.

(2) V. plus haut, p. 112. Thomas de Vénéjan, qualifié seigneur de Cassagnoles, en 1491, était, à cette date, chatelain de Fourques, près Beaucaire, aux gages de trente livres par an.

(3) Maison du Roi. V. ci-après, p. 130.

tions en quelque manière que ce soit... demoreront communs et par indivis entre lesd. frères et recteurs, et n'en pourront dispauser s'il n'est en la forme contenue au precedent article.

Item, touchant les cent livres tornoises, que le roy notre sire a donées sur le Petit-blanc pour une messe (1), seront ausd. frères et sur ce seront tenus de culx vestir et chausser ; et lesd. recteurs, pour leurs vetements ne seront tenuz ne leur en bailler, sauf la despense de bouche desd. frères que bailleront et fourniront les recteurs sur les questes.

Item, touchant les messes particulières, que leur pourront estre données jornellement et aultres bienfaits, apartiendront ausd. frères pour estre pourveu a leurs necessités, sauf reserve à Moss. de ceste ville du Saint-Esprit son droit accoustumé en lesd. esglise et hospital (2).

Item, si aucun desd. frères va de vie à trépas, tous ses biens, meubles et immeubles, appartiendront ausd. frères de l'hospital, et n'en pourra dispauser si nest pour son ame et ses funerailles.

Item, touchant la totelle administrative dud. hospital, tant touchant les questes que autres choses..., sera faite dans la maison commune, où demeurent lesd. frères, par les quatres recteurs, c'est à savoir les troys de la ville et celuy qui sera mis desd. frères, lesquels ne pourront rien faire sans estre tous ensemble.

Item, touchant l'administration du Petit-blanc sera faicte par les quatre recteurs ainsi que dit est dessus.

Item, lesd. frères seront tenuz faire les questes à cinq lieues à la ronde de lad. ville, aux despens dud. hospital ; lesquels frères seront tenuz porter et rendre aux recteurs ce qu'ils auront amassé, sans que lesd. frères puissent prendre pour leurs vacations nul présure comme font les autres questeurs.

Item, s'il est trouvé que aucun desd. frères qui auront charge fero lesd. questes.... se approprier aucuns biens de

---

(1) Voy. plus loin, livre IV, titres II et VIII.
(2) Voy. livre IV, titre VI.

l'eglise et hospital et du Petit-blanc, seront lesd. freres prinz par lesd. recteurs et seront mis hors de lad. maison perpétuellement.

Item, s'il est trouvé aucun desd. recteurs qu'ils fassent aucun (dommage) en la charge administrative desd. recteurs, tant touchant l'ospitalite que du Petit-blanc, seront ostez de l'Œuvre, inhabiles a jamais estre recteurs.

Item, que le nombre de huit freres, qui sont a present, demeureront avec les enfans que a présent y sont, et quant a l'augmentation des frères elle sera faicte par l'advis des recteurs et des freres dud. hospital, et non autrement.

Item, si, pour l'advenir, il estoit veu que lesd. articles ou aucuns d'iceulx deussent recepvoir interpretation... serait interpretez... par l'advis du conseil général de lad. ville, appelez les recteurs et frères dud. hospital, et l'advis ainsi faict sera des aprés présenté a mond^{sgr} le sénéchal et à mon^{sgr} le prieur seigneur de ceste ville, ou à ceulx qui auroient charge d'eulx pour des apres par eulx estre auctorisé, et en ce faisant les presents articles seront accordez et jurés par mon^{sgr} le sénéchal et par mon^{sgr} dud. S.-Esprit ou leurs lieutenants et vicaires..... J. de Vénéjan F. Peregrin de Coëtivi, vicaire. M. Solaci, notaire. A. Rebulli not^{re}.

(Copie informe, en un cahier de 22 feuillets de papier mesurant 0^m,29 de haut et 0^m,19 de large,)

XXXIX. — 15 Janvier 1512.

Réception de Pierre de Vars dans la confrérie des FF. Prêtres du Saint-Esprit. — (N° 22, chap. 2.)

Anno Domini millesimo quingentesimo undecimo et die quindecima mensis januarii, Ludovico, Dei gratia rege Francorum regnante, in presentia dominorum fratrum presbiterorum ecclesiæ et hospitalis S. Spiritus, ac etiam de communi consensu et voluntate dictorum dominorum presbiterorum et fratrum, ego, Bertrandus Cesteyroni, frater presbiter et rector ecclesiæ et hospitalis S. Spiritus, bene informatus de bona vita et moribus domini Petri de Vars, filii Bartholomei de Vars, habitatoris dictæ villæ, dictum dominum recepi et ad gremium dictorum fratrum transmisi. Qui quidem sacramentum promissionis, observationis confraternitatis cœteris fratribus super sancta Dei evangelia promisit ; quod quidem sacramentum sicut præmittitur, prestitit ; quam quidem receptionem nos, subsignati fratres, firmamus, emologamus et approbamus et, quantum in nobis est, gratam habemus ac in fratrem recipimus, mediante suo juramento quod prestitit nobis subsignatis presentibus et videntibus. Actum in ecclesia Sancti Spiritus et in revestiario ubi solitum est recipere fratres. B. C. F. Gervasi, H. Lombardi, presbiter, Petrus Chaudoardi, presbiter, Petrus Garini, Franciscus Correrii, presbiter, Andreas Fombon, presbiter ecclesiæ predictæ et de Pegolon, subdiaconus.

Datum pro coppia, a suo proprio originali extracto, per me F. Rebulli, notario.

(*Copie authentique sur parchemin de* 0m,15 *de haut et de* 0m,27 *de large ; petit sceau de l'Œuvre, ovale, pendant et plaqué entre deux feuillets de papier.*) (1)

XL. — 6 mars 1533.

Les recteurs achètent une terre à la Martine pour compléter l'installation de l'hôpital des pestiférés fondé par Jean Fermineau.— (Alméras not°, livre 5, fol. 550).

In nomine Domini, Amen. Anno salutisferæ Incarnationis Domini millesimo quingentesimo trigesimo secundo et die sexta mensis martii, serenissimo principe domino nostro

---

(1) L'empreinte, à demi effacée, rappelle incomplètement le grand sceau des recteurs qui porte : Le Christ nimbé bénissant de la main droite et tenant dans la gauche le livre des évangiles sur un pont de trois arches surmonté de la croix, et en exergue : ✠ S. RECT' : POT'. OSPITAL, SCI SPUS VILLE SCI SAT'NINI. UTICEN'. DIOC.

Francisco, Dei gratia rege Francorum regnante, noverint universi et singuli.... quod, in mei notarii presentia...., constitutus Nobilis Nicholaus Rochi, dominus S. Christophori (1), habitator ville pontis S. Spiritus, qui, sciens et actendens Johannem Ferminelli, bolengerium (2) predicte ville, dedisse, amore Dei, pauperibus Christi et ad edificandum et construendum certum hospitale ad hospitandum pauperes Christi ejusdem hospitalis vel reponendum infestos, peste tactos, ejusdem ville seu predict. hospitalis, videlicet quamdam suam terram, sitam in territorio S. Spiritus, loco dicto : à la Martine (3), continentem sex eyminatas (4) tere laboris seu circa, confrontatam ab oriente cum flumine Rodani, ab occidente cum alia parte tere pauperum pred. hospitalis, a borea recto cum vinea Johannis de Martiniere (5), marino cum vinea heredum Firmini Sylvestris. Que quidem tera movetur de directa (6) ipsius nobilis Rochi servitque de censu (7) annuo, eidem nobili Rochi, quinque denarios turonenses, cum tasca (8) sive octava parte fructuum escrescendorum in eadem tera...,...

---

(1) Saint-Christol-de-Rodières, commune du canton de Pont-Saint-Esprit, dont le premier seigneur connu est Gabriel de Roch, aïeul de Nicolas et descendant de Dragonet R., seigneur de Lamotte, sindic de Saint-Saturnin-du-Port, en 1364. (Voy. plus haut, p. 89, note 4).

(2) *Boulanger*. Ce Jehan Fermineau, auteur des Fermineau, est le père d'autre Jeh. F., marchand en 1542, de qui sont issus : Jeh. F., juge, Guill^e F., lieutenant des ports, en 1605, et marié à d^{lle} Catherine de Fiennes, et Charles de F., viguier pour le seigneur-prieur en 1627.

(3) Quartier rural de Pont-Saint-Esprit réduit, d'après le cadastre actuel, aux terres voisines du château de la Martine.

L'ancien hôpital des pestiférés, plus connu sous le nom d'*entrepôt*, est compris maintenant dans le quartier de Crussol, *crocholles*, *corcholas* (1390), de la directe des Crussol.

(4) Mesure agricole, encore usitée dans le pays et comptant pour 790 mètres carrés.

(5) Voy. ci-dessus, p. 113.

(6) *Directe*, le droit du seigneur sur la terre du vassal.

(7) *Cense*, la redevance annuelle, en argent ou en blé, due au seigneur foncier, en vertu de la concession primitive.

(8) *Tasque*, autre redevance de même origine, perçue plus particulièrement sur les raisins ou le vin.

Igitur, ad requisitionem venerabilis viri domini Falqueti Michaellis, presbiteri ejusdem hospitalis et ecclesie pred. hospitalis, ac honorabilis viri Symonis Audigerii, rectorum..., tam nomine suo quam aliorum fratrum suorum absentium..., vendidit et tradidit seu quasi cessit, concessit, et in perpetuum dereliquit predictis pauperibus, Christi affectione, rectoribus presentibus stipulantibus, pro se et eorum successoribus quibuscumque, predictos censum et tascam una cum directate, quam habet in et super predicta terra vel dicti sui fratres habent, pretio vero et nomine justi et legalis pretii undecim librarum turonensium..... Acta et publice recitata fuerunt hec omnia apud predictam Sancti Spiritus villam, et domo hospitalis predicti seu presbiterorum, ac camera dicti domini Falqueti Michaelis, testibus presentibus, Magistro Egidio Restaurandi, Johanne Mathey, predicte ville habitantibus, ad premissa omnia audienda vocatis, et me Andrea Alméras, notario regio.

(*Original sur papier dans les registres minutes d'Alméras*).

XLI. — 25 août 1538.

Consécration de la chapelle de Notre-Dame-de-Pitié, en l'église du Saint-Esprit, par l'évêque de Damas, délégué de l'évêque d'Uzès. — (N° 36, chap. 2.)

In nomine Domini, amen. Anno Incarnationis Ejusdem millesimo quingentesimo trigesimo octavo et die vigesima quinta mensis augusti, pontificatus sanctissimi in Christo patris et domini, divina providentia pape, Pauli anno quarto, ac christianissimo principe et domino nostro domino Francisco, Dei gratia Francorum rege regnante, reverendissimo in Christo domino Johanne de Sancto Gelasio, Dei et sanctæ sedis gratia episcopo Uticensis electo (1),

---

(1) *Evêque élu*; ces mots semblent indiquer que Jehan de Saint-Gelais, résignataire de son oncle, Jacques de Saint-Gelais, en 1531, n'avait pas encore pris possession du siège épiscopal d'Uzès, à la date du 25 août 1538.

feliciter existente, noverint universi et singuli quod, anno et die predicta, apud Villam S. Saturnini de Portu et in ecclesia S. Spiritus ejusdem ville, Uticensis diocesis, existens reverendissimus in Christo pater dominus Symon de Podio, Damasiensis episcopus, qui ex permissione et licentia prefacti reverendi domini episcopi Uticensis electi, prout de eadem permissione apparet publico instrumento in notam sumpto et recepto per magistrum Bonaventuram Bastide, notarium, sub anno presenti millesimo quingentesimo trigesimo octavo et die vigesimo octavo mensis Junii...

Ad postulationem et requisitionem venerabilium et religiosorum virorum Andreæ Fombon, Rollandi Bertrandi, Aymaris de Pegolon, Johannis Chabrilis, presbiterorum dicte ecclesie Sancti Spiritus et aliorum religiosorum ejusdem, capella et altare in eadem ecclesia Sancti Spiritus in honore Dei et intacte Virginis Marie, ejus genitricis de Pietate constructa, fondata et erecta, per reverendissimum dominum Damasiensis episcopum consecrata et baptisata extitit sub titulo et nomine Beate Virginis Marie de Pietate (1), servatis ceremoniis in talibus et similibus servari solitis. Quorum quidem altaris et capelle patrinus fuit supradictus dominus Andreas Fombon, presbiter et religiosus predicte ecclesie S. Spiritus, matrina vero honesta mulier Maria Rebolli (2), uxor Guillelmi Bornuguæ, notarii... Facta consecratione predicte capelle et altaris Beate Marie de Pietate, prefactus reverendus dominus episcopus Damasiensis dedit, tribuit et concessit et, tenore presentium, dat, tribuit et concedit omnibus et quibuscumque Christi fidelibus, vere confessis et penitentibus, videlicet qui, deinceps perpetuis temporibus, singulis diebus sabbati et festis Virginis Marie, diebus jovis, veneris et sabbati Septimane-Sancte et tribus diebus festis Resurec-

---

(1) Cette chapelle, à gauche en entrant dans les ruines de l'église du Saint-Esprit, conserve une fenêtre ornée des instruments de la Passion, en platrerie. (V. au plan annexé au dernier fascicule, lettre c.)

(2) De la famille des notaires de ce nom.

tionis Domini, in pura et perfecta devotione, capellam Beate Marie Pietatis visitaverint et dixerint orationem dominicalem sive le Pater cum salutatione angelica sive l'Ave Maria, cuilibet pro qualibet (vice), videlicet ex parte prefacti reverendi domini Uticensis episcopi, quadraginta dies de vera indulgentia, et tot ex sui parte, juxta formam ecclesie consuetam ; decernens de cetero locum predictum capelle immunitari et franchesie, perpetuis temporibus, esse ; et preterea inhibuit et deffendit omnibus et quibuscumque justiciariis, officiariis ac justicie ministris, regibus et principibus, cujuscumque dignitatis existant, sub pena excommunicationis late, ne immunitatem predicte cappelle et altaris Beate Marie de Pietate violare haberent. De quibus omnibus et singulis, prefactus reverendus dominus Damasiensis episcopus, acta et instrumenta predictis presbiteris et religiosis dicte ecclesie S. Spiritus et aliis, quibus interest aut interesse poterit, fieri voluit et concessit per me infrascriptum publicum notarium. Acta fuerunt hec ubi proxime supra, presentibus in premissis venerabilibus viris dominis Johanne Solacii, priore de Salazaco (1), Philippo Olhoni de Bernassio (2), Uticensis diocesis, presbiteris, Olivario Berardi predicte ville S. Spiritus, testibus ad hoc adhibitis et assumptis, et me Johanne Sochon, notario publico, clerico substituto magistri Beneventuri Bastide, notarii et secretarii reverendi Uticensis episcopi.

(*Original sur parchemin de* 0^m,42 *de long et de* 0^m,98 *de large.*)

---

(1) Salazac, canton de Pont-Saint-Esprit. Ce Jehan Solas, précédemment recteur de l'hôpital Notre-Dame-de-la-Pierre, alors vicaire perpétuel de la paroisse Saint-Saturnin, peu après lieutenant de l'official de Bagnols, acquit, sous pacte de rachat, en 1543, « en nouveau achapt et emphithéose perpétuelle », la seigneurie haute, moyenne et basse de Salazac, dépendante de la baronie de Bagnols, qui appartenait à Marc de Beaufort, comte d'Alais, moyennant la cense annuelle et perpétuelle d'un chapon et de 500 livres tournois d'entrée (Alméras, note). Jehan Solas était frère de Michel S., notaire et greffier des gabelles à sel.

(2) Brenas, hameau de la commune de Montclus, canton de Pont-Saint-Esprit.

XLII. — 25 août 1538.

Bénédiction par l'évêque de Damas du cimetière de l'hôpital neuf. — (N° 37, chap. 2). (1)

In nomine Domini, amen. Anno ejusdem millesimo quingentesimo trigesimo octavo et die vigesima quinta mensis augusti... noverint universi et singuli quod, anno et die prescriptis, apud villam S. Saturnini de Portu et in cimeterio de novo facto et constructo prope hospitale novum, per dominum nostrum regem fondatum et jam erectum a latere solis occasus, existens Reverendus in Christo pater Symon de Podio, etiam Dei et apostolice sedis gratia Damasiensis episcopus, qui, ex permissione supradicti reverendi domini episcopi Uticensis electi, prout de eodem constat publico instrumento in notam sumpto et recepto per Bonaventuram Bastide, notarium et secretarium rev. domini episcopi Uticensis electi, sub anno et die in eodem contento......

Ad requisitionem et postulationem honorabilium virorum Guillermi Bornugue, notarii, Claudii Comprat (2) et Rollandi Julliani, rectorum ac dominorum presbiterorum

---

(1) Ce document porte cette primitive rubrique : Instrumentum benedictionis ciminterii prope hospitale de novo per dominum nostrum regem fundatum a latere ecclesie Sancti Spiritus a parte fluminis Rodani erecti.

(2) Ancien rentier ou fermier des *émoluments* du prieuré de Saint-Pierre, Claude Comprat, acheta, en 1543, de noble Claude Rostang d'Ancezune et de demoiselle Loyse de Saint-Ferréol, sa femme, le moulin dit *en Glorié* (commune de Saint-Alexandre, près Pont-Saint-Esprit), qui faisait au prieur de Saint-Pierre la cense annuelle de deux boisseaux d'orge, et au recteur de la chapellenie Saint-Blaise d'Issirac (canton de Pont-Saint-Esprit), une pension de 6 livres tournois. Une nièce de Claude C., fille de feu Laurent C., Madeleine *Comprate*, épousa noble Ayme de Joyes. Ces Comprat descendaient de Raymond C., garant d'une dette contractée par la ville envers Jean de Lacroix. (*La guerre autour du Pont-Saint-Esprit*, p. 16).

et religiosorum ecclesie et hospitalis ville Pontis S. Spiritus sive S. Saturnini de Portu, ibidem presentium, predictum cimeterium de novo factum et constructum prope hospitale novum, per dominum nostrum regem fondatum et jam (erectum) a latere solis occasus et fluminis Rodani, prefactus reverendus dominus Damasiensis episcopus benedixit, observatis ceremoniis in talibus observari solitis, inhibens et deffendens omnibus et quibuscumque, cujuscumque qualitatis vel dignitatis existentibus, ne a cetero aliquas imundicias et res inhonestas in eodem cimeterio benedicto sub pena excommunicationis (faciant).... Acta fuerunt hec *(comme au titre précédent)*.

(*Original sur parchemin de 0ᵐ,50 de haut et 0ᵐ,40 de large*).

XLIII. — 1ᵉʳ juin 1550.

Ordonnance du sénéchal de Beaucaire et Nîmes réglementant la tenue du Bureau d'administration. — (Registre des délibérations, coté D.).

1ᵉʳ juin 1550. Nous, Jean de Sennetaire, (1) seigneur et Baron de Fontanille et Clavelière, conseiller du roy et son maistre d'hostel ordinaire et séneschal de Beaucaire et Nismes, et pour raison dud. office de séneschal conservateur de la maison et hospital de la présente ville du Saint-Esperit, pour pourvoir aux désordres qui par cy devant ont esté en l'administration des biens de lad. maison et hospital et en la reddition des comptes, avons ordonné et ordonnons, pour l'advis et délibération des soubsignés, ce qui s'ensuyt.

En premier lieu, pour ce qu'il est bien difficile que les affaires dud. hospital soient regis et gouvernez a leur debvoir par les seuls recteurs, sans déliberations, communication et assemblée d'autres gens de bien qui par leur

---

(1) *Alias* Senectère, Saint-Nectaire, sénéchal, de 1546 à 1561.

bons zèle et affection doibvent entendre ez affaires dud. hospital, est ordonné que doresnavant, de moys en moys, se assembleront, ung dimanche ou autre jour de feste que aye au service de Dieu, les vicaires du S^{gr} prieur, viguier et juge du Sainct-Esperit, ou celui ou l'ung d'eulx, ensemble les quatre recteurs, ung ou deux des consulz, deux autres gens de bien de la ville, telz qu'ils seront esleuz à la convocation des recteurs, et l'ung des pretres de la dicte esglise, pour traicter les affaires dud. hospital, veoir et entendre s'il y a aucuns désordres soit aux personnes ou ez affaires et administration d'iceulx ; et pardevant lesquels qui estoient du conseil dud. hospital, lesd. recteurs seront tenuz communiquer le carnet journalier (1) de la despense qui aura esté faicte durant le moys, tant en argent que en bled, vin et autres vivres, pour veoir et connaistre s'il y aurayt maulvais gouvernement, y déliberer et pourveoir, ayant esgard au nombre des pbres et autres qui sont en charges, et, lad. despense vérifiée, coucheront en ung libre, qui s'appellera le libre des délibérations (2), que la despense aura monté le moys passé, soit en argent, blé, vin et autres denrées, en somme et quantité et non par le menu, pour après, en venant ouyr les comptes, pouvoir veriffier la despense....

Aussy sera délibéré, en lad. assemblée, des autres affaires dud. hospital et, s'il y avoit aucun procès ou differanz,

(1) Le pillage et la dispersion momentanée des archives de l'Œuvre, au XVIe siècle, n'ont laissé des plus anciens carnets qu'un gros registre, sur velin, coté C, où l'on voit la recette du Petit-blanc des années 1473 74, 75 et 76, et la dépense pour construction du portail de l'église du Saint-Esprit et des ponts de la Motte et de la Pierre, sur le Lauzon, pour l'entretien du pont Saint-Esprit et des paillères (digues) de Saint-Sixt.

(2) Cette clause, à rapprocher d'une semblable portée au règlement consulaire en date du 10 octobre 1550, (*Archives municip.*, Reg. BB. 1), confirmait un fait existant depuis le 2 décembre 1548, car dès cette époque, à propos d'arrentements, le bureau se tenait d'une façon assez régulière.

Le premier livre des délibérations proprement dites, inscrit sous la lettre E, commence une série de 20 volumes d'où notre chronique de *l'Œuvre des église, maison, pont et hopitaux* tire des détails circonstanciés sur les 244 dernières années de cette philanthropique institution.

pour les poursuipvre ou appoincter ; et les délibérations seront couchées aud. livre et, s'il y a aucun arrantement faitz ou affaire, sera rappourté en lad. assemblée et sommairement couches au livre desd. délibérations, ensemble aussy les délibérations qui seront prinses des réparations plus nécessaires, comment et de quoy pourveoir a icelles, pour apres lesd. délibérations estre exequtées par lesd. recteurs.

Et auxd. assemblées sera deslibéré, lorsque sera besoing, que nous dit sénéchal ou notre lieutenant baillons et faisons expedier aucune décharge sur le recepveur du Petit-blanc et de quelle somme, pour veu la deslibération et non autrement, et contiendra icelle deslibération quant à ce sommairement les affaires auxquelles il convient employer les deniers desd. decharges, non y ayant autres deniers.

Pour ce aussy sera advizé, en chacune assemblée, s'il y a aucun deniers des fermes ou autre revenu dud. hospital qui demeurent en arrière... et généralement tous autres affaires dud. hospital y seront traictez et délibérez, et procédé par lesd. recteurs, suyvant lesd. délibérations, lesquelles seront redigées par escript au libre, signées par ceulx qui y assisteront et par le greffier, sans que lesd. recteurs puissent faire aulcune chose préjudiciable aud. hospital contre lesd. délibérations, esquelles pourront aussy assister et se trouver le receveur du Petit-blanc et clerc des ouvrages dud. pont et hospital.

Et lesd. assemblées terminées, et faictes lesd. délibérations, ceulx qui se trouvent esd. assemblées, au despartir la maison du Roy (1), se transporteront à l'hospital auquel

---

(1) On appelait *Maison du Roi* la maison ou hôtel du Saint-Esprit, siège de l'Œuvre, située à l'entrée du pont, en face et au midi du grand hôpital, soit parce que les officiers royaux y rendaient la justice (V. *La guerre autour du Pont-Saint-Esprit*, p. 41), soit parce que les rois de France y firent arborer les panonceaux royaux en leur qualité de fondateur et conservateur de l'Œuvre. (Ci-après, livre III, lettres de sauvegarde données par Charles VI, le 26 avril 1391). Sur la foi de Nicolas Sanson, Moreri, dans le *Grand dictionnaire historique*, Paris, 1750,

sont les pauvres malades (1) et autres, pour entendre s'ilz sont bien entretenuz ou s'ilz sont maltraictez, tant des alyments que des médicaments quant aux malades, et si les médecins et chirurgiens et autres ministrez dud. hospital font leur debvoir, et ou ne le feroient meetroit autres en leur lieu, qui sera entre euls délibéré et conclud ; et des bastards et des bastardes verront l'éctat d'iceulx, et s'il y a aulcun que soit besoing les meetre à mestier ou service ou que les faut chasser.

Et à ce que lesd. vicaire, viguier, juge, consulz et autres dessus nommez n'ayent occasion de faillir, et ne qu'ils ayent occasion de se contrevier sans sen excuser, avons ordonné et ordonnons que lesd. recteurs, la veille du dimanche ou autre feste que se debvra faire l'assemblée, la feront sçavoir et entendre par l'ung prebres ou cleres de lad. maison, qui rapporteront en pleine assemblée ceulx qui aura assignez et trouvez en leurs propres personnes et s'ils sont en ville ou absents, ce que sera escript aud. livre des délibérations, et si ceulx qui auront esté, faillent à s'y trouver, pour la premiere foys payeront vingt-cinq solz, pour estre employé aux affaires de l'hospital, et pour la seconde cinquante sols, et pour la tierce foys cent solz, et s'il y a persevération de ne sy y vouloir trouver seront par nous, au suyvant, après les comptes et faisant les nouveaulx recteurs, d'aultre peyne arbitrale raisonnable, sauf aucun support aussi contre les recteurs et greffier s'ils ont faict faulte de tenir registre de ces assemblées et délibérations.

Et pour ce que une partie de l'exercice de la despense de lad. maison procéde de ce que layes ne se entremectent du fait de lad. despense, ainsi laissent recepvoir et depen-

---

raconte qu'il y a au-devant (l'église du Saint-Esprit) une place d'armes, avec une fontaine et ce qu'on appelle la *Maison dorée*. C'est ici, vraisemblablement, la traduction libre du languedocien : *Oustaou dou Rei*, (Maison du Roi).

(1) Deux hospices ou deux corps de bâtiment existaient à l'entrée du pont : l'hôpital des pauvres **passants** et l'hôpital des pauvres malades et des enfants exposés.

dre au seul recteur prebre, qu'est contre le debvoir du serement et conscience desd. recteurs laycs, est ordonné que doresnavant lesd. recteurs laycs seront tenuz tant à la recepte que a la despense. . . . .

Est aussy ordonné que doresnavant lesd. recteurs faisant dresser leur compte, au commencement feront e escripront l'estat au vray du bien et revenu dud. hospital y couchant tous les arrentements des questes, a qui on este arrentées, pour quel temps, pour quel prix et quelles payements. Aussi des autres rentes, possessions et domaiges dud. hospital, et mectront et coucheront par recepte, au vray, ce qu'ils auront reçeu desd. arrentements, rentes et domaiges, aussy par descharge du receveur du Petitblanc.

Et adviseront lesd. recteurs, doresnavant, de coucher leurd. compte, tant en recepte que en despence au vray, pour iceulx jurer et affirmer, ne pourroit après demander reparation de ce qu'ils prétendroient s'estre surchargé en recepte ou n'avoir couché quelque partie de la despence pour obmission. . . . .

Aussi, adviseront ceux qui prendront en afferme les questes (1), sils prétendent que par les évesques ou autres officiers leur ayent esté faictz aulcuns refuz de fere lesd. questes, de rappourter justification et actes desd. evesques ou de leurs vicaires et aultres officiers qui leur auroient faict led. refuz, denyement ou aultre empéchement, s'ils prétendent avoir aucun deschargement de leurs fermes....

Et pour ce que cy devant, les pbres et autres de lad. esglise n'ont pourté aucune ou bien petite obeyssance au recteur pbre, bien que soit leur principal pour le temps dud. rectoriat, est enjoint auxd. pbres et autres de lad. maison et esglise de prester obeyssance aud. recteur, et sera requi et supplié au seigneur évesque d'Uzès donner

---

(1) L'usage d'affermer les quêtes, faites annuellement dans tous les diocèses de France et d'Italie, paraît fort ancien, ainsi qu'on l'a vu aux p. 105 et 118. La ferme était payable en espèces ou en nature, suivant qu'on quêtait de l'argent, de l'huile, du lard, du blé ou du vin. .

aud. recteur pbre sur les autres pbres et ministres de lad. esglise tout tel pouvoir, puissance et coercition que les religieux des couvens des mendyans et prieurs diceulx couvens (1) ont sur les autres simples religieux ; aussi pour pouvoir contraindre de l'autorité dud. seigneur évesque, par censures ecclesiastiques, à se trouver à Matines ceux qui sont en âge et de qualité pour sy trouver et es autres Heures et Psaumes, et de se pouvoir absenter sans licence dud. recteur ; luy donnant aussi commission d'enquerir ou pouvoir faire enquerir de son autorité sur les insolences, maulicences ou rebellions et désobeyssances que lesd. pbres et clercs dud. hospital et esglise pourroient commettre, pour, les informations renvoyées aud. seigneur évesque, procéder à la punition des délinquants comme de raison.

Et pour prévenir aux désordres que nous aurions entendu avoir esté cy devant en lad. Maison, a l'occasion de ce que aucuns des pbres veulent manger en leurs chambres et à toutes heures et à toutes les heures, et les autres ne se tiennent aux heures de disner et de soupper et se font aprés aprester autre disner et soupper, de nouveau, bien qu'ils soient tenuz manger en communion, cessant excusation pour cause de maladie, est ordonné que doresnavant tous ceux qui ne seront malades de maladie, qui les détiennent en leurs chambres, seront tenuz se trouver ez heures de disner et soupper, autrement s'ils ne se trouvent est inhibé et desfendu faire autre despence ou aprest pour les autres qui surviendront, sur peine d'estre rayee lad. despence, et de vingt-cinq livres contre lesd. recteurs et de semblable somme contre ceulx qui seroient cause de lad. despence ; et en mangeant, tous ensemble, adviseront de uzer de propos honnestes et condescents selon leur estat, sans uzer d'autres maulvais propos, et mangeront modestement et non excensuement, évitant toute crapulle et ébriété.

Et car cy-devant à la reddition des comptes y a eu plusieurs médecins et chirurgiens qui ont demandé taxation,

---

(1) Les Franciscains.

sans justification de leur temps et travaux, est ordonné que doresnavant y aura un médecin étant pour la personne desd. pbres et autres pouvres, nourrices et enfants delad. esglise, maison et hospital, aux gaiges ordinaires de six livres tournois, et ung chirurgien aux gaiges ordinaires de quatre livres.

Finalement, avons ordonné et ordonnons que les autres ordonnances par nous et nos prédecesseurs sénéchaux ou leurs lieutenants et notres faictes, auxquelles par ce dessus ne seroit dérogé, seront gardées et observées de poinct en poinct, selon leur forme et teneur ; et ne pourrons ceulz que dessus avons ordonné se assembler pour les affaires dud. hospital, de moys en moys, demander pour raison de ce aucun salaire tauxation ou vaccation (1), ne charger lad. maison de aucune despence plus grande que pouvoir faire collation, si bon leur semble, lorsqu'ils seront assemblez, du pain et du vin dud. hospital (2), en la maison du Roy où se assembleront, le tout par manière de provision et jusque autrement par nous soit ordonné.

Fait, ordonné et publié en la ville du Pont-Sainct-Esprit, en la grande salle de la Maison du Roy (3), en présence des recteurs : noble Charles de Joyes (4), viguier pour le Roy,

---

(1) De même que les recteurs ne donnaient aucun salaire aux auditeurs de leurs comptes (voy. ci-dessus n° XIX), de même ils n'avaient droit, eux-mêmes, à aucune rétribution de leurs peines. Nil mercedis, præter reternæ retributionis præmium. (L. B.-R., *Origine et véracité des notes et documents pour servir à une histoire de la ville du Pont-Saint-Esprit*, 1888, p. 26 et ci-après dans la *Bulle de Nicolas V*).

(2) Il n'était dérogé à cette ordonnance que pour la visite des pallières ou digues du Rhône, après laquelle on se réunissait pour un repas servi par le principal aubergiste de la ville.

(3) Lieu ordinaire des réunions du *Bureau* ou conseil de l'Œuvre, où furent tenus les Etats-généraux de Languedoc, en 1517, 1520, 1527, 1529, 1532, 1610.

(4) Fils de noble Jeh. de Joyes et de Isabeau de Roch (fille de Jeh. de R. et petite-fille de Gabriel de R., seigneur de Saint-Christol) possédait du chef de sa mère une part du péage du port d'Ardèche. Il épousa demoiselle Catherine de Bene et habitait, au quartier de Rivière, une maison confrontant, à droite, la maison de François de la Martinière. Cette demeure des de Joyes, reconstruite par J. F. de Vanel, passa à la branche qui s'est éteinte dans la famille de Balincourt.

Honorat Porcellet, capit° du Chateau de Sorgues (1), messire André Girot (2), docteur ez droictz, Pierre Delaigue, consul dud. Sainct-Esprit, et plusieurs autres. Et a nommé Monseigneur ceux qui doibvent estre du conseil de l'hospital....

(Copie dans un gros registre in folio).

XLIV. — 1er octobre 1564.

Lettres-patentes du roi Charles IX ordonnant la vérification des dettes de la maison, après le passage des religionnaires qui avaient pillé ou brûlé les archives de l'Œuvre. — (N° 42, chap. 2).

Charles, par la grâce de Dieu, roy de France, à noz viguiers et juges de Beaucaire, Uzès, Bagnols, St-Esprit, ou leurs lieutenants et chascun d'eulx premier sur ce requis, salut. Noz bien amez les freres prebstres, collégiez et fraternité en lesglise et chapelle, maison et hospital, en la ville du Pont S. Esprit, nous ont faict remonstrer, en nostre conseil privé, que leursd. esglise, chapelle, maison et hospital auroent esté fondez par nos predecesseurs roys de bonne mémoyre et aultres bien faiseurs, tellement que plusieurs pensions, rentes et revenuz, biens et fruictz leur auroent esté donnez et assignez pour y fere les ausmosnes et pourter les autres charges et y dire les heures canoniques et y fere tout autre service divin, suivant les ordonnances et fondations sur ce faictes, mesme de y célébrer plusieurs messes et y fere aultres prières et suffrages pour les âmes de nosd. prédecesseurs et prospérité et estat de nostre

---

(1) Capit° du château de Fourques, précédemment (1543), en même temps qu'il était premier consul du Saint-Esprit. Il avait épousé demoiselle Catherine de Bondilhon.

(2) Un Girot de Genolhac occupait la charge de viguier de Saint-Saturnin-du-Port, en 1389 ; André Girot, ci-dessus, est le père de Guillaume de Girot, juge royal du Pont-Saint-Esprit, et l'aïeul de noble Nicolas de Girot, seigneur de Caussenas, (au territoire de Carsan).

royaulme, et aussi pour y fere les aumosnes nécessaires et accoustumées pour les pouvres passants et aultres ; dont en auroent esté faictz plusieurs titres, instrumentz et enseignements et lesd. exposants ou leurs prédecesseurs en auroent obtenuz plusieurs arrestz, sentences et jugements faictz et passés a leur profit, plusieurs reglements, accords et transactions. Partie desquels instruments, enseignementz et autres pieces, par le moyen de ceulx de la nouvelle prétendue religion et troubles qui ont couru soubz couleur dicelle, auroent esté bruslez et gastez, derobez ou aultrement perduz ou esgarez (1). A occasion de quoy plusieurs de ceux qui auroent charges desd. pensions, rentes, revenuz et aultres charges doues auxd. esglise, chapelle, maison et hospital, auroent refuzé, et les autres delayé (2), ou se seroent renduz difficiles de payer lesd. charges, et aulcuns aultres auroent menassé et menassent lesd. expousans de leur fere perdre lesd. pensions, revenuz et aultres biens, et à cest fin les mettre et tenir en procés et instances par devant divers juges, mesmes pardevant juges incompétentz et suspectz, comme estantz leurs adhérents de lad. prétendue religion, et aultrement les vexer et molester à leur trés grand préjudice et domaige, diminution dud. service divin, suffrages et aumosnes, et desdites fondations de nosd. predecesseurs et services y ordonnez au moyen d'icelles fondations. A cause de quoy lesd. expousans nous auroent requiz leur octroyer nostre provision sur ce convenable.

Nous, pour les causes susdites, desirans soubvenir à nos subjects, selon que le cas le requiert, et pour pourveoir à ce que nozd. fondations, droictz et services deuz à nous et nosd. predecesseurs, en lad. esglise, pour nos ames et estat de nostre royaulme, ne soyent perduz ou diminuez, et en suivant nos édictz et ordonnances sur ce faictes vous

---

(1) Un ministre et ses adhérents, installés dans la Maison du Roi, avaient pillé les archives, brûlé les hôpitaux et saccagé l'église. Une ordonnance du maréchal de Vieilleville, en date du 7 septembre 1563, les invita vainement à se disperser.

(2) Les autres auraient demandé des délais.

mandons et à chacun de vous commettons par ces présentes
que si, appelez ceulx qui pour ce seront à appeler, il vous
appert par informations, extraitz ou aultrement desd. instrumentz, enseignementz, arrestz, jugements, reglemens,
accords et transactions faictes pour le regard desd. fondations dotales, pensions, rentes, revenus, biens et fruictz
deues auxd. expousans, ou de tant que suffire doibt, en ce
cas contragnez toutz ceulx qui seront à contraindre par
toutes voyes deues et raysonnables, à payer ce que se trouvera par eulx deu et à prendre, et pourter à l'advenir les
charges qu'ils sont tenuz prendre et pourter au moyen
desd. fondations, dotations, légats et aultres assignations
et constitutions faictes au profit delad. esglise, chapelle,
maison et hospital, en suivant nos édictz et ordonnances
et lesd. arrestz, jugements, reglements, accords et transactions et exécutions d'iceulx, comme verrez estre à faire
par raison, nonobstant appelations et oppositions quelconques, et sans préjudice d'icelles pour lesquelles ne voulons
estre differé, en faisant inhibitions et défenses aussi à toutz
qu'il appartiendra de les vexer et molester et de leur donner, distribuer trouble et empechement, ne les tirer ne
tenir en procès, allieurs, pour raison desd. choses ; et
néantmoins vous informiez bien et deuement desd. titres,
instruments, enseignements, arrestz, jugemens, reglemens, accords et transactions prestendus brulez, gastez,
perdus ou égarez, et ceulx que vous trouverez par informations, extraictz ou aultrement, avoir esté en nature auparavant lesd. troubles, les mettez ou faictes mettre en forme
publique et autentique pour valoir et servir auxd. exposants comme de raison ; et lesquels, ainsi par vous mis en
lad. forme avec leurs exécutions, nous avons autorisez et
autorisons et approuvons et avons ordonné et ordonnons
que foy leur soit adjousté comme à leurs propres origi-
naulx ; car tel est nostre plaisir. Donné à Avignon, le premier jour du moys de octobre, l'an de grace mil cinq cent
soixante-quatre et de nostre règne le quatriesme. Par le
roy en son conseil. Serziaux.

(*Original sur parchemin, de 0ᵐ, 35 de haut et de 0ᵐ, 46 de large, avec
le grand sceau de cire vierge dans sa gaine de parchemin*).

XLV. — 12 décembre 1626.

Enquête constatant que de toute ancienneté il y avait deux hôpitaux du Saint-Esprit qui furent pris et occupés pour la construction de la citadelle. — (N° 60, chap. 2).

Simon de Rippert (1), conseiller viguyer pour le roy, et Claude Masclary (2), docteur ez droictz, aussi conseiller et juge pour Sa Majesté en la ville et viguerie du Pont S. Esprit, a tous qu'il appartiendra savoir faisons que ce jourd'huy, dacte des présentes, judiciellement par devant nous ce seroit presenté M. E. Jean Rouvier, pbre, substitué au recteur pbre des esglise, maison, pont et hospitaux de lad. ville, tant pour luy que pour le sieur Marc Bellin, bourgeois, Gaspard Berguel, appoticquaire, et Laurens Vial, tailleur d'habitz, aultres recteurs desd. esglise, pont et hospitaux, lequel nous auroit dit et représenté leur estre besoing nécessaire faire apparoir au roy et à Nosseigneurs de son conseil comme de toute ancienneté il y a eu un hospital des pauvres passants malades audit S. Esprit, de fondation royale, et un autre des enfantz exposés de mesme fondation, lesquels en l'année mil cinq cent nonante-cinq furent prins et occupez pour la construction de la vieille citadelle, par authorité de Sa Majesté, et après lesd. recteurs ayant entrepris le bastiment d'un autre hospital pour servir au lieu et place des premiers l'auroient rendu en sa perfection jusques sur le point d'y loger lesd. pauvres malades et enfantz exposés ; lequel auroit subsisté jusques

---

(1) Simon de Ripert succéda, en 1617, à son père, Antoine de R., qui, lui-même, avait recueilli cette charge de viguier dans la succession de son beau-père, Simon Dumoulin, vers la fin du siècle précédent.

(2) Précédemment conseiller en la cour et parlement d'Orange, frère de Gaspard, secrétaire du roy et de ses finances. Ils étaient fils de Pierre Masclary, grenetier alternatif du grenier à sel du Saint-Esprit.

en l'année mil six cent vingt et un que Sad. Majesté ayant faict fere une nouvelle citadelle audit S¹ Esprit (1) led. hospital auroit esté comprins dans le desseing d'icelle et en suitte desmoly, en telle sorte que depuis lad. ville a demeuré en l'estat sans aucun desd. hospitaulx, ou seroit que pour le soing et diligence desd. recteurs on prend quelque maison à louage, d'année en année, pour retirer lesd. pauvres, a cause qu'on ne peut trouver des fonds pour subvenir à la despence d'une nouvelle construction. Et pour justification de ce, comme aussy que pour lesd. hospitaulx n'a rien esté payé, led. Rouvier nous a représenté en tesmoings le S¹ Pierre Chansiergues (2), bourgeois, M¹ Jean Boulard, notaire, et Urbain Pallier, consulz dud. S. Esprit, nobles Geoffroy et Honoré Broche (3), M¹ˢ Louis Vanduol (4), lieutenant des Gabelles, Gᵉ Fermineau (5), lieutenant du Maistre des ports, Simon Vidal, Jean Magnin (6), docteur et avocat, etc., tous habitants du S. Esprit, requérant les vouloir ouyr et examiner et de leur dire acte luy estre octroyé pour valoir et servir aud. recteurs ainsi qu'il appartiendra. Sur quoy, nous, viguyer et juge ayant faict prester serment sur les saincts Evangiles auxd. témoins, le plus jeune excedant l'aage de quarante années, et les avoir enquis sur lad. exposition sy dessus, l'un après l'aultre, et tous ensemble uniformément nous auroient dict et desposé estre véritable que de toute ancienneté il y a eu deux hospitaux aud. S. Esprit, de fondation royalle, scavoir l'un pour retirer les enfans exposés et l'autre

---

(1) On veut dire l'agrandissement de la citadelle de 1595.

(2) Pierre Chansiergues, bourgeois, fils de François et neveu de Gaspard C., greffier des gabelles du Saint-Esprit. Antoine Chansiergues, contrôleur pour le roy au grenier à sel, épousa Marie d'Ornano.

(3) Bourgeois, de la famille de noble Geoffres de Broche, marié à Claire de Vanel, fille de Guillaume et d'Isabeau de Joyes.

(4) Laurent Vanduol, marié à Anne de Ferrière, fille d'Etienne de F., marchaud.

(5) Voy. p. 123.

(6) Jehan Magnin, « docteur et avocat », auteur d'un inventaire des archives municipales.

pour le logement des pauvres passants et malades, lesquels hospitaulx étoient construicts à l'entrée du pont de lad. ville, du costé du Languedoc, proche de l'eglise dud. S. Esprit, ayant iceulx subcisté jusques en l'année mil cinq cent nonante-cinq... sy bien que present n'y a aucuns hospitaulx ou seroit une maison aux champs que lesd. recteurs sont contraincts de prendre à louage pour retirer lesd. pauvres, en attendant d'avoir le moyen d'en faire construire un autre. Dequoy avons octroyé acte aud. M. Rouvier, au nom qu'il possede, pour luy servir ainsy qu'il appartiendra, en foy de quoy ayant faict mettre le scel royal de notre cour à ces présentes nous y sommes soubsignez avec lesd. tesmoings et fait signer nostre greffier. Donné au S. Esprit, ce douziesme jour du moys de décembre mil six cent vingt-six. (Signés) Masclary, juge royal, Chansiergues, consul ; Boullard, consul; Pallyer, consul; Vidal ; Broche ; Vanel ; Guillaume Broche; Vanduol ; Fermineau ; Magnin ; Renoyer (1) ; Pichot (2) ; Ranc. Ainsy exposé et octroyé, Fabre, greffier.

(Copie authentique sur une grande feuille de papier de 0^m,50 de haut et 0^m,35 de large).

XLVI. — 16 avril 1627.

Lettres-patentes du roi Louis XIII portant exemption et franchise de péage, foraine, et autres subsides, pour les bois nécessaires à la construction des nouveaux hôpitaux. — (N° 61, chap. 2).

Louis par la grâce de Dieu, roy de France et de Navarre, dauphin de Viennois, comte de Valentinois et Dyois, à noz amez et feaux conseillers les gens tenant notre cour de

---

(1) André Renoyer, père de Michel, grenetier pour le roy, au grenier à sel de la ville.

(2) Capitaine Jeh. Pichot ; ou bien Aimé P., docteur en médecine; ou bien Gaspard P., premier consul, en 1623 ; ou bien encore Claude Pichot, garde du Lampordier ou grenier à sel du Saint-Esprit, mort en 1629.

parlement de Grenoble, cour des aydes de Montpellier, maistres des ports, péages et passaiges, et à tous noz autres justiciers, chacun en droit, soy salut. Noz chers et bien amez les recteurs et pbres des eglise, pont et hospitaux de nostre ville du Sainct-Esprit, en Languedoc, nous ont tres humblement remonstré que de toute ancienneté il y a eu deux hospitaulx en lad. ville, l'ung pour les pauvres passants malades et l'autre pour la nourriture et entretenement des enfants exposés, tous deux de fondation royalle, lesquels, en l'année M V^c IIII^{xx} quinze auroient esté prins et occupez pour la construction de la citadelle que le feu roy nostre tres honoré seigneur et père auroit ordonné estre faicte en lad. ville, sans que les exposans en ayent esté récompensez en aucune manière. Néantmoings sestant esforcez par leur bon mesnage de faire un petit fonds, ils auroient faict construire ung nouveau hospital; mais, comme il a esté construict à sa perfection et rendu logeable, nous l'aurions encore compris dans le desseing et agrandissement par nous faict de lad. vieille citadelle, en telle sorte que se voient lesd. exposans sans maison et les pauvres sans retraite ; ils auroient esté contraincts de prendre une place hors lad. ville, à bail perpetuel, sous la rente annuelle de soixante livres ; et d'aultant que pour y loger lesd. pauvres passans et enfants exposés est nécessaire d'y faire construire deux hospitaulx, au lieu des anciens, avec une chapelle pour y célebrer la Saincte-Messe et y tenir le Sainct-Sacrement pour l'administrer auxd. pauvres, comme aussy un logement pour les pbres et officiers servans lesd. hospitaulx, à quoy lesd. supplians ne peuvent satisfaire qu'en leur accordant, suivant et conformément aux concessions et privilleges à eulx octroyez par nos predecesseurs roys, par nous confirmez, exemption et franchise des droictz de péages et impositions foraines et autres subsides pour le bois necessaire pour la construction desd. hospitaulx qu'ils feront conduyre le long des rivières du Rosne et Lisère, requérant sur ce nos lettres nécessaires. A ces causes, estant tres juste de leur subvenir en ceste occasion, avons, auxd. exposans, de notre grace spéciale, plaine puissance et authorité royalle, permis, accordé et octroyé, permettons, accordons et octroyons, par ces présentes signées de notre main, de faire mener et conduire, le long des rivières du Rosne et Lizère, la quantité de trois grands radeaux, de telle sorte de bois qu'il sera nécessaire pour la construction desd. hospitaulx, francs, quictes et exempts de tous péages, droicts et impositions, francs d'autres subsides quelconques, le tout suivant et conformément aux privilèges, concessions et facultés à eulx cy-devant accordés et par nous confirmés .....car tel est nostre plaisir. Donné à Paris, le XVIe jour d'avril, l'an de grace mil six cent vingt-sept et de notre regne le dix-septiesme. (Signé :) Louis, (et plus bas :) Philippeaux.

(*Original sur parchemin de* 0^m, 32 *de haut et* 0^m, 56 *de large, grand sceau de cire pendant*).

XLVII. — 29 août 1669.

Arrêt du Parlement de Toulouse règlementant la nomination aux places vacantes des FF. Prêtres, rétablissant la vie commune et ordonnant que l'héritage desd. prêtres, excepté leurs biens patrimoniaux, appartiendra aux hôpitaux. — (N° 83, chap. 2).

Louis, par la grâce de Dieu.... comme en l'instance pendante en nostre parlement de Tolose entre les consuls de la ville du Pont S. Esprit...... d'une part, et M. Marcel de Vanel de Lisle-roy, viguier dud. S. Esprit (1), Joseph F. Bernard (2), juge royal, Marcel de Piolenq (3), Henry

---

(1) Fils de J.-B. de Vanel, précédent viguier (qui avait succédé lui-même à son beau-père, Simon de Ripert), et arrière-petit-fils de Guillaume de V., grenetier du grenier à sel de la ville.

(2) Fils de Barthélemy Bernard, précédent juge royal, il épousa Françoise de Bernard, fille unique de Jacques de B., seigneur de Versas et Montbrison, en Vivarais.

(3) Capitaine dans le régiment de Normandie, de la branche des Sabranenc (ile au confluent du Rhône et de l'Ardèche). Aux XVIe et XVIIe siècles, les Piolenc foisonnent à Pont-Saint-Esprit. Au sujet des aïeux voy. p. 2, 4, 8, 9, 16, 33 et 81.

de Cavailhon Sr de Malijac (1), Maurice de la Coste (2), capitaine major, Jacques Bellet, conseiller du roy, trésorier de l'extraordinaire des guerres, Michel Renoyer (3), Jean Noyel, conseiller du roy, granatiers et controleurs au grenier à sel, Jean-Baptiste Broche, et . . . .

Mes. Jⁿ Bᵉ Rouvier, prestre, Fçois Gramaise, diacre, et Fçois Fumat, sous-diacre, tous trois natifs et habitants de lad. ville, défendeurs comme chacun les concerne, a lad. requeste desd. recteurs, d'autre . . . .

Notre dite cour, veu le procés plaidez des 21 may, 9 juillet dernier, 13 et 22 de ce mois . . . .

Par son arrest prononcé le 26 aoust 1669, sans avoir esgard a la requeste desd. recteurs, prestres, ny a celle desd. Vallette, Masclary et autres... desquelles les a démis et demet ; faisant droit sur les lettres et requestes desd. consuls, Vanel, Bernard et autres habitans, ensemble sur la requeste desd. Rouvier, Gramaise et Fumat, les a reçeus et reçoit bien opposans envers les arrests des 6 juin et 28 aoust 1664, 14 avril et 14 déc. 1668... quelle a cassé et casse... A ordonné que, dans quinzaine après la signification dud. arrest, les deux places supprimées seront rétablies pour composer le nombre de dix prestres porté par lad. transaction et que les places vacantes seront remplies par les enfans exposez, idoines et capables, (dum tamen sint in sacris aut de proximo recepturi ad ordines et serviendo in divinis ipsi ecclesiæ), et en défaut d'iceux les recteurs auront l'authorité d'en nommer des enfans natifs et habitans de lad. ville, idoines et suffisans ausd. recteurs, prestres, frères et bureau, lesquels seront tenus de les recevoir, et, en deffaut des uns et des autres tels que bon semblera de la province de Dauphiné ou d'ailheurs, pourveu qu'ils soient idoines et suffisans, le tout

---

(1) Malijac ou Malijai, ile voisine de l'Ile du Roi, dans le Comtat. Henry de Cavaillon était fils de Guillaume de C., seigneur de Malijac, lieutenant de Mr de Luxembourg, gouverneur de la Bastille. Il épousa Claire de Biordon, des seigneurs de Saint-Julien-le-Peyrolas.

(2) Fils du capitaine Titte de la Coste.

(3) Voy. ci-dessus p. 140.

conformément à lad. transaction du 24 fev. 1526 et arrest du 13 sept. 1535. Si a, la dite cour, ordonné et ordonne qu'en déffaut desd. enfans exposez lesd. places vacantes seront remplies des personnes desd. Rouvier, Fumat et Gramaize, natifs de lad. ville ou autres trouvez capables; lesquels pretres lad. cour ordonne qu'ils seront tenus de demeurer et résider actuellement dans la maison dud. hospital et vivre en commun, aux frais et despens d'iceluy, comme ils avoient accoustumé de toute ancienneté; comme aussi ordonne lad. cour que les dépouilles desd. prestres et espargnes qu'ils feront des revenus desd. hospitaux appartiendront après leur decez ausd. hospitaux pour leur servir de fonds, à la charge toutesfois qu'ils pourront disposer des biens patrimoniaux et autres généralement quelconque que leur appartiendront d'ailleurs que les revenus dud. hospital. . . . .

Nous, à ces causes, à la requeste et supplications desd. consuls du S.-Esprit, te mandons et commandons inthimer et signifier le susd. arrest ausd. prestres et recteurs... Vallette, Masclary et autres qu'il appartiendra, aux fins ne l'ignorent ains y obeyssent dans le délay porté par led. arrest; et néanmoins faits, de par nous et nostred. cour, inhibitions et déffenses auxd. prestres et recteurs de faire tenir aucune assemblée concernant les affaires desd. hospitaux qu'en la presence desd. consuls et de quatre habitans de lad. ville nommez et esleus toutes les années, du substitut de nostre procureur général, du prieur et de son vicaire et des recteurs et administrateurs desd. hospitaux, à peine de mille livres et autres arbitraire, et faire tous autres commandements et significations pour l'exécution dudit arrest requis et nécessaires. Mandons, en outre, à tous nos autres justiciers, officiers et sujets ce faisant obéir. Donné à Tolose, en nostre dit parlement, le 29ᵉ jour du mois d'aoust, l'an de grace mil six cent soixante-neuf et de nostre regne le vingt-septiesme. Par la cour, de Resseguier, signé. Mʳ de Papus, rapporteur. Collationné, I. Fornairon.

(*Extrait imprimé sur trois feuilles de papier, de* 0ᵐ,23 *de haut et* 0ᵐ,17 *de large.*)

XLVIII. — 10 mai 1685.

Ordonnance de M. d'Aguesseau, intendant en Languedoc, réglementant le passage des charrettes, charriots et fourgons sur le Pont Saint-Esprit. — (N° 87, chap. 2.)

ORDONNANCE

QUI DÉFFEND DE LAISSER PASSER SUR LE PONT S.-ESPRIT LES CHARRETTES, CHARRIOTS ET FOURGONS, en quelque manière que cè soit ; et les Carrosses, Caleches et Chaises Roulantes autrement que sur des Traineaux.

du 10 may 1685.

Henry d'Aguesseau, chevalier, conseiller du roy en ses conseils d'estat, intendant en la province du Languedoc.

Sur la requeste qui nous a esté présentée par le syndic général de la Province de Languedoc, contenant que le Pont S. Esprit qui est le seul qui subsiste sur la rivière du Rône, et dont la conservation est si nécessaire pour le passage des troupes de Sa Majesté, pour la communication des provinces voisines et pour les sommes considérables qu'il coûterait à rétablir, reçoit tous les jours un préjudice notable par la licence que toutes sortes de personnes se donnent de faire passer par dessus led. Pont des Carosses, Caleches et Chaises Roulantes, mesme de faire passer des Charettes chargées de Marchandises, ce qui n'avait jamais été pratiqué jusqu'à présent, toute sorte de Charrettes, Charriots, Fourgons et autres Voitures semblables, soit qu'elles soient chargées de Marchandises ou autrement ayant esté obligées de passer la rivière en Batteau : Et à l'égard des Carosses, Caleches et Chaises Roulantes, elles ne pouvoient passer sur led. Pont que sur des traineaux de bois destinez à cet usage : Et d'autant que ce passage causeroit bientôt la ruine entière dudit Pont, s'il n'y estoit promptement remédié. A ces causes, requeroit led. syndic général que deffenses fussent faites à toutes personnes de qu'elle qualité et conditions qu'elles soient, de faire passer sur led. Pont aucunes Charrettes, Charriots, Fourgons et autres telles Voitures chargées de Marchandises ou autrement en quelque manière, et sous quelque prétexte que ce soit, à peine de confiscation desd. Voitures et Marchandises ; que les Carosses, Caleches et Chaises roulantes ne pourront passer qu'à vuides, sur des traineaux . . . . Veu la dite requeste.

Nous ordonnons que le syndic général de la Province de Languedoc, se pourvoira par devant Sa Majesté sur les fins de lad. requeste pour luy estre pourveu sur icelle, et en attendant qu'il y ait esté pourveu sous le bon plaisir de Sa Majesté et pour empecher le déperissement dudit Pont; Nous avons fait trés expresses déffenses à toutes personnes de quelle qualité et conditions quelles soient, de faire passer sur le Pont St-Esprit aucunes Charrettes, Charriots, Fourgons et autres semblables Voitures chargées de Marchandises ou vuides en quelque manière et sous quelque pretexte que ce soit, comme aussi de faire passer sur led. Pont aucuns Carrosses, Caleches et Chaises roulantes autrement qu'à vuide et sur des traineaux, le tout a peine de confiscation desd. Voitures et Marchandises, et contre les comis aux portes dud. Pont, de destitution de leurs charges et de punition corporelle. Enjoignons aux Consuls de la ville du S. Esprit, et aux Recteurs de l'Hopital et dudit Pont, de tenir la main à l'éxécution de notre présente ordonnance, a peine d'en répondre en leur propre et privé nom. Et sera la présente ordonnance lue, publiée et affichée aux portes dud. Pont, à ce que personne n'en prétende cause d'ignorence : Mandons à tous huissiers et sergens faire tous exploits nécessaires.

Fait à Montpellier, le 10 may 1685. d'Aguesseau (1). Par Monsieur, Guérignon.

(*Placard imprimé de 0ᵐ,47 de haut, et de 0ᵐ, 36 de large, surmonté des armes et ordres du roi.*)

(1) Henri d'Aguesseau, maître des requêtes, intendant du Languedoc, de 1675 à 1686.

XLIX. — 30 octobre 1694.

Lettre du supérieur-général de la congrégation de la Mission aux recteurs de l'Œuvre du Saint-Esprit, annonçant le départ des trois Filles de la Charité demandées pour le service de l'hôpital. — (N° 2, chap. 28).

De Paris, ce 30 octobre 1694.

Messieurs,

Monseigneur de Basville (1), intendant de la province de Languedoc, nous ayant fait l'honneur de nous demander trois Filles de la Charité pour le service de votre hopital, nous vous les envoyons, et je prends la confiance de vous les adresser, à ce que vous ayez agréable de leur dire ce qu'elles auront à faire. J'ai écrit à Mondit Seigneur de Basville que nous les faisions partir selon son desir (2). Je ne doute pas qu'il ne vous en ait parlé et qu'il ne soit convenu avec vous de toutes choses. Il n'est pas nécessaire que je prenne la confiance de vous recommander ces filles, estant assuré que comme vous desirez le soulagement de vos pauvres, vous aurez de la bonté pour les personnes qui vont les servir. Je suis, en mon particulier, avec beaucoup de respect, Messieurs, votre très humble et très obéissant serviteur. JOLLY (3), indigne supérieur de la congrégation de la Mission.

(*Original su papier de 0ᵐ, 20 de haut sur 0ᵐ, 16 de large*).

(1) Nicolas de Lamoignon de Basville, intendant de Languedoc, de 1687 à 1715.

(2) Les Filles de la Charité ou Sœurs de Saint-Vincent-de-Paul, alors connues sous le nom de Sœurs grises, arrivèrent à destination durant les premiers jours de novembre. Le 5, le Bureau décida qu'on les installerait aussitôt dans leurs divers services. Une quatrième sœur fut demandée en 1699.

(3) N. Jolly, fils de M. Jolly, procureur fiscal et administrateur de la terre de Done, né à Done, diocèse de Meaux, le 24 octobre 1622, entra à la Congrégation de la Mission, le 13 novembre 1649, et en fut élu supérieur général, le 2 janvier 1673, à la mort du successeur immédiat de Saint Vincent de Paul, M. Alméras, originaire de Pont-Saint-Esprit.

L. — 9 novembre 1694.

Conventions entre les recteurs de l'hôpital et les Filles de la Charité pour confier à trois sœurs de cette congrégation le soin des malades. — (Registre des délibérations coté S).

Du mercredy, 9ᵉ novembre 1694..... Pardevant Mᵍʳ l'illustᵉ et révérendᵉ Michel Poncet de la Rivière, évesque et comte d'Uzès (1), Assemblés dom Richard de Gérard (2), sacristain et prieur claustral au couvent de S. Pierre, vicaire gᵃˡ du Sᵍʳ prieur, MM. Pierre Restaurand (3), pbre, noble Antᵉ de Caseneuve de Corty (4), Louis Rivier, recteurs modernes, Guillaume Vanduol, Jean Paladan, consulz, Charles Broche, receveur des deniers du Petitblanc, en présence de M. Pierre Valérian, procur. du Roy au siège de la présente ville.

Après la prière faite (5), Mᵍʳ l'évesque........ a dit que en

---

(1) Michel Poncet de la Rivière, évêque d'Uzès de 1677 à 1728, présida cette réunion du Bureau en vertu de l'article 29 de l'édit de Versailles, daté d'avril 1694, qui avait soumis les hôpitaux du royaume à la juridiction des évêques.

(2) Les armoiries de Richard de Gérard sont sculptées sur le rétable de la chapelle de Saint-Pancrace (*San Pancrassi, San Brancassy*, 1390), banlieue de Pont-Saint-Esprit, dont il était bénéficier.

(3) Voy. plus haut, p. 113.

(4) Les Caseneuve ou Casenove de Corti (Corse) sont plus connus sous le nom de Casenove d'Antomarie parce que l'aïeul de celui ci-dessus, Antoine-Marie de C., maître de camp des bandes corses (commandées par d'Ornano, gouverneur de la ville et citadelle du Saint-Esprit), signait Antomarie, par une sorte de contraction de ses prénoms, ainsi qu'en font foi nombre d'actes dans les minutes notariales de cette ville. Antoine de Caseneuve, recteur de l'Œuvre du Saint-Esprit, alors retiré du service militaire, était fils de Pierre de C., maître de camp, gouverneur de Saint-André-de-Villeneuve, et de Marie de Masclary.

(5) Au cours de sa précédente visite au Bureau, Mᵍʳ Poncet de la Rivière avait conseillé de commencer et de terminer les séances par la prière.

conséquence de la deslibération prinse, le 22ᵉ janvier dernier, par laquelle il a esté arresté d'establir dans cet hospital des filles de Charité, il avoit prié Mᵍʳ de Basville d'escrire à M. Jolly, supérieur gᵅˡ des missions pour avoir trois sœurs appellées vulgairement les Filles de la Charité, ce quy a reheussy. En sorte que par la lettre dud. Sʳ Jolly, en date du 27 oct. dernier, il luy mande qu'il fera incessament partir trois desd. sœurs et que suivant leur usage il estoit nécessaire d'envoyer une procuration conformément au modelle dont la teneur sensuit :

C'est à scavoir que la supérieure et officières de lad. Charité s'obligent de fournir trois filles de lad. compagnie, a perpétuité, pour le service des pauvres malades de cet hospital.

Que pour ce qui regarde le temporel et le service desd. pauvres malades, elles seront entièrement sous l'autorité desd. sʳˢ recteurs et administrateurs dud. Hostel-Dieu.

Qu'on ne leur associera aucune femme ou fille pour le service desd. malades, affin que par l'union et rapport qui est entre elles ils en soint mieux servis.

Qu'elles seront logées et meublées convenablement dans un appartement separé, où les domestiques n'entreront aucunement.

Qu'elles seront nourries aux despens dud. Hostel-Dieu, lequel de plus donnera trente-six livres par an, à chacune, pour s'entretenir d'habits et de même linge, sans qu'on leur puisse faire changer la couleur ny la forme de leurs habits, ny sans qu'on leur puisse faire rendre compte dud. argent destiné à leur entretien.

Que quand elles tomberont malades, elles seront traitées des médicamens et des vivres, ainsy que les pauvres malades dud. Hostel-Dieu, et seront tousjours considérées comme filles de la maison et non comme mercenaires ; c'est pourquoy, lors qu'elles deviendront infirmes et hors d'estat de plus travailler, elles ne pourront estre renvoyées pour ce sujet, sy leur dit supérieur ne juge à propos de les rappeler, mais elles seront tenues, dans led. hospital, de médicamens et de vivres, selon leur besoin ; Et pour suppléer en la place desd. malades, lesd. sʳˢ administrateurs seront obligés d'en recevoir et entretenir d'autres de lad. Compagnie en mesme nombre, et feront la despense tant du premier voyage desd. filles envoyées que de celles qui seront changées, pour semblables causes de maladies ou pour le bien de l'hospital, mais non pas de celles qui pour autres raisons seront rappelées par leurd. supérieur, parce que, en ce cas, les fraix se feront aux despans de leur communauté, sy ce n'est qu'elles ayent demeurées six ans au service dud. hospital.

Qu'elles ne seront obligées de veiller les malades, hors les salles dud. hospital sinon les femmes qui seront dans son enclos comme les chambres de Gésines.

Qu'elles ne rendront compte de leur service et administration quauxd. s^{rs} administrateurs qui les doivent maintenir et appuyer d'autant que, sy elles n'estoient authorisées tant envers les officiers et serviteurs de la maison qu'envers les pauvres, elles ne pourroient faire le bien que Dieu veut qu'elles fassent à leur égard.

Sy toutes foys on leur donne de l'argent pour l'achat des menues provisions pour les malades, elles en rendront compte, de huit jours en huit jours, auxd. s^{rs} administrateurs en leur Bureau ; lesquels comptes seront arrestés et signés par l'un desd. s^{rs} administrateurs, sy les autres ne s'y treuvent pas.

Elles ne seront point chargées du soin des grosses provisions dud. hospital qui seront faites en temps convenable à la dilligence desd. sieurs administrateurs.

Le décès de quelqu'une desd. filles establies aud. Hostel-Dieu arrivant, on aura égard qu'elles sont dédiées au service de Dieu et des pauvres, et sera permis aux autres sœurs d'ensevelir deuement le corps, en leur manière ordinaire, le laissant dans leur petite infirmerie jusquà ce qu'il soit levé pour estre porté a l'eglise, suyvi immédiatement desd. sœurs, ayant chacune une bougie à la main, et, apres une messe haute et deux basses, le corps de lad. déffunte sera mis en terre dans la chappelle ou cimetière dud. Hostel-Dieu, faisant mettre sur la fosse une petite pierre pour désigner le lieu ou elle aura esté enterrée ; ou bien si le corps ne se peult garder, il sera porté dans l'eglise ou seront dites les vigiles des morts et le lendemain, une messe haute et deux basses, par le charitable soin de Mess. les administrateurs.

Lesd. s^{rs} administrateurs adresseront leur mandement, pour faire admettre les pauvres aud. hospital ou faire sortir les convalescens, à lad. sœur qui a la conduite, laquelle n'en recevra ou congediera que par leur ordre, et tiendra registre des pauvres quelle recevra. Elle aura soin que les malades soient visités, au moins une fois le jour, par le médecin apoticaire et chirugien, et s'ils ne font leur devoir, elle en advertira lesd. sieurs administrateurs auxquels elle fera faire receue et invantaire de tous les meubles et hardes de l'hospital, le lendemain de la S. Jean, pour voir ce qu'il y a d'augmentation ou de diminution, affin dy pourvoir.

Quand au spirituel, elles demeureront sous la conduite et déppendance dud. s^r supérieur-g^{nal} de la congrégation de la Mission et de ses successeurs, lequel pourra, par soy-même ou par tel autre qu'il députera, les visiter et mesme les confesser, de fois à autre, avec l'approbation de l'Ordinaire, leur désigner un confesseur approuvé dans le diocèse, et leur donner les advis qu'il jugera convenable pour l'observance de leurs regles et l'aquit de leurs obligations envers Dieu et le prochain.

Lesd. Filles de la Charité auront, dans led. Hostel-Dieu, l'entière liberté de vivre sous l'obéissance dud. supérieur-g^{nal}, de leur supérieure et officière de leur communauté, et de la sœur qui aura le soin de cet establissement non comme religieuse mais comme fille d'une communauté reglée et d'y observer tous les reglemans et exercices spirituels de leur institut, sans néanmoins préjudicier au soin et service des malades dud. hospital qu'elles préféreront à toute autre chose.

Sur quoy, l'assemblée, après avoir remercié Mond. S^{gr} l'évesque de ses soins, a deslibéré d'establir les trois sœurs grises, appelées Sœurs de la Charité, aux pactes et conditions cy dessus énoncées et, à cet effet, qu'il sera dressé une procuration contenant lesd. clauses. Ont signé : Michel, évesque comte d'Uzés. — Gérard, sacristain.

Restaurand, pbre et recteur. Cazeneuve, recteur. — Rivier, recteur. — Vanduol, consul. Palladan, consul. — Broche, rect. — Valérian, proc. du roy. — Fumat, greffier. —

(Original en un registre petit in-folio).

LI. — 14 janvier 1701.

Lettre de la T. H. Sœur Julienne la Boue, supérieure des Filles de la Charité, priant les recteurs de ne pas admettre à l'hopital les femmes de mauvaise vie. — (Nº 5, chap. 28).

De Paris, ce 14 janvier 1701.

Messieurs,

Je me donne l'honneur de vous ecrire, au commencement de ce nouveau siècle, pour vous très humblement remercier des bontez que vous avez eu pour nos sœurs, qui servent les pauvres malades de votre hopital depuis qu'elles y sont establies, et vous en demander la continuation.

C'est aussy, Messieurs, pour vous dire la surprise, où je suis, d'apprendre que l'on veut obliger nos dites sœurs à recevoir dans led. hopital les créatures de mauvaise vie et toutes celles qui méritent quelques corrections ou d'estre renfermées; je crois devoir vous faire souvenir, messieurs, que cela déroge à quelques uns des articles du contrat que nous avons eu l'honneur de passer avec vous pour notre établissement au Sᵗ-Esprit, où il est expressement fait mention que nous ne nous mêlerons point des personnes decriées pour le vice d'impureté ou atteintes du mal qui en procéde. Encore moins doit-on nous charger de celles qui tombent en d'autres vices; notre Institut n'ayant pour but que le soulagement et le service des pauvres malades, nous n'entreprenons, en aucun lieu, de nous rendre les servantes des personnes qui vivent mal, ny d'estre leur concierge comme je vois que l'on prétend que nos sœurs du S.-Esprit soient.

Je ne puis mieux m'adresser qu'à vous, Messieurs, qui estes les maitres de l'hopital, pour faire decharger nos sœurs de l'embarras que ces créatures leur causent. Je vous supplie au nom de Dieu de vouloir mettre ordre à cela ; faute de quoy, il leur est impossible de servir vos pauvres malades, ne pouvant pas résister plus longtemps à la fatigue et aux insultes qu'elles recoivent de tous costé, à cette occasion ; et nous ne pouvons pas non plus leur permettre de se charger d'un employ qui nous est expressement deffendu et opposé à notre Institut. Si j'en avois été plustôt avertie, je n'aurois pas tant attendu à vous faire savoir, Messieurs, la peine que j'ay de ne pouvoir seconder en cela vos pieuses intentions. Souffrez donc, s'il vous plaist, que j'ordonne à notre sœur Charlotte de ne plus recevoir aucune de ces créatures et que je me dise avec respect, Messieurs, votre trés humble et obéissante servante. JULIENNE LA BOUE (1), supérieure des Filles de la Charité ind.

(*Original sur papier de 0ᵐ,20 de haut sur 0ᵐ,16 de large.*)

LII. — 13 février 1701.

Lettre de la T. H. Sʳ J. La Boüe, supérieure des Filles-de-la-Charité, remerciant un des recteurs des mesures prises pour que les femmes de mauvaise vie ne soient plus admises à l'hôpital. — (N° 6, chap. 28).

De Paris, ce 13 février 1701.

Monsieur, je vous remercie, trés humblement, de l'honneur de la vostre en date du 21 janvier dernier et vous suis singulièrement obligée, et à tous messieurs les recteurs, de la bontez que vous avez de faire cesser la cou-

---

(1) Julienne La Boue naquit à Marolle, diocèse de Sens, le 23 août 1643, de Noël la Boue et d'Anne Copière. Agée de 21 ans, elle entra dans la compagnie des Filles de la Charité de Saint-Vincent-de-Paul et en devint supérieure générale en 1697.

tume qui s'introduisoit de faire châtier les personnes de mauvaise vie dans votre hopital. Jespère, Monsieur, que vous nous feré la grace de tenir la main à ce que telles sortes de gens ne troublent pas davantage le repos de nos malades et celuy de leurs servantes qui prieront Dieu pour vous, Monsieur, et pour toutes les personnes qui les honoreront de leur appuy et protection, dont elles ont un vray besoin pour pouvoir faire tout le bien que Dieu demande d'elles au Saint Esprit ; c'est le secours que je vous demande, Monsieur, pour l'amour de Notre-Seigneur et que j'espère de votre bonté avec la permission de me dire très respectueusement, Monsieur, votre très humble, obéissante et trés obligée servante.

Julienne La Boue, ind. supérieure des Filles-de-la-Charité.

(Original sur papier de 0ᵐ,20 de haut et de 0ᵐ,16 de large.)

LIII. — 8 octobre 1710.

Requête des prêtres et recteurs des Eglise, Maison, Pont et Hôpitaux du Saint-Esprit, et Ordonnance de M. le vicaire-général d'Uzès, au sujet de la chapelle Saint-Bénézet, en l'église du Saint-Esprit, et de celle de Saint-Nicolas, sur le pont. — (N° 97, chap. 2).

Supplient, humblement, les pbres et recteurs des Eglise, Maison, Pont et Hopitaux de la ville du S.-Esprit et vous représentent que le pont dud. S.-Esprit, un des plus utiles au public, pour le commerce, par la jonction des trois provinces voisines, et des plus nécessaires pour le passage des troupes de Sa Majesté, estant le seul qui subsiste présentement sur le Rône, depuis Lion jusques à la mer, ayant besoin d'un secours du ciel tout particulier pour pouvoir résister aux fréquentes inondations qui arrivent depuis quelque temps ; les suppliants ont formé le pieux dessein de mettre ce merveilleux édifice sous la protection du glorieux Sᵗ Bénézet, fondateur du pont d'Avignon et véritable autheur des ponts sur le Rône, afin d'obtenir par les prières de cet illustre et saint berger, la conservation de cet ouvrage si utile pour le public et pour l'Etat.

A ces causes, plaise à vos graces, Monsieur, permettre aux suppliants d'ériger un autel à l'honneur dudit Saint Bénézet dans la chapelle qui est audessous du clocher de leur eglise (1), où il ne se fait aucun service depuis les désordres causés à lad. eglise par ceux de la Religion Prétendue Réformée, et d'y célébrer, tous les ans, la feste de ce saint par l'exposition et la bénédiction du Saint-Sacrement, le jour et la veille du dimanche de « Pastor Bonus », qu'on la célèbre dans l'eglise des R. Pères Célestins d'Avignon où le corps de ce saint est en dépost (2) ; et comme il demeure justifié par l'acte de la fondation dud. pont Saint-Esprit que ce merveilleux ouvrage feut commencé, le 14ᵉ septembre 1265, vouloir aussi permettre aux supplians, en mémoire et action de grace, de donner à l'advenir, tous les ans, led. jour, 14ᵉ septembre, et la veille, la bénédiction du S. Sacrement à la chapelle de S. Nicolas qui est sur led. pont (3), dépendante de leur eglise, pour obtenir par l'intercession de ces grands saints et l'union des prières des fidèles qui visiteront ces saints lieux dans les jours de ces solemnités, les graces et les bénédictions du ciel pour la conservation de cet auguste monument de la piété de nos pères et pour votre prospérité. —

---

(1) Chapelle, au nord, en face la porte d'entrée.

(2) Transportées de la chapelle du Pont à celle de l'Hôpital, en 1670, les reliques de Saint-Bénézet retournèrent, pendant deux ans, dans leur première sépulture ; après entente du Souverain-Pontife et du Roi de France, en 1674, on en fit la translation dans l'église des Célestins. Elles y restèrent jusqu'à la Révolution qui les dispersa. La majeure partie du corps du Bienheureux est, aujourd'hui, conservée dans l'église de Saint-Didier.

(3) On ignore l'époque de la construction de cette chapelle patronale des mariniers, bâtie sur la pile dite de Saint-Nicolas et dans la tour du Nord, à niveau du tablier du pont. Elle disparut avec la bastille qui l'abritait, lors du renversement des portes et tours, à la fin du XVIIIᵉ siècle.

Francoys Vernet, prêtre, docteur en théologie, vicaire général de Monseigneur l'évêque et comte d'Uzès, faisant droit à la présente requête, et voulant favoriser le zèle et les pieuses intentions des suppliants, nous étant bien informés de la décence de lad. chapelle, nous permettons auxd. prêtres et recteurs des Eglise, Pont et Hopitaux de la ville du S.-Esprit, de célebrer, chaque année, dans lad. chapelle, la fête de S. Bénézet, le dimanche après Pâques nommé « Pastor Bonus », en y donnant la bénédiction du Très-S.-Sacrement, led. jour et la veille. Leur permettons aussi de donner la bénédiction du Très-S.-Sacrement, le quatorzième de septembre, à la chapelle de S. Nicolas, bâtie sur led. pont, led. jour tant seulement. Donné à Uzès, ce quatorzième octobre mil sept cent dix.

VERNET, vicaire g^{nal} et offic^{al}.

(Original sur papier en deux feuillets de papier mesurant 0^m. 25 de haut et 0^m, 18 de large.) (1)

---

(1) A ce document sont joints les suivants :

A Uzès, ce 14 oct. 1710..... J'ai répondu à votre requête, et à l'exception de la bénédiction, la veille du 14 septembre, je vous accorde tout le reste ; je n'ai pas cru qu'il fut à propos de l'accorder, ce jour étant comme l'anniversaire de la fondation du pont. C'est un jour unique et qui ne doit pas avoir de veille. J'aurais dû ordonner auparavant que par un prêtre que j'aurais commis il fut fait vérification de l'état de la chapelle, mais pour abréger, j'ai supposé en être bien informé.............

Je vous permets de bénir le tableau de S. Bénézet, la statue de la Ste Vierge et les linges et ornements que vous ferez faire pour votre église. Je vous prie de me permettre à moi d'être toujours avec un attachement......... Vernet, vic. g^{al} et offic.

O vir Dei Sanctissime, pastor insignis ovium,
Tu pontem nostrum protege, auctor Rhodani pontium,
Ex hac valle miseriæ, duc nos ad cœli gaudium.
℣. Ora pro nobis, beate Benedicte,
℟. Ut digni eficiamur promissionibus Christi.

OREMUS

Omnipotens et misericors Deus, qui, ad manifestandam fidelibus potentiam tuam, humilem confessorem Benedictum in conspectu populi tui gloriosis miraculis illustrare voluisti, præsta ut ejus intercessione quod fide-

LIII. — 7 mars 1711.

Transaction entre les recteurs et les prêtres de l'église du S. Esprit, fixant le nombre de ces religieux à six, établissant un maître organiste, deux prébandiers et deux clercs. (N° 99, chap. 2).

L'an 1711 et le 7 mars, par devant Mgr l'ille et rèver^e Poncet de la Rivière, C^{er} du Roy en tous ses conseils, D^r de la maison de Sorbonne, Abbé de N. D. de Bruel et de S. Eloy-Fontaine, Evêque et Cte d'Uzès, comme soit ainsi que les prêtres des Eglise, etc., ayant eu procès et différent avec Mess. les recteurs et Mess. les maire et consuls de lad. ville, sur ce que lesd. prêtres demandant, en premier lieu, qu'il est porté par plusieurs bulles des papes, lettres patentes des roys de France, de Jérusalem, Sicile et Cte de Provence, statuts des seigneurs évêques d'Uzès .... que le corps desd. prêtres est fondé, depuis environ quatre siécles, pour desservir lad. église qui a toujours été regardée comme collégiale, les souverains pontifes et les roys honorant lesd. prêtres dans lesd. bulles et lettres patentes du titre et de la qualité de collégiale dont ils font les fonctions, n'étant destinez que pour chanter les heures canoniales, comme les autres collégiales, et célébrer tous les jours de l'année une grand messe a l'honneur du S. Esprit pour les roys de France, une messe basse quotidienne a l'honneur de la Ste Vierge pour les c^{tes} de Provence, et plusieurs autres services et messes fondées par divers particuliers dont il y en a beaucoup

---

liter petimus consequamur, et ad paratam in te confidentibus gloriam pervenire valeamus, per Christum dominum nostrum Jesum Christum, filium tuum, qui tecum, etc.

Prière que faisoit, chaque jour, S. Pierre de Luxembourg à S. Bénézet. — Sanctissime Benedicte et gregis pastor inclite, perduc me ad vitam rectam et ad regionem sanctam. Amen.

avec diacre et sousdiacre ; lesd. actes justifiants que bien que lesd. prêtres portent la robe blanche ils sont néanmoins séculiers et dépendent desd. seigneurs évêques, comme le reste du clergé du diocèse d'Uzès, et qu'enfin si les demandeurs sont qualifiés prêtres du pont et de l'hopital, c'est par rapport à l'administration desd. pont et hopital dont ils ont l'honneur d'être les 1ers recteurs par ordre du roy ; disant aussi lesd. prêtres qu'il appert par lesd. lettres-patentes que les roys leur ont accordé, à titre de fondation perpétuelle, la somme de 130 livres, d'une part, pour les deux messes royalles, et celle de 1200 livres, d'autre, pour le service divin qu'ils font dans lad. eglise et pour l'entretien desd. prêtres, et qu'il conste encore par les actes de fondation particulière, qu'on a donné auxd. prêtres plus de cent cinquante salmées de terre, dans les meilleurs fonds des terroirs tant de la présente ville, Mondragon, Bollène, La Motte (1), S. Marcel, S. Just (2), Mélinas (3), qu'autres dont l'hopital jouit, en vertu d'une transaction de 1526 confirmée par arret contradictoire du parlement de Toulouse de l'année 1535 (4).

.... à quoy ajoutaient lesd. prêtres qu'en conséquence de lad. transaction leurs prédécesseurs avoient toujours vécu en commun, au nombre de dix, dans leur maison d'habitation joignant led. pont, dite du Roy, jusques à la construction de la citadelle de cette ville, auquel temps le roy ayant pris une partie de leur logement et leur jardin pour battir lad. citadelle, Mr de Rochemaure (5), lieut gal du Sénéchal de Nismes, procédant à la mutation des recteurs et clôture des comptes de lad. maison et hopital, voyant les dépenses considérables que faisaient lesd. prêtres pendant leurs maladies, et que d'ailleurs ils n'avaient pas de lieux réguliers pour continuer lad. vie commune

---

(1) Trois communes limitrophes dans le département de Vaucluse.
(2) Deux communes limitrophes dans le département de l'Ardèche.
(3) Ferme de la commune de Saint-Just. Voy. plus loin, au livre IV : Cinquain de Mélinas.
(4) Arrêt et transaction sous le n° 32, chap. 2 de l'inventaire général.
(5) François de Rochemaure, seigneur de Solorgues.

les auroit porté à la rompre et, par son ordonnance de l'an 1633 leur adjugea, après avoir ouï les consuls et recteurs dud. hopital, la somme de 270 livres à chacun annuellement, au nombre de dix, outre la somme de 130 livres pour les deux messes royales et autres fondations faites et à faire dans leur église ; un barral d'huile pour la lampe de l'église, et le service du médecin, chirurgien et apoticaire pendant leur maladie, le tout franc et quitte de toute charge. Ce réglement auroit été exécuté jusque en 1664, auquel temps lad. maison et hopital ayant souffert des pertes considérables par les inondations du Rhône, le corps desd. prêtres auroit, à la requisition de Mess. du bureau dud. hopital, supprimé en faveur des pauvres, par provision seulement et pour donner moyen à lad. maison de réparer les pertes qu'elle avoit faites, deux places vacantes par les décès de feu MM. Guillaume Vanel (1) et Gabriel Allard (2), prêtres, et les huit prêtres restants se seroient obligez de faire le service ; mais les consuls et habitants de lad. ville ayant formé une instance aud. parlement contre eux, seroit intervenu arrêt, en 1669, par lequel il auroit été ordonné que, dans quinzaine, les deux places vacantes seroient remplies pour composer à l'avenir le nombre de dix prêtres porté par lad. transaction et que la vie commune seroit rétablie conformément à l'ancien usage, lequel arrêt auroit été exécuté ; et comme il n'y avoit pas de logement dans lad. maison pour établir une communauté régulière, cela auroit obligé lesd. demandeurs après plusieurs requisitions . . . de former instance aud. parlement pour demander l'exécution dud. arrêt ; mais les parties, voulant quitter le jugement dud. procès, eurent

---

(1) Fils de Louis de Vanel et de Marguerite de la Coste, avait été reçu parmi les Prêtres-blancs, le 10 janvier 1649, et mourut le 24 mai 1664.

(2) Prieur de Saint-Julien-de-Peyrolas et recteur de la chapelle Notre-Dame-des-Anges dans l'église Saint-Saturnin. Voy. au livre *La Paroisse*, dans *La viguerie du Pont-Saint-Esprit*, sa mise en possession de cette chapellenie, le 2 septembre 1629, au sommet de la montagne de Four-Coidin, territoire de Saint-Paulet-de-Caisson, les portes de la ville étant fermées à cause de la peste.

recours à M. d'Aguesseau....... En conséquence.....
led. seigneur d'Aguesseau s'étant transporté au S.-Esprit
auroit, par son ordonnance du 26 sept. 1676, ordonné par
provision qu'il seroit, annuellement, donné à chaque prêtre la somme de deux cent livres..... Et depuis led.
arrêt, ayant vacqué cinq places desd. prêtres, elles auroient été supprimées, et le nombre d'iceux réduit à cinq
jusques en l'année 1688 que Mgr de Basville, intendant de
cette province....., étant informé que le nombre de cinq
ne suffisait pas pour satisfaire aux fondations royales et
particulières de lad. église, il auroit ordonné auxd. prêtres
de s'assembler incessament pardevant Mr de Montclus,
lieutenant g^{al} du sénéchal de Beaucaire et Nismes, pour
nommer en la forme accoutumée un sixiesme prêtre.....
Ne pouvant pas subsister présentement d'une si modique
prébande de deux cent livres et croyant que le nombre de
sept prêtres auxquels ils sont réduits n'étoit pas suffisant
pour faire le service divin et satisfaire aux fonctions de
lad. église ils auroient souvent requis lesd. consuls et
recteurs d'y pourvoir..... Au contraire, auroit été répondu
de la part des recteurs laïcs et consuls de lad. ville qu'ils
ne contestoient pas auxd. prêtres l'ancienneté du service
qu'ils sont tenus de faire pour Sa Majesté et autres fondateurs particuliers .... mais qu'attendu que par l'ordonnance rendue par led. S^{gr} d'Aguesseau, en 1676, la prébande desd. prêtres a été reglée à la somme de 200 livres,
annuellement, et que par autre ordonnance de Mgr de
Basville, aussi intendant de cette province, du 26 septembre 1688, le nombre des prêtres demandeurs auroit été
fixé a six, lesd. recteurs laïcs et consuls espéroient de
faire débouter lesd. prêtres de leur demande ......
Prévoyant que ces contestations allaient les engager dans
un long procès et de grandes dépenses, les parties
auroient, par la médiation et entremise de leurs amis
communs, résolu de terminer lesd. différents à l'amiable,
par voie d'arbitre, et pour cet effet il auroit été nommé de
la part de la communauté: MM. Scipion Guill^e Bernard(1),

---

(1) Fils de Guillaume B., juge du pariage. Voy. p. 142, note 2.

avocat au parlement, procureur du roy au siège des Gabelles, Mr F^{çois} Fermineau (1), aussi docteur et avocat, S^{gr} de Cauffenas et cons^{gr} du lieu de Montaigut et Carsan, MM. Etienne Lauteaume (2) et Charles Restaurand (3), bourgeois dud. S.-Esprit, tous conseillers de la maison consulaire ; et de la part desd. prêtres auroient été nommés pareillement : M. Me F^{çois} Joseph Fumat (4), viguier pour le roy, Mr Me Louis Restaurand, visiteur g^{al} des Gabelles, Mrs Jean Arquier, avocat au parlement, et Pierre Gallois, bourgeois dud. S.-Esprit ; lesquels arbitres, s'étant plusieurs fois assemblés, auroient dressé des articles, après avoir vu pleinement les titres ; lesquels articles ayant été reportés au conseil politique (5), il auroit pris délibération, le 1er du courant, par laquelle il auroit été délibéré que lesd. articles seroient approuvés et enregistrés dans le régistre de lad. maison consulaire, et en conséquence donné pouvoir à Mess. les maires et consuls de passer transaction avec lesd. prêtres assistés desd. arbitres ; et lad. délibération ayant été rapportée au Bureau de l'économie desd. Maison et Hopitaux il a été pris autre délibération, le jour d'hier, en conformité de celle du conseil politique.

A cette cause, les an et jour que dessus, par devant Mondit Seigneur, évêque et c^{te} d'Uzès, M. F^{çois} Fumat, viguier de ladite ville, commiss^e député par M. le sénéchal de Nismes par ordonnance du 26 février dernier, duement enregistrée, vénérable personne dom Joseph d'Armand de Chateauvieux (6), infirmier au couvent de

---

(1) Voy. p. 123, note 2.

(2) Arrière petit-fils de Antoine Lanteaume, marchand, auteur d'une famille notariale qui donna le jour à dom J.-B. Lanteaume, religieux bénédictin, auteur de l'*Histoire manuscrite de la ville du Saint-Esprit*.

(3) Voy. p. 113, note 3.

(4) Fils de Fumat, notaire, et frère du prêtre de l'Œuvre, ci-dessus p. 143.

(5) Le conseil municipal.

(6) D'une famille du Comtat, précédemment vicaire général du prince Frédéric-Constantin de la Tour-d'Auvergne dont il est parlé ci-après.

S¹-Pierre, vicaire g⁻ᵃˡ de Mᵍʳ le prince Henri-Oswald de la Tour-d'Auvergne (1), Sᵍʳ-prieur de lad. ville, fondé de procuration ; en présence de nous Antᵉ Fumat, notᵉ royal et greffier desd. Maison et Hopitaux, et Jean-Louis Laugier, greffier héréditaire de la maison consulaire de la ville, et des témoins ci-après nommez, ont été en leur personne : Mess. Pierre Restaurand, recteur, Fᶜᵒⁱˢ Gramaize, Fᶜᵒⁱˢ Fumat, Fᶜᵒⁱˢ Brancassy (2), Jean-Pierre Botti et Joseph Plagniol (3), sindic, tous prêtres desd. maison, pont et hopitaux dud. S. Esprit, d'une part, et Mess. Fᶜᵒⁱˢ Fermineau, sᵍʳ de Carsan, Joseph Maurin, J.-Bᵉ Bousquet, recteurs laïcs desd. maison et hopitaux, assistés de Mʳ Mᵉ Pierre Valerian (4), procureur du roy au siège de lad. ville, et d'autre part : noble Alexis de Prat (5), cᶜʳ, secʳᵉ du roy, maison et couronne de France, maire-perpétuel. Mess. Fᶜᵒⁱˢ Thibou, Claude Bonnet et Antoine Bisombe, consuls modernes, assistez de leurs arbitres, procédant en conséquence de la délibération du conseil politique du 1ᵉʳ de ce mois, et lesd. sʳˢ recteurs, en conséquence de la délibération dud. Bureau du jour d'hier, ont convenu, transigé et accordé comme s'en suit . . . .

Afin qu'à l'avenir le service divin accoutumé se fasse solennellement et avec toute la décence requise et dues aux fondations royales de lad. église, ... le corps desd. prêtres sera doresnavant composé, savoir : de six prêtres bénéficiers et deux prébandiers ; lesquels prébandiers ne pourront être reçus en lad. église s'ils ne sont dans

---

(1) Résignataire de son frère Frédéric-Constantin de la Tour-d'Auvergne, en 1708, Henri-Oswald de la Tour-d'Auverge résigna, de son côté, le prieuré, au profit de ce même frère, en 1718, quand il succéda à son oncle, le cardinal de Bouillon, comme abbé de Cluni.

(2) Descendant de Joseph Borgognet dit Brancassy qui possédait, en 1472, à Montaigu, près Carsan, le mas de Thomasson appelé de Brancassis. M. Brancassy d'Acquéna possédait une partie de cette terre, en 1647.

(3) Fils de Toussaint Plagnol, recteur en 1680, et frère de Antoine P., ci-après p. 165.

(4) Petit-fils de Jean Valérian, marchand, qui acheta, en 1629, l'office de garde du grenier à sel de la ville.

(5) Fils de Antoine Prat, conseiller du roi, receveur du Petit-blanc.

les ordres sacrés ou en âge de les recevoir, suivant les saints canons, et natifs de la ville du S.-Esprit, et au défaut d'iceulx, des etrangers ; auxquels six bénéficiers, outre les 130 livres que le roy leur donne pour les deux messes royales et autres fondations......, qui leur appartiendront en commun, il leur sera donné la somme de 250 livres à chacun, annuellement, ... et la somme de 150 livres à chacun desd. prébandiers annuellement, toute charge aussi acquittée par lad. maison et hôpital ; lesquels prébandiers ne pourront avoir portion à la retribution des messes royales, autres fondations et casuel de lad. église, s'ils ne sont prêtres célébrants et seront néanmoins tenus d'assister à tous les offices et grande messe et de payer le droit de chappe accoutumé pour être employé à la décoration de lad. église et n'auront voix délibérative dans les assemblées capitulaires, nomination de recteur prêtre s'ils ne sont pourvus d'une place desd. prêtres bénéficiers.

Item, vu le besoin pressant que les prêtres ont actuellement d'être assistés, il sera nommé un maître organiste etranger, laquelle place dud. maître organiste, ainsy nommé, sera, à l'avenir, affectée et remplie par un prêtre maître organiste, aux conditions susdites ; auquel septième prêtre organiste sera donné la même somme de 150 livres, et jouira des mêmes honneurs, droits et privilèges, pendant sa vie, que les autres prêtres bénéficiers, étant néanmoins obligé de faire toutes les fonctions desd. prêtres bénéficiers et d'enseigner le plein chant aux prébandiers qui seront nommez et les versets aux clercs servant à lad. église, et de toucher l'orgue tous les dimanches et fêtes et autres jours de dévotion établies et à établir dans lad. église ; et venant à vaquer une des six places des prêtres bénéficiers, elle demeurera supprimée......... Les deux prébandiers seront obligés de faire diacre et sous diacre aux messes d'obligation et fondations de lad. église, d'avoir le soin de la sacristie, des ornements, décorer l'autel et de faire sonner les offices aux heures reglées, par les clercs, le tout conformément aux ordonnances de nos seigneurs les évêques.

Item, quand à l'avenir, il vaquera, par mort ou autrement, une des places desd. prêtres bénéficiers ou prébandiers, lesd. recteurs ou bureau présenteront auxd. prêtres bénéficiers tous les enfants natifs de lad. ville du S.-Esprit, qui seront en état et de la qualité requise, conformément à l'assiette cy dessus ; lesquels prêtres éliront, à pluralité des voix, celui qu'ils jugeront le plus idoine et capable, et celui qui sera ainsy élu sera reçeu après avoir pris le visa de Mond. S^{gr} l'évêque d'Uzès, leur supérieur; et quand il ne se trouvera pas d'enfant natif de lad. ville, il en sera pris d'ailleurs. Lesquels prébandiers succéderont aux places desd. bénéficiers lorsquelles viendront à vaquer, par ordre de réception.

Item, a été convenu que lesd. prêtres, qui sont à présent et seront à l'avenir, seront maintenus dans l'administration du temporel rectorial dud. hopital et du Petit-blanc, conjointement avec les recteurs laïques et bureau, conformément aux lettres-patentes du 13 février 1474.

Item, seront tenus lesd. recteurs de fournir les vases sacrez, ornements, livres nécessaires à lad. église pour le service divin, aussi bien que le luminaire de l'autel qui ne pourra excéder la somme de quatre-vingt livres, conformément à ce qui se pratique, et un barral d'huile pour la lampe de lad. église, et de payer les pensions dues au s^r sacristain et au curé de lad. ville (1).

Item, que suivant l'usage les recteurs seront tenuz d'entretenir, à perpétuité, deux clercs pour servir lad. église, qui seront nourris et entretenus aux dépens de lad. maison et hopital, si mieux ils n'aiment convenir avec lesd. s^{rs} prêtres qui se chargeront de l'entretien des clercs.

Item, que suivant l'ancienne coutume les médecins et chirurgiens de lad. maison seront payez par lesd. recteurs et nommez en la forme accoustumée.

Item, a été convenu qu'affin que lesd. sieurs prêtres soient régulièrement payez, chaque année, ils prendront les 1.500 livres qui sont dues pour le Petit-blanc, fait

---

(1) Voy. au livre IV, titre VI.

annuellement à lad. maison, et le surplus leur sera payé par le recteur comptable.....

Item, a été convenu et accordé que lesd. prêtres, bénéficiers et prébandiers, pourront disposer de leurs biens patrimoniaux et autres généralement quelconques provenant de leurs bénéfices ou chapelles particulières, excepté toutefois ceux qu'ils auront acquis à cause de leursd. bénéfices et prébandes, dont ils ne pourront disposer qu'en faveur de lad. maison et hopital, le tout conformément aux arrêts de 1534 et 1669 ; promettant au surplus lesd. parties de faire authoriser et homologuer la présente transaction aud. parlement, dans un moys..... Fait et récité aud. S.-Esprit, dans la salle basse de noble d'Antomaric de Caseneuve, en sa présence et de noble Pierre Masclary, noble Jean François de Vanel, s^{gr} de Lisleroy, et les s^{rs} Jean Reboul et Antoine Plagniol de lad. ville signés avec mondit s^{gr} l'évêsque et les parties, et nousd. not^e et greffier soussignés.

(*Copie en un cahier de papier de 5 pages de 0^m, 28 de haut et de 0^m, 18 de large*).

LIV. — 16 mars 1714.

Ordonnance de l'évêque d'Uzès reconnaissant la collégiale du Plan (1). — (Mém. hist. du prieuré de Saint-Pierre, par dom Pinière de Clavin).

Michel Poncet de la Rivière, évesque et comte d'Uzès... Vu la requête à nous présentée par la communauté des Prêtres-blancs de la ville du S.-Esprit, avec les pièces y attachées, entre autres l'extrait de la bulle de Léon X, de 1519, où le corps des prêtres est qualifié collégial ; autre extrait des lettres-patentes de Charles IX, de 1564, où

(1) On appelait le Plan, dans les siècles passés, le quartier suburbain situé à l'entrée du pont.

ladite église est qualifiée collégiale et d'ancienne fondation royale ; autre extrait des lettres patentes d'Henri IV, de 1595, qui en conformité desd. qualités leur accorde plusieurs privilèges ; extrait sommaire de la transaction du 7 mars 1711, où lad. église est qualifiée collégiale.

Faisant droit sur lad. requête et persuadé que, accordant aux suppliants quelque marque d'honneur et de distinction, ils feront le service divin avec plus de décence et de ponctualité, nous leur permettons de porter l'aumuce (1), en la manière qui se pratique dans les collégiales.

Donné à Uzès, le 16 mars 1714.

MICHEL, évêque, comte d'Uzès.

(Copie informe dans le manuscrit ci-dessus désigné).

LV. — 27 janvier 1716.

Arrêt du Parlement de Toulouse homologuant l'ordonnance de l'Evêque d'Uzès. — (Mém. histor. du prieuré de S.-Pierre, par dom P. de Clavin).

Sur la requête du soit-montré au procureur général du roi, présentée le 17 de ce mois par le sindic des chanoines du chapitre de l'église collégiale du S. Esprit, recteur et administrateur des Maison, Pont et Hopitaux de la ville du S.-Esprit, diocèse d'Uzès, à ce que, pour les causes y contenues, il lui plaise homologuer et authorizer l'ordonnance rendue par le Sr Poncet de la Rivière, évêque d'Uzès, l'éxécution d'icelle, suivant sa forme et teneur, et en conséquence ordonner que les chanoines dud. chapitre porteront l'aumuce et jouiront de tous les autres honneurs, droits et prérogatives des chanoines des églises collégiales, conformément à lad. ordonnance.

---

(1) Aumuce ou Aumusse, la fourrure dont les chanoines se couvraient la tête, quelquefois, et qu'ils portaient, généralement, sur le bras.

Vu la requête avec l'ordonnance du soit-montré y répondue du susd. jour ; l'ordonnance dud. S' évêque d'Uzès du 26 mars 1714 ; délibération prise par led. chapitre, le 27 novembre dernier, qui donne pouvoir au sindic desd. chanoines de poursuivre le présent arrêt, et le dire et conclusion du procureur général du roi, mis au pied de lad. requête, homologuant et autorizant l'ordonnance dudit jour, 16 mars 1714.

Ordonne qu'elle sera exécutée suivant sa forme et teneur, et en conséquence que les chanoines dud. chapitre porteront l'aumuce et jouiront de tous les autres honneurs, droits et prérogatives attribuées aux chanoines des églises collégiales, conformément à lad. ordonnance, sans préjudice du droit et de l'opposition des tiers.

Prononcé à Toulouse, en parlement, le 27 janvier 1716.

(Copie informe dans le manuscrit ci-dessus mentionné.)

LVI. — 10 avril 1791.

Nomination par le directoire du district du Pont-Saint-Esprit des administrateurs provisoires de l'hôpital. — (Registre des délibérations de l'Œuvre du Saint-Esprit, coté 1755 à 1792).

L'an mil sept cent quatre-vingt-onze et le dimanche dixième jour du mois d'avril, heure de deux après midi, dans la salle de la maison dite du roy, assemblés Messire Louis Combes, prêtre, cy-devant recteur, MM. J.-B^e d'Allard (1), André Brunel, cy-devant recteurs, et MM. Antoine Thomas de Pourcet de Sahune (2) et J.-B^e Chamarrin, notables, et J.-B^e Chame, ex recteur.

---

(1) J.-B. Allard ou d'Allard se rattachait, peut-être, à noble Louis d'Allard, acquéreur d'une métairie à Montaigu, en 1655, qui était fils et petit-fils de capitaines alliés aux Pioleno.

(2) Dit Baron de Sahune, parce qu'il en avait acquis la seigneurie. Il était petit-fils de Pierre Pourcet, conseiller du roi et receveur des gabelles de la ville, en 1689.

Messieurs Antoine-Bruno-Fidelle Plagnol (1), F^{çois} Cardot (2), Louis Combaluzier, Joseph-Théodoric-Magloire-Xavier Loubat (3), J.-B° Barbut et Paul Bruguier-Roure (4), commissaires nommés à l'administration de l'hopital, réunis à Messieurs Jean-Paul-Marie Savelly (5), George-Simon Froment (6) et Alexis Roux, officiers municipaux, composant le Bureau de la municipalité de la ville du S.-Esprit, tous ici présents, et avec l'assistance de Mr Gabriel Cabrol, commissaire du roy au tribunal du district (7) de lad. ville.

(1) Voy. ci-dessus p. 162, note 3.

(2) Sergent au régiment de Bourgogne, il avait épousé N. Trintignan de Pont-Saint-Esprit et s'y fixa dans le commerce des faïences. Nommé commandant de la citadelle quand on organisa les forces départementales dirigées contre la Convention, il fut, après la prise de la ville par Carteaux, poursuivi, conduit à Nimes et exécuté, le 3 juillet 1794.

(3) Viguier et fils de viguier de Pont-Saint-Esprit. Sa famille était originaire de Saint-Julien-de-Peyrolas, où André Loubat exerça la charge de baïle durant la première moitié du XVIIe siècle. Xavier Loubat, inébranlable dans sa foi royaliste, fut arrêté, conduit à la maison de détention de Nimes et n'en sortit qu'après le 9 thermidor.

(4) Fils de Claude Bruguier et de Marie Bernard (de Bollène), mariés en 1730, d'où sont issus également : J.-B. B., auteur de la branche canadienne, et Guillaume B., père de Mmes Boyer, Pillieron, Geslin et de Savignon, de l'île Bourbon.

Paul-Vincent B.-R., officier municipal en 1791, vota le maintien des capucins dans leur couvent. Avec H. d'Argenvilliers, le 24 juin de cette même année, il s'éloigna du conseil municipal qui demandait la dispersion des religieux réfractaires. (Cf. *Registres des délibérations municipales* et *Etudes franciscaines sur la Révolution française dans le département du Gard*, par F. Appolinaire, dans *Bulletin du comité de l'art chrétien*, 1891, p. 61 et suiv.). Le fils de Paul-Vincent B.-R., Paul-André B.-R., aïeul de l'auteur de ce livre, acheta la Maison du Roi, en 1813.

(5) Savelly de Caseneuve.

(6) De la famille de Pierre Froment, receveur du Petit-blanc, durant la première moitié du XVIIe siècle, frère du capitaine F., qui avait épousé demoiselle Joséphine de Sobollis ; ils étaient petit-fils de Jean Froment, argentié (orfèvre) en 1530.

(7) Dans l'organisation départementale du 3 février 1790, Pont-Saint-Esprit fut le siège de l'un des huit districts du Gard, auquel ressortissaient les cinq cantons de Barjac, Cornillon, Pont-Saint-Esprit, Bagnols et Roquemaure.

Led. Messire Combes a présenté à l'assemblée l'extrait des registres du directoire du district du Pont-S.-Esprit portant nomination des commissaires nommés pour l'administration provisoire de l'Œuvre de l'hopital du S. Esprit réunis aux trois officiers composant le bureau de lad. ville, en date du vingt-sept mars dernier, en requerant la lecture et l'enregistrement tout au long, qui a esté fait de suite.

— Extrait du régistre du directoire du district du Pont S. Esprit. —

Du vingt sept mars mil-sept-cent-quatre-vingt-onze, au matin. Présents MM. Fuzet, vice président; Pinière, Ode, Andruejol, membres du directoire et Mr Tortilia, procureur sindic.

M^r le procureur sindic a exposé que dans l'impossibilité de renouveler l'administration de l'hopital du Pont-S.-Esprit, suivant le mode ancien, alors que plusieurs corps qui avaient droit d'être représentés ne subsistent plus, le directoire du département du Gard autorise celui du district à y pourvoir, provisoirement, jusqu'à ce que l'assemblée nationale ait prononcé sur l'administration des hopitaux, et lui prescrit de nommer six commissaires qui, réunis avec les trois membres de lad. municipalité composant le Bureau municipal, administreront ladite Œuvre sous la surveillance du directoire du district ; éliront, au scrutin, un président et un trésorier et choisiront un secretaire. En conséquence, le procureur sindic voulant presenter au directoire l'état des citoyens actifs de cette ville, qui peuvent fixer sa confiance, a fait demander au secretaire greffier de cette municipalité le rôle de la capitation, qu'il remet sur le bureau, ainsi que l'arrêté du directoire du département du vingt-un de ce mois, afin qu'il soit procédé sans retard.

Vu le susd. arrêté et le rôle de la capitation des habitants dud. Pont-S.-Esprit pour l'année 1790 ; le directoire du distric ouï ; M. le procureur-sindic, dûment instruit du zèle et de la capacité des citoyens cy-après, a nommé pour commissaires MM. Plagnol, Cardot, Combaluzier, Loubat, J.-B^e Barbut et Bruguier-Roure, lesquels, réunis aux trois officiers municipaux représentant le Bureau, administreront l'Œuvre de l'hopital dudit S¹-Esprit, choisiront parmi eux, au scrutin, un président, un trésorier et éliront un secrétaire.

(Ont signé) : Fuzet, vice-président. Pinière. Ode. Andruejol. Tortilla (1), procureur sindic. Dauteville (2), secrétaire. Collationné. Dauteville.

Ce fait, l'assemblée a reçu et installé lesd. MM. Plagnol, Cardot, Combaluzier, Loubat, Jⁿ Bᵉ Barbut et Bruguier-Roure, lesquels réunis aux trois officiers municipaux administreront l'Œuvre de l'hopital dud. S.-Esprit et choisiront parmi eux, au scrutin, un président, un trésorier, et éliront un secrétaire, conformément aud. arrêté.

(Ont signé) : Combes, chanᵉ recteur prêtre. d'Allard, pr. recteur. Brunel, recteur. Sahune, ex-recteur. Chame, ex-recteur. Chamarrin. Cabrol, commissᵉ du roy près le tribunal du district. Plagnol, commissᵉ. Cardot, commissᵉ. Combaluzier, commissᵉ. Loubat, commissᵉ. Jⁿ Bᵉ Barbut, commissᵉ. Bruguier-Roure, commissᵉ. Roux, officier municipal. Savelly, offic. munic. Froment, offic. munic. Lanteaume, secrétaire.

Dudit jour, dixième dud. mois d'avril, après lad. installation, lesd. MM. Plagnol, Cardot, Combaluzier, Loubat, J.-Bᵉ Barbut et Bruguier-Roure, commissaires réunis à MM. Savelly, Roux et Froment représentant le Bureau de la municipalité de lad. ville, ont choisi au scrutin pour leur président M. Loubat, pour trésorier M. Plagnol, pour secrétaire M. Lanteaume, à l'effet de remplir, chacun en ce qui le compette, les fonctions les concernant à lad. administration, et ont délibéré de nommer deux d'entre eux pour donner les billets d'entrée aud. hopital, aux pauvres malades qui auront besoin d'y entrer, et faire les visites nécessaires aud. hopital pour la surveillance des

---

(1) Tortilla, avocat, fils du notaire de ce nom, emprisonné pour fédéralisme, fut condamné à mort et guillotiné, à Nimes, le 24 mai 1794.

(2) Dauteville, né à Tournon, receveur du péage du Rhône, quand la Révolution éclata, a laissé son nom à un domaine dans le quartier de Saint-Pancrace.

fournitures auxd. malades, qui leur sont nécessaires ; et c'est par quinzaine, laquelle expirée il en sera choisi deux autres et ainsy, de quinzaine en quinzaine ; nommant à ce sujet pour la quinzaine qui commencera demain, onzième du présent mois, MM. Barbut et Bruguier, et ont élu.

Signé : Loubat, président. — Plagnol, comm⁰. — Cardot, commᵉ. — Combaluzier, commᵉ. — J.-Bᵉ Barbut, commᵉ. — Bruguier-Roure, commᵉ. — Roux, off. mun. — Froment, off. mun. — Savelly, off. mun. — Lanteaume, secrétaire.

Vu pour ne plus valoir, le nouveau timbre étant en usage. Signature illisible.

LIVRE II

Bulles pontificales. (¹)

LVII. — 16 juillet 1313.

Clément V accorde aux fidèles pénitents et confessés qui visiteront la chapelle du Saint-Esprit, un an et quarante jours d'indulgences, aux fêtes de la Nativité, de la Résurrection, de l'Ascension, de Pentecôte, de Saint-Jean-Baptiste, des quatre fêtes de la Sainte-Vierge et de la Toussaint ; cent jours d'indulgences durant l'octave de toutes ces fêtes ; cent jours d'indulgences, à tous ceux qui aideront à l'achèvement et à l'entretien du pont et de l'hôpital. — (Archives du Vatican. Communium, liber 3, volume 159, folio 325).

Clemens, episcopus, servus servorum Dei, universis Christi fidelibus presentes litteras inspecturis salutem et apostolicam benedictionem. Licet is de cujus munere venit ut sibi a fidelibus suis digne ac laudabiliter serviatur de

---

(1) La disparition des premières bulles données en faveur de l'Œuvre du Saint-Esprit remonte au-delà des plus anciens inventaires de ses archives. Peut-être furent-elles égarées au concile de Bâle ou portées à Rome pour motiver la bulle de Nicolas V ci-après, qui les cite et résume toutes, hormis celle de Clément IV, à laquelle il est fait allusion, pages 114 et 115, note 1.

Un certain nombre de ces bulles ont été retrouvées aux archives du Vatican, comme l'indiquent les annotations qui accompagnent le texte

habundancia pietatis sue que merita supplicum exaudit (1) et vota, bene servientibus multo majora retribuat, quam valeant promereri, nichilominus tamen desiderantes Domino reddere populum acceptabilem fideles Christi ad

des premières pages de ce deuxième Livre. Celles qu'on retrouverait ultérieurement seraient publiées en appendice.

Ici-même, en note, nous donnons la bulle de Boniface VIII restreignant les entreprises des constructeurs du pont Saint-Esprit et du prieur de Saint-Saturnin lui-même contre les droits du Saint-Siège, et nous invitons le lecteur à rapprocher le fait dont il est parlé de celui rapporté au titre XI, p. 25.

14 mars 1296

Dilecto filio priori et conventui prioratus S. Saturnini de Portu, Cluniacensis ordinis. Inter alia que sollicitudinis nostre cura requirit, circa recuperationem jurium et jurisdictionum ecclesie Romane, vigilare tenemur ne quovis modo depereant, set protegantur potius et illesa serventur. Cum itaque, sicut accepimus, duas bastitas seu fortellicias, unam videlicet in porta pontis S. Spiritus, aliam in ripa Rodani juxta pontem ipsum infra limites seu in confinibus terre sive comitatus Venesini, qui est ipsius ecclesie specialis, in ejusdem ecclesie prejuditium de novo duxeritis construendas, Nos nolentes prejuditium hujusmodi aliquatenus tollerare, universitati vestre per apostolica scripta in virtute obedientie districte precipiendo mandamus quatenus bastitas seu fortilitias hujusmodi, infra unius mensis spatium a receptione presentium, omnino curetis destruere ac facere demoliri, ipsas vel similes ulterius reficere seu de novo facere nullatenus presumpturi, alioquin........ Ceterum cum dilectus filius nobilis vir Johannes de Grilliaco, comitatus predicti rector, quedam possessiones et bona predicti prioratus et vestra, pretextu bastitarum seu fortellitiarum hujusmodi occupata detinere dicatur, Nos eidem rectori per alias nostras litteras injungimus ut, postquam vos predictas bastitas seu fortellicias duxeritis infra dictum tempus juxta mandatum nostrum hujusmodi diruendas, ipse ex tunc possessiones et bona predicta vobis et ipsi prioratui absque difficultate restituat libere ac in pace dimittat.

Datum Rome, apud S. Petrum, II idus martii, anno secundo.

(*Archives du Vatican, 48e vol. des registres des Papes, fol. 153*, et dans *Bibliothèque des écoles françaises d'Athènes et de Rome : Les registres de Boniface VIII,... par G. Digard, M. Faucon et A. Thomas, 2° fascicule, Paris, 1885. Col. 585 et 6.*)

(1) Pour *exordit*, dans le texte de l'oraison du 11e dimanche après la Pentecôte qu'emprunte, ici, le rédacteur de la bulle. Précédemment, il emprunte à l'oraison du 12e dimanche après la Pentecôte . (Deus), de cujus munere venit ut tibi, a fidelibus tuis digne et laudabiliter serviatur.

complacendum ei quasi quibusdam allectivis muneribus, indulgentiis videlicet et remissionis (1) invitamus ut exinde reddantur divine gratie aptiores.

Cupientes igitur ut capella hospitalis S. Spiritus burgi S. Saturnini, Uticensis diocesis, congruis honoribus frequentetur et fidelium populus eò concurrat devotius ad eamdem quò salutis munera se ibidem consequi speraverint ampliora, de omnipotentis Dei misericordia et beatorum Petri et Pauli, apostolorum ejus, auctoritate confisi, omnibus vere penitentibus et confessis qui ad dictam capellam in singulis Nativitatis, Resurectionis et Ascensionis Domini, Pentecostes, S. Johannis-Baptiste, quatuor Beate Marie Virginis et omnium sanctorum festivitatibus, unum annum et quadraginta dies, per octo vero dies festivitates ipsas immediate sequentes causa devotionis accesserint annuatim centum dies, et nichilominus eis qui operi pontis dicti hospitalis, qui est ibidem supra flumen Rodani juxta hospitale decurrens predictum quasi usque ad perfectionem opere plurimum sumptuoso constructus pro ipsius pontis perfectione ac conservatione nec non et ad fabricam predicti hospitalis ad que fidelium suffragia sunt non modicum opportuna, manus porrexerint adjutrices, centum dies de injunctis eis penitenciis misericorditer relaxamus.

Datum in prioratu de Grausello (2) prope Malausanam (3), Vasionensis (4) diocesis, XVII kalendas julii; pontificatus nostri anno septimo. (5)

(Extrait des lettres apostoliques de Clément VI, ci-après, p. 181). (6)

---

(1) Lisez *remissionibus*.

(2) Le monastère du Groseau, fondé par Petronius en 643, fut donné aux religieux de Saint-Victor de Marseille, en 1059. Clément V construisit dans le voisinage un palais où il faisait ses villégiatures.

(3) Malaucéne, chef-lieu de canton. Vaucluse.

(4) Vaison, chef-lieu de canton, Vaucluse.

(5) D'après les Bénédictins, Clement V comptait les années de son pontificat du jour de son couronnement. Cette cérémonie eut lieu à Lyon, le 4 septembre 1305; il faut donc dater la bulle ci-dessus, du 16 juillet 1313.

(6) Ce rescrit pontifical fut également confirmé par Innocent VI, à

LVIII. — 6 avril 1316..

Jean XXII invite les fidèles du monde catholique à faire des aumônes pour l'achèvement et l'entretien du pont Saint-Esprit et accorde aux bienfaiteurs de l'Œuvre, pénitents et confessés, un an et quarante jours d'indulgences. (Arch. du Vatic., Communium, n° 65, epistola 2290.)

Universis Christi fidelibus........ apostolicam benedictionem. Constructionem pontium qui super ingentia flumina pia devotione fidelium construuntur, per quos multis obviatur periculis et necessatibus hominum salubriter providetur, necnon subtentationem pauperum manum porrigere adjutricem pium apud Deum et meritorium reputantes, libenter christi fideles ad impendendum talibus oportunum auxilium nostris litteris exortamur, et ut ad id eò fortius animentur quò magis ex hoc animarum comodum speraverint adipisci nonnumquam pro hiis temporalibus suffragiis spiritualia eis munera, videlicet remissiones et indulgentias clargimur.

Cum igitur significaverint Nobis dilecti filii, universitas hominum ville S. Saturnini de Portu, Uticensis dioceseos (1), ad hospitale in laudem S. Spiritus in eodem loco instructum (2) multorum pauperum confluat multitudo et tam pro sustentatione dictorum pauperum quam pro constructione et conservatione pontis supra Rodanum qui prope dictam villam construitur, fidelium suffragia sint plurimum oportuna, universitatem vestram monemus, rogamus et hortamur in Domino, in remissionem vobis

---

Villeneuve-lès-Avignon, le 14 juillet 1352. (*Archives du Vatican. Com.* volume 222, folio 303).

(1) Forme grecque du génitif dans certains noms de la troisième conjugaison, généralement réservée à la poésie.

(2) Pour *constructum*. *Instructum* se trouve également dans le renouvellement de cette bulle, mentionné ci-après page 177, note 2.

peccaminum injungentes quatenus de bonis vobis a Deo collatis fratribus hospitalis predicti pias ad hoc elemosinas et grata eis caritatis subsidia erogetis, ut per subventionem vestram dictorum pauperum necessitatibus consuli et necessarium opus pontis hujusmodi valeat consummari et vos, per hec et alia bona que, Domino inspirante, feceritis, ad eterne possitis felicitatis gaudia pervenire. Nos enim, de omnipotentis Dei misericordia et beatorum Petri et Pauli, apostolorum Ejus, auctoritate confisi, omnibus vere penitentibus et confessis, qui eis manum porrexerint adjutricem, unum annum et quadraginta dies de injunctis eis penitentiis misericorditer relaxamus. Presentibus post quinquennium minime valituris. Datum Avinione (1), VIII die idus aprilis, anno primo (2).

(Copie dans le livre d'enregistrement, in folio, parchemin.)

LIX. — 9 juillet 1319.

Jean XXII, aux archevêques, évêques, abbés, prieurs, doyens, prévôts, archidiacres et autres prélats, aux rois et princes, les invitant à faire des aumônes pour l'achèvement de l'hôpital et du pont Saint-Esprit et accordant aux bienfaiteurs quarante jours d'indulgences. — (Arch. du Vatic., rég. n° 69, epist. 1026).

Venerabilibus fratribus archiepiscopis et episcopis, et dilectis filiis abbatibus, prioribus, decanis, prepositis, archidiaconis et aliis ecclesiarum prelatis, necnon carissimis in Christo filiis regibus et principibus, ac ceteris Christi fidelibus, presentes litteras inspecturis. Particeps mercedis efficitur qui bonorum operum se constituit adju-

---

(1) La copie porte Avinione que nous retrouvons dans toutes les bulles des Papes d'Avignon.
(2) Cette bulle fut renouvelée, à Avignon, le 14 mai 1327. (Arch. du Vat., vol. 91, epistol. 2069, fol. 27.)

torem. Cum itaque, sicut ex parte dilectorum filiorum....
rectoris (1) et fratrum operum (2) hospitalis pontis S. Spiritus de S. Saturnino de Portu supra Rodanum, Uticensis dioceseos, fuit expositum coram nobis, ipsi ad consumationem operum hospitalis et pontis predictorum, que jamdiu fuerunt ad utilitatem fidelium inde transeuntium incohata, intentis studiis elaborent et ad hujusmodi perfectionem operum sint eis fidelium suffragia plurimum opportuna, universitatem vestram rogamus, monemus et hortamur attente quatenus dictos fratres, cum ad vos, necessitates dictorum operum exposituri et pro illis elemosinas et beneficia petituri, accesserint, benigne recipere et audire ac honeste tractare curetis, eis ad hoc de bonis vobis a Deo collatis grata caritatis subsidia et pias elemosinas conferentes, ut per subventionem vestram hujusmodi valeant consumari..... Nos enim de Omnipotentis..... misericordia..... (comme dessus, p. 177). Presentibus post decennium minime valituris (3) quas mitti per questuarios districtius inhibemus, (4) eas, si secus actum fuerit, carere viribus decernentes. Datum Avinione, VII idus julii, anno tertio.

(Copie dans le livre d'enregistrement, in-folio, parchemin)

(1) Le singulier employé, ici et dans d'autres bulles, n'implique point un changement dans le nombre des recteurs qui furent toujours au moins trois (Voy. ci-dessus p. 101, note 3).

(2) Lisez *operis*; le singulier fut toujours placé devant les mots : pont et hôpitaux, pour marquer la collectivité de l'Œuvre ; toutefois le mot *operum* reparaissant dans d'autres bulles, on le reproduira sous réserve de l'observation ci-dessus.

(3) Les indulgences accordées à toute l'Eglise sont habituellement perpétuelles et subsistent jusqu'à révocation. Celles qui favorisent une œuvre particulière ou une portion déterminée du troupeau de l'Eglise sont assez souvent temporaires et expirent, à moins de rénovation, après un délai de 3, 5, 7 ou 10 ans.

(4) Pour comprendre cette précaution du Saint-Père, il faut se reporter à ces quêteurs ou colporteurs d'indulgences qui parcouraient les villes et les campagnes avec des bulles plus ou moins authentiques, rassemblaient le peuple et vendaient des absolutions. Leurs agissements, exagérés dans certains écrits, servirent de prétexte à la réforme. Benoît XIV les rend responsables de la défection des protestants. Ces quêteurs furent abolis par le concile de Trente.

LX. — 31 juillet 1332.

Jean XXII, aux fidèles du monde catholique, les invitant à faire des aumônes pour l'achèvement de l'hôpital et du pont Saint-Esprit et accordant aux bienfaiteurs quarante jours d'indulgences. (Arch. du Vatic., Comm. n° 105, Epist. 1203).

Universis Christi fidelibus... Quoniam, ut ait apostolus, omnes stabimus ante tribunal Christi recepturi prout in corpore gessimus sive bonum fuerit sive malum, oportet nos diem remessionis extreme misericordie operibus prevenire et eternorum intuitu seminare in terris quod, reddente domino, cum multiplicato fructu recolligere debeamus in celis, firmam spem fiduciamque tenentes quoniam qui parce seminat parce metet et qui seminat in benedictionibus de benedictionibus et metet vitam eternam. Cum itaque, sicut ex parte dilectorum filiorum rectoris et fratrum operum (1) Hospitalis et Pontis S. Spiritus..... (*comme dessus, p. 178*), universitatem vestram rogamus, monemus et hortamur, attente, quatenus de bonis vobis a Deo collatis pias ad hoc elemosinas et grata caritatis subsidia erogetis (*comme dessus, p. 177*)..... quadraginta dies de injunctis eis penitentiis misericorditer relaxamus. Presentibus post quinquennium minime valituris quas mitti per questuarios districtius inhibemus, eas, si secus actum fuerit, carere viribus decernentes. Datum Avinione, II kalendas julii, anno decimo septimo.

(*Copie dans le livre d'enregistrement, in-folio, parchemin*).

---

(1) Au sujet des mots *rectoris* et *operum*, voy. les observations ci-dessus p. 178, notes 1 et 2.

LXI. — 12 juin 1335.

Benoît XII met sous la protection du Saint-Siège les possessions, droits et revenus de l'hôpital du Saint-Esprit. — (Arch. du Vatic., Com., vol. 222, fol. 364).

Benedictus, episcopus, servus servorum Dei, dilectis filiis... rectori et fratribus hospitalis pauperum S. Spiritus de ponte S. Saturnini, Utic. dioc., ... Sacrosancta romana ecclesia ex assuete pietatis officio propensius diligere consuevit, et ne pravorum hominum molestiis agitentur eos tanquam pia mater sue protectionis munimine confovere. Ea propter, dilecti in Domino filii, vestris justis postulationibus grato concurrentes assensu, personas vestras et locum in quo sub communi vita degetis, cum omnibus bonis que in presentiarum rationabiliter possidetis aut in futurum justis modis, prestante domino, poteritis adipisci, sub beati Petri et nostra protectione suscipimus, specialiter autem decimas, redditus, terras, vineas, possessiones, domos, census, legata, jura, jurisdictiones et alia bona vestra sicut ea omnia juste et pacifice obtinetis vobis et per vos hospitali vestro, auctoritate apostolica, confirmamus et presentis scripti patrocinio communimus, districtius inhibentes ne quis de ortis et virgultis vestris seu vestrorum animalium nutrimentis decimas a vobis exigere vel extorquere presumat, salva in predictis omnibus moderatione consilii generalis. Nulli ergo omnino hominum liceat hanc paginam nostre protectionis et inhibitionis infringere, vel ei ausu temerario contra ire. Si quis autem hoc attemptare presumpserit, indignationem omnipotentis Dei et beatorum Petri et Pauli, apostolorum Ejus, se noverit incursurum... Datum Avinione, II idus junii, Anno primo. (1)

(*Copie dans le livre d'enregistrement, in-folio, parchemin*).

(1) Cette bulle fut confirmée par Clément VI, à Avignon, le 21 janvier 1344 et par Innocent VI, à Villeneuve, le 14 juillet 1353. (*Archives du Vatican*. Comm. liber 3, vol. 222, folio 364).

LXII. — 21 janvier 1344.

Clément VI confirme les indulgences accordées par Clément V aux fidèles qui visiteront la chapelle du S.-Esprit et viendront en aide à l'Œuvre pour l'entretien du pont et de l'hôpital. (Arch. du Vatic., Com., lib. 3, vol. 159, fol. 325.)

Dilectis filiis... rectori et fratribus hospitalis pauperum S. Spiritus de ponte S. Saturnini..... Ad ea que pietatem respiciunt et augmentum devotionis populi erga hospitale vestrum et capellam ipsius respicere dinoscuntur libenter nos promptos et favorabiles exhibemus. Dudum siquidem felicis recordationis Clemens, papa V, predecessor noster, cupiens ut capella predicta congruis frequentaretur honoribus ac fidelium populus devotius concurreret ad eamdem, omnibus vere penitentibus et confessis qui ad dictam capellam..... (*comme ci-dessus p. 175*) unum annum et quadraginta dies... et nichilominus eis qui operi pontis dicti hospitalis..... (*comme dessus, ibid.*) necnon ad fabricam dicti hospitalis manus porrigerent adjutrices, centum dies de injunctis eis penitentiis misericorditer relaxavit, prout in ejusdem predecessoris litteris inde confectis, quarum tenorem de verbo ad verbum presentibus inseri fecimus, plenius et seriosius continetur (*ci-dessus p. 173*).

Nos itaque vestris supplicationibus inclinati, que super premissis ab eodem predecessore facta sunt grata et rata habentes illa, auctoritate apostolica et certa scientia, confirmamus et presentis scripti patrocinio communimus. Nulli ergo..... Datum, Avinione, XII kalendas februarii, anno secundo.

(*Copie dans le livre d'enregistrement, in-folio parchemin.*)

LXIII. — 21 janvier 1344.

Clément VI accorde cent jours d'indulgences aux fidèles pénitents et confessés qui aideront à l'achèvement et à l'entretien du pont et de l'hôpital du Saint-Esprit.
(Arch. du Vatic., Com., lib. 6, vol. 160, fol. 140.)

Universis Christi fidelibus..... Mercedis efficitur particeps qui bonorum operum presertim in utilitatem publicam redundantium se constituit adjutorem et erga hospitalium et aliorum piorum locorum fabricam manus porrigit adjutrices.

Cum itaque, sicut dilecti filii rectores et fratres operis pontis supra Rodanum et hospitalis S. Spiritus S. Saturnini de Portu, Uticensis diocesis, nobis significare curaverunt, pro opere pontis et hospitalis predicti fabrica ipsiusque pontis conservatione sumptus maximi requirantur et propterea fidelium suffragia sint ad hec plurimum opportuna, Nos, cupientes ut eo libentius fideles ipsi ad predicta impendenda subsidia animentur quo spiritualibus muneribus uberius se cognoverint communiri, de omnipotentis Dei misericordia..... omnibus vere penitentibus et confessis, qui operi pontis ac pro ipsius perfectione et conservatione nec non ad fabricam hospitalis manus porrexerint adjutrices, centum dies de injunctis eis penitentiis misericorditer relaxamus. Presentes autem litteras mitti per questuarios districtius inhibemus..... Datum, Avinione, XII kalendas februarii, anno secundo.

(Copie dans le livre d'enregistrement, in-folio, parchemin).

LXIV. — 21 janvier 1344.

Clément VI accorde aux fidèles pénitents et confessés qui visiteront la chapelle du Saint-Esprit, la rémission d'un an et quarante jours d'indulgences, les fêtes de la Nativité, de la Résurrection, de l'Ascension, de Pentecôte, de Saint-Jean-Baptiste, les quatre fêtes de la Sainte-Vierge et de la Toussaint ; cent jours durant l'octave de toutes ces fêtes. — (Archives du Vatican, Com., lib. 3, vol. 222, fol. 369).

Clemens, episcopus, servus servorum Dei, universis Christi fidelibus..... Etsi quelibet loca sanctorum sint pia devotione Christi fidelibus veneranda, illa tamen que sunt in honore S. Spiritus dedicata tantò sunt venerabilius honoranda quantò ipse Spiritus Sanctus gratiam infundit uberius in cordibus devotorum. Cupientes igitur ut capella hospitalis Sancti Spiritus de burgo S. Saturnini... congruis honoribus frequentetur et fidelium populus cò concurrat devotius ad eamdem quò salutis munera se ibidem consequi speraverit ampliora, de omnipotentis Dei misericordia et beatorum Petri et Pauli, apostolorum Ejus, auctoritate confisi, omnibus vero penitentibus et confessis qui in singulis Nativitatis, Resurrectionis et Ascensionis Domini, Penthecostes, S. Johannis Baptiste, quatuor beate Marie Virginis (1) ac Omnium-Sanctorum festivitatibus, unum annum et quadraginta dies ; eis vero qui per octo dies, festivitates ipsas immediate sequentes, dictam capellam, causa devotionis, visitaverint annuatim centum dies de injunctis eis penitentiis, singulis videlicet festivitatum et octo predictorum diebus quibus capellam ipsam visita-

---

(1) Les quatre fêtes de la Vierge ici indiquées étaient, dans le style d'alors, la Nativité, l'Annonciation, la Purification, l'Assomption. Depuis on a ajouté l'Immaculée-Conception, ce qui porte à cinq, aujourd'hui, les grands jours d'indulgence de la Sainte-Vierge.

verint, ut prefertur, misericorditer relaxamus. Datum Avinione, XII Kalendas februarii, pontificatus nostri anno secundo.

(Copie dans le livre d'enregistrement, in-folio, parchemin).

LXV. — 14 juillet 1353.

Innocent VI invite les fidèles du monde catholique à faire des aumônes pour l'entretien du pont et de l'hôpital du S. Esprit et accorde aux bienfaiteurs, pénitents et confessés, un an et quarante jours d'indulgences. — (Arch. du Vatic., Com. lib. 31, vol. 222, fol. 362).

Universis Christi fidelibus..... Constructioni et reparationi pontium qui super ingentia flumina pia devotione fidelium construuntur seu etiam reparantur presertim per quos multis obviatur periculis et necessitatibus hominum salubriter providetur, nec non sustentationi pauperum manus porrigere adjutrices pium apud Deum et meritorium reputantes, libenter Christi fideles ad impendendum talibus opportunum auxilium nostris litteris exortamur, et ut ad id eò fortius animentur quò magis hoc animorum commodum se speraverint adipisci nonnunquam pro hiis temporalibus suffragiis spiritualia eis munera videlicet remissiones et indulgentias elargimur.

Cum igitur, sicut accepimus, ad hospitale pauperum ville S. Saturnini de Portu, Uticensis diocesis, ad laudem et honorem S. Spiritus constructum confluat multitudo et tam pro sustentatione dictorum pauperum quam pro constructione seu reparatione et conservatione pontis supra Rodanum, qui prope seu juxta dictam villam situm est, fidelium suffragia sint plurimum opportuna, universitatem vestram monemus...., ut per subventionem vestram dictorum pauperum necessatibus consuli et necessarium opus pontis hujusmodi reparari valeat et etiam conservari et vos ... Nos... omnibus... *(comme dessus, p. 177)*, unum annum et quadraginta dies de injunctis eis penitentiis misericorditer relaxamus. Presentibus post quinquennium minime valituris. Datum apud villam-novam, Avinionensis diocesis, II idus julii, anno primo.

(*Copie dans le livre d'enregistrement, in-folio, parchemin*).

LXVI. — 14 juillet 1353.

Innocent VI, à la demande des recteurs et frères de l'hôpital du Saint-Esprit, confirme les indulgences accordées par Clément VI à ceux qui, pénitents et confessés, visiteront la chapelle du Saint-Esprit. (Arch. du Vatic., Com. lib. 3, vol. 222, fol. 363).

Dilectis filiis rectori et fratribus hospitalis S. Spiritus de Ponte S. Saturnini, Uticensis diocesis, salutem... Ad ea que pietatem respiciunt... (*comme dessus, p. 181*) Dudum siquidem felicis recordationis Clemens, papa VI, predecessor noster, cupiens ut capella hospitalis S. Spiritus... congruis frequentaretur honoribus et fidelium populus eò concurreret devotius quò salutis munera se ibidem sperarent consequi ampliora, de Omnipotentis Dei misericordia... confisus, omnibus vero penitentibus et confessis qui in singulis Nativitatis, Resurectionis et Ascensionis Domini, Penthecosten, S. Johannis Baptiste, quatuor beate Marie-Virginis et Omnium-Sanctorum festivitatibus, unum annum et quadraginta dies, eis vero qui per octo dies, festivitates ipsas immediate sequentes, dictam capellam causa devotionis visitarent annuatim centum dies de injunctis eis penitentiis singulis videlicet festivitatum et octo predictorum diebus quibus capellam ipsam visitarent, ut prefertur, misericorditer relaxavit, prout in ejusdem predecessoris litteris, quarum tenorem de verbo ad verbum transcribi et presentibus annotari fecimus, plenius continetur. (*V. ci-dessus p. 183*).

Nos itaque, vestris supplicationibus inclinati, que super

premissis ab eodem predecessore, ut prefertur, facta sunt, rata et grata habentes, illa auctoritate apostolica, ex certa scientia, confirmamus et presentis scripti patrocinio communimus... Datum apud Villam-novam, Avinionensis diocesis, II idus julii, anno primo (1).

(Copie dans le livre d'enregistrement, in-folio, parchemin.)

LXVII. — 14 juillet 1353.

Innocent VI confirme les bulles de Benoit XII et Clément VI qui mettaient sous la protection du Saint-Siège les possessions, droits et revenus de l'hôpital du Saint-Esprit. (Arch. du Vatic., Comm., lib. 3, vol. 222, fol. 364).

Dilectis filiis... rectori et fratribus hospitalis pauperum S. Spiritus de Ponte S. Saturnini.... Meruit vestre devotionis integritas ac opera caritatis et misericordie que in hospitali vestro, sicut accepimus, jugiter exercentur.... Sane dudum felicis recordationis Benedictus, papa XII,... personas vestras et locum in quo sub communi vita degebatis prout degitis, cum omnibus bonis que tunc possidebatis... sub beati Petri et sua protectione suscepit et specialiter...... ac deinde pie memorie Clemens, papa VI, ... que super hiis a dicto Benedicto.... facta fuerant rata et grata (habens), illa, auctoritate apostolica, ex certa scientia, confirmavit... Nos itaque... que super hiis ab eisdem predecessoribus facta sunt..... confirmamus et presentis scripti patrocinio communimus. Datum apud Villam-novam... II idus julii, anno primo.

(Copie dans le livre d'enregistrement, in-folio, parchemin).

---

(1) Des lettres apostoliques, du même jour, confirment les bulles de Clément VI confirmatives de celles de Clément V (ci-dessus p. 181). On les trouve sous le même titre Communium, (lib. 3, vol. 222, fol. 363).

LXVIII. — 26 octobre 1354.

Innocent VI invite les fidèles à faire des aumônes pour la construction de l'église du Saint-Esprit et accorde aux bienfaiteurs l'indulgence d'un an et quarante jours. (Arch. du Vatic., Com., vol. 226, fol. 257).

Universis Christi fidelibus.... Ecclesiarum ac capellarum fabricis manus porrigere adjutrices pium apud Deum et meritorium reputantes, frequenter Christi fideles ad impendendum ecclesiis et capellis ipsis auxilium nostris litteris exhortamur et ut ad id eò fortius animentur quò magis ex hoc animarum commodum speraverint adipisci nonnunquam pro hiis temporalibus suffragiis spiritualia eis munera videlicet remissiones et indulgentias elargimur. Cum itaque, sicut accepimus, in villa S. Saturnini de Portu, Utic. dioc., fuerit quedam ecclesia seu capella ad honorem S. Spiritus constructa, ad quam etiam propter devotionem Ejusdem Spiritus multitudo fidelium confluere undique consuevit et que modice capacitatis existebat, et propterea ibidem capella alia major ad honorem ejusdem Sancti Spiritus construi sit noviter incohata (1), que, absque magnis expensis et opere sumptuoso, non poterit consummari et ad consummationem hujusmodi elemosine fidelium sint plurimum opportune, Nos, de Omnipotentis Dei misericordia et beatorum Petri et Pauli, apostolorum Ejus, auctoritate confisi, omnibus vere penitentibus et confessis, qui manus ad hoc porrexerint adjutrices, unum annum et XL dies de injunctis eis penitentiis misericorditer relaxamus. Presentibus post decennium minime valituris ; quas mitti per questuarios... inhibemus, cas, si..... Datum Avinione, VII kalendas novembris, anno secundo.

(Copie dans le livre d'enregistrement, in-folio, parchemin).

(1) Voy. XXVIII, p. 76 et XXXII, p. 94 et suivantes.

LXIX. — 10 mai 1365.

Urbain V invite les fidèles du monde catholique à venir en aide à la construction de l'église du S. Esprit et accorde aux bienfaiteurs, pénitents et confessés, l'indulgence d'un an et quarante jours.— (Arch. du Vatic., De indulg. et com., vol. 254, fol. 72).

Universis Christi fidelibus....... Ecclesiarum et aliorum piorum locorum manum porrigere adjutricem pium apud Deum et meritorium reputantes, frequenter Christi fideles ad impendendum auxilium ecclesiis ipsis nostris litteris exhortamur, et ut ad id eó fortius animentur quó magis ex hoc animarum commodum se speraverint adipisci, non nunquam pro hiis temporalibus suffragiis spiritualia eis munera elargimur videlicet remissiones et indulgentias...
Cum itaque, sicut accepimus, dilecti filii, rectores et fratres hospitalis pauperum S. Spiritus loci S. Saturnini de Portu, Utic. dioc., in oratorio dicti hospitalis quamdam capellam canonice edificare ceperint, opere non modicum sumptuoso, ad cujus operis consummationem fidelium elemosine sunt plurimum opportune, universitatem vestram rogamus, monemus et hortamur, attente vobis nichilominus in remissionem peccaminum injungentes quathenus de bonis a Deo vobis collatis ad fabricam dicte capelle vestras pias elemosinas et grata caritatis subsidia erogetis, ut per subventionem vestram hujusmodi dictum opus consummari valeat vosque per hec et alia bona que, domino inspirante, feceritis, ad eternam possitis felicitatis gaudia pervenire. Nos enim, de omnipotentis Dei... auctoritate, omnibus vere penitentibus et confessis, qui ad predictam fabricam manus porrexerint, unum annum et quadraginta dies de injunctis eis penitentiis misericorditer relaxamus. Presentibus post decennium minime valituris. Quas mitti.... Datum Avinione, VI idus maii, anno tertio.

(Copie dans le livre d'enregistrement, in-folio, parchemin).

LXX. – 27 mai 1371

Grégoire XI confirme les libertés, immunités et indulgences concédées aux recteurs, aux frères et à l'hôpital du Saint-Esprit par les souverains pontifes, les rois, les princes et fidèles chrétiens. — (Arch. du Vat., De indulg. et privileg., reg. 282, fol. 45).

Dilectis filiis...... rectori et fratribus hospitalis pauperum S. Spiritus de S. Saturnino de Portu supra Rodanum... Solet annuere sedes apostolica piis votis et honestis petentium precibus favorem benevolum impertiri. Ea propter, dilecti in Domino filii, vestris justis postulationibus grato concurrentes assensu, omnes libertates et immunitates a predecessoribus nostris, romanis pontificibus, sive per privilegiis (*sic*) seu alias indulgentias vobis et hospitali vestro concessas, necnon libertates et exemptiones secularium exactionum a regibus et principibus et aliis Christi fidelibus rationabiliter vobis indultas sicut eas juste et pacifice obtinetis, vobis et per vos eidem hospitali, auctoritate apostolica, confirmamus et presentis scripti patrocinio communimus. Nulli ergo... nostri confirmationis... Datum Avinione, VI kalendas junii, anno primo.

(*Copie dans le livre d'enregistrement, in-folio, parchemin*).

LXXI. – 7 août 1448.

Nicolas V, rappelant les œuvres de charité accomplies à Saint-Saturnin-du-Port, énumère les indulgences accordées par ses prédécesseurs, les augmente de la rémission de sept années et sept quarantaines et défend à qui que ce soit de contrarier dans leur mission les envoyés de l'Œuvre du Saint-Esprit. — (N° 7, chap. 4).

Nicolaus, episcopus, servus servorum Dei, ad futuram rei memoriam. Apostolice sedis providentia circonspecta, non nunquam per cam presertim in favorem hospitalium in quibus potissime opera exercentur pietatis concessa, solet, pro illorum subcistencia firmiori, approbare pariter et confirmare, disidiisque et diminutionibus quibuscumque sublatis, sue reservationis oraculo compendiose ad presentium certitudinem et futurorum memoriam reserare ac etiam innovare.

Cum itaque, ut communi assertione habetur, olim in transitu fluminis Rhodani cujus fluxus asper est et rapax, juxta oppidum Sancti Saturnini de Portu, Uticensis diocesis, complures submersione periissent, Angelus lucis, pastori cuidam in ripa fluminis prope oppidum hujusmodi gregem suum pascenti, apparens pastoremque pontem construere admonens, locum ubi pontem ipsum et juxta illum cum capella pauperum hospitale construeret indicavit, pastorque ipse, Spiritus Sancti gratia et fidelium elemosinis fretus, pontem in loco indicato hujusmodi incohavit qui postea, magna ad id fidelium eorumdem largitione insignis et validus lapidum congerie et opere sumptuosus, pene perfectus est; et juxta illum notabile hospitale in quo, ut accepimus, venientes peregrini hospitantur, pascuntur pauperes, infirmis de medicis et cirurgicis ac medicamentis providetur; indigentes gravide mulieres ad parturiendum recipiuntur, in puerperio foventur, illarum ac complures alii partus quorum multi nocte et clam illic comperiuntur allati per stipendiatas nutrices curiose educantur; masculi bonis moribus ac liberalibus aut mechanicis artibus, prout hoc eorum conjecturatur capacitati congruum, erudiuntur; femine effecte viri potentes cum dotibus nuptui collocantur; ac quedam notabilis, plurium utriusque sexus personarum quarum plereque, fratres et sorores ipsius hospitalis, habitu albo cum signo pontis et crucis desuper de panno rubeo in pectore incedentes pars divinis officiis agendis, pars egrotis pauperibus et puerperis procurandis, pars elemosinis querendis vacantes, donati nuncupati, in dicto hospitali jugiter degunt ; communitas nec non certa similium personarum que ad idem hospitale semel in anno pro quibusdam inibi piis misericordie operibus exercendis conveniunt ac confratres et confratrices nuncupantur, sub vocabulo Sancti Spiritus confraternitas, sunt ab olim laudabiliter institute, ac alias assidua servatur hospitalitas et diversa alia exercentur dietim propriis ipsius hospitalis sumptibus opera pietatis, et juxta etiam hospitale prefatum, super vivo saxo, (1) ad Omnipotentis laudem et sub ipso vocabulo una spectabilis capella in qua fratres presbiteri et clerici ipsius hospitalis, divino cultui dediti, missas ac matutinas aliasque singulas horas canonicas decantant ac desserviunt altissimo laudabiliter in divinis ; pontem vero, hospitale et capellam prefatam, pro quorum opere et fabricis per fratres donatos et nuncios ejusdem hospitalis, sub dicto habitu incedere solitos, pia Xpi fidelium largiflua queri et recipi consueverunt, eorumque opera atque bona, tres cives dicti oppidi, nil mercedis preter eterne retributionis premium expectantes (2), per senescallum regium Bellicadri et priorem prioratus S. Petri, Cluniacensis ordinis, ac sindicos, pro tempore, ejusdem oppidi, pro uno anno duntaxat deputati, rectores dicti hospitalis nuncupati, revoluto ipso anno, mutandi rationemque et reliqua reddituri, in temporalibus administrant.

Unde felicis recordationis Benedictus XII, Gregorius XI et Martinus V, Romani pontifices, predecessores nostri, necnon et Clemens VII ac Baldasar, episcopus Tusculanus, Johannes XXIII in suis obedientiis de quibus partes ille tunc erant(3), nuncupatos rectores, fratres et donatos hospitalis hujusmodi et locum in quo sub communi vita degebant, cum omnibus bonis que tunc rationabiliter possidebant et in futurum justis modis prestante domino adipisci possent sub beati Petri et sua protectione susceperunt ; specialiter autem decimas, redditus, terras,

---

(1) Tandis que l'église du Saint-Esprit, construite postérieurement à 1319 (XXVIII, p. 76), semble posée sur la grève, en avant de la falaise qui borde le Rhône, depuis l'embouchure de l'Ardèche jusqu'au pont, l'ancien Oratoire, selon nous, s'appuyait au rocher même (p. 77 et p. 80, note 1), ce que semble confirmer le texte ci-dessus.

(2) Voy. p. 134, note 1.

(3) Voy. ci-après, p. 198, note 3.

vineas, possessiones, domos, census, legata, jura, jurisdictiones et alia bona sua omnia, necnon omnes libertates et immunitates a predecessoribus suis, Romanis pontificibus, sive per privilegia seu alias indulgentias ipsis rectoribus, fratribus et hospitali concessas, necnon libertates et exemptiones secularium exactionum a regibus et principibus ac aliis Xpi fidelibus rationabiliter indultas, sicut illa omnia juxta et pacifice obtinebant, illis et per eos dicto hospitali auctoritate apostolica confirmaverunt ; districtius inhibentes ne quis de eorumdem fratrum ortis et virgultis seu animalium nutrimentis decimas ab eis exigere vel extorquere presumeret, salva in predictis omnibus moderatione consilii generalis, confirmationibus diversorum aliorum Romanorum pontificum similiter predecessorum nostrorum concessis hujusmodi subsequtis.

Recolende quoque bone memorie Nicolaus, papa quartus, etiam predecessor noster, fratres donatos et nuncios predictos elemosinas pro premissis querere posse concessit et ad faciendas questas per prelatos et rectores ecclesiarum sine qualibet contradictione mandavit admitti, et ne quid ab eis exigeretur vel extorqueretur districtius inhibuit, dicto hospitali legata et testamentaria dona fratribus prefatis sine quacumque diminutione seu maliciosa dilatione exhiberi precepit, inhibens ne quis fratrem seu nuncium dicti hospitalis in questa sua impediat seu manus in eum injiciat violentas aut injuriam seu violentiam et impedimentum quodcumque, quominus frater seu nuncius predictus elemosinas peteret et reciperet, prestare presumeret ; contrarium vero facientes excommunicationis sententia a qua, donec fratri seu nuntio injuriam passo satisfactum foret, absolutionem consequi non posset, innodavit ; in ecclesiis vero locorum ubi injuriator seu violator ipse esset, a divinis cessare precepit, et si ad loca interdicto ecclesiastico supposita fratres et questores hujus declinare contingeret, in eorum adventu divina inibi officia, apertis januis et pulsatis campanis, excommunicatis tunc et interdictis nominatim dumtaxat exclusis, celebrari, et dum ibidem forent, mortuorum corpora sepeliri et matrimonia inibi celebrari et in facie ecclesie solemnisari indulsit (1) ; offensores autem parentum absque manuum injectione ac usurarios et raptores vel aliena bona male acquisita detinentes, cui de eis restitutio facienda foret ignorantes, et bona detenta hujusmodi pro opere pontis, hospitalis et capelle predictorum errogantes, ab ipsorum bonorum restitutione (2), ac in sacris ordinibus constitutos regulares et seculares aliquid in divinis oficiis dicendis impotentia, ignorantia vel negligentia committentes ab excessu et commissis hujusmodi absolvit (3). Benefactoribus quoque pontis et hospitalis, eorumdem vota fracta per impotenciam seu corporis fragilitatem, peccata

---

(1) Il existe encore aujourd'hui une excommunication contre ceux qui portent sur les personnes ecclésiastiques ou religieuses, *manus violentas*. Ce qui, maintenant, peut sembler extraordinaire, c'est la cessation *a divinis* qui accompagnait partout le délinquant. A l'origine, ces sortes de peines étaient très sévères ; elles s'adoucirent graduellement. A l'époque qui nous occupe, elles consistaient dans une sorte de fermeture de l'église, d'où interdiction des offices divins publics, de la sépulture ecclésiastique et des sacrements en général, sauf les plus nécessaires, comme la pénitence, le baptême et le mariage, auxquels on n'enlevait que la solennité extérieure. Le but était d'amener les délinquants à récipiscence en leur rendant impossible tout séjour dans un endroit quelconque. Aujourd'hui, la législation n'a pas changé, mais on ne trouve guère d'exemples de ces interdictions *ab homine*, que les cessations *in signum maeroris*, pour réparer un sacrilège ou un attentat commis dans une église.

Le privilège extraordinaire, accordé aux frères et aux quêteurs du Pont, de lever momentanément l'interdit là où ils abordaient, venait vraisemblablement du désir de leur permettre les quêtes durant des offices solennels.

(2) D'après les principes du droit, la restitution doit se faire aux intéressés ou, à leur défaut, aux pauvres. C'est dans ce sens que l'Œuvre du Saint-Esprit a pu être recommandée.

(3) Tout clerc ayant reçu le sous-diaconat est tenu de réciter, chaque jour, l'office divin. S'il y manque, il pèche plus ou moins, selon la gravité du manquement. Le pape remet ici les fautes vénielles, par une indulgence analogue à celle attachée actuellement à la prière : *Sacro Sanctæ*. Pour beaucoup de bénéficiers d'alors la chose se compliquait d'une obligation de restitution et, bien qu'il n'en soit pas fait mention spéciale, la remise de la faute devait entraîner celle de la peine.

oblita (1) confitendo, penitentias non completas remisit. Nuncios vero sive questores, nomine pontis et hospitalis predictorum elemosinas petentes in honore ipsius S. Spiritus, in quibusvis ecclesiis et parrochiis permitti et quibusvis aliis questoribus preferri mandavit. Indulgentias vero, quas sui predecessores romani pontifices ac archiepiscopi, episcopi et abbates in favorem pontis et hospitalis predictorum concesserant et concedere vellent, confirmavit. Omnibus vero penitentibus et confessis qui operi pontis hujusmodi manus porrigerent adjutrices, unum annum et quadraginta dies de injunctis eis penitentiis misericorditer relaxavit.

Insuper recensende memorie Johannes vicesimus secundus, etiam predecessor noster, omnia et singula indulta, indulgentias et privilegia predecessorum suorum, romanorum pontificum, intuitu pontis et hospitalis predictorum concessa, auctoritate apostolica ratificans et approbans, benefactoribus prefatis septimam partem injuncte penitencie, venialia et oblita peccata, transgressiones fidei (2), sermones occiosos, pravas et transitorias cogitationes que non pervenissent ad perfectum et perjuria sine lesione proximi misericorditer relaxavit. A transgressionibus votorum et peregrinationum de consilio curati personarum transgredientium earumd., Jerosolimitano voto dumtaxat excepto (3), commutatis, absolvit benefactoribus prefatis unum annum et ducentos (4).

---

(1) Il ne s'agit pas d'une rémission indirecte des péchés mortels oubliés. Cette rémission s'est faite dans la confession même où on les a oubliés. Il ne s'agit pas davantage d'une dispense de les accuser plus tard, s'ils reviennent à la mémoire; cette dispense, le Pape ne peut l'accorder. La concession se borne donc à ces péchés véniels qu'on commet en si grand nombre et sans trop s'en douter.

(2) Sans doute les manquements aux engagements pris et non pas les manquements à la vertu théologale de foi, qui, de leur nature, sont graves.

(3) La dispense du vœu de pélerinage à Jérusalem, comme de ceux de Saint-Jacques-de-Compostelle et de Saint-Pierre de Rome, est encore réservée au Pape.

(4) On peut être délié de ses vœux, ou par la dispense absolue ou par

Præterea, pie recordationis Clemens, papa quintus, similiter predecessor noster, omnibus vero penitentibus et confessis, qui ad dictam capellam in singulis Nativitatis, Resurectionis, Ascensionis Domini, Penthecostes ac in Nativitatis, Annunciationis, Purificationis et Assumptionis Beate-Marie ac Nativitatis B. Johannis-Baptiste, Beatorum Petri et Pauli, apostolorum, festivitatibus ac in celebritate Omnium-Sanctorum, unum annum et quadraginta, ac in singulis ipsarum festivitatum diebus, causa devotionis accederent annuatim centum, et nichilominus eis qui operi pontis et fabrice hospitalis hujusmodi manus porrigerent adjutrices, centum (1).

Clemens autem papa sextus, predecessor noster, benefactoribus predictis centum dies de injunctis sibi penitenciis in Domino misericorditer relaxavit, confirmatione excolende memorie Innocentii VI, etiam predecessoris nostri, super eisdem Clementis VI concessis debite subsequta.

Clemens autem VII predictis omnibus similiter penitentibus et confessis, qui in singulis prefatis ac Circoncisionis, Epiphanie et Corporis-Domini ac ipsius capelle dedicationis festivitatibus et in celebritate hujusmodi ac per octavas ipsorum Nativitatis, Epiphanie, Resurectionis, Ascensionis et Corporis-Domini necnon Nativitatis et Assumptionis Beate-Marie ac Nativitatis B. Johannis et apostolorum predictorum festivitatum et per sex dies dictam festivitatem Pentecostes immediate sequentes, prefatam capellam devote visitarent annuatim, et pro

une simple commutation en une œuvre plus à la portée de celui qui les a émis. Lorsque, par sa faute, on a rendu nécessaire cette absolution ou cette commutation, elles n'en sont pas moins valides, si l'impossibilité d'accomplir le vœu est réelle ; mais on a fait une faute et cette faute demande une pénitence proportionnée. C'est sur cette pénitence que le Pape retranche un an et 200 jours, par forme d'indulgence.

(1) On est frappé de la médiocrité de ces indulgences eu égard à l'œuvre exigée. C'est moins que pour un grand nombre de petites prières de nos jours. Il en fut longtemps ainsi dans l'Eglise. Les indulgences suppléant à la pénitence qu'on ne fait pas, étaient moins nécessaires alors.

pauperum ad dictum hospitale affluentium sustentatione manus porrigerent adjutrices, singulis videlicet festivitatum et celebritatis unum annum et quadraginta dies, octavarum et sex dierum predictorum diebus quibus capellam ipsam devote visitarent et pro sustentatione predicta manus porrigerent adjutrices, singulis videlicet quinquaginta dies.

Diversi quoque alii romani pontifices, similiter predescessores nostri, concessiones, privilegia, immunitates, indulgentias et indulta per eorum predecessores romanos pontifices in favorem pontis, capelle et hospitalis predictorum concessa, ratificantes et approbantes pariter et confirmantes, inter cetera operi pontis ac hospitali hujusmodi benefacientibus qui tunc vel infra mensem penitentes essent, viginti quinque annos et quadraginta dies de similibus penitentiis relaxarunt, ac in peregrinationibus Terre-Sancte participationem votorum fractorum, Jherosolimitano ac Beatorum Petri et Pauli et Jacobi, apostolorum, ac castitatis votis exceptis, dominicorum et festivitatum dierum male cultorum remissionem ac a votis illos qui pro qualitate persone voventis et voti operi pontis et hospitali hujusmodi subvenirent emissis, necnon benefactoribus hujusmodi si post beneficium impensum infra unum annum decederent, plenariam omnium peccatorum absolutionem (1), ac omnium bonorum male uti rapina et usura acquisitorum et eidem operi, dum tamen ignoretur tunc cui essent restituenda (2), applicatorum ut supra remissionem concesserunt ; fratres quoque questores et nuncios dicti hospitalis sub habitu prefato incedentes ad verbi Dei predicationem et miraculorum expositionem (3), a prelatis et rectoribus parrochialium ecclesiarum

---

(1) C'était un encouragement à renouveler son aumône tous les ans. La grâce accordée, ici, ne peut être que l'indulgence plénière *in articulo mortis*, laquelle remet la peine due au péché. Si on l'appelle, ci-après, *remissio*, c'est qu'elle suppose en effet la rémission des péchés par le sacrement ou la contrition.

(2) A rapprocher du texte et de la note p. 71.

(3) Il ne faut pas entendre ceci de la mise en scène de faits empruntés

ac aliis personis ecclesiasticis sub diversis penis admitti, benigne elemosinam nomine predicto petituros tractari et populum ad ipsas elemosinas erogandas induci jusserunt.

Ulterius cardinales duodecim et Patriarche tres, eorum videlicet quilibet, centum ; archiepiscopi novem, episcopi viginti septem, similiter quilibet eorum quadraginta dies ipsis benefactoribus de injunctis penitenciis relaxarunt (1). Cluniacensis et Cistesiensis ordinum generales et alii quinque Abbates cum eorum capitulis benefactoribus hujusmodi quod missarum et aliorum divinorum officiorum, vigiliarum, jejuniorum, disciplinarum, elemosinarum et aliorum bonorum quorumcumque in suis ordinibus et monasteriis, tam in capitulis (2) quam in membris, domino inspirante, faciendorum participes essent, graciose concesserunt (3).

Diversis desuper confirmationibus apostolicis subsequtis, prout in ipsorum predecessorum Clementis VII, Johannis XXII, cardinalium, archiepiscoporum, episco-

---

à la légende du pont comme on le pratiquait souvent, au moyen âge, à l'égard de la vie des saints, ou même dans les Mystères qui étaient la représentation d'un fait tiré de l'Ancien ou du Nouveau-Testament ; il s'agit du récit, fait en chaire, des miracles accomplis à Saint-Saturnin-du-Port à l'occasion de la construction du pont, ainsi que nous l'avons dit déjà dans *Origine et véracité des notes et documents*, p. 26, et dans notre plaquette : *Saint-Bénézet*, etc., p. 5, et qu'on le verra ci-après, au livre III.

(1) C'est le maximum que pouvaient accorder chacun d'eux : les cardinaux, 100 jours, les évêques, 40.

(2) Le livre d'enregistrement porte : *capitibus*.

(3) L'usage, très ancien, des associations subsiste toujours dans l'Église. Il repose sur le principe de la réversibilité des mérites. Dans toute œuvre sainte, on peut trouver une triple valeur : la valeur méritoire ou le mérite d'avoir fait l'action — celle-là proprement personnelle et incommunicable, — la valeur impétratoire et la valeur satisfactoire, qui peuvent se donner à qui l'on veut. Ce sont ces deux dernières qui, réparties entre les fidèles, constituent la communion des saints, dans toute l'Église et, d'une manière plus particulière encore, entre les membres d'un même ordre ou d'une même communauté. Admettre un étranger à l'association d'un Ordre, c'est lui donner part et droit à ces satisfactions, comme s'il faisait partie de l'Ordre.

porum et abbatum litteris, quarum tenores, ac si de verbo ad verbum inserte forent presentibus, haberi volumus pro expressis, hec et alia plenius continentur.

Nos itaque, eorumdem predecessorum vestigia insequentes, ac volentes quod pons, hospitale et capella predicta ex quibus tantus pullulavit devotionis odor quod oppidum ipsum jam S. Spiritus nomen habere consuevit, celeriter et votive compleantur. Necnon consideratione carissimi in Xpo filii nostri Caroli, Francorum regis illustris, ac venerabilis fratris nostri Alani, episcopi Avenionensis, dicti prioratus commendatarii perpetui (1), Nobis super hoc humiliter supplicantium, omnia et singula ipsorum pontis, hospitalis et capelle fundationis et institutionis, necnon per rectores et fratres hujusmodi in illis condita sive ordinata, statuta, ordinationes et consuetudines (2) ac per predecessores ac pro romanis pontificibus in eorum obedientiis (3), si de illis dictum oppidum extiterit, se gerentes, et per cardinales, patriarchas, archiepiscopos, episcopos, abbates, reges et principes in favorem pontis, hospitalis, capelle, rectorum, fratrum, donatorum, confratrum, confratricum, questorum, nunciorum, benefactorum et manus porrigentium adjutrices predictorum privilegia, prerogativas, libertates, immunitates, preheminencias, concessiones, indulgencias, et indulta concessa eorumdemque fratrum, sororum, donatorum ac questorum habitum album cum signo prefatum quem per illos et eorum successores perpetuo gestari volumus et ordinamus, necnon communitatis et confraternitatis institutiones ac confratrum et confratricum predictorum institutiones, ordinationes, statuta et congregationes ac desuper confectas litteras et in eis contenta et inde quecumque

---

(1) Alain de Coëtivi. Voy. ci-dessus, p. 118, note 3.
(2) Au Vatican : *fundationes et institutiones*.
(3) Cette phrase, qui revient plusieurs fois, fait allusion aux Papes d'Avignon, durant le Grand-Schisme. Bien qu'en réalité ils fussent des antipapes, néanmoins, en raison de la bonne foi des peuples et aussi pour le bien de la paix, on donne ici à leurs actes la même valeur qu'à ceux des Papes de Rome.

sequta, que omnia et singula, ac si de verbo ad verbum specifice, individualiter presentibus inserta forent, hic haberi volumus pro expressis ratificamus et approbamus, illaque omnia et singula, auctoritate apostolica et ex certa scientia, supplentes omnes et singulos defectus, si qui forsan intervenerint in eisdem, confirmamus et presentis scripti patrocinio communimus.

Ceterum, cupientes quod capella et hospitale hujusmodi congruis honoribus frequententur, ac ut ad illud hospitale pauperes confluentes debite sustententur, necnon ipsorum et pontis hujusmodi complementum subsequatur eaque completa conserventur, et ut ipsi Xpi fideles eò libentius, causa devotionis, confluant ad capellam eamdem et ad sustentationem pauperum, complementum et conservationem capelle et pontis predictorum manus promptius porrigant adjutrices, quò ibidem dono celestis gratie uberius conspexerint se refectos, de omnipotentis Dei misericordia et dictorum apostolorum auctoritate confisi, omnibus vere penitentibus et confessis qui in dominica Penthecostes Domini ac secunda et tertia feriis sequentibus dictam capellam devote visitaverint annuatim, et pro complemento, sustentatione et conservatione prefatis manus porrexerint adjutrices, septem annos et totidem quadragenas de injunctis eis penitentiis misericorditer in domino relaxamus (1). Sane volumus et auctoritate apostolica concedimus quod fratres et pro tempore existentes rectores in temporalibus predicti, personas ydoneas ipsius hospitalis, fratres, servitores vel alias quascumque, que habitum predictum gestent, pro questis faciendis ac elemosinis petendis et recipiendis nomine capelle, hospitalis et pontis prefatorum deputare possint, et que deputate a

---

(1) Les indulgences de sept ans et sept quarantaines sont fréquentes et célèbres dans l'Eglise. C'est la remise d'une peine équivalente à sept années et sept carêmes de pénitences canoniques. Dans la primitive Eglise, chaque crime *public* était puni d'une peine proportionnée qui consistait surtout dans une séparation, plus ou moins longue, de l'assemblée des fidèles.

singulis patriarchis (1), archiepiscopis, episcopis et ecclesiarum prelatis ac rectoribus, et sine aliqua alia deputatione ac exhibitione (2) et solutione (3) oneris cujuscumque, ad ipsas questas faciendas, elemosinas petendas et recipiendas, nomine predicto, admitti debeant, deputare, ordinare, deputatas et ordinatas amovere et alias substituere et ordinare possint. Inhibentes omnibus et singulis patriarchis, archiepiscopis, episcopis et aliis quibuscumque personnis, cujuscumque dignitatis, status, gradus, ordinis, vel conditionis fuerint, sub interminatione divini judicii ac excommunicationis sententia quam quecumque contrafacientem incurrere volumus, ipso facto, ne a dictis deputatis questoribus queiscumque occasione facti aut faciendi questas hujusmodi petere, exhigere vel recipere ad docendum de aliqua alia deputatione sine ecclesiasticorum prelatorum consensu ipsos coartare presumant. Non obstantibus omnibus hiis que ipsi predecessores in ipsis litteris non obstare voluerunt, necnon constitutionibus et ordinationibus apostolicis ceterisque contrariis quibuscumque, aut si aliquibus a dicta sit sede indultum quod interdici, suspendi vel excommunicari non possint per litteras apostolicas non facientes plenam et expressam ac de verbo ad verbum de indulto hujusmodi mentionem.

Sane quia difficile foret presentes litteras ad singula loca, in quibus de eis esset fortassis fides facienda, deffere, volumus et eadem apostolica auctoritate decernimus quod earum transumpto manu publica suscripto et alicujus ecclesiastice curie sigillo munito, tamquam prefatis nostris si originales exhiberentur litteris, plena fides in judicio et extra adhibeatur et perinde stetur ac si dicte originales littere forent exhibite vel ostense. Nulli ergo omnino hominum liceat hanc paginam nostre voluntatis, ordinationis,

---

(1) Le texte du Vatican porte : prefatorum deputate et sing. patriarchis.
(2) Sans les certificats et attestations qu'un évêque peut toujours exiger de ceux qu'il admet à l'office de prédicateur ou de quêteur.
(3) Probablement sans prestations pécuniaires.

ratificationis, approbationis, confirmationis, communionis, relaxationis, concessionis, inhibitionis et constitutionis infringere, vel ei ausu temerario contra ire; si quis autem hoc actemptare presumpserit, indignationem Omnipotentis Dei et Beatorum Petri et Pauli, apostolorum Ejus, se noverit incursurum. Datum Rome, apud Sanctum-Petrum, anno Incarnationis Dominice millesimo quadringentesimo quadragesimo octavo, septimo idus augusti, pontificatus nostri anno secundo.

Gratis, mandato domini nostri pape, H. Seustlebin. — P. de Noreto (1).

(Expédition originale sur parchemin mesurant 0m,50 de haut et 0m,66 de large, ovec sceau de plomb (Nicolaus. PP. V.) suspendu à des lacs de soie jaune et rouge.) (2)

LXXII. — 23 mars 1457.

Calixte III, qui avait précédemment annulé la Bulle de Nicolas V et confirmé celle d'Eugène III défavorable à l'Œuvre du Saint-Esprit, casse ses propres bulles et confirme les privilèges accordés par ses prédécesseurs à la maison de Saint-Saturnin-du-Port. — (N° 9, chap. 4.)

Calistus, episcopus, servus servorum Dei, ad perpetuam rei memoriam. Etsi cunctis ecclesiastici status personis et

---

(1) Dans le livre d'enregistrement du Vatican : *D. de Luca* au lieu de P. de Noreto.

(2) On trouve copie de cette bulle dans le *vidimus* de diverses bulles et des sentences exécutoriales du concile de Bâle (n° 4, chap. 4) et dans le *vidimus* des Bulles de Nicolas V, Calixte III et Adrien VI (n° 8, ch. 4.) Ces deux documents, seuls lisibles aujourd'hui, collationnés sur une copie tirée des archives du Vatican (Secretarium, tom. III, n° 387, fol. 289 et seq.), présentent le même texte que nous reproduisons, en entier, malgré ses longueurs. On y cherchera vainement « la nomenclature d'un grand nombre de ponts construits » par les associations de frères du pont. On n'y voit

locis, ne turbationum afficiantur incomodis, libenter intendamus, piis utique locis que, hospitalitatis gratia et pro recipiendis languidis et miserabilibus personis dedicata sunt, illorumque gubernatoribus et ministris, ut ipsi et bona eorum a perversorum conatibus preserventur, eo propensioribus debemus protectionis et deffensionis assistere presidiis quo ex eorum statu tranquillo majora pietatis et misericordie opera succedunt et uberiora Domino in servis suis impenduntur beneficia caritatis, illa omnia que in ipsorum hospitalium gubernatorum et ministrorum prejudicium emanarunt, ne ad graviorem tendant in noxiam revocando, et lites inde subortas extinguendo, prout cause rationabiles persuadent et id in Domino conspicimus salubriter expedire. Dudum siquidem felicis recordationis Eugenio, pape quarto, predecessori nostro, pro parte dilectorum filiorum tunc preceptoris et fratrum hospitalis S. Spiritus in Saxia de Urbe (1), ordinis S. Augustini, exposito quod aliqui sub falso et diverso habitu religionis viventes, pretextu litterarum ordinariorum locorum sive licentia ab eis extorta, et persertim in urbe et diocesi Uticensi ac nominatim in loco S. Saturnini de Portu dicte diocesis illisque partibus circumvicinis, fructus, redditus, oblationes, vota et legata ad usus pauperum, infirmorum et miserabilium personarum ad dictum hospitale confluentium, plene et debite converti ordinata exigere, levare, questare et ad alios profanos et proprios usus convertere non verebantur in hospitalis, locorum,

---

pas davantage que Nicolas V « règle differents détails d'ordre intérieur des maisons de pontifes et notamment le costume », comme le raconte M. Lenthéric dans *La vallée du Rhône et le Pont-Saint-Esprit*, aux *Mémoires de l'Académie de Nimes*, 1889, p. 75. Malgré la réserve que nous nous sommes imposée ci-dessus (page 113), le plagiat même dont nos diverses brochures ont été l'objet, nous fait un devoir de laisser à notre confrère l'entière responsabilité de son erreur.

(1) L'hopital du Saint-Esprit de Saxe à Rome, dont le différent avec l'Œuvre du Saint-Esprit de Saint-Saturnin du Port, au sujet des quêtes au delà des monts, fut reglé par le Concile de Bâle (V. ci-après Livre III, n° C.)

membrorum, pauperum, infirmorum et personarum predictorum damnum et prejudicium non modicum. Idem Eugenius, papa, predecessor, ex premissis et aliis causis, omnibus et singulis ordinariis, judicibus, subdelegatis, secularibus et regularibus, ordinum quorumcumque, ad quos hujusmodi sue littere pervenerint, per suas litteras, sub certis tunc expressis penis districte precipiendo, mandavit quathenus eisdem usurpatoribus, occupatoribus et presumptoribus ad questas super fructibus, redditibus, juribus, oblationibus et legatis, licentiam seu facultatem aut litteras minime concederent, seu illos ad questas ipsas admitterent, nullumque eis prestarent auxilium, consilium vel favorem, ac illis hujusmodi questas interdicerent, nec non eos, ad requisitionem preceptoris et fratrum predictorum, ad satisfactionem et restitutionem ablatorum hujusmodi compellerent, caperent et contra ipsos, prout juris foret, procederent et punirent remediis opportunis, invocato ad hoc, si foret opus, auxilio brachii secularis; quibus etiam ipse Eugenius, predecessor, sub pena excommunicationis, a qua preterquam in mortis articulo constituti absolvi nequirent, districtius inhibuit ne de perceptione fructuum, reddituum, oblationum, legatorum et bonorum hujusmodi ullatenus se intromitterent aut questarent, quovis quesito colore, seu etiam colligerent, decernens nichilominus fratres dicti hospitalis et personas per ipsum preceptorem deputatas et deputandas ad easdem questas admitti libere debere, eisque favoribus necessariis assistendum fore, necnon usurpatores hujusmodi in quacumque curia vel ecclesiastica vel seculari, etiam ultra et extra eorum civitates et loca alia, in quibus forsan similia, ut premittitur, perpetrassent, conveniri posse atque compelli.

Et deinde cum, sicut accepimus a dictis litteris seu earum et processuum forsan desuper habitorum exequtione, dilecti filii rectores, gubernatores, fratres, donati et servitores hospitalis pontis Sancti Spiritus loci S. Saturnini de Portu, dicte diocesis, ex premissis sentientes se nimium gravatos, appellassent et, causa appellationis hujusmodi ac principalis negocii in consilio Basiliensi, coram certis judicibus successive introducta, rectores, gubernatores et fratres hospitalis pontis S. Spiritus de Portu predicti tres definitivas, per quas dictis preceptori et fratribus hospitalis nostri perpetuum silentium impositum fuit, sententias reportaverunt, super illarum exequtione certis litteris ad nonnullos judices in forma solita impetratis (1); et postmodum pie memorie Nicolaus, papa quintus, etiam predecessor noster, de sedula hospitalitate in dicto hospitali pontis S. Spiritus de Portu actenus observata ac de diversis privilegiis et aliis, tam auctoritate apostolica quam alias illi concessis, sufficienter informatus, institutiones, ordinationes et statuta necnon congregationes ac diversa aliorum romanorum pontificum predecessorum nostrorum eis concessa privilegia, litteras, gratias et indulgentias per suas certi tenoris litteras confirmavit et approbavit, visitantibus quoque capellam ejusdem hospitalis pontis S. Spiritus de Portu, certis diebus tunc expressis, septem annos et totidem quadragenas de injunctis eis penitentiis misericorditer relaxavit, volens quod iidem rectores, gubernatores, fratres, servitores et donati habitum et signum quod usque tunc deferebant perpetuo gestarent.

Subsequenter, pro parte preceptoris et fratrum hospitalis nostri predictorum, Nobis exposito quod quidam cum habitu albo ac certo signo pontis et crucis desuper panno rubeo in pectore incedentes, et pro fratribus ejusdem hospitalis supra pontem Rodani juxta oppidum S. Saturnini de Portu predicte diocesis se gerentes, quasdam a prefato Nicolao, predecessore nostro, sub datam septimo idus augusti, pontificatus sui anno secundo, litteras, per quas idem Nicolaus, predecessor noster, inter cetera tam eorum institutiones, ordinationes et statuta et congregationes, quam diversa romanorum pontificum, predecessorum nostrorum, et aliorum pro talibus in suis obedienciis reputatorum, eis concessa privilegia, litteras, gratias et indulgentias ratificavit, approbavit et confirmavit, et etiam visitantibus

---

(1) Voir plus loin, livre III, sentences exécutoriales du Concile de Bâle.

certam eorum capellam in quibusdam diebus tunc expressis, septem annos et totidem quadragenas de injunctis eis penitentiis misericorditer relaxavit, volens quod habitum et signum hujusmodi perpetuo gestarent, indebite extorserant, ac illarum pretextu contra litteras prefati Eugenii predecessoris, de quibus in eisdem extortis litteris nulla mentio facta fuerat, temere venientes, nomine S. Spiritus, questas et elemosinas exigere ac in suos et eorum hospitalis hujusmodi usus convertere, nec non cum veris fratribus et religiosis ejusdem nostri hospitalis ac membrorum et locorum suorum de paritate ac etiam majoritate contendere non verebantur, in illusionem plurimorum fidelium, nec non pauperum et infirmorum in nostro hospitali aliisque membris et locis suis pro tempore degentium maximum prejudicium atque dampnum. Nos, prefatas litteras Eugenii, predecessoris, ac omnia et singula in eis contenta et inde sequta quecumque rata et grata habentes, illaque ex certa scientia innovantes et pleno firmitatis robore subsistere decernentes, alias vero ab eodem Nicolao emanatas litteras ex simili scientia revocantes, cassantes et annullantes, eisque, in judicio et extra, nullam prorsus fidem adhibendam fore seu adhiberi debere decernentes, venerabili fratri nostro episcopo Uticensis ejusque officialibus ac quibuscumque locorum ordinariis reliquisque judicibus ecclesiasticis ubilibet consistentibus, districte precipiendo, mandavimus ne personas et questuarios pro parte pontis et hospitalis de Portu seu capelle predictorum, necnon quoscumque alios usurpatores seu questores, sub eadem invocatione seu nominatione S. Spiritus, ad hujusmodi questas in eorum civitatibus et diocesibus atque locis reciperent quomodolibet vel dimiterent, nec eis prestarent auxilium, consilium vel favorem ; necnon districtius inhibentes eisdem personis et questuariis ne, sub invocatione seu nominatione S. Spiritus hujusmodi, easdem questas facere quoquomodo presumerent sub excommunicationis pena quam eo ipso contrafacientes incurrent, et a qua, preterquam in mortis articulo constituti, absolvi non possent (1); decernentes ex tunc ipsos inobedientes ad restitutionem illorum que, ut prefertur, exegissent, preceptoribus et fratribus dicti nostri hospitalis ac locorum et membrorum suorum, absque more dispendio, faciendam existere efficaciter obligatos, necnon irritum et inane quidquid secus, etiam pretextu dictarum litterarum revocatarum a quoquam, quavis auctoritate, scienter vel ignoranter, contingeret attemptari, prout in singulis litteris predictis plenius continetur. Postmodum vero, sicut etiam accepimus, prefati preceptor et fratres hospitalis nostri dictos rectores, gubernatores et fratres hospitalis pontis S. Spiritus de Portu impediverunt, prout impediunt, quominus jure faciendi questas pro eorum hospitali uti potuerint, illosque seu alios ab eis deputatos pro eo quod litteris ab Eugenio predecessore emanatis hujusmodi non paruerant, fecerunt excommunicationis sententiam incidisse declarari, ac eos excommunicatos publice nuntiari; propter que, cum dicti rectores et gubernatores, sentientes ex illis se gravari, ad sedem apostolicam appellassent, Nos de appellationis hujusmodi ac principalis negocii meritis sufficienter certificati, volentes ut absque litium ulterioribus anfractibus et partium dispendiis, hujusmodi cause brevi justicie ministerio sopirentur, dilecto filio nostro Guillermo, tituli S. Martini in Montibus, presbitero cardinali Rothomagensis, commisimus ut de hujusmodi meritis, partibus hinc inde auditis, se informaret ac allegata et deducta per partes ipsas coram ipso Nobis refferre curaret. Cum igitur allegatis et deductis per easdem partes coram ipso cardinali per eum diligenter recensitis et examinatis, ex relatione sua super hiis facta Nobis manifeste constitit modernum preceptorem dicti nostri hospitalis S. Spiritus in Saxia, coram eodem cardinali publice affirmasse dictum hospitale pontis S. Spiritus de Portu numquam fuisse nec esse sibi vel prefato hospitali nostro

---

(1) Cette excommunication était réservée au Pape et lui seul pouvait en absoudre, durant la vie. Les simples prêtres n'étaient admis à le faire que *in articulo mortis*.

in Saxia subjectum, et quod ipse preceptor dictas litteras revocatorias solummodo ea de causa habere procuravit, quia ad ejus pervenerat noticiam quod fratres dicti hospitalis pontis S. Spiritus de Portu, nomine hospitalis in Saxia de Urbe questas faciebant, quodque, re vera, fratres dicti hospitalis S. Spiritus de Portu sunt disparis habitus a fratribus ejusdem hospitalis S. Spiritus de Saxia, et quod ipsa hospitalia nichil commune inter se habent nec unum dependet ab alio.

Quare, pro parte carissimi in Xpo filii nostri Caroli, Francorum regis illustris, asserentis dictum hospitale pontis S. Spiritus de Portu per predecessores suos Francie reges fundatum fuisse, seque ad illud singularem devotionem habere, Nobis fuit humiliter supplicatum ut causas, premissorum occasione, forsan pendentes ad nos advocare et lites inde subortas extinguere, ipsiusque Nicolai revocatorias litteras revocare, necnon sententias et litteras hospitali pontis S. Spiritus de Portu, ut prefertur, concessas confirmare et approbare aliasque in premissis opportune providere de benignitate apostolica dignaremur. Nos igitur, attendentes relationem dicti cardinalis et quod littere ab Eugenio predecessore per dictum preceptorem hospitalis nostri S. Spiritus in Saxia extorte, per tres deffinitivas sentencias annullate fuerunt, ac idem Nicolaus predecessor antiqua privilegia ipsi hospitali S. Spiritus concessa confirmavit et approbavit, ac illi novam indulgentiam concessit, quodque, si Nos de premissis plenam noticiam habuissemus, predictas nostras litteras ipsi hospitali nostro S. Spiritus seu ejus perceptori et fratribus nequaquam concessissemus, et propterea, ex premissis et certis aliis legitimis et persuadentibus nobisque notis causis, ulteriorem questionis et contencionis materiam litumque anfractus, si que, premissorum occasione, inter partes ipsas jam fortassis suborte pendeant vel exoriri possent, in futurum prorsus adunare, et ut quisquis ex eis in juris sui terminis contentus, in alterius molestiam et vexationem contra justiciam nil attemptet, ac etiam ne elemosine, vota, oblationes et pia legata ad sustentationem pauperum erogata, in litibus et aliis usibus exponantur, ac Xpi fideles ab errogatione hujusmodi retrahantur, opportune providere volentes, prefati regis in hac parte supplicationibus inclinati, quascumque causas et lites proemissorum occasione, coram quibuscumque judicibus, quavis auctoritate pendentes, harum serie ad Nos advocamus ac lites ipsas penitus et omnino extinguimus ; nec non sentencias pro dictis rectoribus, gubernatoribus et fratribus hospitalis pontis S. Spiritus de Portu et contra preceptorem et fratres hospitalis in Saxia prefatos latas a Nicolao papa predecessore, in eorumdem gubernatorum, rectorum et fratrum hospitalis pontis S. Spiritus de Portu favorem, ut prefertur, emanatas, litteras predictas et inde sequta quecumque, auctoritate apostolica, tenore presentium et ex certa scientia confirmamus pariter et approbamus, supplentes omnes et singulos defectus, si qui forsan intervenerint in eisdem, ipsasque litteras cum omnibus et singulis in eis contentis clausulis valere ac vim et robur obtinere firmitatis decernimus et declaramus, ac in pristinum et integrum statum et vigorem reponimus ac etiam restituimus, illisque in judicio et extra volumus plenam fidem adhiberi debere in omnibus et per omnia, etiam perinde ac si littere nostre predicte nullatenus emanassent ; litteras vero a Nobis emanatas hujusmodi cum omnibus inde secutis, quatenus rectores, gubernatores et fratres ac alias personas hospitalis pontis S. Spiritus de Portu predictos, aut deputatos ab eis communiter vel divisim concernunt, ac illis in aliquo prejudicare comperiantur, auctoritate et scientia premissis, revocamus, cassamus et anullamus, nulliusque roboris vel momenti existere, ac illis in judicio et extra nullam prorsus fidem adhiberi debere etiam decernimus illasque de quibusvis registris cassari mandamus. Preceptori quoque et fratribus hospitalis in Saxia predictis vel aliis quibuscumque perpetuum silentium super hiis imponimus, nec non rectores, gubernatores, fratres et donatos hospitalis pontis S. Spiritus de Portu predictos et ab eis pro tempore deputatos ab excommunicatione et aliis sententiis, censuris et penis in ipsos, premissorum occasione et posteriorum nostrarum litterarum vigore, vel alias per quoscumque latis, inflictis et promulgatis absolvimus et absolutos fore censemus; ac volumus quod in posterum, perpetuis futuris temporibus, fratres dicti hospitalis pontis S. Spiritus de Portu, sub nomine hospitalis nostri in Saxia questas minime faciant nec habitum fratrum hospitalis nostri hujusmodi gestent ac e contra quod si secus facere presumpserint decernimus eos excommunicationis sentencie, ipso facto, subjacere. Decernentes etiam per quascumque litteras apostolicas, etiam a Nobis motu proprio et ex certa scientia de cetero emanandas, tenori presentium non posse nec debere quoquomodo derogari aut illarum effectus in aliquo perturbari ipsasque presentes litteras sub aliqua generali vel speciali revocatione non comprehendi nisi de predictarum sentenciarum ac presentium litterarum totis tenoribus de verbo ad verbum, cum earum insertione speciali, specifica et expressa, non autem per clausulas generales, mentio fiat et habeatur, et hujusmodi derogatio sive revocatio, motu proprio et ex certa scientia, de consilio venerabilium fratrum nostrorum et pro tempore existentium sancte Romane Ecclesie cardinalium, per litteras apostolicas, in quibus dicti cardinales propriis eorum manibus se subscribant, facta fuerit; ac ex nunc omnes et singulos processus, sententias, censuras et penas quos et quas contra tenorem presentium, in ipsos rectores, gubernatores et fratres dicti hospitalis pontis S. Spiritus de Portu, haberi vel promulgari, nec non totum et quicquid a quoquam, quavis auctoritate, scienter vel ignoranter, attemptari contigerit, irrita et inania nulliusque roboris vel momenti; et insuper, cupientes quod cedem nostre presentes littere plenum sortiantur effectum, venerabilibus fratribus nostris Uticensis et Olorensis (1) ac Auraicensis (2) episcopis per apostolica scripta mandamus, qua-

---

(1) Oloron, ch.-l. d'arrond. des Basses-Pyrénées, autrefois siège d'un évêché suffragant d'Auch.

(2) Orange, ch.-l. d'arr. du Vaucluse, autrefois siège d'un évêché suffragant d'Arles. Le diocèse d'Orange, séparé de celui d'Uzès par le Rhône, comprenait les îles qui enserraient, au levant, l'entrée du pont Saint-Esprit.

thenus ipsi vel duo aut unus eorum, **per se vel** per alium seu alios, premissa omnia et singula, ubi et quando expedire viderint, solemniter publicantes ac rectoribus, gubernatoribus et fratribus hospitalis S. Spiritus de Portu hujusmodi efficacis defensionis auxilio assistentes, non permittant eos vel aliquos ipsorum aut hospitale pontis predictum seu aliqua ejus membra per modernum vel pro tempore existentem procuratorem dicti nostri hospitalis illiusque fratres seu quoscumque alios, contra tenorem presentium, quomodolibet molestari aut eis injurias vel offensas aliquas irrogari, sed faciant ipsos rectores, gubernatores et fratres dicti hospitalis pontis S. Spiritus de Portu pacifice vota, legata et elemosinas percipiendi, ac questas hujusmodi faciendi possessione gaudere, molestatores et perturbatores, nec non contradictores quoslibet et rebelles, cujuscumque dignitatis, status, ordinis, preheminencie vel conditionis fuerint, per censuram ecclesiasticam ac privationem hospitalium preceptoriarum et officiorum et perpetue inhabilitatem ad illa vel similia obtinenda, necnon personales et pecuniarias ac alias formidabiliores de quibus eis videbitur penas, auctoritate apostolica, appellatione postposita, compescendo, invocato ad hoc, si opus fuerit, auxilio brachii secularis, non obstantibus felicis recordationis Bonifacii pape VIII, similiter predecessoris nostri, illis presertim quibus cavetur ne quis extra suam civitatem vel diocesim, nisi in certis exceptis casibus et in illis ultra unam dietam a fine sue diocesis evocetur, seu ne judices a sede deputati predicta, extra civitatem vel diocesim in quibus deputati fuerint, contra quoscumque procedere, sive alii vel aliis vices suas committere presumant, ac de duabus dietis in concilio generali, necnon de personis ultra certum numerum ad judicium non evocandis, et apostolicis aliis constitutionibus, privilegiis quoque ac statutis et consuetudinibus hospitalium et ordinis predictorum, etiam si de illis eorumque totis tenoribus specialis et expressa mentio habenda, ac juramento confirmatione apostolica vel quavis alia firmitate vallata forent, contrariis quibuscumque, aut si preceptori et fratribus hospitalis nostri hujusmodi, vel quibusvis aliis, communiter vel divisim, ab eadem sit sede indultum quod interdici, suspendi vel excommunicari, aut eorum hospitalibus seu beneficiis aut membris privari, aut extra vel ultra certa loca ad judicium evocari non possint, per litteras apostolicas non facientes plenam et expressam ac de verbo ad verbum de indulto hujusmodi ipsarumque personarum nominibus et cognominibus propriis mentionem, et qualibet alia dicte sedis indulgentia generali vel speciali, cujuscumque tenoris existat, per quam, presentibus non expressam vel totaliter non insertam, ipsorum episcoporum jurisdictionis explicatio, in hac parte, valeat quomodolibet impediri, ac de qua cujusque toto tenore habenda sit in nostris litteris mentio specialis; ceterum volumus et eadem auctoritate decernimus quod quilibet ipsorum episcoporum prosequi valeat articulum, etiam per alium incohatum, quamvis ipse incohans nullo fuerit impedimento legitimo detentus, quodque a data presentium sit eis et cuilibet ipsorum, in premissis omnibus et singulis ceptis et non ceptis, presentibus et futuris, perpetua potestas et jurisdictio attributa, ut, eo vigore eaque firmitate, possint in premissis omnibus et singulis, ceptis et non ceptis, et pro premissis procedere ac si premissa omnia et singula coram eis cepta fuissent, nec non ipsorum jurisdictio per citationem vel modum alium perpetuata legitime extitisset, constitutione super conservatoribus et alia qualibet in contrarium edita non obstante. Ceterum quia difficile foret presentes litteras ad singula in quibus ille necessarie forent loca transferre, volumus et earum auctoritate decernimus, quod illarum transumpto manu notarii publici subscripto et alicujus prelati sigillo munito, in judicio et extra, ea prorsus fides adhibeatur et illi stetur in omnibus et per omnia, sicuti staretur presentibus litteris, si forent exhibite vel ostense.

Nulli ergo... Datum Rome, apud S. Petrum, anno Incarnationis Dominice millesimo quadringentesimo quinquagesimo sexto, decimo kalendas aprilis, pontificatus nostri anno secundo. A. de Henrespoco. — M. Ferrarii (1).

(*Expédition originale sur parchemin mesurant* 0^m, 40 *de haut et* 0^m,73 *de large; lacs de soie jaune et rouge* ; *manque la bulle.*) (2)

LXXIII. — 23 décembre 1503.

Jules II confirme les privilèges accordés par ses prédécesseurs aux Frères du Saint-Esprit et met sous la sauvegarde du Saint-Siège les immunités et franchises à eux accordées par les séculiers. — (N° 4, chap. 4).

Julius, episcopus, servus servorum Dei (3), dilectis filiis rectore et fratibus hospitalis pontis Sancti Spiritus, Uticensis diocesis,... Cum a Nobis petitur quod justum est et honestum, tam vigor equitatis quam ordo exigit rationis ut id per solicitudinem officii nostri ad debitum perducatur effectum. Ea propter, dilecti in domino filii, vestris justis postulationibus grato concurrentes assensu, personas vestras et locum in quo sub communi vita degitis, sub beati Petri protectione suscepimus atque nostra, omnesque libertates et immunitates a predecessoribus nostris, romanis pontificibus, sive per privilegia vel alia indulta, vobis et hospitali vestro concessas, necnon et exemptiones secularium exactionum a regibus et principibus ac aliis Xpi fidelibus vobis et eidem hospitali ratio-

---

(1) Le livre d'enregistrement, au Vatican (secretarum, lib. VI, n° 459, fol. 234), collationné avec le texte ci-dessus, porte J. de Vulterris. A. de Hirpasco.

(2) Outre l'expédition originale, les archives de l'Œuvre renferment deux copies de ce document, dans les vidimus de 1523 et de 1539.

(3) Julien de la Rovère, élu pape en 1503, avait tenu le prieuré de Saint-Saturnin-du-Port en commande, depuis 1476 jusqu'à son élévation au souverain Pontificat. On verra, plus loin (livre IV, titre V), la transaction qu'il passa avec les recteurs de l'Œuvre du Saint-Esprit, à l'occasion de la pêche dans le Rhône et du four de la maison.

nabiliter indultas, specialiter autem decimas, primicias, census, fructus, proventus, agros, terras, possessiones,. vineas, prata, nemora, virgulta, jura, aliaque bona ad hospitale predictum spectancia, sicuti ea omnia juste et pacifice possidetis, vobis et per vos eidem hospitali, auctoritate apostolica, confirmamus et presentis scripti patrocinio communimus, salva, in predictis decimis, moderatione consilii generalis. Nulli ergo... Datum Rome, apud Sanctum-Petrum, anno Incarnationis Dominice millesimo quingentesimo tertio, decimo kalendas januarii, pontificatus nostri anno primo.

(Copie dans le vidimus de plusieurs bulles et des sentences exécutoriales du Concile de Bâle, dressé, le 17 novembre 1539, par G. Girard, official d'Avignon, en un rouleau de sept feuilles de parchemin, mesurant 4m, 40 de long et 0m, 60 de large).

LXXIV. — 5 novembre 1513.

Léon X met les frères et la maison du Saint-Esprit sous la protection du Saint-Siège et confirme les exemptions à eux accordées par les séculiers. — (N° 4, chap. 4).

Leo, episcopus, servus servorum Dei, dilectis filiis rectori et fratribus hospitalis pauperum pontis Sancti Spiritus,.... Sacrosancta Romana Ecclesia devotos et humiles filios, ex assuete pietatis officio, propensius diligere consuevit et, ne pravorum hominum molestiis et maliciis agitentur, eos, tamquam pia mater, sue protectionis munimine confovere. Ea propter, dilecti in domino filii,.... personas vestras et locum in quo sub commune vita degitis sub beati Petri protectione suscepimus atque nostra, omnesque libertates et immunitates.... vobis et hospitali vestro concessas, nec non libertates et exemptiones secularium... (*comme à la précédente*) confirmamus...... Datum Rome, apud S. Petrum, anno Incarnationis Dominice millesimo quingentesimo tertio decimo, nonis novembris, pontificatus nostri anno primo. Leo Valtrini.

(Copie dans le vidimus décrit ci-dessus).

LXXV. — 24 février 1520.

Léon X au doyen de l'église Saint-Pierre d'Avignon et aux officiaux de Viviers et d'Uzès, les chargeant de rendre pleine et entière justice au syndic et au collège des confrères du Saint-Esprit, tant sur la réception des confrères que sur les entreprises faites sur leurs biens.
— (N° 17, chap. 4).

Leo,.... dilectis filiis decano ecclesie S. Petri Avenionensis ac Uticensis et Vivariensis officialibus,.... Militanti Ecclesie, licet immeriti, disponente domino, presidentes circa curam ecclesiarum et ecclesiasticarum beneficiorum ac piorum locorum omnium nec non personarum in illis divinis laudibus assidue insistentium, solertia reddimur indefessa solliciti, ut, juxta debitum pastoralis officii, eorum occuramus dispendiis et profectibus, divina cooperante clementia, salubriter intendamus. Sane dilectorum filiorum rectoris clerici hospitalis pauperum, per unum clericum et tres laicos rectores conjunctim regi soliti, oppidi pontis S. Spiritus loci S. Saturnini de Portu, Uticensis diocesis, ac collegii confraternitatis clericorum confratrum nuncupatorum, in ecclesia dicti hospitalis institute, conquestione percepimus quod, licet ex antiqua et approbata ac ab immemorabili tempore citra pacifice observata consuetudine, ad rectorem clericum pro tempore et qui pro majori parte presbiteri existunt et sub uno similitudinario, non tamen regulari, habitu incedunt et in communi vivunt (1), horasque diurnas pariter et nocturnas ac missas

---

(1) L'habit blanc des prêtres du Pont avait cela de commun avec l'habit régulier que, le même pour tous, il était imposé par le pape (Voir les Bulles précédentes et les sentences exécutoriales du concile de Bâle) et donné avec certaines cérémonies (ibid. et pp. 100 et 121) mais ce n'était point un habit religieux proprement dit, parce que les prêtres de l'Œuvre

et alia divina officia in dicta ecclesia quotidie celebrant, aliasque inibi divinis sunt obsequiis mancipati collegium confraternitatis hujusmodi, non autem ad rectores laicos ejusdem hospitalis, qui in illo in temporalibus duntaxat administrant, clericorum qui pro tempore in dicta confraternitate recipiuntur receptio ac habitus per eosdem confratres gestari soliti, qui eis in eorum receptione exhibetur, exhibitio pertineat, tamen a paucis mensibus citra tunc, dicti hospitalis laici rectores certum clericum in confratrem ejusdem confraternitatis, preter et contra voluntatem ipsorum rectoris clerici et collegii receperunt ac habitum ante dictum sibi exibuerunt de facto (1); et tam ipsi rectores laici quam nonnuli archiepiscopi, episcopi, aliique ecclesie prelati et clerici ac ecclesiastice persone tam religiose quam seculares, nec non duces, marchiones, comites, barones, nobiles, milites et alii laici, commun. civitatum universitates, oppida, castra, villas et alios locos, ac alie singulares persone civitatum et diocesis ac aliarum partium diversarum occupaverunt et occupari fecerunt castra, villas et alia loca, terras, domos, possessiones, jura et jurisdictiones, nec non fructus, census, redditus et proventus collegii seu confraternitatis hujusmodi ac cameras, domos et habitationes eorumdem rectoris et confratrum et nonnula alia bona mobilia et immobilia, spiritualia et temporalia, ad collegium et confratres hujusmodi et eorum singulos spectantia et ea detinent indebite occupata seu ea detinentibus prestant auxilium, consilium vel favorem ; nonnuli etiam alii civitatis et

étaient de simples confrères. La démission de cet habit ne constituait donc pas une apostasie, comme pour les religieux ; aussi vit-on fréquemment des prêtres le quitter, puis le reprendre : André Vigier, sortit de la maison pour faire les pèlerinages de Rome, Lorette, Monserat, et fut de nouveau reçu en 1603 ; Jean Rouvier (ci-dess. p. 136), démissionnaire en 1615, après neuf ans de donation, revint en 1619 et demeura parmi les prêtres blancs jusqu'à sa mort (16 avril 1651) ; Marc Linty sortit en 1616 ; Antoine-Pierre Jullien se retira en 1623, rentra le 23 juin 1625 et abandonna, une deuxième fois, la confraternité en mai 1634 ; etc.

(1) Sans doute il s'agit, ici, de la réception d'Antoine Cabassut (n° XXXIII), faite différemment de celle de Pierre de Vars (n° XXXIX).

diocesis ac partium predictarum, qui nomen domini invanum recipere non formidant, eisdem collegio seu confratribus et eorum singulis super predictis receptione clericorum et exhibitione habitus ac cameris, domibus et habitationibus rectoris et rectorum confratrum predictorum, nec non castris, villis et locis aliisque terris, domibus possessionibus, juribus et jurisdictionibus, fructibus, censibus, redditibus et proventibus eorumdem ac quibuscumque aliis bonis mobilibus et immobilibus, spiritualibus et temporalibus, ad rectorem clericum et collegium clericorum hujusmodi ipsiusque collegii singulares personas, tam ratione suarum personarum quam collegii ac beneficiorum ecclesiasticorum, cum cura et sine cura, eisdem collegio seu confraternitati canonice unitorum et alias per rectorem et collegium clericorum ac collegii personnas hujusmodi, in dicta ecclesia et extra eam, in titulum et commendam ac alias obtentorum, spectantibus multiplices molestias ac injurias inferunt et jacturas.

Quare modernus rector clericus et collegium confraternum hujusmodi nobis humiliter supplicaverunt ut, cum eisdem valde reddatur difficile pro singulis querelis ad apostolicam sedem recursum habere, providere ipsis super hoc paterna diligencia curaremur.

Nos igitur adversus occupatores, detentores, presumptores, molestatores et injuriatores hujusmodi illo volentes et pro tempore rectori clerico et collegio clericorum ac collegii personnis hujusmodi remedio subvenire, per quod occupantium, presumptorum et aliorum predictorum compescatur temeritas et aliis aditus committendi similia precludatur, discretioni vestre per apostolica scripta mandamus quatenus vos, vel duo aut unus vestrum, per vos vel alium seu alios, etiam si sint extra loca in quibus deputati estis conservatores et judices, pro tempore rectori et collegio clericorum ac collegii personnis hujusmodi qui nunc sunt et pro tempore erunt efficacis defensionis presidio assistentes, non permittatis eisdem super hiis et quibuslibet aliis bonis et juribus ad rectorem et collegium clericum ac collegii personnas hujusmodi spectantibus, a predictis vel quibusvis aliis indebite molestari vel eis gravimina seu damna seu injurias irrogari, fieri dictis rectori clerico, collegio clericorum ac collegii personnis hujusmodi, cum ab eis vel procuratoribus suis fueritis requisiti, de predictis et aliis personnis quibuslibet super hujusmodi receptione clericorum, exhibitione habitus ac restitutione castrorum, villarum et locorum aliorum, jurisdictionum, jurium et bonorum mobilium et immobilium, redditus quoque et proventus ac aliorum quorumcumque bonorum, necnon de quibuslibet molestiis, injuriis atque damnis presentibus et futuris et in illis videlicet que judicialem requirunt indaginem, summarie et de plano, sine strepitu et figura judicii ; in aliis vero, prout qualitas eorum exegerit justitie complementum, occupatores seu detentores, presumptores, molestatores et injuriatores hujusmodi necnon contradictores quoslibet et rebelles, cujuscumque dignitatis, status, gradus, ordinis vel conditionis extiterint, quandocumque et quotiescumque expedierit, auctoritate nostra, per censuram ecclesiasticam, appellatione remota, compescendo, invocato etiam ad hoc, si opus fuerit, auxilio brachii secularis et nihilominus legitimis super hiis habendis servatis processibus, illos quos censuras et penas per vos propterea pro tempore latas incurisse constiterit, quoties opus fuerit, iteratis vicibus aggravare curetis.

Ceterum si per summariam informationem super hiis per vos habendam, etiam vobis constiterit quod ad loca, in quibus occupatores, detentores, molestatores et injuriatores hujusmodi ac alios quos presentes littere concernunt pro tempore morari contigerit, pro monitionibus ipsis et citationibus de eis faciendis tutus non pateat accessus seu eorum copia commode haberi non poterit, Nos vobis citationes et monitiones quaslibet, per edicta publica, locis affigenda publicis et partibus illis vicinis de quibus sit verisimilis conjectura quod ad notitiam citatorum et monitorum hujusmodi pervernire valeant faciendi plenam et liberam, tenore presentium, concedimus facultatem, ac volumus et predicta auctoritate decernimus quod monitiones et citationes hujusmodi perinde aretent ipsos monitos et citatos ac si eis personaliter intimate et insinuate extitissent, nonobstantibus tam felicis recordationis Bonifacii, pape octavi, predecessoris nostri, quibus cavetur ne quis extra suam civitatem et diocesim, nisi in certis exceptis casibus et in illis ultra unam dietam a fine sue diocesis ad judicium evocetur, seu ne judices et conservatores a sede apostolica deputati extra civitatem et diocesim in quibus deputati fuerint contra quoscumque procedere, seu alii vel aliis vices suas committere aut aliquos ultra unam dietam a fine diocesis eorumdem trahere presumant, ac de duabus dietis in concilio generali... seu quod de aliis quam manifestis injuriis et violentiis ac aliis que requirunt judicialem indaginem, penis in eos si secus egerint et in id procurantes adjectis, conservatores nullatenus se intromittant, quodque episcopi et archiepiscopi ac alii in dignitate ecclesiastica dumtaxat constituti in conservatores deputari possint, quam aliis quibuscumque constitutionibus a predecessoribus nostris romanis pontificibus tam de judicibus delegatis et conservatoribus quam personis ultra certum numerum ad judicium non vocandis aut alias editis, que vere possent in hac parte jurisdictioni aut potestati, ejusque libero exercitio quomodolibet obviare, aut si aliquibus, communibus vel divisim, ab eadem sit sede indultum quod excommunicari, suspendi vel interdici, seu extra vel ultra certa loca ad judicium evocari non possint, per litteras apostolicas non facientes plenam et expressam ac de verbo ad verbum de indulto hujusmodi, ac eorum personis locis, ordinibus et nominibus propriis mentionem et qualibet alia dicte sedis indulgentia generali vel speciali, cujuscumque tenoris existat, per quam presentibus non expressam vel totaliter non insertam, vestre jurisdictionis explicatio in hac parte valeat quomodolibet impediri, et de qua cujusque toto tenore, de verbo ad verbum, habenda sit in vestris litteris mentio specialis... decernimus quod quilibet vestrum valeat articulum etiam per alium incohatum..... quodque a datis presentium sit vobis et unicuique vestrum in premissis omnibus... perpetua potestas et jurisdictio attributa..... Datum Rome apud S. Petrum, anno Incarnationis Dominice millesimo quingentesimo decimo nono, sexto calendas Martis, pontificatus nostri anno septimo.

(Copie dans verbaux de réception et d'exécution, dressés par Charles Valserre, doyen de Saint-Pierre d'Avignon, et Barth. Bodonique, clerc de la même ville, les 6 et 10 fév. 1524, en un rouleau de parchemin, mesurant 0ᵐ,60 de haut et 0ᵐ,50 de large) (1).

LXXVI. — 10 novembre 1522

Adrien VI maintient les recteurs et frères de l'Œuvre du Saint-Esprit dans leurs privilèges et immunités. — (N° 4, ch. 4.)

Adrianus....., dilectis filiis rectori et fratibus hospitalis pauperum pontis S. Spiritus..., Sacrosancta Romana Ecclesia.....; personas vestras et locum, in quo sub communi vita degitis, sub beati Petri protectione suscepimus atque nostra, omnesque libertates et immunitates...... vobis et hospitali vestro rationabiliter indulta, specialiter autem decimas..., confirmamus... *(comme dessus, p. 212)*... Nulli ergo....., Datum Rome, apud S. Petrum, Anno Incarnationis Dominice millesimo quingentesimo vicesimo secundo, quarto idus novembris, pontificatus nostri anno primo.

(Copie dans le vidimus décrit ci-dessus, p. 213).

LXXVII. — 5 novembre 1525.

Clément VII maintient les recteurs et les frères de l'Œuvre du Saint-Esprit dans leurs privilèges et immunités. — (N° 4, chap. 4.)

Clemens... dilectis filiis rectori et fratribus hospitalis

---

(1) La copie de ce document fut affichée aux portes de Saint-Paul-Trois-Châteaux dont l'official avait fait emprisonner André Fombont, frère du Saint-Esprit (Voy. p. 122), qui procédait dans le diocèse à la quête annuelle au profit de l'Œuvre. Le Monitoire requiert l'élargissement du prisonnier sous peine d'excommunication.

pauperum pontis S. Spiritus,... Sacrosancta (*comme dessus* p. 213, n° LXXIV) personas vestras et locum in quo degitis sub beati Petri protectione suscepimus atque nostra, omnesque libertates et immunitates a predecessoribus nostris,... vobis ac in dicto vestro hospitali institute confraternitati, necnon eidem hospitali cujus administratio, ut asseritis, ad vos pertinet, concessas, necnon libertates et exemptiones secularium exactionum a regibus et principibus ac aliis Christi fidelibus vobis et confraternitati ac hospitali predictis rationabiliter indultas... specialiter autem decimas... proventus, questas, confratrias, et alia bona ad vos et hospitale et confraternitatem hujusmodi spectancia légitime, sicuti ea omnia juste et pacifice possidetis, vobis et per vos confraternitati et hospitali predictis, auctoritate apostolica, confirmamus..... Datum Rome, apud S.-Petrum, anno Incarnationis Dominice millesimo quingentesimo vigesimo quinto, nonis novembris, pontificatus nostri anno secundo.

(*Copie dans le vidimus, décrit p.* 213).

LXXVIII. — 10 Octobre 1535.

Paul III confirme les privilèges et immunités accordés aux recteurs et aux frères de l'Œuvre du S. Esprit. — (N° 4, chap. 4).

Paulus,.... dilectis filiis rectoribus et fratribus hospitalis pontis S. Spiritus, (*comme ci-dessus*, n° LXXVII). Datum Rome, apud S. Petrum, anno Incarnationis dominice millesimo quingentesimo trigesimo quinto, sexto idus octobris, pontificatus nostri anno primo. J. Cordellas. — J. de Valeriis.

(*Copie dans le vidimus, décrit p.* 213).

LXXIX. — 8 Janvier 1560.

Pie IV confirme les privilèges et immunités accordés par les papes, ses prédécesseurs, par les rois et les fidèles, aux recteurs et aux frères de l'Œuvre du S. Esprit. — (N° 21, chap. 4).

Pius,... dilectis filiis rectoribus et fratribus hospitalis S. Spiritus,... Sacrosanta.... Ea propter, dilecti in Domino filii,... personas vestras et locum in quo divino estis obsequio mancipati, cum omnibus bonis que in presentiarum rationabiliter possidetis et in futurum, justis modis, prestante Domino, poteritis adipisci, sub beati Petri protectione suscipimus atque nostra, omnes quoque libertates et immunitates a felicis recordationis Nicolas IIII, Clemente V, Benedicto XII, Gregorio XI, Clemente VI, Johanne XXIII, Martino V, Nicolao V, Paulo III et aliis predecessoribus nostris, romanis pontificibus, sive per privilegia et indulta, vobis et hospitali vestro ac in illo canonice institute confraternitati illiusque confratribus et benefactoribus communiter concessas, nec non libertates et exemptiones sœcularium exactionum a regibus et principibus ac aliis Christi fidelibus vestris et hospitali ac confraternitati nec non confratribus et benefactoribus prefatis in communi rationabiliter indultas, specialiter autem decimas,... confratrias et alia bona ad vos et hospitale ac confraternitatem hujusmodi etiam communiter spectancia, sicuti ea omnia juste et pacifice possidetis, vobis et per vos eisdem hospitali ac confraternitati, nec non confratribus et benefactoribus, auctoritate apostolica, confirmamus et presentis scripti patrocinio communimus... Datum Rome, apud S. Petrum, anno Incarnationis Dominice millesimo quingentesimo quinquagesimo nono, sexto idus januarii, pontificatus nostri anno primo (1).

(Original sur parchemin mesurant 0^m28 de haut et 0^m45 de large ; manque la bulle) (2).

(1) Si on observe que la plupart des bulles ci-dessus sont datées de la première ou de la deuxième année des pontificats, on conclura que, dès l'élection d'un pape, les frères du Saint-Esprit demandaient au Saint-Siège le renouvellement des faveurs précédemment obtenues, sans attendre que les titres antérieurs fussent périmés.

(2) Sous le n° 22 (chap. 4) de l'inventaire de 1754, est un vidimus de cette même bulle dressé, le 9 avril 1560 par Jean Nicolai, docteur en l'un et l'autre droit, d'Avignon ; sceau de plomb pendant à des lacs de soie verte.

LIVRE III.

Quêtes (1)

LXXX. — 6 avril 1294.

Sauvegarde et exemption de tous droits seigneuriaux accordées aux frères de l'Œuvre du Saint-Esprit par Humbert, dauphin de Viennois, et Anna, sa femme. — (N° 1, chap. 4).

Humbertus, delphinus Viennensis et Albonensis, comes et dominus de Turre (2), et Anna, delphina, ejus consors, necnon comitatuum comitissa et de Turre domina (3), dilectis fidelibusque eorum universis et singulis bayllivis, judicibus, castellanis, ministralibus, prepositis ac eorum

---

(1) Sous ce titre, ainsi qu'il est dit dans l'introduction, on trouvera les lettres patentes des rois et des seigneurs, les ordonnances et sentences épiscopales favorisant les quêtes au profit de l'Œuvre du Saint-Esprit. A ces documents, nous avons assimilé les sentences exécutoriales du Concile de Bâle, au lieu de les mêler aux bulles pontificales, dans le livre II réservé aux lettres apostoliques.

Les divers privilèges, dont il est question ici, étaient sans doute plus anciennement établis sur titres, mais un long usage, entre les mains des quêteurs, en amenant la perte ou la destruction, on dut les renouveler.

(2) Humbert I, de la maison de la Tour *du Pin*, gendre de Guigues VII (avant-dernier dauphin de la maison de Bourgogne qui substitua ses enfants, les uns aux autres, par décision testamentaire).

(3) Anne, fille de Guigues VII et de Beatrix de Savoie, succéda à son frère Jean Ier, en vertu des dernières volontés paternelles, et porta ainsi le Dauphiné dans la maison de la Tour, en 1281.

familiaribus universis, ad quos presentes littere pervenerint, tam in dicta terra de Turre quam in comitatibus constitutis, salutem et dilectionem karissimam et sinceram.

Vobis universis et singulis damus, per presentes patentes litteras, quod universos et singulos fratres pontis Sancti Spiritus de Sancto Saturnino, Uticensis diocesis, cum omnibus universis et singulis rebus, bonis suis ac familiaribus eorumdem, eundo, redeundo ac morando per totam terram nostram, tamquam res et bona nostra propria, guidetis, protegatis ab omnibus, ac etiam deffendatis et specialiter in helemosinis, in furninis et molendinis, eisdem fratribus ad opus pontis predicti dari a fidelibus consuetis perturbationem aliquam seu injuriam inferri seu fieri ab aliquo nullathenus permittatis vel offensam aliquam fieri in personis vel rebus aliis quibuscumque. Volumus etiam et eisdem fratribus, in perpetuum ex vera et mera liberalitate nostra, concedimus in remedium animarum nostrarum nostrorumque predecessorum, ne ipsi vel eorum nuntii aliquod pedagium, aliquam gabellam seu mercahantiam, vuitenum, leydam vel aliquod aliud usagium, per aquam vel per terram, in districtu seu jurisdictone nostra, pro aliquibus rebus quas ducent vel ducere facient ad opus fabrice pontis Sancti Spiritus, modo aliquo solvere teneantur; mandantes nichilominus et precipientes omnibus pedegiatoribus gabelle seu mercahantie levantibus, in terra nostra constitutis seu constituendis, ne de cetero, per se vel per alios, levent, exigent nec recipiant a dictis fratribus vel eorum nuntiis, aliquod pedagium, mercahantiam seu gabellam, vel usagium, de rebus quibuscumque que pertinent vel pertinere possint aut debeant ad fabricam pontis supradicti; et ad predicta solvenda et prestanda predictos fratres et nuncios et eorum familiam, per aquam et per terram nostram, pro nobis et nostris, franchimus et totaliter liberamus. In quorum omnium robur, fidem et testimonium, nos, prefati delphinus et delphina, sigilla nostra presentibus litteris duximus apponenda. Acta et data sunt hec in insula subtus terris Viennensis (1), anno Domini millesimo CC° nonagesimo tertio, VII° mensis aprilis.

(Copie dans Vidimus de diverses chartes, dressé en 1434 par le prévôt de l'église Saint-Marc de Forcalquier, diocèse de Sisteron, mesurant 1m, 10 de haut et 0m, 60 de large. Sceau ovale pendant).

LXXXI. — 12 octobre 1301.

Lettres du bailli de la terre de la Tour confirmant les précédentes. — (N° 1, chap. 4).

Nos, Odo Berardi, miles, baillivus in terra de Turre pro illustri viro domino Humberto... notum facimus universis, presentes litteras inspecturis, quod cum illustris vir dominus noster et illustris Anna, delphina, ejus consors... omnibus et singulis baillivis...... dederint in mandatis per ipsos eorum litteras quathenus universos et singulos fratres pontis S. Spiritus de S. Saturnino, cum omnibus universis et singulis rebus et bonis suis et familiaribus eorumdem, eundo, redeundo ac morando per totam terram suam tamquam res et bona sua propria guident, protegant... franchiverunt et totaliter liberaverunt, dolo et fraude cessantibus in premissis et jure alterius semper salvo, presens mandatum suum fideliter exequentes secundum premissa donec aliud ab eis receperint in mandatis, prout in litteris suis et eorum sigillis sigillatis plenius vidimus contineri. Ex parte dicti domini nostri delphini et nostra, vobis omnibus castellanis, ministralibus, familiaribus et aliis subditis dicti domini nostri in terra de Turre constitutis precipiendo, mandamus quathenus mandata et precepta predicti domini nostri et domine nostre, prout superius sunt expressa, exequtare de mandatis faciatis et totaliter observetis.

---

(1) L'Ile-sous-Vienne où se trouvait un prieuré favorisé d'une bulle d'Adrien IV, en 1157 (U. Chevalier, *cartulaire de Saint-André-le-Bas*. Vienne, 1869).

Datum cum appositione sigilli nostri, III idus octobris, anno Domini millesimo CCC° primo.

(Copie dans Vidimus décrit ci-dessus p. 225.)

LXXXII. — 4 juin 1308.

Lettres-patentes du roi Philippe le Bel ordonnant au sénéchal de Beaucaire de veiller sur l'Œuvre du Saint-Esprit.— (N° 9, ch. 2.)

Philippus Dei gratia Francorum rex, senescallo Bellicadri aut ejus locumtenenti, salutem. Mandamus vobis quatenus rectores oratorii et operis Sancti Spiritus ab omnibus violentiis, injuriis, oppressionibus et indebitis novitatibus defendatis, non permittentes ipsis rectoribus aut aliis curam habentibus operis dicti pontis aliquas fieri vel inferri injurias, oppressiones vel indebitas novitates et, si necesse fuerit et videritis expedire eisdem, aliquem servientem fidelem et idoneum deputetis qui ipsos custodiat et a premissis defendat. Actum Pictavie (1) quarta die Junii, anno Domini millesimo trecentesimo octavo.

(Copie collationnée sur l'original, en 1650 ; feuillet de papier.)

LXXXIII. — 29 mars 1314.

Sauvegarde et franchises accordées aux frères du Saint-Esprit, par Alix de Poitiers, veuve du seigneur d'Annonay et Rossillon. — (N° 1, chap. 4.)

Alisia de Pictavia (2), relicta domini Rossillonis et Anno-

---

(1) Poitiers, chef-lieu du département de la Haute-Vienne.

(2) Alix de Poitiers, de la famille des comtes de Valentinois auxquels Raymond V, venu à Saint-Saturnin-du-Port, en 1189, céda tous les droits féodaux que la maison de Toulouse possédait dans la région située entre l'Isère, le Rhône et la Durance, par acte passé au prieuré de Saint-Pierre.

niacique, domina dictorum locorum, dilectis fidelibusque eorum universis et singulis baillivis, judicibus, castellanis, magistralibus, prepositis ac eorum locatenentibus et familiaribus, ad quos presentes littere pervenerint, in terra et jurisdictione nostra constitutis, salutem et dilectionem sinceram. Vobis, universis et singulis, damus per presentes patentes litteras in mandatis quathenus universos et singulos fratres pontis S. Spiritus de Sancto Saturnino, Uticensis diocesis, cum omnibus et singulis rebus et bonis suis ac familiaribus eorum eundo ac morando per totam terram nostram, tamquam res et bona nostra gardetis...; et eisdem fratribus, in perpetuum ex pura et mera liberalitate nostra, concedimus, in remedium animarum nostrarum nostrorumque predecessorum, ut ipsi vel eorum nuntii, aliquod pedagium, aliquam gabellam seu mercantiam, vuitenum, leydam vel aliquod aliud usagium per aquam nec per terram, in districtu seu juridictione nostra et specialiter in villa nostra et mandamento nostro Annoiaci pro aliquibus rebus quas ducent seu duci facient ad opus fabrice pontis S. Spiritus, non aliqua solvere teneantur; mandantes nihilominus et precipientes omnibus pedegiatoribus gabelle seu mercahentie levantibus in terra nostra constitutis et constituendis ne de cetero, per se vel per alios, levent, exigent nec recipient a dictis fratribus vel eorum nunciis aliquod pedagium, leydam bladorum et liguminum, mercahantiam seu gabellam vel usagium de quibuscumque rebus que pertinent vel pertinere possint aut debeant ad fabricam pontis supradicti; et ad predicta solvenda et prestanda predictos fratres et nuncios corumdem, per aquam et per terram nostram et specialiter per castrum nostrum Annoniaci et ejus mandamentum, pro nobis et nostris, franchimus et totaliter liberamus. In quorum omnium testimonium, robur et fidem, nos, prefata Alisia, sigillum nostrum proprium presentibus litteris duximus apponendum. Datum et actum apud (..)thenassium, die veneris ante ramos palmarum, anno Domini millesimo CCC° XIII°.

(*Copie dans Vidimus décrit ci-dessus, p. 225*).

LXXXIV. — Mars 1321.

Sauvegarde et franchise accordées aux frères du Saint-Esprit par Aymar, seigneur de Rossillon et d'Annonay, qui confirme les privilèges concédés par son père Artaud. — (N° 1, chap. 4).

Aymarus, dominus Rossillonis (1) et Annoniaci... baillivis, judicibus, castellanis, prepositis, bedellis, familiaribus et ministralibus quibuscumque.... Cum carrissimus dominus et pater noster bone memorie dominus Arth. (2), dominus Rossillonis et Annoniaci quondam, dederit et concesserit, dum vivebat in humanis, ut omnes universi et singuli fratres pontis S. Spiritus de S. Saturnino de Portu... per totam terram nostram ac baroniam, tanquam res et bona nostra propria protegerentur... prout vobis, per quamdam litteram sigillo dicti domini patris nostri, bone memorie, sigillatam, extitit plenarie fides (3). Nos vero, predecessorum nostrorum vestigia sequi cupientes, litteram per dictum dominum nostrum propriam dictis fratribus concessam et directam nomine dicti pontis S. Spiritus notificamus ac tenore presentium confirmamus prout littera antiqua dictorum fratrum pontis videbitis contineri. Volentes et dictis fratribus in perpetuum, ex vera seu mera liberalitate, concedentes ut ipsi et eorum nuntii et familiares nullathenus aliquod pedagium, gabellam... *(comme ci-*

---

(1) Aymar de Roussillon, seigneur d'Anjou (descendant de Girard de R., comte de Vienne sous Lothaire; et d'autre Girard, chef des croisés viennois, en 1096), combattit à Crecy. Il était fils d'Alix de Poitiers et d'Artaud de R.

(2) Artaud de R., IV° du nom, suivit l'empereur Albert en Italie, en 1309.

(3) La perte de ce document que ne mentionnent ni les inventaires ni aucun autre document des Archives de l'Œuvre, confirme l'observation faite p. 223, note 1.

dessus, p. 227), in districtu seu jurisdictione nostre baronie, pro aliquibus rebus... In cujus rei memoriam nos, Aymarus, dominus Rossillonis et Annoniaci, presentem litteram fecimus sigilli nostri confirmatione roborari. Datum die martis, in festo beate Catharine, Virginis (1), anno Domini millesimo CCC° vicesimo.

(*Copie dans Vidimus décrit ci-dessus*, p. 225).

LXXXV. — 21 juin 1321.

Sauvegarde et franchise accordées aux frères du Saint-Esprit par Henri, régent du Dauphiné. — N° 2, chap. 4).

Nos, Henricus, dalphini..... electus regensque Dalphinatum (2), notum facimus universis et vobis omnibus et singulis baillivis..... tam in dicta terra de Turre quam in comitatibus constitutis..... vobis universis damus per presentes in mandatis quathenus universos et singulos fratres pontis S. Spiritus de S. Saturnino de Portu..... guidetis, protegatis ab omnibus ac etiam deffendatis.... *(Comme ci-dessus, p. 224)*. Datum XXI° die mensis junii, anno Domini M° CCC° XXI°.

(*Copie dans Vidimus donné par Jean de Dailhon, ci-après, à la date 1479*).

---

(1) Dans le martyrologe actuel, deux saintes Catherine figurent en mars, sainte Catherine de Bologne et sainte Catherine de Suède, l'une et l'autre nées postérieurement à la date ci-dessus. S'agirait-il de sainte Catherine d'Alexandrie dont le culte était fort répandu dans la vallée du Rhône, aux XIV° et XV° siècles? (V. *Chartreuse de Valbonne*, p. 60 et *Notes et documents*, p. 15) ; mais la fête de cette sainte se célèbre le 25 novembre.

(2) Il s'agit, sans doute, d'Henri de Villars, plus tard archevêque de Lyon, qui resta gouverneur du Dauphiné jusqu'après la réunion de cette province à la France.

LXXXVI. — 13 février 1327.

Sauvegarde et franchise accordées aux frères et quêteurs de l'Œuvre du Saint Esprit par Guichard, seigneur de la Roche. — (N° 1, chap. 4).

Guichardus de Clariac, dominus de Ruppe (1), dilecto pedagiorio de Ruppe (1), vel ejus locumtenenti necnon omnibus aliis subditis nostris.... Vobis et vestrum cuilibet mandamus quathenus, cum fratres sive questores operis S. Spiritus et hospitalis ejusdem per loca et districtus nostros vobis commissos transitum fecerint, ipsos transire et habere cum quibuscumque bonis dicti pontis et hospitalis, absque exactione leude, pedagii seu gabelle libere transire permittatis et ipsis favorem, auxilium et juvamen, ob honorem S. Spiritus, impendatis, ipsos etiam, si necesse fuerit, ab omni violentia et injuria defendatis. In cujus rei testimonium sigillum nostrum hiis litteris presentibus duximus apponendum. Datum Avenioni, die XIII februarii, anno Domini M° CCC° vicesimo sexto.

(Copie dans Vidimus décrit ci-dessus, p. 225).

---

(1) Guichard de Clérieu, dernier seigneur de la Roche de Glun, fils de Roger III et de Marguerite de Poitiers.

(1) Joinville raconte qu'un Roger de Clérieu ayant établi, sur le Rhône, un péage qui contrariait les croisés, Louis IX mit le siège devant le château de la Roche et s'en empara. On doit penser que le saint roi ne supprima pas le péage de son vassal, mais le réglementa, puisqu'il subsistait régulièrement 78 ans plus tard.

LXXXVII. — 30 avril 1328.

Sauvegarde et franchises accordées aux frères du Saint-Esprit par Hugues, seigneur de Montélimar. — (N° 1, chap. 4).

Nos, Hugo Adhemaris (1), dominus Montilii (2) et Garde (3), universis et singulis baillivis..... Tenore presentium precipimus et mandamus quathenus omnes et singulos fratres pontis et hospitalis S. Spiritus de S. Saturnino, cum omnibus rebus ac bonis suis et familiaribus eorumdem eundo, redeundo per totam terram nostram protegatis ab omnibus, et etiam deffendatis, nec pro aliquibus rebus suis, quas ducent seu duci facient per terram sive aquam per districtibus sive jurisdictionibus nostris, aliquod pedagium exigatis, nec exigi faciatis, nec permitattis, dum tamen certificati fueritis quod res, quas ducent, sint pro suis usibus vel ad opus fabrice pontis memorati. Datum in domo nostra Campi-medii (4), ultima mensis aprilis, cum appositione sigilli nostri in testimonium premissorum, anno ab Incarnatione Domini mill° tricent° vicesimo octavo.

(Copie dans Vidimus ci-dessus p. 225).

(1) Hugues ou Hugonet Adhémar, fils de Hugues et de Mabile du Puy, fiancé en 1280, à Sibile, fille d'Aymar de Poitiers, comte de Valentinois (baron de Coston, *hist. de Montélimar*, t. I, p. 186).
(2) Montélimar, chef-lieu d'arrondissement (Drôme).
(3) La Garde, canton de Pierrelatte (Drôme).
(4) Lieu-dit, à la Garde Adhémar (Drôme), où Hugues Adhémar, testa le 11 janvier 1334 (L'abbé C-U-J. Chevalier, *Cartulaire municip. de la ville de Montélimar*, Montélimar, Bourron, 1871).

LXXXVIII. — 9 avril 1330.

Sauvegarde et franchises accordées aux recteurs de l'Œuvre du Saint-Esprit par Louis de Savoie, seigneur de Vaus. — (N° 1, chap 4).

Ludovicus de Sabaudia, miles, dominus de Vaus (1), dilectis et fidelibus nostris baillivis, castellanis, bajulis, prepositis, vicariis, pedagiatoribus leydarum et aliis quibuscumque justiciariis et receptoribus nostris... Vobis mandamus quathenus rectores operis pontis et hospitalis S. Spiritus de S. Saturnino de Portu, Uticensis diocesis, omnes et singulos fratres, familiares et nuncios pontis et hospitalis predictorum ac procuratores quoscumque rectorum predictorum, cum per passus aque et terre nostre transitum fecerint, una cum radellis et fustis et rebus dicti pontis, transire libere et sine exactione pedagii, costume, leude vel gabelle, et absque injuria, molestia et impedimento quibuscumque, eundo, stando et redeundo permittatis, sicut bona nostra propria, graciose, quia ita nobis placet fieri et volumus propter specialem affectionem quam gerimus erga dictum opus gloriosissimum dicti pontis ; mandantes nihilominus et precipientes vobis et vestrum cuilibet quathenus dictos rectores, fratres, familiares ac procuratores dicti pontis... in tota terra nostra et aqua juvetis et eisdem auxilium et juvamen. Presentes litteras valere volumus perpetuo et teneri per nos et successores nostros et de hiis omnibus concedimus fieri dictis rectoribus publicum instrumentum, in quorum testimonium sigillum nostrum magnum hiis presentibus duximus litteris appendendum.

Datum et actum apud Sanctum Saturninum de Portu, die nona mensis aprilis, anno Domini M° CCC° XXX°.

---

(1) Louis II, baron de Vaud, Bugey et Valromey, de 1302 à 1350.

Testibus ad hec specialiter vocatis, nobilibus viris dominis Johanne Ucherii et Jacobo de Paraban, militibus, et magistro Andrea de Matiscone, Michaele Calamelli et me Pontio Nasari de Sancto Saturnino, notario publico, qui predicta scripsi de voluntate dicti domini Ludovici et signum meum solitum apposui in testimonium premissorum.

(Copie dans Vidimus ci-dessus décrit p. 225).

LXXXIX. — 28 août 1334.

Sauvegarde et franchises accordées aux frères du Saint-Esprit par Humbert, dauphin de Viennois, comte de Vienne et d'Albon. — (N° 2, chap. 4).

Nos, Humbertus (1), dalphinus Viennensis, comes Vienne et Albonensis dominusque de Turre, universis et singulis baillivis... Vobis universis et singulis damus per presentes litteras in mandatis quathenus universos et singulos fratres pontis S. Spiritus de S. Saturnino, Uticensis diocesis, cum omnibus et suis rebus (*comme précédemment* p. 224). Predictos fratres et nuncios et familiares eorumdem per terram et per aquam in districtu nostro, pro nobis et nostris, franchimus et totaliter liberamus, dolo et fraude cessantibus in premissis, jure alterius salvo semper, presens mandatum nostrum fideliter exequentes secundum premissa donec aliud nobis reciperitis in mandatis.

Datum et actum Avenioni per Amblardum de Bellomonte, die vicesima octava mensis Augusti, anno Domini M° CCC° XXXIIII°.

(Copie dans Vidimus ci-après décrit à la date 1479).

(1) Humbert II, petit-fils d'Humbert I, régna sur le Dauphiné de 1333 à 1343. Le 23 avril de cette dernière année, il céda ses états à la France par un traité signé à Villeneuve-les-Avignon, entra ensuite dans les ordres et mourut en 1349.

XC. — 25 juillet 1365.

Franchises accordées aux frères du Saint-Esprit par Louis duc d'Anjou, lieutenant du roi en Languedoc. — (N° 1, chap. 4).

Ludovicus (1), regis Francie quondam filius, Domini nostri regis germanus ejusque locumtenens in partibus occitanis, dux Andegavensis et comes Cenomanensis, senescallo Bellicadri et Nemausi, vicario S. Saturnini de Portu ac quibuscumque aliis receptoribus seu deputatis vel deputandis ad levandum impositiones seu subsidia aut gabellas in dicta senescallia vel eorum locatenentibus, salutem. Ad supplicationem fratrum hospitalis S. Spiritus dicte ville S. Saturnini, dicentium quod cum ipsi sunt mandicantes et non habeant unde vivere, nec proprium nisi de elemosinis eisdem intuitu pietatis factis ac datis seu donandis, nos, consideratis premissis, de gratia speciali, concessimus et concedimus per presentes eisdem fratribus ne gabellam, impositionem aut aliquam aliam redibentiam de bonis elemosinarum sibi factarum aut faciendarum ullatenus solvere teneantur. Mandantes vobis et vestrum cuilibet, ad quos pertinet, quathenus predictos supplicantes nostra presenti gratia uti et gaudere de cetero faciatis et permittatis, facta in contrarium ad statum pristinum et debitum reducentes.

Datum apud Villam-novam prope Avenione (2), die XXV julii, anno Domini mill° CCC° LX quinto.

(1) *Copie dans Vidimus décrit ci-dessus*, p. 225).

---

(1) Fils du roi Jean, Louis, duc d'Anjou et comte du Maine, fut roi de Naples. Son fils Louis II fonda, dans l'église du Saint-Esprit, la messe quotidienne dite des rois de Sicile. (Ci-après livre IV, titre VIII).

(2) Villeneuve-les-Avignon, chef-lieu de canton (Gard).

XCI. — 17 juin 1388.

Sauvegarde et franchises accordées aux frères du Saint-Esprit par Raymond des Baux, prince d'Orange. — (N° 1, chap. 4.)

Nos, Raymundus de Baucio (1), Dei gratia princeps Auraicensis, universis et singulis baillivis... Tenore presentium precipimus et mandamus quathenus omnes et singulos fratres pontis et hospitalis S. Spiritus de S. Saturnino de Portu, cum omnibus bonis suis... (*comme ci-dessus p. 230*) dum tamen certificati fueritis, ad plenum, quod res hujusmodi sint pro suis usibus vel ad opus fabrice et hospitalis predicti. Datum in dicto loco S. Saturnini, sub sigillo nostro proprio, die XVII junii, anno Domini M° CCC° octuagesimo octavo.

(*Copie dans Vidimus décrit ci-dessus, p. 225*).

XCII. — 26 septembre 1388.

Confirmation des précédentes lettres, en faveur des frères du Saint-Esprit, par Jean duc de Berri et d'Auvergne, lieutenant du roi dans les provinces de Languedoc et d'Aquitaine. — (N° 1, chap. 4).

Johannes, regis quondam Francorum filius, Biturie et Alvernie dux ac comes Pictavie (2), domini nostri regis

---

(1) Raymond IV, fils de Raymond III. Sa fille Marie porta la principauté d'Orange dans la famille de Châlons en 1393.

(2) Jehan, comte de Poitiers, duc de Berri et d'Auvergne, dont il est parlé dans *La guerre autour du Pont-Saint-Esprit*, p. 13, 37 et suivantes, du tirage à part, et dans *mém. de l'Acad. de Vaucluse*, T. IX, Avignon, Seguin, 1890, p. 108, 241 et suiv.

in eisdem et occitanis partibus totoque ducatu Aquitanie locumtenens, senescallo Bellicadri et Nemausi, vicario S. Saturnini de Portu..... Litteras carissimi germani nostri, Ludovici, dudum ducis Andegavensis et Turonensis, comitis Cenomanensis, defuncti domini nostri Karoli Francorum regis germani, quorum animabus Deus pareat, ac ipsius domini mei regis pro tunc locumtenentis in eisdem partibus occitanis, nobis per fratres hospitalis S. Spiritus ville S. Saturnini litteras exhibitas, sanas et integras, ipsius germani nostri sigillo magno sigillatas, noveritis nos vidisse, formam que sequitur continentes. (*V. ci-dessus*, p. 233). Quiquidem fratres nobis humiliter supplicaverunt quathenus eisdem velimus graciam consimilem impertiri ; quocirca nos, contentis in presentibus litteris consideratis, ex nostra speciali gracia, auctoritateque regia, qua fungimur in hac parte, prefatis supplicantibus ne de cetero gabellam, impositionem aut aliquam aliam redibentiam de bonis elemosinarum eisdem factarum ac faciendarum aliqualiter solvere teneantur, concessimus et concedimus per presentes, modo et forma quibus idem germanus noster eisdem concesserat prout in presentibus litteris latius continetur. Quocirca vobis et vestrum cuilibet damus quathenus supplicantes predictis, nostra presenti gratia uti et gaudere deinceps faciatis et permittatis, nil in contrarium attemptantes, attemptata et attemptanda, si que sint aut fuerint, ad statum pristinum et debitum redduccentes aut redduci facientes.

Datum Parisius, sub sigillo nostro magno, XVI die septembris, anno Domini mill° CCC° octogesimo octavo. Per dominum ducem ad relationem consilii. Pagerant.

(*Copie dans Vidimus décrit ci-dessus p*. 225).

XCIII. — 26 avril 1392.

Lettres-patentes du roi Charles VI ordonnant au sénéchal de Beaucaire de prendre sous la sauvegarde royale l'Œuvre du Saint-Esprit et d'arborer les panonceaux royaux sur les maisons de son domaine. — (N° 1, chap. 4.)

Karolus, Dei gratia Francorum rex, senescallo Bellicadri ceterisque justiciariis nostris vel eorum locatenentibus, salutem. Ad supplicationem rectorum et fratrum hospitalis pontis S. Spiritus loci S. Saturnini de Portu dicte senescallie, Uticensis diocesis, asserentes, ex certis et verissimilibus conjecturis, sibi timere personis, mandamus vobis et vestrum cuilibet pertinet quathenus dictos supplicantes, quos una cum familia, juribus, rebus, possessionibus et bonis suis universis in et sub protectione et salva ac speciali gardia nostris ad suorum jurium conservationem duntaxat suscipimus et ponimus per presentes, in suis justis possessionibus, juribus, usibus, franchisiis et saisinis, in quibus ipsos esse suosque predecessores fuisse pacifice ab antiquo inveneritis, manutencatis et conservetis et de personis de quibus assecuramentum exigere voluerint eisdem, secundum patrie consuetudinem, bonum et legitimum prestari et ab omnibus injuriis, violentiis, gravaminibus, oppressionibus, molestationibus, vi armorum, potentia laycorum ac inquietationibus et novitatibus indebitis quibuscumque deffendatis aut deffendi faciatis, non permittentes contra ipsos supplicantes eorumque familiam, res, possessiones et bona, aliquas fieri vel inferri injurias aut novitates ; quas si factas esse vel fuisse, in dicte salvagardie nostre et dictorum supplicantium prejudicium, inveneritis, ad statum pristinum et debitum reducatis aut reduci faciatis indilate. Et nobis factam salvam gardiam nostram in locis et personis ubi et prout expedierit publicari et in signum hujusmodi salvegardie nostre penuncellos seu batulos nostros in et super locis, domibus, maneriis, terris, possessionibus et bonis quibuscumque dictorum supplicantium in terra que jure scripto regitur situatis, et alibi in casu eminentis periculi, apponi faciatis (1) ; inhibendo seu inhiberi faciendo, ex parte nostra, omnibus personnis de quibus fueritis requisiti, sub certis et magnis penis nobis applicandis, ne dictis supplicantibus eorumque familie juribus, rebus, possessionibus et bonis universis aliqualiter fore facere presumant et pro premissis exequendis unum vel plures servientes nostros eisdem suis sumptibus deputatis, si super hoc fueritis requisiti, qui tamen de hiis que cause cognitionem exigunt, se nullatenus intromittant.

Datum Parisius, die XXVI aprilis, anno Domini M° CCC° nonagesimo primo et regni nostri undecimo.

(Copie dans Vidimus décrit ci-dessus, p. 225).

XCIV. — mars 1393.

Vidimus des lettres d'Humbert I, donné par les gouverneurs du Dauphiné qui enjoignent à tous officiers du pays d'en maintenir l'exécution. — (N° 2, chap. 4).

Jacobus de Montemauro, cambellanus domini nostri Francorum regis, gubernator dalphinatus Viennensis (2), presentibus et futuris quibus presentes pervenerint......... Litteras domini Rodolphi, quondam domini de Lampeyro (3), gubernatoris dicti dalphinatus pro excellen-

---

(1) Les armes de France surmontées de la couronne royale, ouverte, surmontaient la grande porte d'entrée de la maison du roi (V. p. 130, l'origine probable de cette dénomination); ces mêmes armoiries, ayant deux salamandres pour support, subsistent au-dessus de la porte de la ferme de Mélinas ; les deux constructions sont de l'époque de François Ier.

(2) Jacques de Montmaur, gouverneur du Dauphiné, pour le roi, de 1391 à 1399.

(3) Guy Allard l'appelle Raoul de la Loupe, seigneur de Longuie; M. de Coston, dans ses notes manuscrites, le nomme R. de Louppy.

tissimo principe bone memorie domino Karolo, Dei gratia Francorum rege, in quibus quedam alie littere bone memorie Humberti, dalphini Viennensis et Albonis comitis dominique de Turre, erant inserte, nobis exhibitas et oblatas inspeximus et vidimus; quarumquidem litterarum tenor per ordinem sequitur et est talis :

Rodulphus, dominus de Lampeyro, gubernator dalphinatus pro excellentissimo principe domino Karolo, Dei gratia Francorum rege, dalphino Viennensis....., litteras bone memorie domini Humberti..... vidimus formam que sequitur continentes : Nos, Humbertus (*comme ci-dessus, p. 223*). Quarum vigore litterarum et contentorum in eisdem vobis et vestrum cuilibet precipimus et mandamus quathenus presentes litteras et contenta in eisdem, de puncto ad punctum, custodiatis et firmiter observetis, juxta ipsarum litterarum tenorem, nihil in contrarium attemptantes vel attemptari quomodolibet et si aliqua in contrarium fuerint, illa faciatis ad statum pristinum revocari, visis presentibus sine mora. Datum Gratianopoli (1), die sexta mensis octobris, anno Domini M° CCC° sexagesimo sexto. Per dominum gubernatorem presentibus : domino Cassent., Imberto Pilati, Raymundo Raymundi.

Quarumquidem litterarum virtute seriem atque formam nihil in contrarium attemptari permittent sed si aliqua actenus in contrarium attemptari vel innovata fuerint, illa faciatis ad statum pristinum et debitum revocari. Datum Gratianopoli, die (.....) (2) mensis martii, anno Nativitatis Domini M° CCC° nonagesimo tertio.

(*Copie dans Vidimus ci-après décrit, à la date 1479*).

---

(1) Grenoble (Isère).
(2) Déchirure dans le parchemin.

XCV. — 23 janvier 1400.

Lettres-patentes du roi Charles VI, dauphin de Viennois, invitant les officiers du pays à faire respecter les privilèges, libertés et franchises des religieux du pont Saint-Esprit. — (N° 1, chap. 4).

Karolus, Dei gratia Francorum rex et dalphinus Viennensis, gubernatori nostro dicti dalphinatus ceterisque justiciariis et officiariis nostris dalphinalibus aut eorum locatenentibus, salutem. Ad supplicationem dilectorum nostrorum religiosorum pontis S. Spiritus in loco de Sancto Saturnino, diocesis Uticensis, significamus vobis quod nos, certis considerationibus, matura consilii nostri super hoc deliberatione prehabita, ut melius procedere valeamus ad confirmandum privilegia, libertates et franchisias dictorum religiosorum, concessimus et tenore presentium concedimus ipsis religiosis ut ipsi universis et singulis privilegiis, libertatibus et franchisiis suis, quibus ipsi, lapsis temporibus, rite et juste, usi fuerunt et utuntur, pacifice et quiete, ipsi, hinc ad terminum quatuor annorum continue se sequentium, uti et gaudere valeant atque possint ac eisdem utuntur pacifice, absque tamen prejudicio jurarium et subsidiorum regiorum ; mandantes vobis et vestrum cuilibet, prout ad cum pertinuerit, quathenus dictos religiosos, dicto durante termino, uti nostra presento gratia, pacifice, et gaudere, nil in contrarium facientes nec fieri permittentes ; imo in contrarium facta, si que extiterint, ad statum pristinum et debitum reducatis aut faciatis indilate reduci, litteris subrepticiis in contrarium nonobstantibus quibuscumque. Datum Montepessulano (1), die XXII januarii, anno Domini M° CCC° nonagesimo nono.

(*Copie dans le Vidimus ci-dessus décrit, p.* 225).

(1) Montpellier (Hérault).

CARTULAIRE DE L'ŒUVRE

DES

ÉGLISE, MAISON, PONT ET HOPITAUX

DU SAINT-ESPRIT

(1265-1791)

RÉUNI ET ANNOTÉ

PAR

L. BRUGUIER-ROURE,

MEMBRE DU COMITÉ DE L'ART CHRÉTIEN,
DES ACADÉMIES DE VAUCLUSE ET DE NIMES,
INSPECTEUR DE LA SOCIÉTÉ FRANÇAISE D'ARCHÉOLOGIE, ETC.

SOMMAIRE

INTRODUCTION.
LIVRE PREMIER. — Constitution de l'Œuvre et ses développements.
LIVRE DEUXIÈME. — Bulles pontificales.
LIVRE TROISIÈME. — Quêtes.
LIVRE QUATRIÈME. — Droits honorifiques et utiles.
TABLES des noms de personnes et de lieux contenus dans le volume.

4ᵉ, 5ᵉ & 6ᵉ FASCICULES

*Publiés sous les auspices de l'Académie de Nimes
et du Ministère de l'Instruction publique,
sur l'avis du Comité des Travaux historiques.*

1892-94

NIMES

IMPRIMERIE CLAVEL ET CHASTANIER

F. CHASTANIER, SUCCESSEUR

12 — rue Pradier — 12

1894

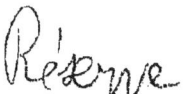

TIRAGE A PART, A CINQUANTE EXEMPLAIRES NUMÉROTÉS

XCVI. — 19 août 1429.

Sauvegarde accordée aux recteurs et frères du Saint-Esprit par Amédée de Savoie, prince de Chablais et d'Aoste. — (N° 1, chap. 4).

Amedeus, dux Sabaudie, Chablaysii et Augusti princeps, marchio in Italia, comes Pedemontium et Genevensis Valentinensisque et Diensis (1), dilectis gubernatoribus, baillivis, judicibus, castellanis, procuratoribus ac ceteris officiariis nostris, modernis et posteris, ad quos presentes pervencrint.... Si cunctorum jugiter prospicimus ad commoda subdictorum, sanctum tamen agere putamus cum illos, ad ea invitamur, ex quibus centupla pro singulis reportantur; sane supplicationi venerabilium religiosorum, rectorum, fratrum fabrice pontis et hospitalis S. Spiritus de Portu, Uticensis diocesis, super hiis nobis facte pro compassionis affectu inclinati, potissimè attento quod, sicut vulgaris habet assertio, ea que ad fabricam ipsorum pontis et hospitalis exorantur ad sustentationem pauperum assidue ibidem meantium ut plurium exponuntur. Idcirco, hiis et aliis laudabilibus moti causis et rationibus, vobis et vestrum cuilibet, quantum suo subcrit officio, districte committimus et mandamus quathenus ipsos rectores et fratres ipsorumque nuntios et questores, cum ipsorum rebus et bonis quibusvis, ubilibet sub dominatione nostra, salvos et securos ab omni vi, violentia, injuria, oppressionibus et opere facti illicitis protegatis, ipsosque ad hujusmodi pia suffragia deposcenda graciose admittatis, sic quod opus ipsum manu-

---

(1) Amédée VIII, comte-duc de Savoie, de 1391 à 1416, élu pape sous le nom de Félix V, en 1439, par le Concile de Bâle qui avait déposé Eugène III. Il renonça au pontificat, en 1449, mettant fin ainsi à un nouveau schisme et mourut à Ripailles, sa résidence de prédilection, en 1451.

tenen..... valet et, auctore domino, votivo complemento potiri, solvendo tamen pedagia et alia tributa debita et consueta, presentibusque nostro dumtaxat beneplacito duraturis.

Datum Thononii (1), die decima nona augusti, anno Domini M° CCCC° vicesimo nono. Per Dominum, presentibus illustribus principe Pedemontium, comite Gebennensis nec non dominis Joh. de Belloforte, canonico, Bastardo de Sabaudia, M. ex marchionibus Saluciarum, Mar¹⁰ Montiscanuti Mentonis, Henrico Columberio, Claudio de Serro, Urbano curserii, A. de Diaconibus, R. de Monte-Unaginardo, magistro Hospicii, et M. de Serro, thesaurario, Bolonyer.

(Copie dans Vidimus ci-dessus décrit, p. 225).

XCVII. — 15 octobre 1431.

Autres lettres d'Amédée de Savoie accordant sauvegarde et franchise sur ses terres et notamment à Barri, sur le Rhône, aux recteurs et procureurs de l'Œuvre du Saint-Esprit. — (N° 1, chap. 4).

Amedeus, dux Sabaudie.... dilectis Gubernatori Valentinensis necnon universis et singulis pedegiatoribus ac ceteris nostris tam Barrii (2) quam alibi supra Rodanum constitutis modernis et posteris seu ipsorum vicegerentibus, salutem.

Supplicationi dilectorum nostrorum rectorum et procuratorum hospitalis et fabrice pontis Sancti Spiritus super hiis nobis facte favore benevolenti inclinati, assectantes

---

(1) Thonon, chef-lieu d'arrondissement (Haute-Savoie).
(2) Barri, hameau de la commune de Bollène (Vaucluse), formé de masures, sortes d'abris sous roche, que domine un donjon avec enceinte fortifiée du xɪɪɪ⁰ siècle. MM. de Coston (*Hist. de Montélimar*, T. I) et Sagnier (*L'emplacement d'Aéria*, 1887) placent sur ce sommet, qui domine le cours du Rhône, l'*Aeria* de Strabon.

nostrorum inclite recordationis illustrium progenitorum vestigiis, imitantes tam salutisferis operibus secunde munificentie nostre dapsilitatem apperire, vobis et vestrum cuilibet, quod cum suberit officio, committimus et mandamus quathenus ab eisdem rectoribus et procuratoribus, ratione justorum questarum et aliorum victualium pro substentatione tantum operum hospitalis et fabrice necessariorum, dum legaliter et sine fraude per passus, distractus et alia loca officiis vestris submissa de cetero transducentur, nullum pedegium, vetigal aut aliud tributum vice nostra exigatis, sic eisdem procuratoribus et rectoribus liberaliter ac de gratia speciali, videlicet nostro duntaxat durante beneplacito, in helemosinan concedimus per presentes.

Datum Thuroni, die quintadecima octobris, anno Domini quatercentesimo trigesimo primo. Per Dominum, presentibus dominis Fr. Abbate Filliati, J. proposito Montisionis, J. de Belloforti, canonico, Bastardo de Sabaudia, R. Montiscanuti, H. de Columberio, Cl. de Saxo, presidente computorum, A. de Diaconibus, P. de Mentone, Michaele de Serro, thesaurario Sabaudie, Bolonyer.

(Copie dans Vidimus ci-dessus décrit p. 225).

XCVIII. — 17 décembre 1432

Confirmation par le gouverneur du Dauphiné des sauvegardes et franchises que le dauphin de Viennois et les gouverneurs de la province avaient précédemment accordées à l'Œuvre du Saint-Esprit. — (N° 3, chap. 4).

Radulphus, dominus de Gaucourt [1], consiliarius et cambellanus regius, gubernator Dalphinatus, universis et singulis baillivis, judicibus, procuratoribus et personis quibuslibet et ubilibet villarum et castrorum, portuum,

---

[1] Raoul de Gaucourt, successeur de Mathieu de Foix, en 1428.

passuum, locorum et districtuum quorumcumque custodibus, Salutem. Visis litteris magnifici domini Mathei de Fuxo, comitis Convenarum (1), olim gubernatoris Dalphinatus, predecessoris nostri, in quibus certe littere nonnullorum ejus predecessorum in regimine Dalphinatus inseruntur, quarum litterarum tenor sequitur in hec verba :

Matheus de Fuxo, Convenarum comes, gubernator..... baillivis, judicibus, custodibus pedagiorum, gabellorum, et aliorum tributorum quorumcumque per terram et aquam exactoribus ceterisque officiariis..... Viso tenore litterarum domini Randoni (2), domini Gaudiose, olim gubernatoris Dalphinatus, nostri predecessoris, in quibus sunt inserte littere domini Jacobi de Montemauro, domini Radulphi de Lampeyro ac domini Henrici de Cassematico (3), quondam gubernatorum Dalphinatus, ac littere inclite recordationis domini Humberti, Dalphini Viennensis quondam, quarum tenor talis est :

Randonus, dominus de Gaudiose, consiliarius et cambellarius regis et domini nostri regentis Dalphinatus Viennensis, gubernator Dalphinatus....... tenore litterarum bone memorie domini Jacobi de Montemauro, tunc gubernatoris Dalphinatus, in quibus inseruntur littere domini Radulphi de Supeyro, quondam gubernatoris, et inclite recordationis domini Humberti, Dalphini Viennensis, quarum tenor talis est :

Jacobus (*comme ci-dessus p.* 238.) Quarumquidem litterarum supra insertarum virtute et auctoritate, vobis et vestrum cuilibet precipimus et mandamus quathenus dictas litteras faciatis ad statum pristinum et debitum revocari, visis presentibus sine mora... Datum in dicto loco S. Saturnini, die vicesima secunda mensis Augusti, anno Domini M° CCC° nonagesimo secundo. Datum ut

---

(1) D'après Guy Allard (*Dict. hist. du Dauphiné*) lisez Mathieu de Foix, comte de Comminges, gouverneur du Dauphiné dès 1426.

(2) Randon, seigneur de Joyeuse, chambellan du roi.

(3) Henri, Baron de Sassenage.

supra sub contrasigillo vicariatus imperialis per dominum gubernatorem, presente domine Gelimon...... In quarumquidem litterarum preinsertarum visionis, tencionis et diligentis inspectionis fidem ac testimonium, Nos, Johannes Thome, locumtenens Vicarii (1), sigillum autenticum dicte curie huic presenti transumpto, alias vidimus nuncupato, duximus apponendum. Actum et datum in dicto loco S. Saturnini, die XXIIII mensis septembris, anno Domini M° CCC° nonagesimo secundo.

Item tenor litterarum exequtoriarum domini Henrici, domini Casematici, militis, gubernatoris Dalphinatus, talis est :

Henricus, dominus Casematici (2), miles, gubernator Dalphinatus...... Visis litteris hiis nostris presentibus annexis, religiosis et fratribus pontis S. Spiritus de Sancto Saturnino..... pie concessis, vobis precipimus et mandamus quathenus omnia et singula in eis contenta observetis, compleatis observarique et compleri faciatis juxta seriem et formam. Datum Gratianopoli, die decima nona mensis februarii, anno Nativitatis Domini M° CCCC° decimo septimo, sub sigillo consilii Dalphinatus, in absencia nostri regiminis dalphinatus, per dominum gubernatorem in consilio, qui erant domini G. Gelimon, presidens adducatus fiscalis, siffredus Tholon, J. de Marolio et auditorum computores. Quibuscumque litteris diligenter advisis et super proprio matura consilii dalphini deliberatione prehabita, ad supplicationem pro parte religiosorum fratrum pontis S. Spiritus de Sancto Saturnino nobis porrectam, vobis precipimus et mandamus quathenus ipsas litteras et contenta in eisdem observetis et exequamini diligenter, juxta ipsarum litterarum seriem et tenorem. Datum Coste Sancti Andree (3) sub sigillo consilii Dalphini, in absentia nostri regiminis, die quindecima mensis februarii, anno Domini M° CCCC° vicesimo primo.

---

(1) Au sujet de ce lieutenant du viguier, voyez note 1, *in fine*, page 101.
(2) Henri de Sassenage.
(3) La Cote-Saint-André, chef-lieu de canton (Isère).

Quarumquidem litterarum preinsertarum tenore viso et diligenter inspecto, maturaque deliberatione consilii Dalphini prehabita super eisdem, ad supplicationem religiosorum et fratrum pontis S. Spiritus de S. Saturnino, vobis et vestrum cuilibet precipimus et mandamus quathenus proprias litteras et contenta in eisdem observetis... Datum Romanis (1), die duodecima mensis martii, anno Domini M° CCCC° XXVII°.

Pro parte fratrum pontis S. Spiritus de S. Saturnino requisita, volentes propriis litteris, ut convenit, adherere, vobis et vestrum cuilibet....... mandamus...... quathenus litteras ipsas et contenta in eisdem in singulis suis capitulis teneatis et observetis, teneri et observari faciatis, et in realis exequtionis effectum deducatis juxta ipsarum litterarum seriem et tenorem, nihil de in eisdem contingentibus obmittendo. Datum Gratianopoli, die decima septima mensis septembris, anno Domini M° CCCC° tricesimo secundo. — Gratis pro Deo.

(Expédition originale sur parchemin mesurant 0ᵐ,47 de haut et 0ᵐ,50 de large. Petit sceau de cire rouge pendant à une lanière de parchemin : écartelé de France et de Dauphiné).

XCIX. — 5 septembre 1432.

Ordonnance de l'évêque de Gap ouvrant toutes les églises de son diocèse aux Frères du Saint-Esprit et accordant 40 jours d'indulgences à leurs bienfaiteurs. — (N° 1, chap. 4).

Guillermus, miseratione divina Vapincensis episcopus, universis et singulis dominis abbatibus, prepositis, prioribus, vicariis perpetuis (2), capellanis curatis et non

---

(1) Romans, chef-lieu de canton (Drôme).
(2) Le vicaire perpétuel était un clerc canoniquement député par l'Ordinaire pour administrer une église, au lieu et place d'un recteur principal, participant, dans une mesure déterminée par le

curatis (1), ecclesiarumque rectoribus per civitatem et diocesim Vapinci constitutis, quibus nostre presentes littere pervenerint eorumque cuilibet vel locatenentibus ipsorum salutem in Domino sempiternam et bonis operibus abundare. Gratum Deo pariter et acceptum credimus impendere cum ipsi fideles ad illa caritatis opera incitamus per que suo possint complacere creatori.

Cum igitur pons et hospitalis super flumen Rodani ad honorem Spiritus Sancti fundati in burgo Sancti Saturnini de Portu, Uticensis diocesis, in quo singuli et universi pauperes et egri de diversis mundi partibus, propter quotidiana et diversa opera et miracula que ibidem omnipotens Deus operatur, recoliguntur, multis necessariis indigeat ad que non sufficiant facultates, nec etiam ad administrandum eisdem pauperibus victum necessarium quem habent et recipiunt in eisdem ponte et hospitali et pro suis benefactoribus apud Deum preces fundantur, nisi Christi fidelium elemosinis pie succurrentur ; igitur, ad instanciam et humilem supplicationem procuratoris dictorum hospitalis et pontis, universitates vestras in Domino exortamur, vobisque nihilominus et vestrum cuilibet in virtute sancte obedientie et sub pene excommunicationis precipimus et mandamus quathenus, cum nuncii seu procuratores dicti hospitalis et pontis ad vos et ecclesias vestras, vestrorum parochianorum pias elemosinas petituri, ipsos benigne recipiatis et caritative in Domino tractetis, ceteris questoribus seu questis aliis die cessantibus, non obstante nostro quocumque mandato, et quum in vestris ecclesiis ubi verbum Dei predicatur, populo vobis convocato, diebus festivis et aliis, libertates, privilegia, miracula et indulgentias a sancta sede apostolica eisdem

---

droit, aux fruits et revenus du bénéfice, et ne pouvant être déplacé ou révoqué, sans son consentement. Ses pouvoirs dans la paroisse étaient les mêmes que ceux du recteur principal.

(1) Toutes les chapellenies étaient loin d'entraîner charge d'âmes. Beaucoup n'exigeaient pas même le sacerdoce ni l'état ecclésiastique. Le chapelain laïque récitait son bréviaire et faisait dire par d'autres ses messes d'obligation.

concessa et cartellos (1), quos vobis tradiderint, recipiatis et populo vobis commisso, de verbo ad verbum, declaretis seu per ipsos declarari permittatis, parrochianos vestros inducendi ut de bonis suis sibi a Deo collatis eisdem ponti et hospitali ac fratribus et nunciis pias elemosinas et grata caritatis subsidia elargiantur, ut per hec et alia bona que, Domino inspirante, feceritis et fecerint eterne felicitatis gaudia valeatis et valeant promereri.

Nos autem, de omnipotentis Dei misericordia ejusque Genitricis beatissime et beatorum apostolorum Petri et Pauli ac sanctorum Demetrii et Arnulphi, patronorum nostrorum, precibus et meritis confidentes, omnibus vere penitentibus et confessis qui in premissis manus suas porrexerint adjutrices, quadraginta dies de injunctis sibi penitentiis misericorditer in Domino relaxamus.

Datum Vapensi, sub sigillo nostro pontificali quo utebamur Magalonensi, (2) die quinta mensis septembris, anno Domini M°CCCC° tricesimo secundo.

(Copie dans Vidimus décrit ci-dessus, p. 225).

C. — Vendredi, 26 août 1435 (3).

Trois sentences exécutoriales du Concile de Bâle qui maintient l'Œuvre du Saint-Esprit dans le droit de quêter en Italie et déboute de la prétention de les en empêcher les gouverneurs de l'hôpital du Saint-Esprit de Saxe, à Rome. — (N° 4, chap. 4).

In nomine Domini, amen. Pridem sacrosancta generalis Basiliensis sinodus, in Spiritu Sancto legitime congre-

---

(1) *Cartellos,* pour *Chartulas,* chartes, instruments notariés quelconques. Très usité dans le langage ecclésiastique de cette époque. (V. Ducange).

(2) Maguelone, près Montpellier, l'un des plus anciens sièges épiscopaux du Midi de la France.

(3) Le 26 août 1435 est la date de la promulgation de la troisième

gata (1), universalem ecclesiam representans, quamdam commissionis seu supplicationis cedulam reverendo in Christo patri et domino, domino Bertrando (2), Dei et apostolice sedis gratia episcopo Uticensie, tunc Basilee comoranti, per certum suum cursorem presentare fecit hujusmodi sub tenore :

Dignentur vestre reverendissime paternitates causam et causas appellationis ac appellationum interpositarum per Johannem de Boisseno, alias de Duno, procuratorem et sindicum sive yconomum rectorum, fratrum et pauperum pontis et hospitalis S. Spiritus ville S. Saturnini de Portu, Uticensis diocesis, contra et adversus quasdam litteras subrepticie et alias indebite a curia romana obtentas in favorem cujusdam asserti preceptoris asserti hospitalis S. Spiritus de Saxia, in Urbe (3), ac fratris Johannis, preceptoris asserti S. Spiritus Aquensis (4), alicui ex reverendis in Christo patribus et dominis prelatis in hoc sacro consilio residentibus committere, audiendi, decidendi et sine debito terminandi, cum omnibus deppendentibus, emergentibus et connexis, cum potestate citandi, inhibendi, etiam extra et ad partes, et absolvendi simpliciter et ad cauthelam, sicut de jure.

In fine vero dicte commissionis sive supplicationis cedule scripta erant de alterius manus littera superiori

---

des sentences rapportées dans le présent article. La date du 19 septembre 1435 est celle du jour où le juge taxa les frais de la procédure, comme on le verra, ci-après, p. 257.

(1) Le concile de Bâle fut convoqué par le Pape et s'ouvrit en 1431.

(2) Bertrand III de Cadoëne, évêque d'Uzès, de 1427 à 1441. (Voy. ci-dessus XXXIV, p. 100).

(3) L'hôpital de Saxe, ou *in Sassia*, ainsi appelé parce qu'il fut fondé par Ina, roi de Saxe, en 718. Innocent III le rebâtit, l'an 1198, pour y recevoir les malades et les pauvres de Rome et plus particulièrement les enfants exposés. Dès lors, ce Pape en confia la direction à Guy de Montpellier et à ses religieux du Saint-Esprit.

(4) Aix-en-Provence. L'église du Saint-Esprit est aujourd'hui paroissiale.

littere ipsius cedule penitus et omnino dissimili et diversa hec verba, videlicet : audiat dominus episcopus Uticensis, citet ut petitur, absolvat etiam ad cautellam, si et prout de jure, et justiciam faciat. Cujus quidem commissionis vigore, idem Dominus episcopus, rite et legitime procedens cognitisque ipsius cause meritis et servatis servandis, ad suam in eadem sententiam promulgandam procedendum duxit et processit, illamque in scriptis tulit et promulgavit in hunc qui sequitur modum :

De peritorum consilio, per hanc nostram sentenciam sive ordinationem, quam pro tribunali sedentes ferimus in hiis scriptis, pronunciamus, decernimus et declaramus dictum hospitale S. Spiritus ville Sancti Saturnini de Portu, Uticensis diocesis, ipsiusque hospitalis rectores et gubernatores, fratres, questores, servitores, deodatos et quosvis alios officiarios in et sub dicta bulla seu litteris apostolicis et contentis in eis, pro parte quorumdam preceptorum et fratrum hospitalis S. Spiritus in Saxia de Urbe, conjunctim vel divisim, coram nobis in presenti causa exhibitis et productis seu exhibitis et productis, minime contentos seu comprehensos fore aut contineri comprehendi seu concludi posse seu de jure debere, et per dictos preceptores et fratres in Saxia et eorum quemlibet, ipsorumque et cujuslibet eorum procuratores, sindicos, officiarios et quosvis alios judices exequtores et notarios, pretextu vel vigore dicte bulle seu litterarum apostolicarum et contentorum in eisdem, monendo, requirendo, mandando et precipiendo sub penis in eisdem contentis, ac alias contra et adversus rectores, gubernatores, fratres, questores, servitores, deodatos et alios officiarios hospitalis et pontis S. Spiritus antedicti, tam conjunctim quam divisim, procedendo, ipsosque vexando, molestando, inquietando, turbando et impediendo male, inique, injuste ac nulliter et de facto fuisse et esse processum eorumque et cujuslibet ipsorum monitiones, requisitiones, inhibitiones, mandata, precepta ac processus alios quoscumque, vigore et auctoritate sive pretextu quibus supra factos, factas et facta, et quecumque inde sequta fuisse et esse nullos et nulla nulliusque roboris vel momenti, ipsosque ipsas et ipsa cassandos et revocandos, irritandos et annullandos cassanda...... fore, et cassamus, revocamus, irritamus et annullamus ; et pro parte dictorum rectorum ac administratorum dicti hospitalis et pontis S. Spiritus, ville S. Saturnini, bene fuisse et esse provocatum et appellatum, oppositionesque molestationes, vexationes, inquietationes, turbationes et impedimenta eisdem rectoribus et administratoribus, fratribus, questoribus, servitoribus, deodatis et aliis officiariis hospitalis et pontis S. Spiritus per dictos preceptores, fratres et procuratores, sindicos, judices, exequtores et notarios ac alios quoscumque, pretextu seu vigore quibus supra prestitas, illatas, prestita et illata, fuisse et esse temererias, illicitas, iniquas, indebitas et injustas, temerariaque....... ac de facto presumptas et presumpta ; ipsisque preceptori et fratribus ac eorum cuilibet, eorumque et cujuslibet ipsorum procuratoribus et sindicis, ac dictarum bulle seu litterarum apostolicarum judicibus seu exequtoribus et aliis quibuscumque de et super premissis oppositionibus, molestationibus....... perpetuum silentium imponendum fore ac imponimus.

Dictos questores, administratores, fratres et servitores ejusdem hospitalis et pontis S. Spiritus, ville S. Spiritus, pretextu et vigore predictis, a questis suis consuetis minime repellendos : quin ymo, bulla seu litteris predictis non obstantibus, ad dictas questas suas solitas et consuetas admittendos fore et admitti debere, ipsosque preceptorem et fratres hospitalis S. Spiritus in Saxia, conjunctim et divisim, in omnibus et singulis expensis in hujus modi causa coram nobis legitime factis condemnandos fore, et condemnamus, ipsarum taxatione nobis in posterum reservata.

— A quaquidem sententia seu pronunciatione, pro parte dictorum preceptorum et fratrum hospitalis S. Spiritus in Saxia de Urbe, ad sacrum Basiliense concilium provocato et appellato, eadem sancta synodus quamdam commissionis sive supplicationis cedulam venerabili et circumspecto viro, domino Guillermo Hugonis, legum doctori, archidiacono Metensis (1) curie, etiam Basilie residente, per unum ex cursoribus suis presentari fecit tenoris infrascripti :

Dignetur sacrosancta generalis Basiliensis synodus causam et causas appellationis et appellationum pro parte quorumdam preceptoris et fratrum asserti hospitalis S. Spiritus in Saxia de Urbe ad eamdem synodum interposite et interpositarum, ut dicitur, a reverendo in Xpo (2) patre, domino episcopo Uticensi, judice et commissario cause et causis ac partibus infra scriptis ab eadem synodo specialiter deputato et ejus processibus, ac certa sententia interlocutoria seu ordinatione et pronunciatione per eum in causa et causis que coram ipso inter dictos preceptorem et fratres Sancti Spiritus in Saxia de Urbe agentes ex una, et devotos Ecclesie filios, rectores, gubernatores, questores, servitores et deodatos hospitalis et pontis S. Spiritus ville S. Saturnini, reos et defendentes, de et super nonnullis cujusdam pretense bulle seu litterarum apostolicarum vigore et auctoritate necnon monitionibus..... mandatis et questis, vexationibus, molestationibus et inquietationibus eisdem rectoribus, gubernatoribus, questoribus, servitoribus, et deodonatis hospitalis et pontis S. Spiritus predicti per preceptorem et fratres hospitalis S. Spiritus, in Saxia, predictos, alicui alteri ex dominis prelatis, judicibus seu viris..... ejusdem synodi committere audiendi, decidendi, et sine debito terminandi cum omnibus et singulis emergentibus, incidentibus, dependentibus et connexis, cum potestate citandi et inhibendi, intus et extra, etiam per editum, constitutionibus apostolicis et aliis in contrarium facientibus non obstantibus quibuscumque.

Quequidem commissio in ejus fine sic signata reperitur : Audiat Archidiaconus Metensis et justiciam faciat.

Cujusmodi namque commissionis vigore, idem archidiaconus etiam rite et legitime procedens suam in scriptis sentenciam promulgavit in hunc modum :

(1) Metz en Lorraine.
(2) Pour *in Christo*.

De dominorum cojudicorum nostrorum consilio et assensu, per hanc nostram sentenciam quam pro tribunali sedentes ferimus in hiis scriptis, pronunciamus, decernimus et declaramus per reverendum patrem dominum Bertrandum (1), episcopum Uticensem, hujusmodi causa, que tunc coram eo vertebatur et nunc vertitur coram nobis inter dictos preceptorem..... ac rectores....., bene fuisse et esse pronunciatum, finitum et deffinitum, ipsiusque sententia sive pronunciatione in ea parte, pro parte dictorum preceptorum et fratrum S. Spiritus in Saxia, male fuisse et esse provocatum et appellatum, ipsosque preceptorem et fratres S. Spiritus in Saxia in expensis in hujusmodi causa propterea coram nobis legitime facta condemnandos fore et condemnamus, quarum expensarum taxationem nobis in posterum reservamus.

— A qua sententia pro parte dictorum preceptorum et fratrum de Saxia similiter appelato et provocato, memorata sancta sinodus quamdam aliam commissionis sive supplicationis cedulam nobis, Guillermo Groygneti, in utroque jure licentiato, officiali et canonico Nanetensis (2), uni ex judicibus per sacrum concilium deputatis, per certum suum cursorem presentari fecit quam nos cum ea qua decuit reverentia recepimus, quæ sequitur in se continens :

Dignetur vestra reverendissima paternitas causam et causas presentarum appellationis et appellationum pro parte quorumdam assertorum hospitalis S. Spiritus in Saxia, de Urbe, preceptorum et fratrum, conjunctim et divisim, ad hoc sacrum Basilicnsis concilium.... per venerabilem virum dominum Guillelmum Hugonis, archidiaconum Metensis, in favorem rectorum, administratorum hospitalis S. Spiritus ville S. Saturnini de Portu..... committere alicui ex dominis judicibus hujus sacri concilii, audiendi, cognoscendi, decidendi et sine debito terminandi..... Quequidem commissio in ejus fine sic signata

---

(1) V. ci-dessus p. 249, note 2.
(2) *Nanetensis* (?) de Nantes.

reperitur : Audiat Magister Guillelmus Groygneti, citet et inhibeat, ut petitur, et justiciam faciat.

Cujusquidem ultime commissionis vigore nos, ad providi viri magistri Johannis Spacerii in dicto concilio causarum et religiosorum virorum, rectorum, gubernatorum, fratrum, questorum, servitorum et deodatorum hospitalis et pontis S. Spiritus ville S. Saturnini... procuratoris instanciam, providum magistrum Johannem Rodenheni etiam qui eodem concilio causarum et religiosorum virorum preceptorum et fratrum hospitalis S. Spiritus in Saxia de Urbe..... constabat, prout constat documentis, ad dicendum et opponendum quidquid verbo vel in scriptis dicere sive opponere volebat contra pretactam nobis factam et presentatam commissionem per certum cujusdem Sinodi cursorem citari mandavimus et fecimus ad certum perhemptorium terminum competentem. In quoquidem termino comparuit coram nobis Magister Johannes Spacerii, procurator supradictus, et dicti Magistri Johannis Rodenheni ex adverso procuratoris non comparentis neque quidquid verbo vel in scriptis contra dictam commissionem dicere sive excipere curantis contumaciam accusavit, ipsumque contumacem reputari debita cum instancia postulavit, et in ejus contumanciam, contra appellationem pro parte sibi in hujusmodi causa adversa interpositam, se pro presenti nil dicere vel excipere velle allegavit. Nos, tunc, prefatum magistrum Johannem Redenhem, procuratorem, non comparentem, reputavimus merito, prout erat, id suadente justicia, contumacem. Et in ejus contumaciam, eumdem Johannem Rodenhem, ad prenominati Johannis Spacerii instanciam, ad impugnandum et justificandum impugnarique et justificari videndum quidquid verbo vel in scriptis impugnare et justificare volebat in hac causa, per unum ex dicti sinodi cursoribus citari mandavimus et fecimus ad certum peremptorium terminum competentem, quem etiam ipsi magistro Johanni Spacerii, instanti et petenti, partibusque suis prefinimus tunc, ad idem.

Quoquidem termino occurente, comparuit judicialiter coram nobis magister Johannes Spacerii, procurator predictus, et dicti magistri Johanni Rodenheni, exadverso procuratoris, non comparentis neque hujusmodi diei termino in aliquo satisfacere curantis, contumaciam accusavit ipsumque contumacem reputari per nos instanter postulavit..... quadam petitionis cedula facta..... nobis oblata..... Nos tunc ad prelibati Johannis Spacerii, procuratoris, instanciam, supradictum Rodenhem, ad videndum et audiendum sentenciam..... citari mandavimus..... ad diem et horam inferius annotatas.

Quibusquidem die et hora advenientibus, comparuit in judicio legitime coram nobis Johanne Spacerii..... dicti Johannis Rodenheni, exadverso procuratoris non comparentis, contumaciam accusavit....... Nos tunc magistrum Johannem Rodenhem..... reputavimus..... contumacem.... De dominorum conjudicum nostrorum consilio et assensu per hanc nostram sententiam quam pro tribunali sedentes ferimus in hiis scriptis, pronunciamus, decernimus et declaramus per venerabilem virum Guillermum Hugonis, Archidiaconum Metensis, in hujusmodi causa, que tunc coram eo in secunda vertebatur et nunc coram nobis in tertia vertitur instanciis, bene fuisse processum, ipsiusque sententiam seu ordinationem confirmandam fore et confirmamus, necnon pro parte quorumdam rectorum, preceptorum et fratrum S. Spiritus in Saxia de Urbe ab eodem archidiacono ejusque dicta sententia male fuisse et esse provocatum et appellatum, ipsosque rectores..., in Saxia, in expensis, pro parte hospitalis et pontis S. Spiritus in hujusmodi causa propterea legitime factis, condemnandos fore et condemnamus, quarum expensarum taxationem nobis in posterum reservamus. Lecta, lata et in scriptis promulgata fuit hec nostra sentencia per nos, Guilhermum, judicem prefatum Basilee, in ambitu conventus Fratrum Minorum, pro audientia causarum publica dicti concilii specialiter deputato, nobis inibi, hora vesperarum et causarum consueta, ad jura reddendum pro tribunali sedentibus, sub anno a nativitate Domini millesimo quadringentesimo tricesimo quinto, indictione tertia decima, die vero veneris, vicesima sexta mensis augusti, pontificatus sanctissimi in Xpo patris et domini nostri, domini Eugenii, divina providentia pape quarti anno quinto (1), presentibus ibidem discretis viris, magistris Hugone Fabri et Volquini Surder, notariis publicis scribisque nostris, clericis Ambianensis (2) et Moguntinensis (3) diocesium, testibus ad premissa vocatis specialiter et rogatis.

— Postremo vero eadem sancta sinodus quamdam aliam commissionis sive supplicationis cedulam nobis presentari fecit per certum suum cursorem, quam nos cum ea qua decuit reverentia recepimus, hujusmodi sub tenore : Reverendissime pater, cum in causa que in hoc sacro generali concilio Basiliensi vertebatur inter honorabiles viros rectores......., hospitalis et pontis S. Spiritus....... et preceptores..... S. Spiritus in Saxia..... quiquidem rectores..... in hujusmodi causa pro se successive et contra partem adversam tres sententias sive ordinationes obtinuerunt ferri et promulgari, quarum tertiam sententiam venerabilis vir, magister Groygneti, officialis Nanetensis (4), alter ex judicibus hujus sacri concilii, cum condemnatione expensarum tulit et promulgavit, et quia, reverendissime pater, parum prodest sententias ferri nisi debite demandarentur executioni, dignetur igitur reverendissima paternitas vestra committere et mandare eidem domino Guillermo Groygneti, judici prefato,......... ut expensas in instancia trium sententiarum prefatarum pro parte ipsorum rectorum..... hospitalis et pontis S. Spiritus factas, taxet....... Quequidem commissio sic signata reperitur: Audiat idem magister Guillermus Groygneti et, constituto de premissis, taxet et exequatur, agravet, reagravet et cum invocatione brachii secularis, ut petitur, et justiciam faciat.

---

(1) Le concile de Bâle n'est vraiment reconnu œcuménique que jusqu'à la 26ᵉ session, mais dans sa bulle de translation ou de dissolution, le pape Eugène accorde pour faire des actes synodaux un répit de 30 jours dans lesquels est comprise la date ci-dessus.
(2) Amiens.
(3) Mayence.
(4) Nantes.

Cujusquidem ultime commissionis vigore nos, ad prenominati magistri Johannis Spacerii procuratoris instanciam, magistrum Johan. Rodenhen ex adverso procuratorem prefatum, ad dicendum et excipiendum quidquid verbo vel in scriptis dicere vel excipere volebat contra.... presentatam commissionem, necnon ad videndum et audiendum omnes et singulas expensas..,... per nos taxari et moderari, vel dicendum et causam, si quam habebat rationabilem, allegandum quare id minime fieri deberet, per certum sinodi cursorem citari mandavimus et fecimus ad certum prehemptorium terminum competentem..... In quoquidem termino comparuit coram nobis Joh. Spacerii et Joh. Rodenhem ex adverso non comparentis..... contumaciam accusavit, ipsumque contumacem reputari petens et in ejus contumaciam expensas..... per nos taxari et moderari debita cum instancia postulavit.

Nos tunc dictum magistrum Johan. Rodenhem ex adverso procuratorem non comparentem reputavimus merito, prout erat, contumacem et in ejus contumaciam expensas ad centum florenos Renenses (1) boni auri et justi ponderis prefatis rectoribus, gubernatoribus, fratribus..... hospitalis et pontis S. Spiritus ville S. Saturnini de Portu, Uticensis diocesis..... per dictos preceptorem et fratres hospitalis S. Spiritus in Saxia de Urbe..... taxavimus et moderavimus...... recepto primictus ab eodem magistro Johanne Spacerii, procuratore, juramento per ipsum ad mandatum nostrum et in mandatis nostris, tactis corporaliter scripturis sacrosanctis, ad sancta Dei evangelia prestito.....

In quorum omnium et singulorum fidem et testimonium premissorum presentes litteras sive presens publicum instrumentum hujusmodi nostras sentencias et taxationem in se continentes exinde fieri et per notarium publi-

---

(1) Il est fait, dans Du Cange, (verbo *Florenus*) mention de florins *Renenses*, florins du Rhin, appelés aussi *Renensis aureus*, monnaie d'or du Palatinat; malheureusement il n'indique pas la valeur.

cum nostrumque et hujusmodi cause coram vobis scribam infrascriptum subscribi et publicari mandavimus nostrique sigilli jussimus et fecimus appositione communiri.

Taxate autem fuerunt expense antedicte per nos Guillermum, officialem et judicem prefatum sub anno, indictione et pontificatu quibus supra, die vero lune decima nona mensis septembris, in ambitu predicto, nobis inibi ad jura reddendum pro tribunali sedentibus, ibidem discretis viris magistris Hugone Fabri et Volquino Surder, notariis publicis scribisque nostris, clericis Ambianensis (1) et Moguntinensis (2) diocesium, testibus ad premissa vocatis specialiter et rogatis. Et ego.... Hartmanus Moderon de Lippia, clericus Coloniensis (3) diocesis, publicus apostolice et imperiali auctoritatibus notarius, venerabilisque et circumspecti viri domini Guillelmi officialis et judicis prefati ac hujusmodi cause coram eo scriba. Quia tertie sentencie hujusmodi promulgationi, expensarum taxationi aliisque premissis, dum sic, ut premittitur, per eumdem judicem et coram eo agerentur et fierent, unacum prenominatis testibus presens interfui eaque sic fieri vidi et audivi, ideo presens publicum instrumentum aliena manu scriptum exinde confeci et in hanc publicam formam redegi signoque et nomine meis solitis et consuetis, unacum memorati domini judicis sigilli appositione corroboravi in fidem omnium premissorum, rogatus et requisitus.

(Vidimus dressé, le 19 septembre 1539, par Guillaume Girard, chanoine des églises de Saint-Agricol et Saint-Didier, official de la cour épiscopale d'Avignon, sur sept peaux de parchemin mesurant ensemble 4^m,40 de long et 0^m,60 de large).

---

(1) Amiens (Somme).
(2) Mayence (Allemagne).
(3) Cologne, en Allemagne.

CI. — 3 octobre 1437.

Ordonnance de l'archevêque de Lyon qui, en concile de de Bâle, maintient les Frères du Saint-Esprit de Saint-Saturnin, dans l'usage de quêter, dans son diocèse, pour l'hôpital de Saint-Saturnin du Pont Saint-Esprit, malgré les sollicitations contraires des Frères du Saint-Esprit de Besançon. — (N° 5, chap. 4).

Amedeus de Talaru, miseratione divina archiepiscopus et comes Lugdunensis atque Galliarum primas. Ad hoc sumus precipue vocati omnique diligentia sollicitamur ut singulis, prout nostro incombit officio,..... sublatis dispendiis, pacis et tranquillitatis comoda procuremus. Idcirco universis..... notum facimus quod pridem orta questione seu controversia et deinde lite sive causa mota coram locumtenenti dilecte et fidelis officialitatis nostre Lugdunensis inter procuratores sive nuncios et questores domus S. Spiritus Bizuntinensis, a domo S. Spiritus, in Saxia, de Urbe dependentis (1), ex una, et procuratores sive nuncios et questores hospitalis ville S. Saturnini pontis S. Spiritus, Uticensis diocesis, partibus ex altera, ratione et occasione questarum (2), super quibus procuratores domus

---

(1) La maison hospitalière du Saint-Esprit de Besançon (Doubs) fondée, vraisemblablement, en 1203, par Jean de Montferrand, reconnaissait pour Maison-Mère l'archihôpital de Sainte-Marie, en Saxe, de Rome, fondé, également, par une colonie de l'Ordre créé à Montpellier par F. Guy. (V. dans l'*Annuaire du Doubs*, 1864 et 1865, la *Notice sur l'hôpital du Saint-Esprit de Besançon*, par M. Castan).

(2) C'est ici une vieille querelle entre les deux hospices rivaux. Ainsi qu'on le verra dans notre introduction (et à l'appendice, s'il nous est permis de faire des recherches aux archives hospitalières de Besançon), un arrangement avait été conclu, en 1432, que résume ainsi M. Brune : Besançon conservait le monopole des quêtes dans les diocèses de Lyon, Maurienne, Tarentaise, Belley, etc., moyennant une indemnité annuelle de 40 florins à verser à

Bizuntinensis dicebant et allegabant quod rector, religiosi et fratres ejusdem domus Bizuntinensis qui..... fuerunt et sunt de presenti de ordine S. Spiritus, secundum primariam institutionem et ab.... fundatione..... sub titulo ordinis ipsius S. Spiritus..... temporum..... sic fuerunt denominati et denominantur. Nichilominus rector et administratores, sive nuncii et questores hospitalis ville predicte, quamquam nec de habitu et ordine hujusmodi, nec a domo predicta S. Spiritus, in Saxia, de Urbe dependeant... titulum supra subrepantes, per civitatem et diocesim nostras Lugdunensis sub titulo hujusmodi (questant) et presumuntur, domus predicte Bizuntinensis rector et religiosi in ludibrum graveque damnum et prejudicium non modicum procuratorum sive questorum (1) .... (petunt) prefati hospitalis S. Saturnini questoribus..... interdici.... et inhiberi ne de cetero sub titulo et denominatione S. Spiritus questas suas quoquomodo facere audeant.....

Prefati procuratores sive nuntii et questores S. Saturnini dicebant se privilegia auctoritate apostolica habere, necnon sentencias adversus rectorem et religiosos domus prelibate S. Spiritus in Saxia de Urbe, a qua predicta domus Bizuntinensis dependet, in hoc sacro generali Basiliensi concilio obtinuisse, quarum pretextu sub nomine et titulo et denominatione S. Spiritus se questare posse asserebant.

Subsequenter autem, post plures ac varias altercationes, coram eodem locumtenente, inter dictos questores... habitas, idem locumtenens causarum predictas nobis duxit remittendas ; cujus remissionis vigore, die martis prima hujus mensis octobris, anno infrascripto, Frater Guido Amelineti, religiosus et procurator assuetus predictorum rectorum et religiosorum domus prefate Bisuntinensis, personaliter coram nobis comparens ac de instrumento

---

l'hôpital de Saint-Saturnin. Cette convention fut approuvée par le Grand Maître de Rome, le 19 mars 1434. (Arch. de Besançon, carton C, n° 5 a. Arch. de l'hôpital du Saint-Esprit, in Saxia, à Rome, lib. 19, fol. 18).

(1) Large déchirure dans le texte.

dicto remissionis fidem promptam faciens, contumaciam dictorum procuratorum sive nunciorum et questorum S. Saturnini prefati, per se vel alium minime comparentium, causavit, petens, prout superius ex parte sua dictum, allegatum et narratum..., declarari et condemnari...

Tandem vero, nos..... laudabilibus causis... tam domus predicte Bisuntinensis quam hospitalis S. Saturnini..... dicimus et declaramus questas hujusmodi pro parte utraque nullathenus impedire velle..... fiant juxta formam et tenorem a nobis seu vicariis nostris desuper concessas... sine prejudicio utriusque predictarum questarum, hac tamen conditione adjecta quod dicti nuncii sive questores, predictas questas deinceps facturi, signum sive habitum illius ordinis sive hospitalis pro que seu qua questabunt, modo et forma in constitutione questarum per nos dudum facta, portent et portare teneantur. Verum ut omnis fraus, dolus sive machinatio (quæ) olim facta dinoscitur, inter quoscumque questores prorsus vitari possint, predictis necnon omnibus aliis et singulis questoribus inhibemus ac tenore presentium per primum capellanum, curatum vel non curatum, aut notarium in dictis nostris civitate et diocesi Lugdunensis constitutum super hoc requirendi, inhiberi volumus et mandamus, sub excommunicationis pena, quam contra nostre hujusmodi inhibitionis transgressores, ipso facto, ferimus.... (ne) alter sub nomine et titulo alterius nec e contra questare audeant vel presumant, sed quilibet ipsorum, questando et necessitates illius hospitalis, domus aut alterius pro quo questam faciet narrando, suum proprium et verum titulum, sine fraude, dolo, simulatione vel alia quacumque machinatione, integraliter exprimere teneantur. Videlicet questores dicte hospitalis Bisuntinensis signum suum sic exprimant, scilicet : *pro questa domus hospitalis Bisuntinensis, ordinis S. Spiritus* ; et questores S. Saturnini sic etiam per expressum nominant, videlicet : *pro questa hospitalis S. Saturnini de Portu, pontis S. Spiritus, Uticensis diocesis* ; questores autem fabrice pontis Rodani civitatis nostre Lugdunensis se pariter sic nominent videlicet : *pro questa pontis S. Spiritus Rodani Lugdunensis,* et sic de ceteris omnibus et singulis questis. Ad singulorum fidem, robur et testimonium presentes litteras sigilli camere nostre appentione fecimus communiri.

Actum et datum Basiliensi, in domo nostre solite residentie, die jovis, tertia mensis octobris (1), anno Domini M° CCCC° XXXVII°, indictione quinta decima, pontificatus sanctissimi in Xpo patris et domini nostri, domini Eugenii, divina providentia pape quarti, anno septimo.

Presentibus ibidem venerabilibus et religiosis viris, dominis Johanne de Juys, priore prioratus conventualis de Monteto monachorum (2), ordinis S. Benedicti, Bituricensis diocesis, et Magistro C. Marescalli, licentiato in decretis, diocesis Bizuntinensis, testibus ad premissa assistantibus vocatis. Ego vero, Petrus de Monrouzart, clericus Lugdunensis diocesis, publicus apostolica et imperiali auctoritatibus notarius ac prefati reverendissimi patris domini Lugdunensis archiepiscopi secretarius, quia premissis omnibus et singulis... unacum prenominatis... presens interfui, ideo hoc... publicum instrumentum, licet manu aliena tamem fideliter scriptum, recepi, confeci et in hanc formam publicam redegi signoque meo signavi et expedivi, rogatus et requisitus.

(Copie dans l'expédition originale de la sentence ci-après, sur parchemin mesurant 0ᵐ, 77 de haut et 0ᵐ, 57 de large).

---

(1) Deux jours avant cette date, le concile avait déclaré Eugène III contumace et ordonné qu'on procéderait contre lui. — Amédée de Talar continue, on le voit, à reconnaître l'autorité du pape légitime, ce que fit généralement l'épiscopat français tout en reconnaissant le concile de Bâle.

(2) Le Montet-aux-Moines, en Bourbonnais, dans l'archiprieuré de Bourbon-l'Archambault, a appartenu au diocèse de Bourges jusqu'à la Révolution. Actuellement c'est le chef-lieu d'un canton du département de l'Allier.

CII. — 13 avril 1443.

Sentences de l'Archevêque de Lyon qui maintient, à nouveau, les Frères du Saint-Esprit de Saint-Saturnin dans l'usage de quêter dans son diocèse, malgré l'opposition des Frères du Saint-Esprit de Besançon, avec le titre : pour la quête des pont et hôpital du Saint-Esprit de Saint-Saturnin-du-Port. (N° 5, chap. 4.)

In nomine Domini, Amen. Amedeus de Talaru, miseratione divina archiepiscopus... Lugdunensis... Universis et singulis presentes litteras inspecturis, notum facimus quod nos, discordias... que inter rectorem et magistrum procuratorem seu nuncios et questores hospitalis et domus S. Spiritus Bizuntinensis, a domo S. Spiritus in Saxia de Urbe depedentis, ex una, et rectores, gubernatores, operarios, administratores, procuratores sive nuncios et questores pontis et hospitalis S. Spiritus ville S. Saturnini de Portu... partibus Uticensis diocesis, ex altera, vertebantur, sedari cupientes, quamdam pridem promulgavimus ordinationem cujus tenor de verbo ad verbum sequitur et est talis : (*suit le texte ci-dessus, p.* 259.)

Quamquidem ordinationem, sicut ut supra, edidimus sincera affectione ad hoc ut controversie, contenciones et discordie prelibate tollerentur... ad instanciam et requestam procuratorum, nunciorum et questorum S. Spiritus ville S. Saturnini, nostras decrevimus citatorias litteras quarum pretextu procuratores... domus Bizuntinensis ad certam diem effluxam coram nobis citati extiterunt, visuri et audituri a nobis et per nos, ad composcendum rumores, discordias et controversias... dictamque ordinationem supra insertam corrigi et emendari, ubi fuerit necessarium... prout nobis de bono et equo expediri videretur... Unde citationis predicte adveniente die, antedicti procuratores... S. Saturnini... dixerunt coram nobis atque proposuerunt quod quamvis ipsi procuratores, muncii et questores S. Spiritus ville S. Saturnini ab antiquissimis temporum intervallis, tam per se quam eorum predecessores, in omnibus et singulis nostrarum civitatis et diocesis ecclesiis et locis eorum questas facere, titulique eorum, sicut supra in litteris questarum suarum tam per nos quam alios predecessores nostros archiepiscopos ab olim concessis, poni et describi sine quarum intermissione consueverint, nichilominus tamen dicti procuratores... dicte domus hospitalis Bisuntinensis asserebant quamdam talem qualem nobis promulgatam atque factam promulgationem obtinuisse, cujus pretextu dicti procuratores... dicte domus Bizuntinensis supra dictos procuratores pontis et hospitalis S. Spiritus ville S. Saturnini comprimere, diffamare et eorum questas omnino supprimere et cessari facere premollifaciunt (1) ac dictum premolliuntur, cumque propterea dicta ordinatio in ipsorum procuratorum... S. Saturnini prenominati prejudicium damnumque et lesionem maximam ac in eorum absencia facta fuerit, attento quod per tenorem ejusdem predictus eorum titulus ac etiam sua privilegia multum elidi, subverti alterarique ac eisdem derogari videbatur et videtur ; petebant ob hoc et requirebant petuntque et requirunt dictam ordinationem preinsertam a nobis et per nos corrigi et emendari, sic quod ordo eorum tituli... fieri consuevit, et in nullo immutetur nec alteretur in eorum litteris questarum nec alias. Unde quia in dicta ordinatione preinserta titulus hugusmodi est, prout asserunt, alteratus et mutatus eo modo quo in ipsa ordinatione describitur sic videlicet : pro questa hospitalis S. Saturnini de Portu, pontis S. Spiritus, Uticensis diocesis, petunt ob hoc et requirunt ut, juxta eos modum et formam quibus alias et ab antiquo in eorum questorum litteris titulus ipse describitur et inconcusse ipsis observetur sine quacumque ipsius tituli immutatione deinceps facienda , sic videlicet : *pro questa pontis et hospitalis S. Spiritus ville S. Saturnini de*

---

(1) *Præmollifaciunt* et *præmolliuntur*, barbarismes qui semblent avoir le sens de *præmoliri*, — moliri, machiner, ourdir.

Portu, Uticensis diocesis. Petebant insuper et petunt iidem procuratores... S. Spiritus Bisuntinensis in expensis in presenti instancia pro parte ipsorum procuratorum... S. Spiritus S. Saturnini factis et faciendis per nos condemnari.

Ad quamquidem petitionem seu requestam, ne sic prout supra facta extitit per nos admittatur neque recipiatur, procuratores..... S. Spiritus Bisuntinensis, exponentes quasdam juris allegationes in quadam cedula cujusdam dupplicis folii papirii ab utraque parte descripti in causa hujusmodi, dederunt et produxerunt, cujus tenor de verbo ad verbum sequitur et est talis :

Quidquid allegetur, deducatur vel proponatur pro parte questorum hospitalis S. Saturnini de Portu, pontis S. Spiritus, forma, per vos reverendissimum in Xpo patrem et dominum nostrum Amedeum..... apud Basiliam, ubi protinus residebatis, ordinata, super denominatione titulorum questarum faciendarum in vestris civitate et diocesi Lugdunensis non est aliqualiter mutanda, vel corrigenda, quin ymo est in suis terminis tenenda, tamquam rite et legitime ordinata et statuta cum primo quia dicti questores hospitalis S. Saturnini nullum hujusmodi interesse super mutatione et correctione tituli eorum queste per vos in dicta ordinatione ipsis traditi, nisi sit forsitan pro quadam fraude comitenda contra proprium et verum titulum et alias in prejudicium questorum et procuratorum religiose domus Bisuntinensis..., quasi sub eodem vocabulo S. Spiritus velint dicti rectores S. Saturnini usurpare et sibi appropriare helemosinas venire volentes dicto hospitali Bisuntinensi, ad quod interesse prosequendum non sunt audiendi nec admittendi, quod ymo omnibus modis ab eodem repellendi dicti questores S. Saturnini, quia de jure maliciis hominum est obviandum, jura sunt vobis notissima, quale cum interesse possunt dicti rectores S. Saturnini plus pretendere in denominatione per ipsos petita quam in illa quam ipsis ordinastis (?). Certe nullum, cum subsit ea ratio caritatis et helemosine conferende sub uno nomine sicut sub alio, quia restant nomina priora locorum, videlicet hospitalis et pontis, quæ sola inducunt ad conferendum helemosinas talibus questoribus. Unde non sunt dicti questores S. Saturnini ad sua requesta audiendi..... cum quia quidquid dicant vel allegent dicti questores non reperitur, quod ipsi unique fuerint denominati sub nomine quo se denominare nituntur et, posito sine prejudicio quod tali nomine consueverint denominari, propterea quod fieri non possit per vos nova ordinatio et provisio super tali denominatione ad evitandum fraudes, discordias et debatos que, talibus nominibus, de novo inter dictos diversos questores emergunt, quia que de novo emergunt nova indigent provisione.....

Adversus quasquidem juris allegationes pro parte dictorum procuratorum, nunciorum et questorum S. Spiritus S. Saturnini, nihil fuit definitum sed dumtaxat pro parte ipsorum procuratorum..... S. Spiritus S. Saturnini predicti nonnulle littere regie et etiam alie littere queste, a nobis alias impetrate et obtinte, inde producte fuerunt in hac parte ex quarum serie..... eorum titulus sic ut supra corrigi postulatus designatur.

Tandem vero, partibus predictis ad omnia que hinc et inde in presenti causa dicere, proponere et allegare voluerunt plene auditis, anno Domini millesimo quadringentesimo quadragesimo secundo a paschate, more gallicano sumpto, die vero sabati, in vigilia diei dominice de Ramis palmarum, decima tertia mensis aprilis..... comparuerunt judicialiter coram nobis, archiepiscopo prefato, in castro nostro Petrescisse (1), videlicet dilecti nobis in Xpo Timotus Davidis et Johannes Amedei, cives Lugdunensis, nomine supradictorum procuratorum..... pontis et hospitalis S. Spiritus, S. Saturnini, ac veluti procuratores et nomine procuratorio discretorum virorum Johannis Rochi (2), Guillelmi Nazarii (3) et Guillelmi de Podioleno (4) dicti loci S. Saturnini, rectorum, gubernatorum, operario-

---

(1) Pierrecise, aujourd'hui faubourg de Lyon.
(2) V. p. 101, note 3.
(3) Descendant du notaire G° N. (*La guerre autour du Pont-Saint-Esprit*, p. 9).
(4) V. p. 142.

rum et administratorum operis et hospitalis S. Spiritus et capelle ejusdem loci S. Saturnini predicti... una secum assignato, pro advocato et consiliario, dilecto nobis in Xpo magistro Clemente Tarditi, notario publico, cive nostro Lugdunensis, ex una parte, et dilectus nobis in Xpo Roletus Vucleti, clericus, publicus notarius, etiam civis noster Lugdunensis, nomine procuratorio nunciorum et questorum S. Spiritus Bisuntinensis ac tamquam procurator et nomine procuratorio venerabilis et religiosi viri domini Lambeleti Vernerii, rectoris et magistri dicti hospitalis S. Spiritus Bisuntinensis, ceterorumque fratrum et religiosorum dicti hospitalis, sufficienter ad hoc fundatus tenore publici et autentici instrumenti super hoc producti, partibus ex altera.

Quibus sic..... ordinari et deffiniri..... petentibus, nos, archiepiscopus memoratus,... diximus... promulgamus... Idcirco, ad submovendam ulteriorem querelam quam dicti rectores S. Spiritus S. Saturnini prefati adversus questores et nuncios Bisuntinensis super titulo eorumdem questorum S. Spiritus S. Saturnini ab antiquissimis temporibus observatum fore..... titulum..... secundum formam antiquam in litteris questarum apponi solitum, quemadmodum in ipsis questorum litteris continetur, servari volentes, supradictam ordinationem nostram in hoc corrigendo, titulum hujusmodi sub verbis hic conventis, ordinamus et declaramus deinceps ponendum, describendum et observandum esse, ipsique procuratores, nuncii et questores S. Spiritus S. Saturnini prelibati sub inde libere eo uti valeant, videlicet sub hac forma : *pro questa pontis et hospitalis S. Spiritus, ville S. Saturnini de Portu, Uticensis diocesis* ; volentes autem et districte mandantes predictam nostram ordinationem perannotatam in ceteris suis terminis et capitulis suis, in quibus nulla fuit facta correctio, teneri et firmiter observari.

Cuiquidem sententie seu ordinationi et declarationi nostre hujusmodi, contra dictum rectorem et magistrum S. Spiritus Bisuntinensis et alios... dictus Roletus, quo supra nomine, non consentiit neque consentit; quin illico... apud acta cause hujusmodi, una voce appellavit et appellat ad dominum nostrum papam ejusque sanctam sedem apostolicam, necnon et ad judicem nostrum primacialem, ac etiam ad illum et illos ad quem et quos hec sua presens appellatio de jure, stilo vel consuetudine, poterit et debebat devenire, petens apostolos (1) sepe, sepius et instanter... Cuiquidem appellanti et ejus presenti appellationi non detulimus nec duximus defferendum, sicut et non defferimus.

In quorum premissorum omnium et singulorum fidem, robur et testimonium, presentes litteras seu presens publicum instrumentum, presentem nostram ordinationem seu sententiam in se continentes seu continens camere nostre, seu in ejus absentia, contrasigilli nostri jussimus appensione communiri. Actum et datum anno, die et loco quibus supra, presentibus ibidem dilecto et fideli secretario nostro, magistro Johanne de Kraermajon, cantore Leonen... et honorabili viro Petro de Veaujan dicto Aynard, mercatore, cive nostro Lugdunensis, pro testibus ad premissa vocatis et rogatis.

Ego vero Petrus de Monrouzart, clericus Lugdunensis diocesis, publicus apostolica et imperiali auctoritatibus notarius..... episcopi secretarius causeque hujusmodi coram eo scriba,... presens interfui, eaque sic fieri vidi et audivi ; ideo hoc presens publicum instrumentum... recepi, confeci et in hanc publicam formam redegi signoque meo manuali, in talibus fieri consueto, hic me, propria manu,

---

(1) Les *Apostoli* étaient des lettres données par les officialités et les juges ecclésiastiques à tous ceux qui en appelaient de leur jugement à la Curie romaine. La formule était ordinairement celle qui est ici employée : *Apostolicos peto semel, sæpe, sæpius et instanter et cum reverentia qua decet et convenit.* La coutume était que le juge supérieur, auquel on en appelait, ne prenait connaissance de la cause qu'après présentation des *Apostoli*. Le concile de Narbonne, en 1430, se plaint vivement que cette coutume ne fut pas constamment observée. Du reste, on voit par l'exemple de l'archevêque de Lyon et d'autres cités dans Du Cange, que le juge inférieur pouvait les refuser si la cause ne lui semblait pas sérieuse. (V. Du Cange, *Verbo-Apostoli*, I).

suscribens, in fidem et testimonium premissorum fideliter signavi et expedivi, rogatus et requisitus.

(Expédition originale sur parchemin mesurant 0ᵐ, 77 de haut et 0ᵐ, 57 de large ; contre-scel rond, de cire rouge, plaqué sur cire vierge pendant à un cordon de soie verte, porte : parti de sable et d'azur, à la bande de....... Pour cimier, une croix fleuronnée ; en exergue : Contrasigillum Talt... archiepiscopus Lugdun.)

CIII. — 4 septembre 1443.

Sauvegarde accordée aux Frères du Saint-Esprit par Louis duc de Savoie. (N° 6, chap. 4.)

Ludovicus, dux Sabaudie, Chablaysii ac Aoste (1), sacri romani imperii princeps vicariusque perpetuus (2), dilectis baillivis... seu ipsorum locatenentibus, salutem. Supplicationi venerabilium religiosorum et rectorum pontis et hospitalis S. Spiritus de Portu, Uticensis diocesis, super hiis nobis facte, pro compassionis affectu inclinati... questis que ad fabricam predictorum pontis et hospitalis evocantur ad sustentationem pauperum assidue... aliisque moti considérationibus, vobis et vestrum cuilibet mandamus quathenus fratres corumque questores, nuntios et servitores, ac res et bona quecumque salvos faciatis, et in ressortu nostre terre protegatis.... solvendo tamen pedagia et alia tributa debita et consueta, et servando ordinationes inter rectores et questores... per nos et predeces-

---

(1) Louis, fils d'Amédée, régna de 1440 à 1465.

(2) Le titre de *vicarius generalis*, ou *perpetuus*, ou de *generalis legatus* se donnait ordinairement aux gouverneurs des provinces soumises à l'Empire, en Gaule et en Italie, où l'empereur allait rarement. Le titre était habituellement à vie et expirait avec la personne ; — parfois cependant il passait avec la dignité à l'aîné des fils. (Du Cange). — Etaient appelés et avaient le rang de Princes du Saint-Empire, tous les archevêques et évêques, quelques abbés réguliers, tous les ducs, quelques marquis, le Landgrave de Thuringe et le comte Palatin. *(Ibid).*

sores nostros ordinatas et observatas. Datum, Genebiis (1), die quarta septembris, anno Domini Mill° CCCC° XLIII°.

(Original sur parchemin mesurant 0ᵐ, 35 de haut et 0ᵐ, 20 de large).

CIV. — 19 juillet 1456.

Lettres-patentes de Charles VII maintenant les Frères et quêteurs du Pont-Saint-Esprit dans la pleine jouissance de leurs franchises et libertés, malgré les prétentions contraires de l'hôpital du Saint-Esprit de Saxe, à Rome. — (N° 10, chap. 4).

Charles, par la grâce de Dieu roy de France, au sénéschal de Beaucaire et de Nysmes, Carcassonne et de Thoulouse, au bailli de Mascon, sénéschal de Lyon et à tous noz autres justiciers ou à leurs lieutenants, salut. De la partie de nos biens amez les recteurs, gouverneurs, administrateurs, frères-donnez, procureurs et serviteurs de nostre hospital du pont Sainct-Espérit sur le Rosne, en la sénéschaussée de Beaucaire et dyocèse d'Uzès, nous a esté exposé que led. hospital, par miracle divin, fut anciennement fondé et doté par noz prédécesseurs roys de France, que Dieu absoibe, en l'honneur et révérence du Sainct-Espérit et ilec fait le pont qui aujourd'hui y est encommencé, auprès duquel lesd. hospital et chappelle sont situez et assis. En laquelle chapelle le saint service de Dieu est solennellement fait et célébré ; auquel hospital les povres et misérables personnes, tant hommes que femmes et autres malades de diverses enffermitez et maladies, et autres sont substantez, alimentez et nourriz, enseignez et pourveuz, et autres œuvres de miséricorde et de piété y sont faictes. Et, a ceste cause, les saincts pères de Romme y ont donné et octroyé plusieurs grans pardons et indulgences et mesmement le pape Nicolas,

---

(1) Genève (Suisse).

dernièrement trespassé, comme par leurs bulles ou vidimus d'icelles pourront apparoir ; et si y ont nosd. prédécesseurs et nous, a l'occasion dessusd., donné plusieurs privilèges, franchises et libertez, et iceulx, nos prédécesseurs, commis et ordonné protecteurs et gardiens d'icel hospital et ses suppotz,............ à vous nostred. séneschal de Beaucaire ou votre lieutenant.

Et ayant esté iceulx exposants, de tel et si longtemps qu'il n'est mémoire du contraire, en possession et saisine desd. pardons, indulgences et privilèges dessusd., tant apostoliques que royaulx, et sans ce que aucun leur ait en ce mis aucun trouble et empechement jusques à naguère que les commandeurs et frères de l'hospital du Sainct-Esperit, en Saxe, de la cité de Romme, de l'ordre de Saint-Augustin, et leurs adhérans ont, par importunité et faveurs illicites et désordonnées, et partie non appelée, obtenu du pape Eugène IIIIe, derrenier décédé, certaines bulles suvreptices, révocatoires des privilèges et libertez dessus déclarez; desquelles bulles et du contenu en icelles fut appelé au Concile de Basle, auquel, partie appelée et présente, furent icelles bulles révocatoires, et par sentence définitive, cassées et adnullées, avecques condemnations de despens ; et depuis, non contens de ce, ont de rechef, soubz ombre desd. bulles ainsi cassées et adnullées, obtenu autres bulles suvreptices de notre Saint-Père Calixte, qui est à présent, sans appeler partie ne faire aucune mencion de lad. sentence, et icelles bulles ont mises à exécution dans notre royaume, à l'encontre desd. exposans ; soubz ombre desquelles derrenières bulles, lesd. commandeurs de Saxie et ses adhérans s'efforcent, chacun jour, de vexer, molester et travaillier et mettre en grans involucions de procès, en court de Romme et ailleurs, iceulx exposans, au très grand grief, préjudice et dommaige d'iceulx exposans, en vexant et attemptant folement contre notre pragmatique-sanction et nos droitz, et plus pourroit estre, se par nous ne leur estoit sur ce pourveu.....

Pourquoy nous, ces choses considérées, voulant nos droitz et pragmatique-sanction estre observez et gardez sans enfraindre ; aussi que iceulx exposans soient en notre protection et sauvegarde, et à ce que le divin service soit fait et continué, que la dévotion et entention de nos predecesseurs n'y soit fraudée et le salut des ames des bienfaiteurs retardé, et autres œuvres de misericorde empêchées, vous mandons et, pour ce que des matières, touchans et dépendans de notre dicte pragmatique-sanction, la connaissance appartient aux juges et officiers, commettons et à chacun de vous, sur ce requis, comme lui appartiendra, que s'il vous appert des choses dessusd., ou de tant que souffire doyt, vous iceulx exposans maintenez et gardez, de par nous, en toutes leurs possessions, droiz et franchises desquelles trouverez, eulx et leurs predecesseurs avoir joy et usé paisiblement et d'ancienneté ; en faisant ou faisant faire inhibition et défense, de par nous, auxd. commandeurs et frères dud. hospital du Saint-Esprit en Saxie, et leurs adhérans, procureurs, commis et députez, et à touz autres qu'il appartiendra et dont vous serez requis, en vertu desd. bulles, ainsi obtenu, citations et munitions des pontifes de Romme ne autres que de l'ordinaire, ilz ne travaillent, troublent ou empechent, ne facent ou souffrent troubler ne empescher lesd. exposans en leurs possessions et saisines, au préjudice d'icelles ordonnances et pragmatique-sanction, mais s'en départent et désistent, et repparent et remettent à leurs dépens tout ce que par eulx auroit este fait, attempté ; en les contraignant à ce, par prinze et détention desd. bulles, citations, monitions et lettres de la Cour de Romme..... Car ainsy nous plaist-il estre et voillons estre fait, nonobstant quelconque lettres suvreptices à ce contraire. Mandons et commandons à tous nos justiciers.....

Donné à Cambray, le XIX° jour de juillet, l'an de grace mil CCCC cinquante six, de notre règne le XXXIIII°.

(Original sur parchemin mesurant 0ᵐ,25 de haut et 0ᵐ,55 de large. Manque le sceau qui pendait à une lanière du même parchemin).

CV. — 4 juillet 1471.

Procuration donnée à Frère G. Pozol, pour quêter dans les diocèses d'Arles, Uzès, Avignon et Cavaillon. — (N° 11, chap. 4).

In nomine Domini. Anno Incarnationis Ejusdem M° CCCC° LXXI° et die quarta mensis julii, seren. et ill. principe et dno nostro, domino Ludovico, D. g. rege Francorum regnante. Noverint universi........ hoc verum et publicum instrumentum visuri..... quod apud villam pontis S. Spiritus, Uticensis diocesis, in mei, notarii auctoritate regia publici, et testium infrascriptorum presentia, existentes et personaliter constituti honorabiles et discreti viri Anthonius Valaurie, Guillelmus Bedocii et magister Guillelmus Rebulli (1), notarius regius, rectores, gubernatores, operarii et pii administratores mirifici et piissimi operis pontis, ecclesie et hospitalis pontis S. Spiritus, ejusdem ville Pontis S. Spiritus; qui pons, juxta ipsam villam, ministerio S. Spiritus miraculose construitur et operatur ad totius reipublicæ utilitatem; in ipsoque hospitali septem opera misericordiæ Christi pauperibus, in eo declinantibus, laudabiliter et caritative adimplentur; cujus hospitalis fundatio et habitus vestis albæ cum signo pontis et crucis de panno rubeo (2) supra pectus per fratres, donatos, religiosos, procuratores, et nuncios ejusdem hospitalis ab antiquo portari soliti, sunt olim per sanctissimum in Christo patrem et dominum nostrum, dominum Nicolaum, divina providentia Papam quintum, approbati et auctoritate apostolica, ad perpetuam et eternam memoriam, confirmati per suas bullas apostolicas, cum copiosa omnibus benefactoribus et manus adjutrices operi corum-

---

(1) V. p. 125, note 2.
(2) Ici, le texte porte : quatre arcades sur trois piles, surmontées d'une croix.

dem pontis, ecclesie et hospitalis predictorum porrigentibus, veniarum et indulgentiarum concessione, successive etiam per sanctissimos... Calistum, papam tertium, Pium, papam secundum, et Paulum, papam modernum, approbati et confirmati auctoritate apostolica, per suas patentes bullas apostolicas, ad perpetuam et eternam memoriam. Ipsi, inquam, domini rectores..... attendentes et considerantes quod justum est et rationi consonum ut fidelibus circa devotionis premium laborantibus, dum est eis propositum devotionis, benignum prebeatur auxilium atque exhibeantur manus adjutrices, ne quos rerum conditor vult excelso coujungere, humane præsumptionis contemptu devientur, sane quia gestorum experientia lucide comprobatur, honorabilem virum, fratrem Guillelmum Pozolis, fratrem et nuncium dicti hospitalis, de devotionis et caritatis opere erga dictos pontem, ecclesiam et hospitale S. Spiritus notum, melioribus modo, jure, et forma quibus de jure potuerunt et debuerunt, ipsum fratrem G. Posolis, ibidem presentem, et onus negotiorum infrascriptorum gratis assumentem, questorem, procuratorem et nuncium specialem et generalem ipsorum dominorum rectorum et dicti mirifici operis... fecerunt, constituerunt,... videlicet infra archiepiscopatu, episcopatibus et diocesibus Arelatensis, Uticensis, Avenionensis et Cavallionensis; revocando, per presentes, omnes et quoscumque alios procuratores et nuncios per ipsos et suos predecessores constitutos..... ad faciendum questas, nomine dicti hospitalis, in dictis diocesibus, specialiter et expresse ad querendum, petendum et recipiendum, nominibus antedictis, in quibuscumque locis dictorum episcopatuum, elemosinas, vota, promissiones, redemptiones (1), suffragia (2),

---

(1) *Redemptiones.* — Les restitutions ou pénitences pécuniaires infligées souvent par les confesseurs, sous forme d'aumônes, ou spontanément offertes par les pénitents pour se délivrer des restes de pénitence publique encore en usage au Moyen-Age. (Du Cange, *Pœnitentia.*)

(2) *Suffragia.* — Sens général d'*offrande*, peut-être ici *honoraires de messes.*

vigilias (1) et omnia, singula alia beneficia tam bladi, vini, olei, lintheaminum, lanarum, quam aliarum rerum quarumcumque, que eidem piissimo operi et hospitali per Christi fideles largientur et errogabuntur, necessitatesque dictorum operis pontis, ecclesie et hospitalis, tam in ecclesiis quam aliis locis, ubi expedierit, explicandum, denunciandum et manifestandum, necnon ad recipiendum ipsorum dominorum rectorum ac operis et hospitalis predictorum, nominibus et pro eis, omnia et singula legata, fideicommissa, bona, res et jura quecumque eidem piissimo operi et hospitali, pie et caritative, data et largita per quascumque personas et, de habitis et receptis seu habendis et recipiendis, quittandum et absolvendum quoscumque tradentes et solventes cum pacto de aliquid ulterius non petendo et aliis clausulis opportunis ; unum quoque seu plures questorem et procuratorem loco sui substituendum et ponendum, infra dictis archiepiscopatu, episcopatibus et diocesibus, cum simili aut alia de qua sibi videbitur potestate.....

Et ulterius deprecantur, humiliter et affectuose, ipsi domini rectores constituentes, reverendissimos in Christo Patres et dominos archiepiscopum et episcopos supradictos et eorum in spiritualibus vicarios et eorum quemlibet, quathenus, in honore triumphantissimæ Trinitatis, dum ipsi fratres seu eorum procuratores et nuncii ad eorum provinciam pro premissis pervenerint, ipsos caritative recipere litterasque suas benigne concedere, et plebes sibi commissos ut sibi in hac parte suas manus adjutrices porigant salubriter inducere dignentur.

De quibus omnibus dicti rectores constituentes petierunt et requisiverunt, sibi et dicto eorum procuratori proeconstituto, fieri atque tradi publicum instrumentum, unum et plura, per me notarium infrascriptum, sigillo dictorum pontis et hospitalis impendenti communienda.

---

(1) *Vigilias*, sorte de redevances que percevaient les curés et qui, dans Du Cange, est assimilée aux dîmes et aux offrandes, sans autre explication.

Acta fuerunt hec in dicta villa Pontis S. Spiritus, videlicet in appotheca supradicta magistri Guillelmi Rebulli, notarii regii et conrectoris dicti hospitalis, testibus presentibus, nobilibus venerabilique et religioso viro domino Guioto Jauffredi, in decretis licentiato, sacrista S. Petri (1), Ludovico de Bitterris, domicello, domino S. Juliani (2) et viguerio regio dicte ville, Pelegrino de Martiniero (3), mercatore dicte ville Pontis S. Spiritus, testibus ad premissa vocatis et rogatis (4).

(Copie d'après l'original, en un cahier de 8 feuillets de papier mesurant 0ᵐ, 40 de haut et 0ᵐ, 20 de large).

CVI. — 17 novembre 1471.

Procuration donnée par les recteurs de l'Œuvre, à Frère Guy Sylvestre, pour recouvrer le produit des quêtes précédemment affermées à Claude Moyon. — (N° 12, chap. 4).

In nomine Domini, amen. Anno Incarnationis ejusdem Domini, M° CCCC° LXXI° et die decima septima mensis novembris, noverint universi et singuli..... quod..... rectores, gubernatores, operarii et pii administratores domus, ecclesiæ, pontis et hospitalis S. Spiritus dicte ville S. Spi-

---

(1) Sacristain du prieuré de Saint-Pierre. Ce religieux, qui remplissait généralement l'office de prieur claustral, possédait le bénéfice de Saint-Pancrace et plusieurs prieurés ayant charge d'âmes.

(2) Seigneur de St-Julien-de-Peyrolas, pour une part seulement.

(3) V. plus haut p. 97, note 4.

(4) A ce document est joint une autre procuration donnée par les recteurs à frère Jehan de Lescure, messager et donat, pour quêter dans le diocèse de Viviers. Datée du 14 juillet 1471, elle était extraite des minutes de Natalis Pastoris, aux archives du prieuré. Cette copie fut faite sur le « Grand livre de Natalis Pastoris, épais d'un pouce, aux archives du prieuré de Saint-Pierre du Saint-Esprit, dans Saint-Pierre, fol. XXV », par « François Julien, le neveu, autrement ottomate du monastère de Saint-Pierre, le samedi 25ᵉ jour d'avril 17XI. »

ritus..... confidentes ad plenum de probitate, legalitate et bona diligentia venerabilis et religiosi viri fratris Guidonis Silvestri (1), presbiteri et religiosi dicte domus..., fecerunt, constituerunt, creaverunt et solemniter ordinaverunt suum verum, certum, legitimum et indubitatum procuratorem et nuncium specialem dictum dominum Guidonem Silvestri... scilicet specialiter et expresse ad petendum, levandum, recipiendum et recuperandum a Glaudio Mojonis alias Jact... (2), civitatis Lugduni, restam (3) summe centum et quinquaginta regalium auri boni ponderis, in quibus ipse idem Mojonis dictis rectoribus et hospitali est obligatus ad causam arrendamenti sibi traditi per honorabiles viros Johannem de Bana, Raymundum Soquerii et Symonem Praderii, olim rectores... de questis jam per ipsum factis... in episcopatibus et diocesibus Lugdunensi, Matisconensi (4) et Cabillionensi (5), pro tribus annis jam finitis, instrumento in notam sumpto et recepto per discretum virum magistrum Oliverium Morguo, notarium publicum, olim grafferium et scribam dicte domus, sub anno M° CCCC° sexagesimo (6) octavo et die sexta mensis novembris, necnon ad transigendum, concordandum et appunctuandum cum dicto Glaudio Mojonis, petitis passisque et substentis ad causam guerre novissimo et ultimate habite inter dictum dominum nostrum regem et dominum Burgundie ducem, et gentibus armorum que in dictis diocesibus extiterunt, certo tempore dicti sui arrendamenti, deducendumque de dicta resta id quod sibi videbitur fore deducendum

---

(1) Ce nom indique un des enfants de la maison ; entrés dans les ordres, il avaient droit, de préférence aux enfants de la ville ou de l'extérieur, aux places vacantes dans l'aggrégation des Prêtres-blancs ou frères-prêtres, ainsi qu'il est dit dans notre introduction et qu'on le voit par l'arrêt de 1669, ci-dessus, p. 143.
(2) Abréviation dans le texte.
(3) *Resta*, reliquat, debet, reste d'une somme à payer.
(4) Mâcon.
(5) Chalons-sur-Saône.
(6) Fautivement, sans doute, le texte porte : *septuagesimo*.

ad causam dictorum ovalium (1)... etiamque ad recuperandum, ab eodem Glaudio Mojonis, summam octo regalium auri per ipsum debitam pro certo accordio olim per dictum Guidonem facto cum dicto Mojonis, et ulterius ad, pro et nomine dictorum rectorum..... et suorum in posterum successorum, arrendandum..... dictas questas et elemosinas fiendas in dictis episcopatibus, exceptis legatis excedentibus summam viginti solidorum Turonensium, pro aliis tribus annis, incipiendis die festi Beate Marie Magdalene.....

Acta fuerunt hec in dicta villa pontis S. Spiritus et in domo dicti hospitalis, videlicet in galeria sive corredor dicte domus existente supra Roddanum (2), testibus presentibus, Petro Parieti, Georgio Restaurandi (3), Firmino Silvestri, dicte ville pontis S. Spiritus.

(Copie dans un cahier conforme à celui décrit ci-dessus p. 276).

CVII. — 8 octobre 1479.

Jean de Dailhon confirme les privilèges et franchises concédés à l'Œuvre du Saint-Esprit par les dauphins de Viennois et les précédents gouverneurs du Dauphiné. — (N° 2, chap. 4).

Johannis de Dailhon, miles, dominus de Lude, consiliarius et cambellarius regius, gubernator Dalphinatus. Universis, harum serie, notum fieri volumus quod nos

---

(1) *Ovale, ovatio, ovenlie*, avec le sens général de *munus, donum*, (Du Cange).

(2) La maison du roi, reconstruite au milieu du XV° siècle, comme l'indique le style de ses portes et fenêtres (dont une renferme la Salamandre caractéristique des constructions du règne de François I*er*), conserve seulement de son ancien aménagement, la *grande salle* des délibérations ; encore fut-elle rebâtie. A la lourde voûte cintrée, qui lui valait parfois le nom de *crôte*, on substitua un riche plancher mouluré à la française, heureusement préservé jusques ici.

(3) V. p. 113.

litteras libertatum, franchisiarum et privilegiorum, ecclesie et hospitali pontis S. Spiritus ac fratribus et nunciis eorumdem per quondam bone memorie Henricum dalphini regentem Dalphinatum concessarum, ac litteras confirmationis domini Jacobi de Montemauro, in quibus littere tam domini Rodulphi, domini quondam de Lampeyo, predecessorum nostrorum in regimen Dalphinatus, quam bone memorie Humberti, dalphini Viennensis, sunt incorporate et inserte, nostrasque confirmationis super eisdem seorsum a curia parlamenti Dalphinatus concessas, simul sub sigillo dalphinali alligatas, in pargameno scriptas et cere rubea in cauda simplici sigillatas, nobis in curia parlamenti exhibitas, sanas, integras....... Quarumquidem litterarum seriatim tenores sequuntur. (*V. plus haut p.* 238). Johannes de Dailhon, miles,... singulis baillivis, senescallis, judicibus, capitaneis, castellanis, bajulis, portuum, pontium et passagiorum custodibus, gabellatoribus, pedagiatoribus ceterisque officiariis ad quos presentes pervenerint aut eorum vicegerentibus, salutem. Visis litteris, privilegiis, libertatibus et franchisiis rectorum, conventualiorum religiosorum et procuratorum et fratrum ecclesie et hospitalis et pontis S. Spiritus..... in hac parte pie inclinati, vobis..... precipimus et mandamus quathenus ipsas libertates, franchesias et privilegia dictis supplicantibus observetis et observari faciatis et gaudere permittatis ; inhibentes vobis, ex parte dalphinali atque nostra, et sub pena decem marcharum argenti, fisco dalphinali applicandarum, ne eosdem supplicantes suosve mercenarios, procuratores, nuncios, factores vel familiares, transeundo vel retranseundo per totam patriam dalphinalem, comitatuumque Valentinensis et Diensis per terram et aquam, postes, mayerias (1) et quascumque alias res pro usu, reparatione dictorum ecclesie, hospitalis et pontis (molestetis) sed ipsos immunes, liberos et francos a dictis tributis abire permittatis et teneatis, dum hec fiant tamen pro usu, manutentione

---

(1) Portes, planches, *mayerias,* madriers.

et reparatione dictorum. Datum Gratianopoli, die penultima mensis aprilis, anno Domini millesimo quatercentesimo LXXV°.

De quaquidem visione lectura et exemplificatione presens vidimus seu exemplarium transumptum prefatis rectoribus..... postulantibus fieri. In cujus rei testimonium sigillum regiminis dalphinatus presentibus duximus apponendum. Datum Gratianopoli, die octava mensis octobris, anno domini M° CCCC° LXXIX.

(Vidimus sur parchemin mesurant 0ᵐ, 38 de haut et 0ᵐ, 50 de large ; sceau de cire rouge, fruste, pendant des deux côtés d'une lanière de parchemin.)

CVIII. — 1ᵉʳ juin 1480.

Le Sénéchal de Beaucaire invite le viguier et le garde du port de Saint-Saturnin à exempter les pélerins de l'église du Saint-Esprit du droit de marque et de toutes recherches au sujet des monnaies prohibées. — (N° 1, chap. 4).

Enguerandus de Ludin, miles, dominus de Castrovillano, senescallus Bellicadri et Nemausi ac gubernator Montispessulani, vicario curie communis (1) S. Saturnini de Portu, necnon custodi portus dicti loci et eorum cuilibet vel loca tenentibus eorumdem, salutem. Ad humilem supplicationem rectorum capelle et magnifici operis pontis et hospitalis S. Spiritus, Uticensis diocesis, supra flumen Rodani, asserentium plures gentes seu incolas locorum comitatus Venayssini et comitatus Valentinensis et plurium aliorum locorum de Imperio, (2) nolle sed potius

---

(1) Le viguier de la cour commune, juridiction érigée en vertu de l'accord entre le seigneur-prieur et le pouvoir royal. (V. ci-dessus p. 117, et *Notions générales sur la viguerie du Pont-Saint-Esprit*, p. 12).

(2) Les pays de la rive gauche du Rhône désignés sous le nom d'*Empire*, tandis que la rive droite était appelée *Royaume ;* deux mots dont se servent encore les mariniers du fleuve, dans leurs manœuvres, disant : à *réiaomé*, à *empéiro*.

recusare venire peregrinare ad dictum locum S. Saturnini, alias S. Spiritus, pro faciendis, complendis et solvendis votis, devotionibus, promissionibus, dicte capelle seu hospitali per eos factis, et pluribus elemosinis quas dicte gentes seu incole solvere et facere intendunt pro sustentatione et reparatione dictorum pontis, capelle et hospitalis, pro eo quia pretiment, in dicto loco seu ejus territorio et districtu, capi et arrestari et alias fatigari et molestari in personnis per commissarios seu servientes regis aut alios deputatos super exequtionem marche seu represalie (1) concesse contra eos per judicem seu custodem curie sigilli regis et superiorum Montispesulani et pro (eo) etiam quia custos dicti (portus) S. Spiritus et nonnulli alii commissarii deputati super facto monetarum prohibitarum eisdem peregrinis aufferunt pecunias habentes cursus in Imperio, in regno Francie prohibitas, quas dicte incole dictorum comitatuum et aliorum locorum de Imperio secum portant pro expensis necessariis pro peregrinagium faciendo et pro solvendis dictis votis et promissionibus que et quas fecerunt, super quibus etiam timent per dictos custodem et judicem ac alios commissarios agravari, quod cedit in magnum prejudicium atque damnum dictorum pontis, capelle et hospitalis presertim, qui dicti pons et hospitalis in majori parte substentantur per elemosinas dictarum gentium seu incolarum dictorum comitatuum et de dicto Imperio ; et dubitatus quod, nisi super predictis per nos provideatur, pro deffectu dictarum elemosinarum pons et hospitale predictum et devotio dicte capelle periatur seu demoliatur et etiam absorbetur. Nosque nolentes quod dictum magnificum opus ex causis predictis..., sed potius volentes quod perpetuo Dei gratia et pro suffragio elemosinarum predictarum consuetarum... ; igitur, vobis et vestrum cuilibet, districte

---

(1) Le droit de marque ou de représailles permettait de se faire justice à soi-même, quand on avait obtenu des lettres à ce relatives. Il se pratiquait, au Moyen-Age, de ville à ville aussi bien que de nation à nation.

precipimus et mandamus quathenus dum et quando contingerit dictas gentes seu incolas locorum dictorum..... venire peregrinare et pro causis predictis apud dictum locum S. Saturnini, alias Sancti Spiritus, ipsos venire stare per unam diem naturalem et ultra pro votis suis adimplendis, absque mercaturas ibi exerceant seu alias negociationes, exceptis necessariis et factum peregrinationis tangentibus, et redire libere et sine impedimento seu quacumque (molestia) eis dando seu inferendo per quoscumque commissarios, custodes vel alios deputatos seu deputandos quoscumque super executione cujuscumque marche seu represalie concesse seu concedente contra eos, vel super facto dictarum monetarum prohibitarum pro suis expensis et votis et promissionibus solvendis ibidem, absque fraude permittatis et permittere faciatis; inhibentes, ex parte nostra, dictis commissariis, custodibus et aliis quibus pertinebit, super predicta deputatis, quibus nos, tenore presentium, inhibemus ne dictos incolas seu gentes peregrinantes, virtute cujuscumque commissionis seu mandati eis facti seu dicti faciendique et dicendi in et super predictis seu aliquo predictorum, in personis sive bonis nullo modo fatigent seu agravent nec fatigari aut agravari presument, sed ex causis predictis venire ad dictum locum S. Saturnini, alias S. Spiritus, stareque et redire libere permittent, modo predicto per nos concesso, litteris in contrarium a custodibus seu judicibus dicti sigilli seu a nobis impetratis vel impetrandis, nonobstantibus quibuscumque....... Tamen quod super predictis nullus reperiatur deffectus ; quod si fieret, nobis displiceret immensum.

Datum Montepessulano, sub sigillo proprio nostro, absente sigillo nostre senescallie, die prima mensis junii, anno Domini mill° quadring° octuagesimo.

(Copie dans le document décrit précédemment, p. 225).

CIX. — Juin 1510.

Lettres-patentes de Louis XII mettant sous la sauvegarde royale les hôpitaux et la chapelle du Saint-Esprit, où l'on prie Dieu pour sa personne et celles de ses prédécesseurs. — (N° 13, ch. 4).

Loys, par la grâce de Dieu roy de France, savoir faisons à tous présents et avenir, nous avoir receu l'umble supplication de nos bien amez les recteurs, gouverneur et administrateur, frères-donnez et procureurs, serviteurs de l'ospital et chapelle du pont Sainct-Espérit, en la ville Saint-Saornin-du-Port et éveschez d'Uzès et séneschaussée de Beaucaire, contenant que anciennement nos prédécesseurs, roys de France, fondèrent et doctèrent ledit pont Saint-Esprit, en honneur et révérence ; que par grâce divine fut commancé led. pont Saint-Esprit, auprès duquel est ledit hospital où sont faiz et continuez, de jour en jour, les services divins et moult de beaux œuvres charitables aux indigents passants par là ; pour considération desquelles choses plusieurs Saincts-Pères et mesmement pape Calixte ont octroyé et confirmé auxdits hospitaulx, plusieurs grans et solennelz pardons et indulgences, ainsi que par leurs bulles ou vidimus d'icelles pourront apparçoir ; et si ont nosd. prédécesseurs, ou aucuns d'eulx, députez, commis et ordonné protecteur et gardien d'icellui hospital, notre seneschal de Beaucaire et Nismes ou son lieutenant ; et toutefoys à l'occasion de la guerre qui longuement a duré en notre royaulme et autrement, plusieurs ont entreprins et encore pourroint entreprendre sur les droiz et appartenances d'icellui hospital, au grant préjudice desd. suppostz, et plus pourroit estre, se notre grâce et provision ne leur estoient sur ce imparties, comme disent iceulx suppliants en nous humblement requérant icellui ; à ce que les dits suppliants puissent mieulx et plus sûrement vacquer et entendre à faire et continuer led. office divin et œuvres charitables dudit hospital, et en la chapelle d'icellui prier Dieu pour nous et nosd. prédécesseurs...., doresnavant gardez d'oppression et mainteniez en leurs droiz, franchises et libertés iceulx avec leurs serviteurs, familiers, hommes et femmes...., avons prins et prenons et mettons, par la teneur de ces présentes, en et soubz nostre protection et sanvegarde..... requerons d'avoir et les garder et deffendre de toutes injures, griefs, violences, oppressions, molestations de force d'armes, de puissance de laics et de toutes enquietations et nouvelletez indeus..... Donné à Lyon, au mois de juin mil cinq cent et dix et de notre règne le treizième.

(Original sur parchemin de 0ᵐ,60 de haut et 0ᵐ,60 de large; grand sceau de cire noire (brisé) pendant, en sa gaine capitonnée, à des lacs de soie verte et rose) (1).

CX. — 14 juillet 1510.

Lettres-patentes de Louis XII autorisant, par tout le royaume, la publication des indulgences et la demande d'aumônes, en faveur des hôpitaux du Saint-Esprit. — (Nº 15, chap. 4).

Loys, par la grâce de Dieu roy de France..... Comme entre les cures, sollicitudes et affayres de nostre royaulme, esquelles à cause de nostre dignité royalle avons singulier désir, affection et sollicitude à la bonne continuation des devotz, pitéables et charitables lieux fondez d'ancienneté, en nostre d. royaume par nos predecesseurs, à ce que le cueurs des humains de nostred. royaume y puissent prendre dévotion au salut de leurs âmes, et ce,

---

(1) Un dossier de douze feuillets de dimensions inégales, joint au parchemin, contient l'ordonnance de Jehan de Senectère, sénéchal de Beaucaire, relative à l'exécution des lettres-patentes et des exploits des sergents de la ville du Bourg et de la ville de Saint-Esprit, certifiant que cette exécution a été faite dans les formes requises, à la perrière du Bourg, à Bos-Sabranenc, à Melinas, etc.

en spécial du très dévot et charitable hospital ordonné d'ancienneté en nostre ville du Pont-Sainct-Esperit sur le Rosne, auquel lieu sont bénignement receuz, gouvernez, guéris, gardez et traictez très charitablement tous pouvres malades, indifféremment de quelque maladie que ce soit, mesmement femmes grosses et gisantes ; les enfans relevez et mis en norrices, et, quand ils sont grans, marient les filles et les enfans masles mis à mestier, et toutes aultres personnes misérables de tous eaiges et contrées du monde receuent aud. hospital, et leur sont administrez toutes leurs nécessités, aux despens dud. hospital, par les recteurs, frères, religieux et gouverneurs dud. hospital ; lesquels frères et religieux disent, chacun jour, les heures canoniques et font le divin service et ont fait faire ung aultre hospital, hors les murs de lad. ville, où sont menez ceulx qui sont malades de peste ou d'autre maladie contagieuse, et néantmoins réparent tous les jours led. hospital et aussi ont creu et alongué lesd. esglises et hospital du benoit Sainct-Esperit.

Pourquoy, les grans charges considérables qu'il leur fault journellement porter, conduire, soustenir et entretenir, leur seroit impossible sans l'ayde de nous et de nos subjects ; à ceste cause ont plusieurs grans pardons et indulgences des Saincts-Pères de Romme et aultres prélatz de Saincte Eglise conservez et approuvez par nostred. Sainct-Père le pape, qui est à présent, aux bienfaiteurs dud. hospital..... Pourquoy nous, deuement informez des chouses dessud., voulant secourir aud. hospital, en ensuyvant nosd. predecesseurs roys de France, et pour la singulière dévotion que nous avons au benoist Sainct-Esperit, avons octroyé, permis et accordé, octroyons, permetons et accordons, par ces présentes, que par notre royaume, Daulphiné et par meinte duchez, contés et biens quelzconques où avons subjectz, les recteurs, frères et gouverneurs dud. hospital puyssent envoyer leurs gens et procureurs pour publier lesd. indulgences et pour recevoir, requerir, demander, charitablement et piteusement, les aulmosnes et secours favorablement de toutes gens pour relever et supporter leur grand necessité, en exposant ou faisant exposer publicquement ou en particulier, ainsi que mestier sera, les belles charités dud. hospital, la charge continuelle de icellui et les indulgences octroyez aux bienffaicteurs dud. lieu, ensemble tout ce qui sera necessaire et convenable en ce cas ; et que pour icelles aulmones et secours obtenir ils puissent exorter noz subjetz de faire icelles aulmones aud. hospital selon, chacun, sa faculté et puissance.

Si prions et requerons nos amez et féaulx arcevesques et évesques, abbés, abbesses, prieurs, prieuresses, chappitres et couvents, curés, recteurs d'esglises parrochiales et aultres gens d'esglise, tant réguliers que seculiers ; mandons et expressement enjoignons et commandons à tous noz lieutenants, seneschaux, baillifs, capitaines de gens d'armes et de traict, gardes de villes, ponts, portz, passages, juridictions, districtz et à tous noz aultres justiciers et officiers ou à leurs lieutenants et à chacun d'eulx comme à luy appartiendra, sans annexer ne contraindre de annexer ; pryons et requerons tous nos amys et aliez que de noz présents octroy, accord et permission ilz facent, seuffrent et layssent joyr et user plainement et paisiblement lesd. recteurs, frères, religieux dud. hospital et leurs procureurs et messagiers avec leurs aydes, familieurs et serviteurs pourtant lectres certificatoires dud. hospital, lesquels nous avons prins et nous prenons et mectons, ensemble tous leurs biens quelconques, par ces présentes, en notre protection et saulvegarde ; et facent assembler et convenir le peuple, pour iceulx oyr et entendre, si mestier est et requis en sont, et aussi publier ces présentes partout où ilz requeront et aussi de faire faire processions générales et sollempnelles pour la bonne sancté et prospérité de Nous, aussi pour la paix et union de nostre royaume et de tous nos aliez et bien veuillans, et les laissent aller, venir, passer, repasser seurement, franchement et quictement, de jour et de nuyt, à pié et à cheval, par eau et par terre, avec leurs gens, familiers et compaignes, les bestes, charrestes et chevaulx à eulx et aultres....., par leurs districtz, passaiges et juridictions, et aussi retourner en leur dit hospital, sans payer à nous et à noz officiers et subjectz aulcun ayde et subside, gabelle, coustume, péaiges, travers, barraige ou aultre reddevance quelzconque, en quelque manière que ce soit..... car ainsi voulons et nous plaist-il estre faict. Et afin que lesd. supplians puissent, eulx et leurs procureurs, commis et depputez, plus seurement garder et recueillir ces dons, aulmosnes et bienffaictz du peuple, donnons, voulons et ordonnons qu'ilz puissent mectre trons et capses, partout où il leur plaira, pour l'utilité dud. hospital, et de prendre et lever lesd. aulmosnes estant dedans iceulx trons et capses, toutes et quantes foiz qu'il leur plaira, pour les employer et mectre aux necessités dud. hospital et pour ayder à soustenir lesd. pouvres. Et, par ce que il y a aucuns vagabonds que sans aulcune charge ne procuration desd. recteurs et religieux font les questes par le pays, au nom dud. hospital, et les approprient à eulx, au detriment desd. pouvres, vous mandons en oultre que tous ceulx que vous trouverez faisant lesd. questes sans charge ou procuration desd. suppliants, que en faictes telle justice que soit exemple à tous aultres.....

Donné à Blois, le 4ᵉ jour de juillet, l'an de grace 1510 et de nostre regne le 13ᵉ. Par le roy, à la relation du conseil, J. Boude.

(Copie conforme en deux feuillets de papier de 0ᵐ,40 de haut et 0ᵐ,25 de large.)

CXI. — Août 1520.

Lettres-patentes de François Iᵉʳ accordant sauvegarde et franchises, par tout le royaume, aux gens de l'œuvre du Saint-Esprit. — (N° 18, chap. 4).

François, par la grâce de Dieu roy de France, savoir faisons à tous présens et avenir, nous avoir reçu humble supplication de nos bien amez les recteurs, gouverneurs et administrateurs, frères donnez et procureurs, serviteurs de l'hospital et chapelle du Sainct-Espérit de la ville de Saint-Saornin du Port..... (Invitons) le sénéchal de Beaucaire, auquel nous mandons ces présentes, que lesd. suppliants il maintienne et garde, par nous, en leursd. droitz, franchises et libertez, possessions et saisines ; le requerons à avoir et les garder et déffendre de toutes injures, griefs et violences, oppressions, molestations..... et nostre sauvegarde face signifier et publier, et intimer aux lieux et aux personnes où il appartiendra et dont il sera requis, et en signe d'icelle et en cas d'évènement, péril, il mecte noz panonceaulx et bastons royaulx en et sur les lieux, terres et manoirs, prez, boys, vignes, possessions et biens quelzconques desd. suppliants, en faisant inhibition et deffence de par nous, sur certaines et grosses peines à appliquer à tous ceulx qu'il appartiendra et dont il sera requis, que ausd. suppliants leurs serviteurs, familiers, hommes et femmes, ne meffaçent ou façent meffaire en corps ne en biens, en aucune manière... Donné à Paris, au mois d'aoust, l'an de grâce mil cinq cent et vingt et de nostre règne le sixiesme.

(Original sur parchemin de 0^m, 60 de haut et de 0^m, 60 de large; grand sceau de cire noire (brisé) pendant, en sa gaine de parchemin, à des lacs de soie verte et jaune) (1).

CXII. — 23 novembre 1523.

L'Archidiacre de Fréjus invite le clergé du diocèse, à bien accueillir les Frères du Saint-Esprit, à publier les miracles, opérés à Saint-Saturnin, et accorde 40 jours d'indulgences aux fidèles qui viendraient en aide à l'Œuvre. — (N° 19, chap. 4).

Bertrandus Aeronis, decretorum licentiatus (2), sancte sedis apostolice prothonotarius, ecclesie cathedralis Forojulensis pro reverendissimo in Christo patre et domino,

---

(1) Le dossier joint à ce document est froissé et rongé par les rats.
(2) Les expressions *licentiatus ou magister in decretis ou decretorum*, si fréquemment employées dans ces lettres, désignent les licentiés et les maîtres ou docteurs en droit canon, dont le décret de Gratien (1151) et les décrétales (1230) faisaient la principale partie.

domino Nicolao, Sancte Romane Ecclesie cardinali de Flexo, totius civitatis et diocesis Forojulisensis perpetuo administratore, in spiritualibus et temporalibus vicarius generalis, universis et singulis ecclesiarum parochiarum rectoribus, vicariis perpetuis, cappelanis, curatis et non curatis, infra civitatem et diocesim Forojulisensis constitutis, eorumve locatenentibus et ipsorum cuilibet salutem in Domino sempiternam..... Cum igitur ecclesia et hospitale pontis Sancti Spiritus supra Rodanum constructi, Uticensis diocesis, omni tempore magnis reparationibus indigeant, nisi fidelium elemosinis subveniatur, in quoquidem hospitale, ibidem ad honorem Sancti Spiritus fundato, plures pauperes nutriuntur et alimentantur; vos igitur et vestrum quemlibet in Domino hortamur, vobis et vestrum cuilibet precipiendo, mandamus quathenus nuncii, fratres et procuratores ipsarum ecclesie et hospitalis pontis S. Spiritus, cum ad vos et ecclesias vestras accesserint, ipsos benigne recipiatis et charitative tractetis, paupertates et necessitates ipsius hospitalis ac miracula que ibidem excitantur, necnon privilegia et indulgentias eidem hospitali per summos pontifices concessas et per bone memorie S. dominum nostrum, papam Adrianum, confirmatas, populo vobis commisso exponatis et publicetis in urbe, explicatione parrochianos vestros hortando ut premissis publicationibus....... permictatis populis erga eumdem S. Spiritum devotionem habentibus ut elemosinas et alia charitatis subsidia clargiantur....... nihil ab eis recipiendo, nisi id quod gratis clargiri voluerint, et hoc sub pena excommunicationis.... Omnipotentis Dei misericordia et beatorum Petri et Pauli apostolorum ac S. Andreæ, patroni nostri, meritis, omnibus et singulis Christi fidelibus, eisdem nunciis et procuratoribus manus adjutrices porrigentibus, quotiescumque id fecerint, quadraginta dies de injunctis eis penitentiis in Domino misericorditer relaxamus. Datum Forojulisensis sub sigillo quo utimur, die vigesima tertia mensis novembris, anno nativitatis Domini millesimo quingentesimo vigesimo tertio..... pro archidiacono : Vassalho.

(Original sur parchemin de 0^m,25 de haut et 0^m,40 de large, manque le sceau qui pendait à une lanière du parchemin).

CXIII. — 10 octobre 1539.

L'évêque de Grenoble ordonne qu'à l'arrivée des messagers de l'Œuvre du Saint-Esprit dans une paroisse, les fidèles soient réunis, voulant que dans le cas d'interdiction de l'église les portes en soient ouvertes, les cloches sonnées, les saints mystères célébrés, et tout autre quêteur écarté. Aux bienfaiteurs de l'hôpital de l'église du Saint-Esprit il accorde 40 jours d'indulgences. — (N° 20, chap. 4).

Laurentius Alamandi, miseratione divina episcopus et princeps Gratianopolis, abbas ecclesie secularis et collegiate S. Saturnini Tholoze, et S. Martini de Miseraco abbas, et decanus Sabaudie, universis et singulis dominis cappelanis, curatis et non curatis, ecclesiarumque parrochialium rectoribus seu locatenentibus eorumdem per civitatem et diocesim nostras Gratianopolis ubilibet constitutis, salutem in Domino sempiternam. Cum igitur hospitale et ecclesia S. Spiritus supra Rodanum, omni tempore, magnis constructionibus edificentur, sumptuosis indigeant reparationibus, ad quorum subventionem ipsius ecclesie et hospitalis proprie non supetunt facultates nisi piis et caritativis subveniatur elemosinis, in quibusquidem ecclesia et hospitali ad honorem S. Spiritus fundatis Sancta Trinitas plurima operatur miracula ; igitur, vos et vestrum quemlibet in Domino exortamur vobisque, in virtute remissionis (1) peccatorum vestrorum, comitimus et nostris subditis precipimus et mandamus quathenus, cum procuratores et nuncii dictorum ecclesie et hospitalis cum presentibus litteris ad vos et ecclesias vestras declinaverint pro elemosinis petendis, illos benigne recipiatis et caritative tractetis et processiones generales, diebus feriatis seu festivis, cum grege vobis commisso

---

(1) *In virtute remissionis,* etc... Curieuse formule, qui ne semble pas vouloir dire autre chose que : *In remissionem peccatorum vestrorum injungimus,* etc.

faciatis, populum ad hoc in unum congregari faciendo atque inducendo, verbo pariter et exemplo, ut de bonis sibi a Deo collatis eisdem nunciis erogent et elargiantur, legata, vota, promissiones eisdem ecclesie et hospitali debitas et promissas realiter persolvant, diem et horam ipsorum procuratorum adventus eidem populo nunciando manifestarique eorum necessitates cum verbi Dei predicatione ac dare evangelia (1), ymagines quas defferunt in honorem S. Spiritus, necnon indulgentias et privilegia per summos pontifices eisdem ecclesie et hospitali concessas declarare et absque tamen alicujus prejudicio et aliquorum troncorum ubilibet appositione et nihil propterea ultra populi devotionem petendo vel recipiendo, (litteras) de perpetuo indulgentias declarantes postibus exhiberi permictatis; et si ecclesie ad quas dictos nuncios declinare contingerit nostra vel officialis nostri (sententia) fuerint ecclesiastico..... supposite interdicto, eo non obstante, ibidem divina celebrentur officia, januis apertis et pulsatis campanis, excommunicatis et interdictis dejectis, ipsosque nuncios, ad honorem Sancte Trinitatis, illa die qua declinaverint pre ceteris questoribus preferri volumus; et ut ipsi fideles ardentius manus suas porrigant adjutrices eisdem et eorum cuilibet, quadraginta dies de injunctis eis ponitentiis misericorditer in domino relaxamus, inhibendo sub excommunicationis (pœna) ne aliquid plus solito a dictis nunciis recipiatis nec per vestrum quempiam exigatur nec in aliquo perturbentur ex sanctione presentium, absque aliis licteris intitulandis personaliter, assignatis sub dicta excommunicationis pena presentibus post unum annum. Die decima mensis octobris anni Domini MDXXXIX, sub sigillo pontificali ac signeto secretarii nostri ordinarii, in testimonium premissorum. Sigilletur : Jo. Ferrarii, vicarius. Per prefatum reverendissimum....... Solonis.

(Original sur parchemin de 0ᵐ,25 de haut et 0ᵐ,45 de large. Manque le sceau qui pendait à une lanière du même parchemin).

(1) *Dare evangelia*, distribuer les évangiles ?

CXIV. — 28 août 1560.

Sauvegarde accordée aux quêteurs de l'Œuvre du Saint-Esprit par Emmanuel Philibert, duc de Savoie. — (N° 6, chap. 4).

Emmanuel Philibert, par la grace de Dieu, duc de Savoie et de Chablais et d'Aoste, prince et vicaire perpétuel du saint empire romain, marquis en Italie, prince de Piedmont, comte de Genève, de Genevoye, de Bauge, de Romont et d'Ast, baron de Vaux, de Gex et Faucigni, seigeur de Bresse, à nos très chers et bien amez gouverneurs, baillifs, lieutenants, juges, chastellains et tous autres nos officiers, justiciers, maistres, vassaulx et subjects médiatz et immédiats à qui appartiendra, salut. Ayant seu rapport et plenière information de la requeste et des lettres soubz attachées, pour les causes comprinses et aultres charitables considérations, nous avons bien voulu vous encharger, ordonner et commander, et vous ordonnons, enchargeons et commandons expressement et chascun de vous, si, comme concernera vos officiers, ils n'ayent à contrevenir, observer et fere observer lesd. lettres soubz attachées (*de Louis, duc de Savoie, voyez plus haut, p. 269*) ny contrevenir, ny contrarier, ny permectre y soit contrarié ou contrevenu, directement ou indirectement, en façon quelconque, sous peine d'encourir nostre indignation et autres à nous arbitraire et ce, durant notre bon plaisir ; car tel est nostre voulloir, toutes oppositions, contrariectez et excusations après mises et nonobstantz ; en témoignage de quoy avons ordonné les présentes soubz escriptes de nostre main, scellées de nostre seel, que voulons et mandons estre inviolablement observées par les prélatz et aultres ecclesiastiques de quelque qualité, préhéminence et condition ilz soyent.

A nostre cité de Nice, le jour 28ᵉ aoust, l'an de grace MDLX.

(Copie dans Vidimus décrit p. 270).

CXV. — 11 décembre 1575.

Lettres-patentes de Henri III exemptant l'Hôtel-Dieu du Saint-Esprit du logement des gens de guerre et ordonnant qu'en signe de sauvegarde royale, les panonceaux royaux seront arborés sur les maisons de l'Œuvre. — (N° 23, chap. 4).

Henry, par la grace de Dieu, roy de France et de Pologne, à tous nos lieutenants généraulx, maréchaux de France,..... à qui ces présentes seront montrées, salut et dilection. Nous avons estés avertis que aucuns gens de guerre passant ou faisant séjour à nostre ville du Pont S. Esprit s'esforcent de loger dans l'Hostel-Dieu de lad. ville qui n'est dédié à autre chose qu'à y retirer les pauvres enfants trouvés et les pretres qui font le service divin en l'esglise d'où deppen led. hostel-Dieu, ce que nous ne voulons aucunement permectre. A ces causes, nous voulons et vous mandons, et à chascun de vous, que es maison et logis dud. hostel-Dieu de nostre d. ville vous n'ayez à loger aucuns soldats tant de cheval que de pied..... Pour les raisons susdites, nous les avons exemptés et deschargés, exemptons et deschargeons, ensemble tout ce que depand dud. hostel-Dieu, et les avons prins et mis, prenons et mectons en nostre protection et sauvegarde speciale que voulons estre publiée par tous les lieux où il appartiendra..... permettant aux recepveur et autres ayant charges dud. Hostel-Dieu, afin qu'il soit chose ferme, faire mectre apposer nos panonceaux, armes et bastons royaulx, ez portes principales dud. hostel-Dieu et maisons qui en dépendent ; mandant, ordonnant et enjoniant à chascun de vous, faire garder et observer, suivre nostre volontée portée par cesd. patantes, car tel est nostre plaisir. Donné à Paris, le 11e décembre l'an de grace 1575 et de nostre regne le 2e.

(Copie conforme, sur deux feuilles timbrées d'octobre 1673, jointe à la lettre d'exécution de H. de Montmorency, seigneur de Dampville, et à la réquisition du seigneur de Luynes, colonel des compagnies françaises, à l'effet d'obtenir l'évacuation de la maison du Roi).

CXVI. — 10 mars 1579.

Procuration donnée à Pierre Prunaret pour faire les quêtes en Vivarais. — (N° 24, chap. 4).

Sachent tous, présents et advenir, qui ce présent acte de procuration veront, liront et ouyront, soit chose notoire et manifeste que l'an de l'Incarnation 1579 et le 10ᵉ jour du mois de mars, très excellent prince, Henri, par la grâce de Dieu, roi de France, regnant, en présence de nous, notaire et greffier royal soubsigné, et des témoins sous nommés, establis en leurs personnes Frère Jean de l'Œuvre (1), Mᵉ Guillaume Reboul, docteur en médecine (2), Barthélemy Bernard (3), doct. en droit, Michel Serre, marchand, recteurs et administrateurs desd. maison, pont et hopital pour le roy en la ville du Sainct Esperit, au diocèse d'Uzès, seneschaussée de Beaucaire, instituez et créés par Mᵍʳ le séneschal dud. Beaucaire et Nimes, conservateur desd. Eglise, maison, pont et hospital pour le roy; estably et ordonne que par M. le prieur et conseigneur dud. S. Espérit ou son vicaire...; lesquels recteurs, de leur bon gré et franche volonté, en révoquant au préalable tous procureurs par devant faits au nom desd. maison, pont, esglise et hospital ez eveschés, arceveschés, abeyes, paroisses respondant à l'arcevesché de Lyon, au pais de Dauphiné et ez eveschés, arceveschés au pais de Provence, ont faict et créé et ordonné leur procureur, nunciateur et négociateur spécial et général savoir est : maistre Pierre Pruneyret (4), habitant du lieu de Meyras (5), en Vivarais, illic

---

(1) V. sur ce frère-prêtre notre appendice.
(2) V. p. 125, note 2.
(3) V. p. 142, note 2.
(4) Jacques Bernard, le feudiste de 1754, a écrit au sommaire : Prunaret au lieu de Prunayret. Nous respectons cette correction, car Bernard était habitant d'Aubenas, pays voisin de Meyras.
(5) Commune du canton de Montpezat (Ardèche).

présent et acceptant lad. charge, en et pour, au nom desd. recteurs, demander leurs péages et recouvrer toutes et chacunes les questes, aulmosnes, vots et promesses et aultres bienfaitz tant en bled, en argent, huile, linge, chenvre que aultres choses que esd. esglises et hospital seront donnez pour la nourriture et entretenement des pauvres viateurs, femmes enceintes et petitz enfants exposez aud. hospital, ung chacun jour y affluant, et ce que par les bienfaiteurs desd. éveschés et archeveschés, abeyes, paroisses, archipretrés, seront donnez et eslargis en et au nom desdites maison, pont, esglise et hospital ; de quoi lesd. recteurs ont vollu, en conseil, acte et instrument public en estre faict, ailleurs procuration, et le scel desd. maison, pont, esglise et hospital y estre mis et apposé par nous notaire soubssigné. Faict audit Sainct-Esperit, en la maison et salle desd. esglise et hospital, par moy, Pierre Delaigue, de lad. ville, François Blanc, de la ville de Bollene (1), compté de Venize (2), soubsigné, à ce pour témoin appelé, et de moy, Antoyne Reboul, notaire (3) et greffier royal d'icelle ville du Sainct-Epérit, avec lesd. S^{rs} recteurs soubssignés. *Signés :* P^{re} Delaigue, Reboul, rect., Bernard, rect., Jean de l'Œuvre, rect. *Pour témoin :* Blanc.

(Original sur parchemin mesurant 0^m,28 de haut et 0^m,39 de large. Grand sceau ovale des recteurs dans sac de papier pendant à une queue de parchemin).

---

(1) Chef-lieu de canton, (Vaucluse).
(2) Comtat-Venaissin.
(3) V. page précédente, note 2.

CXVII. — 20 août 1579.

Requête au Grand-Prieur de France et autorisation conforme de quêter dans toute l'étendue de son gouvernement. — (N° 26, chap. 4).

Supplie humblement le procureur du roy pour les povres en la cour et le procureur général de l'hospital du Pont St Espérit en Languedoc, que, pour raison de la mallice des troubles que hont heu cours en ce royaulme, lesd. hospitaulx et povres ont esté reduictz en telle extrémité, qu'il est impossible de plus, pour avoir esté la maison bruslée, pillée et saccagée et les revenuz reduitz à rien, mesme le principal concernant les aulmosnes que auroient cesse pour raison desd. troubles ; toutesfoys, ayant heu les suppliants relasche, par le moyen de l'édict de pacification faict par Sa Majesté, se seroient mis en debvoir de remettre led. hospital comme principal et plus fameux de ce royaulme, afin que les povres y estant et venans de toutes pars soyent resseus, allimentez et secoreus à leurs nécessités. Et attendu que led. hospital est de fondation royalle, et qu'il est en possession de tout temps de pouvoir faire aux provinces de ce royaulme questes générales par toutes les villes, villages, bourgs, bourgades et maisons particulières pour soubvenir audit hospital et secourir les povres personnes y estant. A ces causes, les suppliants au nom dud. hospital vouldroynt supplier vostre excellence que leur fust permis de faire faire lad. queste aux villes et villages de vostre gouvernement, tout ainsi que leur a esté permis par toutes les provinces de ce royaulme et mesme dans les terres de l'obeyssance de son Altesse, comme appert par les pièces cy-jointes, et, à ces fins, estre enjoinct aux consuls, ouvriers, curetz et vicayres des eglises de ced. païs, de faire ou faire faire la susd. queste generale aux portes desd. esglises et maisons des parroches, à peine de cinquante escus applicables au roy..... Et ils prieront pour votre prospérité et grandeur.

Veu l'arrest du parlement de Thoulouse du 20 juillet dernier par lequel, en faveur dud. hospital, lad. queste est permise, pourveu que ce soit par personnaige de la probité et qualité requise et sans abuz ; après que le suppliant aura eu la permission des archevesques et évesques de nostre gouvernement, il est permis ausd. suppliants, en faveur dud. hospital, de faire la queste par les villes, villages, bourgades dud. gouvernement ; et à ces fins, il est enjoinct aux consuls, ouvriers, marguilliers et officiers du roy, où se fera lad. queste, de tenir la main que ce soit sans fraude ny abus et que les deniers, provenant d'icelle, soient incontinent, et au moins de frais que faire se pourra, portez aux recteurs et gouverneurs dud. hospital. Fait le 20 aoust 1579. *Signé :* A. d'Angoulesme. Par mondit seigneur : Chasot.

(Original sur papier mesurant 0ᵐ,45 de haut et 0ᵐ,30 de large).

CXVIII. — Mars 1614.

Lettres-patentes de Louis XIII confirmant, en même temps que divers privilèges, les franchises accordées par ses prédécesseurs à l'Œuvre du Saint-Esprit. — (Nº 26, chap. 4).

Louis, par la grace de Dieu, roi de France et de Navarre.... savoir faisons que nous, ayant esgard à la supplication et requete des prebres, sindics et recteurs de l'eglise, hospital et pont de la ville du Sᵗ Esprit sur le Rosne, contenant que nosd. predecesseurs roys leur avoient accordé et octroyé plusieurs dons, privilleges et reglements, mesme sur l'ordre, maniement et distribution des deniers du Petit-blanc destinés pour l'entretienement desd. pont, esglise et hospital, leur ayant esté aussi permis de passer toutes sortes de marchandises et bois à bastir pour la necessité desd. prebres, maisons et hospital, sans payer aucun péage et imposition ; de pleus nosd. predecesseurs auroint faict une fondattion en lad. esglise d'une messe et pour icelle ordonné une pension de trantes livres, pour chacun an, des deniers du Petit blanc ; autre fondassion de cent livres, par chacun an, pour célébrer tous les jours, une grand messe du S. Esprit pour nostre prospérité et santé ; et pareillement autre pension de douze cent livres, aussi pour chascun an, pour leur nourriture et entretenement ; leur ayant en outre permis, lorsque la necessité le requeroit de faire ouverture des isles estant dans lad. rivière, pour la contenir en son canal (1), et autres droits et facultés à eux accordées, lesquelles leur ont esté successivement confirmés par nosd. predecesseurs et dont les suppliants ont paisiblement jouy jusques à présent.

Nous, à ces causes, désirant les bien et favorablement traiter et leur continuer les mêmes graces dont nos predecesseurs ont usé envers eux ; affin aussi de leur donner moyen d'entretenir lad. esglise et hospital et de faire et vacquer avec toute dévotion au service qui se fait en lad. esglise, avons tous et chascun lesd. privilèges, exemptions, franchises et libertez, dons, pensions, fondassions et reglements susd. confirmés, ratifiés et auctorysez ; et de nos graces spéciales, playne puissance et auctorité royale, confirmons, ratifions et auctorisons ces présentes pour en jouyr par eux, plainement, paisiblement et perpétuellement, en la forme et manière qu'ils ont cy-devant bien et duement jouy et usé, jouissent et usent encore de présent ; donnons et mandons à nos amez et féaulx conseillers, les president et trésorier généraulx de France au bureau de nos finances estably à Montpellier, seneschal de Beaucaire et Nismes, visiteur général des gabelles ou leurs lieutenants, à tous autres nos justiciers et officiers et chascun d'eux, suivant et comme leur appartiendra, que de nos présentes confirmations et tout le contenu cy-dessus ils facent, souffrent et laissent jouyr et user lesd. sup-

---

(1) V. nos articles *le Rhône sous le Pont-Saint-Esprit*, s. v. p., parus dans *Bulletin de l'Union du Sud-est et du Syndicat agricole de Pont-Saint-Esprit*, n°* 5, 6 et 7, Lyon. Jevain. 1892.

pliants, pleinement et paisiblement, sans leur faire ny souffrir leur estre fait, mis ou donné aucun trouble ny empeschement ; au contraire, lesquels, sy faict estoit, ostent, méttent ou facent mettre incontinant et sans dellaye à playne et entière deslivrance et au premier estat, car tel est nostre plaisir, nonobstant quelconques edits, mandements, défenses et lettres à ce contraire.... et afin que ce soit estably à toujours, avons faict mettre nostre scel aux susdites présentes. Donné à Paris, ce mois de mars mil six cent quatorze et de nostre regne le quatriesme.

(Original sur parchemin de 0ᵐ,50 de haut et de 0ᵐ,45 de large. Grand sceau de cire verte brisé, pendant à des lacs de soie verte et rose).

LIVRE IV

Droits honorifiques et utiles.

1° Péage de Saint-Bonnet de Baudiner.

CXIX. — 26 mars 1280.

Guillaume de Baudiner donne aux recteurs de l'Œuvre du pont Saint-Esprit le péage de Saint-Bonnet-le-Froid, mandement de Baudiner. — (N° 1, chap. 16).

Noverint universi et singuli quod, anno ab Incarnatione Domini M° CC° LXXXI, videlicet VII° kalendas martii, regnante domino Philippo, rege Francorum, nobilis vir dominus Guillelmus de Beldisnar, dominus Castri de Beldisnar (1), Valentinensis diocesis, per se et omnes heredes et successores suos....... non exactus nec seductus aliqua machinatione, adulatione seu fraude.......... nec in fraudem hoc faciens vel aliqui vel aliquorum sed sua mera, gratuita et sponte voluntate, amore Dei,.......... in redemptionem peccatorum suorum et parentium suorum, dedit, cessit, liberavit et concessit et quasi tradidit, donatione simplici, rata, firma et irrevocabili................ .... Bernardo Donadei (2) et Guillelmo Bonn(eti) de S. Saturnino de Portu, Uticencis diocesis, rectoribus operis pontis

---

(1) Cf. ci-après p. 305, note 3, pour les formes diverses de ce nom de lieu.

(2) V. p. 23, ligne 13, et p. 34, ligne 16.

S. Spiritus de S. Saturnino predicto presentibus, stipulantibus et recipientibus, nomine et vice dicti operis, et per ipsos ipsi operi pontis supradicti, in perpetuum, omnes redditus, fructus, obventiones et gausitas quos et quas habet et habere et percipere debet et potest et perciperi et haberi sunt et possunt, nunc et in perpetuum, quocumque modo, forma, ratione, et occasione, nomine et titulo pedagii, prout quondam habere et percipere et capere et capi facere, retroactis temporibus, consuevit in loco qui dicitur S. Bonnetus Frigidius, in mandamento de Beldisnar supradicto; dans et concedens dictus dominus de Beldisnar, predictis Bernando et Guillelmo, recipientibus nomine operis dicti pontis, et per predictos dicto operi et etiam rectoribus, successoribus.... in dicto opere (nunc et in perpetuum), nomine dicti operis..., pedagium et omnia et singula dicto pedagio provenientia, potestatem, licentiam et auctoritatem, plenissimam et integram, percipiendi, levandi, exigendi et recipiendi et sibi in perpetuum retinendi, pro opere et nomine operis supradicti, et etiam ibidem procuratorem, et procuratores, levatorem et levatores et perceptores dicti pedagii et omnium suorum jurium constituendi, statuendi et ponendi et mittendi, semel et pluries, et quandocumque et quotiescumque voluerint, et eis visum facere expedire; qui dicta pedagia et omnia et singula que ad ipsum pedagium pertinent et pertinere possunt, quocumque modo, possint et debeant levare, exigere, percipere et etiam recipere imperpetuum, nomine dicti operis et pro ipso opere dicti pontis. (..........) se et suos, et, imperpetuum, ipsos rectores dicti operis ...... investivit. Dans et concedens, idem nobilis dominus G. de Beldisnar, predictis Bernardo et Guillelmo, rectoribus supradictis, nomine dicti operis et, per ipsos, dicto operi dicti pontis et successoribus et rectoribus dicti operis, imperpetuum, plenam et liberam potestatem, auctoritatem et licentiam jurandi et percipiendi veram et corporalem possessionem et quasi dicti pedagii totius et omnium reddituum fructuum et gauditar... ipsius pedagii, auctoritate propria etiam sine auctoritate alicujus judicis..... Salvo tamen et retento ibidem, in pedagio supradicto, dicto nobili G. de Beldisnar et suis, imperpetuum, dominio suo et jure sui dominii. Et confessus fuit et in veritate recognovit dictus nobilis dominus G. de Beldisnar se, ad hanc donationem irrevocabilem faciendam, processisse, amore Dei et intuitu pietatis et in redemptionem peccatorum suorum et parentum suorum..... Promittens se, dictus nobilis G., contra dictam donationem vel aliquod contra non venire, nec contra venire facere et ipsam non revocare nec revocari facere, aliquo tempore, aliquo jure vel ratione (in totum vel in partem) in judicio vel extra, per se vel per aliquam, in perpetuum, personam. Renuncians, expresse, juridicenti donationem posse revocare, propter ingratitudinem, et juridicenti donationem excedentem summam (D) aureorum sine ju..nagio factam non valere, et illi juri renuncians tocies quocies dictam summam (D) aureorum excedet vel excedere posset donatio supradicta. Volens, mandans, faciens atque constituens dictus nobilis dominus G. quod tot sunt donatores singulares et expresse q. essent summe (decem) aureorum predictorum et q. tot partes et donatores..... et reducantur et etiam nominentur. Renuncians etiam dictus nobilis G., errori facti... et omni alio juri scripto et non scripto... Et predictam donationem fecit dictus nobilis dominus G. predictis rectoribus et predicto operi, salvo jure alicujus domini pro quo tenetur dictum pedagium ab ipso domino G. supradicto. Volens, mandans atque precipiens idem nobilis dominus G.... infrascripto notario.... de predictis instrumentum et instrumenta, semel et pluries.., fieri, sub obligatione omnium bonorum suorum. Promisit ac, tactis ab ipso corporaliter sacrosanctis Dei evangeliis, juravit. Acta sunt hec apud Sanctum Saturninum, in Stari Rostagni Bidonis (1), testes vocati scilicet Rostagnus Bidonis, dominus Guillelmus Bellandi (2), Petrus Donadei (3), Eraillus de Rocgeto, Pontius Imberti, domicellus, et ego, Guillel-

---

(1) V. p. 11 et 21.
(2) V. p. 3.
(3) V. p. 23.

mus Anglicus, dicti domini regis Francorum notarius, qui omnibus predictis interfui et, mandato dicti domini G. de Beldisnar et partibus dictorum rectorum hanc cartam scripsi et signo meo signavi.

(Vidimus délivré par Thomas Aubert, seigneur de Broussans, viguier de Bagnols, et dressé sur l'original (le notaire Guymard écrivant) le 22 novembre 1442. Parchemin de 0^m, 45 de haut et 0^m, 28 de large ; petit sceau de cire rouge, portant une fleur de lys, pendant).

CXX. — 2 décembre 1371.

L'Œuvre du Saint-Esprit affirme son droit au péage de Saint-Bonnet-le-Froid et produit des lettres, à ce relatives, du Sénéchal de Beaucaire. — (N° 2, chap. 16).

Noverint universi et singuli, presentes et futuri, hoc instrumentum publicum inspecturi et audituri. Anno Domini millesimo trescentesimo septuagesimo primo et die secunda mensis decembris, illustrissimo principe domino Karolo, Dei gratia rege Francorum regnante, in mei notarii et testium subscriptorum constitutus, personaliter, frater Guillelmus Annati, procurator et procuratorum nomine mirifici operis pontis et hospitalis Sancti Spiritus, citatus per rectores dicti operis prout de ejus procuratio constat per quasdam patentes litteras in pargameno scriptas, tribus sigillis impendentibus cero albe sigillatas, sub data anni Domini M° CCC° LXVII et dici undecime mensis octobris signatas, ut in eis apparebat, signo magistri P. Colombi, notarii domini episcopi Uticensis, coram discreto viro magistro Andreas Cleyssac, notario, locumtenente.... viri domini Guillelmi de Canuto, baquallerii in legibus, judicis regie Vallie (1), representavit eidem quasdam patentes litteras nobili et potente viro domino Amedeo de Baucio, milite, senescallo Bellicadro et Nemausi, emanatas, quorum tenor talis est :

(1) Le Velay.

Amedeus de Baucio, miles, dominus de Coronilo (1), senescallus Bellicadri et Nemausi, bayllivo regio Montisfalconis, Aniciensis diocesis (2), ceterisque justiciariis regiis dicti loci vel locatenentibus, salutem. Rector et fratres domus, pontis et hospitalis Sancti Spiritus de Sancto Saturnino de Portu nobis exposuerunt, cum querela, quamvis domus sit et fuerit in possessione pacifica levandi pedagium et percipiendi fructus et gauditas ejusdem in pedagio Sancti Bonneti Frigidi, in mandamento Belliprandii (3), ex donatione eidem domui facta, dudum, per dominum Guillelmum de Belloprandio cum certo publico instrumento, recepto sub anno Domini M° ducentesimo LXXXI et VII idus martii, nobis exhibito et ostenso, et ibidem habeant certum hominem deputatum ad levandum hujusmodi pedagium, nichilominus vos seu alter vestrum ipsos rectores et fratres de novo in eorum possessione perturbare........ quod cedit in grande prejudicio operis supradicti et justicie lezione, prout per eos assertum extitit coram nobis ; et requisiti sibi super predictos per nos de remedio opportuno provideri ; quo circa ad requisitionem dictorum rectorum et fratrum, vobis mandamus quathenus dictum pedagea(rium) qui nunc est vel qui, pro tempore futuro, fuerit, dictum pedagium, ut est ab antiquo levari consuetum, levare et percipere permittatis, sine aliquo impedimento, et ante impedimentum quodcumque per vos seu vestrum alterutrum in predictis pedagio et pedagiario appositum amoveatis, quod nos, tenore presentium, amovemus. Si vos aliquos processus contra ipsum pedagium feceritis, ipsos nobis apud Nemausum.......... ut nos supra predictis justiciam ministrare valeamus.

Datum in Sancto Saturnino de Portu, die sexta octobris, anno Domini M° trescentesimo septuagesimo primo, sub sigillo proprio nostro, absente sigillo nostre senescallie.

---

(1) Amédée des Baux, seigneur de Cornillon.
(2) Montfaucon, diocèse du Puy, aujourd'hui chef-lieu de canton de l'arrondissement d'Issingeaux (Loire).
(3) Beaudiner, *Cf.* ci-dessus, p. 301, note 1.

Petens et requirens idem procurator, cum sollempnitate qua decet de jure, dictas litteras exequi seu executioni demandari... Et dictus dominus locumtenens dicti domini judicis regii Vallie dicto procuratori ad consilio procedendum, de et super predictis, et judicium faciendum quod fuerit rationis... diem mensis presentis apud Montisfalconem, in curia regia, et horam assignavit. Cui assignationi dictus procurator non consentus ymo petiit et requisivit ut supra, ad id quo supra..... assignavit.

De quibus..... ratione predictis, dictus procurator petiit sibi fieri publicum instrumentum per me notarium subscriptum.

Acta fuerunt hec apud Montisfalconem, in domo liberorum Thome Cleyssac quondam, testibus presentibus discretis viris magistris Petro Mayoli, seniore, Matho de Masalibus, Johanne Vinichac, notario, Johanne de Oliveto, domicello, et me Guillelmo Johannis, clerico Aniciensis, regio notario publico, qui premissis presens fui et de hiis notam recepi. De qua hujusmodi instrumentum publicum extraxi, scripsi et grossavi, manu mea propria et signo meo signavi in testimonium premissorum.

(Expédition originale sur parchemin mesurant 0^m,21 de haut et 0^m,29 de large).

2° OCTROI DU PETIT-BLANC.

CXXI. — 30 avril 1474.

Lettres-patentes de Louis XI confiant la perception du droit de cinq deniers, sur chaque sestier de sel passant sous le pont, à deux personnes de la ville du Saint-Esprit, sous la surveillance du général des finances de Languedoc. — (N° 2, chap. 3).

Loys, par la grace de Dieu roy de France, à nos amez et féaulx Imbert de Varey, notre conseiller et général de nos finances, et maistre Antoyne Boyart, trésorier et receveur général de nosd. finances en nostre pays de Languedoc, salut et dilection. Comme nous avons esté informez que, de tout temps et d'ancienneté, ait accoustumé estre et soit, de jour en jour, levé certain aide sur le sel, qui est tiré contre mont la rivière du Rosne et passé par dessoubs le pont Sainct-Esperit et qui se vent au grenier à sel dud. lieu (1), c'est assavoir cinq deniers tournois sur chascun sestier, pour la réparation et entretenement desd. pont, esglise et hospitaux dud. lieu, lesquels pont, esglise et hopitaux dépendent l'un de l'autre et sont d'une mesme fondation, c'est assavoir de noz prédecesseurs roys de France ; les deniers duquel aide ayant toujours accoustumé de faire convertir et employer en lad. réparation et entretenement, sans aucun contredit ou empeschement jusques puis certain temps en ça que aucuns ont retenu et retiennent, chascun jour, par devers eulx, les deniers dudit aide ou grant partie d'iceulx et les ont attribué et attribuent, de jour en jour, a leur singulier prouffit, par quoy lesd. pont, esglise et hospitaulx sont en voye de tourner en grant décadence. Pour laquelle cause, nous, dès le moys de may mil quatre cent soixante-douze, avons mandé par noz lettres patentes à notre amez et féal conseiller Maistre Pierre de Reffuge, lors général de nos finances, soy informé de et sus les chouses dessusd., et que, sil luy en apparaissait à souffisance, que dès lors en avant il feist convertir et employer tous les deniers d'iceluy aide esd. reparacions et entretenements desd. pont, esglise et hospitaulx du Saint Esperit, en commetant et ordonnant à la récepte d'iceluy ayde deux personnes dud. lieu du Saint-Esperit, souffisans et ydoines et bien cautionnés, et deschargeant d'icelle recepte tous aultres qui y pourroient estre commis et avecques, et contraignant ou faisant contraindre tous ceulx qui, depuis quarante ans en

---

(1) Une note, ancienne, trouvée dans le cahier des comptes du contrôleur, coté C, renvoi aux archives de la Cour des comptes pour avoir de plus amples renseignements sur le Petit-blanc et sa comptabilité.

çà, ont eu administration desd. deniers, et en rendre compte (1); pour le reliquat d'iceulx comptes estre sembla-

(1) C'est, dès les premières lettres-patentes, que fut tenu compte des recettes et dépenses du Petit-Blanc, sur le gros registre en velin, coté C dans l'inventaire de 1754, où, après les lettres-patentes sur les offices de receveur du Petit-blanc et de contrôleur, sont inscrits les comptes de l'Œuvre :

Opera et reparationes pontis Sancti Spiritus, hospitalis et ecclesie existentium juxta dictum pontem ad partem regni, pro septem mensibus et decem diebus, incipientibus XXII mensis januarii M·CCCCLXXII° (1473 nouv. style) et finientibus ultima augusti M·CCCCLXXIII°.

Compte premier de Loys Biordon et Jean Ebrard, commis par le roy à la recepte du Petit-blanc.........., Marc Bergerac estant contrôleur et Geoffroy Touchet, clerc et adviseur desd. ouvraiges, durant le temps de ced. compte de la recepte et despense faicte par lesd. receveurs, nobles Loys Biordon et Jean Hébrard, coseigneurs de Saint-Julien-de-Peyrolas. Ce présent compte, rendu à court par Pierre Dujardin, procureur desd. receveurs, par vertu des lettres de procuration cy rendues ; Iceulx receveurs présents à la closture.

Recepte à cause du sel vendu et distribué, en menu, audit grenier à la part du Royaume, durant le temps de ce présent compte.

Pour le moys de janvier, depuis led. XXII° jour jusques à la fin d'icellui moys.	XLV sestiers II quintaulx.
Février.....................	CXXXIII sest. II q. et demy.
Marc........................	CIIII^{xx}V sest. I q. et demy.
Avril........................	III^c XLI sest. I q. et demy.
May.........................	II^c IIII^{xx} sest III q. et demy.
Juing........................	III^c XXIII sest. I q. et demy.
Juillet.......................	CXXXVI sest. I q. et demy.
Aoust.......................	III^c XIIII sest. demy.

Omnia XVII^c LX quintalia.......... valentia, ad rationem V denariorum turonensium, pro quolibet quintali XXXVI libras, XIII solidos, VI denarios ob. t.

Autre recepte, à cause du sel passé et acquitté aud. grenier en grosses quantitez, à lad. part du Royaume, contre mont la rivière du Rosne, durant le temps de ce dit compte, lequel sel se passe et acquitte à muys et quintaulx de sel.

Et est assavoir que en chacun muy y a LX quintaux ou sestiers de sel qui vault, à lad. raison de V d. t., pour chacun quintal ou sestier sel XXV sols t.

De la quantité de XLII m(uys), XXX quint. sel, que passè-

blement employé en ce que dit est, ainsi qu'il est plus à plain contenu en nosd. aultres lettres, par vertu desquelles information ait este faite sur les chouses dessusd. par aucuns nos officiers à ce commis par led. M° Pierre de

rent et acquictèrent aud. grenier Anthoyne de Joyes et Robinet Dupra pour porter, mener et conduire à la dite part du Royaume, le XXIIII° jour de juillet MCCCCLXXIII, qui valent audit prix de XXV s. t. pour
muy, la somme de................ LIII l. II s. VI d.
 De la quantité XLII muys XXX quintaulx sel passés et acquictez..... le XVI° jour d'aoust ensuivant..... qui valent aud. prix de XXV s. t. pour m. la
somme de....................... LIII l. II s. VI d.
 De la quantité de XXXV m. XXVIII qx passés et acquictez, le dernier jour d'aoust, de la
somme de....................... XLIIII l. VI s. X d. t.
 De la quantité de XLII m. V qx sel, passez et acquictez, le dernier jour d'aoust, la somme de   LII l. XII s. I d. t.
 De la quantité de XXX m. LVII qx demy sel, passez et acquictez, le dernier jour d'aoust,
qui valent la somme de.......... XLIIII l. XVIII s. X d. t.
 De la quantité de XXXVII m. L qx, acquictez, le dernier jour d'aoust, qui valent la somme de   XLVII l. V s. X d. t.
 De la quantité de XXI m. IX qx sel, acquictez, le dernier jour d'aoust, qui valent la somme de.   XLVII l. V. s. X d. t.
 Omnia..... III° LXXV l. ob. t.

Autre recepte, faicte par lesd. recepveurs et commis, à cause du sel vendu et distribué aud. grenier, en menu, à la part de l'Empire, durant le temps de ce présent compte, aud. prix de V d. t. pour sestier ou quintal de sel.
 Pour le moys de janvier, depuis XXII° jusqu'à la fin
d'icellui............ .... I sest. II qx.
février .... XII sests.
mars... XVI sest. II qx.
avril... II sest.
may.. V sest. demy qx.
juing... III sest. III qx.
juillet.. III sest. VII qx.
aoust... X sest.
 Omnia LIIII sest. Valentia, ad. rationem V denariorum pro quolibet sextar. XXVII solidos VI denarios t.

A cause du sel passé et accquicté aud. grenier, en grosses quantitez, à lad. part de l'Empire, contre mont la rivière du Rosne,

Refuge et icelle informacion appourtée où renvoyée à ycelluy Pierre de Refuge par laquelle est deuement apparu des chouses dessusd.(1). Mais, ce nonobstant, led. M° Pierre

durant le temps de ced. compte, lequel sel acquicté et passé à muys et quintaulx ; en chacun desquels muys, sestiers ou quintaulx, desquels par acquictement et marche faict avec les marchants qui acquictent et tirent led. sel, leur est deduict et rabattu le plus qui est un den. obole t. pour muy ; ainsi vault aulcunement led. muy, qui font LX sestiers ou quintx sel, XXIII sol. IIII den. ob. t.

Et premièrement, de la quantité de XLIX m. sel, passez et acquitez aud. grenier, pour tirer à lad. part de l'Empire, par Jean Perolier et Imbert Bérard, le VII° jour de may mil CCCC LXXIII, qui valent, à lad. raison de XXIIII s. IIII d. ob. t. pour muy, rabattu le den. plus, la somme de LIX *l.* XIIII s. IIII d. ob. t.

De la quantité de XXIII m. XXVII q. sel acquittez, le VII may, qui valent la somme de......................	XL *l.* XV s. VII d. ob. t.
Le XXIX° may, pour XLIX muys, X sest, la somme de	LIX *l.* XVIII s. VI d. ob. t.
Le XVI° juing, pour XLVIII m. XXX qts...............	LIX *l.* II s. VI d. t.
Le XVIII° juing, pour XLII m. V qts...................	LI *l.* V s. X d. t.
Le VI° juillet, pour XXVIII m. XXIX qts...................	XXXIIII *l.* XIIII s. VI d. ob. t.
Led. jour, VI° juillet, pour VI m. XXXII qts..............	VII *l.* XIX s. VII d.
Le XV° juillet, pour XXV m. XX qts.....................	XXX *l.* XVII s. VII d. ob. t.
Le XXIIII° juillet, pour XXVIII m. LV qts................	XXXV *l.* V s. XV d.
Le XXVI° juillet, pour XXIII m. XXXVII qts............	XXVIII *l.* XVI s. ob. t.
Le dernier juillet, pour XLVIII m. XXXVI qts....	LIX *l.* V s. t.
Le dernier juillet, pour VIII m. LIII qts................	X *l.* XVII s. I d. t.

Le XXVII d'aoust, pour

(1) Les lettres-patentes adressées à Pierre de Refuge (N° 1, chap. 3) sont illisibles sur l'original. Nous avons préféré donner celles-ci qui les résument et apportent de nouveaux renseignements.

de Refuge a differé et encore differe de proceder à l'entière execution d'icelles nos lettres, sans avoir plus ample declaration de notre vouloir et entencion sur ce, et, à ceste cause, sont lesd. ediffices desd. pont, esglise et hospitaulx,

XXXVI m. XX qts.........	XLIIII *l*. V s. X d. t.
Led. XXVII° d'aoust, pour XXXVII m. XXX qts.......	XLV *l*. XIIII s. IIII d. ob. t.
Led. XXVII° d'aoust, pour IX m. XXX qts............	XI *l*. XI s. X d. ob. t.
Le XXV° d'octobre, pour IIII m. II qts................ *(V l. XII s.)*	IIII *l*. XVIII s. VI d.
Le XXV° fevrier, pour XV m. V qts.................	XVIII *l*. VIII s. VIII d. t.
Le XXVII° feuvrier, pour XVI m. XLIX qts............	XX *l*. X s. V d. t.
Le XXVIII° mars ensuivant dudit MCCCCLXXIII, pour XXX m. XLVIII qts......	XXVII *l*. XI s. VI d. t.

Omnia, VI^c IIII^{xx} VII libras IIII solidos IIII denarios, ob. t.

Autre recepte extraordinaire de Alexandre Sertre, grenetier dud. grenier à sel estably par le roy, nostre sire, au Saint Esprit, la somme de II^c LXIIII *l*. XV s. V d. t. par les mains de Grégoire Messon, son commis, sur ce qu'il paroit devoir à cause de lad. recepte dudit Petit blanc valant V den. t., du temps qu'il en a esté recepveur et dont il a rendu son compte pardevant Sr Loys de Beziers, escuier et viguier dud. Saint Esprit, et maistre Loys Gelin, licentié en loix, procureur et gouverneur du prieuré de Saint Pierre dud. lieu du Sainct Esprit, à ce commis de par le roi, par la fin duquel compte led. grenetier s'est trouvé debiteur de lad. somme, par luy pour la payer ausd. recepveurs et dont lesd. commissaires lui ont faicte et baillée la quictance, pour ce cy lad. somme de .... II^c LXIIII *l*. XV s. V d. t.

Omnia colecte recepte présentis computi XIII^c XXIIII lib. XV s. X d. obol. t.

Despence de ce présent compte.

Et est assavoir que la despence de ce présent compte en tant que touche les édiffices, repparrations et entretenement desd. hostel, hospital et pont dud. Sainct Saturnin du Port, autrement di^t du Pont Sainct Esprit, aud. diocèse d'Uzès, es circumstans et deppendences d'iceulx, ont esté faictes par ordonnances, mandements et roolles de Gabriel Roc, Pelegrin de la Martinière et Anthoine

qui sont très urgentes et necessaires, tombées, en aucuns endroiz, en grant ruyne et désolation, à nostre très grant desplaisance, et seroit plus si prompte et convenable provision n'est par nous sur ce donnée, comme dit et remos-

Rostang, de lad. ville du Sainct-Esprit, recteurs et gouverneurs desd. pont, hostel et hospital du Sainct-Esprit, commissaires par le roy, nostre sire, sur le fait et gouvernement de certaines pallières, robines et autres ouvraiges, jadis encommancez de faire au bout dud. pont et autres au-dessus d'icelluy, pour résister et obvier que la rivière du Rosne qui, de jour en jour, dérompt et gaste le terrouer estant au bout dud. pont, à la part de l'Empire, ne delaisse son ancien cours et ne mecte led. pont en isle. Lesquels rooles sont en parchemins, scellez du scel ordinaire de l'hostel dud. pont, signez du contrerolleur ou son commis et d'un notaire royal sur ce ordonné, et par chacune sepmaine qu'on a ouvré et besoigné esd. ouvraiges, repparations et edifices.

Euvres et réparations.

Et premièrement, pour une sepmaine encommancé le lundy, XVIIᵉ jour de may, l'an MCCCCLXXIII.

A Grégoire Bonnet et Anthoine Hugon, patrons, et XXI autres maneuvres qui ont vacqué, besogné et ouvré, six jours entiers, durant lad. sepmaine pour porter pals, fagots et saffre sur la palière ou escluse de l'isle Sainct Esprit, pour la conservation d'icelle palière, au pris, chacun desd. patrons, pour jour, de III s. I d. ob. t., et chacun desd. maneuvres II s. VI d. t. aussi pour jour,

montant en tout........................... XVII *l*. VII s. VI d.

A maistre Robin Le Clerc, mareschal dud. Sainct-Esprit, pour XXIII livres de fer, mis en œuvre pour l'engin du mouton, au pris de X d. t. pour chacune livre, la somme de.................................... XX s. t.

A Geoffroy Touchet, clerc et adviseur desd. ouvraiges et à ce commis de par le roy, nostre sire, pour son travail et salaire d'avoir esté et vacqué oud. ouvraige, durant lesd. VI jours, pour y adviser et prendre garde desd. ouvriers et ouvraiges, escripre leurs journées et en faire relation ausd. commissaires, le samedi, dernier jour de lad. sepmaine, en tout par escript à la raison de V s. t., pour chacun jour, montant la somme de........................... XXX s. t.

Pour une sepmaine, commancée le lundy, XXIIIᵉ may, mil CCCC LXXIII.

A Anthoine Florin, banastier, pour XII terrevolz, achaptez

tré nous a esté. Savoir vous faisons que nous, ce considéré, et mesmement que nous avons fait veoir lad. informacion par aucuns nos officiers estant à l'entour de nous, par laquelle est apparu deuement des choses dessusd., desi-

 de lui, pour porter saffre et condolz sur la palière de l'isle de Saint-Sixte, la somme de.................... VII s. VI d.

 A Simon Bonnefoy, cordier, pour une corde servant à planter les paulx de lad. pallière, poisant XVIII livres, la somme de.. XI sols III d. t.

 A luy, pour XIIII livres de sang vieulx, achapté de lui, pour engraisser l'engin du mouton, la somme de   VIII s. VI d. t.

 A maistre Claude Emar, appoticaire, pour trois livres et trois onces de cire, vermeille et gommée, et demye main de papier, pour sceller et expédier les roolles de l'année présente, jusques à présent, la somme de..... XXXII s. VI d. t.

 A Jean Bonnet, hoste de l'Ecu de France, dud. Saint-Esprit, pour un soupper, qui luy fut commandé et ordonné estre fait, pour donner à souper, tant ausd. commissaires que à plusieurs autres notables hommes et officiers du roy, qui furent présents à calculer et sceller lesd. rooles, la somme de....................................... II l. t.

 A Pierre Serret, pour deux pales et huit escoubes pour escouber et nectier led. pont, la somme de.   II s. VI d. t.

Pour la sepmaine commencée le XIIII° juing.

 A Jean et Pierre Bonhome, pour cent cinquante quatre paulx, achaptez d'eulx pour lad. pallière de l'isle de Sainct-Sixte, à raison de IIII (...) chacun pal, monte LI florins X..., monnoye de pape, et à florins de Roy XLVI fl..... qui valent............................. XXXIIII livres X s. t.

 A maistre Jean Lucin, notaire desd. ouvraiges, pour un vidimus, par lui fait, des lettres impétrées par les religieux du Sainct-Esprit, *(les lettres-patentes ci-dessus rappelées p. 308, sans doute)*, par lesquelles la recepte dud. Petit-blanc a esté ostée à Alexandre Sestre et baillée ausd. Loys Biordon et Jean Hebrard, receveurs dessus nommez, et pour ung aultre vidimus de certaines lettres de subrogation, faictes par Mons' le général, aux nobles de Béziers et Jean Ebrard, la somme de............................. XX s. t.

Pour la sepmaine commencée le lundy, XX° juillet.

 A maistre Jean Lucin, pour avoir faict un vidimus de certaines lectres royaulx, impetrées par le procureur dud. hospital de Sainct-Esprit, adressans Mons' le général de Languedoc à sire Loys de Besiers, viguier de la ville dud.

rans sur toutes choses le bien, augmentation et entretenement des esglise et hospitaulx de notre royaume et mesmement de lad. esglise, qui fut anciennement fondée par nosd. predecesseurs roys de France, en honneur et

Sainct-Esprit, et Loys Gelin, procureur de Mons' le cardinal d'Avignon, ordonnez par Monds' le général pour donner ordre ou fait dud. Petit-blanc et y commettre receveurs nouveaulx pour le recevoir et distribuer, par raison, aux choses nécessaires pour led. pont, la somme de........ XX s. t.

Pour la sepmaine commencée le lundy, XXVI juillet.

A Robin Le Clerc, mareschal du Sainct-Esprit, pour XXXVI cloz, gros et moyens, par lui forgez pour réparer le pont-levis de la tourre devers l'Empire, des vieilles postre du vueilz ponton, lesd. cloz poisans VI livres, à raison de V d. t. la livre.. V s. t.

Pour la sepmaine commancée le lundy, deuxiesme du mois d'aoust.

A Grégoire Bonnet et Anthoine Hugon, patrons, et XVI autres manœuvres, pour répparer les deux petitz ponts du Lauzon et porter saffre et autres matériaulx sur la pallière de l'isle de Sainct-Sixte.., la somme de X l. III s. I d. t.

....

Pour la sepmaine commencée le lundy, XXX du moys d'aoust.

A Pierre Hugon, qui avait vacqué ausd. ouvraiges, durant V jours, pour porter et rapporter les picques et autres engins de la pierrerie de derrier l'ospital dud. Saint-Esprit, (*V. ci-dessus, p. 80, note 1*) au mareschal, pour les appoincter.. IIII s. II d. t.

GAIGES D'OFFICIERS.

Ausd. Loys Biordon et Jean Ebrart, seig"s en partie de Saint-Julien-de-Peirolas, commis à la recepte dud. Petit-blanc, et paiement desd. ouvraiges et repparations, ainsi qu'il appert par le vidimus des lettres de commission, rendues et registrées au commencement de ce présent compte, aux gaiges de XXV livres t., chascun, par an, comme les predecesseurs receveurs dud. Petit-blanc et paieurs desd. ouvraiges, pour les gaiges par eulx et chascun d'eulx desservis, durant le temps de ce présent compte, qui sont sept moys et dix jours entiers, qui montent à lad. raison de XXV l. t. chascun, sont....................................... XXX l. V s. X d. t.

Pour ce cy, par leurs mains, des deniers de lad. recepte XXX l. V s. X d. t...................... XVI l. II s. XI d. t.

A Marc Bergerat, contrerolleur desd. ouvraiges et reppa-

reverance du benoist Saint Esperit, à laquelle esglise, à ceste cause, avons très singulière et vraye dévotion et ne voudrions souffrir ne permettre que, de nostre temps, lesd.

racions, pour ses gaiges qui sont sept moys et dix jours entiers, qui montent.................... XV l. II s. XI d. t.

A Estienne Oudrit, commis, par Mess" les recteurs et gouverneurs desd. ouvraiges, à tenir le compte et registre de tout le sel vendu, en menu, oud. grenier du Sainct-Esperit, tant à la part du Royaume que de l'Empire, ainsi qu'il appert par lettres desd. recteurs et gouverneurs, rendues et registrées au commencement de ce compte, aux gaiges de dix livres t. par an, par lui desservis depuis le IX° jour de mars mil CCCC soixante et douze (1473, n. style) jusques au derrenier jour d'aoust ensuivant, mil CCCC soixante et treize, pour lequel temps montent et lui ont esté payez................................ IIII l. XI s. VIII d. t.

Omnia vad" officiariorum XXXIIII l. XIX s. II d. t.

VOÏAGES, VACCACIONS ET CHEVAUCHÉES.

Ausd. Loys Biordon et Jean Ebrart, receveurs dud. Petitblanc et paieurs desd. œuvres et repparacions, pour leurs voiages et chevauchées d'avoir este, au long de l'année et temps de ce présent compte, par plusieurs et diverses fois, à Condrieu, Valence, Advignon et Lion, par devers les marchans, fermiers du tirage du sel contre mont la rivière du Rosne, pour avoir ce qu'ils devoient dud. tirage ; pour paier lesd. ouvraiges ; aussi d'estre allez et venus aud. Sainct-Esprit, la plupart du temps, du lieu de Sainct-Julien où ils estoient fuys pour ce qu'ils se moraient *(de la peste)* aud. lieu de St-Espérit, et, à cause de ce, leur a fallu faire de grans frais qui, à raison de L livres t., chascun, par an, pour leursd. voiages et chevauchées, montent pour le temps de ced. compte........................... LX l. XI s. VIII d. t.

Suit le DEUXIÈME COMPTE *de Loys Biordon et Jean Ebrart, du 1er septembre 1473 au 31 août 1474 (Marc Bergerac et Jean de Villepellée étant controleurs, l'un après l'autre, et Geoffroy Touchet, clerc aviseur desd. ouvraiges), sous le rectorat de Loys de Béziers, Ant. de Joyes et Gamaliel Berault, qui mandataient les dépenses.*

La recepte se monta, pour l'année, à la somme de 1196 livres 1 denier obole tournois. La dépense comprend l'achat des pierres de Beaume-de-Transit, Saint-Paul et Bois-Bastard, pour l'achèvement de l'église du Saint-Esprit, sous la direction de maistre Mengin Pichot; le déplacement des visiteurs des carrières

esglise et hospitaulx alassent en totale ruyne et décadence, ains de tout nostre povoir y obvier par tous moyens convenables. Pour ces causes et aultres conside-

de Saint-Marcel et du [Bourg d'où l'on tirait, ainsi que de la perrière, derrière l'hôpital (V. p. 80, note 2), les pierres pour chausser les piles du pont; le barrage du pont, selon le commandement du roi, « afin que les blés ni autres marchandises n'y passassent sans le sceu des officiers de nostre sire » ; le transport « en travers la rivière du Rosne d'un charriot chargé de plusieurs besongnes appartenant au roy » ; la restauration de la porte du pont, du côté du royaume; la réfection, moyennant 100 florins, « du pont du Lauzon, devant l'esglise de la Moute, que la rivière avoit de tout abattu ». La dépense totale de l'année fut de 1.320 livres, 10 sols, laissant subsister un précédent déficit de 1.034 livres, 10 sols, 5 deniers.

Le TROISIÈME COMPTE accuse une recette de 1.121 livres, 8 sols, 11 deniers, et porte dans les dépenses, se montant à 1.261 livres, 7 deniers : la restauration de la palière de Saint-Sixte, la continuation des travaux de l'église et la pose des cloches « afin qu'elles puissent sonner en branle » ; l'achat de pierres de Malataverne, à Guérin, du Garn, pour faire les tabernacles du portail de l'église du Saint-Esprit qu'édifiait maistre Blaise, ecuier, et divers travaux, parmi lesquels des serrureries pour la porte de la crote du milieu du pont, exécutées par Andrieu Brugière, alias Bruguier.

Le QUATRIÈME COMPTE, ordonnancé par Gabriel Roc, Messᵉ Guy Silvestre, Guillᵉ Bosquet et Raymond Soquier, recteurs et gouverneurs desd. pont, hostel et hospital du S.-Esprit, ne contient que la dépense s'élevant à 839 l. 13 sols, où l'on relève le prix de deux muys de vin, vieux, pour la provision de l'hôpital et des pauvres gens déclinants (9 livres, 7 sols, 6 deniers); le coût de mastic et autres drogueries pour encoller une des grosses pierres du tabernacle du portail de l'église qui était rompue (17 sols, 6 deniers); les gaiges du « garde des palières nouvelles pour garder que le bétail ne les broutassent et que les gens ne fissent aucun dommaige..... IIII l. t. pour un an et demy » ; pour des boys achetés à Sassenage, 37 florins 11 gros, monnaie du Dauphiné (de roi, 24 livres 15 sols 6 den.); pour la dépense dud. radeau et pour deux panonceaux aux armes du roy et signal dud. hospital, 9 l. 2 s. t. En finale, on lit : « Auditus et clausus ...., XVIII mensis septembris, MCCCCLXXVII, per nos, Imbertum Luillr et Bertrandum Regnier, ad hoc commissos domino Michaele Gaillart, generali financiarum provincie Lingue Occitane, presente. Sic est Nisme statum consilii computi, in auditorio computorum.

rations à ce nous movans, avons voulu, ordonné et declairé, **voulons, ordonnons et déclarons**, par ces présentes, que, en ensuyvant la création et constitution d'icelluy aide et le contenu en nosd. aultres lettres, dont dessus est faicte mention, **tous les deniers qui sont venus et yssus** dud. aide, depuis le temps de quarante ans en çà et qui en viendront et issuront doresnavant, soient convertis et emploiez esd. réparations et entretenement desd. pont, esglise et hospitaulx, tout ainsi qu'ils souloient estre anciennement ; et que par vous soit comis et deppute à la recepte dud. aide une ou deux personnes dud. lieu de Saint Esperit, souffisans et ydoines et bien cautionés, en deschargeant d'icelle tous aultres qui pardevant y pourroient avoir esté comis, lesquels aud. cas nous en voulons estre par vous dechargez et dés a présent les en deschargeons, par cesd. présentes, et avecques ce que par vous ou voz comis soient contrains, réalement et de fait et non obstant oppositions ou appellations quelconques, tous ceulx qui, depuis led. temps de quarante ans en çà, ont eu l'administration desd. deniers, d'en rendre compte et reliqua es mains de vous ou de vos comis et depputez, pour les deniers qui en reliqua desd. comptes seront estre convertiz, employez en ce que dit est non ailleurs ; et oultre, affin que les clerc et recteurs de l'œuvre desd. pont, esglise et hospitaulx n'ayent cause de faire aucun abuz touchant le fait d'icelle œuvre, nous voulons et ordonnons, par ces présentes, que doresnavant **ils ne se puissent aucunement mesler ne entremettre du fait d'icelluy aide** sans premièrement appeler à ce le recteur religieux des esglises et hospitaulx et aucuns d'iceulx religieux (1). Si vous mandons et enjoignons, en commettant par les présentes, que vous mettez à exécution deue en faysant employer tous lesd. deniers, venuz et qui viendront et issuront d'iceluy aide, esd. réparations et entretenement desd. pont, esglise et hospitaulx du pont Saint Esperit et contraignant ou faisant contraindre, à ce faire et souffrir et aussi à rendre led. compte et reliqua, tous ceulx qu'il appartiendra, par toutes voyes et manières

(1) V. au sujet du recteur-prêtre, ci-dessus, p. 101.

deues et en tel cas requises, nonobstant oppositions ou appellations quelconques. Car ainsi nous plaist-il et volons estre fait. Donné à Senlis, le dernier jour d'avril, l'an de grace mil CCCC soixante-quatorze et de nostre regne le treziesme. Par le roy, l'evesque d'Avranche et austres présents.

(Copie dans procédure par Louis de Béziers député par Imbert de Barry, commissaire royal pour l'enterrinement et exécution des lettres de Louis XI, en un rouleau de parchemin mesurant 0ᵐ, 53 de large et 0ᵐ, 58 de haut).

CXXII. — 3 mai 1494.

Lettres-patentes de Charles VIII confirmant l'octroi du Petit-Blanc pour l'entretien des pont, église et hôpitaux du Saint-Esprit, et accordant aux prêtres-blancs la somme de cent livres pour honoraires de la messe royale. — (N° 4, chap. 3).

Charles, par la grâce de Dieu roy de France, à nos amez et féaulx gens de nos comptes à Paris, au seneschal de Beaucaire et à tous noz autres justiciers et officiers, salut et dilection. Reçu avons l'umble supplication de nos chers et bien amez les recteurs, frères et religieux des pont, esglise et hospitaulx du Pont Saint-Esprit............ Pourquoy nous, les choses dessusd. considérées, qui desirons de tout nostre cœur entretenir les anciennes fondations, ordonnances et bonnes affections de nos progeniteurs roys de France ; en sur ce, advis, conseil et mure desliberation avec plusieurs des princes et seigneurs de nostre sang et lignaige, et de nostre conseil et de nos finances, et en ensuyvant et confirmant le contenu es lettres de notre feu seigneur et père, avons semblablement ordonné, déclarons et ordonnons que nostre vouloir, plaisir et entention est que les deniers provenant dud. aide soient convertiz à l'entretenement dud. pont et après desd. esglise et hospitaulx ; les receveurs ou commis à recevoir iceulx deniers seront tenuz en rendre compte auxd. recteurs et administrateurs, en la présence de troys ou quatre des plus notables et souffisans gens de lad. ville de Saint Espérit, et bailler les deniers qui devront estre mis en dépot au lieu, où ont accoustumé estre gardez les deniers desd. pont et hospitaulx, nommé la Crotte, soubs cinq clefs, dont le recteur de lad. esglise en aura une, lesd. religieux une autre, et lesd. recteurs laïcs de lad. ville chacun une, et lesd. comptes renduz, affin que nosd. officiers puissent avoir plus claire connaissance de la valeur dud. aide ou tribut et obvier que aucune fraude ne se fasse, voulons que lesd. recteurs et religieux, six mois après les comptes renduz, envoient et soient tenuz envoier le double d'iceulx deuement collationné en nostre chambre des comptes à Paris (1), pour lesd. deniers qui auront esté mis en dépost estre emploiez en cas de urgente necessité et non autrement, en domaige, quand la recepte ordinaire ne pourra fournir et non ailleurs. Toutefois, pour ce que lesd. religieux n'ont aulcunes rentes ne revenus, au moins souffisans, dont ils puissent bonnement fournir à l'entretenement du divin service qui se fait continuellement en lad. esglise et mesmement pour une messe à note qui se dit, chacun jour, en icelle, avant l'heure de prime, nous, pour ces causes, par l'advis, conseil et délibération que dessus, et affin que iceulx religieux soient toujours plus enclins à prier Dieu, nostre créateur, pour les ames de nos predecesseurs, nous et nos successeurs, et la bonne union, paix et tranquillité de nostre royaume et qu'ils puissent toujours mieux entretenir le divin service, à iceulx avons octroié et octroions que, après que les frais necessaires pour l'entretenement desd. pont, esglise et hospitaulx seront payez, ils aient et preignent, par les mains desd. recteurs ou commis à recevoir led. aide, et par leurs simples quictances, la somme de cent livres tournois, par chacun an..... Donné au boys de Vincennes, le IIIe jour de may, l'an de grace mil CCCC quatre vingt et quatre et de nostre regne le premier.

(Original sur parchemin mesurant 0m, 25 de haut et 0m, 35 de large).

(1) V. ci-dessus p. 307, note 1.

CXXIII. — 14 juin 1489.

Lettres-patentes de Charles VIII, aux commissaires royaux près les Etats de Languedoc, les chargeant d'examiner les causes de l'octroi du Petit-blanc et d'autoriser sa continuation, s'il y a lieu. — (N° 6, chap. 3).

Charles, par la grace de Dieu,... aux commissaires qui ont esté ou seront par nous depputez pour assister à l'assemblée des troys estats, que prochainement sera tenue en nostre pays de Languedoc, salut et dilection. De la partie de noz chers et bien amez les recteurs, frères et religieux des pont, esglise et hospitaux du Pont-Saint-Esprit....... nous a esté exposé que anciennement........ Pourquoi, nous, ces choses considérées, désirant de tout nostre cœur ensuivre lesd. fondations et bonnes ententions de nosd. predecesseurs, p(lus) exprès le fait et entretenement desd. pont, esglise et hospitaulx qui sont si somptueux, privilégiez et de grande importance, et que la rompture dud. droit de cinq deniers seroit cause de discontinuer et faire cesser lesd. œuvres et réparations, dont se pourroit ensuivre la ruine et désolation totale dud. pont et autres inconvenients irréparables. Pour ces causes et considérations et autres justes et raisonnables, vous mandons et enjoignons, en commettant si mestier est, que, appelez lesd. gens des Estats ou leur procureur durant lad. assemblée prochaine, vous vous informiez, sommèrement et de plain, de et sur les choses dessusd. et si vous trouviez que led. aide de cinq deniers, pour sétier de sel, est esté anciennement institué par nosd. predecesseurs pour les causes dessusd. et que lesd. œuvres et édiffices et reparations soient necessaires estre continuez, vous, en ce cas, faites, souffrez et permettez lesd. exposans joyr et user de leurd. octroy selon sa forme et teneur. Donné à Amboyse, le XIIII° jour de juing, l'an mil CCCC quatre vingt neuf et de nostre regne le sixiesme.

(Original sur parchemin mesurant 0ᵐ, 24 de haut et 0ᵐ, 36 de large; grand sceau rond pendant dans sa gaine de parchemin).

CXXIV. — 4 février 1516.

Lettres-patentes de François Ier confirmant l'octroi du Petit-Blanc, aux conditions contenues dans les lettres de ses prédécesseurs. — (N° 9, chap. 3).

Francoys, par la grace de Dieu,.... à nos amez et féaulx les gens de nos comptes et trésorier à Paris, au séneschal de Beaucaire et à tous nos autres justiciers........ Savoir vous faisons que, en ensuyvant les lettres-patentes de feuz nos tres chers S^{grs} les roys Charles et Loys, nostre beau-père..... et pour les mêmes causes que nous avons agréables et autres bonnes considérations, à ce nous mouvans et inclinans à la requeste desd. recteurs, frères et religieux, voulons et ordonnons, par ces présentes, que les deniers qui sont venuz et viendront de l'ayde et tribut du Petit-blanc, vallant cinq deniers tournois, qui se lève sur chascun sestier de sel passant soubz led. pont, pour tirer contre mont la rivière, et qui se vend et distribue au grenier à sel dud. Saint Esperit, pourveu toutefoys que les receveurs et commis à recevoir iceulx deniers..... seront doresnavant tenuz en rendre compte par devant les auditeurs de noz comptes, par nous envoiez en nostre pays de Languedoc ; à laquelle reddition seront assistant lesd. recteurs et administrateurs et religieux dud. hospital, en la présence de deux autres des deux plus souffisans et nobles gens de lad. ville du Saint-Esperit, et de bailler les deniers qu'ilz doivent ou pourront devoir pour estre mis en dépost au lieu où on a accoustumé estre gardez les deniers desd. pont et hospital, nommé la Crote (1), souz cinq clefz, dont led. recteur de lad. esglise en aura une,

---

(1) L'appartement voûté, ainsi dénommé, se trouvait sous la chaussée conduisant au pont, en avant de la première pile dite de *la Tour*, entre le grand hôpital et la Maison du Roi, avec laquelle il communiquait. Ce réduit a été compris dans la culée de l'arche marinière, en fonte, substituée, en 1856, à deux arches de pierre.

lesd. religieux une autre, et les recteurs laïcs de lad. ville chacun une autre. Desquelles comptes le double, deument collationné, sera envoyé, six moys après la reddition d'iceulx, en nostre chambre des comptes de Paris. Et, en oultre, afin que lesd. religieux soient enclins tousjours à prier Dieu, nostre créateur, pour les ames de noz predecesseurs, (de) nous et (de) noz successeurs, et la bonne union, paix et tranquillité de nostre royaulme, et puissions mieux tousjours entretenir le divin service, nous leur avons octroyé et octroyons que, après les fraiz necessaires pour l'entretenement desd. pont, esglise et hospitaulx, ils ayent et prennent, par les mains desd. recteurs, la somme de cent livres tournois, chascun an, ainsi qu'il leur fut octroyé par lesd. feuz Loys et Charles... Donné à Tarascon, le IIII° février, l'an de grace mil cinq cent quinze et de nostre regne le deuxiesme.

(Original sur parchemin mesurant 0ᵐ,25 de haut et 0ᵐ,50 de large; sceau pendant dans sa gaine du même parchemin).

CXXV. — 31 mars 1527.

*Lettres-patentes de François I*ᵉʳ *au grenetier* (1) *du Pont-Saint-Esprit, lui ordonnant de remettre la moitié du revenu du Petit-Blanc au receveur général, à cause des nécessités du moment, sans conséquence pour l'avenir. —* (N° 11, chap. 3).

De par le roy. Cher et bien amé, nous escripvons présentement aux bonnes villes et lieux de nʳᵉ royaume ayans octroys et aydes de nous, tant sur nos greniers à

---

(1) Les conventions suivantes, extraites des minutes de Mᵉ Ant. Chaulet, notaire royal et Delphinal, déterminent les devoirs du grenetier, au milieu du XVᵉ siècle :

« ....L'an de la Nativité 1550 et le 1ᵉʳ jour du moys d'octobre...... furent estably en leur personnes, Anthoine Brasset, escuyer, habitant de la ville de Marseille, grenetier du granier à sel, estably pour le roy en la ville du Pont-Saint-Esprit, diocèse d'Uzès, d'une

sels que ailleurs, que pour les grans et insupportables affaires que avons eu et avons encore plus que jamais à supporter pour résister aux entreprinzes que noz ennemys et adversaires ont machiné et machinent à l'encontre

part, et Jean de Reilhane, officier ordinaire en l'artilherie dud. S....., habitant de la ville du Boisc, diocèse de Vayson, d'aultre part. Lequel Brasset, grenetier susd., estant occupé, comme il a dict, en beaucoup d'autres afferes, tant pour le service du roy, notre sire, et ailleurs, à l'occasion desquels ne peut actuellement et rondemment vacquer à exercer led. office et charge de grenetier, auquel a esté pourveu..... par le roy notred. seigneur.

A ceste cause, led. Brasset... a fait, constitué et ordonné, fait, constitue et ordonne, par ces présentes, son commis à lad. charge et office de grenetier, iceluy Jean de Reilhane, illec present, prenant et acceptant lad. charge, pour iceluy office et charge de grenetier au nom dud. Brasset tenir, sous son autorité et commandement, servir et exercer d'aujourd'hui en avant, tant qu'il plaira aud. Brasset.

Et premierement que led. Jean de Reilhane....... sera tenu de bien et de loyalement exercer lad. charge, en absence dud. s^r granetier et sous son autorité..... de telle sorte que iceluy grenetier n'en puysse avoir aucun reproche ny inconvénient.......... Semblablement sera tenu led. de R..... recevoir tous et chascuns les deniers estant de lad. charge....., tant de la gabelle du roy... patat, petit-blanc, blanque que aultres quelconques estant de sa charge et recepte, fere compte par escript et en tenir bonne raison, et iceux deniers bien et seurement garder, et après iceulx deniers provenant de lad. gabelle du roy porter à Mgr le recepveur g^{al} des finances estably en la ville de Montpellier, aux termes contenus en l'ordonnance, en bonnes espèces de monnoye recepvable, et rendre compte pour et au nom dud. S^{gr} grenetier devant mess. des comptes dud. Montpellier et lui en rapporter son duplicata..... et de tout en rapporter aud. granetier bons et valables acquitz..... et tout ce que dessus sera tenu fere à ses propres fraiz et despens.

Davantaige sera tenu led. Reilhane..... payer et deslivrer au recepveur de la Cour du Parlement de Toulouse, aussi pour chascun quartier, et comme il est accoustumé, les deniers provenant de la creue mise sur la vente des selz et donnez pour le payement de nos seigneurs tenant lad. Court de Parlement, et en retirer bon argent dud. recepveur et, après, icelluy rendre aud. S^r granetier pour s'en servir à la reddition de ses comptes.

Aussi sera tenu led. de R.... payer au recepveur du Petit-blanc

de nous, noz royaume, pays, terres, seigneuries et subjects, nous sommes contraincts, pour une année, tant seulement et sans tirer la chose à conséquence, prendre la moytié de leurs octroys et aydes qui est, attendu l'impor-

du Pont-Saint-Esprit, aux termes accoustumez, les cinq deniers tournois, ordonnez à prendre sur chascun sestier de sel, pour employer à la réparation dud. pont, ensemble de l'ospital, et d'iceluy recepveur retirera bon et souffisant acquit.

Pareilhement sera tenu led. de R... payer et délivrer les choses nécessaires pour le fait du grenier sur le patat (*menue monnaie pontificale*) ordonne prendre et recouvrer sur chascun sestier de sel, suivant les mandements et descharges que lui en seront faictz par M⁶ʳ le général de Languedoc..... Au surplus, sera tenu led. de R... recouvrer et recepvoir les six deniers parisis ordonnez estre prins et levez sur chascun sestier sel, pour les propriétaires des salins de Peccays, et, après comptes avec eulx, leur bailher et délivrer les deniers que se trouvera avoir esté reçuz.

Et pour ce que icelles impositions du Petit-blanc, Patat et Six-deniers parisis se doibvent recouvrer sur la vente des selz que se vendent, tant à la part du royaulme que es pays de Provence, Avignon, comté de Venisse, principaulté d'Orange et Daulphiné, sera tenu led. de R... compter avec les fermiers du tiraige et aussi avec le grenetier de Tarascon, pour raison des gaiges qu'il aura payé aux officiers de la gabelle ez salins de N.-D.-de-la-Mer et de la Vernède, ensemble tous autres choses que sont de la charge et recepte du grenetier de Tarascon et d'iceulx en reporter touz et suffisants acquitz. Néantmoing sera tenu led. de R... payer tous et chascuns les officiers de la gabelle et aultres assignés sur les deniers dud., tant de la part de Languedoc que Dauphiné, leurs estats, gaiges et pensions contenuz en l'ordonnance de M⁶ʳ le général de Largières.

En outre recouvrera led. de R..... de M. Jehan Cavereu(?) ou aultre que sera ordonné, à la ville du Bourg-S.-Andéol, les droits de g. cr(eue) et aultres que sont deubs sur les deniers provenant des selz que se vendent à lad. ville du Bourg-S.-Andéol, que prend sur les voiages à cause des péages ; et sera tenu led. de R..... bailher et delivrer au recepveur général de Languedoc et au recepveur de Mess. tenants la Cour de Parlement séant à Tholose, respectivement, et d'eulx en retirer acquitz.

Sera tenu retirer de M⁶ʳ le général de Languedoc l'estat que led. S⁶ʳ a accoustumé de fere, chascune année, du revenu dud. grenier, et le rendre aud. Sʳ grenetier.

Par mesme moyen, sera tenu led. de R..... payer aud. granetier ou à ses procureurs les gaiges que luy sont ordonnez, un chascun tance de nosd. affaires, la moindre chose que leur puissions demander et requérir. A ceste cause, nous vous mandons et enjoignons, tres expressement, que la moitié de tout ce que, par octroy de nous, se prant et lève sur vostre grenier par aucunes desd. villes et lieux de nostre royaume, vous l'envoyez, de quartier en quartier, durant une année tant seulement, es mains de n^{re} amé et féal conseiller, maistre Pierre d'Apestégny, receveur g^{al} de nos finances extraordinaires et parties casuelles, pour les employer en nosd. affaires et mesmement à la délivrance de noz tres chers et tres amez enfans, et gardez que à ce ne faictes faulte, sur peine de prendre et recouvrer sur vous lesd. deniers ; car est n^{re} plaisir. Donné à Saint-Germain-en-Laye, le dernier jour de mars, mil V^c XXVI, avant Pasques. *(Signé)* Francoys, *(plus bas)* Robertet.

(Expédition sur papier mesurant 0^m,30 de haut et 0^m,21 de large).

an, par raison dud. office, c'est assavoir pour l'office de granetier : cent livres ; plus pour la part du Daulphiné : soixante et quinze livres ; plus pour les gaiges qu'il prend des propriétaires de Pecays : cinquante livres ; pour le Petit-blanc : dix-huit livres ; pour le Patat : dix livres, ou aultrement tout ce que se trouvera estre dû et assigné sur ses gaiges et aussi les droictz que led. S^{gr} granetier prend sur les voyages que montent à la part du Dauphiné, et ce, par quartier, ainsi qu'il est accoustumé ; et lesquels gaiges led. S^{gr} granetier sera tenu de prendre et recepvoir à lad. ville du Pont-S.-Esprit.....

Tout ce que dessus, fait, passé, promis et accordé par led. de R..... moyennant ce que led. S^r granetier sera tenu, comme il a promis, bailher et délivrer aud. de R....., son commis, pour ses peynes, gaiges, estat, despens, vacations, pour chacune année qu'il exercera lad. charge, savoir est la somme de quatre-vingt livres tournoises, sans plus, que led. de R.... prendra sur les comptes que sont ordonnez aud. granetier, pour ses frais et depens, chacune année.....

Fait et passé dans le lieu de Bolleyne, au d. diocèse de S.-Paul, et à la maison de noble Ant. de Roquard, capit^e du pont Saint-Esprit, famellier et eschanson de la bouche du roy, (présent) Jacques Creurt, de la ville de Bourg-en-Bresse, au D. de Lyon, habitant dud. lieu de Bolleyne. »

(Minutes de Chaulet, recueillies par M. de Faucher).

CXXVI. — 13 avril 1560.

Lettres-patentes de François II, le conseil privé entendu, fixant à douze cents livres la somme à prélever sur le Petit-blanc, pour l'entretien des église et hôpitaux du Saint-Esprit, le surplus réservé pour les réparations des pont, chaussées et roubines du Rhône.. — (N° 23, chap. 3).

Francois, par la grace de Dieu..... à nos améz et féaulx les gens de nos comptes et général de nos finances à Montpellier, seneschal de Beaucaire ou son lieutenant, salut. Savoir vous faisons que après avoir fait voir à nostre conseil privé l'advis de vous, Général, sur la requête à nous et à nostre conseil privé présentée par notre procureur sur le faict des gabelles au siège du Pont-Saint-Esprit, le 25° jour de juillet dernier passé, le tout sy, soubz nostre contre-scel attaché ; nous, ensuivant et pour les mêmes causes y contenues, avons, par même délibération du ced. conseil, ordonné et ordonnons, par ces présentes, qu'il sera seulement bailhé, par chacun an, aud. S^r recepveur du droit du Petit-blanc, qui se lève par forme d'octroy sur chacun quintal de sel montant contremont la rivière du Rosne et passé par dessoubz le pont du Saint-Esprit, ez mains des recteurs d'icceluy pont et hospital, la somme de XII^c livres t., pour estre par eulx employées tant à la repparation de l'esglise et hospital dud. lieu que à la nourriture et entretenement des pauvres et enfants treuvés que y affluent ordinairement, et que le résidou de la recepte desd. deniers sera employé à la repparation desd. pont, chaussées et roubines, le long de la rivière, pour la conservation des terres dud. lieu et non alheurs, ainsi qu'il est dict par les articles et lettres-patentes sur ce de feu, de bonne mémoyre, le roy Louis XII°, que Dieu absolve, sauf touteffois s'il se treuve aulcungs des revenus..... de lad. recepte, lesd. repparations faictes et parachevées, nous voullons qu'il soit mis ez mains de nostre recepveur général, à la charge de nous en tenir compte comme des autres deniers de sa recepte ; et pour ce que, vous, gens de nosd. comptes n'allés aud. Pont-S.-Esprit pour ouyr les comptes dud. recepveur que de dix en dix ans et sans appeler ne l'un ne l'autre de vous, Général, Senechal et conservateur desd. ouvraiges, et que pendant iceulx et que, pour le grand laps de temps de dix années, peult avoir beaucoup d'abus à la distribution desd. deniers, mesme en peult demeurer grosses sommes inutiles ez mains dud. recepveur desd. droicts, dont il peult, son profit demeurant, lesd. repparations imparfaictes au grand inther(et) de nostre république ; nous, pour y remédier avons aussi ordonné et ordonnons que led. recepveur rendra compte, par chacun an, desd. deniers d'octroy du Petit-Blanc, par devant l'un des présidents ou auditeurs de la chambre des comptes de nosd. comptes, en présence de vous, Général et Seneschal, ou de vostre lieutenant général, ainsi qu'il est porté par lesd. lettres-patentes dud. feu roy Louys, et avons faict et faisons expresses inhibitions et defenses à ceulx que par vous, gens de nosd. comptes, seront depputés pour led. effet, de ne procéder à lad. reddition de compte, ainsi qu'il a esté cydevant faict, sinon en présence de vous, Général et Sénechal, et de notre procureur desd. gabelles, sur peyne de nullité des procédures qui seroient faictes aultrement, sans que par l'audition et closture les assistants en icelle puissent avoir et prendre aulcungs gages, ainsi seulement leurs dépens ; et au surplus, pour evicter aux grands fraix et mize quy se font esd. repparations par les contrerolleurs, maistres des œuvres, clerc et greffier desd. ouvraiges, se disant officiers dud. pont, prenant gages et taxations, selon les journées qu'ils vacquent esd. ouvraiges, le faisant pour ceste cause durer tout le long de la rivière et le plus longuement qu'ils peuvent pour y avoir proffict, tellement que leurs fraix et journées emportent presque la moitié d'iceulx ouvraiges, avons semblablement ordonné et ordonnons, par cesd. présentes, que lesd. repparations bailhées et deslivrées au moings disant et à prix faict, ainsi que l'on faict nos autres ouvraiges et qu'il est dit par les susd. lettres et articles transcripts en icelle, sur telle peyne quy seront par vous arbitrées et expliquées, saulf et réservé toutes foys les petits menus ouvrages quy se pourroient faire dans trois ou quatre jours ; à quoy lesd. maistres et controlleurs assisteront comme ils ont faict par cy devant, lesquels seront tenus bailher les rolles desd. journées aud. recepveur dud. Petit-Blanc, pour faire le payement à ceulx qui auront besongne esd. ouvrages, lequel sera tenu les faire mettre en forme deub, à ses despans, pour luy estre, par led. M^e et control^r, expédié ainsin qu'il est accoustumé faire, sans plus, y employer un teston pour le clerc qui les a faict et mis au net ; commendant et ordonnant très expressement à vous, Général et Séneschal, présens et advenir, de advizer et regarder, souvent, que les deniers que nous donnons présentement pour led. hospital et nourriture ded. pauvres soient bien administrés par les recteurs dud. hospital, et leur en faire rendre compte par chacun an. Si vous mandons et enjoignons, par ces présentes, et à chacun de vous que le contenu en icelle vous entreteniez et faictes entretenir, garder et observer, et en ce faisant, balher et deslivrer, par chacun an, ausd. recteurs, par led. recepveur dud. Petit-blanc, la somme de XII^c livres t., et par luy aussi les deniers réservés..... dud. receveur g^{al}, en la forme que dessus est dit, et en cas de reffus ou dellay, le contraindre par les voyes, pour nos propres deniers........ Car tel est nostre plaisir, nonobstant quelconques ordonnances, restitutions, mandements ou deffenses à ce contraires. Donné à Tours, le XIIIe jour d'avril, l'an de grace mil cinq cent cinquante-neuf, avant Paques, et de nostre regne le premier.

(Original sur parchemin mesurant 0^m, 41 de haut et 0^m, 56 de large ; sceau pendant dans sa gaine du même parchemin).

CXXVII. — 3 mai 1580.

Lettres de Monsieur de Montmorency ordonnant l'ouverture des îles de Saint-Just et de Saint-Marcel et la levée du Petit-Blanc, durant dix ans, sur le pied d'un sol par quintal de sel. — (N° 33, chap. 3).

Henry, duc de Montmorency, pair et maréchal de France, gouverneur et lieutenant général pour le roy au païs de Languedoc. Veue par nous l'ordonnance donnée par les S^{grs} trésoriers généraulx de France, en leur bureau tenu à Beziers, le huictiesme jour d'avril dernier, contenant, pour les causes contenues en icelle, permission de faire prendre et lever sur chascun quintal sel, que sera chargé es salins de Pécaix (1) pour estre conduit, tant par eau que par terre, et deschargé hors les greniers de Languedoc, non compris en iceulx le grenier du S.-Esprit, douze deniers revenant à un sol, durant l'espace de dix années, sous le bon plaisir de Sa Majesté, à la charge de fere les deniers que proviendront de lad. recette employés pour l'entretenement et conservation du pont et réparation des chaussées dud. S. Esprit, ainsy qu'est porté par lad. ordonnance, pour contenir la rivière du Rosne dans son canal, qu'à défaut de ce demeureroit en isle et par conséquent inutile ; veu aussy la visite faicte par le S^r visiteur g^{nl} des gabelles en Languedoc, commissaire à ce depputé, dont mention est faicte à son procès verbal, en la présence et assistance des officiers, consuls et habitants dud. S. Esprit et de plusieurs autres des lieux circonvoisins, par laquelle est porté que pour plus aisément contenir lad. rivière du Rosne dans son canal et avec plus de facilité la fere passer soubz led. pont et empescher par ce moyen qu'il ne demeure en isle, est requis de faire ouvrir et rompre certaines ysles et eauves,

---

(1) Département du Gard, commune d'Aiguesmortes. En 1625, Catel (*Mém. du Lang.*, p. 45), Peccais produisait 97.000 quintaux de sel se vendant 1,020,000 livres.

estant au terroir de S.-Just et de S.-Marcel (1) appartenant tant au publicques que particuliers habitants d'iceulx, ensemble plusieurs autres pieces y attachées, ayant le tout faict voir à notre conseil sur la requisition que nous a esté faicte par les recteurs de l'Eglise, Maison, Pont et Hospital du S.-Esprit ; de l'advis d'icelluy, ordonnons que lesd. ysles et cauves désignées au procès verbal dud. visiteur seront ouvertes et rompues, ensemble tous autres que à l'avenir seroit nécessaire estre faict, vizite au préalable bien et deuement faicte par led. visiteur pour fere que lad. rivière du Rosne demeure en son canal et ne rende le pont inutile, que seroit préjudiciable au service de Sa Majesté, bien et commodité que ses subjets, tant de ceste province que des circonvoisines, au moien du libre passage.........................; et que lad. levée d'ung sol, pour chacun quintal sel que sera chargé es salins de Pecaix, ensemble de ceulx de Provence, pour estre conduit tant par mer que sur lad. rivière du Rosne et par terre et deschargé hors les greniers de Languedoc, sera faicte par le grenetier dud. S. Esprit sur ses quictances qui l'en rendront comptable, savoir : pour la quantité que sera chargée et enlevée aud. Pecaix, sur le lieu mesme, et pour celui que sera tiré de Provence, en la ville de Beaucaire (2) ou de Tarascon (3) et Villeneuve (4), et la mesme levée d'ung sol, pour quintal, sera aussy, pour luy faicte, sur le sel que se débitera et gabellera aud. grenier de S.-Esprit, ainsy que est de coustume ; et ce, durant l'espace de dix années prochaines, à la charge d'en obtenir par lesd. recteurs vallidation du roy. Et cependant voulons et entendons que tous fermiers, marchans, voicturiers conduisans sel soient contrainct au paiement dud. droict appelé Petit-Blanc, à lad. raison de XII deniers pour quintal de sel ; enjoignant aux gardes et contre-gardes

---

(1) Communes du département de l'Ardèche.
(2) Chef-lieu de canton (Gard).
(3) Chef-lieu d'arrondissement judiciaire (Bouches-du-Rhône).
(4) Villeneuve-les-Avignon (Gard).

dud. Pecaix ne procéder à aulcun chargement qu'au préalable led. droict n'aye esté payé, es mains dud. grenetier ou de celluy qu'aura de luy charge, en la ville d'Aiguesmortes (1) et sur les acquicts dud. grenetier ; et seront les deniers provenants de lad. recette emploiez en la forme portée et contenue en l'ordonnance desd. S^{rs} trésoriers généraulx de France ; déclarons, en oultre, que quelles franchises, que puisse avoir desja obtenu ou cy après obtenir de nous, ne pourrons préjudicier, en façon quelconque, au paiement dud. droict, lequel voulons estre faict ainsy que dessus ; mandons au visiteur général des gabelles ou son lieutenant, commissaire à ce depputté, contraindre et faire contraindre tous ceulx qu'il appartiendra à l'observation de ces présentes, nonobstant appellation et oppositions quelconques.... Donné à Pont-Saint-Esprit, le 3e may mil V^c IIII^{xx}. *(Signé)* Montmorancy.

(Original sur papier mesurant 0^m,41 de haut et 0^m,32 de large ; petit sceau ovale brisé).

CXXVIII. — 10 mai 1590.

Requête des Recteurs et ordonnance de M. de Montmorency augmentant de vingt sols le droit, pris à Peccais, sur chaque muid de sel destiné aux greniers hors du Languedoc, et ce pour subvenir à la construction de nouveaux hôpitaux. — (N° 35, chap. 3).

A Mgr le duc de Montmorancy, pair et premier mareschal de France, gouverneur et lieutenant g^{al} pour le roy en Languedoc. Supplient humblement les recteurs de l'esglise, pouvres et hospital de la ville de Sainct-Espérit, que, pour la construction de la citadelle faicte en lad. ville de vostre commandement, reste mis dans l'encloz d'icelle, oultre l'esglise, les deux hospitaux fondés d'ancienneté, l'ung pour la retraite des pouvres passants et

(1) Chef-lieu de canton (Gard).

malades que cy retirent, et l'autre des enfants treuvés et qui y sont exposés à......... après estre venus au monde, ayant leur retraite et nourriture et entretenement en lad. hospitalité jusqu'à ce qu'ils sont venus en eaige, scavoir, les garçons d'apprendre ung mestier et les filles d'estre mariées ; auxquels, des moiens et revenus dud. hospital ou de la charité qu'en exerce les recteurs, donnent et fournissent des moiens pour l'apprentissage du mestier des garçons et pour le mariage des filles, n'ayant lesd. enfants aulcune cognoissance de leurs pères et mères. La fondation de laquelle hospitalité est chose fort remarquable, pour estre rare en ce royaulme, et en quoy charité est aultant exercée qu'en une aultre chose qu'on scauroit dire. Et dans lesquels hospitaulx logent et habitent à présent, les cappitaines et soldats qui sont en garnison en lad. citadelle, et lesd. pouvres passans malades et enfants treuvés, quy sont en nombre de vingt-cinq ou trente, oultre la femme quy en a le soing et quatre ou cinq nourrices qu'on y entretient ordinairement pour y donner laict à ceulx de nouveau que y sont pourtés continuellement, hospitalliers et aultres servans à iceulx, en sont dehors et retirez, par forme d'entreppos, à deux petittes maisons, à louage, prochaines de la scitadelle, dans lesquelles ils ne peuvent continuer leur demeure pour estre icelles en fort pouvre estat et sy petite qu'ils n'y peuvent habiter. Toutesfoys, pour la nécessité où ils se trouvoient au sourtir de leurs entiennes fondations faictes par pitié et charité, ils furent contraincts se servir des lieux qu'ils peurent recouvrer pour les hospitalités, actendant se retirer à votre grandeur pour supplier très humblement icelle, leur faire donner lieux et maisons proppres pour ce faire ; et oultre l'occupation que dans l'enclos de lad. scitadelle leur a esté faicte desd. deux hospitaulx, encore pour la fortiffication d'icelle, par le dehors, leur a esté abatu une grande maison servant pour estable, tinal et fenière pour retirer leurs comodités et faire leurs vins, ayant prins et occupé deux jardins fruitiers ou pottagers, partie de l'ung se trouvant dans led. enclos, et le reste, avec l'aultre, on a faict creuser et proffonder pour servir de fossée et pourter la terre dans lad. scitadelle; du revenu desquels jardins ils recepvoient et tiroient partie de leurs vivres et entretenement et telle commodité, pour leurs enfants et ce quy leur estoit requis, que ne se peult estimer, estant à présent lesd. hospitaulx sans habitation, revenuz et commodité et en estat de n'estre plus continués, sy par vostre grandeur n'y est pourveu.

Ce considéré, Monseigneur, que vostre grandeur est la source de miséricorde envers les pouvres affligéz, les maintien et entretien de toutte piété, vous plaise conserver l'estre et estat desd. hospitaulx....... ordonner qu'il sera pourveu de moien pour l'achaspt de deux maisons comodes pour lesd. deux hospitaulx et pour fournir aux réparations nécessaires......

— Pour les considérations contenues en la présente requeste, et pour donner moien aux suppliants d'entretenir les pauvres de l'hospital du St-Esprit, nous avons ordonné et ordonnons qu'ils pourront prendre et lever, sur chascun muid de sel qui se charge en Pecaix, pour quelque lieu que ce soit, fors pour les greniers de ce pais, vingt sols pour muid, oultre le Petit-Blancq et augmentation qui est ordonné pour le pont et hospital ; lequel Petit-Blancq, au lieu qu'il n'estoit à présent que d'ung escu pour muid, sera d'ung escu vingt sols. Laquelle augmentation sera levée par le recteur dud. Petit-blanc ou celui qui sera commis, en Pecaix et partout ailleurs, sur les sels qui seront chargés pour les fermiers et aultres lieux, fors que pour lesd. greniers de Languedoc, comme dict est ; à la charge d'employer lesd. deniers aux effects mentionnés en ceste requeste, dont ils seront tenus de rendre bon et loyal compte ; mandant à tous qu'il appartiendra donner main forte à lad. ordonnance. Faict aud. St-Esprit, le XI may mil V^c IIII^{xx} dix. *(Signé)* Montmorancy, *(plus bas)* Gaillac.

(Original sur papier mesurant 0^m, 41 de haut et 0^m, 33 de large).

CXXIX. — 4 octobre 1595.

Arrêt du Conseil d'Etat qui autorise l'augmentation de quatre deniers sur chaque minot de sel. — (N° 41, chap. 3).

Henry, par la grace de Dieu, roy de France et de Navarre, à noz amez et féaulx les gens des comptes, à Montpellier, présidens et trésoriers généraux de France, establys aud. lieu, transferez à Beziers, séneschal de Beaucaire et Nismes..... Noz chers et bien amez les recteurs, frères et religieux du pont, esglise et hospitaulx du S.-Esprit nous ont fait dire et remonstré....... Nous, après avoir faict veoir en nostre conseil led. avis, donné suivant la réquisition des états, et renvoy faict ausd. trésoriers généraulx, ensemble la permission de nostre dit cousin le Connestable et autres pièces cy attachées soubs le contre scel de nostre chancellerie ; voulant, en cest endroict, subvenir auxd. exposans, considérans, aussy, l'effect auquel lesd. deniers ont esté employés et que led. pont est l'un des plus importantes choses de nostre royaulme ; de l'advis de nostre conseil, avons validé et autorisé, validons et autorisons, par ces présentes, lad. levée et imposition faicte, ainsy que dist est, sur led. sel, desd. sept deniers et quatre deniers oultre le petit-blanc, sans que lesd. exposants puissent être recherchez, à l'advenir, d'avoir faict faire lad. levée sans nos lettres de permission..... Et affin de subvenir aux grandes charges qu'il leur fault supporter pour led. entretenement dud. pont et chaussées, hospitaulx, pensions et aultres charges tres grandes, nous leur avons continué.......... continuons, octroyons, permectons qu'ilz puissent, durant le temps et terme de dix années, à commencer du jour et dates des présentes, lever lesd. sept deniers et quatre deniers sur led. sel, oultre led. blanc, ainsy et en la forme qu'ilz ont esté cy-devant levés, pour les deniers qui en proviendront estre convertiz et employez en l'entretenement d'icelluy pont, chaussée, esglise, hospitaulx, pensions et aultres charges qu'il leur fault supporter.... Tel est nostre plaisir, nonobstant quelconques edicts, ordonnnances, mandements, deffenses, à ce contraire..... Donné à Lyon, le quatriesme jour de octobre, l'an de grace mil cinq cent quatre vingts-quinze et de n^{re} regne le septiesme. Par le roy en son conseil, Fayet.

(Original sur parchemin mesurant 0^m, 31 de haut et 0^m, 52 de large; manque le sceau qui pendait dans sa gaine du même parchemin).

CXXX. — 20 juin 1596.

Lettres-patentes de Louis XIII augmentant le droit du Petit-Blanc d'un tiers en sus, savoir : deux sols au lieu de seize deniers sur chaque quintal de sel, porté hors le Languedoc, et dix-huit deniers par quintal sur les sels destinés aux greniers de cette province. — (N° 46, chap. 3).

Louis, par la grace de Dieu....... à nos amés et féaulx les gens de nos comptes....... Les recteurs et pbres de l'eglise, maison, pont et hospitaulx de la ville du Sainct-Esprit nous ont faict remonstrer qu'ayant, par nos dernières lettres du 15e juin 1635, continué pour six ans la levée du droit du Petit-blanc de XVI deniers sur chacun quintal de tous les sels, qui seroient tirez des sallines de Peccaix, pour le fournissement des fermes de Dauphiné, Lionnois, la part du Royaume, Avignon, Comtat de Venisse, traittes etrangers et autres provinces, hors nostre province de Languedoc, et un sol par quintal qui se lève aussy aux dites sallines de Peccaix, Narbonne, Sigean, Périac, et aultres pour le fournissement des dix-sept greniers de la dite province ; comme ledict temps a esté expiré et que les supplians ont esté obligez de recourir à nous pour obtenir une nouvelle continuation, ils nous auroyent présenté que les fonds provenant dudict octroy ne pouvoient, à beaucoup près, suffire à l'entretenement et aux repparations desd. maison, pont et hospitaulx, ce qui nous auroit donné subjet, sur les remonstrances des estats du païs de Languedoc et conformément à l'advis desd. trésoriers de France de Montpellier, de continuer pour six ans, par l'arrest de notre conseil du VIIIe juin dernier, cy attaché soubz le contre scel de nostre chancellerie, lad. levée, avec augmentation d'icelle du tiers en ascendant, scavoir : au lieu desd. XVI deniers, deux sols, et au lieu desd. douze deniers, XVIII deniers, requerant lesd. exposant qu'il nous plaise leur octroyer nos lettres sur ce necessaires. A ces causes, suivant led. arrest de nostre conseil dud. huictiesme juin dernier, nous avons, par ces présentes, continué et continuons, pendant six ans, la levée du droit du Petit-blanc avec augmentation du tiers en ascendant d'iceluy, scavoir deux solz au lieu de seize deniers sur chacun quintal de tous les selz qui seront tirez et enlevez des sallines de Peccaix, pour le fournissement des fermes de Daulphiné, Lyonnois, la part du Royaulme, Avignon, Comtat de Venisse, traites étrangers et autres provinces hors nostre province de Languedoc, et dix-huit deniers au lieu desd. douze deniers sur chaque quintal de sel qui sera tiré des sallines de Peccaix, Narbonne, Périac, Sigean et autres pour le fournissement des dix-sept greniers du Languedoc, pour estre les deniers en provenant, emploiez, sans aucun divertissement, aux réparations et entretenement desd. pont, chaussée de la rivière du Rhosne, entretenement du service divin, nourriture des pbres et pauvres des hospitaulx de lad. ville et aultres effects auxquels led. octroy est destiné..... car tel est nostre plaisir. Donné à Peronne, le XXe jour de juing, l'an de grace mil-six-cent-quarante et un et de nostre regne le trente-deuxiesme. (*Signé*) : Louis.

(*Original sur parchemin mesurant* 0m, 38 *de haut et* 0m, 50 *de large; sceau rond de cire vierge pendant*).

CXXXI. — 13 mars 1781.

Lettres-patentes de Louis XVI, sur arrêt, qui confirment l'octroi du Petit-blanc pour neuf ans et portent à 2 000 livres les 1,290 livres anciennement concédées à l'hôpital. — (N° 120, chap. 3).

Louis, par la grâce de Dieu..... A nos amés et féaulx les gens tenant notre cour des comptes, aydes et finances à Montpellier, présidents trésoriers de France, généraux de nos finances à Montpellier, intendant des gabelles de Languedoc et à tous autres nos officiers et justiciers qu'il appartiendra, salut. Nos chers et bien amés les recteurs et prêtres des église, maison, pont et hopital de la ville de Saint-Esprit nous ont fait représenter que de temps immémorial et depuis le règne de Philippe-de-Valois, l'un des rois nos prédécesseurs, il a été établi un droit nommé le Petit-blanc, de deux sols sur chaque quintal de sel qui se tire des salins de Peccais pour le fournissement des gabelles du Lyonnais, Dauphiné, Comté Venaissin, traites étrangères et autres provinces hors notre royaume, et de dix-huit deniers sur chaque quintal de sel tiré des mêmes salins de Peccais et de ceux de Narbonne, Peyrac et Sigean pour le fournissement des dix-sept greniers de notre province de Languedoc (1). Le produit duquel droit est annuellement employé aux réparations et entretien du pont Saint-Esprit et des chaussées qui en dépendent sur la rivière du Rhosne ; à l'entretien du service divin dans l'église du Saint-Esprit, bâtie sous Philippe-le-Bel, dans laquelle plusieurs des rois, nos prédécesseurs, ont établi des fondations; aux réparations de la maison appelée Mai-

---

(1) C'est le droit résultant des lettres-patentes de Louis XIII, ci-dessus. Aussi n'a-t-on pas inséré les lettres-patentes obtenues depuis et jusqu'à celles-ci, cette série de documents n'offrant aucun intérêt.

son-du-Roi, ainsi qu'à celles de l'hôpital ; et enfin à l'entretien et nourriture des pauvres dud. hôpital qui deviennent tous les jours plus dispendieux ; que la levée et perception de ce droit depuis son établissement ont toujours été permises par des lettres-patentes renouvellées de neuf en neuf ans ; qu'avant d'obtenir la prorogation des neuf dernières années portées par l'arrêt de notre conseil et lettres-patentes des 4 et 29 avril 1771, les exposans, en exécution et pour se conformer à un précédent arret de notre conseil et lettres-patentes des 23 septembre et 17 octobre 1755, ont représenté, par devant le sieur intendant et commissaire départi en la province du Languedoc, les titres en vertu desquels le droit du Petit-blanc avait été établi, et qu'ils ont justifié de l'emploi des fonds en provenans devant led. sieur intendant qui envoya, en notre conseil, son avis sur la prorogation dudit octroi ; que lesdites neuf dernières années portées par l'arrêt de notre conseil et lettres-patentes des 4 et 29 avril 1771 étant expirées le dernier décembre 1779, les exposans se sont pourvus devers nous pour en obtenir le renouvellement, et cependant ont continué depuis à percevoir led. droit, dont ils ont employé les produits à leur destination ordinaire, dans la persuasion que nous ne ferions aucune difficulté de leur accorder ladite prorogation ; qu'ils nous ont exposé que les motifs et les objets de dépense auxquels les fonds provenant dud. octroy sont destinés subsistent toujours, que les ouvrages commencés ne sont pas achevés et qu'il est nécessaire d'en faire de nouveaux ; qu'ils nous ont en même temps supplié, attendu l'augmentation sur tout ce qui est nécessaire à l'entretien des pauvres de l'hôpital de Saint Esprit, de leur accorder une augmentation de huit cents livres au-dessus de la somme de douze cents livres cy-devant employée à l'entretien desd. pauvres dans l'état arrêté par l'arret de notre conseil du 31 octobre 1660. Sur quoi nous avons expliqué nos intentions, par arret de notre conseil du 13 mars dernier, et ordonné que sur icelui toutes lettres nécessaires seroient expédiées, lesquelles ils nous ont très humblement fait supplier de vouloir bien leur accorder. A ces causes, de l'avis de notre conseil qu a vu led. arrêt du 13 mars dernier, dont l'extrait est ci-atttaché sous le contre-scel de notre chancellerie, Nous, conformément à icelui, de notre grace spéciale, certaine science, pleine puissance et autorité royale, avons permis et, par ces présentes signées de notre main, permettons aux recteurs et prêtres des église, maison, pont et hopitaux de la ville de Saint-Esprit, de continuer à lever et percevoir, pendant neuf années entières et consécutives, à commencer du 13 mars de la présente année, le droit du Petit-blanc, à raison de sept livres quatre sols par gros muid de sel composé de cent soixante-onze minots, qui se tire des salins de Peccais pour la fourniture des gabelles des provinces du Languedoc, Dauphiné, Lyonnais, Avignon et Comté Venaissin, traites étrangères et autres provinces hors notre royaume, et de cinq livres huit sols sur chaque gros muid du même poids tiré des mêmes salins de Peccais et de ceux de Narbonne, Peyrac, Sigean et autres pour la fourniture des greniers de la province de Languedoc; pour les deniers provenant dud. droit être employés, comme par le passé, aux réparations du pont Saint-Esprit et des chaussées qui en dépendent, suivant adjudications qui en seront faites, sans frais, sur les lieux, par les trésoriers de France, lors de leurs tournées, comme aussi aux autres dépenses déterminées par l'arret du 31 octobre 1664. Et, attendu l'augmentation survenue sur tout ce qui est nécessaire à l'entretien des pauvres de l'hôpital du Pont-Saint-Esprit, ordonnons que la somme de douze cents livres, qui lui a été accordée annuellement sur led. octroi, sera augmentée de huit cent livres, en sorte qu'il sera payé à l'avenir par le receveur en exercice du droit du Petit-blanc au trésorier dud. hôpital, une somme de deux mille livres; ordonnons pareillement qu'il sera compté du produit dud. octroi, par état au vrai, au bureau des finances et défflnitivement en notre Chambre des comptes de Montpellier, en la manière ordinaire. Validons, par grace, et sans tirer à conséquence, la perception qui a été faite dud. droit depuis l'expiration du terme accordé par l'arret des lettres-patentes des 4 et 29 avril 1771 jusqu'au 13 mars dernier. Si, vous mandons et enjoignons que ces présentes vous ayez à faire registrer et du contenu en icelles faire jouir et user lesd. exposans, pleinement, paisiblement, cessant et faisant cesser tous troubles et autres empechements contraires. Car tel est notre plaisir. Donné à Versailles, le 22° jour de mai, l'an de grace 1781 et de notre règne le 8°. — (Signé) Louis. — Par le roy, (Signé) Amelot.

(Expédition en un cahier de douze feuilles de parchemin mesurant 0ᵐ, 33 de haut et 0ᵐ, 24 de large).

3° FRANC-SALÉ.

CXXXII. — 2 novembre 1527.

Lettres des trésoriers généraux de France ordonnant la distribution du Franc-salé aux recteurs de l'hôpital. — (N° 1, chap. 5).

Les généraulx, concelliers du roy, nostre sire, sur le fait et gouvernement de ses finances, au grénetier et controleur du grenier à sel estably par le roy, nostre sire, en la ville du Pont-Saint-Esprit, salut. Nous vous mandons que du sel estant de présent en vente au dit grenier.... (fassiez donner) et deslivrer aux recteurs du pont, esglise et hospital de Sainct Espérit, la quantité de douze septiers sel que leur avons ordonné et ordonnons, francs et quictes du droit de gabelles dudit seigneur, en payant le droict du marchand, tout seulement pour la provision et despense tant des religieux de l'esglise dudit Sainct Espérit que hospital d'icelle, durant cette année commencée le premier jour de janvier passé et finissant le dernier décembre venant, afin que iceulx religieux soient plus enclins à prier Dieu pour la santé du roy et prospérité du royaulme....... Donné le second jour de novembre mil cinq cent vingt et sept. — J. de Ponchier. Ainsy ordonné par mond. seigneur le général et extraict de son original par moi, Restaurand. (1)

(Expédition sur parchemin mesurant 0ᵐ,21 de haut et 0ᵐ,27 de large)

CXXXIII. — 18 septembre MDLXXXXV.

Lettres-patentes d'Henri IV commandant aux trésoriers généraux de France de délivrer douze septiers de sel, par an, pour la provision des hôpitaux et des Frères prêtres. — (N° 1, chap. 5)

Henry, par la grace de Dieu, roy de France et de Navarre, à nos amez et féaulx les présidents et trésoriers généraulx de France au bureau de nos finances, estably à Montpellier, et au visiteur général de nos gabelles, salut. Nos chers et bien amez les recteurs, frères et religieux des pont, esglise et hospitaux de la ville du pont Saint-Esprit nous ont faict remonstrer qu'il auroit esté cy devant accordé, par chascun an, douze septiers de sel, francs et quictes de toutes gabelles ordinaires et extraordinaires, en payant le droict du marchant fournisseur, tant seulement, à prendre sur le grenier du Saint Esprit, et ce, en charité et ausmolne, pour la subvention desd. hospitaux, provision et despense des religieux de lad. esglise, pauvres, malades et enfants trouvez qui sont reçeus et nourris esd. hospitaux, comme il appert par les ordonnances de vous d. trésoriers généraulx cy attachées soubs le contrescel de nostre chancellerie, nous suppliant humblement leur octroyer nos lettres nécessaires pour la continuation de lad. deslivrance desd. douze septiers de sel, à l'advenir, ainsy que cy devant ils en ont bien et deuement jouy. Pour ces causes, inclinant, libéralement, à la suppli-

---

(1) Les mêmes lettres furent délivrées par les généraux de Languedoc aux dates de 1528, 1529, 1537, 1541 et 1595; celles-ci conformément aux lettres-patentes qui suivent.

cation et requète desd. exposants, vous mandons et enjoignons par ces présentes, que par les grenetiers et controlleur dud. grenier dud. pont Saint-Esprit et du sel qui sera en vente en icellui, vous ayez en faire bailler et deslivrer doresnavant, par chacun an, auxd. exposants, lad. quantité de douze septiers de sel, francs et quictes du droit de gabelles tant ordinaires que extraordinaires, en payant le droit de marchant tant seulement, selon et ainsy qu'il a esté cy devant faict et qu'ils en ont bien et deuement jouy et usé, jouissent et usent encore à présent, reportant ces présentes ou vidimus d'icelles avecques quittance ou reconnaissance desd. exposants..... Donné à Lyon, le XVIII° jour de septembre, l'an de grace mil cinq cent quatre vingts quinze et de nostre règne le septiesme.

Par le roy en son conseil, Faret.

(*Expédition originale sur parchemin mesurant 0ᵐ, 27 de hauteur et 0ᵐ, 45 de largeur : grand sceau de cire vierge pendant au dit parchemin.*)

4° CINQUAIN DE MÉLINAS.

CXXXIV. — 24 octobre MCCCCLXXXV.

Les Frères prêtres achètent de Jean de Viviers et de Jeanne Bonot, sa femme, trente sols de pension sur une terre et un pré situés à Mélinas. — (N° 7, chap. 18).

In nomine Domini, amen. Anno Incarnationis Ejusdem millesimo quadringentesimo octuagesimo quinto et die vicesima quarta mensis octobris, pontificatus sanctissimi in Xpo patris et domini nostri, domini Innocentii, divina providentia pape, anno primo, serenissimo principe domino Karolo, Dei gratia rege Francorum regnante, Noverint universi et singuli, presentes pariter et futuri, quod apud locum Burgi S. Andeoli, Vivariensis diocesis, in mei, notarii publici, et testium infrascriptorum presentia existentes et personaliter constituti, Johannes de Vivario et Johanna Bonote, conjuges, habitatores dicti loci B. S. Andeoli.......

vendiderunt dominis fratribus et religiosis hospitalis pontis S. Spiritus absentibus, ibidem tamen presentibus, venerabilibus viro domino Bertrando Cesteroni (1), presbitero, conrectore et religioso dicti hospitalis, magistro Johanne de Turre, presbitero, utriusque juris baccalario, procuratore eorumdem fratrum..... videlicet triginta solidos turonenses annui et perpetui redditus sive annuales et pensionales per dictos fratres religiosos et suos successores habendos, levandos, exhigendos et percipiendos, perpetuo, annis singulis, in quolibet festo Beate Marie Magdelene, in et super quadam terra et duobus pratis contiguis, scitis in territorio Nostre Domine de Melinassio, subtus locum S. Justi (2), continente dicta terra quinque

---

(1) Voir la note concernant Bertrand Cesteron, page 114.

(2) Notre-Dame de Mélinas sous Saint-Just-d'Ardèche et au bord d'une branche fermée du Rhône, qui enveloppait les îles de Bos-Sabranenc, Bos-Foran et Bos-Mondon, aujourd'hui quartier du Petit-Malatrat. Il y avait également dans ce territoire l'île de la Chadenèdes, laquelle, le 20 août 1409, donna lieu à une transaction entre Bertrand Cisteron et noble Romanet d'Audigier, suivie de la sentence arbitrale suivante: « Et nos, Guillelme Arnaud, Girar de Lolme, Johan Vole, Barthomieu Chabaud, arbitres, arbitradors et amiables compositors, elegitz par lo noble Romanet Audigier, d'une part, et Mossen Bertrand Cestaron, recteur de la meyson de de l'espital del pont Saint-Esprit, ainsi que constat par lo compromes per lasdites partidas passat, comme constat nota recepuda par Messor Johan Crozet, notᵉ dessusbsignat, juxta la poyssance a nos donado eldit compromes ; vist lo livre del debat et aver agut conseilh a plusors genz vielhas ; disen, ordonnen, pronuntien et diffinissen, per nostra sentensa arbitrala, que, actendu que lodit Mossen Bertrand Cestaro, per lo dreyt per el acquerit de Johan Bourt ou de sous heritiers, avia une terra en las Chadenedas, de la partida del soleilh cochant, de laquala terra una partidas (es) en l'ayga on el gres, et que lodit Mossen Bertrand en demandava une autra terra à qui meyme una lona el meyche, que losditas terras del dit Mossen Bertrand Cestaro toutas ensemble duraran parten de la brasseyra de Bosc-Sabranenc, tirant vers lo soleil levant, jusques as un aubre appelat amarina que es morts, en laquelle aven faict doas chapotadas.

Item, ordonnen que a qui aura un terme que fara lad. limitation devers lo soleil levant, tirant drech linha vers Comba longa, dreyt

saumatarum laboris (1) vel circa, et prata duarum saumatarum..... de bonis et hereditate Johane Bonote, ut ipsa dixit, et pro indiviso cum Philippa Bonote, sorore sua, confrontat ab oriente cum terra Ludovici Bonoti, ab occidente cum pratis Aragonde Bondilhone, vallato in medio, a borea cum via publica tendente versus Rodanum (2), a vento cum terris nobilis Thome Pulchræ maneriey (3), a quo Thomas de Bellesmanieres dixit terram et pratos teneri ad feudum nobile (4), et cum suis aliis confronta-

el ria de ladite comba, a qui on intra en la brasseyra del Rose.

Item, fara lodit terme la limitation devers lo vent, tirant del dit terme vers soleil cochant, dreyt a linha ou terme ou limitation que es entre la possession..... de S. Marcel, en Bosc-Sabarnenc, et la terre del noble Gabriel Roch, appellada del gabellier ; et autre chausa non poyra demandar lodit Mossen Bertrand en ladite isla de lad. Chadenedas par lasd. terras que seron deld. Bonot.

Item, disen, ordonnen que lodit Mossen Bertrand Cestaro sera tengut de rendre, en incontinant, certaina quantitat de blat que a pres l'an present en ladite islas.

Item, disen, ordonnen, pronuntien et diffinissen per nostre dite sentence arbitrale que l'une partida non poyra demandar à l'autre autre chouse a cause de lad. causas contengude el dit compromis.

Item, disen, ordonnem, pronuntien et diffinissen par nostre sententia, que lasd. partidas seren tenguda de payar à chacun de nos autres, arbitres, per nosd. travail et peynas, la somme de quinze sols tournois.

Item, disen, ordonnen, pronuntien et diffinissen, par nostre dit sentensa arbitrala, que lasdites partidas seren tenguda de ratificar nostre senten et ordonnance, sur la peyne contenguda eld. compromis.

(1) La saumée ou salmée de labour, fort variable aux confins du Languedoc, du Dauphiné et de la Provence, était, à Saint-Just, de huit éminées, équivalant à 6.400 mètres carrés.

(2) La voie romaine mentionnée dans la donation faite par dame Vierne aux chevaliers de Saint Jean de Jérusalem. (*Arch. com. de Saint-Marcel d'Ardèche* et *Notions générales sur la viguerie de Pont-Saint-Esprit*, p. 28).

(3) Seigneur d'Aiguèse qui est aujourd'hui une commune du canton de Pont-Saint-Esprit. Nous conserverons dans la reproduction de ce document les diverses formes qu'on y rencontre : Pulchremaneriey, Pulchre maneris, et de Pulchre-manerie.

(4) Ce fief résultait du droit de défrichement accordé à diverses

cionibus ; necnon etiam in et super quodam hospicio dicte Johanne Bonote, scito in dicto loco Burgi S. Andeoli, in carreria recta, confrontato ab oriente cum domo heredum Olivarii Michaelis, ab occidente cum feneria dictorum heredum, tendente versus portale turris..... (1); quosquidem triginta solidos turonenses, annuales et personales, dicti conjuges venditores dominis Bertrando Cesteroni et Johanni de Turre, qua supra stipulatione interveniente, vendiderunt pro pretio et nomine pretii viginti quatuor librarum turonensium valentium triginta duos florenos regios ; quod predictum pretium dicti conjuges dixerunt fore amplum, justum et sufficiens, secundum presentis temporis cursum, illudque confessi fuerunt habuisse et recepisse a prenominatis....; verum si dicti triginta solidi annuales supra venditi in futurum fuerunt (2) valituri pretio supradicto duplum, triplum, quadruplum vel amplius, totum illud plus valens et valiturum quantumcumque sit vel fuerit, licet excederet ultra dimidium justi pretii seu valoris, prenominati conjuges predicto emptoribus dederunt et donaverunt..... Acta fuerunt hec in dicto loco Burgi S. Andeoli, videlicet in dicto hospicio dicte Johanne Bonote, testibus presentibus probis viris Johanne Alti, habitatore loci Paludis (3), Johanne Rambaudi, mercerio, Martino Servento,..... habitatoribus dicti loci Burgi S. Andeoli, ad premissa vocatis, et me, Petro de Ulmo, notario publico infrascripto. Postque anno pontificatus et die vero vicesima secunda mensis decembris..... dictus Tho-

personnes, le 25 mars 1368, par Armand de Lanjac, mari de Gaufride de Rochemaure, dame de Salazac et en partie du château d'Aiguèze, de l'île de Bos-Sabranenc et de Mélinas, sous réserve des justice et juridiction, haute et basse, chasse, directe, seigneurie et demi solz et six deniers tournois de cense annuelle, à chaque fête de Noël, et la cinquième partie de tous les fruits.

(1) La *Tour*, gros donjon carré, au couchant de la ville du Bourg, dernier vestige, sans doute, d'un mur d'enceinte, a été démolie en 1891.

(2) Pour *fuerint*.

(3) Lapalud (Vaucluse).

mas Pulchre manieris..... omnia universa in eadem contenta.... laudavit, approbavit et confirmavit dictis dominis Bertrando Cesteroni et Johanni de Turre, emptoribus, et eosdem emptores investivit, salvis dicto nobili Thomæ Pulchre-maneriey suo directo dominio et senhoria, laudimio et trezeno censuque et servicio consueto. Et confessus fuit idem nobilis Thomas Pulchre-maneriey habuisse et recepisse laudimium et trezenum premissorum occasione debitum..... Acta fuerunt hec in villa Pontis S. Spiritus, in domo dictorum religiosorum, in camera dicti domini Bertrandi Cesteroni, testibus presentibus, probis viris Johanne Bornugo (1), Petro Darbosseti, Georgio de Pegolon (2), habitatoribus dicte ville Pontis S. Spiritus ad premissa vocatis (3).

(Expédition sur parchemin mesurant 0^m,50 de largeur et 0^m,68 de hauteur).

CXXXV. — 7 octobre MCCCCLXXXVI.

Les FF. Prêtres achètent de Thomas et Honoré de Bellesmanières six livres de pension sur certain tènement appelé Bois-Sabranenc, La Broutière *et* Mélinas. — (N° 8, chap. 18).

In nomine Domini, Amen. Anno Incarnationis Ejusdem millesimo quadringentesimo octuagesimo sexto et die septima mensis octobris, pontificatus sanctissimi in Xpo patris et domini nostri domini Innocentii, divina providentia pape, anno tertio, serenissimoque principe domino

---

(1) De la famille du notaire Bornugue. (V. ci-dessus p. 125).

(2) V. également p. 125.

(3) En 1491, à titre d'échange, Jean Bonot cède, à Bertrand Cesteron et à ses confrères, une terre de quatre salmées de semence près l'église N.-D. de Mélinas et cette église même, plus une terre appelée Bos-de-Mondon. (Unacum pedagiis, arrebagiis, pastorgagiis et piscationibus, venationibus ac aliis pertinentiis et juribus). Sur la porte de la ferme de Mélinas sont sculptées, on l'a vu page 238, les armes de France ayant deux salamandres pour support.

Karolo, Dei gratia rege Francorum regnante, noverint universi et singuli, presentes pariterque futuri, quod apud villam Pontis S. Spiritus, Uticensis diocesis..... nobiles viri Thomas et Honoratus Pulchremaneriey fratres, condam loci Ayguedinis habitatores, loci Montisdraconis (1), Auraicensis dyocesis, vendiderunt et concesserunt....... venerabilibus viris dominis Bertrando Cesteroni, conrectori, Johanni Meyssoni, Raymundo Sylvestri (2), Petro Brimenquy, Antonio Lombardi (3), fratribus et religiosis hospitalis pontis S. Spiritus, Uticensis diocesis, ibidem presentibus, tam nomine suo quam etiam magistro (4) Johanne de Turre, presbitero, juris utriusque bacalario, procuratore eorumdem fratrum, ibidem presente, et me, notario infrascripto...,. Videlicet sex libras turonenses annui et perpetui redditus..... per dictos fratres religiosos et suos successores levandas, exhigendas et percipiendas perpetuo, annis singulis, in quolibet festo S. Michaelis (5), in et super quodam facto seu tenemento seu factis aut tenementis ipsorum fratrum venditorum, vulgariter dictis et appelatis Bos Sabarnenc (6), la Brotieyro et Melinas, siptuatis subtus locum S. Justi, in quo facto seu factis dicunt et asserunt dicti fratres venditores se habere jurisdictionem omnimodam, altam et bassam seu merum et mixtum

---

(1) Mondragon (Vaucluse) autrefois principauté des archevêques d'Arles.

(2) Un enfant de la maison, sans doute ; v. p. 277.

(3) Parent d'H. Lombard, p. 122.

(4) La syntaxe exigerait le génitif, *magistri*, etc... Ces vices de construction se représentent plusieurs fois dans la suite.

(5) Il y a dans le martyrologe deux fêtes de saint Michel, l'une, le 8 mai, en souvenir de son apparition au Mont-Gargan, en Italie, en 492, et l'autre, le 29 septembre. Cette dernière est de beaucoup la plus célèbre. L'expression *quolibet* semblerait faire croire qu'on payait à chacune des deux, si nous ne la trouvions plus tard appliquée à une fête qui, certainement, est unique, la Toussaint.

(6) Ainsi appelé du nom des possesseurs antérieurs, les Henrici ou Alrici dits de Sabran, pays dont le territoire est encore nommé la Sabranenque comme l'île ci-dessus.

imperium (1); confrontat ab oriente cum fluvio Rodani,

(1) Leurs droits seigneuriaux résultaient de l'acte ci-après : Universis presentes litteras inspecturis. Nobilis et potens vir Annetus de Alberia, miles, dominus dicti loci de Alberia et de Malbet, comitatus Claramontis in Alvernia, suum fecit, constituit et ordinavit procuratorem, discretum virum Michaelem Dyane, in decretis licenciatus, ad ipsius constituentis nomine et pro ipso, vendendum, tradendum castrum, castellaniam et mandamentum Ayguedinis sive d'Ayguese cum omni juridictione et justitia alta, media et bassa suis que censibus, redditibus, parceriis, devesiis, feudis, retrofeudis, terris cultis et incultis, pratis, affariis, nemoribus ac omnibus suis juribus ac pertinentibus universis necnon et quamdam boriam de dependentiis dicti castri, castellaniæ et mandamenti, quæquidem boria contiguatur Rhodano, quæ premissa omnia et singula sita sunt in diocesi de Viviers. — Anno Domini MCCCCLXIII..... juxta potestatem sibi attributam procuratorisque nomine jam dicto, vendidit et titulo puræ perfectæ, simplicis et irrevocabilis venditionis nunc et semper valituræ cessit, reliquit, desemparavit et remisit dominus M. Dayne, procurator predictus, nobili Godo de Bellesmanieres, loci Montisdraconis, Auralcensis diocesis, recipienti pro se et suis heredibus et successoribus universis, videlicet omnes et singulas juridictiones, altas seu bassas, cum mero et mixto imperio ac omnes census, servitutes, pensiones, quartæ, quintæ, castra, turres, domos, hospitia, grangeas, bastidas, nemora, devesia, defenza, prata, terras, vineas, hortos, viridaria, oliveratas, molendina, furna et furnorum jura, pedagia, preludagia portus seu portum riperiæ Ardechiæ, jura banna, laudimia, trezena, homagia fidelitatis seu dominationis et recognitionis sibi fieri solitas, necnon pascua, decimas, tascas et quecumque alia feuda seu retrofeuda et jura tam mobilia quam rustica et urbana ac proprietates et jura, quecumque sint sive consistant, tam in loco Ayguedinis quam locis beatorum Marcelli et Justi, de Melinacio et Broteria et in insulis seu feudis Bosqui-Sabranenqui..... pretio universali hujusmodi venditionis quingentorum scutorum auri, cugni domini nostri regis..., et salvo tamen et retento in et super omnibus rebus et juribus predeclaratis sic venditis prout tenentur seu possint teneri a domino nostro rege et reverendo in Christo patri et domino, domino Vivariensi episcopo, hanc autem venditionem ac omnia alia et singula tenere ac observari ac ratificari facere per dictos dominos Annetum de Alberia, militem, et dominum Guillermum de Alberia, capellanum, ejus fratrem..... Acta fuerunt hæc omnia Nemausi, Petro Boneyer, publico regio notario, qui de predictis notam sumpsi et recitavi.

(Copie d'un vidimus dressé par le viguier de Bagnols, le 14

ab occidente cum terris et possessionibus hominum predicti loci S. Justi, a borea cum territorio S. Marcelli (1), a vento cum facto domini S. Remegii (2), etiam dicto de Bos Sabarnenc et cum suis aliis confrontationibus..... in quibus dicti fratres venditores tenebantur et erant efficacaciter obligati dictis fratribus emptoribus, presentibus et stipulantibus, prout suprà constat instrumento publico emptionis super hoc sumpto et recepto per me, notarium publicum infrascriptum, sub anno Incarnationis Domini millesimo quadringentesimo octuagesimo quinto et die vicesima secunda mensis decembris..... quasquidem sex libras turonenses annuales et pencionales superiùs venditas prenominatis fratribus emptoribus, stipulatione qua supra interveniente, vendiderunt pro precio et nomine veri, justi et equivalentis pretii centum librarum turonensium, quod pretium predictum dicti fratres venditores dixerunt et asseruerunt fore amplum, justum et sufficiens ..... Acta fuerunt hec in dicta villa S. Spiritus, in domo dictorum fratrum et in camera dicti domini Bertrandi Cesteroni, testibus presentibus probis viris Jacobo de Absin. ,Petro Darbosseti, Georgio de Pegolon, dicte ville S. Spiritus, Johanne Tomassi (3), clerico, habitatore dicti loci Montisdraconis, ad premissa vocatis.

(Expédition sur parchemin mesurant 0ᵐ, 56 de largeur et 0ᵐ, 68 de hauteur).

juin 1508, dans registre B des contrats, vieux inventaires et délibérations du Bureau de l'Œuvre).
(1) Saint-Marcel-d'Ardèche.
(2) Saint-Remèze (Ardèche).
(3) De la famille, sans doute, de J. et S. Thomas. (V. ci-dessus p. 101).

CXXXVI. — 11 avril MCCCCLXXXIX.

Thomas et Honoré de Bellesmanières vendent aux FF. Prêtres les cinquain, seigneurie, cense, directe et droit de laud sur certaines terres situées à Bos-Sabranenc. — (N° 9, chap. 18).

In nomine Domini. Anno Incarnationis Ejusdem millesimo quadringentesimo octuagesimo nono et die undecima mensis aprilis, pontificatus sanctiss. in Xpo patris et domini nostri, domini Sixti, divina providentia pape quarti, anno tresdecimo, serenissimoque principe et domino nostro, domino Karolo, eadem gratia rege Francorum regnante. Noverint universi et singuli presentes..... presens verum et publicum instrumentum inspecturi.... quod in mei notarii publici et testium infrascriptorum presentia existentes et personaliter constituti, nobiles viri Thomas et Honoratus Pulchremaneriey, fratres, condomini loci Aiguedinis, habitatores loci Montisdraconis, diocesis Auraycensis..... vendiderunt venerabilibus religiosis viris dominis Bertrando Cesteroni, presbitero, rectori, et Johanni Gervasii, etiam presbitero, fratribusque et religiosis ecclesie pontis et hospitalis ville S. Spiritus, diocesis Uticensis, ibidem presentibus et recipientibus tam nomine ipsorum quam nomine aliorum fratrum meque, notario publico, presente, nomine et vice aliorum fratrum absentium, videlicet quintam partem fructuum terrarum seu pratorum et possessionum subscriptarum et infra designatarum cum directo dominio sive censie et omni alio jure eisdem venditoribus pertinente, in et super possessionibus, et jure prelationis salvo et reservato per dictos fratres venditores, retenta dumtaxat super eisdem possessionibus juridictione omnimoda alta, bassa, mero et mixto imperio. Et primo super quadam terra quam tenet Symon Vincentii, habitator loci S. Marcelli secus Ardechiam, trium saumatarum laboris seu circa, sita in bosco Sabranenco, que fuit olim Johannis Rostagni, confrontata ab oriente cum terra Rollandi de Laureni, ab occidente et et a borea cum prato Petri Genesii, lona (1) in medio, et cum suis aliis justis et debitis confrontationibus..... item super quaddam alia terra ejusdem Symonis Vincentii trium saumatarum laboris seu circa, confrontata ab oriente cum prato Andree Grasseti, ab occidente cum terra et prato Johannis Davidis, a borea cum lona et cum suis aliis..... confrontationibus..... Item plus vendiderunt super quadam alia terra et prato Johannis Davidis, habitatoris loci S. Justi, continente sex salmatas laboris, confrontata ab oriente cum terra dicti Symonis Vincentii, ab occidente cum prato Guillelmi Escofferii, a vento cum domino S. Remegii, a borea cum dicta Ione et cum suis aliis confrontationibus. Item super quadam alia terra et prato duarum saumatarum laboris seu circa, confrontata ab oriente et ab occidente cum terra dicti Symonis Vincentii, a vento cum possessionibus de domini S^i Remegii. Item plus vendiderunt dicti fratres prout supra super quintam partem fructuum super quadam alia terra quam tenet Guillermus Arnaud, alias de Janni, habitator loci S. Justi, unius saumate cum dimidia laboris vel circa, confrontata ab oriente cum terra dicti Escofferii, ab occidente cum prato Johannis Boveri et Petri Hugonis, a vento cum dicto domino S. Remegii..... Item, plus super quadam alia terra duarum saumatarum laboris vel circa quam tenet Simon Canueli, habitator loci predicti S. Justi, confrontata ab oriente cum flumine Rodani, a vento cum lona, ab occidente cum terra Johannis Meynaudi et Johannis Moteti, a borea cum terra Vincentii Curti..... Item, plus vendiderunt jam dicti Pulchrimanierey, fratres venditores, quintam partem fructuum quam percipiunt et percipere seu levare consueverint, prout supra, super quadam alia terra quam

---

(1) La *lona*, d'après Ducange, serait une locution signifiant : *le long de*, et il en rapporte un seul exemple, d'une charte de l'abbaye de Marseille. Voy. ci-dessus, p. 343, note 2, à la 21ᵉ ligne. Cette expression *lona*, *lone*, caractérise encore un étang formé sur les bords du Rhône, à la suite des grandes crues du fleuve.

tenet Johannes Fornerii, habitator loci S. Marcelli, trium saumatarum laboris vel circa, confrontante ab oriente cum prato Petri Justeni et fratrum suorum, ab occidente cum terra Jacobi Ravaisse, a borea cum prato Petri et Johannis Boissini et cum suis aliis confrontantibus. Vendiderunt, inquam, dicti Thomas et Honoratus Pulchremanierey..... dictis presbyteris Bertrando Cesteyroni et Johanni Gervasii, fratribus et religiosis emptoribus presentibus, supra dictas possessiones seu quintam partem fructuum quam habent et percipiunt in eisdem possessionibus cum eorum directo dominio et senhoria censuque et servicio annuo jureque laudandi (1) et investiendi et omni alio jure quocumque quod habent et percipere consueverunt, quomodocumque constet, salvo tamen et reservato dumtaxat et retento, ut dictum est, eisdem venditoribus dicta juridictione omnimoda, alta et bassa, jure mero, mixto imperio et una albergia seu quinque solidis turonensibus per eosdem religiosos eisdem venditoribus singulis annis solvendis (2). Hanc autem hujusmodi ven-

(1) *Laudandi*, avec le sens de concéder, donner en location.
(2) Les droits de l'évêque de Viviers n'avaient pas été réservés, semble-t-il. Ils donnèrent lieu à une transaction en date du 3 mars 1508, dont la lecture est rendue impossible par la décoction gallique apposée sur le parchemin, en 1754 (chap. 17, n° 3). Ci un extrait, d'après l'inventaire de Raymond Lanier, notaire royal et commissaire député par le sénéchal de Beaucaire :
In nomine Domini, amen. Noverint.... Quod cum.... processus penderet... in curia presidali Nemausi per et inter rever. in Christo patrem D. D. Claudium de Turrone, Vivariensem episcopum et comitem principem in solidum Duzere, ex una agentem, et ven. et relig. viros fratres Falquetum Michaelis, procuratorem, et Bertrandum Cesteroni, rectorem domus et hospitalis pontis S. Spiritus, nominibus eorum et aliorum fratrum communitates domus.... defendentes ex alia partibus in materia feudali, super eo quod dictus dominus dicebat et asserebat eosdem..... acquisivissse, tam titulo venditionis quam donationis a pluribus suis vassalis et emphitheotis certos quintenos fructuum, necnon possessiones et prœdia..... sita infra mandamenta sanctorum Marcelli et Justi, quas acquisitiones non poterant fecisse quia personæ mortuæ ; cum et de illis infra tempora debita nullas fecerunt presentationes

ditionem fecerunt dicti Thomas et Honoratus Pulchremanierey..... pro pretio et nomine veri, justi et legalis pretii

antequam reciperent investituram, et sic in commissum cecedisse et quod illa reduxerat ad manus suas et per consortam in vim litterarum de feudis ad manum regiam reduci fecerat, quare dicebat res et prœdia hujusmodi consolidata fuisse cum directo dominio, et illa eidem debere adjudicari unacum expensæ. Dictus vero frater Falquetus..... dicebat in contrarium..... quinto partes fructuum eisdem vendito eis per nobiles Thomam et Honoratum de Bellesmanieres tamquam a directis dominis fuerant laudati et investiti, et sic super iis nulle jus eidem domino pertinere nec spectare..... quo vero..... se presentaverunt..... domino Johanni de Montecanu tunc Vivariensi episcopo qui pro illo eosdem retinuerat licentiamque tenendi et possidendi dederat.....
Tandem anno Nativitatis dominice m° quing° octavo et die tertia mensis martii... transigerunt et accordaverunt in hunc qui sequitur modum. Primo, quod dicti procurator et rectores in perpetuum tenebuntur et debebunt solvere, annuatim et in quolibet festo omnium sanctorum, dicto domino episcopo et suis successoribus... summam quinque solidorum turonensium tam pro laudimiis quam amortezamentis predictis quam aliis quibuscumque juribus, dicto domino super premissis pertinentie... Item, quod iis mediantibus dictus dominus teneatur laudare, emologare et ratificare et approbare ac quatenus opus est investire dictos dominos procuratorem, rectorem et alios religiosos acquisitiones, venditiones et donationes predictas eisdem factas... Sub annis et diebus in eisdem contentis prout tenore presentes contractus laudavit, emologavit, approbavit et confirmavit et de eisdem quatenus opus est investivit, jure suo et quolibet alieno semper salvis, traditione unius calami cum quo scribitur... Item, quod dicti procurator et rector ac alii religiosi... in qualibet mutatione episcopi et quotiens fuerint requisiti teneantur recognoscere censum predictum super prœdiis et predictis per eosdem acquisitis ac directo dominio eorumdem... et ita tenere promiserunt partes ipsæ prout quamlibet tangit, mediis earum juramentis, videlicet ipse dominus Vivariensis episcopus more prelatorum manus ad pectus ponendo, et ipse procurator, nomine predicto, super sanctis Dei evangeliis per eum manu dextra tactis et sub obligatione omnium et singulorum bonorum suorum..... Acta fuerunt hec in bassa curte castri Duzere, tricastinensis diocesis, presentibus ibidem ven. et egreg. viro D. Matheo Bonetoni, jurium baccalerio, canonico, vicario et officiali vicarii, D. Laurentio Boeti, presbitero, nobili siber de Chanalosc, castellano d'Ay et de Seray, Viennensis diocesis, Francisco de Cluzello, priore S. Christophori secus chayllarium, testibus ad premissa

centum et quinquagenta librarum turonensium, valentium et equipolentium ducentos florenos monete regie in regno Francie cursum habentis, quolibet floreno pro quindecim solidis turon. computato..... Acta et publice recitata fuerunt hec omnia, universa et singula supradicta, in dicta villa S. Spiritus et in domo dictorum religiosorum emptorum, testibus presentibus probis viris Johanni Rodilhi, mercatore, venerabili viro domino Anthonio Leporis, presbitero, Anthonio Rosseti, mercatore, habitatoribus dicte ville S. Spiritus, ad premissa vocatis specialiterque rogatis, et me, magistro Petro de Ulmo, condam auctoritatibus apostolica et regia notario regio, habitatore dicte ville, qui requisitus, dum in humanis ageret, contractum in notam sumpsit et recepit sed, morte preveniente, illud grossare..... nec expedire valuit ; post cujusquidem predicti magistri Petri de Ulmo decessum, ego, Petrus Sobolis, clericus auctoritatibus apostolica et regia notarius publicus, habitator ville pontis S. Spiritus, Uticensis diocesis, substitutus et subrogatus in notis et scripturis dicti condam magistri Petri de Ulmo, constantibus litteris dicte mee commissionis et subrogationis super hoc per magnificum et potentem virum dominum seneschallum Bellicadri et Nemausi sub data dicy quinta mensis julii, anni Domini M° quingentesimo secundo, hoc presens verum et publicum instrumentum in hanc publicam formam redactam alterius manu..... extrahi a dicta nota feci, et facta diligenti collatione cum eadem nota, ut convenit, hoc manu mea propria subscripsi et signo meo autentico, quo utor in meis publicis instrumentis, signavi, in fidem et testimonium premissorum.

(Expédition sur parchemin mesurant 0ᵐ, 63 de largeur et 0ᵐ, 79 de hauteur).

vocatis, et me Petro de Noguerio, clerico publico, auctoritatibus apostolica et regia notario, habitatore civitatis Vivarii, supra dicti que Vivariensi episcopi secretario.

— 355 —

V. — Pêche autour des piles du pont et four dans l'hôpital.

CXXXVII. — 22 avril 1496.

Transaction entre les recteurs et le cardinal Julien de la Rovère, prieur de Saint-Saturnin-du-Port, au sujet de la pêche autour des piles du pont et du four de l'hôpital. — (N° 1, chap. 6).

In nomine Domini, Amen. Anno Ejusdem Domini millesimo quadringentesimo nonagesimo sexto, a Nativitate sumpto, et die vicesima secunda mensis aprilis, Christianissimo ac illustrissimo principe domino nostro Carolo, eadem gratia (1) rege Francorum regnante, noverint universi..... veri et publici instrumenti mentem et tenorem inspecturi, visuri, lecturi ac etiam audituri, apud locum infrascriptum, in mei, notarii publici, et testium infrascriptorum presentia, quod cum, per et inter reverendissimum in Christo patrem et dominum, dominum Julianum, miseratione divina, sacrosante Romane ecclesie..... episcopum, cardinalem sancti Petri ad vincula vulgariter nuncupatum, magnumque penitentiarium domini nostri pape et ex concessione sancte sedis apostolice archiepiscopum Avignonis prioremque seu perpetuum administratorem prioratus conventualis Sancti Saturnini de Portu, alias pontis S. Spiritus, Uticensis diocesis, ex una parte, et honorabiles viros, dominos syndicos universitatis hominum manentium et habitantium dicte ville Sancti Saturnini de Portu, alias de Ponte Sancti Spiritus, rectoresque operis pontis et hospitalis ac ecclesie dicti hospitalis S.

---

(1) L'expression *eadem gratia* qui accompagne le nom du roi de France suppose qu'on venait de parler de quelqu'un (le pape, sans doute) institué *gratia Dei* ; ce membre de phrase a été omis dans la transcription.

Spiritus, parte ex alia, certe questiones, lites, controversie et processus mote fuerunt inter partes ipsas in venerabili presidiali curia domini senescalli Bellicadri et Nemausi, indeque per appellationem devolutam in supremâ parlamenti Tholose curia in qua adhuc pendet lis indecisa, de et super eo videlicet et pro eo quia dictus reverendissimus dominus cardinalis, prior et administrator perpetuus dicti prioratus conventualis Sancti Petri, ville Sancti Spiritus, dicebat et asserebat omnes cupos sive retia voccata cupos (1) ad piscandum apta, sita et existentia in tota juridictione et districtu dicte ville et etiam illa que sunt alligata juxta pillas pontis ejusdem ville, tam super aquam quam in terra firma, sibi et de suo prioratu seu monasterio pertinere, pleno jure, in vim pariagii olim inhiti inter dominos Franciæ reges et priores dicti monasterii, ejusdem reverendissimi domini predecessores ; in quo pariagio dicti domini nostri reges expresse reservaverunt dictis priori et conventui ejusdem omnes piscationes et jura piscationum. Dicebatque ulterius dictus dominus et prior habere furnos bannerios in dicta villa, sic quod non licebat dictis rectoribus furnum privatum facere in dicto hospitali, in prejudicio dictorum furnorum banneriorum suorum (2). Iidem, his nonobstantibus, dicti

---

(1) Sur les rives du Rhône, on appelle encore *coups* les filets triangulaires, à bascules, posés à l'avant de grandes barques et spécialement employés pour la pêche des aloses. Par métonymie, les endroits propices à la pêcherie étaient parfois désignés sous le nom de coups ; tel le coups de Soulaci ou de Soulas, près l'abattoir actuel du Pont-Saint-Esprit, ainsi appelé du nom des propriétaires d'une maison voisine, près l'ancien Portalet de Carnage, et sur l'emplacement de laquelle a été construit l'abattoir actuel. (Au sujet de ces deux locutions : coups de Soulaci et Portalet de Carnage, voyez *Origine et véracité des notes et documents pour servir à l'histoire de Pont-Saint-Esprit*, broch. in-8°, Avignon, 1889).

(2) Ce four bannal avait donné lieu, en 1382, à une sentence arbitrale rendue par le duc de Berri, gouverneur du Languedoc. (Voy. *La guerre autour du Pont-Saint-Esprit*, p. 37). Dans la suite, il fut, entre le seigneur-prieur et les habitants de Pont-Saint-Esprit,

rectores absque licentia ejusdem domini et in sui monasterii et jurium suorum prejudicium et detrimentum maximum cuppos a piscando in pillis dicti pontis et etiam in insulis dicti prioratus prope dictum pontem existentibus fecerant et piscationes usurpabant de facto, furnumque privatum in dicto hospitali a paucis diebus citra fecerant.

Dicti vero syndici et rectores in contrarium dicebant et allegabant quod per ipsos seu eorum predecessores fuit dictus pons factus, constructus et edificatus, semperque regimen totale et administrationem habuerunt et habent; etiam ultra dicunt quod a centum annis et plus, quia dictus pons valde necessarius est rei publice, ne cadat in ruinam, propter suam magnitudinem et sumptuositatem, dominus noster rex seu ejus predecessores statuerunt et ordinaverunt certum emolumentum (1) pro manutentione precipue dicti pontis et edificiorum ecclesie et hospitalis Sancti Spiritus; in quo emolumento et ad dictum et totale opus ex ipso emolumento fiendum in dictis ponte, ecclesia et hospitali, dicti rectores sunt et fuerunt et eorum predecessores per dominum nostrum regem commissi; et cum quotidie sit necesse absque cessatione facere magnas et sumptuosas reparationes et edificationes, potissime circa pillas dicti pontis, eas garniendo seu muniendo grossis et magnis valde lapidibus, pallerias (2) magnas, amplas et fortes, a latere terre et parte Imperii (3), de super pontem sepius per mediam leucam et plurimis locis contra impetum dicti fluminis Rodani ne dimittat cursum et alveum consuetum et redigat pontem ipsum in insulam; et in hoc assidue fiunt tam sumptuose et magne reparationes in

le prétexte d'une foule de procès, en parlement de Toulouse, dont plusieurs amenèrent l'impression de rapports pleins de faits curieux.

(1) Le Petit-blanc. (V. plus haut, p. 301 et suivantes).

(2) *Pallières,* chaussées.

(3) Rive gauche du Rhône. Cette partie de la Provence, on l'a dit déjà, fut de tout temps désigné sous le nom d'*Empire*, en raison de revendications nominales qui s'y produisaient de siècles en siècles. V. plus haut, note 2, p. 280.

dicto ponte et pillis aut palleriis ; si in revolutis ipsarum pillarum, que supervenient et fiunt occasione dicti pontis et ipsarum pillarum et predictarum reparationum, possit fieri aliqua piscatio per ipsa ingenia (1) cupporum alligata ad ipsas pillas aut pallerias, aliquod utilitatis per piscationem ipsam supervenire possit, esset alterius quam ad utilitatem operis dicti pontis et hospitalis, pro utilitate rei publice aut saltem potius domini nostri regis qui emolumentum ipsum ex quo predicta fiunt, ordinavit et non ad singularum utilitatem d. domini prioris. Dicebant etiam quod in dicto pariagio de quo nictitur dictus dominus prior, de dictis piscationibus cupporum nulla fiebat mentio, sed de certis juribus que sibi pertinent ab antiquo super illis qui utuntur piscationibus, sicut et domino nostro regi, etiam sibi per dictum pariagium reservantur que sibi pertinebant ab antiquo. — Quoad furnum vero existentem in dicto hospitali dicebant dicti rectores non fecisse illum de novo seu construi fecisse, sed quod a tanto et longo tempore, de quo non est memoria, semper fuerat dictus furnus in dicto hospitali, licet a pauco tempore, quia jam vetustate consumebatur, fuisset per eos reparatus seu suos predecessores pro usu tantum dicti hospitalis, fratrum scilicet et pauperum affluentium ac puerorum ; et maxime pro eo quia sepissime in dicto hospitali affluunt infirmi tacti morbo epidemie, ne servitores dicti hospitalis et in eo commorantes eundo ad furnum bannerium dicti domini prioris inficerent habitantes dicte ville, fecerunt illum reparari. Tamen semper prius fuerat dictus furnus in dicto hospitali, pro usu scilicet dumtaxat hospitalis et fratrum ac pauperum et non alterius persone aut domus de villa sive etiam extranea, prout numquam etiam faciunt neque factum est. — De quibus quidem debatis, litibus, questionibus, controversiis dependentibus plures transactiones fuerunt passate inter officiarios dicti nostri domini prioris et commendatorii et dictos rectores, et ultimate fuerat passata de premissis transactio solemnis inter

(1) Engins.

rev. patrem dominum Rothondum Bonifacii, abbatem Sancti Salvatoris, vicarium generalem dicti monasterii pro dicto rev. domino cardinali, priore predicto, dominum Petrum Filloli, ejus thesaurarium et procuratorem generalem et honorabiles viros Antonium Restaurandi (1) et Johannem Bidonis (2), syndicos universitatis hominum manentium et habitantium ejusdem ville...... Attamen dicta causa, dictis transactionibus nonobstantibus, adhuc per officiarios dicti Rev. domini cardinalis et prioris, in dicta supra parlamenti Tholoze curia, contra eosdem rectores prosequebatur.

Hinc siquidem fuit et est quod, anno et die in principio presentis et publici instrumenti annotatis, existentes et personaliter constitute partes principales predicte et inferius nominate, videlicet reverendissimus dominus cardinalis, prior sive commendatorius, venerabiles viri domini Rothundus Bonifacii, abbas Sancti Salvatoris, vicarius generalis dicti monasterii, Ludovicus Rupemora, hostalerius, Jacobi Boti, sacrista, Rostagnus Auberti, infirmarius, Ludovicus Vituli, refectuarius, Filibertus Gardoni, cantor, Arnaudus de Oleo, Guillelmus de Rupe Columba, monachi claustrales dicti prioratus, nomine dicti conventus parte ex una, et honorabiles viri, magister Natalis Pastoris, notarius regius, consyndicus dicte ville et Gregorius Meissonis, burgensis ejusdem ville, conrector operis ecclesie, pontis et hospitalis Sancti Spiritus, nominibus suis et aliorum consyndicorum et rectorum dicti hospitalis, per quos ratificare facere promiserunt omnia et singula infrascripta...

— Et primo transigerunt, pepigerunt, convenerunt, appuntuaverunt et accordaverunt jam dicte partes, et per presentem transactionem ultime passatam inter dictum dominum abbatem Sancti Salvatoris, vicarium generalem dicti conventus, et supra nominatos Antonium Restaurandi et Johannem Bidonis, tunc syndicos dicte ville,

---

(1) V. au sujet des Restaurand, p. 9.
(2) V. au sujet des Bidon, p. 111.

necnon omnia et singula in instrumento supradicto dicte transactiones contenta, additis et subjunctis eidem certis aliis articulis, in duobus papiri foliis scriptis ; quorum articulorum tenores sequntur et sunt tales :

Pour mettre bonne fin et appoinctement au différent de Monseigneur le prieur de Saint Savornin du Port, autrement dit de Saint-Pierre, de la ville du Saint-Espérit, et les recteurs du pont et hopital dudit Sainct-Esprit, à cause de la pescherie des pilles et pallières, d'une part, et d'un petit four estant en la maison des frères dudit hospital.

Et premièrement, que tous et quelconques les coups et barques qui se mettront en revouls à pescher, tant ès pallières jà faictes ou qui se feraient nécessairement pour le bien et utilité du pont et de la chose publique et que non se puisse faire autrement, et lesquelles pallières seroient joignant aux terres dud. prieur latéralement le long d'icelles, pour les garder et conserver de la rivière du Rhosne et en tous aultres lieux et isles appartenant aud. Sgr, où il pourra faire attacher barques en ses dites terres ou isles, tant présentes que advenir, pour pescher, seront et demeureront perpétuellement au dit prieur, sans contradiction quelconque, sans devoir ni pouvoir attacher icelles barques aux pilles dud. pont, lesquelles pilles et la pesche dicelles seront et demeureront auxd. recteurs pour l'utilité de l'œuvre dud. pont et la sustentation de l'hospital ; réservé aud. prieur son droit et prééminance de pescherie, ainsi qu'il a esté de coustume de prendre d'un chascun pescheur peschant en coups.

Item, touchant le four estant en la maison dudit hospital, duquel pareillement est question, que lesd. recteurs et les frères dud. hospital pourront avoir et tenir led. four, réparer et édifier quand leur sera besoin, et y pourront faire cuyre le pain nécessaire pour la provision de ladite maison et hospital et des pouvres tant seulement et sans ce qu'ils puissent cuire ne que leur soit faculté ne pouvoir en façon quelconques cuyre ne bailler led. four pour usage ne service d'aultres que dud. hospital et pour la provision d'icelluy et des pouvres ; et en cas que se trouveroit du contraire pourra faire desmolir led. prieur ledit four, auctoritate propria, et payeront pour droit de directe, un chascun an, un denier tournois de cense et vingt sols tournois de pension payée, chascun an, au dit prieur. Et si les recteurs veulent affranchir led. four de ladite pension de vingt sols, sera tenu led. prieur prendre et accepter autant de pension en aultre lieu, pourvu qu'il soit bien situé, demeurant toujours led. denier de directe sur led. four.

Et pourceque audit pariage, faict entre le roy et led. prieur, de la jurisdiction de lad. ville, fut réservé aud. prieur les pescheries et droits d'icelles qui lui appartenoient d'antiquité, pour tous droit de pescherie que luy pourroit appartenir ou pourrait prétendre avoir luy et ses predecesseurs, le temps advenir, chascun an que se peschera esdites pilles du pont, seront tenus lesd. recteurs bailler audit prieur cinq deniers tournois, et une lamproye et une alauze, oultre les aultres droits et prééminances par luy accoustumées.

Item, se obligeront lesd. recteurs de réparer la pallière de la pile joignant à la terre du prieur, de la part de l'Empire, selon que sera necessité par la conservation de lad. pille dud. prieuré.

Item, transigerunt, pepigerunt et concordaverunt jam dicte partes de premissis questionibus et differentiis sit pax, tranquillitas atque finis perpetuus inter easdem partes transigentes, renunciaverunt liti et cause... Reverendissimus dominus cardinalis prior, facta prius ratificatione per dictos syndicos et rectores, renunciavit et in signum hujusmodi renunciationis juravit ; idem dominus cardinalis et prior, manum ad pectus suum in fidem cardinalis et prelati ponendo... Acta et recitata fuerunt hec apud dictam villam sancti Saturnini de Portu, aiias de ponte sancti Spiritus, et in domo dicti prioratus sancti Petri, videlicet in aula superiori ejusdem domus, presentibus venerabilibus, nobilibus et discretis viris, dominis Berengario Brici, priore de Salazaco, Guillelmo de Croso, presbiteris secularibus, Johanne de Bitteris (1), Johanne de

---

(1) V. note 3, p. 49.

Sailhano, condomini loci sancti Juliani de Peyrolassio, Petro Tocheti, Johanne et Michaele Bidonis (1), patre et filio, Laurentio Comprati (2), Anthonio Francoti, Jacobo Chamboni, bocherio, habitatoribus dicte ville sancti Saturnini de Portu, alias de ponte Sancti Spiritus, testibus ad premissa vocatis specialiterque rogatis, et me, Petro Sobolis, notario publico infrascripto.

(Expédition en deux peaux de parchemin, mesurant 1ᵐ, 40 de haut et 0ᵐ, 60 de large.)

VI. — Enfeu (3), quête et sonnerie des cloches.

CXXXVIII. — 23 mars 1416.

Transaction entre le sacristain de Saint-Pierre et les recteurs au sujet d'un donat de l'hopital inhumé dans l'église du Saint-Esprit. (N° 1, chap. 9).

In nomine Domini, amen. Anno salustifere Incarnationis Ejusdem millesimo quadringentesimo sexto decimo et die vicesima tertia mensis Martii, serenissimo principe domino Karolo, Dei gratia Francorum rege, regnante. Noverint universi... quod cum lis, questio, rancura, controversia et debatum essent et verterentur majoresque esse et verti sperarentur imposterum per et inter nobilem et religiosum virum dominum Guidonem de Brossia (4),

---

(1) V. note 1, p. 11.
(2) V. note 2, p. 127.
(3) Le droit d'enfeu ou de sépulture, demandé par les recteurs au prieur de Saint-Pierre, seigneur de Saint-Saturnin et curé primitif de la paroisse du même nom, dut être sollicité auprès de l'abbé de Cluni, sous réserve des droits paroissiaux (XXVIII, p. 79). On verra ci-après que, sous cette réserve, le droit fut acquis.
(4) Guy de Brosse, ce moine que le malheureux Charles VI appela en 1419, à Troyes, et qu'il chargea d'une mission auprès des Etats de Languedoc pour discréditer la patriotique conduite de son fils.

monachum ordinis Cluniacensis et sacristam monasterii sancti Petri, loci sancti Saturnini de Portu, alias de ponte Sancti Spiritus, diocesis Uticensis, ex una parte, et nobilem virum Petrum Paternoster (1), conrectorem, congubernatorem et conadministratorem domus, pontis, operis, hospitalis et capelle Sancti Spiritus, dicti loci S. Saturnini, nomine suo conrectorio predicto et etiam nomine providi viri Johannis Donadei (2), draperii, dicti loci, etiam dictorum domus, pontis operis, hospitalis et capelle conregtoris, a dicto loco Sancti Saturnini absentis, et discretum virum Anthonium Malheti (3), dicti loci S. Saturnini, depputatum, ut dicebatur, in dicto regimine per honorabilem virum magistrum Thomam Auberti, ejusdem loci habitatorem, etiam eorumdem domus, pontis operis, hospitalis et capelle conrectorem, a dicto loco absentem, ex aliis partibus, de et super et pro eo videlicet et pro tanto quia dictus dominus sacrista, nomine suo et dicte ejus sacristie, petebat et requirebat quod corpus sive cadaver Johannis de Gayne, condam donati dictorum operis pontis et hospitalis, sepultum in quadam capella dicti hospitalis, infra capellam S. Spiritus predicti situata, que non est consecrata... in prejudicium non modicum atque dampnum ipsius domini sacriste et ejus sacristie predicte, exhumatur de dicta capella, sive dissepeliatur et demum portetur ad sepeliendum ad ecclesiam parrochialem S. Saturnini ubi de jure, ut dicebat, debebat sepeliri et ubi est consuetum, perpetuis temporibus saltem, quod non (recordetur) memoria hominum contrarium, corpora sive cadavera donatorum dicti hospitalis, dum ibidem moriuntur, sepeliri et inhumari. Petebat ulterius et requirebat dictus dominus sacrista, nominibus suo et dicte ejus sacristie quod eidem domino sacriste traderentur et restituerentur omnia emolumenta que sibi debebant pervenire, ratione

---

(1) Pierre Paternoster, déjà nommé p. 102.

(2) Jehan Donadieu. (V. p. 34, 48, etc.).

(3) Dans le compoix de 1390 Anthoine Malhet occupe une place considérable. Il habitait le quartier de Rivière. Sa fille avait épousé Thomas Alberti ou Aubert. (V. ci-après, p. 366).

et pretextu sepulture dicti condam Johannis de Gayne, donati predicti, tam de denariis quam de candellis cere; necnon etiam petebat idem dominus sacrista et requirebat intortissia (1) sibi etiam debita et que dictus condam Johannes de Gayne, donatus predictus, habere debebat, secundum facultatem bonorum suorum, per ipsum dictis domui, pontis operi et hospitali donatorum, que intortissia sunt et esse debent sex et ultra ; ac etiam petebat et requirebat ulterius dictus dominus sacrista alia emolumenta que ipsi domino sacriste debebant evenire in novena (2) dicti condam Johannis de Gayne, donati predicti. Item ulterius petebat prœdictus dominus sacrista et requirebat eidem domino sacriste tradi et deliberari quidam pannus aurei (3) qui positus extitit, ut dixit, supra libitinem sive sepulturam dicti quondam Johannis de Gayne, donati jam dicti, in crastinum, quo fuit facta solempnitas pro dicto Johanne, in dicta capella S. Spiritus, quia, sero precedenti, de nocte fuerat sepultus et humatus dictus quondam donatus; ulterius petebat et requirebat dictus dominus sacrista, tam pro expensis per ipsum factis in petendo consilium super usurpatione juris sui ac injuria sibi facta et dicte sui sacristie diversis rectoribus et clericis, quam pro interesse dampnis et gravaminibus sibi factis et per ipsum susceptis, salva judiciali et amicabili taxatione, videlicet centum scuta auri (4), ad quo sibi tra-

---

(1) Entorches, languedocien, torches (Du Cange). Le statut cartusien parle souvent de *tortitia* pour accompagner le Saint-Sacrement ou pour l'Elévation aux messes solennelles ; on ignore ce que cela pouvait être jadis ; mais aujourd'hui, ce sont quatre vulgaires souches en bois ou en fer-blanc, dans lesquelles se trouve un petit cierge de cire.

(2) La neuvaine, pour : en la messe de neuvaine, dont l'usage existe encore à Pont-Saint-Esprit.

(3) Ce drap d'or, quand il recouvrait le cercueil des morts, donnait lieu à un droit pécuniaire au profit du sacristain de Saint-Pierre. L'hôtelier du monastère avait droit aux meubles de la chambre du défunt. (Voy. note 1, p. 44).

(4) Ces exigences pécuniaires pourront sembler assez peu édifiantes de la part de religieux qui ont fait vœu de pauvreté ; mais

denda et expedienda petebat eosdem regtores et dictum hospitale S. Spiritus condemnari et juris remediis opportunis condempnatos compelli una etiam cum omnibus aliis expensis quas exinde ipsum dominum sacristam, ratione et occasione premissorum, pati et sustinere contingerit judicialiter et alias quovis modo.

Predicti vero nobilis Petrus Paternostre et Anthonius Malheti, nominibus quibus supra, in contrarium dicebant et proponebant et allegabant quod corpus sive cadaver dicti quondam Johannis de Gayne, donati prelocuti, fuit humatum et sepultum infra dictam capellam, de licentia et voluntate reverendi in Xpro patris et domini, domini Uticensis episcopi, et virtute litterarum ab eodem domino episcopo emanatarum. Item, dicebant et proponebant, ut supra, quod hujusmodi negocium, quantum duxerunt humationem dicti cadaveris, non tangebat nec tangit dictum dominum sacristam nec interesse ejus seu dicte sue sacristie super hoc aliqualiter versatur; ob quod dicebant et rationibus productis et aliis diversis suis loco et tempore opportunis dicendis et declarandis se nec dictos domum, pontem, opus, hospitale et capellam S. Spiritus non teneri ad postulata, petita et requisita per dictum dominum sacristam; pluresque alias rationes et allegationes dicte partes et earum quelibet hinc et inde dicebant, allegabant et proponebant ad invicem contrarias.

Tandem hac die presenti, superius in principio presentis instrumenti intitulata, prenominate partes et earum

---

il faut se rappeler que le sacristain de Pont-Saint-Esprit n'était pas propriétaire, mais simple administrateur de sa sacristie et des biens d'icelle, et comme tel il devait la conserver intacte pour ses successeurs; les règlements ecclésiastiques lui en faisaient un devoir strict; il devait par conséquent s'élever contre les envahissements. Les administrateurs et recteurs du Pont étaient, de leur côté, dans les mêmes conditions et ne pouvaient sacrifier les intérêts vrais ou apparents de leur œuvre. C'est de ce point de vue, et sans vouloir les excuser entièrement, du reste, qu'il faut juger ces procès interminables; c'était une question de conscience plus que d'argent; aussi les voyons-nous, une fois leur droit reconnu et proclamé, se montrer coulants sur les questions d'indemnité.

quelibet, quathenus quamlibet tangit, videlicet dictus dominus sacrista ex una, et memorati nobilis Petrus Paternostre, conrector jam dictus, nomine suo conrectorio predicto et dicti Johannis Donadei, conrectoris predicti, absentis a dicto loco S. Saturnini, per quem omnia, universa et singula in presenti instrumento contenta ratificari et confirmari facere promisit cum instrumento publico, juramento, obligatione, renunciatione et aliis clausis et capitulis necessariis et etiam opportunis, ad solam et simplicem requisitionem dicti domini sacriste et suorum in sua sacristia successorum, et dictus Anthonius Malheti, deputatus in dicto regimine, prout dixit, per dictum magistrum Thomam Auberti, generum suum, conrectorem jamdictum, ut prefertur a dicto loco S. Saturnini absentem, et per quem etiam in presenti instrumento contenta et descripta facere retificari promisit cum instrumento, juramento et aliis clausis necessariis ad ipsius domini sacriste et suorum requisitionem solam et simplicem, ex altera partibus, ipse, in quam partes et eorum quelibet, nominibus quibus supra et quathenus quamlibet tangit seu tangere potest antedictis nominibus, volentes cupientes, affectantes et desiderantes, de predictis litibus, questionibus, rancuris, debatis et demandis atque controversiis et ex eis appendentibus, emergentibus et connexis ad firmam et veram pacem, tranquillitatem et concordiam devenire....... dubiosque eventus judiciarios evitare....... non errantes, non cohacte nec decepte, non vi, non dolo neque aliquibus machinationibus seu deceptionibus, sed gratis, liberaliter..... per se et suos successores quoscumque infuturum..... tractantibus et mediantibus venerabili et circumspecto viro domino Rostagno Bondilhoni (1), bac-

---

(1) Ce Bondilhon, comme ceux déjà rencontrés précédemment, appartenait à une famille qui tirait son nom, sans doute, de la forêt à laquelle les Chartreux donnèrent le nom de Valbonne. Les Bondilhon restèrent longtemps à Pont-Saint-Esprit où, en 1613, l'on trouve encore Guillaume B. propriétaire d'une olivette, au quartier du Grès (Laurent Bernardin, notes, 10ᵉ livre). Voyez ci-après, p. 387).

calario in legibus, dicti loci S. Saturnini, ac discretis viris Petro Fabri (1), Saturnino Thome (2), etiam dicti loci, et magistro Guillelmo Fage, notario Balneolarum, amicis communibus dictarum partium convenerunt et per modum compositionis ac amicabilis tractat(us) seu accordii pepigerunt, concordaverunt et composuerunt.....

Et primo, convenerunt, pepigerunt, concordaverunt et composuerunt partes predicte et earum quelibet, quibus supra nominibus et quibus supra tractantibus, quod pro omni jure, interesse ac demanda omnium premissorum, videlicet cere, panni aurei, et expensis et aliorum interesse et dampnorum que pretendebat dictus dominus sacrista passum fuisse in premissis, quod dicti regtores dent et solvant dareque et solvere teneantur, nomine et vice dictorum operis, domus, pontis, hospitalis et capelle S. Spiritus predicti, pronominato domino sacriste semel dumtaxat summam decem librarum turonensium, qualibet libra turonensium pro viginti solidis turonensibus computata et exposita, facta gracia de majori summa ad quam assendit petitio dicti domini sacriste, per eumdem dominum sacristam intuitu et contemplatione quam idem dominus sacrista habere dixit erga pium opus domus, hospitalis, pontis et capelle predictorum ; quam majorem summam idem dominus sacrista dictis operi, ponti, hospitali domui et capelle S. Spiritus ac predictis nobili Petro Paternostre, conrectori, et Anthonio Malheti, deputato, predictis presentibus, ac nobis notariis infrascriptis, nomine, vice et ad opus eorumdem..... stipulantibus, solempniter et recipientibus, dedit, remisit et donavit donatione pura et irrevocabili que fit et dicitur fieri inter vivos, nullo actu seu causa ingratitudinis imposterum revocanda. Item, convenerunt.... ut supra partes jam dicte et earum quelibet... quod si in futurum... aliquis donatorum dicte domus

---

(1) Deux familles Fabre résidaient à Pont-Saint-Esprit, au commencement du XVe siècle : Johanet Fabre, du quartier de Vergier et Jehan Fabre, du quartier de Villebonet.

(2) Dans le compoix de 1433, Saturnin Thomas est imposé sur 37 articles se montant 259 florins. (V. note 1, p. 101).

ac operis... qui nunc sunt vel qui pro tempore erunt seu quicumque alter, de licentia quorum interest, seu poterit imposterum interesse, humaretur seu sepeliretur... infra capellam predictam S. Spiritus aut alibi infra aliquam capellarum infrascriptarum vel construendarum in dicta ecclesia seu capella S. Spiritus, quod idem dominus sacrista, qui nunc est, et sui successores, qui pro tempore futuro sic erunt in dicta sacristia, de mortalatgiis eorum vel illarum qui vel que ibidem sepelirentur habeant et percipiant habereque et percipere debeant offertoria cere et jura quecumque sua, prout idem dominus sacrista et predecessores sui percepit et percipuerunt ac percipere consuevit et consueverunt de mortalatgiis personnarum que humantur et humari consueverunt in ecclesia parrochiali S. Saturnini predicti seu cimenterio ejusdem (1) aut in ecclesia monasterii S. Petri, dicti loci S. Saturnini; Item, convenerunt ut... sit pax et finis perpetuus atque vera concordia et tranquillitas inter partes predictas et earum quamlibet... de omnibus litibus, questionibus et debatis..... (quod)..... dictusque dominus sacrita nec imposterum successores nihil aliud petere possint occasione premissorum seu alicujus eorum a dictis rectoribus seu suis in eodem regimine successoribus.

Quomodocumque pro eisdem litibus..... nulla inter eosdem partes..... oriatur questio seu querela, fuerunt tamen solempniter protestati, prenominati dominus sacrista ac regtores jamdicti, quod per presentem compositionem nolunt nec intendunt, modo aliquo, prejudicare juri domini nostri regis seu domini prioris, condomini loci jamdicti S. Saturnini, neque eorum seu alterius ipsorum indignationem exhiis quovis modo incurrere. Quamquidem compositionem ac amicabilem tractatum et accordium predictum et omnia... supra predicte partes ratam, gratam et firmam, ac grata... habentes eamdem et ea voluerunt,

---

(1) Au midi de l'église paroissiale, entre celle-ci et l'église du monastère. Ce cimetière existait depuis les temps les plus reculés et subsista jusqu'en 1845.

laudaverunt, emologaverunt et perpetuo confirmaverunt et contra non venire per se vel suos successores promiserunt. Dicentes et asserentes dicte partes et earum quelibet... perpetuo observare..... sub obligatione omnium bonorum et jurium dictorum operis, pontis, hospitalis et capelle santi Spiritus predicti ac dicte sacristie, mobilium et immobilium, presentium et futurorum, promiserunt. Et dicti nobilis Petrus Paternostre ac Anthonius Malheti, nominibus predictis, ad et super sancta Dei evangelia, per ipsorum utrumque gratis manualiter tacta, et dictus dominus sacrista, ponendo manum suam dextram ante ejus pectum, more religioso, juraverunt. De Quibus omnibus utraque dictarum partium petiit et requisivit, et una alteri et econtra fieri voluit et concessit publicum instrumentun et publica instrumenta per nos, notarios infrascriptos. Acta fuerunt hec in dicto loco S. Saturnini, infra monasterium S. Petri predictum, videlicet in camera dicti domini sacriste, testibus presentibus supradictis tractatoribus ac nobilibus Juliano Biordoni (1), Johanne Rochi (2), discretisque et providis viris domino Johanne Salvatgii, presbitero, magistro Raymundo Alziassii, notario, Dragoneto Comparati (3), Petro Justeti, Guilhermo Bilhonis, pannorum tonsore, nobilique Johanne Chayssi, alias Peytavini, tam dicto loci quam habitatoribus ejusdem (4), et nobis, notariis publicis infrascriptis, qui de predictis requisiti notam recepimus. Postque anno Incarnationis Domini millesimo quadringentesimo decimo septimo et die vicesima secunda mensis aprilis, domino Karolo, quo supra, rege regnante, noverint universi et singuli quod supranominatus providus vir Johannes Arnaudi, draperius, et conrector dictorum operis, pontis, hospitalis et capelle S. Spiritus predicti, certifficatus ad plenum, ut

---

(1) V. note 3, p. 97.
(2) V. note 2, p. 101.
(3) V. ci-dessus, p. 127, note 2.
(4) Tam dicti loci quam habitatoribus. — Le rédacteur fait la distinction entre les *natifs* de Pont-Saint-Esprit et ceux qui, sans y être nés, sont venus s'y fixer.

dixit, de compositione, tractatu et accordio... per se et suos in dicto regimine successores predictam... ratam, gratam et firmam, rata... habens, eamdem et ea voluit, laudavit, approbavit, ratificavit, emologavit et confirmavit. Acta fuerunt hec... in dicto loco S. Saturnini, in introitu ecclesie parrochialis dicti loci S. Saturnini, testibus providis et discretis viris Arnaudo Artaudi, domino Johanne Salvatgii, presbitero dicti loci, et me, Petro Marronis, clerico, dicti loci S. Saturnini habitatore, publico auctoritate regia notario, qui de predictis unacum magistro Richardo de Fayello, notario subscripto, notam recepi et scripsi. Ex qua hoc instrumentum publicum per juratum meum fidelem et substitutum hic extrahi, scribi, grossavi et in hanc formam publicam reddigi, et deinde, facta diligenti collatione cum nota et substituto meo huic presenti instrumento, me subscripvi et ad opus dictorum rectorum signum meum quo, dicta auctoritate, utor, apposui in testimonium veritatis.

Et me, Richardo de Fayello, clerico Baioce (1) diocesis, apostolica et imperiali auctoritate notario, qui de predictis... ut premittitur per juratum et substitutum dicti magistri Marronis..... subscripsi..... in testimonium veritatis.

(Expédition originale sur parchemin mesurant 1ᵐ,76 de hauteur et 0ᵐ,60 de largeur.)

CXXXIX. — 23 août et 1ᵉʳ novembre 1484.

Compromis entre le sacristain de Saint-Pierre et les recteurs et prêtres de l'hôpital, au sujet de la sépulture, des offrandes et de l'administration de l'Eucharistie et de la sonnerie des cloches. — (Chap. 9, n° 2).

In Dei nomine, amen. Anno ab Incarnatione Domini millesimo quadringentesimo octuagesimo quarto et die vicesima tertia mensis augusti, serenissimo principe do-

---

(1) Baiocæ ou Bajocæ, Bayeux.

mino Karolo, Dei gratia rege Francorum regnante, noverint universi et singuli..... quod cum lites, questiones et controversie mote essent majores..... per et inter venerabilem virum, dominum Balthazardum Margeriti, sacristam venerabilis monasterii sive prioratus conventualis S. Saturnini de Portu, alias S. Petri vulgariter nuncupati, et dominos religiosos ejusdem conventus, sibi adherente venerabili viro domino Berengario Brici, in decretis baccalario, tamquam procuratore procuratorioque nomine reverendissimi in Christo patris et domini, domini Juliani, sacrosancte Romane Ecclesie episcopi cardinalis Hostiensis, magni penitenciarii domini nostri pape ac, ex concessione sancte sedis apostolice, archiepiscopi Avenionensis priorisque seu perpetui administratoris dicti prioratus S. Saturnini, et vicario dicte ecclesie S. Saturnini, parte ex una, et dominos rectores et presbiteros ecclesie, pontis et hospitalis S. Spiritus, parte ex altera, in diversis curiis et maxime in curia magnifici et potentis viri domini senescalli Bellicadri et Nemausi, ubi adhuc impendent indecize, super eo quod dictus dominus sacrista cum suis adherentibus dicebat et asserebat dictos dominos presbiteros S. Spiritus nullas in eorum ecclesia habere sepulturas nullasque personas in eadem sepelire debent. Tamen dicti presbiteri nonnullos presbiteros eorum domus, audacia presumptu(osa), in dicta eorum ecclesia de facto sepeliverant, a paucis diebus, in ejusdem domini sacriste maximum prejudicium.....

Item, pariter dicebat et asserebat dictus dominus sacrista, sibi adherentibus quibus supra, quod licèt dictis dominis presbiteris dicte ecclesie, pontis et hospitalis, non liceat ponere cruces nec alias reliquias extra ceptra (1) dicte eorum ecclesie et hospitalis, nec oblationes aliquas recipere, cum omnes oblationes provenientes in tota dicta parrochia, extra ceptra dictarum ecclesie et hospitalis, eidem domino sacriste, ad causam dicte sue sacristie, pertineant, hiis tamen nonobstantibus, dicti domini presbiteri dicte

(1) *Ceptrum,* enceinte.

ecclesie et hospitalis, hoc anno presenti et die festo pasche ultimo preterito, quamdam eorum crucem argenteam in cruce existente ultra pontem, de facto eorum, temeraria audacia, aposuerunt, et oblationes, quas populus ibidem faciebat, ceperunt et sibi appropriaverunt in sui maximum prejudicium.

Item, pariter dicebat et asserebat idem dominus sacrista dictos dominos presbiteros dicte ecclesie et hospitalis Heucharistiam pluribus parochianis dicte ville in eorum ecclesia ministrasse (1), a parvo tempore, in suique dampnum et prejudicium. Et ulterius dicebant et asserebant ipse dominus sacrista et religiosi ejusdem monasterii sibi adherentes, dictos dominos presbiteros dicte ecclesie, pontis et hospitalis S. Spiritus, a parvo tempore citra, pulsare voluisse horas (2) et maxime vesperas antequam pulsarentur in dicta ecclesia dicti monasterii, quod facere non debebant, prout de antiquitus consuetum extiterat seu observatum, que omnia petebat reparari et ad primum statum redduci.

Ex adversum vero dicti domini rectores et presbiteri dicte ecclesie et hospitalis S. Spiritus in contrarium dicebant et allegabant dictos presbiteros eorum domus ac alios in eorum ecclesia sepellire potuisse, maxime cum plures appareant in dicta eorum ecclesia antique sepulture et pluribus aliis rationibus latius deductis in processu statute querele.

Item, quoad secundum articulum mentionem facientem de cruce apposita die festo Pasque ultimo..... dicebant et asserebant dictam crucem unique posuisse in dicta cruce erecta ultra pontem (3) nec aliquas oblationes dicto domino sacriste pertinentes recepisse nec usurpare, sed solum illam concessisse cuidam Andree Fornerii qui eam

---

(1) Cf. XXXIV, p. 102.

(2) Les heures ou offices de bréviaire récitées, en commun, à la manière des ordres religieux et des chapitres séculiers.

(3) Cette croix est sans doute celle qui exista longtemps à l'intersection des routes de Lapalud et de Bollène qu'on appelait la Croix des Fornières.

ab eisdem accomodavit et qui dictam crucem ibidem posuit ne populus, qui ad dictam crucem, quolibet anno, in festo Pasche vadit, habuteretur.

Item, quoad tertium, mentionem facientem de administratione Heucaristie, dicebant et asserebant quod ipsi hoc poterant facere et quod ipsi erant in possessione et sayzina, et quia de premissis aliàs convenerant cum vicario S. Saturnini, cui hujusmodi materia pertinet, et non dicto domino sacriste.

Item, quoad quartum, mentionem facientem de pulsatione campanarum et vesperarum, dicebant ipsos hoc facere posse cum illud dicto domino sacriste nec dominis religiosis nullum inferat dampnum seu gravamen. Pluresque alias rationes dicte partes allegabant in contractu presenti obmissas..... sed tandem ibidem, in mei notarii et testium infrascriptorum presentia existentes et personaliter constitute partes, videlicet supradictus Balthazardus Margeriti, sacrista, necnon dompni Johannes de Moreriis, in decretis baccalarius, hostalerius, Ludovicus Clayroni, infirmarius, Guillelmus Micheloni, reffecturarius, Regnerius de Verona, Amedeus Chauleti, Ludovicus Vedelli, Gilbertus Gardoni, monachi claustrales, Bernardus Rochi, novicius dicti conventus et dictum conventum facientes, dictus dominus sacrista in quantum ipsum et suos in futurum successores hujusmodi negocium tangi seu tangere posset, et omnes supranominati domini religiosi pro eis et dicto conventu suisque in dicto conventu successoribus, necnon et venerabilis vir, dominus Brici, presbiter, in decretis baccalarius, procurator reverend. in Christo patris et domini, domini Juliani, in quantum hujusmodi negocium dictum dominum tangere posset, et pariter dominus Guido de Ferreria, vi-curatus (1) ecclesie predicte S. Saturnini, parte ex una ; et nobiles venerabilesque et honorabiles viri, domini Guillelmus de Bondilhone, Guillelmus Rebulli, notarius, et dominus Bertrandus Cesteyroni, presbiter, rectores et pii administratores dictarum ecclesie, pontis et hospitalis, volentes, ut dixerunt, dictis

---

(1) Vice-curé ou vicaire perpétuel.

litibus et questionibus finem imponere, de dictis litibus et questionibus eorumque deppendentibus citra tamen prejudicium antiquorum documentorum, si, que reperire possunt, quibus dicti domini religiosi prejudicare minime intendunt, gratis, non vi nec dolo............ seu quadam alia machinatione.......... compromiserunt et compromissum solemnem et validum fecerunt, de alto in bassum, videlicet in nobilem virum dominum Anthonium de Joyes, dominum de Codoleto (1), et discretum virum magistrum Gonetum Sobbolis, notarium dicte ville S. Spiritus, pro parte dictorum dominorum religiosorum et procuratorum electos, et nobilem virum Gabrielem Rochi, dominum Christoffori (2), et venerabilem virum Johannem de Turre, presbiterum, in decretis baccalarius, pro parte dictorum dominorum rectorum et presbiterorum electos, tamquam in arbitros arbitratores et amicabiles compositores....... facientes dicte partes pactum validum et solemne quod ipse partes non appellabunt nec reccurent ad arbitrium boni viri a dictis diffinitione, sententia, cognitione et pronunciatione.... sed easdem et omnia.... laudabunt, approbabunt, ratifficabunt..... Et convenerunt predicte partes, una alteri..... sub pena et nomine pœne viginti (3) quinque marcharum argenti in singulis clausulis et capitulis hujus compromissi, totiens quotiens fuerit per aliquam dictarum partium contra factum, exigendi et levandi ; videlicet medietatem dicte pene dandam et applicandam fisco regio, alia vero medietas parti obedienti et applaudenti sententie arbitratorie per dictos arbitros proferende....; que pena exhigi possit... totiens quotiens per aliquam partem partium predictarum contra premissa veniretur.

Volentes dicte partes hujusmodi compromissum durare hinc ad instans proxime futurum festum beati Michaelis, archangeli, et non ultra, cum facultate quo ab hic ad illam diem dicti arbitratores de dictis questionibus et litibus

---

(1) Codolet, aujourd'hui commune du canton de Bagnols (Gard)
(2) Saint-Christol-de-Rodières, canton de Pont-Saint-Esprit. (V. plus haut, p. 121, note 1, et *Notions générales sur la viguerie...*, p. 37).
(3) *Penè viginti*, presque vingt.

ordinaverunt quod ipsi domini arbitratores, lapso dicto festo beati Michaelis, de predictis litibus..... ordinare non possint nec valeant..... prenominate partes..... obligaverunt, ypothecaverunt..... bona..... viribus, rigoribus, foro, compulsionibus, stilo et privilegiis curiarum communis dicte ville S. Spiritus, temporalibus et spiritualibus domini Uticensis episcopi, parvi sigilli regii Montispessulani et conventionum regiarum Nemausi... voluerunt predicte partes se posse et debere agi et compelli viriliter.....

Acta fuerunt hec in claustro dicti monasterii, testibus nobili viro domino Jacobo Frederici Luchano, honorabilibus viris, Georgio Restaurandi, Ylario Juliani, mercatoribus dicte ville S. Spiritus.... et me, Natali Pastoris (1), clerico publico, regia auctoritate notario, habitatore dicte ville S. Spiritus, Uticensis diocesis, qui..... hoc instrumentum..... reddigi..... et signo meo autentico signavi.

Postque anno..... et die prima mensis novembris, existentes et personaliter constituti supranominati domini Balthazardus Margeriti, sacrista, Johannes de Moreriis, hostalerius, et d. Berengarius Brici..... et Guido de Serreria, ex una, et supranominatus d. Bertrandus Cesteyroni, presbiter, ex altera, nonobstante quod tempus ejusdem compromissi fuerit expiratum, ipsum compromissum et omnia et singula in eodem descripta rattificaverunt et confirmaverunt..... de novo compromiserunt in supranominat(is)... et voluerunt hujusmodi compromissum durare hinc ad festum Natalis Domine proxime. Acta in villa Pontis S. Spiritus, in dicto monasterio S. Petri, videlicet in aula bassa, presentibus ibidem honorabili viro magistro Gonono Pautelli, notario regio Nemausi, venerabili viro domino Petro Tresani, presbitero dicte ville S. Spiritus, magistro Francisco Cauleti, notario ville Albenatis, testibus ad premissa vocatis et rogatis, et me, Ludovico Ebrardi, clerico publico, auctoritatibus apostolica et regia notario subsignato.

(Expédition originale sur parchemin mesurant 0^m,66 de hauteur et 0^m,66 de largeur).

(1) Natal Pastor, notaire de 1463 à 1500.

CXL. — 4 et 5 novembre 1484.

Sentence arbitrale au sujet de la sépulture, des offrandes, de l'administration de l'Eucharistie et de la sonnerie des cloches dans l'église du Saint-Esprit. — (Chap. 9, n° 3).

In nomine Domini, Amen. Anno Domini millesimo quatercentesimo octuagesimo quarto et die quarta mensis novembris, ser. principe dno Karolo........ Noverint universi..... hoc presens verum et publicum instrumentum sentencie arbitralis inspecturi..... quod, in mei notarii..... et testium infrascriptorum presentia, existentes et personaliter constituti, ven. et religiosi viri D. D. Balthazardus Margeriti.... Johannes de Moreriis.... Berengarius Brici... procurator rev. in Christo et domini, D. Juliani, miseratione divina cardinalis tituli S. Petri ad vincula nuncupati, archiepiscopi Avenionis priorisque sive comandatorii perpetui monasterii S. Saturnini, ex una ; et ven. et religiosus vir D. Bertrandus Cesteyroni, presbiter, conrector ecclesie ac hospitalis pontis S. Spiritus, tam nomine suo proprio quam nomine aliorum conrectorum (et) religiosorum dictorum hospitalis et pontis, parte ex alia ; quequidem ambe partes requisiverunt venerabilem et nobiles et discretos viros, dominum Johannem de Turre, presbiterum, in utroque jure baccalarium, Anthonium de Joyes, dominum de Codoleto (1), Gabrielem Rochi (2), dominum de S. Christoffori, et magistrum Gonotum Sobbolis, notarium, arbitros arbitratores et amicabiles compositores, per ipsas ambas partes electos, super differentiis inter ipsas existentibus de sepulturis religiosorum pontis S. Spiritus et aliis pluribus causis..... Quiquidem quatuor arbitri,

---

(1) Antoine de Joye était l'aïeul de Charles de J. (Voy. p. 132, note 4).

(2) Voy. même page, même note.

dictis partibus, ad audiendum eorum sententiam, quam juxta potestatem eis arbitrariam intendebant pronunciare, ad hanc presentem horam et in presenti loco per ipsos electo assignaverunt. Et sedentes omnes quatuor supra quodam scanum fusteum (1), more majorum suorum, organo dicti magistri Goneti Sobolis protulerunt et pronunciaverunt in hunc qui sequitur modum super differente existente et moto.

Nos....., arbitri, ordinamus, sententiamus, arbitravimus et declaramus in hunc qui sequitur modum : Et primò quod dicti domini religiosi ecclesie et hospitalis predicti pontis habebunt, pro se et suis successoribus in posterum, in dicta eorum ecclesia facultatem et eisdem erit licitum ipsos dominos religiosos et donatos perpetuos domus et hospitali dicti pontis, residentes et moram facientes in eisdem, necnon corpora extraneorum et non habitantium in parrochia dicte ecclesie S. Saturnini de Portu, qui per ultimas suas voluntates et ex dispositione testamentaria se relinquant et sepelire volunt in ecclesia predicta ipsius pontis, sepelliendi et interrandi habeant et eis remaneant sine contradictione et difficultate (2). Quo vero ad parrochianos dicte ecclesie parrochialis S. Saturnini,

---

(1) *Scanum fusteum*, un banc ou siège de bois (Du Cange).

(2) Le cimetière paroissial est le lieu de sépulture ordinaire de ceux qui meurent dans la paroisse, sans avoir fait choix d'une sépulture particulière. Les religieux toutefois ont le droit d'enterrer dans leurs monastères les membres de leur ordre, les novices, les domestiques à leur service permanent, (non les journaliers) et les personnes qui le demandent spécialement. Le sacristain, ne considérant pas les prêtres du Pont comme religieux, devait en conséquence leur refuser ce droit ; les arbitres, au contraire, qui semblent affecter de les appeler : *religiosos*, le leur accordent. La vérité est que ces prêtres n'étaient pas religieux ; dans l'acte du 7 mars 1711 (page 156), ils sont qualifiés de séculiers, bien que portant la robe blanche, et dépendant, comme le reste du clergé, des évêques d'Uzès. Leur titre de Confrérie, et même de *Collégiale*, ne suffit pas, à lui seul, à le leur conférer ; donc, sauf autorisation spéciale à eux faite par l'évêque d'Uzès, ils ne l'avaient pas, et le sacristain était dans son droit.

si contingeret aliquem seu aliquos ex donatione et per ultimam suam voluntatem et legatum velle sepelliri et eorum sepulturam eligere in ecclesia dicti pontis, ordinamus et declaramus quod ipsi religiosi hospitalis et pontis recipere et sepellire possint ipsos parrochianos, reservatis tamen et salvis juribus funerarium pertinentium sacriste Sancti Petri et vicario S. Saturnini, secundum juris dispositionem et dicte sue ecclesie consuetudinem. Et quia in sepulturis predictis modo premissis et de predictis fiendis prelibati domini sacrista et vicarius perpetuus ac sui successores in futurum pretendebant se fore gravatos super juribus funerariorum, eidem et cuilibet ipsorum pertinentium ordinamus ; sentenciamus et declaramus quod dicti domini religiosi ecclesie predicte ipsius pontis dabunt et solvent dareque et solvere tenebuntur, per perpetuis temporibus et annis singulis, per modum census et redditus, videlicet dicto domino sacriste et suis successoribus, duas libras et decem solidos turonenses, monete regie currentis, et dicto domino vicario perpetuo et suis successoribus, triginta solidos turonenses in quolibet festo Omnium Sanctorum, incipiendo solvere in proximo futuro festo, anno sequenti, millesimo quatercentesimo octuagesimo quinto, salvo tamen et reservato dictis dominis religiosis ecclesie ipsius pontis quod totiens quotiens ipsi vel sui reperire potuerint redditus supervallabiles et perpetuos in presenti villa S. Spiritus vel extra, infra duas leucas, super quibus redditibus assignare valeant dictas petitiones annuas seu alteram ipsarum prelibatis sacriste et vicario dari ordinatas, illos redditus ipsi sacrista et vicarius acceptare et recipere debeant dictosque religiosos exonerare et quictare,

Super eo vero quod ipsi domini sacrista et religiosi S. Petri conquerrebantur, quod prefati religiosi dicti pontis presumebant et presumpserant, a pauco tempore citra, pulsare campanas, hora vesperarum (1), antequam reli-

---

(1) Cette défense d'anticiper sur les heures du couvent n'était pas aussi inutile que semblent le prétendre les prêtres du Pont. Elle

giosi dicte ecclesie S. Petri, ordinamus, sentenciamus et declaramus quod preheminencia pulsandi primo per dictos monachos S. Petri, prout retroacto tempore fiebat et existebat, eisdem salva et illesa remaneat, videlicet quod nullathenus ipsi religiosi ecclesie pontis audeant pulsare vesperas, in sua ecclesia, nisi prius dicti monachi Cluchaneant et signum pulsandi suas vesperas fecerint, nisi requisiti extiterint per dictos religiosos prefate ecclesie pontis.

Super vero administratione communionis Corporis Christi ordinamus (1), sentenciamus et declaramus quod nullathenus sit permissum, dictis dominis religiosis ecclesie pontis, parrochianis dicte ecclesie S. Saturnini nec etiam extraneis ministrare, nisi de expresso concensu et licentia dicti domini vicarii perpetui S. Saturnini processarit, aut fuerint continui commensales dicti hospitalis et pro tempore dumtaxat quo continuam facient mantionem.

Quo vero ad preheminencias et jura pertinentia dicto domino priori S. Petri et vicario solita in dicta ecclesia

---

avait pour but de conserver à l'église paroissiale qui doit toujours demeurer la principale église de la localité, un concours suffisant de fidèles, en lui réservant les heures les plus favorables. Les fidèles ne pouvant assister simultanément aux deux offices, allaient de préférence à celui qui leur donnait le plus de facilité. Une mesure analogue existe encore aujourd'hui sur quelques points de la France, en particulier dans quelques grandes villes où l'église paroissiale est avoisinée et en danger perpétuel d'être éclipsée par une église de pélerinage. On impose à celle-ci des heures déterminées pour la célébration de la Messe et des Vêpres, afin de ne gêner en rien ceux de l'Eglise principale.

(1) L'administration des sacrements étant un droit et un devoir de l'office pastoral, en droit il n'appartient qu'au curé et à ceux qu'il délègue, de l'exercer dans la paroisse. Les religieux cependant ont eu de tout temps le droit de donner la Sainte-Communion dans leurs églises et chapelles, sans autorisation de personne. Mais les prêtres du Pont n'étant pas religieux, le sacristain était dans son droit. Par une contradiction qui pourra sembler bizarre, les arbitres, après leur avoir accordé les droits des religieux, sur le chapitre des sépultures, les leur refusent sur le chapitre des sacrements.

pontis, juxta transactiones seu arbitrales sentencias, retroacto tempore inter dictos priorem et rectores dictorum ecclesie, pontis et hospitalis, non intendimus in quoque illis innovare, pronunciare nec ordinare.

Etiam quod super captione et fractione crucis argentee (1) portate de ultra pontem in festo Pasche Domini proxime preterito per Andream Fornerii et per modum mut....... captam in ecclesia dicti pontis, ordinamus, sentenciamus et declaramus quod pecie hinc inde restituantur et quod dicta crux refficiatur per ipsos religiosos S. Spiritus, eorum sumptibus et expensis, et quod in eadem ecclesia, ubi capta fuit, restituatur.

Expense vero facte premissorum occasione, tam ad causam statuti legis regie querele de novis dissaizinis, ad causam sepulturarum predictarum per dictum dominum sacristam et alios impetrati, etiam quod super captione et fractione dicte crucis hinc inde remaneant confuse, ita quod quelibet pars ipsarum partium suas solvat et solvere teneatur expensas, prout fecerit ; salvo tamen et retento quod, quia idem dominus sacrista plurima in prosequtione exposuit, ordinamus, sentenciamus et declaramus quod dicti religiosi ecclesie dicti pontis solvent et solvere tenebuntur incontinenti eidem domino sacriste sex libras turonenses, semel tantum. Ordinamus etiam quod antedicte partes incontinenti presentem sentenciam sive ordinationem rattificent et rattificare habeant sub penis, juramento et obligationibus in dicto compromisso contentis et descriptis, et quod cum promissis sit inter ipsas partes pax et perpetua tranquillitas perhennis atque finis. Item, pronunciamus et declaramus quod dicte partes dent et solvant nobis, dictis arbitris et arbitratoribus, pro nostris laboribus et penis et pro consilio pro premissis haben-

---

(1) Les arbitres ne traitent pas le fond même de la question ; mais ici encore le sacristain nous semble parfaitement dans son droit. Qu'il s'agisse d'une simple croix ou d'un reliquaire, les prêtres du Pont, n'ayant aucune juridiction dans la paroisse, ne pouvaient, sans autorisation spéciale du curé, l'exposer à la vénération des fidèles, en dehors de leur église ou de leur maison.

do, sex librarum turonensium per quamlibet partem medietatem..... reservato nobis, dictis arbitris, quod si contingat in futurum dubium suboriri super sententia et declaratione predictis, illorum declarationem et interpretationem nobis reservamus.

Factum et signatum manibus nostris propriis, die quarta mensis novembris, anno Domini millesimo quatercentesimo octuagesimo quarto. Johanne de Turre, Anthonius de Joyes, Gabriel Roch, Guilllermus Sobbolis, notarius et coarbiter.

Quaquidem sententia lata et per dictos arbitros prolata, ipse dominus Baltasardus Margeriti, sacrista, in quantum ipsum tangit seu in futurum tangere poterit, et prelibatus dominus Bertrandus Cesteyroni, tam ut rector quam nomine suo et religiosorum dicte ecclesie pontis et aliorum rectorum, eamdem gratis et libere ratificaverunt et confirmaverunt..... et de premissis quelibet ipsorum petiit sibi fieri publicum instrumentum. Et dicti domini Johannes de Moreriis et Berengarius Brici, procurator, petierunt copiam sentencie arbitralis prefate et terminum ad respondendum. Quiquidem arbitri totam diem crastinam ad illam ratificandum et respondendum assignaverunt. Acta fuerunt hec in villa S. Saturnini et in camera dicti domini Johannis de Moreriis, infra ipsum monasterium, testibus presentibus venerabili viro, domino Guidone de Serreria, presbitero, discretis viris Ylario Juliani, locumtenente domini judicis dicte ville, et me notario regio infrascripto.

Postque, anno predicto et die quinta mensis predicti novembris, seren. principe dno Karolo...... regnante....... noverint universi... dictus dominus Berengarius Brici, qui ut procurator rever. domini cardinalis et prioris S. Saturnini de Portu, qui, audicta et bene intellecta ac advisata sententia arbitrali, in presentia D. magistri Goneti Sobbolis, coarbitri, laudavit, approbavit, emologavit et confirmavit..... Acta fuerunt hec, in dicta villa S. Saturnini et in camera (1) publica, ante domum D. domini procurato-

---

(1) Pour *carriera*, sans doute; *rue*, en languedocien *cariéra*. On

ris... Testibus presentibus discretis viris, magistro Boneto Chalveti, notario, Vitale Corderi, habitatoribus dicte ville, Anthonio Petri, Johanne Merceri, testibus ad premissa vocatis, et me Gonnio Pantelli, clerico ori..... ville Albenatis, nunc habitatore civitatis.....

(Expédition conforme sur papier; six feuillets mesurant 0ᵐ,29 de hauteur et 0ᵐ, 20 de largeur).

CLXI. — 6 octobre 1513.

Lettres de Jacques de Crussol, sénéchal de Beaucaire et de Nimes, terminant le différent entre les Prêtres blancs et Pelegrin de Coëtivi, sur l'administration des Sacrements. — (N° ., chap. .).

Jacobus, dominus de Crussolio, miles, vicecomes Ucetiæ, consiliarius et cambellanus domini nostri regis ejusque senescallus Bellicadri et Nemausi, cuicumque justiciario et officiario ac primo servienti requirendo, salutem. In quadam causa, in materia manutentiæ eorum, nobis et in nostra presidiali Nemausi curia introducta, inter reverendum patrem dominum Peregrinum de Coëtivi (1), sanctæ sedis apostolicæ prothonotarium, archidiaconum Ucetiæ et vicarium perpetuum ecclesiæ parrochialis S. Saturnini de Portu, villæ pontis S. Spiritus, impetrantem ex una parte, et venerabiles viros, dominos Bertrandum Cesteroni, religiosum et rectorem ecclesiæ, domus, hospitalis dictæ villæ, et Falquetum Michaelis, etiam religiosum dictæ domus, tam eorum nominibus quam aliorum fratrum dicti hospitalis et rectorum ejusdem, ex alia ; in hoc ratione possessionum et saysinarum, turbarumque et novitatum in processu superius facto..... Viso processu primi capitis statuti coram nobis et in curia nostra agitato

trouve souvent des actes notariés dressés dans la rue, notamment en temps d'épidémie.

(1) V. note 3, p. 118.

....habitoque super his peritorum consilio, dicimus, pronunciamus et declaramus, quantum attinet ad possessiones ministrandi quœcumque sacramenta ecclesiastica parrochianis et habitatoribus dictæ villæ et presertim servitoribus dicti hospitalis, donatis tamen et fratribus ejusdem exceptis, fuisse et esse locum statuto pro parte dicti..... obtento et impetrato, cumdemque fore et esse in ejusdem possessionibus et saysinis ressaysiendum et quem nostra presenti ordinatione ressaysimus, sub manu tamen regia, turbas et quœcumque alia impedimenta ex adverso dantur tollendo et amovendo, parique nostra ordinatione et quantum tangit possessiones et sayssinas contrarias ministrandi dicta ecclesiastica sacramenta predictis donatis ac fratribus dicti hospitalis ac pariter eosdem donatos, fratres ac alios eorum servitores et domesticos ac quoscumque alios parrochianos dictæ villæ, infra eorum hospitale et ecclesiam sepulturam eligentes, sepeliendi seu sepelire faciendi..... proventus et emolumenta recipiendi, salva tamen dictæ parrochiali ecclesiæ eorumdem emolumentorum canonica portione debita, et quantum etiam attinet ad alias possessiones contrarias per dictos fratres dicti hospitalis coram nobis deductas, scilicet recipiendi et sibi ipsis appropinquandi omnes et quascumque oblationes quæ per Christi fideles in eorum fiunt ecclesiæ ac pariter questorem habendi et bassinum pro animabus purgatorii in eadem et quidquid eidem elargitur sibi ipsis ac eorum usibus applicandi, indeque, singulis diebus lunæ, in redemptionem dictarum animarum missam celebrandi seu celebrari faciendi aliaque faciendi suffragia in jam dicta eorum ecclesia et hospitali, ac pariter quoad possessiones et saysinas per dictos impetrantes allegatas, scilicet visitandi mulieres puerperas et post partum jacentes, habendi gratia inibi orationes et evangelia ac post purgationem earum missam eisdem celebrandi, in dicta parrochiali ecclesia, dum et quando requirantur, pronunciamus et declaramus locum fuisse et esse statuto contrario per dictos fratres dicti hospitalis obtento et impetrato, eosdemque in predictis possessionibus et saysinis in contrarium allegatis assentandos fore et quos presenti nostra ordinatione ressaysimus et restabilimus, sub eadem manu regia, quibuscumque in adversum deductis et productis nonobstantibus, turbas et impedimenta quecumque tollendo et amovendo, salva tamen dicto vicario declaratione coram dicto commissario per dictos impetrantes facta de non impediendo questorum dictæ suæ. parrochialis ecclesiæ pro questa per eum fienda in eorum hospitali et ecclesia, ac aliis quibuscumque declarationibus dicto vicario per supradictos impetrantes tam coram nobis quam coram dicto commissario factis, salvis in quorum premissorum omnium signum respectus, arma regia floribus lilii depicta, ubi expedierit, jubemus affigi ; inhibentes partibus predictis ad pœnam viginti quinque marcharum argenti, domino nostro regi applicandam, ne in prejudicium hujusmodi nostri ressaysimenti aliquid facient, attentent seu innovent per se nec per alium, assignantes præterea partes memoratas, si super secundo capite expensas voluerint, in curia nostra ad quindecim dies proximos. Sic conclusius me referente, A. Morier. Relatione Martini Grolesanho de Grillo, G. de Mejano, J. Daydier. Datum Nemausi, die sexta mensis octobris, anno Domini millesimo quingentesimo decima tertio.

(.................... ....)

CXLII. — 10 février 1514.

Transaction entre le sacristain de Saint-Pierre et les Frères-prêtres du Saint-Esprit au sujet d'une pension annuelle de cinquante livres.. — (Chap. 9, n° 4).

In Dei nomine, Amen. Noverint universi,......... anno Domini millesimo quingentesimo decimo quarto et die decima mensis februarii, serenissimo principe Francisco, Dei gratia rege Francorum regnante..... Existentes et personaliter constituti, venerabilis vir dopminus Karolus Chantemesse..... sacrista prioratus conventualis S. Saturnini de Portu, alias Pontis S. Spiritus, S. Petri communiter denominati, Cluniacensis ordinis, in villa Pontis S. Spiritus, Uticensis diocesis, fundati, prius vero prior prioratus de Cadarossa (1), diocesis Auracensis....: procedens tam nomine suo quod pro nomine venerabilis et religiosi viri, domini Guydonis, celerarii, de presenti sacriste dicti prioratus seu usufructuarii sacristie ejusdem..... ex una ; et venerabilis et religiosi viri domini Bertrandus Sesteyroni, rector dominorum presbiterorum ecclesie et hospitalis dicte ville S. Spiritus, necnon Falquetus Michaelis, Petrus Chaudoardi, Petrus de Varsio et Andreas Fontbo, presbiteri et religiosi particulares dictarum ecclesie et hospitalis dicte ville S. Spiritus, etiam tam nominibus suis propriis quam aliorum dominorum presbiterorum seu fratrum religiosorum predictarum ecclesie... absentium, ex altera. Que quidem partes, scientes litem inter ipsas incohatam fuisse et postmodum taliter prosequtam in curia spiritualis domini officialis Uticensis, ex parte dicti domini sacriste, (ubi) sententia in ejus favorem lata fuit, et demum ipsam causam devolutam fuisse per appellationem ex parte dominorum presbiterorum seu religiorum in curia metropolitana Narbonensis ubi adhuc ipsa causa pendet indecisa. Et hoc tam desuper certa annua pensione quinquaginta solidorum turonensium quam, ut pretendit ipse dominus sacrista, dicti domini presbiteri seu religiosi S. Spiritus eidem, singulis annis, facere tenentur et consueverunt, prout dicebat, tam pro certis juribus funcrariorum quam aliis contentis et descriptis in quodam instrumento publico transactionis dudum inter ipsas partes seu eorum predecessores recepto, ut dixerunt, per magistrum Gononem Pantelli, notarium regium, civitatis Nemausi habitatorem. Tandem hinc fuit et est quod, anno et die prementionalis, dicte partes, cupientes in pace et concordia venire et amorem inter se nutrire et anfractus

---

(1) Caderousse, canton d'Orange (Vaucluse). Le prieuré Saint-Martin-de-Caderousse était, on le voit, un bénéfice de la manse du sacristain du Pont-Saint-Esprit. Plus tard, il passa au collège d'Annecy, d'Avignon, en vertu d'une transaction dont il sera parlé dans la monographie du prieuré de Saint-Pierre.

litium et eventus earum qui dubii sunt, evitare ; igitur, ad tractatum aliquorum amicorum neutralium..... libera et spontanea voluntate, salvoque bene placito venerabilis curie metropolitane..... transigerunt.

Et primo, sententiam super premissis, ut prefertur, latam in predicta curia domini officialis Uticensis renunciaverunt prout, per tenorem presentis contractus, renunciant dicte eorum appellationi introducte in dicta curia metropolitana Narbone.

Item, similiter transhigerunt domini rector et religiosi et promiserunt dicto domino sacriste..... solvere et satisfacere, ab una parte, summam duodecim librarum et decem solidorum turonensium usque ad festum Omnium Sanctorum ultime preteritum, et ab alia parte summam quindecim librarum et decem solidorum turonensium et hoc pro expensis per eumdem dominum sacristam factis medio dicte litis in dictis curiis usque in diem presentem, et hoc ad dictorum domini sacriste seu domini Karoli, seu alterius ipsorum primam et simplicem requisitionem. Qua summa quindecim librarum et decem solidorum turonensium ipse dominus Karolus quietavit et quietat eosdem dominos presbiteros seu religiosos S. Spiritus...........
Acta fuerunt hec et publice recitata in villa Pontis S. Spiritus, in domo dicti hospitalis et camera dicti domini Bertrandi Sesteyroni, rectoris predicti. Testibus presentibus ad hoc vocatis, venerabilibus viris dominis Symone Ruphi, Matheo Garelli, Bartholomeoque Nogerii, presbiteris, dicte ville S. Spiritus habitatoribus, Petroque Asterii, subviquerio ejusdem ville S. Spiritus, et me, Bernardo de Ulme, notario regia auctoritate publico, habitatore predicte ville S. Spiritus, diocesis Uticensis, qui in premissis omnibus presens fui.

(Expédition originale sur parchemin mesurant 0ᵐ,74 de hauteur et 0ᵐ,52 de largeur).

VII. — Leude.

CXLIII. — 24 février 1559.

Testament de Catherine de Bondillon, dame de Porcellet, affectant, à la dot des filles de l'hôpital, les revenus de la Leude. — (N° 62, chap. 7).

Au nom de Dieu, le Créateur, soit fait. Scaichent tous, présens et advenir, que l'an, prins à l'Incarnation N.-S. Jesus-Christ, mil cinq cens cinquante-huict et le vingt-quatriesme jour du mois de febvrier, très chrétien prince Henry, par la grace de Dieu roy de France regnant, en la présence de moy, notaire et tabellion royal soubzsigné, et des tesmoings soubz nommés, establye en personne, damoiselle Catherine de Bondillon, femme d'Honorat de Porcelet (1), escuyer, de la ville du Pont S. Esprit, diocèse d'Uzès, seneschaussée de Beaucaire et Nysmes ; laquelle, oultre ce que estant constituée en estat de vieillesse, se trouverait aucunement, de présent, par la volonté de Dieu, indisposée de sa personne, toutesfoys elle demeurant en ses bons sens, mémoyre et entendement, comme à ung chascun apparaissayt, et elle scaichant et considerant et prenant en mémoyre que il n'y a chose au monde plus certaine que la mort, ne chose plus incertaine que l'heure d'icelle, tellement que souventes foys advient décedz ab intestatz, entre leurs parents et amys sortent de leurs biens plusieurs litiges, questions, débats et procès ; mais, désirant et affectant ladite testatrisse, à raison de ce, en ce prouvoir au salut de son âme et disposer des biens que Dieu luy a donné en ce monde..... A cette cause, ladicte damoyselle Catherine de Bondillon, de son bon gré, pure et liberalle volonté fest et ordonne son dernier testament nuncupatif.......

(1) V. ci-dessus p. 135, note 1.

Premièrement, fait par elle le signe de la Sainte Croix, disant au nom du Père, du Fils et du Saint-Espérit, ainsi soit-il ; et après avoir recommandé son ame, dès qu'elle sera séparée de son corps, à N.-S., saulveur et redempteur Jésus-Christ, et à la benoiste Vierge Marie, sa sainte mère, et à tous les saints et saintes de paradis et spécialement à Monsr Sainct Sernin, son bon patron, a voulu et ordonné, icelle testaresse, que, quand son ame sera séparée de son corps, icelluy estre mys et désépulturé en l'esglise conventuelle du prieuré de Saint-Pierre dudit Sainct-Espérit et au-devant de la chapelle de Notre-Dame, où est la tumbe de ses prédécesseurs, de par sa mère.

Item, a voulu et ordonné, ladicte testaresse, que le jour que son dict corps sera bailhé à sépulture, estre associé et accompagné par les religieulx conventuels dud. S. Pierre et par les prebres séculiers de l'esglise parrochielle de S. Sernin et aussi par les frères prebres des maison, esglise et hospital dud. S. Esperit, avec leur croix ; pour laquelle association et enterrement, a légué et voulu estre paié, à chascun desd. religieulx et prebres que y sera, troys deniers tournois, pour une foys tant seulement.

Item, a voulu et ordonné, lad. testaresse, que en portant son dict corps en ladicte esglise de Sainct Pierre, à sépulture, estre dict et célébré, à haulte voix, par lesd. religieulx dud. S. Pierre et par les pbres de S. Saturnin et aussi par les pbres et frères desd. maison, esglise et hospital, en passant à la place publicque de lad. ville, audevant de la croix d'icelle, un Salve Regina ; pour lequel a légué à chascun desd. dessus pbres, icelluy disant, troys deniers tournois ; et semblablement, quand son dict corps sera apporté en lad. esglise parrochiale de S. Sernin, a voulu estre dict, par ceulx que dessus, ung aultre Salve Regina, pour lequel a légué à chascun d'eulx, comme dessus.

Item, a voulu et ordonné, ladicte testaresse, sa neuvène estre dicte et celebrée, dans trois jours, ou à la discretion des exécuteurs de son ame dessoubz nommez, en lad. esglise de S. Pierre et ladicte chapelle de Nostre-Dame, par lesd. religieulx, moynes d'icelle esglise de St-Pierre, pour laquelle dire et cellebrer a légué et voulu este payé auxd. moynes neuf solz tant seullement, durant laquelle a voulu qu'il soyt offert par chascun que sy trouvera, chascun jour et chascune messe, une maille en argent, pain, vin et chandelle, comme ont accoustumé fère en ladite ville. (1)

Item, semblablement, ladicte de Bondillon, testaresse, a voulu et ordonné estre dict et cellebré, à chascune desd. troys esglises, trois messes de l'office des mortz, à haulte voix, à diacre et soubz-diacre, avec les exaudis et aultres oraisons accoustumées. Assavoir est : le jour de son enterrement, une desd. messes ; le second, à la fin de sa neuvene, et le troisième, à la fin de l'an de son obit. Pour lesquelles dire et célebrer a légué et voulu estre paié, à chascune desdites troys esglises, trente solz tournois, pour une foys.

Item, a voulu et ordonné, laditte testaresse, sa luminaire estre de treize attorches cere, chascune d'icelle prisant une livre et ung quarteron et (.....) aultres attorches, pour la sacre (2) de ladicte esglise parrochiale de S. Sernin, de deux livres cire, et estre payée par son héritier dessoubz nommé.

Item, a légué et voulu estre donné, à l'honneur et louange de N.-S., à treize pauvres de Jésus-Christ, et à chascun d'iceulx, dix pans draps gris ou blanches (3) ; les-

---

(1) Cette offrande est aujourd'hui remplacée dans la cérémonie des obsèques, à Pont-Saint-Esprit, par une quête pour laquelle les parents du défunt ont fait remettre, préalablement, à chaque assistant, la pièce de cinq ou de dix centimes qu'il doit jeter dans le bassin, au baisement de la croix.

(2) On appelait ainsi l'aumône publique qu'on distribuait aux pauvres mendiants de la ville, chaque jour, après la première messe *(post sacrum)*. Outre la sacre de l'église paroissiale, il y avait la *sacre* du monastère de Saint-Pierre, où se faisait une autre aumône publique appelée la *donne*, celle-là particulière au Jeudi-Saint.

(3) Cet usage de donner des vêtements en pièce, à des pauvres, s'est perpétué jusqu'au milieu de notre siècle. Les douze ou treize

quels pauvres et chascun d'eulx seront tenuz assister à sesd. enterrement et nouvène ; et durant icelle nouvène son dict héritier sera tenu, ung chascun jour, donner à disner bien et duement auxd. pauvres, à l'honneur et louange de N.-S.

Item, a voulu et ordonné icelle de Bondilhon, testaresse, estre dicte et célébrée une messe, chascun jour, durant l'an de son obit. A l'office du jour que se célébrera lad. messe, en ladicte esglise de S. Pierre, et ce par maistre Pierre Laurent Berenguier, Philippe et Pierre Combaluzier, pbres de lad. esglise parrochiale, et deulx religieux dud. S. Pierre, et ung des frères pbres de l'hospital dud. S. Espérit, scavoir est chascun desd pbres sera tenu icelle célébrer, chascune sepmaine ; et pour icelle dire et célébrer a légué et voulu estre payé à chacun d'iceulx et à chascune desd. messes, un sol trois deniers tournois, et davantaige estre offert à chacune d'icelle, pain, vin, chandelle, durant led. an de son obiit, par sond. héritier.

Item, a légué et voulu estre donné aux pauvres de Dieu, pour l'honneur d'icelluy, la quantité de trois saumées blé conségal (1), en pain cuyt, et un muyd de bon vin rouge, du meilleur qui se trouvera en sa cave, et un quintal lard ; le tout donné aux dits pauvres, à la fin de sa neuvène et, semblablement, à la fin de son obiit. A voulu et ordonné, à l'honneur que dessus, estre distribué un aide semblable aux dits pauvres par son dit héritier et ses dits executeurs cy-après nommez, au lieu et place que par eulx sera dict et cogneu ladicte ausmone estre faicte sans aucune contradiction.

Item, a voulu et ordonné, ladicte testaresse, estre dictes et célébrées le jour de son enterrement et sépulture, quinze messes basses de l'office des morts, assavoir est : par les religieulx de S. Pierre et en leur esglise, cinq messes des-

---

mendiants, aumônés, portaient l'étoffe sur le bras, durant la cérémonie des funérailles.

(1) Blé mélangé de seigle, dont la farine fait un pain rafraichissant et qui conserve longtemps sa première saveur.

dictes quinze, et autres cinq en l'esglise de S. Saturnin et par aultres pbres d'icelle, et les autres cinq en l'esglise dudict S. Espérit par les pbres frères d'icelle ; et par chascune desd. esglise, a légué à chascun desd. pbres qui les célebreront, un sol trois deniers tournois et leur disner. Bien et deuement et pareilhement a voulu et ordonné, à la fin de sa neuvène, estre dict et cellebré aultres quinze messe de l'office des mortz, c'est assavoir comme dessus, en chascune des troys esglises, cinq messes ; et pour icelles dire et cellebrer leur a legué et voulu estre payé, comme dessus, ung sol et trois deniers tournois, sans quelconques contradictions.

Item, a voulu et ordonné, ladicte testaresse, estre bailhé et donné aux quatre bassins courrants en ladicte esglise parrochielle de S. Sernin, et à chascun d'iceulx, cinq solz, pour une foys tant seulement.

Item, aussi a légué, donné et laissé aux pauvres de la maladrerie de la présente ville (1), cinq sols pour une foys tant seulement.

Item, scachant et considérant ladicte damoiselle Catherine de Bondilhon, testaresse, avoir acquis, à l'achapt perpétuel, du roy, nostre sire, ou bien des commissaires par luy depputez à vendre et à alliéner de son domayne, au pays de Languedoc, scavoir est : le droit de leudes (2) que ledict seigneur y avoit et recepvoit, en ladicte ville du

___

(1) Située au nord de la ville, au confluent du Rhône et de l'Ardèche, au lieu dit l'hôpital ou l'entrepôt, d'après un document ci-dessus (p. 124). (Voy. *Notions générales sur la viguerie du Pont-Saint-Esprit,* p. 23).

(2) Ce droit se percevait sur les marchandises portées au marché. Dans l'acte du paréage on voit que le monastère céda la moitié de ce droit au comte de Toulouse, se réservant l'entière jouissance de la leude des reins, des langues, des cornes et de tous les fruits qui ne se vendent pas au sétier. C'est la moitié, leur venant des comtes de Toulouse, que les rois de France avaient aliénée. — En 1621, le huitième de ce droit, appartenant à Marguerite de Montuzac, s'affermait 27 livres par an. En 1623, le receveur du grenier à sel compta, pour sa part huitième, à Pierre de Boni, mari de Catherine de Porcellet, et ce, pour six mois seulement, 60 livres lui revenant de la vente de 138 muids de sel.

Sainct-Esperit, chascune année, avec le seigneur prieur du dict S. Esperit et autres y ayant droict, et despuys l'acquisition de laquelle leude lad. damoyselle Catherine de Bondilhon, testaresse, heust faict donation de la moitié d'icelle leude et de tous et chascun ses aultres biens à Pierre de Porcellet (1), escuyer, et damoiselle Marthe de Gast, mariés, ses nepveu et nièce, au contract de leur mariage et en faveur et contemplation d'icelluy, receu par feu maistre François Reboul, notaire et tabellion royal, en son vivant, de ladite ville, soubz les ans et jours en icceluy contenuz ; et heust, à présent, vouloir et intention, icelle testaresse, employer le revenu de l'autre moytié restant d'icelle leude, réservée par elle à soy, après son décès, et dudit Honorat de Porcellet, son mary, à marier pauvres filles orphelines et autres pauvres filles tant de la ville dudict S. Espérit que des villages et lieux circonvoysins dudict S. Espérit, constituées en pauvreté, que pareillement aussy les pauvres filles de l'hospital de l'esglise dud. S. Espérit.

A ceste cause, ladicte damoyselle Catherine de Bondillon, testaresse, voulant et désirant mectre à effect sa volonté et intention, a voulu et ordonné que après son dit decès et dudit feu Honorat de Porcellet, son dit mary, l'argent qui proviendra de ladicte moytié de lad. leude à elle appartenant et, comme dit est, retenue, soyt et doibvent estre mys et employé, chascune année, à marier lesd. pauvres filles, et, à chascune d'icelles, estre donné et distribué douze livres tournois payables, par son dict héritier, au jour des nopces, de ce que pourra monter le revenu, chascune année, de la dicte moictié de leude.

---

(1) Pierre de Porcellet, seigneur de Mailhanes (Bouch.-du-Rhône) et d'Arnave, mourut le 7 avril 1612, laissant quatre filles, Catherine, Anne, Blandine et Marie. Il légua aux Ursulines 600 livres, et 1.500 livres aux Pères Minimes pour la construction du chœur de leur église, et autres 1.500 aux mêmes, pour une fondation de messe quotidienne. Sa succession comportait des intérêts considérables en Lorraine, mais elle était fort embrouillée et ses enfants l'acceptèrent sous bénéfice d'inventaire.

Voulant, toutesfoys, ladicte testaresse, que, après son décedz, soict payé et satisfait du revenu de lad. moitié de leude et soient des premiers payés à Bernardine Combaluzier, femme de Jean Bonet, dud. S. Espérit, la somme de vingt livres, et à Anne Auberte, de la cité de Viviers, pour icelle colloquer en mariage, la somme de trente livres tournois, à payer au jour des nopces ; et que, après son dict decedz, led. Honorat de Porcellet, son dict mary, ayes et percoypve, sa vie durant, le revenu d'icelle moytié de leude par elle légué, par tel effet qu'il puisse, à sa volonté, chascune année, marier deux pauvres filles, sa vye durant, et, après le deceds dud. Honorat de Porcellet, que le revenu de lad. leude soyt et doibt estre mys entre les mains de sond. héritier, ou bien dud. Pierre Porcellet, nepveu dud. Honorat de Porcellet, son dit mary, pour ce après, estre distribué à pauvres filles, année par année, ou sera dict et advisé, et que seront esleues par sond. héritier, ou led. Pierre de Porcellet, uni avec les viguiers et consuls et aussy les recteurs de l'hospital de l'esglise du S. Esperit, de lad. ville, et les exécuteurs de son ame...

Item, lègue, lad. testaresse, à Catherine de Porcellet, sa filleule, fille dud. Pierre de Porcellet et de d^{lle} Marthe de Gast, mariés, ses nepveu et niepce, la somme de deux cents escuz d'or sol, à prendre sur lad. moitié de lad. leude..... Les premiers deniers de lad. moictié des fruits, revenus et esmoluments........ soient délivrés à lad. Catherine de P., annuellement et jusqu'à fin de paye d'icelle somme, et que l'aultre moitié restante desd. fruicts, proffits et revenus d'icelle moictié de leude, soict employée à marier lesd. pauvres filles.

Item, a légué à lad. Catherine de P., sa filleule, une syenne chayne d'or, de la valeur de diz escuz ou environ... Item, a légué à Marthe Magnin, fille de maistre Anthoine Magnin (1), et damoiselle Florette de Banc, sa nepce, ou autre de leurs filles, la somme de vingt cinq escutz d'or sol, à prendre des premiers deniers desd. fruitz, proffitz,

---

(1) V. *La guerre autour de Pont-Saint-Esprit*, p. 5, note 3 ; et ci-dessus, p. 139, note 6.

revenus et esmoluments que proviendront de lad. moytié de leude.....

Item, a légué et lègue..... à Pierre et Guillaume Carnaige, frères, fils de Ferréol Carnaige (1), et à un chascun d'eulx, la somme de quinze livres que a voulu leur estre payée, quand ils se mectront de mestier, des deniers desd. fruitz..... de ladite moitié de lad. leude........... Ainsy que précédemment est dict, soient mys dans un coffre qui sera faict du revenu d'icelle moytié de leude, que demeurera au pouvoir et en la maison dud. Pierre Porcellet, sond. nepveu ; et se fermera led. coffre à trois serrures et à trois clefs, dont a voulu et ordonné, icelle testaresse, que l'une d'icelles clefs soict gardée par led. Pierre de Porcellet, l'autre clef par les consuls de la présente ville du S. Esperit, et l'autre clef par les recteurs des maison, pont, esglise et hospital dud. S. Esperit ; aux fins que desd. fruitz..... de lad. moitié de lad. leude en soict faict et usé par ung chascun d'eulx comme elle a ordonné et ordonne par son présent testament ; donnant puissance, auctorité et mandement, lad. testaresse, auxd. viguier et juge, consuls et recteurs dud. hospital et de lad. esglise, en lad. ville du S. Esprit, et à sesd. executeurs, fère, accomplir, tenir, garder et observer tout ce qui est contenu au susd. précédent légat concernant lad. moictié de la leude... ; et a voulu et ordonné lad. testaresse que, où et quand, pour l'advenir et après son décedz et dud. Honorat de Porcellet, son mary, le roy nostre sire viendroit à recouvrer lad. leude suyvant les pache de rachept, que, en iceluy cas, l'argent que, a occasion de ce, sera eu et recouvert pour icelle moictié, soict mys et employé par son dict héritier et lesd.

(1) V. dans *Origine et véracité des notes et documents pour servir à l'Histoire de* **Pont-Saint-Esprit** (p. 13), comment ce nom de Carnage, donné à une poterne de la ville, à cause du voisinage de la maison d'habitation des dits Carnaige, devint, fautivement, pour l'imagination populaire, le témoignage irréfutable du plus sanglant souvenir de la cité, durant les guerres de religion, alors qu'un arrêt du Parlement de Toulouse du 18 mars 1569, relatant ce massacre, est totalement oublié.

viguier et juge, consuls et recteurs et executeurs de sad. ame, à achepter et acquérir de biens et revenuz que entre eulx sera dict et advisé estre en proffit et commodité desd. pauvres filles, pour icelles colocquer en mariage, du revenu que proviendra desd. propriétés ; et au surplus a voulu et ordonné, icelle testaresse, que led. argent, que sera recouvert de lad. moictié de leude, ne soit mys et employé ailleurs ne aultres usaiges que de marier pauvres dessusd.....

Item, a légué, voulu et ordonné..... estre payé....., et pour une année, aux susd. procureurs du bassin des ames du purgatoire et ouvriers de l'esglise de sainct Alexandre (1), la somme de cinq livres tournois à prendre sur led. revenu de lad. moictié de leude, moyennant ce, que iceulx sindics, procureurs et ouvriers dud. S. Alexandre, seront tenuz et debvront, durant lad. année, chacun vendredy et à chacune sepmaine, faire dire et célébrer une messe basse de *quinque plagiis*, avec l'absoute, où a esté sépulturé feu noble François de Porcellet, sondict fils et dud. Honorat de Porcellet, au dict cimetierre dud. S. Alexandre, et pour l'ame de lad. testaresse et de ses feus parents et amys trespassés, et, mesmement, pour l'ame dud. noble François de Porcellet, son dict fils, et dud. noble Honorat, sond. mary.

Item, a légué, laissé, voulu et ordonné, icelle testaresse, aux frères pbres dud. hospital de S. Espérit, chacune année, perpétuellement après son décedz, la somme de cinq livres tournois à avoir et prendre sur lad. leude ou argent et revenu des propriétés provenant d'icelle ; moyennant lesquelles cinq livres tournois seront tenuz de dire et célébrer, chacun jeudy de la sepmaine, perpétuellement, une messe basse de l'office du Sainct Espérit, à l'honneur et louange de N.-Seigneur.

Item, a légué..... à chacun de ses fillotz que a tenuz aulx fonts baptésismalles, quand ils seront de aage pour

---

(1) Commune limitrophe de Pont-Saint-Esprit, et du même canton.

meetre de mestier, la somme de douze livres tournois, à chascun d'iceulx,.... du revenu de lad. moictié de leude.... Item, a légué à Catherine Porcellette, fille à feu noble Anthoine de Porcellet, fils bastard dud. noble Honorat de Porcellet, la somme de cinquante livres tournois payables quand elle sera de aage pour estre colloquée en mariage... sur le revenu de lad. leude... et, avec ce, la faict son héritière particulière. Item, a légué à Léonarde de Porcellet, fille naturelle dud. noble Honorat de Porcellet, une sienne petite maison, assize en lad. ville et carte de Mercat (1), en laquelle habite de présent... (nom omis), confrontant du levant à la court de la maison de lad. testaresse, dicte de la Pailhasse (2), du couchant et du marin avec la rue, d'aure droicte avec l'aultre maison, pour en faire et dire à sa volonté, sauf toutesfoys qu'elle veult et ordonne que sy lad. Léonarde de Porcellet venait à decceder sans hoirs, de légitime mariage procréez, que lad. maison retorne à sond. héritier dessoubz nommé....... Item, pareilhement, considérant la bonne amytié qu'elle a toujours eu et portée aud. Honorat de Porcellet, son mary......., remeurant les bénéfices qu'elle a receuz de luy depuis le temps qu'ils ont demeuré ensemble mariez.... a voulu lad. damoyselle de Bondillon que led. noble Honorat de Porcellet soict et doibve estre, tout le temps de sa vie et après le deceds d'elle, de touz et chascun ses biens, droicts et actions maistre, gouverneur et usufructuaire, sa vye durant...... Item, lègue à chascun de ses parents, prétendant avoir droict et action sur sesd. biens, la somme de cinq solz, moyennant lesquels les a faictz ses héritiers particuliers.

Et pour ce que institution d'héritier est chef et fondement de toute postreme et dernier testament nuncupatif et dernière volonté, ultime, nunçupation et disposition extreme des biens que Dieu a donné en ce monde ; à ceste

---

(1) Un des quatre quartiers urbains de Pont-Saint-Esprit.

(2) A rapprocher ce nom, conservé aujourd'hui par une rue de la ville, de la même dénomination qui désigne, sur le territoire de Saint-Alexandre, l'ancien prieuré de Saint-Pierre d'Ostel, domaine seigneurial des Chartreux de Villeneuve-les-Avignon.

— 397 —

cause, lad. damoyselle Catherine de Bondilhon, testaresse, en tous et chascuns ses aultres biens meubles, immeubles, où qu'ilz soient situés ou assiz, a faict, créé, estably et ordonné, nomme son héritier universel scavoir est : noble Honorat de Porcellet, fils naturel et légitime desd. Pierre de Porcellet, escuyer, et de damoyselle Marthe de Gast, mariés, sesd. nepveu et niepce, en condition et qualité toutesfoys que led. Honorat, son héritier, soict subjet et obeyssant aud. Pierre de Porcellet, son dict père.....; et où icelui, son dict héritier, se rendroyt desobeyssant au dict Pierre de Porcellet et ne luy feroit comme un bon fils est tenu faire à son père, en ce cas lad. testaresse a institué et institue héritier led. Pierre de Porcellet, son dict père, pour disposer desd. biens, droicts et actions d'elle, à sa volonté....; par lequel son héritier universel..... commande que tous et chascuns les légats cy-dessus..... touz et chascuns les debtes que se trouveront après son dict déceds....... soient payés et satisfaits, entièrement, sans aucune contradiction ne figure de procès. Et, néanmoings, pour faire et accomplir tous et chascuns les légats, piis et aultres..... a faict les executeurs et gadiateurs de son ame, assavoir est: noble François de la Martinière (1), contreroleur du grenier à sel de lad. ville dud. S. Espérit, et sire François Lessus, marchant, habitant d'icelle ville, ausquel et chascun d'eulx, respectivement, a donné et donne plein pouvoir, licence, auctorité, mandement et permission totelle de tout le contenu en son présent testament, faire mestre a deue et entière exécution..... Faict et publicquement récité en lad. ville dud. Pont S. Espérit, et dans le domicile de lad. damoyselle Catherine de Bondilhon, testaresse, et dud. Honorat de Porcellet, son mary, elle gisant dans son lit et malade. Présents : maistres Michel Fermineau, docteur en droictz, juge ordinaire et lieutenant de juge royal de lad. ville, Anthoyne Michel, licentié en droictz, Jehan Chabrier, prebre, et Jehan Fermineau, recteur des maison, pont, esglise et hospital dud.

(1) Voy. note 4, p. 97.

S. Espérit, maistre Anthoyne Magnin, licentié en droictz, Symon Pascal, consul d'icelle ville, Saturnin Bidon, Jehan Fornier, Philip Cabrol, pbre d'iceulx maison, esglise et hospital, François La Martinière, contrerolleur du grenier à sel d'icelle ville, François Lessus, Joseph Combaluzier, Ferréol Carnaige, de lad. ville habitants, à ce pour tesmoings appelez, et de moy, Anthoyne Reboul, notaire et tabellion royal de la ville du pont S. Espérit, qui, à la requisition de la susdite testatrice, ayant prins et receu acte de contrat publicque de testament, en la forme et comme seroyt descript aulx quatre précedens peaulx parchemin..... à la requisition de lad. Bondillon, testatrice, me suis subscrit et soubsigné.

(Expédition sur quatre peaux de parchemin mesurant 2ᵐ, 24 de hauteur et 0ᵐ, 52 de largeur).

VIII. — MESSE ROYALE, MESSE DES ROIS DE SICILE, MESSES ET ANNIVERSAIRES POUR DES PARTICULIERS. (1)

CXLIV. — 1307. (2)

Philippe-le-Bel, fonde dans l'église du Saint-Esprit, une grand'messe quotidienne pour les rois de France (Maison du Roi).

PHILIPPVS IIII, FRANCORVM REX — Fundavit missam quotidianam, alta voce, in honorem — Sᵗⁱ Spiritus, in ecclesia Sᵗⁱ Spiritus villæ Sᵗⁱ Saturnini de Portu.

(Inscription sur panonceau de carton, à'décors gothiques, qui porte de gueule aux fleurs de lys sans nombre; couronne royale ouverte; pour cimier : buste d'ange).

---

(1) On ne saurait donner ici, même en résumé, toutes les fondations de messes journalières, hebdomadaires, mensuelles ou annuelles, de tous les anniversaires et obits, inscrits dans les testaments ou actes entre vifs contenus aux archives du Saint-Esprit. Nous renvoyons, à l'inventaire général, le lecteur qui voudrait les connaître tous. Deux des plus récents (ci-après CXLVIII et CXLIX), suffiront pour en donner une idée.

(2) Un arrêt du Parlement de Toulouse, en date de 1650, qu'on

CXLV. — 12 décembre 1409.

*Louis II d'Anjou, fonde la messe dite des rois de Sicile.
— (N° 3, chap. 7).*

Ludovicus secundus, Dei gratia rex Jerusalem et Sicilie, ducatus Apulie, dux Andegavie, comitatuum Provincie et Forcalquerii, Cenomanie et Pedymontis comes, thesaurariis gabellorum salis dictorum comitatuum ipsorum Provincie et Forcalquerii, presenti scilicet et futuris, fidelibus nostris dilectis, graciam et bonam voluntatem. Cum pro caritatis opere domus, pontis, hospitalis Sancti Spiritus, loci Sancti Saturnini de Portu, Uticensis diocesis, necnon pro quadam missa cothidiana que in capella Sancti Spiritus pro conservatione Majestatis Nostre necnon consortis carissime et liberorum nostrorum predecessorumque et successive posteritatis nostre..... centum florenos auri..... inter dictum opus et cappellanos...., dicta capella, more solito dividendos..... anno quolibet, a die vicesima quinta mensis septembris..... exsolvendos ; igitur volumus et tibi..., de certa nostra scientia, precipimus et mandamus quathenus dictos florenos centum rectoribus et operariis dicti operis ac cappellanis servientibus in capella predicta, inter eos, juxta solitum premittitur, distribuendos de pecunia dicte gabelle aut alterius, nomine ipsorum, solvas et exhibeas integraliter et perfecte, et recipias de solutione hujusmodi debitam apodixam quam tibi

verra ci-après, mentionne des lettres-patentes de Philippe-le-Bel datées de 1307, relatives, sans doute, à cette fondation de la messe royale. A défaut des documents primordiaux, qu'on n'a pu retrouver et donner, ici, nous rappellerons un vieux panonceau conservé encore à la Maison du Roi, renvoyant plus haut XVIII, p. 52, XXXVII, p. 108, CXXII, p. 319, etc., et plus loin, nous le répétons, CLVI, où il est fait mention des lettres-patentes de Philippe-le-Bel de 1307, et de la fondation, par le même roi, d'une pension de 100 livres.

sufficere volumus ad cautelam ac in computis tuis acceptari pariter et admitti, nullis cautelis aliis quam presentibus litteris seu vidimus aut transumpto ipsorum in forma publica una vice duntaxat et dicta apodixa seu apodixis a te propterea quomodolibet requirendis. Datum, in villa Pontis-Sancti-Spiritus, per virum nobilem et egregium, Johannem de Senonardis de Luca, legum doctorem, locumtenentem, mandato nostro, officio nunc Baten. majoris judicis, comitatuum nostrorum Provincie et Forcalquerii predictorum consiliarium et fidelem nostrum dilectum. Die duodecimo mensis decembris, tertie indictionis, anno Domini millesimo quadragentesimo nono, regnorum vero nostrorum anno vicesimo sexto. Gratis pro Deo.

(Original sur parchemin mesurant $0^m,115^{mm}$ de hauteur et $0^m,33$ de largeur. Sceau rond de cire rouge pendant : parti à dextre de Jérusalem, à senextre de France, chargé d'un lambel; surmonté de la couronne et accompagné de deux L couronnées; légende rompue; le sceau, enveloppé dans une gaine de parchechemin, est contenu dans un sabot, en fer à cheval).

CXLVI. — 26 mai 1475.

René d'Anjou confirme la fondation de la messe des rois de Sicile. — (N° 5, chap. 7).

Renatus, Dei gracia Jerusalem, Aragonium utriusque Sicilie, Majoricarum, Sardinie et Corsice rex, ducatuum Andegavie et Barrie et dux, comitatuumque Barchinonie, Provincie et Forcalquerii ac Pedismontis et comes, Thesaurariis et aliis receptoribus gabellorum salis dictorum nostrorum comitatuum Provincie et Forcalquerii, presenti videlicet, et futuris fidelibus nostris dilectis, graciam et bonam voluntatem....; vera devocione moti et vestigia predecessorum nostrorum sequentes, cum pro divino cultu et quadam missa cothidiana que in capella, fundata per eosdem predecessores nostros sub titulo Beate Marie, situata infra ecclesiam Sancti Spiritus de ponte loci Sancti Saturnini de Portu, Uticensis diocesis, ubi Sanctus Spiritus cothidie multa miracula operatur, per fratres presbiteros illic Deo deservientes et deprecationes facientes pro conservatione Nostre Majestatis, necnon consortis carissime et liberorum nostrorum predecessorumque et successive posteritatis nostre animarum salute continuo celebratur, florenos quinquagenta dictis fratribus presbiteris in dicta capella celebrantibus dum taxat inter eos dividendos ordinaverimus, vita nobis comissa et nostro beneplacito perduxante, anno quolibet, a die vicesima tercia mensis madii proxime preterita inhanteo exsolvendos. Post autem finem dierum nostrorum observantiam solutionis dictorum quinquagenta florenorum, voluntate et arbitrio heredum et successorum nostrorum, serie earumdem presentium specialiter reservamus. Igitur, volumus et tibi harum serie, de certa nostra scientia, precipimus et mandamus quathenus dictos florenos quinquagenta, predictis fratribus presbiteris in predicta capella sacrificantibus, inter eos ut premittetur distribuendos de pecunia dicte gabelle aut alterius, nomine ipsorum, debito modo informato, annis singulis, in eadem die vicesima tertia cujuslibet mensis madii, solvas et exhibeas, integraliter et perfecte, et recipias de solutione hujusmodi debitam appodixam quam tibi sufficere volumus ad cauthelam ac in compotis tuis per magistros rationales archivi nostri Aquensis acceptari pariter et admitti, ac de universali summa recepte dicte gabelle extenuari et deffalcari nullis cautellis alteris quam presentibus litteris seu vidimus aut transumpto ipsarum in forma publica, semel tantum exhibendo, cui vidimus seu transumpto tantam fidem exhiberi volumus et jubemus quantam hujusmodi nostris originalibus litteris exhibetur. Et dicta appodixa seu appodixis a te propterea quomodolibet requiren. Datum Aquis, in nostro regali palatio, sub manus nostre proprie subscriptione, die vicesima sexta mensis madii, anno Domini millesimo quadringentesimo septuagesimo. René (*signé et paraphé*). Visa per me, Vivandum Bonifacii, judicem majorem. Gratis pro Deo, pro registra.

(Expédition sur parchemin mesurant 0^m, 27 de hauteur et 0^m, 37 de largeur ; grand sceau orbiculaire pendant dans une gaine de parchemin).

CXLVII. — 22 mars 1559.

François II, roi de France, confirme la fondation de la messe dite des rois de Sicile. — (N° 68, chap. 7).

François, par la grace de Dieu,.... A nos amez et féaulx les généraulx, conseillers par nous ordonnez sur le fait de noz finances..... scavoir vous faisons que nous voulons entretenir la fondation et dotation, faicte par noz predecesseurs, comtes de Provence, et despuis confirmées par le feu roy, notre très honoré Sgr et père..., d'une messe basse, par chacun jour de la sepmaine, dicte et celebrée en l'eglise de l'hospital du Pont-Sainct-Esperit par les fraires prebres faisant le service en icelle, pour le salut des ames de nosd. feuz predecesseurs ; pour laquelle fondation d'icelle messe, ils, et nostre d. Sgr et père, ont ordonné et aulmosné, chascun an, auxd. fraires chapelains, la somme de trente livres........ Ordonnons, voulons et nous plaist, de grace speciale, par ces présentes, que pour dire et cellebrer lad. messe pour chascun jour, laquelle nous voulons estre continuée et entretenue doresnavant à l'honneur de la Benoiste Vierge-Marie, ainsy qu'elle fut fondée et ordonnée par lesd. feuz comtes de Provence, ils ayent et soient payez, par chacun an, tant qu'il nous plaira à nous et nozd. successeurs, de lad. somme de trente livres tourn., desd. deniers d'icelluy revenu et esmolument du petit blanc qui se lève et reçoit au Pont-Sainct-Espérit, pour led. entretenement desd. esglise et hospital et reparation dud. pont, par les mains du receveur d'icelluy....... Si voulons, vous mandons et expressement enjoignons........ Donné à Amboyse, le 22e jour du moys de mars, l'an de grace mil cinq cent cinquante neuf et de nostre règne le premier. Par le roy, Frise.

(Expédition originale sur parchemin mesurant 0ᵐ,44 de largeur et 0ᵐ,30 de hauteur. Grand sceau, rond, pendant, dans une gaine de parchemin).

CXLVIII. — 21 juin 1513.

Claude Rey fonde deux messes à célébrer, chaque semaine, et des vêpres des morts à chanter, le dimanche. — (N° 29, chap. 7).

In nomine N. J.-C., amen. Anno m° q° d° t° et die vicesima prima mensis junii, noverint universi quod cum nobilis vir Claudius Regis, quondam habitator villæ Sancti Spiritus, dedisset et legasset venerabilibus fratribus religiosis domus et hospitalis villæ pred., in suo ultimo testamento sub anno m° q° duod°, pro duabus missis et vesperis de mortuis, dicendis et celebrandis in d. ecclesia S^{ti} Spiritus et in horis mortuarum, in remissionem omnium peccatorum suorum ac parentum et benefactorum suorum, singulis annis et perpetuis, quolibet die lunæ, cujuslibet hebdomadæ, missam de mortuis pro fidelibus defunctis ; die veneris, missam de quinque plagis D. N. J.-C. et vesperas de mortuis dicendas, quolibet die dominico, incontinenti finitis aliis vesperis, propter duas terras, quarum una sita est ultra Rhodanum, loco dicto ad Pradam, continentem circa quatuor salmatas laboris....., alia vero sita est pariter ultra Rhodanum, loco dicto ad Sanctum-Andream (1), continentem in semine circa tres saumatas laboris ; existentes et personaliter constituti nobiles viri Stephanus et Honoratus Regis, fratres....., quiquidem ambo, insequendo tenorem supradicti legati, dederunt, tradiderunt, donaverunt et remiserunt pred. dnis Fratribus.......
.... supradictas duas terras necnon et supra dictam summam quinquagenta florenorum.........

(Expédition sur parchemin mesurant 0^m, 45 de largeur et 0^m, 59 de hauteur).

---

(1) Saint-André, sur le territoire de Mondragon, anciennement bénéfice appartenant aux moines Clunisiens de Saint-Pierre. Un des Cornilhan en était titulaire, en 1265. (V. *Les Hospitaliers du Pont-Saint-Esprit à Saint-Pierre-de-Vassols*, p. 13).

— 404 —

CXLIX. — 18 mars 1518.

Jeanne Pradimande, veuve de feu Antoine de Berc, fonde la messe dite des cinq plaies de Notre-Seigneur J.-C. — (N° 31, chap. 7).

In Dei nomine, Amen. Anno Incarnationis Domini mill° quing° dec° septimo et die decima octava mensis martii...
..... honesta et honorabilis Mulier Joanna Pradimande (1), vidua, relicta honorabilis quondam viri Antonii de Berco, dum vivebat mercatoris villæ Pontis-Sanctis-Spiritus, mota devotionis affectu erga ecclesiam hospitalis Sancti Spiritus dictæ villæ, ob divinum officium quod in eadem devote, quotidie, prout sibi apparet, decantatur, volens etiam, ut dixit, ac quam plurimum cupiens et affectans, dum tempus habet in hac valle miseriæ, saluti et remedio animæ suæ et suarum filiarum et suorum maritorum (2) animabus ac dicti sui mariti...

Idcirco.......... ad laudem, memoriam et honorem Dei omnipotentis et Dni Jesu Christi, ejus filii prædilecti, et suæ amarissimæ passionis, et per consequens beatissimæ et glorissimæ Virginis Mariæ, ejus matris, et omnium civium supernorum, et signanter et præcipue ad honorem et in memoriam quinque plagarum Dni Ntri Jes.-Christi, nostri ac totius generis humani Redemptoris, ac etiam et precipue in redemptionem peccatorum suorum..,.. instituit, fundavit ac dotavit quamdam missam perpetuam, communiter dictam de quinque plagis seu de officio earumdem, in suprad. ecclesia Sancti Spiritus ad honorem et in memoriam prætactos et in magno altari ejusdem, perpetuis temporibus decantandam per dominos pbros seu religiosos ejusdem ecclesiæ, et hoc alta et intelligibili

---

(1) V. ci-après CXLVII, p. 417, où il est parlé de Pierre Pradimand, prêtre et donat du Saint-Esprit.

(2) Gana et Catherina de Berco, uxores nobilium virorum Jacobi Carnaige et Caroli de Joye.

voce et qualibet die veneris cujuslibet septimanæ anni, videlicet in hora seu inter medium duarum aliarum missarum quæ, quotidie, in eadem ecclesia celebrantur et post celebrationem missæ quæ in eadem decantatur ad intentionem Dni ntri christianissimi Francorum regis, post horam Primæ, cum pacto et conditione quod d. dni pbri tenebuntur et promiserint, antequam eamdem decantari facient, pulsare seu pulsari facere quinque ictus cum altera ex magnis campanis....... Et cuiquidem missæ, sic fundatæ et celebrandæ pro ejus dote seu fundatione præfata Jᵃ Pradimande dedit, donavit et assignavit per in perpetuum....... videlicet, ab una parte, quamquidem lampadem argenti magnam... dudum pro negotiis seu affariis predictarum domus et hospitalis quondam Antonio de Berco, dum viveret ut prefertur ejus marito, in vadiatam et tempore rectoriatus nobilium quondam virorum Gabrielis Rochi, Joannis de Biteris et mei, Bernardi de Ulmo, notarii subsignati, pro summa centum florenorum parvorum et quatuor solidorum turonensium, quolibet floreno pro duodecim solidis turonensibus computatis. Item, plus dicta fundatrix eisdem dominis presbiteris, ex alia parte, pro parte dictæ fundationis cessit, quitavit etiam et remisit quoddam debitum dictarum domus et hospitalis dicto de Berco suo marito, legali computo facto ad summam viginti florenorum parvorum et trium solidorum turon. et sic duæ summæ dotationis ascendunt in simul, ex legali compoto facto, ad summam centum viginti unius florenorum septemque solidorum turonensium. Acta fuerunt hæc in dicta villa Sancti Spiritus, videlicet in domo habitationis dictorum dnorum pbrorum, videlicet in camera in fine aulæ bassæ constructa, testibus presentibus....................

(*Expédition sur parchemin mesurant* 0ᵐ, 58 *de largeur et* 1ᵐ, 20 *de hauteur*).

APPENDICE

CL. — 1164.

Raymond V, comte de Toulouse, reconnaît l'allodialité de la terre de Saint-Saturnin du-Port et acquiert la moitié de la justice sur les étrangers et le partage de certains droits particuliers. — (Histoire du Languedoc, T. II, p. 548; et dossiers B.-R., T. I).

Omnibus presentibus et futuris notum sit quod ego Raymundus, comes Sancti Egidii, cognosco et confiteor villam Sancti Saturnini allodium et proprietatem esse beati Petri Cluniacensis; sed propter amicitiam quam monachi erga me habebant et ut, per meam defensionem, villa ipsa in commercio viantium magis augeri possit, statuimus quosdam novos redditus mihi et tibi intra villam in invicem accipiendos, et ne unquam ab aliquo variari possit, hac deffinitione statutum est:

In pedatico quod per aquam accipitur, due partes mee, tertia illorum; — in omnibus vero usaticis que per terram accipiuntur, tam infra villam quam infra bolas illius ville, medietas erit mea et medietas illorum..., excepta leuda lumborum et linguarum et excepta leuda urnorum et omnium fructuum que ad sestarium non vadunt, que propria est monachorum. — De habitantibus in villa, focum videlicet ibi facientibus et fornaticum donantibus, nec per me nec per meos aliquam unquam justiciam habebo. — Si, inter extraneos, lis orta fuerit in villa, medietas justicie erit mea et medietas illorum. Si inter extraneum aliquem et aliquem habitatorem ville contentio fuerit, de habitatore ville nullam ego justiciam habebo, justicia vero que de extraneo multata fuerit, media nobis erit. — In octo sextiariis de sale quos in salinis accipere solent, sive in omnibus consuetudinibus que de ratibus que per aquam veniunt accipere solent, que sunt decime et gubernacula et transversaria, et in remo quem de uno quoque navigio descendente per aquam antiquitus habent, et in denario quem de unoquoque navigio vendito accipiunt, ego partem non habebo, sed proprie erunt illorum, sicut et omnes illi ceteri redditus quos antiquitus habere solent. Et ita sane villa ipsa, exceptis his que supradiximus, ab omni vi, mea et meorum, et usatico deinceps libera permanebit, ut nec ego nec ullus unquam de meis aliquid intra villam vel intra bolas ville aliquid injuriare vel arcere possit, sed quidquid arcendum vel instituendum, in villa et intra bolas ville fuerit, non nisi per manum prioris vel decani ipsius monasterii fiat, quia vero ipsi concesserunt et laudaverunt mihi in predicta villa ea que supra dixi que antecessores mei nec ego habueram, propterea, ego concedo illis et laudo et nundinas et mercata et omnia commercia in quibus lucrari et negociari possint : nundinas autem, nominative et expresse, permitto eis et laudo, a prima die Pasche usque ad diem jovis post octavas Pasche. Et, ut venientes ad nundinas et ad mercata secure veniant et redeant, quicumque vero in villa S. Saturnini manserit, vel domum ibi habuerit, vel in domo locato focum fecerit, et familie illorum, omnes isti ab omni usatico et justicia mei et meorum liberi erunt. Mercatum quod antiquitus in villa S. Saturnini, die jovis, statutum est, et, ex dono regis Francie, confirmatum, nos, eodem die jovis, in perpetuum tenendum laudamus et confirmamus.

De pedatico quod per aquam, ut supra dictum est, accepitur de parte monachorum, in unoquoque anno viginti solidos bajulo nostro persolvent.

Statuum est hoc ita, ad tenendum in perpetuum, a me et a meis, anno ab Incarnatione Domini M° C° LXIV, regnante domino meo Ludovico, rege Francorum, in presentia et testimonio ipsorum qui inter fuerunt, ego videlicet Raymundus, comes, qui hoc statui et laudavi, et Bermundus de Uzès, Guillermus de Sabrano, costabularius, Petrus de Cadarossa, Petrus de Remolinis, Poncius Flamano, prior de Cadarossa, Bertranus de Balneolis, Vitalis, sacrista S. Pauli, Petrus Raymundus, clericus, Petrus Natalis, Petrus Hugonis, Mas-Saves, bajulus comitis, Hugo de Portu, Tibaldus, cordoanus, Raymundus Barnerius.

CLI. — Mai 1202.

Le prieur de Saint-Pierre permet au comte de Toulouse de construire un palais dans la ville de Saint-Salurnin-du-Port. — (Gall. Christ., T. 6, p. 301 ; dossiers B.-R., T. I).

Quoniam mortalium vita brevis........ Inde est quod notum fieri volumus omnibus........ quod, anno ab Incarnatione Domini millesimo ducentesimo secundo, kalendas maii, ego, frater Hugo, ordinis Cluniacensis abbas, consilio et voluntate sociorum nostrorum et consensu et voluntate Raymundi de Brozeto, prioris S. Saturnini, et conventus ipsius monasterii, per me et per omnes successores meos, in remuneratione obsequiorum que monasterio nostro et membris ejus a te recepisse confitemur, in spem futurorum, que te collaturum promittis, dono et in perpetuum feudum trado tibi, Raymundo, Dei gratia duci Narbone, comiti Tolose, marchioni Provincie, ac omnibus successoribus tuis, locum idoneum ad construendum et perficiendum tibi palatium in villa S. Saturnini, in eo scilicet loco in quo turrem edificare inceperas, tali conditione ut, singulis annis, pro illo et pro illis que tibi concedimus, unum marabotinum dones nomine census abbati et ecclesie Cluniacensi, undecima die post Pascha ; quotienscumque enim illum priori S. Saturnini, quicumque ille fuerit, solveris vel solvi facias, abbati Cluniacensi cum solvisse intelligaris ; si tamen, ex negligentia vel oblivione, per biennium vel triennium vel tempore longiori, solutus non fuerit, res propter hoc in commissum non cadet sed marabotinus annuus, annis pro singulis, exigetur. Preterea in domo Sancti Saturnini, singulis annis, albergam debetis accipere, et tamen de equitantibus pro terre consuetudine per te vel per alium quem volueris, a festivitate S. Michaelis usque ad festivitatem S. Martini, quem si tibi vel bajulo tuo terre illius oblatum coram tribus vel quatuor probis hominibus hujus ville, tu vel bajulus tuus, si absens tu fueris, accipere nolueritis, pro illo anno acceptus reputabitur; verum tamen quando bajulus tuus albergam vellet accipere et si tot equiraturas non haberet secum et tamen equitantibus cum suis equitaturis pro regionis consuetudine portionem donare tenebimur, scilicet panem et vinum et civatam et pulmentum illius diei et tempore opportuno. Et ego, Raymundus, Dei gratia Narbone dux,....... hec omnia vera esse confiteor et cognosco; propter hoc, homagium facio tibi Hugoni, Dei gratia Cluniacensi abbati, et in bona fide mea, tibi recipienti, promitto, tibi et monasterio Cluniacensi, omnia que in instrumento continentur patris mei, quod factum fuit inter eum et priorem tunc S. Saturnini et Raymundum, patrem meum, me bona fide observaturum perpetuo ; instrumenti autem tenor talis est...... Et ut successores mei, abbatibus succedentibus, semper mutato comite vel abbate, idem faciant et promittant quod ego tibi facio hic et promitto ; et ego si tibi supervixero, hoc idem faciam successori vel successoribus tuis, ita tamen quod propter hoc faciendum ego fine terre meæ non egrediar, neque successores mei, sed ubicumque in terra mea possemus tibi occurrere, loco et tempore competenti; promitto etiam tibi quod, ab hoc die in antea, de possessionibus vel juribus monasterii S. Saturnini, nihil unquam sine consensu et voluntate prioris S. Saturnini et conventus ejusdem ecclesie nec aliorum prioratuum in tota terra mea sine consensu et voluntate prioris et conventuum locorum illorum accipiam, sed personas et loca Cluniacensis monasterii, bona fide, defendam et promovebo. Acta sunt hec omnia apud Sanctum Saturninum, in ecclesia majori, scilicet S. Petri, presentibus et consentientibus Fromo, camerario Cluniacensi, Simone, camberlario, Girardo, notario domini abbatis, Johanne de Prenier et Martino, servis domini abbatis, Geraldo, abbate Crudacensi, Raymundo, priore S. Saturnini, Johanne, priore Tuleti, Stephano, priore claustrale S. Saturnini, etc....

CLII. — 12 avril 1302.

Paréage entre le prieur de Saint-Pierre et le roi de France. — (Dossiers B.-R., T. I).

Anno Domini millesimo trecentesimo secundo, scilicet VIII kalendas aprilis, regnante illustrissimo domino Philippo, Dei gratia Francorum rege; cum questio seu questiones essent diutius agitate super villa et juridictione Sancti Saturnini de Portu et ejus territorio et districtu, que omnia consistere dicuntur in regno, inter procuratorem domini regis, nomine ipsius domini regis, ex una parte, et priorem et conventum S. Saturnini de Portu, Cluniacensis ordinis, ex altera, et nobilis vir, dominus Johannes de Arreblayo, miles domini Francorum regis, senescallus Bellicadri et Nemausi, et Magister Hugo de Porta, procurator ejusdem domini regis in senescallia Bellicadri et Nemausi, ex una parte, ex permissione et mandato ejusdem domini regis...... prout dictum mandatum continetur in quibusdam litteris patentibus, sigillo cereo pendenti ipsius domini regis sigillatis, quarum tenor talis est : Philippus, Dei gratia Francorum rex, senescallo. .... Actum Parisius, die veneris ante festum natalis Domini, anno ejusdem M° CCC° I°.

Et religiosus frater Guido de Claromane, prior prioratus S. Saturnini, tamquam prior dicti prioratus, et de speciali mandato rev. in Christo patris domini videlicet abbatis Cluniacensis, prout dictum mandatum continetur in quibusdam litteris patentibus ipsius domini abbatis....... Datum Parisius, decima sexta kalendis januarii, anno Domini M° CCC° I°.

Necnon et auctoritate ipso priori concessa et conventui dicti prioratus S. Saturnini et assensus prout plenius continetur in quibusdam patentibus litteris sigillatis cereo pendenti sigillo, communi prioris et conventus predicti, quarum litterarum tenor talis est : noverint.... quod anno

Incarnationis Domini millesimo CCC° I°, scilicet decima kalendis novembris.....

Volentes, inquam, dicte partes per transactionem dictas questiones sopire, transigerunt et convenerunt in modum qui sequitur, videlicet quod dictus dominus prior Sancti Saturnini, mandato et autoritate quibus supra, ex causa transactionis et compositionis, associavit tibi dictum dominum regem et dictos dominum senescallum et procuratorem, recipientes nomine dicti domini regis, in omni modo, jurisdictione et mero et mixto imperio dicte ville S. Saturnini de Portu et ejus territorii et districtus ville de Carsano (1), et insularum des Yllons (2) et Cluzelli (3) et territorii de la Blacha (4), ita quod dicta jurisdictio, merum et mixtum imperium locorum predictorum et territoriorum corumdem sint communia pro indiviso, equis partibus dictis, domino regi et priori. Et omnes condempnationes et banna jura et explectamenta et obventiones ex dictis jurisdictione et mero et mixto imperio seu occasione eorum venientes, ex quocumque modo ibidem emergentes, sint communes dictis domino regi et priori, equis portionibus, hoc acto quod delictum commissum in dictis locis, ad alium locum trahi non possit puniendum quam in dicta villa S. Saturnini. Acto etiam et retento quod si contingeret familiares, servientes et domesticos dicti prioris et conventus continue servientes et commorantes cum dicto priore et conventu vel altero eorumdem, cum victu et vestitu ipsorum delinquantes infra cepta et clausuras dicti monasterii et domus de la Blacha et domus dels Yllons, correctio illorum et punitio penes dictum priorem remaneat nisi sit crimen quod penam capitalem exhigat, cujus

---

(1) Carsan, commune limitrophe de Pont-Saint-Esprit. Voyez *Notions générales sur la viguerie du Pont-Saint-Esprit*, Avignon, 1886, p. 5 et 6, 9, note 4, 12, 13, 41, 42 et 48, note 1.

(2) Quartier rural, commune de Saint-Alexandre, limitrophe de Pont-Saint-Esprit.

(3) *Ibid.*

(4) La Blache, commune de Pont-Saint-Esprit, à la limite du territoire de Carsan.

criminis capitalis correctio ad curiam communem pertineat; acto etiam quod dicto priori possit tempus competens presigi per dominum senescallum quamquidem justiciam faciat de suis familiaribus seu domesticis delinquentibus infra dictas ceptas et clausuras et domos ; quod si non fecerit curia communis correctionem habeat predictorum, et si a dicto priore contingeret appellare super correctione domesticorum suorum prima appellatio ad dominum senescallum devolvatur.

Item, fuit actum inter dictos partes quod jus quod habet dominus prior in fabris, in dicta villa Sancti Saturnini commorantibus, de ferrandis equis suis remaneat ipsi priori.

Item, quod sacramentum fidelitatis, quod prestare consueverunt homines dictorum locorum priori predicto in sua novitate, prestetur domino senescallo et priori vel eorum locatenentibus, similiter.

Item, fuit actum quod omnes decime et omnia alia jura spiritualia, qualicumque nomine censeantur, penes dictum priorem remaneant.

Item, fuit actum quod garenne, piscationes, venationes et pescheria et jura predictorum et fornagia et molendina, trezena, laudimia, quartones, tasque, quinti, garde fructuum, census, usagia, pedagia, leude, devezia seu deffense et omnia predicta, rustica et urbana, et edificia, constructa et construenda, et jura et usagia omnium predictorum pertinentium et pertinentia ab antiquo ad dictum priorem, remaneant penes predictum priorem ; jurisdictione et mero et mixto imperio remaneantibus communibus dictis domino regi et priori. Et domino regi remaneant pedagia et leude et alia jura et res quas habere consueverunt ab antiquo.

Item, fuit actum quod vicarius (1), judex et notarius curie

---

(1) Le viguier, officier de robe et d'épée, ainsi appelé dans le Midi, sans doute, parce qu'il était le vicaire ou lieutenant du sénéchal, et qu'il ne faut pas confondre dans l'administration municipale de Pont-Saint-Esprit avec le vicaire du prieur, son suppléant, un religieux bénédictin, toujours.

dictorum locorum sint communes et, communi assensu dictorum senescalli et prioris, eligantur et quamdocumque necesse fuerit remaneant. Et si dicti senescallus et prior concordare nequirent super institutione vicarii, judicis et notarii, tunc dictus senescallus, primo anno, possit instituere vicarium et judicem et, sequenti anno, dictus prior possit facere illud idem. Notarium vero unum possit ponere dictus senescallus, dicto anno discordie, et alium dictus prior, et jurent dicti officiales in manu utriusque per quemcumque fuerint instituti. Super creandis vero novis notariis dicte ville, secundum quod necesse fuerit conveniant dicti senescallus et prior, communiter eos creant, simul et non unus sine alio : salvo et retento quod dictus senescallus, ut senescallus, possit, existens in dicto loco vel alibi, creare notarios generales qui possint, ibi vel alibi in senescallia Bellicadri, suum notarii officium exercere, notariis per dictum priorem vel ejus predecessorem usque nunc creatis remanentibus. Servientes vero Bannerii et precones per vicarium communem eligantur et, si culpabiles videantur, possint ab eorum officio suspendi quousque per dictos senescallum et priorem restituantur vel removeantur et, tempore suspicionis eorum, officii alii loco eorumdem per vicarium subrogentur.

Item, fuit actum quod vicarius communis dicti loci teneatur facere preconisare, publice, ad requisitionem dicti prioris vel ejus locum tenentis, ut sibi solvantur census et usatica, quartones et quinti et alia servitia sibi debita in villa S. Saturnini vel ejus territorio, sub pena decenti apposita in dicta preconisatione curie communi apponenda. Et dicte preconisationes et alia que fient, in dicta villa, per curiam communem, fiant communi nomine dictorum domini regis et prioris, et quod dicta curia communis sit vicaria per se, et ejus officiales districtusque dictorum locorum nulli subsint vicario alii vel judici nisi solum dictis domino senescallo et priori, nisi in casibus superioritatis in quibus subsunt domino senescallo. Qui officiales si delinquerint extra officium per senescallum et priorem simul puniantur. Si vero in officio delinquerint per dictum senescallum puniantur sed emolumentum inde proveniens sit commune.

Item, fuit actum quod appellationes prime dicte curie ad judicem communem appellationum per ipsos senescallum et priorem instituendum devolvantur. Qui judex appellationum eligatur sicut de aliis officialibus est ordinatum. Item, si contingeret assensare dictam vicariam, dicta assensatio fiat per dictum senescallum et priorem et pretium sit commune.

Item, fuit actum quicquid obvenerit dicte curie per vicarium dicte curie levetur et custodiatur, bene et fideliter, donec rationem reddet domino senescallo et priori; quam rationem teneatur reddere quotiens per eos fuerit requisitus, nec possit levare partem domini regis dicte curie, sine parte dicti prioris, nec partem dicti prioris sine parte domini regis, et quod appellatio non admittatur si appellatur pro parte dicti prioris et pro parte domini regis non vel e contra.

Item, fuit actum quod si aliqua bona immobilia venirent ad dominum regem, occasione confiscationis, illa bona teneatur vendere senescallus infra annum ex quo fuerit requisitus.

Item, fuit actum quod dominus senescallus vel alii officiales domini regis non deffendant, nisi in casu licito, homines dictorum locorum contra priorem et monasterium predictum. Et quod dictus prior pro suis censibus et usagiis liquidis suos possit compellere debitores, auctoritate sua propria, ad solvendum, et si eos compellere non posset ad requisitionem prioris vel ejus locumtenentis vicarius communis ipsos debitores compellere efficaciter teneatur.

Item, quod domus communis fiat vel ematur vel conducatur, in dicta villa, ubi moretur vicarius, et vicaria teneatur et carcer fiat.

Item, fuit actum quod nundine fiant in dicta villa et incipiant in crastinum Pasche et durent, continue, per octo dies et quod leude et alie obventiones dictarum nundinarum sint communes.

Item, fuit actum quod officiales dicte curie, quandum suum officium exercebunt, non possint aliud officium domini regis nec prioris, ibi nec alibi, exercere nisi de consensu processerint dictorum senescalli et prioris. Et quod dictis vicario et judici detur salarium competens, de communi, per dictos dominum senescallum et priorem.

Item, fuit actum quod nulla possit prescriptio curere contra priorem predictum utendo, nec etiam contra dominum, regem circa predicta.

Item, fuit actum quod quilibet senescallus et judex major et prior dicti prioratus unacum priore claustrali, in ejus novitatibus, jurent et jurare teneantur, servantur omnia et singula supradicta, unus ad requisitionem alterius. Predicti vero dominus senescallus et procurator regius, predictam associationem recipientes, nomine domini regis ex causa dicte compositionis seu transactiones pro dicta associatione, assiduerunt seu assignaverunt dicto priori, recipienti pro se, et dicto prioratu, in perpetuum, videlicet triginta libras turonenses parisiorum, percipiendas, quolibet anno, per quatuor cartones, in pedagio quod percipit dominus rex in villa Sancti Saturnini ; quod pedagium si cessaret seu interiret, dicte triginta libre per senescallum, qui tunc erit, assideantur seu assignentur priori, qui tunc erit, super aliquo pedagio domini regis propinquiori seu magis congruo dicto priori. Predicta omnia et singula dicte partes servare et attendere, et contra non venire sibi ad invicem, promiserunt, salvo, in omnibus, jure alieno et salva justicia superioritatis domini regis et retenta domini regis, in omnibus, voluntate. Ita quod non factis habeatur nisi confirmatio sequeretur.

Acta fuerunt, dicta et recitata hec predicta in dicto monasterio Sancti Saturnini, in capella S. Nicholay, presentibus consulentibus domino de Rubeo-Monte, magistro portuum dicte senescallie, domino Guillermo de Lymeriis, vicario Aquarum-Mortuarum, militibus regiis, dominis Petro Johannis et Petro de Petrusio, judice Aquarum-Mortuarum, legum doctoribus, domino Bertrando (1) de Bonhonaco, advocato regio ; testibus presentibus : domino Augerio de Ponte, domino Rostagno Radulphi, judice Uze-

---

(1) Une autre copie porte : Bartholomeo.

tici, domino Reynaudo Symonis, priori Sancti Christophori, Raymundo Falconis et Jacobo de Aurilhaco, notario, et me, Guiraudo dicto de Sancto Jacobo de Canallensis, notario publico in dicta senescallia, qui hec omnia scripsi fideliter et signo meo signavi. Ad hec, nos, Johannes de Arreblayo, senescallus predictus nostrum hiis apponi fecimus in testimonium veritatis. Nos autem associationem hujusmodi et omnia alia et singula, in scriptis litteris contenta, rata habemus et grata volumus et laudamus et tenore presentium confirmamus, salvo in aliis jure nostro et jure in omnibus alieno quod, ut ratum et stabile, presentibus litteris nostrum fecimus apponi sigillum. Actum Parisius, anno Domini millesimo trecentesimo primo, mense aprilis.

(Copie informe, du XIV° siècle, en un cahier de parchemin mesurant 0ᵐ, 30 de hauteur et 0ᵐ, 20 de largeur).

CLIII — 26 août 1432.

Transaction entre les Frères du Saint-Esprit de Besançon et l'Œuvre des église, maison, pont et hôpitaux du Saint-Esprit, au sujet des quêtes à faire dans les diocèses de Tarentaise, Belley, Genève, Lausanne, Sion et Aoste. (Arch. de Besançon, fonds du St-Esprit, layette 19, V, 7). (1)

In nomine Domini, Amen. Per hoc publicum instrumentum cunctis fiat manifestum quod cum lis, questio et

---

(1) Copies, en forme, de cette même transaction et de la ratification qui lui fut donnée par le commandeur de l'hôpital du Saint-Esprit de Saxe, existent encore dans les archives du grand hôpital romain. Peut-être y a-t-il là d'autres documents relatifs aux divers différents survenus entre l'Œuvre des bords du Rhône et celle des bords du Tibre. Durant vingt-cinq années, nous n'avons pu obtenir le moindre renseignement à ce sujet. C'est le sort de bien des travailleurs bénévoles, j'en fais une nouvelle expérience, à l'heure même (13 septembre 1893) où j'écris ces lignes, les dernières, en réalité, données à la publication de ce recueil si péniblement formé

controversia verterentur et essent majoresque in posterum verti sperarentur, inter venerabilem et religiosum virum fratrem Lambeletum Vernerii, magistrum et rectorem domus et hospitalis Sancti Spiritus Bisuntini, ordinis Sancti Augustini, a domo hospitalis Sancti Spiritus, in civitate Romana per Summum Pontifficem fundati, immediate deppendentis, ex una, et dominum Petrum Pradimandi (1), presbiterum, fratrem et donatum, ac Guillermum Le Begue, notarium operis pontis et hospitalis Sancti Spiritus ville Sancti Saturnini de Portu, Uticensis dyocesis, procuratorem et nomine procuratorio rectorum, gubernatorum et administratorum ipsorum operis, pontis et hospitalis, ut dicebant, publico instrumento per Robinum Guymardi, Cenemensis dyocesis notarium, sub anno et indicione presencialiter currentibus. Et die duodecima ultima lapsi mensis junii, recepto et signato partibus, ex altera, super eo videlicet quod dictus venerabilis religiosus frater Lambeletus, magister rector dicti hospitalis Sancti Spiritus Bisuntini, dicebat et proponebat quod dictum hospitale Sancti Spiritus Bisuntini pertinere questas dyocesum Tharentasiensis, Maurianensis, Bellicensis, Gebennensis, Lausannensis, Cedunensis et Augustensis, auctoritate Summorum Pontifficum, ibi solitas fieri ad honorem Sancti Spiritus, adeo quod ipsi rectores pontis predicti Sancti Saturnini et hospitalis ejusdem questas, ad causam et sub nomine seu vocabulo Sancti Spiritus et ejus pretextu vel alias, quocumque modo, in dictis dyocesibus vel alibi nullas habent, habere vel facere possunt vel debent, apostolica vel alterius auctoritate, et licet per retro Summos Pontiffices fuisse asserantur et legantur concesse nonnulle indulgentie manus porrigentibus adjutrices ad opus dicti pontis et benefactoribus hospitalis ipsius pontis et ipsum visitantibus, interdictum tamen legitur eis questores habere et per questores ipsas indulgencias portare et denunciare. Et inde petens ipsis rectoribus et eorum nunciis dicti pontis Sancti Saturnini

---

(1) V. ci-dessus p. 404.

interdici et prohiberi questas facere sub nomine et ad honorem Sancti Spiritus vel alias quovismodo sicut facere attemptabant et de facto fecerunt sub pretextu dictarum indulgenciarum eis concessarum que ad questas faciendas non se extendunt vel concesse fuerunt. Et predicti dominus Petrus Pradimandi ac Guillermus Le Begue, predictis nominibus, contrarium asserebant et dicebant ipsos rectores modernos dicti operis pontis et hospitalis Sancti Spiritus et eorum predecessores esse et fuisse in possessione vel quasi questas faciendi et questores habendi et mictendi per dictas dyoceses ad subveniendum necessitatibus operis, pontis et hospitalis predictorum ac manutenencie eorumdem, per tanta tempora quod de contrario memoria non existit palam, publice et notorie, paciffice et quiete et sine controversia, donec a paucis temporibus citra, et de helemosinis et suffragiis eisdem fiendis habent et habuerunt litteras indulgenciarum et bullas Summorum Pontifficum plures et antiquas, quas exhibent, contra quas dictus frater Lambeletus, nomine dictarum domus et hospitalis Bisuntini, apparebat et replicabat dictas litteras indulgenciarum non se extendere ad questas extra locum pontis et ville Sancti Saturnini predicti sed in illis apparent prohibite et ipsis rectoribus interdicti in ipsis induigenciis questores.

Hinc fuit et est ex anno a nativitate Ejusdem Domini millesimo quatercentesimo trigesimo secundo, indicione decima, die vicesima sexta mensis augusti, dicte partes, quibus supra nominibus, in mei notarii publici testiumque subscriptorum presentia, personaliter constitute scientes, prudentes et spontanee tractatu, reverendissimi reverendique in Christo patrum dominorum Johannis de Bertrandis, divina providencia archiepiscopi Tharentaysiensis et principis, et Johannis de Circiis, prepositi Montisjoris, ad pacem, finem, transactionem et concordiam de et super predictis devenire volentes, transigerunt, transiguntque et conveniunt, ut sequitur.

In primis quod queste predicte in dictis dyocesibus in solidum pertineant ad dictum hospitale Sancti Spiritus Bisuntini, ita et taliter quod rectores et gubernatores dic-

-torum operis, pontis et hospitalis Sancti Spiritus, Uticensis diocesis, de cetero nullos questores mittant vel habeant mittereque vel habere possunt vel debeant in dictis diocesibus aut questas aliquas qualitercunque facere, petere vel habere, sed illas omnino dimictant et habere permictant sine concursu aliquo, turbatione vel impedimento, ipsi hospitali sancti Spiritus Bisuntini et religiosis ejusdem fiendis.

Item, quod dictus frater Lambeletus et ejus successores in dicto hospitali Sancti Spiritus Bisuntini religiosique ipsius hospitalis, ex causa presentis transactionis et in suffragium operis et manutenencie dicti pontis et hospitalis Sancti Spiritus ville Sancti Saturnini predicti, dent et solvant dareque et solvere debeant et teneantur rectoribus et gubernatoribus ipsorum operis, pontis et hospitalis, qui pro tempore fuerunt, nomine et ad opus dictorum operis, pontis et hospitalis, ex causa qua supra de et super dictis questis, videlicet in proximo festo sancti Ylarii, decima tertia mensis januarii, anno Domini millesimo quatercentesimo trigesimo tercio, a nativitate sumpto, viginti florenos, parvi ponderis, ad rationem duodecim denariorum grossorum; monete Sabaudie, pro singulo floreno, et, exinde in futurum, anno quolibet imperpetuum in dicto festo sancti Ylarii, quadraginta florenos monete Sabaudie predicte, tempore solutionum fiendarum currentis, et hoc in civitate Gebenensi, in conventu Fratrum Predicatorum ejusdem civitatis, coram priore, seu subpriore ipsius conventus, qui pro tempore fuerit.

Item, quod dictus frater Lambeletus debeat et teneatur hanc transactionem facere ratifficari per religiosos ipsius hospitalis Sancti Spiritus Bisuntini et ceteros de dicto hospitali quos tangit et concernit. Et dominus Petrus et Guillermus le Begue, procuratores predicti, per dominum senescallum Bellicadri rectoresque dictorum operis, pontis et hospitalis Sancti Spiritus ville Sancti Saturnini ac sindicos ipsius ville et ceteros ad quos poterit pertinere, infra dictum proximum festum beati Ylarii.

Item, quod dicta transactio debeat, communibus sumptibus ipsarum partium, per summum pontifficem, si ipse partes voluerint, confirmari.

CLIV. — 20 mai 1626.

Arrêt du parlement de Toulouse contre le commandeur du Saint-Esprit de Montpellier, qui élevait des prétentions sur l'administration des biens de l'Œuvre des église, maison, pont et hopitaux du Saint-Esprit. — (Doc. non classé, ch. 27.)

Entre le procureur général du Roy, suppliant et demandeur, aux fins contenus en sa requete du second du présent mois, en cassation de l'exploit d'assignation donné par devant le grand conseil, le quatorzieme du passé, aux recteurs de l'hopital de la ville du Pont S. Esprit, et lesd. recteurs adherans à lad. requeste, d'une part, et Frère Olivier de Latran de la Terrade, soy disant général de l'ordre du S. Esprit, commandeur de la commanderie de Montpellier, déffendeur à lad. requête, d'autre ; Déciron pour le procureur general du Roy... Correnson, pour lesd. recteurs, adcisté de M. Jean-Anth° Castanier, l'un des pbres et scindicq dud. hospital... Fysse pour led. de Latran de La Terrade... La cour, en délibération, ordonne que nonobstant l'incistance faitte par Fysse, il deffendra Fysse... Comme au registre, laissant droit sur la requête, a cassé et casse l'exploit d'assignation dont est question, ensemble tout ce que en conséquence s'en est ensuivy. Fait inhibitions et deffense aux parties, de, pour raison du fait duquel s'agist, se retirer ailleurs que en icelle, à peine de mil livres et autre arbitraire. Condempne la partie de Fysse aux dépens, la taxe reservée et outre en l'amende ordinaire envers le Roy ; moytié moins envers les parties, pour leur domaiges et intherets. Fait et dit à Toulouse, en parlement, le 4° jour du mois de may, mil six cent vingt-six, signé de Malenfant.

Louis... au premier nostre huissier... nous te mandons contreindre par toutes voyes, deues et raisonnables, frère Olivier de Latran de la Terrade, soy disant général de l'ordre du S. Esprit, commandeur de la commanderie de Montpellier, à payer, bailler et délivrer, incontinent et sans délay, aux recteurs de l'hospital de la ville du pont S. Esprit ou à son certain mandement, la somme de trente-sept livres dix sols neuf deniers, pour la moytié de l'amende ordinaire en laquelle led. de Latran de La Terrade a esté condempné envers lesd. recteurs de l'hospital de la ville du pont S. Esprit, par arrest judiciellement donné par nostre cour de parlement de Thoulouse, le 4ᵉ de ce mois, pour leur domaiges et intherets. Neantmoins, le constraignez aussy à payer et rembourcer auxd. recteurs la somme de quatre livres huit sols neuf den., tant pour l'expédition que seau des presentes. Mandons à tous nos justiciers... ce faisant obéir. Donné à Toulouse en nostred. parlement, le 20ᵉ jour du mois de may, l'an de grâce 1626 et de notre règne le 17ᵉ. Par arrest de la cour. Jarle, signé.

(Collationné sur l'extrait en forme, sur papier mesurant 0ᵐ, 40 de hauteur et 0ᵐ, 30 de largeur.)

CLV. — 4 août 1650.

Lettres-royaux du Parlement de Toulouse évoquant appel comme d'abus contre M. de Forest qui prétendait administrer les biens de l'Œuvre du S.-Esprit au nom de l'ordre du S.-Esprit.— (D. non classé, chap. 27).

Louis... A nos amez et feaux conseillers... Salut. De la part de M. Pierre Doize, pbre et recteur de l'hospital de nostre ville du S. Esprit, Nous a esté exposé que dans la ville il y a un hospital... sous l'administration de certains recteurs, et administrateurs, personnes layques, pendant plusieurs siècles,... Scroit arrivé qu'un nommé Jean Clubrey, soy disant archihospitalier de l'Eglise universelle et generalle, et surintendant des hospitaux de France, sous l'ordre et règle de S. Augustin et sous le nom du S. Esprit, prétendant led. hospital de nostre ville du S. Esprit, estre dépendant de luy, auroit conféré iceluy, sous le tiltre d'administration et direction de ses biens et revenus, à M. de Forestz, clerc tonsuré du diocèse de Tholose ; lequel auroit fait instance devant nostre senechal de Nimes contre l'exposant en maintenue de l'administration et direction des biens dépendans dud. hospital ; et d'autant que nous sommes deuement avertis et des suppositions et impostures dud. Aubry, pretendu général ; et qu'il y a divers decrets de prinse de corps, ordonnez par vous en nostred. cour contre luy, à raison de ses suppositions, et que le tiltre par luy accordé aud. de Forest est nul et abuzif, voudroit estre receu à ce dire et porter par devant nous pour appellant, comme d'abbus, de l'octroy et concession du tiltre fait par led. Aubry aud. de Forest, par les moyens suivants : Primo, pour estre led. tiltre contraire aux constitutions canoniques, police universelle de l'Eglise et reglement de nostre royaulme ; secundo, pour estre le tiltre accordé par une personne sans pouvoir et qui prend faussement lad. qualité de prétendu général ; tertio, que led. hospital du S. Esprit estant seculier, tant pour raison de la fondation que pour raison de son administration, ne peut estre conféré par un régulier, attendu qu'il ne peut estre de sa collation. Quarto, que si led. hospital estoit régulier il ne pourroit estre conferé sans abuz aud. de Forest qui n'est point expressement profès, ainsi qui est purement séculier ; pour lesquelles raisons, voudroit estre receu a rellever led. appel comme d'abbus, et à demander l'évocation de l'instance par lui introduitte par led. de Forest, devant nostre d. senechal de Nismes, avec inhibitions et deffenses audit de Forest de par devant le seneschal rien poursuivre, faire ny attempter, à peine de nullité, cassation et autre arbitraire. Et, en outre, à demander la maintenue de la direction et administration dud. hospital en la forme qu'a esté, cy devant, de tout temps, pratiqué. Pour ce est-il que s'il vous appert de ce dessus ou autrement, tant que suffira doive, vous mandons que vous ayez à recevoir led. exposant en son appel comme d'abbus et à prendre toutes conclusions admissibles ; vous mandons administrer bonne et briève justice ; si commandons au premier notre huissier... Donné à Toulouze le IIII° jour du mois d'août, l'an de grâce 1650 et de nostre règne le 8°. Par le conseil, de Capelé, signé.

(Expédition originale sur parchemin mesurant 0ᵐ,17 de hauteur et 0ᵐ,49 de largeur).

CLVI. — 16 juin 1651

Arrêt du Parlement de Toulouse contre les prêtres de l'Oratoire prétendant au service de l'Eglise du Saint-Esprit, à l'exclusion des prêtres blancs. — *(N° 2, chapitre 27).*

Louis par la grace de Dieu..... scavoir faisons que sur le plaidoyer..... en nostre cour de parlement de Toloze, ce jourdhuy.... entre le scindic des pbres blancs, agrégés aux esglises, maisons, pont et hopitaux de la ville du Saint-Esprit empetrant noz lettres du 11 décembre 1649, pour estre reçeu oposant envers l'arrest de nostre dicte cour poursuivy par le scindic des pbres de l'Oratoire, le 30 juillet 1649, contenant registre de noz lettres patentes obtenues par lesd. pbres de l'Oratoire, des années 1627 et 1648, comme aussy estre receu à demander la cassation des prétendues deliberations et contract de transaction consenty par les consuls de ladite ville du Sainct-Esprit, en faveur desd. pretres de l'Oratoire, et ensemble des deliberations prinses au bureau des recteurs et officiers des dictes esglise, maison, pont et hospitaux et de tous autres actes à eux préjudiciables..; et les recteurs desd. esglises,.. supplians par requeste du 17 de ce mois, pour estre receu à reprendre la poursuite de l'instance d'opposition, par eux cy devant formée, à l'enregistrement de nosdictes pattantes et adherant à l'opposition dudict scindic des pbres blancs... estre receu aussy de leurs chefs à demander la cassation et declaration de nullité de toutes les pretendues deliberations, declarations, contracts et consentement donnez en faveur desd. pbres de l'Oratoire, comme le tout ayant esté extorqué deux et des habitants de lad. ville par induction, force, violance et mauvais traictement ; que sans avoir esgard, il soit dict droit sur lad. opposition ainsy qu'il appartiendra, et ce faisant que les rentes et revenus desd. hospitaux seront régis et administrés en la forme accoustumée et autres fins des dictes lettres et requeste, d'une part ; et le dict sindic des pbres de l'Oratoire, desfandeur d'autre. Ferrier avec Gourdes pour led. scindic des pbres blancs, assisté de Mrs Doize et Bellin, deux d'iceux, a dict que led. scindic est impetrant nos lettres en opposition envers l'arrest de nostre dicte cour du 30ᵉ juillet 1649, qui porte registré envers des pbres de la congrégation de l'Oratoire, de certaines lettres par eux obtenues de feu roy, nostre très honoré seig^r et père, que Dieu absolve, au mois de juin 1627, et de nous, en l'année 1748, qui portent le don que nous leur avons faict des maison, esglise, pont et hospitaux du Pont-S.-Esprit, en qualité de leur patron et de leur fondateur ; et encore le mesme scindic est impetrant en cassation des deliberations prinses tant dans l'hostel de ville dudict Saint-Esprit, le 25 novembre 1648 et 24ᵉ novembre 1649, que de la deliberation du Bureau dud. hospital, dud. jour, 24ᵉ novembre, et de la transaction passée avec la ville et communauté du S.-Esprit, le même jour. Pour la civillité desquelles lettres, il a dict qu'en une autre occasion led. scindic trouveroit une matiere d'honneur et de gloire dans cest illustre tiltre et cette auguste protection a laquelle il semble que nous nous engagions par la qualité que nous prenons de patron et de fondateur, mais comme cest advantage leur est un piege ambitieux et une offre incidieuse, ils sont obligés de refuser cette esclatante qualitté, soubz laquelle on medite leur ruyne, et de lui préférer la véritable origine de leur fondation...... Dieu donna une telle benediction à son ouvrage que le pont... ne princt pas le nom de la ville mais bien du Sainct-Esprit, dans lequel, comme plus auguste, la ville voisine vint à perdre le sien ; au bout dudit pont, on bastit deux maisons : l'une estoit pour la retraicte des ouvriers et des massons, qui après l'achevement de l'ouvrage fut changée en un hospital pour les enfants exposés, et l'autre servit d'abord d'hospital aux voyageurs et aux malades ; et pour leur consolation spirituelle il y eust une petite chapelle qui fut premierement servie par deux pbres amobiles et destituables. Les miracles dont il pleust à Dieu d'honorer cette petite chapelle attira le concours des peuples; les hospitaux se remplirent des infirmes qui venaient chercher leur santé, et la chapelle, des offrandes et des dévotes recognoissances de ceux qui l'avaient recouverte ; c'est ce que les actes authentiques de cette maison esnoncent..... que les revenus de ces hospitaux ont beaucoup augmenté et que par succession le nombre des pbres servants a esté augmenté jusques à dix, qui sont deuement perpétuels et qui ont esté les principaux bienfacteurs de la maison, car, encore que par arrest de la cour du 13 septembre 1535, ils eussent esté maintenu en la faculté de dispozer librement de leurs biens propres que acquiez, il y en a eu peu qui se soyt servis de ceste liberté, puisque la plus part ont laissé leurs biens à l'hospital et, qu'entre autre, un d'entre eux nommé M. B^d Cisteron a laissé pour près de cinq cens cesterées de terres dans le meilheur fonds ; les pbres néanmoins ne sont pas les ministres de ces maisons, elles sont gouvernées par un Bureau composé de dix personnes qui sont notre viguier, le sieur prieur, quatre recteurs, dont les trois sont laiques et l'autre du nombre des pbres blancs, d'un des consuls de la ville, du receveur du droit du petit blanc, du contrerolleur et du substitut de notre procureur général ; les biens possédés par ces hospitaux leur ont faict des envieux, les pbres de l'Oratoire, en l'an 1627, s'en firent faire don par le feu roy ; mais parce qu'il y eut de la résistance dans leur établissement, le 30 .... 1628, il y eust délibération de s'y opposer et qu'en effect la délibération fut faicte le 27 suivant; lesd. pbres demeurèrent dans le scilence jusques en l'année 1648, qu'ils ont renouvelé leurs poursuites, et ayant obtenu de nouvelles lettres de nous, ils ont, par intimidation et par violence, arraché le consentement des habitants, et, ensuite, obtenu arrest de registre, le 30° juillet 1649, sans autre partie que nostre procureur général, et pour ce que la ville et le Bureau de l'hospital avoient formé deux oppositions à ce nouvel establissement, elles sont désavouées par deux délibérations, l'une de la ville et l'autre du Bureau, du 24 novembre 1649, suivi d'une transaction du mesme jour, par laquelle la ville consent à l'establissement des pbres de l'Oratoire, à la charge qu'ils ouvriront un collège pour l'instruction de la jeunesse et qu'on leur donnera l'hospital des enfants exposés et le revenu du petit blanc, qui servira à leur bastiment, moyennant quoy la ville se depart de la nomination qu'elle dict avoir desd. pbres blancs..... Il est vray que comme ces délibérations avoient esté arrachées par force....... les directeurs du Bureau ont rappelé leur consentement et le scindic desd. pbres a impetré noz lettres non seulement en opposition envers l'arrest du registre, mais encore en cassation, tant des délibérations susdictes que de la transaction qui est ce qui pend à payer présentement.

Pour ce qui concerne l'opposition au registre, il y a trois moyens, l'un est que le dit scindic ny est ny nommé, ny n'a jamais esté appelé, et néanmoins son intervention étoit necessaire puisqu'il s'agissoit d'ordonner la suppression de leurs places et d'éteindre entièrement le nom et la profession des pbres de la robbe blanche, dont l'institution est quazi aussi ancienne que celle des hôpitaux, qu'ils ont augmenté par leurs dons et enrichis par leurs économies et dans lesquels ils ont servi J.-C. à l'autel, dans la célébration des divins offices et dans ses membres qui sont les infirmes et les malades; pour un second, les lettres obtenues de nous sont obreptices et montrent manifestement que l'on a surpris notre religion en ce quoy nous fait prendre le titre de fondateur pour lequel n'avons aucun titre ny possession car il résulte clairement par tous les actes du procès que l'ouvrage de ces hopitaux n'appartient point aux hommes, le ciel........ n'a pas voulu que les mains puissantes de Roys y ayent contribué et pour rendre l'œuvre entièrement sienne, il n'a voulu que l'ayde des pauvres et le secours des aumônes ; cella se justifie par deux concessions données aux hospitaux par Philippe-le-Bel..... (qui) ne prend jamais le titre ambitieux de patron. Il est vray que d'aucune procédure faicte par led. Sr de Plazian..... il est dit que le roy et le prieur auront le patronat de cet hopital, mais l'acte ajoute : ce n'est pas par aucun droit spirituel mais seulement comme seigneurs temporels, qui n'est autre chose que la tuission et la deffance que nous donnons à l'église dans nos Etats, laquelle étant dans la republique et en ce faisant une illustre partie repose doucement soubz la protection du chef de l'Empire, qui est l'ancienne main................. royalle dont il est parlé dans les anciens autheurs ; aussy, pour avoir le droit de patronat, il faudroit que nous fussions ou le fondateur ou les dottateurs des hopitaux et il n'y en a aucune apparence ny vestige ; il est vray qu'il y a un obit de cent livres de rente, que nos anciens roys lui ont donné à la charge de celebrer, tous les jours, une messe, chantée en note, pour notre prospérité, et une autre fondation de trente livres de rente, faicte par le roy Reyné de Sicille, pour la célébration d'une messe basse, tous les jours de l'année. Mais ces libéralités ont leur charge et sont si modiques qu'elles ne méritent pas le droit de patronat, il y en a un autre plus considérable, c'est que nous avons donné le revenant bon de l'imposition de cinq deniers, mis sur chaque minot de sel qui passe soubz le pont ; mais comme ce droit n'est pas perpétuel, parce qu'il faut le renouveller de neuf en neuf ans, qu'il n'est pas certain parce qu'il n'est que sur le revenant bon après que les réparations des ponts, ports, chaussées et passages sont faits, qui peuvent entièrement absorber et qu'il est plutôt pour l'entretenement du pont que des eglise et hopitaux, lesquels étant à Dieu par leur consécration estoient incapables d'être soumis à aucun droit de patronat, il s'ensuit que nous n'en pouvons estre dit patron et qu'on ne peut induire autre chose de ce bienfait si ce n'est que nous n'avons pas demeuré inutiles spectateurs des libéralités des peuples, que nous avons voulu porter notre présant à l'autel, à cette maison, sans prétendre de l'asservir. Pour une troizième, comme nous n'avons peu donner ces maisons aux pbres de l'Oratoire, aussy ils n'ont peu les accepter parce que l'esprit de leur institution de leur congrégation y réziste et que n'estant point destinés à servir les hopitaux, il faut qu'ils changent l'estat de ces maisons en celluy de leurs instituts ; les religions et les congrégations qui font une sainte variété dans la robbe sacrée de l'épouse, ont chacune leur caractère, toutes sont saintes ; mais chacune a son office à part dans la maison de Dieu. L'Eglise est cette belle tour de l'Ecriture d'où pendent les armes des forts et des robustes ; il y a mille boucliers qui leur appartiennent dont chacun a sa devise, aucun ne prend celle d'un autre pour ne combattre point sous des armes empruntées. Ces hospitaliers sont opposés aux pbres de l'Oratoire, les maisons de ceux-ci sont les montagnes de la ville de Silo, où il ne se parle que de parfums et de sacrifice. Les hospitaliers s'appliquent à Jésus-Christ dans la forme d'un esclave et dans l'Etat de son infirmité ; et les pbres de l'Oratoire le regardent dans l'état glorieux de sa royauté, dans l'éclat de sa majesté et dans l'exercice de son royal sacerdoce, les appliquer aux hôpitaux c'est en faire d'autres hommes. L'offre qu'ils font d'un collège ne peut venir à aucune considération, estant inutile, puisque aux environs de la ville du S. Esprit il y a huit collèges fameux, et il semble que l'érection d'un nouveau collège seroit plutôt nuizible que profitable, la multitude effrenée des collèges fait peu de sçavans et beaucoup d'oizeux ; ces gens qui se poinent pour ne rien faire et qui passent toute leur vie dans une oiziveté empressée, sont à charge à la république ; les boutiques perdent leurs artisans, les métiers se dépeuplent et des étudiants il s'en fait des débauchéz. Pour ce qui concerne les délibérations tant de la ville que du Bureau de l'hôpital, elles sentent leur contrainte....... parce que chacun d'eux conclud en disant que c'est pour obéir au commandement absolu que leur a été fait... Reste, pour un dernier, la cassation de la transaction du 4 novembre 1649, qui est inévitable : 1° parce que les consuls donnent par icelle aux pbres de l'Oratoire un droit de nomination des pbres blancs en cas de vaccation qu'il ne leur appartient pas, parce que en cas de vaccation les pbres blancs en font la nomination et la présentent au Bureau, suivant et conformément à l'arrêt de 1535 ; 2° par la transaction, les consuls divertissent les revenus du Petit-blanc de son emploi et de sa destination pour l'appliquer au bâtiment du collège et de l'entretenement desd. pbres de l'Oratoire ; 3° parce qu'ils suppriment l'hopital des enfants exposés pour le donner aux pbres de l'Oratoire, et par ce moyen ils privent ces pauvres innocents d'un azile que la Providence divine leur a donné, depuis quatre siècles, et otent la vie à des créatures, qui n'ont point failly et qui naissent plus misérables que le reste des hommes en ce qu'elles n'ont père ny mère, que pour les abandonner aux outrages de la fortune.

Partant, a conclud que nostre dite cour, disant droit sur ces lettres, les doit recevoir bien exposans envers l'arrêt du 30 juillet 1649, et sans avoir esgard à icelluy ny aux délibérations des 25 novembre 1648 et 24 novembre 1649, ny transactions du 24 novembre 1649, doit maintenir lesd. pbres blancs en la possession et jouyssance de leurs places et services qu'ils ont accoustumé de rendre dans ladite esglise, maison, pont et hopitaux, avec inhibition et deffance, tant auxd. pbres de l'Oratoire que tous autres, de leur donner aucun trouble ny empechement, à peine de 4.000 livres d'amande, les dépens, dommages et intherest. Merle, pour lesd. recteurs desd. esglise, maison, pont et hopitaux du S.-Esprit, en vertu de la procuration à luy faite par ses parties, adhère aux conclusions prises par M. Ferrier, avocat desd. pbres blancs, et conclud à l'enterrinement des requettes et lettres impétrées par ces parties en tous leurs chefs aux dépans Correnson, pour le scindic des pbres de l'Oratoire, obtempérant à l'injonction à lui faicte par l'arrêt de notre dite cour du dernier jour, deffend pertinemment auxdites lettres et supplie notre dite cour que le registre reste chargé des dires et protestations par luy cy-devant faictes. Demarmiesse, pour notre procureur général, a dit qu'il eut été à désirer que le sindic des pbres de l'Oratoire, suivant l'arrêt qui fut donné le dernier jour, luy eut remis et communiqué de plus amples titres s'il en avoit aucun pour soutenir nos droits et la qualité, que nous avons prises en nos lettres patentes, de patron et fondateur de la maison de notre ville du S. Esprit, afin qu'il eut pu deffandre plus efficacement nos intherest ainsy qu'il y est obligé par le devoir de sa charge ; mais puisque led. syndic n'a pas tenu compte d'obéissance audit arrêt et que notre cour, après une si longue poursuitte, comme est celle de la plaidoirie de cette cause qui traine depuis un an et davantage, trouve juste qu'elle soit en bien terminée, il déduira sommairement ce qui résulte des actes et tiltres qu'il a eu en main, et pour cet effet notre ditte cour observera qu'en l'année 1627, le feu roy, notre très honoré seigneur et père, octroya ses lettres patentes aux pbres de l'Oratoire du S. Esprit, dans lesquelles il est narré que les roys, nos prédécesseurs, ayant fondé une maison et deux hôpitaux aux deux bouts du pont de lad. ville de S. Esprit (1) et institué des pbres pour les servir, il auroit été informé que cette fondation était mal servie et entretenue par les dezordres des guerres advenues en notre royaume ; c'est pourquoy, voulant prendre soin des fondations royalles et empêcher un plus grand désordre, il veut et ordonne que les pbres de l'Oratoire soient établis auxd. églises, maisons et hôpitaux, et que vaccation avenant des places des pbres blancs, elles soient remplies des pères de l'Oratoire, à la nomination du général..... Mais le principal raisonnement est tiré de ce qu'on soutient que nous sommes les patron et fondateur de ces maison pont et hôpitaux .... Il est dit, en ce même acte (*Ordonnance de Plazian*), qu'il y aura deux pbres pour le service de l'église, annuels et mercenaires, dont l'un sera présenté par le prieur et l'autre par les recteurs. Les autres actes et circonstances pour le soutien de notre droit sont les donnations et libéralités faittes par les roys, nos prédécesseurs, à ces hôpitaux ; le même roy Philippe-le-Bel, par ses lettres-patentes des années 1307, 1308 et 1309, non seulement leur a permis les quettes, qui leur ont donné de quoy se dotter plus amplement, mais encore

---

(1) La maison et les deux hôpitaux étaient à la même extrémité du pont, sur la rive droite du Rhône.

il leur a donné une rente annuelle de cent livres, à condition de dire des messes pour notre prospérité..... encore de plus grandes libéralités de nous et de nos prédécesseurs qui sont suffisantes pour établir notre qualité de patron et fondateur desd. hopitaux. Au contraire, il est dit et remontré par les pbres blancs que l'origine de leur établissement est si ancienne et leur zelle pour cet hopital a si bien réussi, dans la suitte, que cela les doit rendre inconvolable et les affermir dans la possession d'une eglise et des hopitaux, qu'ils servent de tout temps et qu'ils ont enrichis des biens qu'ils y ont porté. Et pour leur origine, ils présuposent qu'un moyne de l'ordre de Cluny, prieur de lad. ville, qui étoit un sainct personnage, eut envie de batir et construire un pont sur la rivière du Rhône, que cette entreprise étoit jugée ridicule par les prudents du siècle, qui estimoient la chose impossible à cause des courants dangereux qui sont en cet endroit du Rhône, que néantmoins Dieu, bénissant son œuvre, le fit commencer heureusement ; que ce travail fut interrompu, l'espace de trante années; après, repris et finalement conduit à sa perfection; et un oratoire bati et édifié, en ce pont que les dévots ont fréquenté, des biens, rentes, revenus... tout cella n'est que tradition, en foy, jusques à Philippe le Bel... Il est encore représenté, de la part desd. pbres blancs, que nous ne sommes pas jus-patron et qu'il faut faire différence du patronat d'avec ce qu'on appelle jus ou droit de patronat, car le mot de patronat, qui est en l'acte de 1311, est un mot de descense, de sauvegarde et de protection seulement et non pas de jus-patronat, contenant droit de nomination que nous n'avions jamais eu ; qu'ils reconnaissent bien que nous pouvons tout sur l'église, sur l'hopital et sur leurs places, par droit de puissance d'empire et d'authorité royalle, mais non par droit de patronat ; et pour ce qui est des dons et libéralités que nous et nos predecesseurs y avons faictz, ils disent que celle du roy Philippe-le-Bel, de cent livres de rente, est à la charge de dire des messes, tous les jours de l'année, et qu'ainsy cela ne l'a pas rendu fondateur, pas plus que......... De plus, les pbres blancs disent qu'ils se peuvent dire fondateurs, eux-mêmes, dud.

hopital, par le moyen des biens qu'ils y ont donné ; et il faut avouer qu'il résulte d'un grand nombre d'actes par eux remis, qu'ils ont apporté, de leur chef, grande quantité de biens à cette maison, outre ceux qu'ils y avoient acquis par leurs quettes et aumônes..... et voilà les raisons qui peuvent être apportées de part et d'autre.........
Les recteurs reprennent, aujourd'huy, l'opposition qu'ils avoient formée à cet établissement, dès les premières patantes, et demandent la confirmation des pbres blancs, ne pouvant souffrir qu'ils soient effacés de la sorte, que les quettes soient abolies et la mémoire, supprimée, de ceux qui ont donné.... leurs personnes.... au S. Esprit dont ils ont porté la figure sur leurs robbes, en quettant par toute la chretienté, suivant les anciennes permissions qu'ils en ont de nos predecesseurs, roys, et des papes.....

Notre ditte cour..... a déclaré et déclare les parties de Ferrier bien faire à opposer envers l'arrêt d'authorisation et requête dont est question, et sans y avoir égard aux lettres, ny aux délibération et transaction sur ce faittes, qu'elle, a cassé et casse, a maintenu et maintient les pbres blancs en l'exercice et administration des église, maison, pont et hopitaux du S. Esprit ; ordonne, néanmoins, notre dite cour que le service y sera fait et que les revenus seront gerez et administrez en la forme accoustumée. Faisant inhibitions et deffances, tant auxd. pbres de l'Oratoire qu'à tous autres, de leur donner, à ce, aucun trouble ny empêchement, à peine de 4.000 livres d'amende et autre arbitraire, sans dépens..... Donné à Toulouse, en notre dit parlement, le 26 juin, l'an de grace 1651, et de notre règne, le 9e. Par arrêt de la cour, de St-Laget. Collationné, Lacombe. Scellé, le 15 juillet 1651.

(Expédition originale sur 26 feuillets de parchemin mesurant 0^m,31 de haut et 0^m,25 de large).

CLVII. — 1683.

Arrêt de la Chambre royale, en faveur des recteurs de l'Œuvre du Saint-Esprit, contre le procureur des chevaliers de Notre-Dame du Montcarmel, de l'Ordre de Saint-Lazare. — (Doc. non coté, chap. 27).

Veu par la chambre la requête présentée par les recteurs des pont, maison et hospital de la ville du Pont-S.-Esprit, en Languedoc, contenant que encore que led. hospital ne soit point de fondation royale, mais a esté fondé, basty et establi par les habitants de lad. ville, comme il résulte des patentes de Philippe-le-Bel, du 25 février 1309,............... .... les S^{rs} grand vicaire, commandeur et chevalier de l'ordre de N.-D. du Montcarmel et de S. Lazare de Jérusalem, ont fait assigner les consuls de lad. ville du S. Esprit, par exploit du 13 avril 1680, par devant le Sr Leblanc de la Rouvière, subdélégué de la chambre à Nismes, pour estre condamnés à remettre, au greffe de la subdélégation, tous les tiltres en vertu desquels, dit le texte, ils se sont immissez en la jouyssance dud. hospital et des revenus d'icelluy, et rendre compte de l'administration qui en a esté faicte despuis 29 ans ; lequel Sr Leblanc ayant ordonné par jugement préparatoire, du 8 août aud. an, que Toussaint Plagnol, en qualité de recteur dud. hospital, prenant le fait et cause des consuls, rapporteroit l'acte de fondation et les comptes de l'administration, despuis 29 ans, pour ce fait estre ordonné qu'il appartiendroit ; les suppliants, introduite cause, ont prouvé les faits allégués cy-dessus, après lesquels il falloit les renvoyer ; mais M. Joseph de Labaume, prétendu subdélégué en la place dudit Sr Leblanc, a ordonné, par autre jugement du 2 juin 1683, que les suppliants appoincteront les comptes, quoy qu'ils y eussent satisfaits, une bulle de Nicolas 5e et d'autres pièces........ Comme le second interlocutoire est un desny de justice, les suppliants y ont interjetté appel, en la Chambre, par acte signifié le 24 juillet. Au préjudice duquel appel relevé par commission du 10 septembre, signifié le 25 dud. moys, le dit de Labaume a rendu sentence définitive datée du 17 septembre, par laquelle, faisant plus qu'il n'a esté demandé, il a remis led. hospital et les biens qui en dépendent, auxd. Ordres de N.-D. du Montcarmel et de S. Lazare de Jérusalem ; ordonne que dans quinzaine les suppliants remettront les tiltres au greffe de la commission, à la charge par l'Ordre de faire dire les services ordinaires ; avec dépens, et la sentence exécutée nonobstant opposition ou appellation ; ce qui ne peut subsister, car, 1° la sentence estant définitive l'appel en est suspensif ; 2° il a plus esté adjugé qu'il n'a esté demandé ; 3° on ne peut donner la provision contre les tiltres et la possession de plus de trois cents ans, des suppliants ; 4° il n'appartient pas à un subdélégué de prononcer par réunion ; et, en 5ᵉ lieu, de réunir led. hospital auxd. Ordres, sous prétexte de ce que l'Ordre du S. Esprit de Montpellier y a esté réuny, puisque ledit hospital n'a jamais dépendu dud. Ordre du S. Esprit de Montpellier ny d'aucun Ordre et qu'il a esté basty, exercé et gouverné, depuis trois ou quatre cents ans, comme il vient d'estre expliqué. Mesme que les prebres qui y font le service divin sont séculiers, succèdent à leurs parents, comme il résulte de lad. transaction, fol. 5, recto, et sont sujets à l'ordinaire, comme il résulte des trois ordonnances de 1546, 1669 et 1679.

A ces causes, requeroient lesd. suppliants, à la chambre, les recevoir appellants..... Veu aussi copie, signifiée auxd. administrateurs, de lad. sentence rendue par led. subdélégué........ par laquelle, entre autres, il a réuny led. hospital aud. Ordre, ordonné que dans quinzaine lesd. administrateurs rendront les tiltres... En suite de laquelle coppie est exploit de commandement... Ouy le rapport du Sʳ Milon, conseiller de S. M. en son grand conseil, à ce député, et tout considéré. La Chambre, ayant esgard à lad. requeste, a receu et reçoit les suppliants, appelants et adherans à leurs premières appellations de la sentence rendue par le subdélégué d'icelle et de tout ce qui s'en est ensuivy ; les tiens pour bien relevés, leur permet de faire inthymer qui bon leur semblera, sur led. appel, sur lequel les partyes procèderont en la Chambre en la manière accoustumé. Et cependant fait déffense auxd. de l'Ordre et à tous autres de mettre lad. sentence à exécution et de faire poursuites, ailheurs qu'en la Chambre, pour le fait en question, à peine de nullité..... Fait en la Chambre royale, scéante à l'Arsenal, à Paris, le 12 janvier 1684.

(*Copie informe sur papier mesurant 0ᵐ,24 de hauteur et 0ᵐ,15 de hauteur*).

CLVIII. — 20 juillet 1693.

Brevet de nomination à la commanderie : le Pont-Saint-Esprit, délivré à J.-L. Girardin de Vanuré, par le sous-vicaire de l'archihospitalité du S.-Esprit de Montpellier. — (Doc. non classé, chap. 27).

Nous, Charles Huë, des anciens barons de Courson en Auxerrois, chevallier commandeur de St-Pourcain en Auvergne, souvicaire géneral de la noblesse, milice, religion et archihospitalité de l'Ordre ancien, militaire, du St-Esprit de Montpellier, salut. Savoir faisons à tous qu'il appartiendra, qu'ayant retenu et fait choix de Mʳᵉ Jean-Louis Girardin, chevalier, seigneur de Vanuré, conseiller du roy en ses conseils, intendant général de la marine de Levant, des armées navalles de Sa Majesté et des fortifications de Provence et conté de Nice, pour un des chevaliers de justice dud. Ordre et milice, et nous ayant de rechef justiffié de sa haute extraction et de ses services, par plusieurs actes authentiques et incontestables, comme aussi de son zelle pour la gloire de Dieu, des pauvres, et de son inclination de continuer de servir Sa Majesté en ses armées, non seulement dans ses charges, dignités et emplois dans le régiment dud. Ordre, agréé par Sad. Majesté, mais encore partout où il plaira au Roy l'honorer de ses ordres ; et en conséquence du serment, qu'il a presté en nos mains, et de l'acceptation estant au dos des lettres de chevalier de justice dud. Ordre et milice par nous accordées, expédiées et à luy délivrées, le vingt^e may mil-six-cent-quatre-vingt-treize, il nous a requis et suplié de le vouloir nommer à la commenderie du St-Esprit, de la ville dite le Pont-St-Esprit, size sur le Rosne, avec toutes ses annexes, circonstances et dépendances, maisons et hospital ; mettant en considération l'intérêt dud. Ordre, les raisons cy-dessus et plusieurs bonnes et grandes qualittés et autres justes et bonnes considérations soutenues du méritte personnel et des actions illustres dud. S^r chevalier. Après avoir mis en délibération tous les motifs présans, nous avons, comme l'un des chevaliers dud. Ordre et milice, nommé et nommons, par ces présentes, led. chevalier de Vanuré, et ce, sous le bon plaisir du Roy et du futur seigneur général grand maistre, à lad. commanderie dite le Pont-St-Esprit, sur le Rosne, dépendente dud. Ordre, au diocèse d'Uzès. Tout ainssi et de la manière qu'il est plus au long mentionnée cy dessus, pour jouir non seulement du contenu en sesd. provisions de chevalier de justice dud. Ordre et milice, mais aussi des biens, droits honorifiques et privilèges deubs et annexés à lad. commenderie, dont les contestations, pour les biens qui en dépendent, sont attribuées à nos seigneurs du Grand Conseil, juges naturels et souverains, concernant tout ce qui regarde led. Ordre, la milice et les chevaliers d'icelluy. En conformité de quoy, avons, aud. de Vanuré, accordé lad. commanderie ci dessus, pour en prendre possession du jour des présentes ou quand bon lui semblera ; et afin que foy soit adjoustée à cesd. présentes, par qu'il appartiendra de connaitre, les avons signées de nostre main et scellées de nos armes et dud. Ordre, et fait contresigner par un des anciens chevaliers et secrétaires dud. Ordre et milice. Faict, en nostre hostel, à Paris, le vingtiesme juillet, mil-six-cent-quatre-vingt et treize. — Huc, soubs-grand-vicaire des hôpitaux du St-Esprit. — Par commandement de Monsieur le soubs vicaire général et milice du St-Esprit, le chevalier de Geneville.

(*Expédition originale sur feuille de 16 den., de la généralité de Montpellier, mesurant 0,25 de hauteur et 0^m,18 de largeur*).

CLIX. — 19 janvier 1697.

Lettre de Mgr Poncet de la Rivière qui met fin aux prétentions du seigneur de Vanuré. — (Liasse non cotée, chap. 27).

A Montpellier, ce 19 janv. 1697.

Votre seconde lettre, Monsieur, m'a fait différer de répondre à la première, et à informer Mr de Baville des procédures du Sr de Molard, sur la prise de possession des revenus de vostre hopital ; d'autant qu'il m'a paru que mes diligences auroient esté inutiles, puisque, sans en faire aucune, le Sr de Molard a reconnu n'y avoir aucun droit. S'il se passoit quelque autre circonstance, vous m'en donneriez avis.

S'il se faict quelque changement à votre église concernant les fortifications, vous en dresserez un procès-verbal où toutes les circonstances seront remarquées au juste et dans la vérité pour que je reconnoisse si l'interest de l'église se trouve lezé. Cependant, Monsieur, soyez persuadé que je suis véritablement dans les votres. (Signé) Michel, evesque, comte d'Uzès.

— Depuis ma lettre écrite, j'ay receu le procès verbal, que M. du Molard a faict de l'estat de l'hopital du S. Esprit, avec la réponse de M. de Vannuray, par laquelle il me marque qu'il ne prétend rien aud. hospital, n'ayant jamais eu intention de se prévaloir des revenus destinés pour l'entretien des pauvres ; je garderoy la lettre et le verbal pour que l'un et l'autre vous serve en temps et lieu.

A M^r, Mr Brancassy, recteur des prestres blancs, au St-Esprit.

(*Original sur feuille double de papier, mesurant 0^m, 22 de hauteur et 0^m, 17 de largeur ; cachet de cire rouge au dos*).

CLX. — 17 mars 1718.

Arrêt du grand Conseil qui déboute François Chamba, de la prétention élevée par lui, au nom de l'Ordre du Saint-Esprit, de s'approprier les biens de l'Œuvre des église, maison, pont et hôpitaux. — (N° 5, chap. 27).

Louis...... comme par arrest, ce jourd'huy donné en nostre grand Conseil, entre nostre bien amé frère François Chamba, chanoine régulier de St-Augustin, demandeur aux fins de la commission de nostre d. conseil, du 8 juillet 1716, et exploit fait et consigné le 28 dud. moys, controlé au S. Esprit, le 27 juillet 1716, avec un arrêt rendu entre lui et frère Michel de France de Vandeuil, le 3 dud. moys..... sans avoir esgard à l'opposition par eux formé par acte du 16 juin 1716, le demandeur soit maintenu et gardé en la possession et jouissance de la maison conventuelle, hospitalière, de la ville du S. Esprit, pour y entretenir l'hospitalité et y rétablir la conventualité qui s'y trouve entièrement détruite ; que deffense soit faite aux défendeurs et à tout autre de l'y troubler ; qu'ils soient condamnés à luy rendre et restituer les fruits de lad. maison hospitalière du S. Esprit, du jour de leur usurpation... Et les Srs Plantin, Valérian, de Gorce et Bruguier, recteurs modernes des église, maison, pont et hôpitaux de la ville du S. Esprit, deffendeurs d'autre. Et entre les maires, consuls et habitants de la ville du S. Esprit, receus partis intervenants, demande et requête par eux présentée..... le 3 mai 1717,... il leur soit donné acte de ce qu'ils se joignent et adhèrent aux conclusions présentées par les recteurs modernes..... Veu...................................... production dud. frère Chamba, coppie collationnée d'une provision donnée à Frère Jh de Crouille par Fr. Jean Monnet, du jour de Ste-Elisabeth, de l'année 1279; autre coppie, collationnée sur une autre coppie, d'une donnation faite aux religieux de la maison hospitalière de la ville du Pont-S.-Esprit, par le nomé Pierre Pradier, du 24 juin 1625. Extrait collationné et signé du pouillé général de l'ordre du S. Esprit, lad. collation du 6 avril 1717. Coppie signée Brunet, des arrets de nostred. cour sur requête, par le gouverneur du S. Esprit de Montpellier, du 22 fév. 1717,..... lettres de tonsure du Fr. Chamba......, acte de prise d'habit....., acte de profession....... Provision donnée au Fr. Chamba par F. Michel de France, de Vandeuil, de la maison dont il s'agit, du six avril 1716, au pied de l'insinuation. Procès-verbal de prise de possession, par led. Chamba, du 12 juin 1716.......... — Production desd. recteurs....... Iceluy nostre dit grand conseil faisant droit sur le tout, a débouté et deboutte led. Frère François Chamba, desd. demandes...., met hors de cour, condamne led. Frère Chamba aux dépens envers toutes les parties.

Donné en nostre conseil, à Paris, le 17 mars, l'an de grâce 1718 et de nostre règne le 5e.

(*Expédition originale sur douze doubles feuilles de parchemin mesurant 0m, 35 de hauteur et 0m, 25 de largeur*).

FIN DU CARTULAIRE.

ESSAI[1] D'UNE LISTE

DES

RECTEURS DE L'ŒUVRE

des Maison, Église, Pont et Hôpitaux du Saint-Esprit,

*d'après les documents conservés aux archives
de l'hôpital Saint-Louis.*

1265 *Guillaume Artaud, Clair Tharan,* J^{ques} *Beringuier, Pons de Gaujac* (2), Raymond de Piolenc, Guillaume André, Raymond des Molins, Laurent du Port.
1266 Rostaing Bidon, Guillaume Garnier, Bertrand Milon (3).
1270 Garnier Chanabacier, Guill^e de Piolenc.
1275 Rostaing Bidon, Bertrand Milon, Girard de Piolenc.
1277 Raymond Ozil, Jean Borgon.
1279 Girard de Piolenc, Guil^e Artaud, Jean Clair.
1280 Bernard Donadieu, Guill^e Bonnet.
1281 Rostaing Bidon, Guill^e Garnier, Bertrand Milon.
1290 Guill^e Artaud, Jⁿ Clair.
1291 Bernard Donadieu, Bozon de la Tour, Jean Clari, Bertrand Milon, Rostaing Bottin.
1297 Jⁿ Clari, Bertrand Milon, Rostaing Bottin.

---

(1) Nous disons *Essai*, parce que ce tableau chronologique des recteurs de l'Œuvre, dressé par nous, en 1869, en même temps que celui des consuls de Pont-Saint-Esprit, reste incomplet malgré les quelques additions que nous y avons apportées plus récemment.

(2) Les noms en italiques sont ceux des maîtres de l'Œuvre ou architectes du Pont que nous croyons devoir porter, ici, avec les recteurs : *consiliatores*.

(3) Les archives de l'Œuvre, conservées à l'hopital Saint-Louis, ne contiennent aucun document de 1266 ; c'est par erreur, sans doute, que le copiste de notre liste des recteurs porte, à cette date, des noms qu'on retrouvera, tous réunis, en 1281. La perte de notre manuscrit primitif ne nous permet point d'être plus affirmatif, après 25 ans d'intervalle.

1297 Bernard Donadieu, Raymond Soquier, Amalaric du Port.
1300 Amédée de Perron, Raymond de Piolenc.
1301 Pierre Privat, Guille Artaud, *Pierre Artaudon*.
1306 Guille Artaud (de Villebonet), Bernard Donadieu, Guille Chabert.
1307 Pierre Milon, Guille Artaud.
1308 Pierre Privat, Guille Artaud (de Rivière), Guille Natal.
1309 Guille Artaud et Guille Natal.
1311 Simon Odon, Pierre Michel, Raymond Simon.
1319 Guile Artaud, Nicolas Niel.
1326 Simon Jehan, Pierre Artaud.
1347 Jn des Ormes, Guille Natal, Guille Hugolent.
1362 Dragonet Roch, Pierre Ancellac.
1363 Rostaing Donadieu, Pierre Reboul, Pierre Hopital.
1389 Pierre Ancellac, Guile Rey, Saturnin Thomas.
1415 Pre Paternoster, Jn Arnaud, *alias* Donadieu, Thomas Aubert.
1416 Julien Biordon, Jacquemard de la Martinière.
1443 Jeh. Roch, Guille Nazari, Guille de Piolenc.
1469 Jn de Banes, Simon Pradier, R. Soquier.
1470 Raymond Reboul (prêtre).
1471 Guy Sylvestre (prêtre), Ante Valaurie, Guille Bedoc, Guille Reboul.
1472 Gabriel de Roch, Pélegrin de la Martinière, Ante Rostang.
1473 Louis de Béziers, Ante de Joyes, Gamaliel Berault.
1474 Gabriel Roch, Ollivier Morgon, Gonnet Sobolis.
1475 Guy Sylvestre (prêtre), Gabriel Roch, Guille Bosquet, R. Soquier.
1484 Bd Cesteron (prêtre), Guille de Bondilhon, Guille Reboul.
1485 Bertrand Cesteron (prêtre).
1488 Bd Cesteron, J. Hébrard, Hilaire Jullien, Rolland de l'Œuvre.
1492 Bd Cesteron (prêtre).
1493 Bd Cesteron (prêtre), Jn de Béziers (Sgr de Saint Julien), Ae de Berc, Guille Dugat.
1496 Bd Cesteron (prêtre), Grégoire Meissonnier, Noël Pastor..
1499 Bertd Cesteron (prêtre).
1500 Bd Cesteron (prêtre), Jn Biordon, Godefroy de la Martinière.
1502 Bd Cesteron (prêtre), Gabriel de Roch, Bd de l'Horme.
1504 Jn de la Martinière, Saturnin Restaurand, Baudoard Philibert.

1508 B^d Cesteron (prêtre), J^n de Béziers (Sgr de St-Christol), Gabriel de Roch, B^d de l'Orme.
1512-13 B^d Cesteron (prêtre).
1518 B^d Cesteron (prêtre), Allieurs Henri Lombard (prêtre).
1519 André Fombon (prêtre).
1522 François Corrier (prêtre).
1524 (F)^{çois} Corrier (prêtre).
1527 J^n Odrix, Odon Sellier, Etienne Ferminel.
1528 André Fombon (prêtre).
1530 F^{çois} Corrier (prêtre).
1531 Folquet Michel (prêtre), Giraud Odrix, (F)^{çois} Reboul, Simon Audigier.
1532 Folquet Michel (prêtre) ; *les mêmes.*
1533 Folquel Michel (prêtre), Simon Audigier.
1534 Honorat Porcellet, Etienne Philibert, André Alméras.
1535 F^{çois} Corrier (prêtre), J^n Odrix, Odon Sellier, J^n Fermineau.
1537 J^n de Piolenc, Odon Sellier, Etienne Philibert.
1538 G^e Bornugue, Claude Comprat, Rolland Jullien.
1540 F^{çois} Corrier (prêtre), Cl^{de} Leclere.
1541 F^{çois} Corrier (prêtre).
1542 F^{çois} Corrier (prêtre), Georges Jehan.
1546 F^{çois} Corrier, J^n de Piolenc (Sgr de St-Julien-de-Peyrolas).
1548-49 A^{ntoine} Blachère (prêtre), Charles de Piolenc, Laurent Raoux, J^n Froment.
1550-51 Phillippe Reboul (prêtre), J^n de Piolenc, Cl^e Pichot, Michel Bellin.
1552-53 A^e Blachère (prêtre), Michel-François Arnoux, J^n Chabert.
1554 A^e Blachère (prêtre), Pierre Broche, J^{ques} Jardin.
1555 P^{re} Reboul (prêtre), Etienne Foulque, M.-F^{çois} Arnoux.
1557 P^{re} Reboul (prêtre), Ant. Touchet, P^{re} Fermineau, C. Bellin.
1559 ...Jehan Fermineau.
1560-65 P^{re} Cabrol (prêtre), André Girot, A. Salvand, P^{re} Gramaise.
1565-67 J^n Gabriel (prêtre), André Girot, Sauveur Carriol, J. Labourine.
1567-70 Charles de Fages, J^{ques} Bois, J. Magnin.
1570-74 J^n Gabriel (prêtre), André Girot, A. Piolenc, Cl^{de} Pichot.
1574-78 G^e Sylvestre (prêtre), Simon du Molin, C^{les} Formant, A^e de Labruyère.

— 445 —

1578-84 Jⁿ de l'Œuvre, G^e Reboul, Barthélemy Bernard, Michel Serre.
1584-88 P^{re} Girard (prêtre), Aimé Sorel, P^{re} Gramaise, F^{çois} Bellegarde.
1588-92 A. de Nanes (prêtre), Guillaume Vanel, Jⁿ Vidal, Masclary, André Ribotton.
1592-96 A. Sylvestre (prêtre), Jⁿ Pichot, F^{çois} Villemagne, Henri de Palluat.
1596-1603 Gaspard Baud (prêtre), G^{me} Vanel, A. Chabert, C^{de} Maurin.
1603-06 G^d Baud (prêtre), Guil^e Vanel, A. Chabert.
1606-09 G^d Baud (prêtre), Nicolas Girot (de Coffenas), Jⁿ de Benoit.
1609-14 Roger Raynaud (prêtre), F^{çois} Broche, Bert^d Gravière, B^d Loubat.
1614-18 Roger Raynaud (prêtre), Simon Vidal, A. Lenoir, A^e Guigout.
1618-22 Roger Reynaud (prêtre), Chansiergues, E. Million, B^d Bumas.
1622-25 J. Rouvière (prêtre), E. Fermineau, André Renoyer.
1626 P^{re} Rouvier (prêtre), Marc Bellin, Gaspard Berguel, Laurent Vial.
1627-33 P^{re} Lauzun (prêtre), L^s-M. Bellin, G^{pard} Berguel, Laurent Vial.
1633 P^{re} Lauzun (prêtre), P^{re} Fermineau, Boullard, Pallier.
1634-35 P^{re} Lauzun (prêtre), G^{pard} Chansiergues, F^{çois} Bernard, Cl^{de} Varenne.
1636-39 P^{re} Doize (prêtre), A^e de Biordon, P^{re} Rigaud, Jⁿ Jonnart.
1640-42 J^a Rouvier (prêtre), A^e de Piolenc, Michel Fumat, Julian.
1642-46 Gabriel Allard (prêtre), Charles de Bannes (Sgr de La Tour), A^e Canuel, P^{re} Mazis.
1646-51 P^{re} Doize (prêtre), *Rouvier, substitut*, André Fournier, Guil^e Goubert, A^e Perrin.
1651-54 P^{re} Doize (prêtre), Gasp^d Pescayre, P^{re} Pelissier, Esprit Magis.
1654 André Pelissier (prêtre), André Gilhot, C^{de} Arnaud, Jⁿ Thibou.
1655 André Pelissier (prêtre), Alph. de Piolenc, Jⁿ Fabre, André Béraud.
1656-61 André Pelissier (prêtre), Allard (prêtre), *substitué, 1658*, André Guilhot, C^{de} Arnaud, Jⁿ Thibou.

1661-64 P^{re} Lauzun (prêtre), André Trochard, A° Etienne, G^{me} Roubert.

1664-67 P^{re} Lauzun (prêtre); *fin mai, remplacé par* A. Pelissier (prêtre) ; *celui-ci, mort en décembre, est remplacé par* F^{çois} Pescayre (prêtre), Marcel de Piolenc, P^{re} Barbe, P^{re} Borrely.

1667-68 F^{çois} Bellin (prêtre), Pierre Anto-marie de Cazeneuve, Laurent Bonhomme, Jⁿ Jean.

1669 P^{re} de Lacoste (prêtre), A^e Dubord, François Bellin.

1670-71 P^{re} Restaurand (prêtre), P^{re} Frumat, Esprit Pellaprat.

1672 F^{çois} Bellin (prêtre), Et^{ne} Chansiergues, M^{cel} Reynard, J^{ques} Deslis.

1673 F^{çois} Pescayre (prêtre), Laurent Dupuis, Et^e Lanteaume, Nicolas Pontier.

1674 De Cazeneuve (prêtre), remplacé par F^{çois} Bellin (prêtre), Balt^d Chappuis, M. Valérian, Simon Plantin.

1675 Jⁿ-B^e Rouvier (prêtre), Pierre Lenoir, André Plantin, Jⁿ Hebrard.

1676 Jⁿ-B^e Rouvier (prêtre), P^{re} Chappelon, Jⁿ-C^e Jullian.

1677 P^{re} de la Coste (prêtre), Guil^e Fermineau, Paul Denanes, Jⁿ-B^e Rivière.

1678 P^{re} de la Coste (prêtre), P^{re} Valérian, Ch^{es} Fabre, J^a Pallion.

1679 P^{re} de la Coste (prêtre), F^{çois} Chansiergues, Paul Reyssac, Simon Bruguier.

1680 A^e Fauchier (prêtre), A^e Restauraud, Toussaint Plagnol, Vidal Darlis.

1681 Paul Fumat (prêtre), P^{re} Chansiergues, Jh. Goubert, Blaise Bonnet.

1682 F^{çois} Brancassy (prêtre), André Valérian, Gabriel Lanteaume, André Terme.

1683 Jⁿ-B^e Rouvier (prêtre), Cl^{de} Dollier, P^{re} Sauvet, Angelly Sauvan.

1684 Jⁿ-B^e Rouvier (prêtre), F^{çois} Fabre, Jⁿ-B^e Nadal, Jⁿ Martin.

1685 F^{çois} Brancassy (prêtre), P^{re} de La Rouvière, André Combe, C Jⁿ Graffand.

1686 F^{çois} Fumat (prêtre), F^{çois} Restaurand, Urbain Roudil, P^{re} Privat.

1687 A^e Fauchier (prêtre), C^{de} Broche, Jⁿ Laugier.

1688 F^{çois} Brancassy (prêtre), J^h d'Automarie de Cazeneuve, Jⁿ Etienne.

1689 Jⁿ-P^{re} Botty (prêtre), Guillaume Chansiergues Debord, Alexis Laplace.

1690 A⁰ Fauchier (prêtre), Jⁿ Dubert, A⁰ Chazalis, Gaspᵈ Bireguin.

1691 Fçois Dumas (prêtre), Urbain Blanc, Hillaire Rouvier, Aⁿᵉ Guneyre.

1692 Fçois Brancassy (prêtre), Jⁿ Reboul, A" Lambert, Roubert.

1693 Fçois Fumat (prêtre), Fçois Canal, Jⁿ Bonhomme, Pʳᵉ Lambert.

1694 Fçois Restaurand (prêtre), A⁰ de Caseneuve de Corty, Lˢ Rivier, Jqᵘᵉˢ Mangorel.

1695 Mˡ Sylvestre (prêtre), Jⁿ de Breuil Sᵗ de Combes, Gabˡ Lanteaume, J. Ferriol.

1696 François Brancassy (prêtre), Jʰ Restaurand, Fçois Thibou, Etienne Chame.

1697 Fçois Brancassy (prêtre), Gille de Roubin, Marc Estranc.

1698 Botty (prêtre), Louis Restaurand, Christophe Comte, Jⁿ Tortilla.

1699 Pʳᵉ Restaurand (prêtre), Pʳᵉ Castanier, Jqᵘᵉˢ Degors.

1700 Fçois Brancassy (prêtre), Hʳⁱ Chappuis, Jⁿ-A⁰ Chamarrin, Cˡᵉˢ Vidal.

1701 Pʳᵉ Restaurand (prêtre), Christophe de Piolenc, J.-François Lanteaume, Jⁿ Perrin.

1702 Fçois Gramaize (prêtre), Etienne David, Pʳᵉ Barbe, Jqᵘᵉˢ Dauvergne.

1703 Fçois Fumat (prêtre), Scipion-Guillaume Bernard, Alexis Laplace, Jⁿ-Pʳᵉ Privat.

1704 Fçois Brancassy (prêtre). A⁰-J. Chansiergues, A⁰ Plagnol.

1705 Pʳᵉ Botty (prêtre), Jⁿ-Bᵉ Restaurand, Jⁿ Bernardin, Jⁿ-Bᵉ Pradier.

1706 Pʳᵉ Restaurand (prêtre), Urbain Blanc, Michel Aillaud, Simon Graffand.

1707 J. Plagnol (prêtre), Jⁿ-Bᵉ Restaurand, Fçois Combe, Bourelly.

1708 Fçois Brancassy (prêtre), Guilᵉ Valérian, André Maurin, Gᵉ Clément.

1709 Jⁿ-Pʳᵉ Botty (prêtre), Jⁿ Reboul, Alexis Boissin, Michel Arnoux.

1710 Jⁿ-Pʳᵉ Botty (prêtre), Fçois Canal, A⁰ Plagnol, Paul Imberton.

1711 Pʳᵉ Restaurand (prêtre), Fçois Fermineau, Jʰ Maurin, Jⁿ-Bᵉ Bousquet.

1712 Pʳᵉ Restaurand (prêtre), Jqᵘᵉˢ Renoyer, Fçois Combe, Jⁿ-Bᵉ Tachebuz.

1713 J^h Plagnol (prêtre-chanoine), de La Rouvière, Simon Arnaud, Laurent Bruguier.
1714 Brancassy (p.-chan.) J^n-B^e de Restaurand, F^{çois} Thibou, G^{me} Bruguier.
1715 P^{re} Restaurand (p.-chan.), Aimard Valérian, P^{re} Sauvet, M^{in} Helie.
1716 Louis Plantin (p.-chan.), G^{me} Valérian, J^{ques} Degors, C^{de} Bruguier.
1717 J^h Plagnol (p.-chan.), F^{çois} de Piolenc, J^n-B^e Perrin, P^{re} Limoge.
1718 P^{re} Botty (p.-chan.), P.-M.-Léonard de Cazeneuve, J^h Perrin, B. Pradier.
1719 J^h-B^e de Monteil (p.-chan.), C^h. Restaurand, P^{re} Sauvet, F^{çois} Avon.
1720 J^h Plagnol (p.-chan.), F^{çois} Fermineau de Carsan, P^{re} Lambert, Et^e Pellaprat.
1721 P^{re} Restaurand (p.-chan.), J^n-B^e de Vanel, Alexis Laplace, A. Sollier.
1722 J^n-P^{re} Botty (p.-chan.), J^h de Breuil Hélion de Combe, J^h Lacard, Et^e Chame.
1723 J^n-B^e de Monteil (p.-chan.), J^n Thibou, J^h Lacard, J^n-B^e Rouvier.
1724 J^h Plagnol (p.-chan.), Raymond de Piolenc, Ch^{es} Vidal, Mathieu Rouvier.
1725 P^{re} Restaurand (p.-chan.), P^l de la Rouvière, J^n-F^{çois} Lanteaume, G^e Barnouin.
1726 Louis Denanes (p.-chan.), Guil^e Valerian, J^h Descote, J^{es} François.
1728 P^{re} Restaurand (p.-chan.), F^{çois} de Piolenc, A. Plagnol, Alexis Laplace.
1729 J^h Plagnol (p.-chan). Paul de la Rouvière, P^{re} Sauvet, Etienne Pellaprat.
1730 J^n-B^e de Monteil (p.-chan.), Restaurand Sg^r de Lirac, J^h Maurin, J^n Giraud.
1731 L^s Denanes (p.-chan.), Charles Broche, P^{re} Motte, Reymond Thibou.
1732 J^h Plagnol (p.-chan.), M^{cel} de Chansiergues, J^h Granet, P^{re}-Marie Beringer.
1733 L^s Denanes (p.-chan.), J^n-J^h de Breuil Hélion de Combe, J^n-B^e Belgaric, J^h Beraud.
1734-35 J^n-F^{çois} Vidal (p.-chan.), André-J. Plantin de Villeperdrix, Alexis Laplace.

1735-36 J^h Plagnol (p.-chan.), F^çois Restaurand, Alexis Dumain, Honoré Noir.

1737 J^n-F^çois Vidal (p.-chan.), J^n-Alex de Prat, J^n Lagier, Toussaint Glaise.

1738 J^h Plagnol (p.-chan.), F^çois de Piolenc, J^n-B^e Chamarin, Blaise Bravay.

1739 J^h Plagnol (p.-chan.), F^çois de Vanel, A^e Carme, Paul Mathe.

1740 Marcel Chappuis (p.-Chan.), M^cel de Pourcet, F^çois Blays, J^n Bonnet.

1741 J^u-F^çois Vidal (p.-chan.), Charles Restaurand de Lirac, A^e Sollier, G^me Pontier.

1742-44 J^n-B^e de Monteil (p.-Chan.), J^n-Louis Lambert, Esprit Pelaprat, Graffand.

1745 J^n-B^e de Monteil (p.-chan.), J^n-J^h du Breuil-Hélion de Combes, J.-B. Plantin, André Privat.

1746 J^h Plagnol (p.-chan.), Ch^es de Restaurand S^gr de Lirac, Alexis Barbe, J^h Bravay.

1747 L^s Denanes (p.-chan.), Christophe de Piolenc, J.-J^h Belgaric, J^ques Imberton.

1748 J^h Plagnol (p.-chan.). *Les mêmes*.

1749 Marcel Chappuis (p.-chan.), Alexis Laplace, A^e Lefebvre, Urbain Avon.

1750 J^h Plagnol (p.-chan.), H^i des Bruyères, J^n Arnieu, L^s Rouvier.

1751. M^cel Chappuis (p.-chan.), Raymond de Piolenc, Gabriel-A^e Lanteaume, J.-B. Milhat.

1752 *Les mêmes*.

1753 J^n-Marie Broche (p.-chan.), C^de-Narcisse de Renaud, F^çois Abrigeon, J^h Monnet.

1754 F^çois Vidal (p.-chan.), J^n-P^re-Marie de Savelly de Cazeneuve, J^n Filhot, F^çois Bos.

1755 J^n-F^çois Vidal (p.-chan.), J.-P.-M. de Savelly de Cazeneuve, J^n Filhot.

1756 J^n-F^çois Vidal (p.-chan.), Charles Plantin de Leu de Villeperdrix, J^n-B^e Chamarrin, S^mon Graffand.

1757-58 J^h Plagnol (p.-chan.), Philippe-Thomas de Piolenc, J^h Lagier, J^n Bonnet.

1759 Marie Arnaud (p.-chan.), J^h-F^çois de Vanel, Alexis de Belgaric, L^s Chaussy.

1760-61 J^n-F^çois Vidal (p.-chan.), C.-Thomas Froment, Alexis Barbe, J^n-B. Barry.

1762 Jn- Fçois Vidal (p.-chan.), J.-P.-M. de Savelly de Cazeneuve, Jh Vignal, Jn-Louis Andruéjol.

1763 J.-M. Broche (p.-chan.), Louis Chansiergues-Dubord, L. Combaluzier, Jh Vignal.

1764 J.-M. Broche (p.-chan.), Ae Duclau-Valérian, Jh Lefebvre, J.-A. Giraud.

1765 Pierre Degors (p.-chan.), Jh Lagier, Jh de Breuil-Hélion Sgr de Combes, A.-Jn Giraud.

1766-67 J.-M. Broche (p.-chan.), Clémt-Jh-Prosper de Vanel, Jh Larramée, Jques Dauvergne.

1768-69 Jn-M. Broche (p.-chan.), Ches-M.-Fçois des Bruyeres, Gabriel Renaud, A. Lanteaume.

1770 Jn-A. Broche (p.-chan.), Ls Chansiergues-Dubord, Ls Chaussy, Fçois Lazard.

1771-72 J.-M. Broche (p.-chan.), Ches Broche des Combes, Jn-Laurent Lefebvre, Jn Barbut.

1773 Pierre Degors (p.-chan.), Jh de Carrière, Axis-Fçois Carme, Jn Barbut.

1774 J.-M. Broche (p.-chan.), Fçois-Régis de Villeperdrix-Jonquerolles, P.-César Bouyer, Paul-Vincent Bruguier-Roure.

1775-76 Charles-Fçois Lanouve (p.-chan.), Jh-Louis Gonet, Jn-Cde Andruejol, Pre Alauzun.

1777 Jn-M. Broche (p.-chan.), Michel-Ante Aillaud, Nicol.-Alexis Lefebvre, Jh Roman.

1778-79 Jn-M. Broche (p.-chan.), Fçois Pontier, Nicolas-Alexis Lefebvre.

1780-81 Scipion Bernard de Montbrison (p.-chan.), Ae Brunot-Fidèle Plagnol, Nicolas-Alexis Lefebvre, J.-B. Chame.

1782-83 Ls Combe (p.-chan.), Ae Valérian-Duclau, Alexis Roure, Ls Chaussy.

1784-86 François-Noël Giraud (p.-chan.), A. Valérian-Duclau, Jn-Fçois Chamarrin, Ls Chaussy.

1787 J.-M. Broche (p.-chan.), Th.-M. de Pourcet, Marc-Jh St-Marc, Ls Chaussy.

1788 *Les mêmes*. J.-B. d'Allard *en remplacement de Th. de Pourcet*.

1789-90 Louis Combes (p.-chan.), J.-B. d'Allard, André Brunel de Gournier, Louis Chaussy.

1791 *Le rectorat, supprimé de fait, est remplacé par un conseil d'Administration* : Joseph-Xavier Loubat, président, Brunot Plagnol, trésorier, Fçois Cardot, Jn-Bte Barbut, Paul Bruguier-Roure, Louis Combaluzier.

TABLE

des noms de personnes contenus dans le Cartulaire.

PRINCIPALES ABRÉVIATIONS : Archid., *archidiacre* ; B⁰, *Beaucaire* ; card., *cardinal* ; chan., *chanoine* ; chap., *chapitre* ; chev., *chevalier* ; év., *évêque* ; f.-p., *frère-prêtre* ; int., *intendant* ; Lang., *Languedoc* ; mon., *monastère* ; n., *note* ; not., *notaire* ; Œ., *Œuvre du S.-Esprit* ; pr., *prieur* ; rect., *recteur* ; rel. S.-B., *religieux de l'Ordre de S.-Benoit* ; S.-Sat., *Saint-Saturnin-du-Port ou Pont-S.-Esprit* ; Sén., *Sénéchal de Beaucaire et Nîmes*.

A

Abbeville (d'), Mathieu, *rel. S.-B.*, p. 74.
Absin... (de), Jacques, p. 349.
Adhémar, *Sr de Montélimar et de la Garde* : Gérard, p. 66 ; Hugues, p. 231 ; Hugues, p. 231 (n. 1).
Adrien, *empereur*, p. 17.
Adrien VI. *pape*, p. 249, 289.
Aéron, Bertrand, *archid. de Fréjus*, p. 288.
Aestarhe (des Astard ?) Jean, p. 28.
Aigrefeuil (d'), Pierre, *év. d'Uzés*, p. 89.
Aguesseau (d'), Henri, *int. de Lang.*, p. 145, 146, 160.
Allamand, Laurent, *év. de Grenoble*, p. 290.
Albigeois (Albegesii), André, p. 54.
Alberia (de), Annet, *S^r d'A. et de Malbet*, p. 348 (n.); Guillaume, *prêtre*, *ibid*.
Albert (d'), Voy. Aubert.
Albret (d'), Amanieu, *card., pr. de S. Sat.*, p. 118 (n. 1), 119.
Alest (d'), Alais (?), François p. 5 ; Raymond, p. 5, 8.
Allard ; Gabriel, *f.-p. de l'Œ.*, p. 159.

Allard (d'), Jean-Baptiste, *rect.*, p. 167.
Alméras (d'), André, *not.*, p. 124, 147.
Alt., Jean, p. 345.
Alric, dit de Sabran, p. 106 (n. 2).
Alzias, Raymond, *not.*, p. 369.
Amédée, Jean, p. 266.
Amelius, Raymond, *chev.*, p. 54.
Amelinet, Gu..., *relig. du S. Esp. de Besançon*, p. 260.
Amelot, *secret. du roi*, p. 240.
Ancelin, G., *serrurier*, p. 29.
Ancellac, Pierre, *syndic municip. et rect.*, p. 89.
Ancezune de Caderousse (d'), Pierre, *rel. S.-B.*, p. 71 ; (famille d'), p. 112 (n. 1) et 127, (n. 2).
Ancize (de l') G., *prêtre*, p. 33.
Ancy, Jehan, p. 13.
André, Guillaume, *conseil. de l'Œ., jurisconsulte*, p. 2, 4, 18 ; N. *notaire*, p. 96.
Andruejol, *membre du directoire de P.-S.-Esprit*, p. 169.
Anglois, Guillaume, *not.*, p. 8, 304.
Angoulême (d'), G^rd *prieur de France*, p. 297.
Annat, Guillaume, *f. de l'Œ.*, p. 304.

Anne, C^{sse} de Viennois. Voy. Dauphine.
Apestegny (d'), Pierre, recev. g^{al} des finances, p. 325.
Armand de Chateauvieux (d'), Joseph, Vic. G^{al} du prieur de S.-Sat., p. 161.
Armand, Guillaume, chev. p. 8.
Arnaud, Pierre, p. 9 ; Arnaud, chan., p. 42 ; Guillaume, p. 343 (n. 2), 369.
Arguier, Jehan, avocat au parlem., p. 161.
Arrablay (d'), Jehan, sén. de B., p. 30, 410, 416.
Arsingis (de), Etienne, rel., S. B. p. 74.
Art(aud), Voy. Roussillon.
Artaud, Guillaume, maître de l'Œ., p. 2, 4, 8, 16, 24, 30, 33 ; Giraud, p. 33 ; Guillaume (de Villebonnet), p. 34 ; Guillaume (de Rivière), p. 53 ; Guillaume, p. 42, 48, 50, 54, 82 ; Pierre, p. 81 : tous rect., et Arnaud, p. 386.
Astier, Pierre, s.-viguier de S.-Sat., p. 386.
Aubert, d'Albert ; Jacques (florentin), p. 100 (n.) ; Thomas, viguier de S.-Sat., p. 100, 363 ; Jehan. Bon de Montclus, p. 106 (n. 2), et capit. du pont, p. 101 (n. 1) ; Rostaing, rel. S.-B., p. 359.
Aubert (de Viviers), p. 393.
Aubry, de l'Ordre du S.-Esprit, p. 424.
Audigier, d'Audigier ; Jehan et les fils de Rémond, p. 14, 17 ; Simon, p. 124 ; Romanet, p. 343.
Augier, B., chev., p. 16.
Aupenelerii, Pierre, p. 25.
Auperat, secrét. du roi, p. 107.
Auriac (d'), Pierre, damoiseau, p. 10 (n. 5) ; Guillaume, p. 11.
Aurillac (d'), Jacques, not., p. 416.
Auriol (d'), Etienne, prêtre, p. 33.
Aig... (d'), d'Aiguèze (?) Pochier, p. 67.
Aymard, s^{gr} de Rossillon et d'Annonnay, p. 228.
Aymeric, Guillaume, doct. èslois, p. 42.
Aynard, voy. Vaujan.

B

B..., doyen de S.-Sat., p. 18.
Bagnols (de), Bertran, p. 407.
Baladun (de), Vierne, p. 8 (n. 3), 10 (n. 2).
Baldazard, év. de Frascati, p. 191.
Balincourt (de), p. 134 (n. 4).
Balsac (Rauffet de), voy. Rauffet.
Banne (de), Jehan, rect., p. 277 ; Florette, p. 393.
Bapalinat (de), Jehan, p. 74.
Barbut, J.-B^{e}, administrat. de l'hôpital, p. 168.
Barnier, Raymond, p. 408.
Barry, Jehan, p. 15.
Barthélemy, Jehan, p 32.
Bastide, Bonaventure, not., p. 125, 127.
Basville (de), int. de Languedoc, p. 147, 148, 160, 439.
Baume, Guillaume, p. 8.
Baumes (des), voy. ci-dessus et p. 37.
Baux (des), Raymond, prince d'Orange, p. 235 ; Raymond III et R. IV, Marie, p. 335 (n. 1) ; Amédée, p. 305.
Beato Vinot.... (de), Raymond, p. 67.
Beaudiner (de), (Beldisnario vel Belloprandio), Guillaume, p. 301, 305.
Beaufort (de), c^{te} d'Alais, p. 126 (n. 1).
Beaufort (de), J., chan., p. 242, 243.
Beaumont (de), Amblard, secrét. du Dauphin, p. 233.
Bechet, Jehan, rel. S.-B., p. 74.
Bedoc, Bertrand, prévôt de M., p. 42 ; Guillaume, not., p. 273.
Bégas, Bernard, p. 32.
Bellandieu de Galès, Guillaume, p. 3, 5, 303.
Bellesmanières (de) (Pulchremaniera), Thomas, p. 344, 350 ; Honorat, p. 347 ; Godo, p. 348 (n. 1).
Bellet, Jacques, conseil. du roi, p. 143.
Bellin, Marc, bourgeois, p. 142 ; N., prêtre, p. 426.
Bene (de), Catherine, p. 134.
Bénédictins de S.-Saturnin, voy. au mot Pont-S.-Esprit, (Religieux du monastère de).

Benezet, voy. S.-Benezet.
Benoit XII, *pape*, p. 180, 191, 221.
Benoit XIV, *pape*, p. 178, (n. 4).
Beorra (de), Guillaume, *rel. S.-B.*, p. 71.
Bérard, Imbert, p. 310 (n.).
Bérard, Olivier, p. 126.
Bérard Odon, *chev., bailli de la Tour*, p. 225.
Bérault, Gamaliel, p. 315 (n.).
Berc (de), Antoine, *marchand*, Gana et Marguerite, p. 404 (n. 2).
Berca, Jean, p. 100 (n. 2), 101.
Berenger, Berenguier, Jacques, *maître de l'Œ.*, p. 2, 4, 9; Bertrand, *ibid.*, (n. 3); Bernard, p. 86.
Berenguier, Pierre-Laurent, *prêtre*, p. 390.
Bergerac, Marc, *contrôleur du pont*, p. 308 (n. 1), 314 (n.), 315 (n.).
Berguel, Gaspard, *apothicaire*, p. 138.
Bermond d'Uzès, p. 407.
Bernard, J.-F., *juge royal*, p. 142, 143 ; Guillaume, *procur. des gabelles*, p. 160; Barthélemy, *doct. en droits*, p. 294.
Bernard, Jacques, *déchiffreur feudiste*, p. 1 (n.), 294 (n. 4).
Bernard, *rel. S.-B.*, p. 73.
Bernard (de) s^{grs} *de Versas*, Jos., Barth. et Jacques, p. 142 (n. 2).
Berri (duc de), Jehan, p. 235.
Bertrands (des), Jehan, *archev. et prince de Tarentaise*, p. 418.
Bertrand, voy. Cadoëne.
Béziers (de), Biterris, s^{gr} *de St-Julien-de-Peyrolas*, Rostaing, p. 49 ; Pierre, p. 112 (n. 1); Louis, p. 276, 311 (n. 1), 313 (n.), 315 (n.); Jehan, p. 361, 405.
Bezornayo (de), Rodolphe, *rel. S.-B.*, p. 81.
Bidon, Rostaing, *rect.*, p. 11, 116, 303; Jehan, *syndic*, p. 359; Michel, p. 362 ; Saturnin, p. 398.
Billon, Guillaume, p. 369.
Biordon, s^{gr} *de S.-Julien-de-Peyrolas*, Julien, p. 97, 369; Louis, p. 308 (n. 1), 313 (n. 1), 314 (n.), 315 (n.), Claire, p. 143 (n. 1).

Blaise, *maître de l'Œ.*, p. 316 (n.).
Blanc François, p. 295.
Bocherii, Jehan, p. 12, 14, 19.
Bocoiran, Jehan, *not.*, p. 72.
Boet, Laurent, *prêtre*, p. 353 (n.).
Boissin (de S.-Marcel), Jean et Pierre, p. 352.
Boisson (de), Jehan, *procur. de l'Œ.*, p. 249.
Bolomyes de Tulins, *not., secrét. du duc de Savoie*, p. 242, 421.
Bondillon (de), Aragonde, p. 344; Rostaing, p. 366 ; Guillaume, *ibid.* (n. 1), 373 ; Catherine, mariée à Honorat de Porcellet, p. 135, 387.
Bouet ou Bonnet, Simon, p. 28; Bertrand, p. 33; Claude, *consul*, p. 162; Guillaume, *rect.*, p. 301 ; Jehan, *hôtelier*, p. 313 (n.), 314 (n.); Jean, p. 391.
Boneton, Mathieu, *chan. et vic. g^{al} de Viviers*, p. 353 (n.).
Boneyer, Pierre, *not.*, p. 348 (n.).
Bonfils, Jean, *écuyer du sén.*, p. 66.
Bonhomme, Jean et Pierre, p. 313 (n.).
Bonhonato (de), *avocat du roi*, p. 415.
Boni (de), Pierre, p. 391 (n. 2).
Boniface, Rothond., *abbé de S.-Sauveur*, p. 359; Vivand, *juge-mage*, p. 401.
Boniface VIII, *pape*, p. 174 (n.), 310.
Bonnefoy, Simon, *cordier*, p. 312 (n.).
Bonot (de), p. 10 (n. 1), 12; Jeanne, p. 342, 344; Louis, p. 344 ; Jehan, p. 346 (n. 3); Philippa, p. 344.
Bordicy, Etienne, p. 67.
Borgeois, Pierre, p. 25.
Borgogne, Jehan, *rect.*, p. 14, 64, voy. Brancassy.
Borgondion Jehan, p. 67.
Bornugue, Guillaume, *not.*, p. 125, 127; Jehan, p. 346.
Borrian, *rel. S.-B.*, p. 8.
Boson, p. 9.
Bosquet, Guillaume, *rect.*, p. 316 (n.).
Botin, Rostaing, *rect.*, p. 24, 31.

Botti, J.-Pierre, *F.-p. de l'Œ.*, p. 162; Jacques, *sacrist, de S.-Sat.*, p. 359.
Boude, J., *secrét. du roi*, p. 287.
Bouillon (de), *card., abbé de Cluny*, p. 162 (n. 1).
Boulard, Jean, *not.*, p. 139, 140.
Bourt, Jehan. p. 343 (n. 2).
Bousquet, J.-B., p. 162.
Boveri, Jehan, p. 351.
Boyart, Ant⁰, *trésorier gᵃˡ des finances en Lang.*, p. 306.
Boyer, p. 168 (n. 4).
Brancassy (Borgognet dit), Joseph, p. 162 (n. 2); François, *F.-p. de l'Œ.*, p. 162, 439.
Brancassy d'Acquena, p. 162 (n. 2).
Brasset, Antoine, *écuyer, grenetier*, p. 322 (n. 1).
Bretoni, *ret. S.-B.*, p. 74.
Brici, Berenger, *pr. de Salazac*, p. 361, *vic. perp. de S.-Sat.*, p. 371, 375, 376.
Brimenguy, Pierre, *F.-p.*, p. 347.
Broche, Geoffroy et Honoré, p. 139, 140; Charles, p. 148.
Broc (de), Pierre, *sén. de Bᵉ*, p. 54.
Brolio (de), voy. Farge.
Broquer, Laurent, p. 67.
Brossia (de), Guy, *ret. S.-B.*, p. 362.
Brozet (de), Raymond, *prieur de S.-Sat.*, p. 408.
Brugière ou Bruguier, Andrieu, p. 307 (n.), 440.
Bruguier-Roure, Paul-Vincent, p. 168; Claude, J.-B.; Guillaume, *ibid.* (n. 4).
Brun, Guillaume, *syndic de S.-Sat.*, p. 60, 69.
Brunel, André, *rect.*, p. 167.
Brunet, p. 441.
Budaillan (de), Bertrand, *not.*, p. 4, 5, 6; Pierre, p. 8; Etienne, p. 9, 31.

C

Cabassut, Antoine, *Fr.-donné de l'Œ.*, p. 97, 215.
Cabrol, Gabriel, *commᵉ du roy au district*, p. 168; Philippe, *F.-pr. de l'Œ.*, p. 398.
Caderousse (de), voy. Ancezune et p. 407, Pierre de Caderousse.

Cadoëne, Bertrand, *év. d'Uzès*, p. 102.
Calameau, Michel, p. 233.
Calixte III, *pape*, p. 201, 274.
Calvin, Jehan, p. 67.
Camaret (de), Raymond, *abbé de Cruas*, p. 34; Dieudonné et Guillaume, *ibid.* (n. 2); Guillaume, *damoiseau*, p. 54.
Campaleriis (de), Jehan, *vic. du mon. de S.-Sat.*, p. 3, 8.
Canal, Pons, p. 67.
Canuel, Simon, p. 351.
Capelet (de), *greffier*, p. 425.
Cardin, Ponce, p. 12.
Cardot, François, *commandant de la citadelle*, p. 168.
Caritat (de), *ret. S.-B.*, p. 73.
Carnage (de), p. 356 (n. 1); Pierre et Guillaume, p. 394; Ferréol, *ibid.* et 398; Jacques, p. 404 (n. 2).
Caron (de), Rican, p. 67.
Caseneuve (Antomarie de), Pierre, *maître de camp*, p. 148 (n. 4); Antoine-Marie, *maître de camp*, p. 148.
Caseneuve de Corty (de), p. 148.
Casiaca, Jehan, *ret. S.-B.*, p. 74.
Castanier, Jean-Antoine, *Fr.-p. de l'Œ.*, p. 422.
Castillon (de), Guillaume, *ret. S.-B.*, p. 73.
Cauleti, François, *not.*, p. 375.
Cavaillon (de), sʳ *de Malijac*, Henri, p. 143; Guillaume, *ibid.* (n. 1).
Cavereu (?), Jehan, p. 324 (n.).
Cesteron, ou Sisteron, Bertrand, *Fr.-p. de l'Œ., rect.*, p. 114, 121, 343, 347, 350, 352, 375, 376, 382, 427.
Cetron, Raymond, p. 67.
Chabaud, Barthélemy, *arbitre*, p. 343 (n.).
Chabert, Guillaume, *rect.*, p. 34, 42, 47, 53.
Chabra, P., p. 67.
Chabrel, Jehan, *Fr.-p.* p. 125.
Chabrier, Jehan, *prêtre*, p. 397.
Chaix, dit Peytavin, Jehan, p. 369.
Chalons, *prince d'Orange*, p. 235 (n. 1).
Chalvet, Bonet, *not.*, p. 382.
Chamarin, J,-B , p. 167.
Chamba, François, *chan. de S.-Augustin*, p. 440.

Chambon, Jacques, *boucher*, p. 362.

Chame, J.-B., *rect.*, p. 167.

Chanabacier, Garnier, *rect.*, p. 9.

Chanabos, Chanavos, Chavanos (de), Gérin, *sacrist. de S.-Sat.*, p. 71; Etienne et Guillaume, *rel. S.-B.*, p. 71.

Chanalosc (de), *châtelain d'Ay et de Seray*, p. 353 (n.).

Chandelier, Pierre, p. 67.

Channa (de), Pons, *proc. du roi*, p. 50, 51.

Chansiergues, Pierre, *bourgeois, consul*, p. 139, 140; François, Gaspard et Antoine, *greffier et control. du grenier à sel*, p. 140 (n. 2).

Chantemesse, Charles, *sacrist. de S.-Sat.*, p. 284.

Chapelle (de), Jehan, *rel. S.-B.*, p. 73; Simon, *ibid.*

Charancou, Guillaume, p. 17.

Charles V, *roi de France*, p. 236.

Charles VI, — p. 237, 240, 362 (n.).

Charles VII, — p. 198, 207, 270.

Charles VIII, — p. 239, 318, 320.

Charles IX, — p. 135, 165.

Charlotte (sœur), p. 153.

Chasot, *secret. du gd prieur*, p. 297.

Chateauneuf (de), Armand, *sacrist. de Tulette*, p. 7.

Chateauvieux (de), Jehan, *pr. de Lagrand*, p. 90.

Chateauvilain (Ludin de) *sén. de Be*, p. 280.

Chatel (du), Olivier, *év. d'Uzès*, p. 119 (n.).

Chaudoard, Pierre, p. 122, 385.

Chaulet, Amédée, *rel. S.-B.*, p. 373.

Chaulet, Antoine, *not.*, p. 322 (n. 1).

Chenu (de), Guillaume, *juge royal du Velay*, p. 304.

Chieuse, Raymond, p. 28.

Chincerac (de), Guy, *rel. S.-B.*, p. 74.

Circiis (de), Jehan, *prévôt de Montjoire*, p. 418.

Civalier, Raymond et Aymond, *prêtre*, p. 101 (n.).

Clairieu (de) *sgr de la Roche*, Guichard, p. 230; Roger, *ibid.*

Clamouse, Pierre, *not.*, p. 51.

Clapier, Olivier, p. 67.

Claromane (de), Guy, *pr. de S.-Sat.*, p. 39, 60 (n.), 72, 410; Aynard, p. 72 (n.).

Clary, Jehan, *rect.*, p. 16, 24; *Le mercier*, p. 67.

Clayroni, Louis, *infirmier du mon. de S.-Sat.*, p. 373.

Clément IV, *pape*, p. 114, 173 (n.).

Clément V, *pape*, p. 34, 173, 175 (n.), 181, 195, 221.

Clément VII, *pape*, p. 194, 195, 197, 219.

Cleyssac, André, *not.*, p. 304; Thomas, p. 306.

Cocleriis (de), Etienne, p. 75.

Cocucerii, André, *not.*, p. 56.

Codohn, Etienne, p. 83.

Coëtivy (de), Alain, *pr. de S.-Sat.*, p. 118 (n.), *év. d'Avignon*, p. 198; Prégent, *archid. d'Uzès*, p. 118, *vic. perp. de S.-Sat.*, p. 382.

Clubrey, Jean, *surint. des hôpit. de France*, p. 423.

Cluny (de), Guillaume, *rel. S.-B.*; Michel, *rel. S.-B.*, p. 71, 73.

Cluzel (de), Barthélemy, *doct. ès-lois*, p. 42, 50; François, *pr. de S.-Christol près le Chaylar*, p. 353 (n.).

Colombier (de), Henri, p. 242, 243.

Colombi, Pons, *not.*, p. 90, 96, 304.

Combaluzier, Louis, *administr. de l'hôpit.*, p. 168; Philippe et Pierre, *Fr.-p. de l'E.*, p. 390; Bernardine, p. 393; Joseph, p. 398.

Combes, Louis, *l.-p.*, p. 167.

Comprat, Claude, *rect.*, p. 427; Laurent, p. 362; Madeleine, p. 127 (n. 2); Dragonnet, p. 369; Congrégation de la Mission, p. 147.

Conrad, p. 7 (n. 8).

Copiere, Anne, voy. Laboue, p. 153 (n. 1).

Cordellas, *secrét. pontifical*, p. 220.

Corderi, Vitalis, p. 382.

Corni, Rican, *doyen de Colonzelles*, p. 7.

Cornillan ou Cornillon, Pons, *l'aîné, le cadet*, Gaufride, *rel. S.-B.*, p. 7 et (n. 3), voy. Baux, p. 305.

Correnson, cons^r au parlem., p. 422, 431.
Correta (de), Bertrand, rect. de Montpellier, p. 42.
Corrier, Claude, F.-p. de l'Œ., p. 114; François, id., p. 122.
Cortet, voy. Génac.
Coston, Raymond, p. 32.
Court, Vincent, p. 351.
Courthezon, Guillaume, p. 24.
Coysiaco (de), Giraud, rel. S.-B., p. 74.
Craon (sire de), p. 106.
Cretu (de), Guillaume, rel. S.-B., p. 74.
Crispin, Guillaume, p. 8.
Crose (de), Guillaume, prêtre séculier, p. 361.
Crouille (de), Giraud, rel. S.-B., p. 73; Joseph, rel. S.-Augustin, p. 440.
Crozet, Jehan, not., p. 343 (n. 2).
Crussol (de), Jacques, vicomte d'Uzès, p. 112, 118, 382.
Curserii, Urbain, p. 242.
Curtibus jumellis (de), juge mage de la sénéchaussée de B^e, p. 42, 50, 51, 53.
Cuve, Raymond, p. 32.

D

Dailhon (de), s^{gr} du Lude, Jehan, gouv. du Dauphiné, p. 278.
Dalmas, Jacques, p. 17, 20; Pons, p. 81.
Dalmas, refectorier de Cluny, p. 73.
Dansiure, Hugues, rel. S.-B., p. 73.
Darbousset, Pierre, p. 346, 349.
Dauphin, c^{tes} de Viennois, Jean Ier, Guigue, Anne, p. 223, 225; Humbert Ier, p. 223, 225, 244; Humbert II, p. 233; (Charles VIII), p. 239.
Dauroni, Jacques, p. 37.
Dauteville, receveur du péage, p. 170 (n. 2).
David, Timothée, p. 266.
David, Jehan, p. 351.
Déciron, p. 422.
Degorce (Degors), p. 440.
Delaigue, Pierre, consul, p. 135, 295.
Deydier, J., p. 384.
Diacres (des), A., p. 242, 243.

Dieu (de), Jacques, infirmier du mon. de S.-Sat., p. 71.
Dioneriis (de), Guillaume, p. 5.
Doize, Guillaume, p. 3; Pierre, F.-p. de l'Œ., p. 423, 426.
Dominique, Pierre, p. 21, 116.
Donadieu, Bernard, rect., p. 23, 42, 81, 301; Brémond, rect., p. 34; Bertrand, rect., p. 53; Rostaing, synd. municip., p. 84, 90; Pierre, p. 303; Jehan, drapier, p. 363.
Donats, frères et sœurs, voy. S.-Esprit (Œuvre du).
Donzère (de), Guillaumette, p. 2 (n. 5); Florie, p. 7 (n. 5).
Dragon ou Drogon, Pierre et Guillaume, p. 12, 13, 15, 19; Bertrand, p. 23.
Dujardin, Pierre, procureur, p. 308 (n. 1).
Dumoulin, Simon, viguier, p. 138 (n. 1).
Dayme, Michel, licentié, p. 348 (n. 1).

E

Ebrard, Lambert, clerc, p. 96, 375.
Ebrard ou Hébrard, cos^{gr} de S.-Julien-de-P., Jean, p. 308 (n. 1), 313, 315.
Egrini, Pierre, p. 82.
Emar, Claude, apothicaire, p. 313 (n.).
Enfants exposés, p. 84, 144, 190.
Escoffier, Guillaume, p. 351.
Etienne, card. de Carcassonne, p. 92.
Etienne, rel. S.-B., p. 73.
Etienne, pr. claustral, p. 409.
Etoile (d'), G., p. 29.
Eudrici, Michel, p. 10.
Eugène III, pape, p. 240 (n. 1).
Eugène IV, pape, p. 202, 256 (n. 1), 262 (n. 1), 271.
Eyguese (d'), Clair, p. 8.

F

Fabre ou Fabry, N., greffier, p. 140; Hugues, p. 256; Pierre, p. 267; Jehan, Johannet, p. 364 (n. 1).
Fage, Guillaume, not., p. 367.

Falconis, Raymond, *not.*, p. 24, 68, 71, 75, 81, 82, 416.
Faret, *secrétaire*, p. 342.
Farge (de), dit de Brueil. Pierre, *bachelier ès lois*, p. 96.
Fayel (de) Richard, *not.*, p. 96.
Fayet, p. 335.
Félix V, *pape*, 241.
Fermineau, Jehan, *boulanger*, p. 123; Jehan, *marchand*, p. 123 (n. 2), 397; Guillaume, *lieut. des ports*, p. 139, 140; François, *sgr de Cauffenas*, p. 161, 162; Michel, *juge*, p. 397.
Ferrari, N., *secrét. du pape*, p. 212.
Ferrari, J., *vic. gal de Grenoble*, p. 291.
Ferriar (de), Rostaing, p. 11.
Ferrier, *procur. au parlement*, p. 426, 431.
Ferrière (de), Guy, *vic. perp. de S.-Sat.*, p. 373.
Fiennes (de), Catherine, p. 123 (n. 2).
Figeyre ou Figuière, *fr. de l'Œ.*, p. 14, 21, 116.
Filles de la Charité, voy. *Pont-S.-Esprit*.
Filles de mauvaise vie, p. 152, 154.
Fillioli, Pierre, *trésor. du card. de la Rovère*, p. 359.
Firmin (de Vézenobre), Honoré, p. 49.
Firmin, Guill., *chan. de Viviers*, p. 18.
Fl..., (de), *cardinal*, p. 289.
Flamans, Pons, *pr. de Caderousse*, p. 407.
Floriaco (de), Jacques, *rel. S.-B.*, p. 73; Pierre, *rel. S.-B.*, p. 74.
Florin, Antoine, *vannier*, p. 312 (n.).
Fombon, André, *fr. de l'Œ.*, p. 122, 125, 385
Fontaine (de), Huguet, p. 67; Raymond, *ibid.*
Forest (de), *administrat. nommé à l'hôpital du S.-Esprit*, p. 424.
Forment ou Froment, Etienne, p. 67; Jehan, *ibid.*, 168 (n. 6); Georges, Simon, *ibid.*; Pierre, *ibid.*
Fornayron, *greffier*, p. 144.
Fornier, Bertrand, p. 29, 32; Jehan, p. 352, 398; André, p. 380.
Foix (de), *cte de Comminges*, Mathieu, p. 244.
Four (du), Jehan, p. 67.
France de Vandeuil (de), Michel, *rel. de l'O. de S.-Augustin*, p. 440.
Franciscains (PP.), p. 11 (n. 1).
François Ier, *roi de France*, p. 278, 287, 321.
François II, p. 326, 402.
Francoti, Antoine, p. 362.
Fraymo (de), Clément, *jugemage*, p. 55.
Frederici, Jacques, p. 375.
Frères Mineurs, voy. Bagnols, Bâle et Pont-S.-Esprit.
Frères Prêcheurs, voy. Avignon, Genève.
Frères du S.-Esprit, voy. Aix, Besançon, Montpellier, Pont-S.-Esprit, Rome.
Fromo, *camérier de Cluny*, p. 409.
Fulcone (de), Raymond, *hôtel. du mon. de S.-Sat.*, p. 84. Voy. Fulconis.
Fumat, *fr. de l'Œ.*, p. 143, 152, 159, 162; Antoine, p. 162.
Fuster, Raymond, p. 29; Paul, p. 67.
Fuzet, *v.-présid. du district de Pont-S.-Esprit*, p. 169.
Fysse, *proc. au Parlem.*, p. 422.

G

G..., *camérier du mon. de S.-Sat.*, p. 5.
Gache, Pons, p. 67.
Gaillac, p. 333.
Gaillard, Etienne, *not.*, p. 33.
Gaillart, Michel, *général des finances*, p. 316.
Gallois, Pierre, *bourgeois*, p. 161.
Galopin, Jehan, *hôtelier*, p. 101.
Gardon, Philibert, *chantre du mon. de S.-Sat.*, p. 359.
Garelli, Mathieu, *prêtre*, p. 386.
Garin, *sacrist. du chap. de Viviers*, p. 13; Raymond, *not.*, p. 68; Pierre, *prêtre*, p. 122.
Garnier, Guillaume, *rect.*, p. 21, 116.
Gast (de), Marthe, p. 392.
Gaucourt (de), Raoul, *gouv. du Dauphiné*, p. 243.

— 458 —

Gaufredi, Bertrand, *lieut. du doyen de S.-Sat.*, p. 24.
Gaufridi, *chantre du mon. de Cluny*, p. 73, et voy. Gofride.
Gaujac (de), Pons, *maître de l'Œ.*, p. 2.
Gayne (de), Jehan, *fr. donnat de l'Œ.*, p. 363.
Gélimon, *président du...... de Dauphiné*, p. 245.
Gélin, Louis, *licencié ès lois*, p. 311 (n.).
Gelin, p. 168 (n. 4).
Génas (de), Barthélemy, p. 86.
Genesii, Pierre, p. 351.
Geneville (de), *secrét. de la milice du S.-E.*, p. 438.
Gérald, *év.*, p. 1.
Gérald, *abbé de Cruas*, p. 409.
Gervais, Fiacre, *fr.-p. de l'Œ.*, p. 114, 122; Jehan, *fr.-p. de l'Œ.*, p. 352.
Gervasi, Durand, p. 13.
Giasco (de), Jehan, *rel. S.-B.*, p. 74.
Gilafredo (de), Aymeric, *chev.*, p. 49.
Gilly, Guillaume, p. 8.
Girard, Yve, *rect. de Montpellier*, p. 30.
Girard, Pierre, *rel. S.-B.*, p. 71.
Girard (de), Richard, *sacrist. du mon. de S.-Sat.*, p. 148.
Girardin de Vanuré, J.-Louis, *int. g^{al} de la marine*, p. 437, 439.
Giraudy, dit de S.-Jacques, *not.*, p. 49 et 416.
Girot (de), André, *doct. en droit*, p. 135; Guillaume, *juge royal*, p. 135 (n. 2); Nicolas, *s^{or} de Cauffenas*, ibid.
Girot de Génolhac, p. 135 (n. 2).
Gofride, *pr. de S.-André*, p. 7.
Gonors (de), Hugues, *réfectorier du mon. de S.-Sat.*, p. 71.
Gontard, Bertrand, p. 23.
Gourdes, *proc. au parlem.*, p. 426.
Gramaise, François, *diacre*, p. 143, 162.
Gras (de), Audebert, *chev.*, p. 18; Jehan, p. 51.
Grasset, André, p. 351.
Gréelle, *secrét. pontifical*, p. 88.
Grégoire XI, *pape*, p. 189, 191, 224.
Grignan (de), p. 112 (n. 1).

Grilliac (de), *rect. du Comtat-Ven.*, p. 174 (n.).
Grillo (Grolesan de), Martin, p. 384.
Groygnet, Guillaume, *offic. et chan. de Nantes*, p. 253, 256.
Grucias (de), Pierre, *trésorier d'Annecy*, p. 42.
Guerignon, *secrét.*, p. 146.
Guérin, p. 316 (n.).
Guichard, *v.-aumônier de Cluny*, p. 73; N. *v.-hôtelier de Cluny*, p. 73; Hugues, *juge de Cluny*, p. 75.
Guigues VII, *c^{te} de Viennois*, p. 223 (n. 2).
Guillaume (...tite), p. 5.
Guillaume, *sacrist. de Cluny*, p. 73.
Guillaume, *camérier du mon. de S.-Sat.*, p. 5.
Guillaume, *card., év. de Rouen*, p. 206.
Guillaume, *év. de Gap*, p. 246.
Guimier, *chev.*, p. 18.
Guitard, Guillaume, *not.*, p. 68, 71.
Guy de *Montpellier*, p. 249 (n. 3), 259 (n. 1).
Guy, *pr. de Tulette*, p. 3.
Guy, *pr. de Servas*, p. 5.
Guy, *pr. de Chusclan*, p. 7.
Guy, *aumônier de Cluny*, p. 73.
Guy, *s.-camérier de Cluny*, p. 73.
Guy, *pr. de Caderousse, sacrist. de S.-Sat.*, p. 385.

H

Hébrard, v. Ebrard.
Henrespaca (de), *secrét. pontifical*, p. 212.
Henri, *abbé de Cluny*, p. 73.
Henri, *régent du Dauphiné*, p. 229.
Henri III, *roi de France*, p. 293.
Henri IV, *roi de France*, p. 166, 334, 341.
Hommes de *S.-Sat.* (les), p. 56, 60, 67.
Hopital, Pierre, *rect.*, p. 90.
Hué, *vic. g^{al} de l'O. du S.-Esp.*, p. 437.
Hugues, *abbé de Cluny*.
Hugues, *év. de Viviers*, p. 11, 13, 15, 16, 18, 20.

— 459 —

Hugues, *garde du vin, à Cluny*. p. 73
Hugolent, Guillaume, *rect.*, p. 82.
Hugon, Antoine, p. 312, 314 ; Pierre, p. 314.
Hugues, *archid. de Metz*,, p. 252.
Hugues, ou Hugon, Pierre, p. 351, 408.
Humbert Ier, c^{te} *de Viennois*, p. 223, 225, 244 ; Humbert II, p. 233.
Hupegue, Pons, p. 86.

I

Illaire ou Hilaire, Guillaume, *pr. de Laudun*, p. 7.
Imbert, Bertrand, p. 8 ; Pons, p. 303.
Innocent III, *pape*, p. 249 (n. 3).
Innocent VI, *pape*, p. 175, 184, 185, 186, 187, 195.

J

Jacques, *infirmier de Cluny*, p. 73.
Jarle, *greff. du partem.*, p. 423.
Jauffredi, Guioto, *sacrist. de S.-Sat.*, p. 276.
Jaussand, *archid.*, p. 73.
Jean XXII, *pape*, p. 176, 177, 194, 197.
Jean XXIII, *pape*, p. 191, 221.
Jehan, voy. Thyanges.
Jehan, *pr. majeur de Cluny*, p. 73.
Jehan, *s.-réfectorier de Cluny*, p. 73.
Jehan, *maître des XII enfants*, p. 73.
Jehan, *grenetier de Cluny*, p. 73.
Jehan, *pr. de Tulette*, p. 409.
Jehan ou Johannis, N., p. 5 ; Pierre, p. 29 ; Jehan, p. 67 ; Simon, *rect.*, p. 81.
Jehan, ou Johannis, Pierre, *avocat du roi*, p. 42, 50, 415.
Jehan, *év. d'Annecy*, p. 42.
Jehan, *précepteur du S.-Esprit d'Aix*, p. 249.
Jehan II, *roi de France*, p. 87.
Jehan, *duc de Berry et d'Auv.*, p. 235.

Jehan ou Johannis, Guillaume, *clerc d'Annecy*, *not.*, p. 306.
Jeloniaco ou Jolomaco (de), *pitancier du mon. de S.-Sat.*, Etienne, p. 71, 84.
Jolly, *supér. de la Mission*, p. 147, 148.
Jourdan, Brémond, *not.*, p. 11, 18, 20 ; Guill^e, p. 24, 25 ; Adzémar, *not.*, p. 68.
Joyes (de), Ayme, p. 127 (n. 2), Charles, *viguier*, p. 134 ; Jehan, *ibid.* (n. 4), 404 (n. 2) ; Antoine, s^{gr} *de Codolet*, p. 315, 374, 376, 381 ; Isabeau, p. 139.
Jueis (de), Guy, *camérier de S.-Sat.*, p. 71 ; voy. Joyes.
Juges de Bagnols, Bâle, Bresse, Genève, Nimes, S.-Saturnin, Uzès, Velay, voy. ces mots.
Julien de la Rovère, *card.*, *pr. comm. de S Sat.*, p. 212, 355, 371, 376.
Jullien, Rolland, *rect.*, p. 127 ; Yllaire, *marchand*, p. 375, *lieut. de juge*, p. 281 ; Ant.-Pierre, *fr.-p.*, p. 215 (n.) ; François, *ottomale*(?) *du mon. de S.-Sat.*, p. 276 (n. 4).
Justeni, Pierre, p. 352.
Justet, Pierre, p. 369.
Juys (de), Jean, *pr. de Montet-aux-Moines*, p. 262, voy. Joyes et Jueis.

K

Kraermajon (de), Jehan, *chantre de Lyon*, p. 268.

L

Labaume (de), Joseph, p. 435.
La Boue, sœur Julienne, *supér. de la Charité*, p. 153.
Lacombe, p. 434.
La Coste (de), Maurice, *capit.-major*, p. 143 ; Tite, *ibid.* (n. 1) ; Marguerite. p. 159 (n. 1).
Lacour (de), Johan, *prêtre, rect. de N.-D.*, p. 82.
Lacroix, (de), Jehan, p. 127 (n. 2).
Lafare (de), p. 112 (n. 1).
Laforest (de), p. 106.
Lamberti, Guillaume, *damoiseau*, p. 71.

Lampeyro (de), voy. Louppy.
Lanier, Raymond, p. 352 (n. 2).
Lanteaume, Etienne, p. 161, 170; Antoine et J^n-B^e, p. 161 (n. 2).
Laporte, Ménard, *rel. S.-B.*, p. 71. Voy. Porte.
Largières (de), p. 324 (n.).
La Roche (de), Raymond, *damoiseau*, p. 33, voy. Clairieu.
Latour (de), Boson, *rect.*, p. 23 ; Jehan, *prêtre*, p. 343, 347, 374, 376.
Latour d'Auvergne (de), Henri-Oswald, *pr. de S.-Sat.*, p. 162 ; Frédéric-Constantin, *pr. de S.-Sat.*, *ibid.*, (n. 1).
Latour (de), p. 223 (n. 2 et 3), 233.
Latran de la Terrade, g^{al} de l'O. du S.-Esprit, p. 422.
Lau (s^{gr} du), voy. Chateauneuf.
Laugier, J^n-Louis, p. 162.
Laureni (de), Roland, p. 351.
Lauzane (de), Guill, *rel. S.-B.*, p. 73.
Lavardo (de), Guill., *rel. S.-B.*, p. 73.
Lavoute (de), Bernard, *chev.*, p. 66.
Le Bègue, Guill., p. 417.
Leblanc de la Rouvière, p. 435.
Leclerc, Robin, *m.-ferrant*, p. 312.
Lentheric, p. 113 (n. 1), 201 (n. 1).
Léon, Pierre, p. 86.
Léon X, *pape*, p. 165, 213, 214.
Leporis, Antoine, *prêtre*, p. 354.
Lescure (de), Jehan, *fr.-donné de l'Œ.*, p. 276 (n. 4).
Lessus, François, *marchand*, p. 397.
Lislejourdain (de), Bertrand, *sén. de B.*, p. 42, 53.
Linty, Marc, *fr.-p. de l'Œ.*, p. 215.
Lisleroy (de), voy. Vanel.
Loleat (de), *maréch. de France*, p. 106.
Lolme, Lorme (de), (Ulmo, ou Ulmis), Bertrand, p. 8, 33 ; Jehan, p. 82 ; Girard, p. 343 (n. 2), 345 ; Pierre, p. 354 ; Bernard, p. 386, 405.
Lombard, Arnaud, p. 12, 13 : Henri, *fr.-p. de l'Œ.*, p. 114, 122 ; Antoine, *fr.-p. de l'Œ.*, p. 347.

Loubat, Antoine, *baïle de S.-Julien*, et Xavier, *viguier de Pont-S.-Esprit*, p. 168.
Louis d'Anjou, p. 234, 236.
Louis, *duc d'Anjou*, p. 234, 236.
Louis II d'Anjou, *roi de Sicile et de J.*, p. 234 (n.), 399, 400.
Louis de Savoie, p. 232.
Louis IX, *roi de France*, p. 52, 57, 87.
Louis XI, *roi de F.*, p. 103, 106, 108, 306.
Louis XII, *roi de F.*, p. 108, 283, 284, 326.
Louis XIII, *roi de F.*, p. 140, 142, 297, 335.
Louis XIV, *roi de F.*, p. 142, 423.
Louis XV, *roi de F.*, p. 440.
Louis XVI, *roi de F.*, p. 337.
Louppy (de), Raoul, *gouv. du Dauphiné*, p. 238, 244, 279.
Luchano, voy. Frederici.
Lucin Jehan, p. 313 (n.).
Luco (de), G,, *not.*, p. 92 (n.).
Ludin (de), voy. Chateauvillain.
Luilr, p. 316 (n.).
Lunar, Pierre, *not.*, p. 10, 12, 13, 15, 18, 19.
Lunesii, Guillaume, *not.*, p. 68.
Luxembourg (de), Pierre, p. 157 (n.).
Luynes (de), p. 107 (n. 1).
Lymeriis (de), Guillaume, *viguier d'Aiguesmortes*, p. 415.
Lyon (de), Christian, *rel. S.-B.*, p. 71.

M

Macon (de), N., Guill. *rel. S.-B.*, p. 74 ; André, p. 238.
Madier de Lamartine, p. 10 (n. 1).
Madroni, Firmin, *not.*, p. 66.
Magnin, Jean, *avocat*, p. 139, 140 ; Antoine et Marthe, p. 393, 398.
Maîtres de l'Œuvre, voy. Recteurs.
Malenfant (de), p. 422.
Mallet, Ant., p. 363.
Mangin Pichot, *maître de l'Œ.*, p. 315 (n.).
Marcel, Petrone, p. 67.
Marchi ou Marcy, Jehan, *juge*, p. 66, 71.
Mareschal, C., *licencié ès-décrets*, p. 262.

Mareuil (de), J., *cons. au gouvernement de Dauphiné*, p. 245.
Margerit, Balthazar, *sacrist. du mon. de S.-Sat.*, p. 371, 376.
Maroan, Nicolay, p. 12; Claude, *cos^{gr} de S.-Just*, p. 12 (n. 3).
Maron, Pierre, *not.*, p. 101, 370.
Mars (de), Guichard, *rel. S-B.*, p. 73.
Martin V, *pape*. p. 191, 221.
Martin, p. 409.
Martini, Guillaume, p. 96.
Martini de Crosetis, *not.*, p. 421.
Martinière (de la), Jacquemard, *rect.*, p. 97; Guille, *lieut. de viguier*, p. 97 (n. 4); Johan, *rect.*, p. 113, 123; Pelegrin, *marchand*, p. 276, 311 (n.); François, *contrôl. du gren. à sel*, p. 134, 397, 398.
Masalibus (de), Mathon, p. 306.
Masclary, Claude, *juge royal*, p. 138, 140; Gaspard, *grenetier*, p. 138 (n. 2), 165; Marie, p. 148 (n. 2).
Mas-Saves, *bailli du comte de Toulouse*, p. 408.
Mathey, Jehan, p. 124.
Matrina ou Mausina (de), *procur. du roi*, p. 42, 50.
Maurin, Joseph, *rect.*, p. 162.
Mayoli, Pierre, p. 306.
Méjanes (de), J., *cons. au parl.*, p. 384.
Menton (de), P., p. 243.
Mercier, Jehan, p. 382.
Mercorii, Bernard, *chapelain*, p. 75.
Merle, *cons. au parlem.*, p. 431.
Messon, Grégoire, *commis au petit-blanc*, p. 311 (n.), 359; Jehan, *fr.-p. de l'Œ.*, p. 347.
Meynot, Jehan, p. 351.
Michel, ou Michaelis, Pierre, *rect.*, p. 33, 60, 69.
Falquetus, *fr.-p. de l'Œ.*, p. 124, 352, 382, 385; Olivier, p. 345; Antoine, *licent. en droit*, p. 397.
Michelon, Guillaume, *réfector. de S.-Sat.*, p. 373.
Mieffori, Guillaume, *rel. S.-B.*, p. 71.
Milon, Bertrand, *rect.*, p. 1 (n. 2), 50, 53, 67, 82, 86, 146.
Milon, *cons. au grand cons. du roy*, p. 436.

Minimes (Pères), voy. Bagnols, Bâle, Pont-S.-Esprit.
Moderon de Lippia, Hartman, *not.*, p. 258.
Mojonis, Claude, p. 277.
Molard (de ou du), p. 439.
Molasani, Raymond, *not.*, p. 54.
Molins ou Moulins (des), Raymond, *rect.*, p. 2, 9; Guichard, *bailli de Vivar.*, p. 2 (n. 7), 50.
Monnet, Jean, *fr. du S.-Esp.*, p. 440.
Monrouzard (de), Pierre, *not., et secrét. de l'archev. de Lyon*, p. 262.
Monsterens (de), p. 106.
Montagut (de), Bertrand, *precepteur de S.-J. d'Arlignan*, p. 10 (n. 2).
Montan, Pierre, p. 17.
Montaren, (Arati de), p. 8, 20.
Montcarmel (Ordre du), p. 435.
Montclar (de), Imbert, *damoiseau*, p. 10.
Montclus (de), voy. aux noms de lieu.
Montchenu (de), Jehan, *év. de Viviers*, p. 353; R., p. 243.
Montchenu de Menton, p. 342.
Montloup (de), *pr. de S.-Sat.*, p. 60, 68, 72.
Monte-Unaginardo (de), *maître du palais du duc de Savoie*, p. 242.
Monteils (de), Pierre, *rel. S.-B.*, p. 71.
Montpellier, (Ordre du S.-Esprit de), p. 249, 259, 422, 436, 437, 441.
Montmaur (de), Jacques, *gouv. du Dauphiné*, p. 238.
Montmorency (de), Henri, *gouv. du Lang.*, p. 329, 361.
Montusac (de), Marguerite, p. 391.
Moreri, *historien*, p. 130 (n. 1).
Morestel (de), *pr. de S.-Sat.*, p. 21 (n. 1).
Morières (de), Jehan, *hôtelier de S.-Sat.*, p. 373, 375, 376.
Morier A., *cons. au parlem.*, p. 384.
Mourgues, Olivier, *not.*, p. 277.
Motet, Jehan, p. 351.

N

Nages (de), Guillaume, p. 10 (n.2); Gaucelin, *chev.*, p. 49.
Natalis, Guillaume, *rect.*, p. 53, 54, 82; Bernard, p. 96; Pierre, p. 408.
Nazari, Pons, *not.*, p. 81, 233; Saturnin, p. 86; Guillaume, *not.*, p. 90, 266.
Neyro, Guy, *maçon*, p. 29.
Nicolas IV, *pape*, p. 192, 221.
Nicolas V, *pape*, p. 189, 204, 207, 221, 270, 274.
Nicolay, Guillaume, *not.*, p. 86.
Nicolet, Jehan, *rel. S.-B.*, p. 74.
Nolhac (de), Imbert, *rel. S.-B.*, p. 73.
Noreto (de), *secrét. pontific.*, p. 201.
Notaires, voy. Avignon, Beaucaire, Dauphiné, Empire, Le mans, Montpellier, Pont-S.-Esprit, Uzès, Vivarais.
Nosières (de), Giraud, p. 49, 55, 68, 71, 74; Pierre, *not.*, p. 354 (n.); Barthélemy, *prêtre*, p. 386.
Noyes (de), Guillaume, p. 49 (n. 4), 50.
Noyel, Jean, *contrôl. du grenier à sel*, p. 143.

O

Oc...a (de), Etienne, p. 67; B., *ibid.*
Ocrea (de), Robert, *sén. de B.*, p. 61, 63, 74.
Odard, *bayle de S.-Sat.*, p. 26.
Ode, *m. du direct du district*, p. 169.
Odilon, Lancelot, *rel. S.-B.*, p. 71.
Odon, *s.-infirmier de Cluny*, p. 73.
Odon, Simon, *rect.*, p. 60, 69.
Œuvre (de l'), Jehan, *rect.*, p. 294.
Official, voy. aux mots Bagnols, Nantes, Uzès, Viviers.
Oléon (d'), Arnaud, *rel. S.-B.*, p. 359.
Oliveto (de), Jehan, *damoiseau*, p. 306.
Olon, Philippe, *prêtre*, p. 126.

Oratoire (*Prêtres de l'*), p. 425.
Oriol, Guillaume, p. 81; Jacques, p. 421.
Ornano (d'), Marie, p. 139 (n. 2).
Orphelines de P.-S.-E., p. 392.
Oudric, Etienne, *commis de l'Œ.*, p. 315 (n.).
Ozil, Raymond, *rect.*, p. 14.
Ozul, Pierre, *baile du Bourg-S.-Andéol*, p. 13, 15, 19.

P

Pagerant, *secrét. du duc de Berry*, p. 236.
Palacerio, Odard, p. 28.
Palerie, Bertrand, *s.-pr. de S.-Sat.*, p. 84.
Pallier, Urbain, *consul*, p. 9, 139, 140.
Pande (de), alias de Palude, *fr. de l'Œ.*, p. 21, 116.
Panière (de la), Guichard, p. 74.
Pantelli, Gonon, *not.*, p. 375, 382, 385.
Papus (de), *cons. au parlem.*, p. 144.
Paraban (de), Jacques, *chev.*, p. 233.
Parieti, Pierre, p. 278.
Pascal, Simon, *consul*, p. 398.
Pastoris, Natalis, *not.*, p. 276, 359, 375.
Patarin, Jehan, p. 9.
Paternoster, Guillaume et Pierre, (*rect.*), p. 100, 363.
Paul II, *pape*, p. 274.
Paul III, *pape*, p. 230.
Paul IV, *pape*, p. 221.
Pautelli, voy. Pantelli.
Pecoul, Etienne, p. 96.
Pegolon (de), Aymard, *fr.-p. de l'Œ.*, p. 125; Georges, p. 346, 349.
Perolier, p. 310 (n.).
Pesseyquambe, Pierre, p. 28.
Petit (Le), *secrét. du roi*, p. 112.
Petri, Antoine, p. 382.
Petrusio (de), *juge d'Aigues-mortes*, p. 415.
Peysinaco (de), Rodolphe, *juge de Genève*, p. 421.
Peytavin, voy. Chaix.
Philibert, Bodoard, *rect.*, p. 113; François, *viguier*, et Etienne, *contrôl. du grenier à sel*, p. 114 (n.).

Philippe III, *roi de France*, p. 300.

Philippe IV, le Bel, *roi de Fr.*, p. 38, 39, 52, 53, 54, 56, 57, 59, 226, 337, 398, 399 (n.), 410, 428, 432, 435.

Philippe VI, *roi de Fr.*, p. 337.

Philippeau, *secrét. d'Etat*, p. 142.

Pichot, Jehan, Aymé, Gaspard, Claude, p. 140 (n. 2); Mengin, p. 135 (n.).

Pie IV, *pape*, p. 221.

Pierre, R., p. 4.

Pierre, *prévôt de Viviers*, p. 13.

Pierre, *s.-grenetier de Cluny*, p. 73.

Pierre, *maître des novices de Cluny*, p. 73.

Pilati, p. 239.

Pilleron, p. 168 (n. 4).

Pinière, p. 169.

Piolenc (de), Girard, p. 2 (n. 5); Raymond, *rect.*, p. 2, 4, 8, 33; Jehan, p. 3, 33; Girard, p. 2 (n. 5), 8, 12, 16, 81; Guillaume, p. 8, 9; autre Guillaume, *rect.*, p. 266; Marcel. p. 142.

Plachan, Jean, *chef-garde de la prévôté de Paris*, p. 56.

Plagnol, Joseph, *fr.-p. de l'Œ*, p. 162; Ant⁰ et Toussaint, *rect.*, p. 162, 165, 435; Fidelle, *administ. de l'hôpit.*, p. 168.

Plans (des), Guillaume, *rel. S.-B.*, p. 84.

Plantin, *rect.*, p. 440.

Plasian ou Plazian (de), Guillaume, *chev.*, s^{gr} *de Vezenobres*, p. 38, 41, 49, 51, 58, 59, 61, 68, 72, 109, 429; Jacques, *chev.*, p. 55; Aiméric, *rel. S.-B.*, p. 71.

Pochier, voy. Aygu.. (de).

Poieto (de), Armand, *juge de S.-Sat.*, p. 66.

Poitiers (de), Alix, *dame de Roussillon*, p. 226, 228 (n.); Marguerite, p. 230; Aymar et Sibille, p. 231 (n. 1).

Poncet de la Rivière, *év. d'Uzès*, p. 148, 151, 157, 165, 166, 439.

Poughier (de), J., *cons. au parl.*, p. 340.

Pons (Frère), *donat de l'Œ. et rect.*, p. 11, voy. Pande.

Pont (du), Augier, p. 415; Jehan, p. 421.

Porcellet (de), Honorat, *capit. des chât. de Fourques et de Sorgues*, p. 135, 387; Pierre, s^{gr} *de Mathanes*, et ses filles, p. 392, 393; Catherine, p. 391; François, p. 393; Antoine, p. p. 396; Léonarde, *ibid*.

Port (du), Laurent, *rect.*, p. 2, 4, 9; Guillaume, *pr.*, p. 3 (n.); Guillaume, *jurisconsulte*; Azémar, s^{gr} *de Suméne*; François, *cordonnier*; Guillaume, *marchand*; Hugues, p. 3 (n.); Pierre, p. 8; Almaric, p. 28; Hugues, ci-dessus, p. 3 et 408.

Porte, Raymond, p. 20.

Porte (de la), Hugues, *procur. du roi*, p. 42, 50, 66, 67, 69, 71, 410.

Porterii, Etienne, *rel. S.-B.*, p. 73.

Pouzol, *f.-donat de l'Œ.*, p. 274.

Pourcet de Sahune (de), Ant.-Thomas, p. 167.

Pousin (de), Pierre, *rel. S.-B.*, p. 71.

Pradier, G., p. 29; N., p. 100 (n. 2); Simon, p. 277; Pierre, p. 440.

Pradimand, Jehanne, p. 404; Pierre, *fr.-p. de l'Œ.*, p. 417.

Prat (de), Guillaume, *rel. S.-B.*, p. 71; Alexis, *maire perpét.*; p. 162; Ant., *recev. du petit-blanc*, p. *ibid*. (n. 5).

Prêcheurs (Frères-), voy. Avignon, Genève.

Prenier (de), Jehan, *serviteur de l'abbé de Cluny*, p. 409.

Presolavio (de), *chan. d'Annecy*, p. 42.

Privat, Pierre, *rect. et synd.*, p. 30, 34, 42, 48, 53.

Provence (c^{te} de), p. 157.

Pruneyret, Pierre, p. 294.

Puy (du), Durand, *prêtre*, p. 8; Simon, *év. de Damas*, p. 125, 127; Mabille, p. 231.

Q

Quiereti, Hugues, *sén. de B.*, p. p. 81.

Quêteurs (Frères) du S.-Esprit, de S.-Sat., p. 22, 34, 46, 105, 118, 132, 192, 194, 196, 198, 230, 259, 263.

— de Besançon, p. 259, 263.

— 464 —

R

Rabassa, Bertrand, *s.-pr. de S.-Sat.*, p. 71.
Rodulphe ou Raouze, Rostaing, *juge d'Uzès*, p. 415.
Rambaud, Aymar, *fr.p. de l'Œ.*, p. 114 ; Jehan, *mercier*. p. 345.
Ranc, p. 140.
Randon, *sgr de Joyeuse*, p. 244.
Ranorca, Henri, p. 421.
Rauffet de Balzac, *sén. de B.*, p. 106.
Ravaisse, Jacques, p. 352.
Raymond, *de S.-Gilles*, voy. Toulouse.
Raymond, Pierre, *clerc*, p. 408.
Raymond, p. 75.
Raynaud, *prêtre*, p. 96.
Raynaud, *écuyer*, p. 53.
Raynaud, *rel. S.-B.*, p. 73.
Raynaud (*de S.-Paul*), G., p. 33.
Reboul, Bernard, p. 86, 100 ; Pierre, *rect.*, p. 90 ; Bertrand, p. 101 ; A., *not.*, p. 121 ; F., *not.*, p. 122 ; Marie. p. 125 ; Guillaume, *not.*, p. 273, 373 ; Guillaume, *médecin*, p. 294 ; François, *not.*, p. 392 ; Antoine, *not.*, p. 295, 398.
Recteurs du Venaissin, p. 2 (n.) ; 174 (n.).
Recteurs de l'Œ., voy. Pont-S.-Esprit (Œuvre du).
Recteurs de Montpellier, voy. Montpellier.
Reffuge. (de) Pierre, *général des finances*, p. 307, 310 (n. 1).
Regis, Claude, Etienne et Honorat, p. 403.
Regnier, Bertrand, *auditeur des comptes de l'Œ.*, p. 316(n).
Reilhane (de), Jean, *offic. d'artillerie*, p. 323 (n.).
Remoulins (de), Pierre, p. 407.
René d'Anjou, *roi de Sicile et de Jérusal.*. p. 400.
Renoyer, André, p. 140 ; Michel, *grenetier*, p. 140, 143.
Resseguier (de), *cons. au parl.*, p. 144.
Restaurand (de Lirac), Bertrand, p. 113 (n. 3) ; Saturnin, *rect.*, p. 113 ; Gilles, p. 124 ; Pierre, *prêtre*, p. 148, 162 ; Charles, *bourgeois*, et Louis, *visiteur des gabelles*, p. 161 ; Georges, p. 278, 375 ; N., p. 341 ; Antoine, *sindic*, p. 361 ; Raymond, *médecin*, p. 113, (n. 3).
Rey (Regii), Guillaume, *prêtre*, p. 8.
Ribas, Hugues, p. 67.
Rican, Guillaume, *chev.*, p. 71.
Ricard, Bertrand, *rel. S.-B.*, et Raymond, *prêtre*, p. 8.
Richard, Guillaume, *prêtre*, p. 101.
Rieu (du), Bertrand, *not.*, p. 24.
Rippert (de), Ant. et Simon, *viguier*, p. 138.
Rivier Louis, *rect.*, p. 148.
Rivière (de), Michel, p. 28.
Robert (frère), *relig. prêcheur*, p. 37.
Robertet, *secrét. du roi*, p. 325.
Robore (de), Guiraud, p. 24.
Roch (de), *sgr de S.-Christol*, Pierre, p. 81 ; Dragonet, *rect. et sindic*, p. 89, 123 ; Jehan, *rect.*, p. 101, 266, 369 ; Nicolas, p. 123 ; Gabriel, *ibid.* (n. 1), 316, 344, 374, 376, 405 ; Bernard, *rel. S.-B.*, 373 ; Isabeau, p. 134 (n. 4).
Rocgeto (de), Erail, p. 303.
Rochecolombe (de), Guillaume, *rel. du mon. de S.-Sat.*, p. 359.
Rochemaure (de), N., *lieut. du sén.*, p. 158 ; Louis, *hôtelier du mon. de S.-Sat.*, p. 359.
Rocquart (de), Antoine, *capit. du pont S.-Esprit*, p. 325.
Rodenhen, Jehan, *procur. des fr. du S.-Esprit de Saxe*, p. 254, 257.
Rodulphe, Rostaing, *juge d'Uzès et de Bagnols*, p. 30.
Roger, *crieur public*, p. 26.
Rosemont (de), p. 2 (n. 2).
Rosset, Antoine, *marchand*, p. 354.
Rostaing, Edouard, p. 8 ; Antoine, p. 312 ; Jehan, p. 350.
Roudil, Augier, *not.*, p. 55 ; Jehan, *marchand*, p. 354.
Rougemont (de), *maitre des ports de la sénéch.*, p. 415.
Roussillon (de), Aymard, p. 227, 228 ; Girard et Artaud, *ibid.* (n. 1 et 2).
Rouvier, Jehan, *prêtre*, p. 138, 143, 215 (n. 1).

Roux, Alexis, *offic. municip*, p. 168.
Roveria (de), Guillaume, *juge d'Anduze*, p. 42.

S

Sabater, *notable*, p. 67.
Sabran (de), Guillaume, *év.*, p. 7 (n. 1); Rostaing, *rel. S.-B.*, p. 37; Guillaume, p. 407.
Sabranenc (de), p. 142 (n. 3), voy. Alric.
Sacherii (de Beaucaire), Raymond, *viguier*, p. 68.
Sahune (de), voy. Pourcet.
Saillan (de), Jehan, *cos^{gr} de S.-Julien-de-P.*, p. 362.
Saint-Augustin (Ordre de), p. 440.
Saint-Bénézet, voy. Bénézet, p. 151, 155 (n. 2), 156 (n. 1).
Saint-Christol, voy. Roch.
Saint-Ferréol, p. 127 (n. 2).
Sainte-Galle (de), Rostaing, *pr. de S.-Sat.*, p. 21, 116.
Saint-Gelais (de), Jehan, *év. d'Uzès*, p. 124; Jacques, *ibid*, (n. 1).
Saint-Jacques (de), voy. Girandy.
Saint-Just (de), Guillaume, *chev., lieut. du sén.*, p. 53.
Saint-Laget, *cons. au parlem.*, p. 434.
Saint-Marcel, Laurent, *rel. S.-B.*, p. 74.
Saint-Nectaire, Senectaire, ou Sennectère (de), Jehan, *sén. de B.*, p. 128, 284 (n. 1).
Saint-Pastour (de), Bertrand, p. 8.
Saint-Seine, Jehan, *rel. S.-B.*, p. 73.
Saint-Severin (de), *rel. S.-B.*, p. 74.
Saint-Ulse (de), Adhémar, *not.*, p. 86.
Salabard, Salavert (?), Nicolas, *not.*, p. 20.
Salas (de), p. 18.
Salazat G., p. 67.
Salbatier, Jehan, p. 51.
Saluces (de), M., p. 242.
Salvage, Jehan, *prêtre*, p. 369.
Sampzon (de), Pons, *chan.*, p. 18.
Sanay (de), Jehan, *rel. S.-B.*, p. 74.
Sansaronicis (de), Raynaud, *rel. S.-B.*, p. 73.
Sanson, Nicolas, *géographe*, p. 130 (n. 1).
Sartre, Pierre, p. 29; Guillaume, p. 67; Nicolas, *ibid*.
Sasera (de), Jehan, *rel. S.-B.*, p. 74.
Sassenage (de), Henri, *gouv. du Dauphiné*, p. 244, 245.
Saturnin, Guillaume, *not.*, p. 38.
Saules (des), Robert, *rel. S.-B.*, p. 74.
Sauvan, Bertrand, p. 68.
Savelly, voy. Caseneuve.
Savignon (de), p. 168 (n. 4).
Savoie (de), Béatrix, p. 123 (n. 3); Louis, *s^{gr} de Vaus*, p. 232; Amédée, *duc*, p. 241, 242; Le Batard, p. 242; Louis, *duc*, p. 269; Emman.-Philibert, *duc*, p. 292.
Saxo (de), Cl., *présid. de la Cour des comptes de Savoie*, p. 243.
Sayne, G., *not.*, p. 29, 31, 42.
Scriptorio (de), Hugues, p. 75.
Sellis (de), Jehan, p. 71.
Senoberii, Martin, p. 23.
Senonard de Luc (de), *conseiller de Provence*, p. 400.
Serre (de), Claude, p. 242; Michel, *ibid*. et 243.
Serre, Michel, *marchand, rect.*, p. 294.
Serreria vel Ferreria, voy. Ferrière.
Serret, Pierre, p. 313 (n.).
Sertre, Alexandre, *grenetier*, p. 311 (n.), 313 (n.).
Servent, Martin, p. 345.
Seustlebin, H., *secrét. pontific.*, p. 201.
Silvestre, Guy, *fr.-p. de l'Œ.*, p. 277, 316 (n.); Firmin, p. 278; Raymond, *fr.-p. de l'Œ.*, p. 347.
Simon, Raymond, *rect.*, p. 60, 69, 416.
Simpole, Robert, p. 67.
Sinemure (de), Guillaume, *rel. S.-B.*, p. 73.
Singlar, Bertrand, p. 24.
Sobolis, Pierre, *not.*, p. 354, 362; Gonet, *not.*, p. 374, 376; Joséphine, p. 168 (n. 6).
Sochon, Jehan, *not.*, p. 126.

Solas, Soulas, Michel, *not.*, p. 121; Jehan, *pr. de Salazac*, p. 126.
Solomaco (de), Bertrand, *damoiseau*, p. 55.
Solonis, *secrét. de l'év. de Grenoble*, p. 291.
Solonni, G., p. 67.
Soquier, André, p. 9; Raymond, *viguier*, p. 71.
Soucanthon (de), Bertrand, p. 8.
Spacerii, Jehan, p. 254, 257.
Surder, Volquin, *not.*, p. 256.
Surint. des hôpitaux de France, p. 423.
Syra (de), Gasbert, *pr. de S.-Sat.*, p. 84.

T

Talaru (de), *archev. de Lyon*, p. 259, 263.
Tarditi, Clément, *not.*, p. 267.
Télain (de), Bertrand, *rel. S.-B.*, p. 8.
Teulier, Pons, *rel. S.-B.*, p. 8.
Tharan, Clair, *maître de l'Œ.*, p. 2, 4; Etienne, p. 67.
Théobald, *pr. de S.-Sat.*, p. 25.
Thibon, François, *consul*, p. 162.
Tholon, Siffredi, *auditeur des comptes de Dauphiné*, p. 245.
Thomas, Jehan, p. 67; Saturnin, *épicier, lieut. de viguier*, p. 101, 245, 367.
Thyanges (de), Jehan, *pr. de S.-Sat.*, p. 2, 4, 6, 114.
Tibald, *cordonnier*, p. 408.
Tochet, Pierre, p. 362.
Tomassi, Jehan, *clerc*, p. 349.
Tortilla, *procur-syndic*, p. 169.
Touchet, Geoffroy, *greffier*, p. 308, 312, 315.
Tournon (de), Claude, *év. de Viviers*, p. 352.
Tresan, Pierre, *prêtre*, p. 375.
Trimond, Giraudet-Pons, p. 15, 20.
Trintignan, N., p. 168 (n. 2).

U

Uchier, Jehan, *chev.*, p. 233.
Ugiaco, Guy, *pr. de S.-Sat.*, p. 25 (n.).
Ulmo, Ulmis, voy. Lolme.

V

Valen... (de), G., p. 77; Jehan, *ibid.*
Valérian, Pierre, *proc. du roi*, p. 148, 162; Jehan, *marchand*, p. 162 (n. 4); N., *rect.*, p. 440.
Valeriis (de), J., *secrét. pontific.* p. 220.
Valette, p. 143.
Valle-Gravosa (de), Hugolin, *doyen du mon. de S.-Sat.*, p. 24 (n. 2).
Vallaurie, Jehan, p. 33; Antoine, *rect., de l'Œ.*, p. 273.
Valtrini, Léon, *secrét. pontific.*, p. 213.
Vanatii, Jean, *rect.*, p. 98.
Vandeuil (de), voy. France.
Vanel de Lisleroy (de), Guillaume, *grenetier*, et J.-B., *viguier*, p. 142 (n. 1); Marcel, *viguier*, p. 142 et 143; J.-F., p. 134 (n. 4), 165; Claire, p. 139 (n. 3); Louis, p. 159 (n. 1); Guillaume, *prêtre*, p. 159.
Vanduol, Louis, *lieut. des gabelles*, p. 139, 140; Laurent, p. 139 (n. 4); Guille, *rect.*, p. 148.
Vannuray ou Vanuré (de), voy. Girardin.
Vaquarii, Guillaume, *not.*, p. 28.
Varey (de), Imbert, *g^{al} des finances*, p. 306.
Vars (de), Barthélemy et son fils Pierre, (*fr.-donné de l'Œ.*), p. 122, 215 (n. 1), 385.
Vassalhe, *secrét. de l'archev. de Frejus*, p. 289.
Vassinhac (de), Etienne, *pr. de S.-Sat.*, p. 89.
Veaujan, Pierre, *marchand*, p. 268.
Vedel, Louis, *rel. S.-B.*, p. 373.
Venejan, (de), Thomas, *châtelain de Fourques*, p. 119 (n. 2).
Vermeils (de), André, *pr. de Gajan*, p. 7; Pierre, *pr. de S.-Sat.*, p. 7 (n. 5).
Vernerii, *rect. de l'hôpital de Besançon*, p. 267, 417.
Vernet (de), Bernard, *prêtre*, p. 8.
Vernet, *vic-g^{al} d'Uzès*, p. 156.
Verone (de), Regnier, *rel. S.-B.*, p. 373.

Versec (de), *pr. de S.-Sat.*, p. 90 (n.).
Versi (de), Guillaume, *rel. S.-B.*, p. 73.
Vezenobre (de), Pons, *pr. de Lunel-Viel*, p. 49.
Vial, Laurent. *rect.*, p. 138.
Vicaires perpétuels, voy. Pont-Saint-Esprit.
Vidal, Simon, p. 139, 140.
Vieilleville (de), *maréch. de Fr.*, p. 136 (n. 1).
Vierne, voy. Baladun.
Vigier, André, *fr. p. de l'Œ.*, p. 215 (n.).
Villard (de), Henri, *archev. de Lyon*, p. 229 (n. 2).
Villepellée (de), Jean, *contrôleur de l'Œ.*, p. 315.

Vincenti, Simon, p. 350, 351.
Vinissac, Jehan, *not.*, p. 306.
Virieu (de), *conseil. du roi*, p. 55.
Viridario (de), Raymond, p. 33.
Vison, Bertrand, p. 50.
Vitalis, *sacrist. de S.-Paul*, p. 407.
Vituli, Louis, *réfectorier de S.-Sat.*, p. 359.
Viviers (de), Jehan, p. 342.
Vole (de), Jehan, p. 343 (n. 2).
Vucleti, Rolet, *secret. pontific.*, p. 267.

Y

Yssiac (de), Jehan, *clerc*, p. 75.

TABLE

des noms de lieux.

A

Aiguesmortes, Gard, — (*doct.-estois d'*), 42. 50 ; — (*juge d'*). p. 415 ; — (*Viguier d'*), p. 415.
Aiguèse, Gard, p. 8, 67, 338, (*Chatellenie d'*), p. 348, (n. 1) ; (*s^{gr} d'*), p. 97, (n. 1).
Aix, Bouches-du-Rhône, p. 401. — (*abbé de S.-Sauveur d'*), p. 2. — (*église du S.-E. d'*), p. 249 (n. 1) ; — (*precept. de la maison du S.-E. d'*), p. 249.
Alberia, Puy-de-Dôme, p. 348, (n. 1).
Albon, (c^{te} et c^{tesse} d'), p. 223, 225.
Amboise, Cher, p. 320, 402.
Amiens, Nord, — (*dioc. d'*), p. 256.
Anduze, Gard, — (*juge d'*), p. 42.
Anjou, anc. prov. de France, — (c^{tes} d'), p. 234, 236, 399, 400.
Annecy, H^{te}-Savoie, — (*év. d'*), p. 42 ; (*not. d'*), p. 306 ; — (*trésorier du chap. d'*), p. 42.
Annonay, Ardèche, p. 227 ; — (*b^{ne} d'*), p. 226.
Aoste, — (*dioc. d'*), p. 417.
Arles, Bouches-du-Rhône, — (*dioc. d'*), p. 274.
Aubenas, Ardèche, — (*not. d'*), p. 375.
Avignon, Vaucluse, p. 37, 88, 135, 178, 179, 180, 181, 182, 184, 187, 188, 189, 230, 233, 315, (n.) ; — (*card. d'*), p. 313 (n.) ; — (*Célestins d'*), p. 155 ; — (*Collège d'Annecy d'*), p. 385 (n.) ; — (*citoyen d'*), p. 37 ; — (*doyen de S.-Pierre d'*), p. 214 ; — (*fr.-prêcheurs d'*), p. 37 ; — (*grenier à sel d'*), p. 325, 335, 337 ; — (*not. d'*), p. 38 ; — (*papes d'*), p. 178 et suiv. et 198 (n. 3).

Avranche, Manche, (*év. d'*), p. 318.
Ay et Seray, Ardèche, — (*chatelain d'*), p. 253, (n.).

B

Bagnols, Gard, p. 66, 367 ; — (*fr. mineurs de*), p. 66 ; — (*juges de*), p. 30, 135 ; — (*not. de*), p. 367 ; — (*official de*), p. 126, (n. 3).
Bâle, Suisse, p. 262 et n. 1 ; — (*Concile de*), p. 201 (n. 2), 223 (n. 1), 241, 248, 249, 256 (n.) ; — (*fr.-mineurs de*), p. 253 ; — (*juge de*), p. 255.
Barri, hameau de Bollène, Vaucluse, — (*recev. du péage de*), p. 242.
Baten... p. 400.
Bayeux, Calvados, — (*not. de*), p. 370.
Beaucaire, Gard, p. 330 ; — (*juges mages de*), p. 50, 55, 108, 112, 135 ; — (*maîtrise des ports de*), p. 415 ; — (*not. du sén.*), p. 49 ; *procureur du roi*, p. 42, 50
Sénéchaux de Beaucaire, p. 5, 27, 30, 42, 52, 53, 54, 61, 74, 81, 103, 104, 112, 118, 128, 191, 226, 234, 236, 237, 271, 280, 304, 334, 382, 408.
Beaume de Transit, Drôme, p. 315.
Beaudiner, Ardèche, voy. S.-Bonnet-le-froid.
Belley, Ain, — (*dioc. de*), p. 417.
Berri (*duc de*), p. 235.
Besançon, (*dioc. de*), p. 124 ; — (*f. du S.-E. de*), p. 259, 260, 263, 267, 417 ; — (*hôp. ou maison du S.-E. de*), p. 259 et s.

La Chadenède, anc. île du Rhône, p. 343 (n. 2).
La Côte-S.-André, Isère, p. 245.
La Croix du Chemin, lieu-dit, au Bourg-S.-Andéol, p. 12, 14, 19.
La Crotte, avant-pile du P.-S.-E., p. 316 (n.), 319, 321.
La Garde-Adhémar, Drôme, — (s^{gr} de), p. 231.
Lagrand, Hautes-Alpes.— *prieur et prieuré de*, p. 90 (n. 1).
Lamotte, Vaucluse, p. 123 (n.), 158, 316 (n. 2).
La Martine, quartier rural de P.-S.-E., p. 123.
Lampourdier ou grenier à sel du S.-Esprit, à P.-S.-E., p. 140 (n. 2).
Languedoc, anc. province, p. 140, 391 ; — (*Intendants du*), p. 110, 145, 146, 147, 160, 306, 307, 313 (n.), 316 (n.), 323, 324 (n.), 325, 340, 341 (n.). — (*Grenier à sel de*), p. 329, 335, 337.
Lapalud, Vaucluse, p. 345.
La Roche, — (*terre de*), p. 230.
La Tour (*terre de*), Isère, — (s^{grs} de), p. 223, 233.
Laudun, Gard, — (*pr. de*), p. 7, (prieuré de Chodon, Toulouse ou Boulas), p. 84.
Lausanne, Suisse, — (*dioc. de*) p. 417.
Lauzon, *ruisseau*, Vaucluse, p. 314 (n), 316 (n.).
La Vernède, Hérault, — (*salins de*), p. 321.
La Voulte, Ardèche, — (s^{gr} de), p. 66.
Le Brueil, Puy-de-Dôme, — (*abbé de*), p. 157.
Le Buis-les-Baronnies, v. Buis.
Lorraine, anc. province, p. 392 (n. 1).
Lunel-Viel, Hérault, — (*prieur de*), p. 49.
Lyon, Rhône, p. 112, 284, 315 (n.), 335, 342 ; — (*citoyens de*), p. 266, 267, 268 ; — *év. et archev. de*), p. 229, (n. 2), 259, 263 ; — (*dioc. de*), p. 277 ; — (*fabrique du pont de*), p. 261 ; — (*not. de*), p. 262, 267.

M

Mâcon, Saône-et-Loire, — (*bailli de*), p. 270 ; — (*dioc. de*), p. 277.

Maguelonne, Hérault, (*év. de*), p. 248.
Mailhane, Bouches-du-Rhône, p. 392 (n. 1).
Maison dorée, à P.-S.-E., p. 130 (n.).
Maison du Roi, à P.-S.-E., p. 130 (n. 1), 134, 136, 278, 311, 338, 399.
Maison de Piolenc, à P.-S.-E., p. 33.
Maison du S.-Esprit, voy. Œuv. du S.-Esprit.
Maladrerie du P.-S.-E., p. 123, 374.
Malataverne, lieu-dit, Le Garn, Gard, p. 316 (n.).
Malatrat, anc. île du Rhône, p. 343, (n. 2).
Malaucène, Vaucluse, p. 175.
Malbet, p. 348 (n.).
Malijac ou Malijai, — (s^{gr} de), p. 143.
Marseille, Bouches-du-Rhône, — (*abbaye de S.-Victor de*), p. 175 (n. 2).
Marolle, Seine-et-Marne, p. 153 (n.).
Mazan (*Mansiade*), Ardèche, — (*prieuré de*), p. 2 (n.).
Mazel, Mazeau, quartier urbain de P.-S.E., p. 3.
Mercat, id., p. 101, 396.
Mayence, Allemagne, — (*dioc. de*), p. 258.
Mélinas, ferme, commune de S.-Just d'Ardèche, p. 158, 238 (n. 1), 284, 343, 346, 347, 348.
Mende, Lozère, — (*dioc. de*), p. 42.
Meyras, Ardèche, p. 294.
Metz, Lorraine, — (*archid. de*), p. 252.
Minimes (*église des*), voy. P.-S.-E.
Mon. de S.-Sat.-du-Port ou de S.-Pierre, voy. Pont S.-Esprit.
Montaigu, Carsan, Gard, p. 161.
Montbrison, Ardèche, — (s^{gr} de), p. 142 (n. 2).
Montclus, Gard, p. 3 (n. 4) ; — (*baron de*), p. 106 (n. 2), 160.
Montdragon, Vaucluse, p. 158, 247, 349, 350 ; — (*prieuré S.-André de*), p. 7 ; — (*principauté de*), p. 347.
Montélimar, Drôme, — (s^{gr} de), p. 66, 231.

— 472 —

Montel-aux-Moines, — (prieuré de), p. 262.
Montfaucon, Loire, p. 306 ; — (bailli de), p. 305.
Montjoire, Isère, — (prévôt de), p. 418.
Montpellier, Hérault, p. 31, 42, 146, 223, 240, 282, 375 ; — (commandeurs de l'O. du S.-Espr. de), p. 422 ; — (cour du scel de), p. 281, 375 ; — (gouverneur de), p. 280 ; — (not. de), p. 66 ; — (rect. de), p. 30, 42.
Mont-Sion, Savoie, — (prévôt de), p. 243.
Morières, Vaucluse, p. 97.
Moulin en glorié, lieu-dit, Saint-Alexandre, p. 127 (n. 2).

N

Nantes, Seine-Infér., — (chanoines de), p. 253, 256 ; — (official de), p. 253.
Narbonne, Aude, — (concile de), p. 268 (n. 1) ; — (cour métropolitaine de), p. 385, 386 ; — (ducs de), p. 408 ; — (salins de), p. 335, 337.
Nice, Alpes-Maritimes, p. 292.
Nîmes, Gard, p. 5, 54, 316, 348 (n.), 384, 435 ; — (cour du sén. de), p. 87, 113, 352, 374, 375, 382 ; — (juge de), p. 66, 71.
N.-D.-de-la-Mer, Bouches-du-Rhône, — (salins de), p. 324 (n.).

O

Oloron, Basses-Pyrénées ; — (év. d'), p. 209.
Orange, Vaucluse, (év. d') p. 209 ; — (grenier à sel d'), p. 324 (n.) ; — (prince d'), p. 235 (n. 1).

P

Paillasse (maison de la), à P.-S.-E., p. 396.
Palais de Raymond de S. Gilles, à P.-S.-E., p. 408.
Pallière de S. Sixt,, chaussées de La Motte, p. 134 (n. 2), 316 (n.), 357.
Paris, Seine, p. 39, 52, 57, 59, 107, 142, 236, 238, 288, 293,
299, 323, 335, 337. — (chambre des comptes de), p. 307, 319 (n. 1) ; — (parlement de), p. 38 ; — (prévôté de), p. 56.
Peccais, Hérault, (salins de), p. 329, 333, 335, 337.
Périac, Hérault, (salins de), p. 335, 337.
Péronne, Somme, p. 336.
Perrière, voy. carrière de pierre à Bourg-S.-Andéol.
Pierrecise, près Lyon, p. 266.
Poitiers, Deux-Sèvres, p. 226.
Plan, quartier urbain de P.-S.-E., p. 165, (n. 1). — (chanoines du), p. 166, et voy. Frères prêtres (P.-S.-Esprit).
Pont d'Avignon (le), p. 154.
Pont de la pierre (le), Lapalud, Vaucluse, p. 129 (n. 1).
Pont du S.-Esprit de Lyon, p. 261.
Pont-du-S-Esprit de S.-Saturnin, p. 4, 52, 145, 154, 176, 178, 179, 247, 267, 286, 433 et voy. Pont-St-Esprit (œuvre des égl. m. p. et hop. du).
Pont-St-Esprit, autrefois Saint-Saturnin du Port (bourg, lieu, château, ville de). p. 4, 5, 6, 15, 16, 19, 24, 23, 25, 29, 30, 31, 33, 39, 50, 55, 56, 67, 71, 72, 82, 86, 96, 100, 102, 125, 127, 176, 178, 187, 190, 202, 214, 235, 244, 245, 247, 281, 303, 305, 349, 354, 361, 363, 370, 381, 398, 406, 409, 411 ; — (S.-Savornin-du-Port ou S.-Sernin), p. 283, 287, 361 ; — (S.-Saturnin-du-Portalias du Pont-S.-Esprit), p. 114, 311, ou encore (S.-Espérit), p. 141, 152, 160, 165, 166, 184, 198, 294, 315, 360 ; — (Pont-S.-Esprit) (bourg, château, ville du), p. 112, 123, 128, 134, 135, 214, 273, 276, 278, 331, 346, 375, 397, 400, 405.
— (abattoir de), p. 356 (n. 1) ; — (auberge de la Couronne, à), p. 101 (n. 4) ; — (auditeur des comptes de l'Œ. de), p. 3, 29, 30, 81, 88, 134 ; — (aumône du Pont-Saint-Esprit), p. 50, voy. ci-après (Œ. du) ; — (baile de), p. 26 ; — (bourgeois de), p. 58, 59, voy. ci-après université des hommes

du); — (*bureau de l'Œ. du S.-Esprit de*). p. 2, 4, 128, 135, 148, 168, 178, 191 ; —(*camérier du monast. de*), p. 71 ; — (*chantre du mon. de*) p. 359 ; — (*capit. du pont de*), p. 107 (n. 1), 325 (n.) ; — (*cour commune de*), p. 5, 280, 375, 406, 411, 412 ; — (*cour du monastère de*), p. 3, 28, 375, 406, 411 ; — (*Cour royale de*) p. 26, 33, 412 ; — (*couvent, monast. ou prieuré de S.-Pierre de*), p. 1, 4, 28, 47, 55, 68, 74, 81, 86, 89, 174 (n.), 361, 371, 375, 384, 385, 410, 415 ; — (*curés primitifs de*), p. 6 ; — (*curés dit vicaires perpétuels de la paroisse S.-Saturnin de*), p. 85, 103, 124 (n. 1), 246 (n. 2), 362 (n. 4), 371, 373, 375, 376, 378, 379, 382 ; — (*district de*), p. 168 ;— (*donats ou frères-donnés, fr.-prêtres, prêtres-blancs, chanoines et prébendiers de l'Œ.*), p. 11, 14, 15, 21, 22, 100, 103, 106, 109, 110, 113, 122, 124, 125, 127, 132, 135, 133, 163, 165, 166, 214, 277, 425, 426, 434, 439 ; — (*doyen de*), p. 18, 24 (n. 2) ; — (*église conventuelle de*), p. 368, 387, 390, 409 ; — (*église paroissiale S.-Sat. de*), p. 35, 80, 84, 103, 363, 368, 370, 377, 388, 390, 391 ; — (*fabriq. du pont du S.-E. de*), p. 55, 60, 69, 72, 182, 195, 227, 231, voy. ci-après *Œ. des é. m. p. et hôp. de* ; — (*filles de la Charité, à*), p. 147, 148, 153, 154 ; — (*Filles de mauvaise vie, à*), p. 152, 154 ; — (*garde du port, à*), p. 280, voy. ci-après *maîtres des ports* ;— (*greneliers de*), p. 138, 140, 142, 143, 311 (n.), 322, 340, 341 ; — (*grenier à sel de*), p. 308, 315 (n.), 329, 397 ; — (*hôpital du S.-Esprit de*), p. 72, 76, 82, 99, 127, 131, 147, 169, 176, 179, 180, 181, 184, 185, 188, 189, 197, 206, 247, 250, 261, 263, 289, 290, 423, 432 ; — (*hôpital N.-D.-de-la-Pierre, à*), p. 83 (n. 1), 126 (n. 1) ; — (*hôtelier du monast. de*), p. 44, 84, 359, 364, 373, 375 ; — (*infirmiers du monast. de*), p. 71,

461, 359, 373 ; — (*juges de*), p. 8, 30, 66, 429, 440, 442, 381, 397, 406, 412 ; — (*maire de*), p. 162 ; — (*maison du S.-Esprit, siège de l'Œ.*), p. 16, 21, 24, 25, 35, 419, 424, 278, 354, 386, 405 ; — (*maîtres de l'Œ.*), p. 2, 4, 19, 24, 25, 34, 36 ; — (*maîtres des ports, à*), p. 139 ; — (*notaires de*), p. 1, 4, 6, 8, 9, 28, 29, 33, 51, 54, 55, 56, 68, 71, 72, 75, 81, 82, 86, 90, 96, 101, 121, 122, 124, 125, 126, 127, 142, 147, 162, 233, 258, 262, 267, 277, 304, 306, 313 (n.), 345, 348 (n.), 352 (n. 2), 354 (n.), 359, 362, 367, 369, 370, 373, 374, 375, 376, 382, 398, 412, 413, 416, 417 ; — (*Œuv. des église, maison, pont et hôpitaux de*), p. 3, 4, 9, 11, 13, 14, 16, 19, 21, 24, 51, 76, 97, 138, 154, 166, 168, 178, 179, 182, 304, 312 (n.) ; — (*oratoire, chap. ou église du S.-Esprit de*), p. 25, 26, 35, 43, 47, 52, 57, 60, 64, 68, 70, 72, 76, 77, 87, 89, 102, 117, 122, 125, 127, 136, 140, 175, 181, 183, 187, 191, 192, 195, 204, 226, 249 (n. 4), 290, 313, 315, 316, 337, 363, 372, 388, 390, 398, 399 ; — (*pitancier du monast. de*), p. 84 ; — (*prieurs du monast. de*), p. 1, 2, 3, 4, 6, 21, 25, 34, 38, 39, 51, 54, 59, 60, 68, 72, 73, 84, 89, 90, 116, 118, 119, 120, 162, 191, 355, 374, 376, 348, 384, 408, 410, 433 ; — (*procureur des Gabelles, à*), p. 139, 326 ; — (*quêteurs de l'Œ.*), p. 22, 34, 46, 105, 118, 132, 192, 196, 198, 230, 259, 263 ; — (*recteurs de l'Œ.*), p. 2, 4, 9, 11, 12, 14, 16, 21, 23, 24, 30, 34, 38, 42, 47, 50, 53, 54, 60, 65, 84, 82, 87, 89, 90, 97, 103, 108, 113, 116, 122, 124, 127, 133, 134, 138, 146, 162, 166, 167, 182, 188, 203, 214, 220, 221, 226, 232, 237, 241, 243, 283, 287, 294, 312, 316, 318, 331, 344, 343, 347, 350, 352, 355, 359, 361, 369, 371, 373, 385, 394, 395, 405, 417, 422, 423 ; — (*religieux du monastère de*), p. 7, 8, 26, 68, 71, 359, 373, 382 ; — (*religieux minimes de*), p. 392 (n. 1,) ; — (*sacristains du*

monastère de), p. 71, 148, 151, 276, 359, 363, 366, 371, 376, 378, 384, 385 ; — (sœurs données de l'Œ.), p. 22, 110, 190, 198 ; — (syndics et consuls de), p. 34, 42, 60, 69, 72, 84, 89, 114, 123, 129, 135, 139, 140, 142, 143, 146, 148, 162, 355, 359, 394, 398, 425, 435 ; — (université des hommes de), p. 1, 37, 52, 60, 67, 72, 87, 176 ; — (ursulines de), 392 (n. 1.) ; — (vicaires du monastère de) p. 71, 84, 148, 161, 409 ; — (viguiers de), p. 68, 71, 97, 114, 123, 129, 134, 135, 138, 142, 161, 224, 226, 280, 311, 313, 413.
Port d'Ardèche, territoire de Pont-Saint-Esprit, p. 134 (n. 4.)
Port de la Condamine, territoire de Lamotte, p. 6.
Port de Saint-Saturnin, quai du Rhône, P.-S.-E., p. 280.
Portail de l'église du St-Esprit, p. 129 (n. 1), 308 (n. 1).
Portalet de Carnage, poterne sur le Rhône, p. 356 (n. 1).
Portes de la Ville, à P-S-Esprit, p. 174 (n.).
Provence ; — (comté de), p. 399, 400, 302 ; — (grenier à sel de), p. 324, (n.) ; — (salins de), p. 330.
Puy (le), Haute-Loire ; — (dioc. du), p. 305.

R

Rhône, fleuve, p. 4, 6, 15, 24, 50, 76, 123, 128, 141, 176, 247, 312, 329, 348, 351, 357.
Rial des Calquières, petit ruisseau aujourd'hui disparu, au quartier du Plan, Pont-Saint-Esprit, p. 23, 80 (n. 1).
Ripaille, Savoie, p. 241 (n. 1).
Rivière, quartier urbain de P.-S.-E., p. 53, 101 (n. 4), 113 (n. 4), 134 (n. 4).
Rocs (les), à Pont.-St-Esprit. p. 77.
Romans, Drôme, p. 246.
Rome, Italie, p. 174 (n.), 194 (n. 3), 201, 213, 218, 219, 220, 221 ; — (hôpital du Saint-Esprit de Saxe à Rome, p. 202, 249, 271, 416, 417.
Rouen, Seine-Inférieure ; — (évêque de), p. 206.

Roussillon et Annonay, Ardèche, — (s^{grs} de). p. 227, 228.
Royaume, — (part du), rive droite du Rhône, p. 309 (n.), 315 (n.), 335.

S

S.-Alexandre, Gard, p. 395.
S.-André-de-Sanatière, territoire de Mondragon, p. 7, 403.
S.-André, église paroissiale de Vézenobre, p. 13.
S.-André, fort de Villeneuve-les-Avignon, p. 154 (n. 4).
S.-Blaise, église, paroisse d'Issirac, Gard, p. 127.
S.-Bonnet-le-Froid, Ardèche ; — (péage de), p. 301, 303, 305.
S.-Christol, près le Cheylard, Ardèche, p. 353.
S.-Christol-de-Rodières, Gard ;— (s^{grs} de), p. 89 (n. 4), p. 119 (n. 1).
S.-Eloy-Fontaine ; — (abbé de) p. 157.
S.-Emetery, chapelle ruinée, Chusclan ; — (prieurs de) p. 7.
S.-Esprit, voy. P.-S.-E.
S.-Esprit ; — (église du), à Aix, p. 249 (n. 1).
S.-Florent, égl. à Uzès, p. 7 (n. 1).
S.-Germain-en-Laye, Seine-et-Oise, p. 325.
S.-Gilles, Gard ; (comte de), p. 406.
S.-Jacques-de-Compostelle, Espagne, p. 174 (n. 3).
S.-Jean-d'Artignan ; Trignan, hameau, commune de S.-Marcel d'Ardèche ; — (hospitaliers de), p. 10 (n. 2), 32 (n. 2).
S.-Jean de-Maurienne ; — (dioc. de), p. 417.
S.-Julien-de-Peyrolas, Gard ; — (Baïle de), p. 168 ; — (s^{gr} de), p. 97, 143 (n. 1), 276, 308, 314, 362.
S.-Just-d'Ardèche, p. 158, 348, 350, 352.
S.-Martin, église à Caderousse, p. 384 (n. 1).
S.-Martin-de-Miséré, Isère ; — (abbé de), p. 290.
S.-Martin-des-Monts, à Rome, p. 206.
S.-Michel, bastion de la citadelle de P.-S.-E., p. 78 (n. 1).
S.-Nicolas, ch. à P.-S.-E, p. 155.

S.-Pancrace, chapelle, lieu-dit, commune de Pont-S.-Esprit. p. 148 (n. 2), 276 (n. 1.)
S.-Pantaléon et Rousset, Vaucluse, p. 92 (n. 1).
S.-Paul-Trois-Châteaux. Drôme, p. 219, 315; — (*dioc. de*). p. 33; — (*sacristain de*) p. 407.
S.-Pierre es-liens, à Rome; — (*cardinal de*), p. 355.
S.-Pierre de Castres, commune de Tresque, Gard, p. 7 (n. 4).
S.-Pierre d'Ostel, commune de S.-Alexandre, Gard, p. 396.
S.-Remèze, Ardèche, — (*s^{gr} de*), p. 349, 351.
S.-Sauveur d'Aix, — (*Abbé de*) p. 359.
S.-Sixte, voy. Ile.
Salazac, Gard, — (*prêtre de*) p. 96; — (*prieur de*), p. 126, 361.
Salins de la Vernède, N.-D. de la mer, Peccais, Périac, Sijean, voy. ces mots.
Sampzon, Ardèche, château ruiné, p. 58 (n. 2).
Sassenage, Isère, p. 316 (n.)
Savoie; — (*ducs de*), p. 241, 242, 269, 292; — (*trésorier de*), p. 242, 243.
Senlis, Oise p. 318.
Servas, Gard; — (*pr. de*), p. 5.
Sijean, Aude, — (*salins de*), p. 335, 337.
Silo, Palestine, p. 430.
Soissons, Aisne, — (*évêque de*), p. 106.
Solorgues, Gard, p. 158 (n. 5).
Sorgues, Vaucluse, — (*château de*) p. 135.
Soulaci, — (*coups de*) lieu de pêche, P.-S.-E., p. 336.

T

Tarentaise, Savoie, — (*évêque de*), p. 418.
Tarascon, B.-du-Rhône, p. 322, 330; — (*Greniers à sel de*), p. 324 (n.).
Terre-Sainte, Palestine, p. 196.
Thomasson ou Brancassis, ferme, commune de Carsan, p. 162 (n. 2).
Thonon, Haute-Savoie, p. 242, 243, 421.
Todon, voy. Boulas.

Toulouse, Haute-Garonne, p. 144, 167, 297, 422, 423, 434; — (*abbé de Saint-Sernin, de*), p. 290; (*comte de*), p. 408; — (*dioc. de*), p. 424; — (*cour du parlem. de*) p. 142, 223, 356.
Tour, — (*pile de la*), P.-S.-Esp., p. 321 (n. 1).
Tour (*terre de la*), voy. Latour.
Tours Indre-et-Loire, p. 328.
Trente, Italie, — (*concile de*), p. 178 (n. 4).
Tulette, Drôme; — (*pr. de*), p. 3, 409; — (*sacristain de*) p. 7.

U

Uzès, Gard, p. 71, 156, 166; — (*archid. d'*) p. 118 (n. 3), 119, 382; — (*cour tempor. et spirit. d'*), p. 375, 485; — (*dioc. d'*), p. 9, 14, 158, 274; — (*évêq. d'*), p. 89, 102, 103, 118, 124, 127, 132, 149, 156, 157, 165, 209, 249, 253, 439; — (*juge d'*), p. 30, 55, 68, 415; — (*notaire d'*), p. 304; (*official d'*), p. 214; — (*recev. des finances d'*), p. 101; — (*vicomtes et comtes d'*), p. 112, 118, 156, 382, 407.

V

Vabres, Tarn, — (*évêque de*), p. 89.
Vaison, Vaucluse, — (*dioc. de*), p. 175.
Valbonne, Gard, — (*chartreuse de*), p. 2, 100, 366.
Valence, Drôme, p. 315, (n.).
Valentinois; — (*comte de*), p. 280; — (*bailli de*) p. 50, 101.
Vatican, Rome, — (*archives du*), p. 173 (n. 1).
Vaus, Savoie, — (*s^{gr} de*), p. 232.
Velay, anc. province, — (*juge royal de*), p. 304.
Venaissin, — (*comté*), p. 110, 280.
Vénéjan, Gard, p. 112, 119 (n. 1).
Vergier, quartier urbain de P.-S.-E., p. 367 (n. 1).
Verneils, Gard, p. 7 (n. 5).
Vernède, — (*salins de*), p. 324.
Versailles, Seine-et-Oise, p. 340.
Vézénobre, Gard, p. ; 49 — (*s^{gr} de*), p. 38, 41, 51.

Vienne, Isère, — (*concile de*), p. 38, (n. 1).
Viennois, — (*comtes et comtesses de*), p. 223, 225.
Villebonnet, quartier urbain de P.-S.-E., p. 34, 53, 367 (n. 1).
Villeneuve-les-Avignon, Gard, p. 88, 175, 185, 186, 234, 330, — (*chartreuse de*), p. 396(n. 2).
Villeneuve de Berc, Ardèche, p. 51.
Vincennes, — (*bois de*), Seine, p. 319.

Vinsobres, Drôme, p. 49.
Vivarais, anc. province, p. 354 (n.) ; — (*bailli de*) p. 401 (n.) ; — (*notaires de*), p. 10, 11, 13, 15, 18, 20.
Viviers, Ardèche : — (*chanoines de*), p. 18, 42 ; — (*chapitre de*), p. 12, 13, 15, 19 ; — (*évêque de*), p. 11, 13, 15, 16, 18, 20, 348, 353 ; (*offic. de*), p. 42, 214 ; — (*sacristains de*), p. 13 ; — (*prévôt de*), p. 13.

TABLE DES MATIÈRES

                                                    Pages.

Avertissement.

Introduction.

Livre i. — Constitution de l'Œuvre et ses développements.   1

Livre ii. — Bulles pontificales....................   173

Livre iii. — Quêtes...............   223

Livre iv. — Droits honorifiques et utiles..............   301

Appendice...   406

Liste des recteurs de l'Œuvre........................   442

Table des noms de personnes.........................   451

Table des noms de lieux.............................   468

ERRATA

de la page 241 à la fin du volume

Page 243, ligne 17, *lisez* proposito ; p. 245, l. 22, *lis.* sub pœna ; p. 249, l. 4, *lis.* Uticensis, tunc Basileæ ; p. 260, l. 13, *lis.* Indibrinæ ; p. 261, l. 14, *lis.* quo sese cum ; p. 265, l. 34, *lis.* notissima ; quæ de enim ; p. 266, l. 3, *lis.* quia, quidquid... questores, non reperitur quod... ; p. 280, note *lis.* injungimus ; p. 302, l. 12, *lis.* Bernarda, et l. 24, *lis.* fuerit ; p. 358, l. 40, *lis.* singularem ; p. 373, l. 25, *lis.* tangit ; p. 401, l. 8, *lis.* perdurante ; p. 407, l. 19, *lis.* statutum est ; p. 411, l. 7, *lis.* sibi ; p. 415, l. 43, *lis.* transactionis ; p. 417, l. 15, *lis.* instrumento... sub anno... currentibus, et die duodecima... recepto, partibus ex altera.

www.ingramcontent.com/pod-product-compliance
Lightning Source LLC
Chambersburg PA
CBHW071202230426
43668CB00009B/1047

DU MÊME AUTEUR

Note sur les vrais constructeurs du pont Saint-Esprit. — Angers, 1872 (épuisé).

Les Constructeurs de ponts au moyen âge. — Paris, Dumoulin, 1875 (épuisé).

La Chartreuse de Valbonne, chronique. — Tours, Bouserez, 1877.

Les Hospitaliers du Pont-Saint-Esprit à Saint-Pierre-de-Vassols. — Avignon, Aubanel, 1884 (épuisé).

Les Mutilations de l'église du Saint-Esprit. — Caen, Le Blanc-Hardel, 1885 (épuisé).

Notions générales sur la viguerie du Pont-Saint-Esprit. — Avignon, Seguin, 1886.

Les Plafonds peints du XVe siècle, dans la vallée du Rhône. — Caen, Delesques, 1887.

Origine et véracité des notes et documents pour servir à une histoire de la ville du Pont-Saint-Esprit. — Avignon, Seguin frères, 1888.

Découvertes et travaux archéologiques dans le Gard. — Caen, Delesques, 1890.

Saint-Bénezet, patron des ingénieurs. — Nimes, Gervais-Bedos, 1890.

La guerre autour du Pont-Saint-Esprit. — Avignon, Seguin, 1890.

Cartulaire de l'Œuvre des Eglise, Maison, Pont et Hôpitaux du Saint-Esprit, un vol. in-8° raisin de 480 pages, publié dans les *Mémoires de l'Académie de Nimes*. — Nimes, F. Chastanier, 1890-94.

CARTULAIRE DE L'ŒUVRE

DES

ÉGLISE, MAISON, PONT ET HOPITAUX

DU SAINT-ESPRIT

(1265-1791)

RÉUNI ET ANNOTÉ

PAR

L. BRUGUIER-ROURE,

MEMBRE DU COMITÉ DE L'ART CHRÉTIEN,
DES ACADÉMIES DE VAUCLUSE ET DE NIMES,
INSPECTEUR DE LA SOCIÉTÉ FRANÇAISE D'ARCHÉOLOGIE, ETC.

SOMMAIRE

INTRODUCTION.
LIVRE PREMIER. — Constitution de l'Œuvre et ses développements.
LIVRE DEUXIÈME. — Bulles pontificales.
LIVRE TROISIÈME. — Quêtes.
LIVRE QUATRIÈME. — Droits honorifiques et utiles.
TABLES des noms de personnes et de lieux contenus dans le volume.

4°, 5° & 6° FASCICULES

*Publiés sous les auspices de l'Académie de Nimes
et du Ministère de l'Instruction publique,
sur l'avis du Comité des Travaux historiques.*

1892-94

NIMES

IMPRIMERIE CLAVEL ET CHASTANIER

F. CHASTANIER, SUCCESSEUR

12 — rue Pradier — 12

1894